41930

LIBRAIRIE ECCLÉSIASTIQUE ET CLASSIQUE DE BRIDAY,
Place Montazet, en face de l'Archevêché.

DU
COMPOSÉ HUMAIN

PAR

LE R. P. M. LIBERATORE

DE LA COMPAGNIE DE JÉSUS

Traduit de l'Italien
PAR UN PÈRE DE LA MÊME COMPAGNIE

Un fort volume in-8°, de xx-537 pages.
PRIX : 7 FR. 50.

Nous donnons aujourd'hui, dans notre langue, un ouvrage qui méritait assurément de n'être point inconnu de nos savants français. Le nom de son auteur lui est une recommandation suffisante, et promet l'union si précieuse de la clarté dans l'exposition et de la grandeur dans les points de vue.

Disons encore que bien loin de faire reculer la science, en nous ramenant aux doctrines d'Aristote et du moyen âge, le Père Liberatore, au contraire, s'emparant des connaissances modernes et des découvertes les plus récentes, venge, par leur moyen, S. Thomas de l'injuste décri où nos rationalistes l'abandonnent, et ménage ainsi, sans effort, le triomphe des principes de l'École.

Fruit d'une longue méditation et d'une immense lecture, le *Composé humain*, par la hauteur où l'écrivain s'est placé, jette sur toutes les branches de la science les plus vives lumières. Nous mettons sous les yeux un abrégé de la table des matières ; chacun, en la parcourant, jugera par lui-même de l'importance de l'ouvrage.

CHAPITRE I. — *De l'unité du composé humain.*

Unité personnelle dans l'homme. — Opinions de Descartes, de Kant, de Rosmini sur la personnalité. — Vrai concept de la personnalité. — Unité de nature dans l'homme. — Parallèle entre ce mystère naturel et le mystère surnaturel de l'Incarnation du Verbe. — Le corps animé participe de la vie même de l'âme. — Problème à résoudre, sa difficulté.

CHAPITRE II. — *De la vie en général.*

Différence des corps vivants et de ceux qui ne le sont pas. — Des animaux et des simples êtres vivants. — De l'homme et des simples animaux. — La vitalité consiste dans l'immanence de l'action. — L'immanence à son dernier degré dans les végétaux. — A son degré le plus parfait en Dieu. — Nécessité pour les physiologistes de bien définir la vie. — Sthal, Bichat, Cuvier. — Vraie définition de la vie.

CHAPITRE III. — *De la vie végétative.*

Trois fonctions principales de cette vie. — Sa définition. — La génération dans les actes de l'intelligence. — Génération véritable et parfaite en Dieu. — Danger de ne pas admettre un principe vital distinct des forces de la matière. — Il a été admis par Sthal, Barthez, Berzelius, de Jussieu, Cuvier, Bichat, Milne-Edwards, Quatrefages, Strauss-Durcheim, Tommasi. — Raisons en faveur de ce principe. — Son unité dans les plantes. — Les plantes n'ont pas de sentiment ; réponses à Robinet et Bichat.

CHAPITRE IV. — *De la vie animale.*

La faculté de sentir différence essentielle de l'animal. — Aperçu sur les facultés sensitives extérieures et intérieures. — La faculté de sentir propre de tout le *Composé* ; Platon, Descartes, S. Augustin, S. Thomas, Suarez. — Preuves. — Le principe de la vie sensitive identique à celui de la vie végétative dans l'animal. — Les brutes n'ont pas d'intelligence.

CHAPITRE V. — *De la vie intellectuelle de l'homme.*

Intelligence dans l'homme. — Elle est discursive. — Définition de l'homme. — L'intelligence faculté inorganique. — Sa dépendance extrinsèque de l'organisme durant l'union de l'âme avec le corps. — Volonté dans l'homme suite de l'intelligence. — Liberté ; son existence — Son essence et son objet. — Influence de la volonté sur les autres facultés.

CHAPITRE VI. — *De l'unité du principe de vie dans l'homme.*

L'unité du principe vital dans l'homme vérité catholique ; S. Augustin, S. Jean Damascène, Pie IX. — Preuves de cette unité tirées de S. Thomas. — Sthal. — La Genèse. — Objections ; multiplicité des fonctions vitales, spiritualité de l'intelligence, contractilité musculaire.

CHAPITRE VII. — *De l'union de l'âme humaine avec le corps.*

Harmonie préétablie. — Causes occasionnelles. — Influx physique. — L'âme est la forme substantielle du corps. — Concile de Vienne, Pie IX. — Vrai sens du mot *forme*. — Rosmini.

CHAPITRE VIII. — *Théorie de la composition substantielle des corps.*

Le dynamisme. — L'atomisme pure. — L'atomisme dynamique. — Système scolastique ; sa démonstration. — Réponses aux objections tirées de la chimie ; — de la physique. — Doctrine de S. Augustin.

CHAPITRE IX. — *Polémique sur les matières du chapitre précédent.*

Exposition du système scolastique sous toutes ses faces. — Valeur de ses preuves. — Objections et réponses. — Connexion de ce système avec le dogme catholique.

CHAPITRE X. — *Retour à la théorie du composé humain.*

L'âme communiqué au corps le premier être *in actu* ; le corps pourtant est par lui-même une vraie réalité. — En quel sens le corps, dans l'homme, a-t-il un être distinct de l'âme ? — Scot. — Le système scolastique expliquant la hiérarchie des êtres. — Rendant une raison satisfaisante des phénomènes humains.

DU

COMPOSÉ HUMAIN

BAR-LE-DUC
IMPRIMERIE CONTANT-LAGUERRE ET Cⁱᵉ

DU
COMPOSÉ
HUMAIN

PAR

LE R. P. M. LIBERATORE

DE LA COMPAGNIE DE JÉSUS

Traduit de l'Italien

PAR UN PÈRE DE LA MÊME COMPAGNIE

LYON

LIBRAIRIE ECCLÉSIASTIQUE ET CLASSIQUE DE BRIDAY

Place Montazet, 1, en face de l'Archevêché

1865

AVERTISSEMENT

DU TRADUCTEUR.

Le savant ouvrage dont nous publions la traduction se recommande de lui-même par l'importance du sujet, par le nom de l'auteur, par la faveur avec laquelle il a été accueilli à Rome et dans toute l'Italie.

Un simple coup d'œil sur la table des matières montre la grandeur et l'étendue des questions qu'on cherche à résoudre. Des aperçus vraiment nouveaux sur le principe vital et son unité dans toute substance vivante, des pages où l'on démontre un merveilleux accord entre les découvertes de la science moderne et les sublimes synthèses de saint Thomas et de saint Augustin, les chapitres en particulier qui ont pour objet l'union de l'âme avec le corps sont d'une haute portée scientifique et d'un intérêt saisissant.

D'un autre côté, le nom du R. P. Mathieu Liberatore est une garantie sérieuse. On sait que l'illustre rédacteur de la *Civiltà Cattolica* est incontestablement l'un des hommes de notre époque les plus versés dans les sciences philosophiques, notamment dans les doctrines de saint Thomas, que tant de personnes citent mal-à-propos, ou exaltent de confiance, sans l'avoir suffisamment pénétré.

Aussi son ouvrage, fruit de longues et de patientes méditations, a-t-il obtenu au delà des monts un succès légitime et plus d'une fois constaté même par la presse anticatholique. Les spécialités diverses de la science, théologiens, philosophes, naturalistes, médecins, chimistes, tous ceux qui cultivent l'une des branches de l'arbre encyclopédique y ont trouvé des lumières précieuses pour leurs études particulières.

D'où vient donc que ce travail si remarquable ne soit parvenu à notre connaissance que par quelques articles de journal et que nous restions encore presque étrangers aux intéressantes polémiques qu'il a soulevées? Faut-il accuser notre ignorance de la belle langue du Dante, notre indifférence pour la science pure, la tendance empirique de notre enseignement, ou même l'abaissement du niveau de nos études philosophiques? Quoi qu'il en soit, nous avons cru nous rendre utile en faisant disparaître ce qui nous a semblé la cause principale de cet oubli immérité.

Mais cette traduction présentait plus d'une difficulté. Rendre avec une scrupuleuse fidélité un livre d'une forme parfois trop didactique, n'était-ce pas s'exposer à rebuter les lecteurs et, par conséquent, nuire à sa publicité?

S'inspirer de la pensée de l'auteur, abréger des détails purement analytiques, rompre la marche un peu périodique de la phrase, d'ailleurs fort belle dans l'original, mais trop tendue pour le lecteur français, en un mot traduire sous une forme plus simple et plus concise, n'était-ce pas s'exposer à travestir souvent la pensée de ce livre? Nous n'avons pas osé lui faire subir une transformation qui aurait demandé la plume d'un autre Liberatore. Simple traducteur, nous sommes resté dans notre rôle, nous avons fidèlement rendu l'original. Bien plus, au risque d'effaroucher quelques esprits superficiels qui ne jugent d'un livre que par le mérite esthétique, nous n'avons pas reculé devant la terminologie [1] ancienne et moderne des écoles, toutes les fois qu'elle nous a paru nécessaire à la précision de l'idée. En plus d'une page nous avons sacrifié l'élégance de la forme à l'exactitude du fond, comptant sur l'indulgence des esprits sé-

---

[1] On trouvera, dans le *Dictionnaire national* de Bescherelle, la signification des termes les moins usités.

rieux, plus nombreux encore qu'on ne pense, même en ces temps généralement trop frivoles.

Puissions-nous ne pas avoir trop présumé de leur amour pour la vérité? Puissions-nous surtout, dans notre modeste rôle de traducteur, contribuer à la diffusion de quelque lumière sur les principes de l'anthropologie si étrangement méconnus depuis deux siècles!

PRÉFACE.

Depuis que Descartes, dans son rêve d'une science reconstruite à neuf, eut, un beau jour, rompu l'unité substantielle de l'homme, il ne put lui substituer qu'un dualisme contre nature, en concevant l'âme et le corps comme deux substances complètes mais réunies seulement pour de mutuels rapports. Dès lors l'anthropologie se trouva radicalement séparée de la physiologie : celle-ci laissant de côté l'étude de l'être vivant, concentra toutes ses observations sur le corps seul, tandis que l'antropologie cessa de s'occuper de l'homme pour contempler l'ange, c'est-à-dire, l'esprit seul, auquel, je ne sais comment, elle continua d'attribuer la sensibilité. Lorsqu'ensuite elle voulut réunir l'âme au corps, elle ne sut trouver d'autre lien que celui d'un simple commerce, et dans le but de l'expliquer elle eut recours aux étranges hypothèses d'*harmonies préétablies*, de *causes occasionnelles*, de *médiateurs plastiques*, ou, comme suprême effort de sagesse, elle imagina l'*influx physique*, afin de mettre les deux associés en continuelle relation.

Par contre, les physiologistes, restés avec le seul corps et les seules forces communes de la nature inorganique, s'ingénièrent, comme ils purent, pour en faire surgir le principe vital.

Ils recoururent donc à la capillarité, à l'endosmose, à l'affinité élective, au calorique, à l'électricité, au magnétisme, à je ne sais quoi encore; ils expliquèrent la vie par le seul mouvement de la matière qui, dans certaines conditions données, se transforme, selon eux, en un organisme vivant. Pour eux, la respiration ne fut qu'une sorte de combustion, s'accomplissant au contact de l'oxygène; la circulation du sang fut expliquée en vertu de lois empruntées à la mécanique, à l'hydraulique; la génération ne fut plus pour eux qu'une simple évolution de parties déjà ébauchées dans le germe maternel. L'estomac se trouva assimilé à un fourneau chimique, le poumon à un soufflet, le cerveau à une pile voltaïque.

La vie végétative ainsi rajustée, lorsqu'ils en vinrent à s'élever à la contemplation de la vie animale, lorsque d'un côté ils considérèrent l'intime dépendance où elle est des organes dont ils la voyaient dépendre et que, de l'autre, ils la trouvèrent inhérente au sujet doué de la faculté de comprendre et de vouloir, le doute matérialiste de Locke se posa devant leur pensée, avec tous les attraits d'une image séduisante. Si la matière diversement disposée, peut, par les seules forces physiques et chimiques devenir un principe de végétation, ne pourrait-elle pas, peut-être, au moyen d'une structure plus délicate devenir aussi un principe de vie sensitive? Et si elle devient un principe de vie sensitive, pourquoi ne pourrait-elle pas également, devenir un principe de vie intellectuelle, surtout, depuis que Condillac nous a découvert que l'intelligence n'est que la sensation même transformée? Autrement, quel serait le moyen d'expliquer en nous l'unité du sujet qui opère? Unité que nous proclament la voix de la conscience, l'examen des fonctions vitales, l'anatomie même des organes et des tissus. Ainsi le spiritualisme cartésien, soit par contre-coup, soit par conclusion logique, engendra le matérialisme qui a tant infecté la physiologie et la médecine du siècle dernier, et dont les restes pernicieux se retrouvent encore aujourd'hui. Le contre-coup vint de la considération de l'unité de l'être vivant, qui se manifestait dans l'homme en dépit des formules cartésiennes. La conclusion logique fut qu'on réduisit l'intelligence à la condition de la sensibilité développée à un plus haut degré; on s'y vit amené en considérant la sensation non comme l'acte du composé, mais de l'âme seule.

Afin d'échapper à de si terribles conséquences et de rétablir l'accord entre la physiologie et la psychologie, l'unique moyen selon nous est de remettre en honneur l'antique théorie de l'unité substantielle de l'homme, en la fortifiant des découvertes récentes des sciences naturelles. C'est à ce but que tend le présent travail : il contribuera, nous l'espérons, à replacer l'anthropologie sur ses vraies bases, à la hauteur que la nature elle-même lui avait assignée. Il y a en effet deux points autour desquels, comme autour de deux pivots, roule l'anthropologie toute entière. L'origine des idées, l'union de l'âme avec le corps. La première de ces questions en donne la clef par l'explication de la connaissance humaine; la seconde nous présente la formule de l'essence même de l'homme. Et puisque l'homme est un petit monde, et la connaissance un reflet de l'être, on n'aurait pas tort de dire que la philosophie tout entière est contenue comme un abrégé dans ces deux questions. Elles sont si intimement liées entre elles, tellement comme en regard l'une de l'autre, que la lumière de l'une ne peut manquer de rejaillir et de rayonner sur la face de l'autre, en lui communiquant, en quelque sorte, sa propre évidence. Ainsi donc, puisqu'il y a une correspondance, une proportion nécessaire entre la cause et l'effet, la substance et l'opération, n'est-il pas manifeste que l'esprit doit inévitablement passer de la nature du composé humain à la qualité de son opération spécifique, et réciproquement de la qualité de cette opération à la nature du principe opérant?

Or, dans un livre publié il y a peu d'années, nous avons traité la première de ces questions [1]. Il

---

[1] *Della Conoscenza intellettuale*, Trattato di MATTEO LIBERATORE d. C. d. G. Volumi due. Roma 1857. Napoli 1858.

ne nous reste donc plus qu'à traiter la seconde. Dans celle-ci, comme nous l'avons fait dans la précédente, nous prendrons pour guide de nos recherches le flambeau de la sagesse catholique, saint Thomas d'Aquin, dont la doctrine idéologique nous a si bien servi à délivrer la théorie de la connaissance des ténèbres où l'avait plongée le cartésianisme, en engendrant, par deux excès contraires, le sensualisme et le matérialisme.

Que cette doctrine doive également nous aider à renouer l'alliance de la vraie psychologie avec les sciences physiques et médicales, c'est ce qui deviendra palpable par le secours continuel que nous tirerons, dans nos démonstrations, de l'autorité et des observations des hommes les plus éclairés entre les naturalistes et les physiologistes modernes.

Si donc, quelqu'un se présente pour nous contredire sous prétexte de progrès, nous le convaincrons d'être lui-même un rétrograde, un ennemi du progrès scientifique, puisque, en suivant des doctrines qui nous feraient reculer d'un demi-siècle au moins, il se trouve en opposition avec les nouvelles conquêtes faites par les sciences expérimentales au sujet des phénomènes de la vie. Cette harmonie des doctrines philosophiques de saint Thomas sur l'homme avec les données des sciences naturelles, bien que nous devions la démontrer dans tout le cours de cet ouvrage, il ne sera pas inutile de la voir attester par un homme qui jouit de la plus grande réputation, et comme médecin, et comme his-

torien de l'art médical. Le chevalier Salvator de Renzi, dans un savant article sur la synthèse de saint Thomas où le saint docteur a réuni les principes médicaux du moyen âge, s'exprime ainsi :
« On le voit donc clairement, saint Thomas, en par-
» lant des principes d'Aristote, reste cependant à la
» tête d'un système physiologique qui, s'appuyant
» sur l'idée hyppocratique de l'activité de la vie et
» d'une force vitale, fait consister celle-ci en une
» propriété de l'âme, principe éminemment actif;
» ce principe exerce non-seulement les fonctions de
» la volonté, de l'entendement et de la sensibilité,
» mais encore celles de la nutrition, et il est ainsi
» comme le centre de tout ce qu'il y a d'essentiel
» dans la vie. Cette idée à la fois philosophique et
» inductive a informé et informe encore aujourd'hui
» la croyance scientifique d'une multitude de sa-
» vants. Mais aucun d'eux peut-être n'a su la relier
» plus naturellement à l'explication des faits,
» comme aucun n'a su l'exposer avec une plus
» grande lucidité, une synthèse plus heureuse que
» ne l'a fait le saint philosophe d'Aquin. L'homme,
» comme substance complexe, est constitué par
» l'ame ou le principe informateur et par la matière
» organique ou la substance informée qui individue
» le principe informateur. Celle-là est active, celle-
» ci est passive. L'activité de l'âme est intrinsèque,
» absolue quand elle médite et pense; extrinsèque et
» efficiente quand elle s'exerce sur la matière qui
» développe son type, se nourrit, se renouvelle,

» croît, sent, se reproduit; l'activité intrinsèque
» s'exerce sans l'intervention des organes, l'activité
» extrinsèque fonctionne par leur concours, et ainsi,
» se soutient l'unité de l'être, et l'unité de la vie.
» D'où il résulte clairement que tous les fils de l'a-
» natomie, de la physiologie, de la pathologie, de
» la thérapeutique viennent aboutir à cette idée émi-
» nemment dynamique, s'éloignant également et des
» abstractions des vitalistes purs, et du matéria-
» lisme de ceux qui voudraient faire de la vie un jeu
» de la chimie, un effet des forces physiques, un ré-
» sultat de l'agrégation de la matière. » Et plus bas :
« Si quelques physiologistes modernes considéraient
» où ils vont avec leur système d'un pouvoir vital
» distinct de l'organisme, et cependant lié avec lui,
» et d'une âme intelligente, système reproduisant
» les abstractions d'Averroës, peut-être reconnaî-
» traient-ils mieux la valeur philosophique de la
» synthèse de saint Thomas. Avec les principes
» qu'il enseigne, on n'irait pas se plonger dans les
» hypothèses des forces spéciales distinctes de la
» matière, ce qui détruisant l'unité de l'être, fait
» de l'organisme et de l'âme deux substances qui
» exercent leur mandat, l'une indépendamment de
» l'autre. A plus forte raison on n'aurait pas re-
» cours à la création imaginée par les dynamistes,
» concept-panthéistique, fantastique, appuyé sur
» quelques phénomènes naturels qui ne sont pas la
» vie, qui ne peuvent l'être et qui, par conséquent,
» doivent s'attribuer à des causes distinctes et spé-

» ciales. Avec les doctrines du docteur angélique,
» la diversité des êtres organiques ne consisterait
» pas seulement dans la disposition de l'organisme,
» mais encore substantiellement dans le principe
» informateur en tant que par les lois naturelles il
» se produit avec l'être qu'il informe, se distin-
» guant essentiellement de la force informatrice
» des autres êtres organiques. L'âme de l'homme,
» outre la faculté végétative, sensitive, appétitive,
» locomotive, possède avec le libre arbitre, la fa-
» culté d'entendre et de penser; faculté qui la rend
» capable de connaître Dieu, le bien et le mal, de
» contempler l'absolu, l'abstrait, de posséder une
» vie future. De cette manière, la philosophie se
» rattache à la révélation, la science naturelle à la
» théologie, un lien lumineux unit la foi catholique
» à l'étude de la physique. L'alliance ancienne, et
» les lois de correspondance entre l'âme et le corps,
» si elles ne sont pas comprises dans leur essence,
» sont, du moins, expliquées et facilement con-
» çues [1]. »

A Naples encore le docteur Mengozzi reconnaît la nécessité de revenir aux doctrines du docteur angélique, pour expliquer les phénomènes de la vie [2].

A Turin, le professeur Tommasi, bien que peu

---

[1] *Dottrine mediche della Scuola Salernitana compendiate da S. Tommaso d'Aquino.* GIORNALE *la Scienza e la Fede*, anno XVIII, vol. 24, 30 Ott. 1857.

[2] *Introduzione filosofica allo studio della medicina.* Napoli 1858.

versé dans la connaissance des livres scolastiques, est néanmoins arrivé par la seule force de son génie et de ses raisonnements, tirés des données expérimentales, à proposer, dans ses livres et ses savants articles sur le principe des phénomènes vitaux, des doctrines qui s'écartent peu ou point du tout des doctrines scolastiques [1].

A Bologne, le professeur Franceschi [2], le docteur Brentazzoli [3] et même toute l'école médicale de cette illustre université ont, en physiologie, pleinement embrassé les théories de saint Thomas. Il en faut dire autant du docteur Liverani d'Imola [4], du professeur Santi de Pérouse [5], aussi bien que de beaucoup d'autres comme nous aurons l'occasion de le remarquer, chemin faisant. Et tout ceci uniquement en Italie, sans parler de la docte Allemagne, où va se manifestant le même mouvement dans le même cercle des sciences naturelles.

Et ce résultat ne pouvait se faire désirer trop longtemps, car le propre de la vérité est de survivre aux attaques de la malice ou de l'ignorance des hommes qui croient ou veulent faire croire qu'elle est en opposition avec les faits. Tôt ou tard une

---

[1] *Rivista contemporanea* (fascicolo 48, Ottobre 1857).

[2] *Della Sostanza viva come concetto fondamentale del vitalismo ippocratico.* Fano 1857.

[3] *Tracce di uno studio intorno alla vita, all'uopo di valutare scientificamente il rispettivo progio della medicina dinamica e dell'organica.* Bologna, Tipografia dell'Ancora, Novembre 1857.

[4] *Sui principii del moderno Ippocratismo.* Fano 1859.

[5] *Della forma, genesi, corso naturale e modo dei viventi.* Saggio filosofico. Perugia 1858.

heure sonne et des expériences mieux faites ou des volontés plus droites ne manquent pas de lui rendre un plus sincère et plus éclatant témoignage. Telle a été la destinée de notre sainte Religion. Toute science nouvelle parvenue à plus de maturité a été contrainte de lui rendre hommage, quelque hostilité qu'elle lui ait d'abord montrée dans les écarts de sa jeunesse. Il en a été de même pour la vraie philosophie à l'égard des sciences naturelles. Celles-ci devenues plus sages avec le progrès des années, en sont venues à rendre témoignage aux enseignements de celle-là, à laquelle, dans la fougue de leur verte saison elles s'étaient montrées rebelles. Néanmoins il convient de reconnaître que la faute de cette erreur doit plus qu'à personne s'imputer aux philosophes eux-mêmes. Ce sont eux qui, par la réforme cartésienne ont troublé, comme déjà nous l'avons observé, l'ordre de deux sciences qui sont sœurs, nées non pour se combattre, mais pour se tendre amicalement la main. L'anthropologie et la physiologie considèrent l'homme à divers points de vue : l'une comme être moral, l'autre comme simple organisme vivant. Mais toutes les deux ont le même objet, pris dans son entité, c'est-à-dire, le composé humain, bien qu'elles le considèrent sous une raison formelle très-différente. Pour sauver cet ordre, il faut garder ferme et intacte l'unité substantielle de l'homme, en concevant en lui l'âme raisonnable comme un vrai principe informateur et vivificateur de la matière organisée; en sorte que la physiologie ne contemple plus un corps sans âme, mais un véritable être vivant; non un automate, mais un organisme animé.

Voilà l'idée philosophique qu'il faut restituer à cette noble science, si on veut qu'elle, et avec elle toute la science médicale, s'élève à une grandeur fondée sur des bases rationnelles. A cette seule condition, on pourra l'inscrire légitimement sous le nom de science dans le catalogue encyclopédique des connaissances humaines. Mais en voilà bien assez sur la fin que nous nous sommes proposée : encore un mot seulement sur la manière dont nous pouvons la réaliser.

Le devoir du philosophe, s'il veut produire une théorie vraiment scientifique sur les principes et les raisons suprêmes des choses est de remplir le mieux qu'il peut, les cinq conditions suivantes : 1° Rechercher et asseoir convenablement le fait qui est le fondement et le soutien de sa théorie; 2° élever ce fait à la hauteur d'une loi naturelle en découvrant par le raisonnement quelle doit en être la cause véritable et proportionnée; 3° rattacher ce fait particulier à un autre plus général, et cette loi spécifique à la loi commune qui gouverne tout le genre suprême où est contenu l'objet de son examen; 4° démontrer comment, en vertu de cette loi, cette essence occupe sa place déterminée dans la grande chaîne des êtres et se relie à l'ordre universel du monde; 5° descendre à l'explication des phénomènes divers qui se manifestent dans cet être et qui autrement resteraient inexplicables.

Pour satisfaire à ces cinq conditions dans l'étude de notre sujet, il faut d'abord établir l'unité de l'être dans l'homme et la nature de cette unité par rapport aux deux parties intégrantes qui concourent à la constituer, l'âme et le corps. Et parce que l'âme se manifeste dans le corps comme principe de vie, nous devons expliquer la vie et comment elle s'exerce en ses divers degrés dans les plantes, les animaux, l'être intelligent.

Après avoir analysé la fonction du principe vital dans le corps organique, il faudra étendre ensuite cette investigation à tout le composé substantiel pour reconnaître la place qui, dans cette vaste catégorie, convient à l'homme, le rang dans lequel il se trouve vis-à-vis de l'être en général. Parvenus à cette hauteur, il nous sera facile d'abaisser nos regards, de contempler comme de là jaillit spontanément la lumière qui éclaire les divers phénomènes humains, et d'en rendre raison.

On ne saurait dire l'utilité et les pures jouissances que ces considérations réservent à l'esprit assez attentif pour les approfondir. Car la connaissance de l'homme surpasse infiniment toute autre connaissance de la nature sensible, attendu l'incomparable supériorité de l'objet. Il est beau, sans doute, le ciel qui se déploie sur nos têtes en une voute si magnifique; ravissante aussi est la terre qui nous offre un séjour si opulent, si délicieux. Le ciel, séjour de la lumière, en répand à torrents les flots à travers l'immensité de l'espace; la terre, pour en cueillir les salutaires influences, se meut au sein de cette lumière, roule sur son axe et gravite par une ligne elliptique autour du soleil. L'un, tout semé d'étoiles étincelantes, de nébuleuses, d'astéroïdes, de planètes, nous frappe d'étonnement par la multitude infinie, par la grandeur de tant de corps, en même temps qu'il nous charme par l'harmonie et l'ordre de leurs mouvements. L'autre, dans l'infinie richesse de ses minéraux, de ses plantes, de ses animaux, nous présente mille moyens de conservation, un trésor inépuisable de prodiges à contempler. L'histoire naturelle, la physique, l'astronomie et tant d'autres sciences qui s'occupent de la recherche des phénomènes naturels, sont là pour attester la vérité de notre affirmation. Mais ces merveilles, quelque dignes qu'elles soient des explorations du sage, en quoi sont-elles comparables à la sublimité, à l'excellence de l'homme? Monarque de l'univers, il s'offre à nous comme le chef-d'œuvre de la divine création; en face de lui s'éclipse toute autre lumière de ce monde sensible. Qu'a voulu nous montrer Dieu lui-même par la manière dont il lui a communiqué la première existence? En tirant les autres êtres du néant, le suprême Auteur ne se sert que d'une seule parole, tandis que pour produire l'homme, il semble, suivant notre manière de comprendre, s'arrêter, réfléchir, se consulter. Dieu dit : Que la lumière soit, et la lumière fut; que les étoiles resplendissent dans le firmament, et les étoiles aussitôt brillèrent de leur plus vif éclat. Que la terre se revête de plantes, que les poissons nagent dans la mer, que dans l'air volent les oiseaux, que les forêts se peuplent de bêtes fauves. Et soudain, au commandement de cette voix, la terre de germer et de fleurir, la mer, l'air et les bois de se remplir d'espèces sans nombre d'êtres vivants. Mais, il n'en est pas ainsi quand Dieu en vient à la création de l'homme. Ici le suprême Ouvrier se prend en quelque sorte à contempler le grand ouvrage auquel il se prépare. Il entre comme en conseil avec lui-même; il réfléchit au travail qu'il a dans les mains; il songe à l'image qu'il doit lui imprimer; il détermine la fin qu'il veut lui imposer. *Et ait : Faciamus hominem ad imaginem et similitudinem nostram, et præsit piscibus maris et volatilibus cœli et bestii universæ terræ* [1]. Ensuite il façonne de ses propres mains l'enveloppe extérieure à laquelle, du souffle de ses lèvres divines, il communique la vie : *Formavit Deus hominem de limo terræ, et inspiravit in faciem ejus spiraculum vitæ* [2]. Alors, comme pleinement satisfait de ce grand œuvre, il cesse tout autre travail : *Requievit ab omni opere, quod patrârat.*

Qui ne voit le mystère de cette singulière narration? qui ne comprend que le texte sacré, afin de se rendre accessible à notre faible intelligence, nous donne à entendre sous une forme sensible, la souveraine excellence de l'homme, son élévation au-des-

---

[1] *Genesis*, cap. I.
[2] *Ibidem.*

sus de tout autre être du monde corporel ? Faisons l'homme : quelle parole nouvelle est celle-ci, observe saint Jean Chrysostome, quel langage hors du langage ordinaire ! Et quelle créature va donc être formée pour qu'il faille que le Créateur se consulte et délibère avant de se mettre à l'œuvre ? Cessez de vous étonner ; car, de toutes les choses visibles, la plus noble et la plus parfaite c'est l'homme, puisque pour lui ont été créés le ciel, la terre, le soleil, la lune, les étoiles, les mers, les reptiles, les plantes, les animaux. *Quid hoc novi ? Quid insoliti ? Quisnam ille qui formandus, ad quem faciendum Opifici tanto consilio et circumspectione opus ? Ne mireris, dilecte. Homo enim inter visibilia omnia dignitate præcellit; propter quem omnia, cœlum, terra, mare, sol, luna, stellæ, condita sunt hæc reptilia, jumenta, brutaque, animalia omnia* [1].

Voilà pourquoi l'homme n'est créé qu'en dernier lieu. Lorsque dans une ville on veut ménager une réception à un roi, on envoie devant lui ceux qui doivent l'annoncer et préparer son palais ; il convenait donc de préparer toute cette décoration de l'univers, avant que l'homme y fît son entrée, comme en sa propre demeure et en son royaume : *Ut introgressuro in civitatem aliquam rege, operæ pretium est præmitti satellites aliosque omnes, ut bene adornata regia rex in eam adveniat; simili modo nunc, quasi regem et principem aliquem rebus terrenis*

---

[1] *In caput I. Genesis*, Homilia VIII.

præfecturus, prius omnem hunc ornatum fabricavit, et tandem iis præficiendum hominem produxit [1].

A cette excellence de l'objet, se joint encore son universalité. Parler de l'homme, c'est en effet parler de l'univers entier. La raison en est, que l'homme résume en sa nature individuelle tout ce qui existe dans l'ordre corporel et dans l'ordre spirituel. Il contient l'être, la vie, le sentiment, la raison, tous les degrés génériques de l'existence. De là vient qu'on l'a nommé μικρόκοσμος, ou *petit monde*, parce qu'il est comme un abrégé de l'universalité des choses. Il apparaît comme l'horizon entre le monde sensible et le monde intelligible, et, le pied sur la terre, il porte la tête jusqu'au ciel. Participant à la fois des deux ordres, celui des corps et celui des esprits, il sert comme d'anneau pour rattacher l'un à l'autre. Et, tandis que, par son écorce matérielle, il nous présente le plus parfait organisme qui se trouve parmi les êtres vivants de la terre, par son âme, il commence la grande chaîne des substances intelligentes dans lesquelles, comme en un miroir très-pur, se reflètent les rayons de l'infini. Elevé au-dessus de toutes les œuvres de la nature sensible, il ne le cède qu'un peu à l'ange, parce que, quoiqu'il ne soit pas un pur esprit, il a néanmoins une âme capable de subsister hors de la matière; et quoiqu'il n'ait pas les formes innées de la connais-

---

[1] *Ibidem.*

sance, il possède toutefois la faculté de les acquérir par l'abstraction des choses sensibles.

Après ces considérations, qui ne le voit, l'homme remplit de lui-même tout le champ de la science philosophique, et le connaître équivaut à connaître en résumé le cercle entier des existences? Voilà pourquoi les sages de l'antiquité trouvaient comme la moëlle de la philosophie dans ce mot de Socrate : *Connais-toi toi-même*. Et, comme ignorer l'homme, c'est ignorer ce qu'il y a de plus grand et de meilleur dans les choses créées, ainsi s'appliquer à la connaissance de l'homme, c'est se livrer à l'étude la plus noble et la plus féconde, après celle de Dieu.

DU
COMPOSÉ HUMAIN.

CHAPITRE PREMIER.

DE L'UNITÉ DU COMPOSÉ HUMAIN.

1. Que par *homme* on n'entende ni l'âme seule ni le corps seul, mais l'union de tous les deux, il suffit, pour le démontrer, de consulter le langage usuel. En effet, a-t-on jamais appelé homme l'âme isolée, ou le corps séparé de l'âme? On donne donc ce nom à l'être seul qui subsiste par l'union de ces deux éléments : une âme raisonnable, un organisme corporel. Mais de quelle nature est cette *union*?

Union vient de *un* : l'union a l'unité pour terme, car de plusieurs choses elle fait une seule chose, bien que composée. De plus, il est bon de l'observer, l'unité peut être ou substantielle ou accidentelle, suivant qu'il en résulte une seule substance, ou un agrégat de plusieurs substances. Nous devons donc examiner quelle est *l'unité* propre du *composé humain* : cette recherche pourra nous frayer la voie pour découvrir la nature et la qualité de *l'union* qui existe entre les deux composants.

ARTICLE PREMIER.

L'UNITÉ DU COMPOSÉ HUMAIN EST UNE VÉRITABLE UNITÉ PERSONNELLE.

2. Quand nous disons *moi*, ce mot exprime l'intime conviction que nous avons tous de notre existence propre et individuelle. Soit qu'il produise un acte, soit qu'il subisse une impres-

sion ou passion, chacun de nous se regarde invinciblement comme le seul et même principe de ce qu'il fait ou éprouve, ou, en d'autres termes, chacun sent en soi-même une véritable unité personnelle. Cependant cette unité personnelle ne résulte ni de l'âme seule ni du corps seul, mais de l'union de ces deux éléments. *Persona hominis mixtura est animæ et corporis* [1]. — *In puris hominibus ex unione animæ ad corpus constituitur persona* [2].

La subsistance de l'homme naît des deux natures non confondues, mais réunies.

Pour s'assurer de ce fait, il n'est pas nécessaire de sortir de soi-même, ni de former un tissu de longs et laborieux raisonnements. Chacun sent, par la conscience qu'il a de sa propre existence et de ses propres opérations, qu'elle est bien à lui cette âme par laquelle il pense et veut, qu'il est pareillement à lui ce corps avec lequel il se meut ou se tient immobile. Chacun, sans pouvoir en douter, expérimente en soi-même une sorte de dualité, éprouve des mouvements et des tendances diverses, a la conscience d'un principe actif et intelligent, et partant, sans étendue et spirituel; chacun sent de même que ce principe est en lui intimement revêtu ou entouré d'une enveloppe étendue, inerte, divisible; en un mot, chacun découvre en soi comme deux êtres, l'un intérieur et simple, l'autre extérieur et corporel. Pourtant, il remarque avec non moins d'évidence que cette dualité est en lui contenue dans l'unité : il éprouve que ces opérations et ces tendances opposées appartiennent à un même sujet agissant et passif; il expérimente que cet homme double se compénètre en un seul, pour ne faire qu'un suppôt, une seule personne. Chacun se dit avec vérité : Je comprends, je veux, je délibère, je raisonne; chacun dit avec une égale vérité : Je me promène, je m'assieds, je me nourris, je souffre, je me fatigue. En parlant ainsi, on entend exprimer que tous les actes et toutes les affections de l'âme, que les mouvements et les modifications du corps, se rapportent à un être un et identique, tour à tour agissant et patient. Ce qui, en d'autres termes, signifie que le *moi*

---

[1] S. Augustin. *Ep. ad Volusianum.*
[2] S. Thomas, *Summa theol.*, p. 3, q. 2, a. 5, ad. 1.

humain est un, que ce *moi* ne résulte ni de l'âme seule ni du seul corps, mais du composé de l'un et de l'autre.

3. Parfois, il est vrai, on appelle *moi* l'âme prise à part. Mais saint Thomas observe avec justesse qu'on le dit dans un sens moins rigoureux, en tant que l'âme, quoiqu'elle ne soit pas tout l'homme, en est cependant la partie principale et la plus noble; à peu près comme on attribue vulgairement à une ville ce que fait son gouverneur, la rendant responsable des déterminations qu'il prend : ainsi nous attribuons quelquefois à l'âme, la partie la plus noble de l'homme, ce qui appartient à tout le composé. *Illud potissimum videtur esse unumquodque, quod est principale in ipso; sicut quod facit rector civitatis, dicitur civitas facere. Et hoc modo aliquando quod est principale in homine, dicitur homo* [1].

Ainsi l'Apôtre appelle *homme extérieur* le corps, et *homme intérieur* l'esprit. *Licet is, qui foris est, noster homo corrumpatur; qui intus est renovatur de die in diem* [2].

Mais c'est là un sens tropologique et qui constitue la figure que les rhéteurs nomment synecdoque. Au contraire, quand on parle au sens propre, sans métaphore (comme l'on doit faire en philosophie), le *moi* qui exprime la personne humaine ne peut se dire que de tout l'être subsistant dans sa nature complète, et, par conséquent, dans l'homme il ne peut se rapporter à l'âme prise isolément. *Non quælibet substantia particularis est hypostasis vel persona, sed quæ habet completam naturam speciei. Unde manus vel pes non potest dici hypostasis vel persona; et similiter nec anima, cum sit pars speciei humanæ* [3].

4. Et qu'on n'objecte pas que le corps appartient à la personnalité humaine, en ce sens seulement qu'il est l'instrument de l'âme. Le corps, il est vrai, est l'instrument de l'âme, car il lui fournit les organes nécessaires à plusieurs de ses opérations; toutefois il n'est pas moins vrai qu'il est un instrument substantiellement uni avec elle. *Non omne quod assumitur ut instrumentum pertinet ad hypostasim assumentis, sicut patet de securi*

---

[1] S. Thomas. *Summa theol.*, p. 1, q. 75, a. 4, ad. 1.
[2] II. *ad Cor.*, c. 4.
[3] S. Thomas. *Summa theol.*, p. 1, q. 75, a. 4, ad. 2.

et gladio; nihil tamen prohibet illud quod assumitur ad unitatem hypostasis, se habere ut instrumentum, sicut corpus hominis vel membra ejus [1].

Et que l'on ne dise pas que c'est là une distinction de sophiste, une subtilité de pédant. C'est l'expression fidèle d'une différence essentielle et objective.

Et de fait, le corps par lequel je me meus, la plume avec laquelle j'écris, sont deux instruments pour moi. Mais quelle différence de l'un à l'autre! L'union que j'ai avec ma plume ne consiste qu'en ce que je l'emploie pour une action qui, sortant de moi, passe en quelque façon par la plume, avant d'être reçue sur le papier où elle vient se terminer. Je puis donc attribuer cette action soit à moi, soit à la plume. Je puis dire : J'écris, et dire : la plume écrit. Mais, sauf l'écriture et ses modifications, rien autre, qui appartienne à l'être ou aux qualités de la plume, que je puisse m'approprier. Que si la plume venait à se gâter ou à se briser, je ferais rire si je disais : Je me suis gâté ou je me suis brisé. Pareillement, si la plume devient blanche ou dorée, Pourrais-je dire, par hasard : Je blanchis ou je me dore? Mais il n'en est pas de même de mon corps. Non-seulement je peux m'approprier ses actes et dire : Je marche, si le corps marche; je tombe, si le corps tombe; mais je puis en outre m'approprier tout ce qui appartient à son être et à ses attributs. Je peux dire : Je suis étendu, je suis composé de membres, je suis blanc, je suis pesant, je vieillis, toutes choses qui sont qualités et changements propres au corps. Bien plus, non-seulement je peux, mais encore je dois ainsi parler; et si je disais autrement (sauf quelques exceptions, par figure ou par abus) je ferais tout bonnement rire de moi. Pourrais-je sans impatienter mon auditeur, raconter ainsi mon voyage en Toscane : Mon corps partit de Rome en diligence; mon corps fut jeté sur la route; mon corps s'arrêta, pour y dormir, à Aquapendente? Or, notez-le bien, quoiqu'on puisse parfois user des termes moins exacts, toutefois, il ne peut jamais arriver qu'un langage vrai et juste passe universellement pour ridicule. D'où vient donc le ridicule de cette manière de parler des fonctions du corps, quoique très-

---

[1] S. Thomas. *Summa theol.*, p. 3, q. 2, a. 6, ad. 4.

juste quand elle est appliquée au ministère de la plume? De nulle autre cause, sinon que la plume est un instrument qui m'est uni accidentellement, tandis que mon corps m'est uni substantiellement, c'est-à-dire en unité d'être et de personne, et qu'une union de ce genre exige pour soutien quelque chose de plus intrinsèque que la simple qualité de servir de moyen pour une action.

ARTICLE II.

ON RÉFUTE PLUSIEURS OPINIONS SUR LA PERSONNALITÉ HUMAINE.

5. Descartes réduit le *moi* à l'âme seule, en tant qu'être pensant et distinct du corps. « Nous sommes par cela seul que nous pensons [1]. » La pensée n'est pas seulement un attribut de l'âme, mais elle constitue son essence [2]. Sous le nom de pensée, il déclare comprendre tout ce qui ce fait en nous, non-seulement entendre, vouloir, imaginer, mais encore sentir [3]. Ainsi, l'âme, pour lui, est le principe unique et immédiat de toute opération humaine et équivaut au *moi* tout entier. Cette opinion de Des-

---

[1] *Les principes de la philosophie*, 1re partie, § 8.

[2] De cela même que je connais avec certitude que j'existe, et que cependant je ne remarque point qu'il appartienne nécessairement aucune autre chose à ma nature ou à mon essence sinon que je suis une chose qui pense, je conclus fort bien que mon essence consiste en cela seul que je suis une chose qui pense, ou une substance dont toute l'essence ou la nature n'est que de penser. Et quoique peut-être, ou plutôt certainement, comme je le dirai tantôt, j'aie un corps auquel je suis très-étroitement conjoint; néanmoins, pour ce que d'un côté j'ai une claire et distincte idée de moi-même, en tant que je suis seulement une chose qui pense et non étendue, et que d'un autre j'ai une idée distincte du corps, en tant qu'il est seulement une chose étendue et qui ne pense point, il est certain que moi, c'est-à-dire mon âme, par laquelle je suis ce que je suis, est entièrement et véritablement distincte de mon corps. — *Méditation sixième*.

[3] Par le mot de penser, j'entends tout ce qui se fait en nous de telle sorte que nous l'apercevons immédiatement par nous-mêmes; c'est pourquoi non-seulement entendre, vouloir, imaginer, mais aussi sentir, est la même chose ici que penser. — *Les principes de la philosophie*, 1re partie, § 9.

cartes, a été ensuite adoptée par la plupart des philosophes modernes, si bien que le *Dictionnaire français des sciences philosophiques* la donne comme certaine sans la moindre hésitation : « C'est elle (l'âme), en un mot, qui constitue notre *moi*[1]... »

Kant est allé plus loin : pour lui le *moi* n'a plus été l'âme, mais seulement la conscience que l'âme a d'elle-même. En d'autres termes, ce n'a plus été la substance pensante, mais la pensée, en tant que par la réflexion elle saisit une autre pensée. Et parce qu'il admettait deux *moi*, l'un *pur* et l'autre *empirique*, il fait consister le premier dans la conscience des seules *formes à priori* et le second, dans la conscience des mêmes formes appliquées aux phénomènes naturels[2].

Rosmini crut pouvoir tenir une route mitoyenne entre l'un et l'autre de ces philosophes, en établissant que le *moi* n'est ni l'âme seule, ni la seule conscience, mais un composé de toutes les deux ; « Le *moi*, dit-il, est un principe actif dans une nature donnée ; en tant qu'il a conscience de lui-même et en affirme l'acte[3]. » Puis, faisant l'analyse de tout ce qu'implique cette perception, il conclut que le *moi* exprime l'âme ayant conscience de l'identité d'elle-même, se percevant avec elle-même, agissant ou sur le point d'agir[4].

---

[1] *Dictionnaire des sciences philosophiques*, article : *Ame.*

[2] Le *moi*, dans le système de Kant, n'est pas l'âme humaine, mais la conscience seulement, la pensée en tant qu'elle se réfléchit elle-même, c'est-à-dire ses propres actes et les phénomènes sur lesquels elle s'exerce. De là, pour le fondateur de la philosophie critique, deux sortes de *moi* : le *moi pur* et le *moi empirique*. Le premier c'est la conscience que la pensée a d'elle-même et des fonctions qui lui sont entièrement propres ; le second c'est la conscience s'appliquant aux phénomènes de la sensibilité et de l'expérience. — *Diction. des sc. phil.*, art. *moi.*
Bien que cela découle indubitablement de la doctrine qui, à travers des phrases nuageuses, se montre dans le second volume de la *Critique de la raison pure*, cependant, il ne manque pas d'endroits où il semble que Kant convienne avec Descartes que le *moi* c'est l'âme. Citons, par exemple, le passage suivant : « Moi, comme pensant, je suis un objet de » sens intime et m'appelle âme. Ce qui est un objet des sens extérieurs » s'appelle corps ». — *Critique de la raison pure*, par Emmanuel KANT, trad. par Tissot, page 50.

[3] *Psicologia*, tom. I. *Defi.*, XIII, § 35.

[4] *Ibidem*, l. I, c. 3, § 67.

6. Ces opinions sont toutes les trois bien loin de la vérité. Et quant à Descartes, son système n'a pas besoin d'être discuté après ce que nous avons dit dans l'article précédent, sur l'unité personnelle du composé humain. Néanmoins pour en résumer brièvement quelque chose, disons que faire consister le *moi* dans l'âme seule, pensante ou non, est tout à fait contraire au sens commun et à la logique. — Contraire au sens commun, parceque tous les hommes disent : Je suis homme; mais où donc, en dehors de l'école de Descartes, trouvera-t-on quelqu'un qui dise : Je suis âme? On dira bien : J'ai une âme, comme aussi j'ai un corps. Mais quand il s'agit de former une proposition qui exprime l'identité, nul ne fait correspondre au mot *moi* autre chose que le mot *homme*. — Contraire aussi à la logique, car si cette proposition : Je suis homme, est vraie, s'il est vrai pareillement que l'homme n'est pas l'âme seule, mais le composé de l'âme et du corps, il doit être vrai, par conséquent, que le *moi* humain ne peut consister dans l'âme seule, mais uniquement dans le composé de l'âme et du corps.

7. Laissons donc de côté Descartes; venons à l'examen des deux opinions qui restent. Celle de Kant doit paraître absurde à quiconque n'a pas l'esprit offusqué de transcendantalisme. Premièrement la distinction du *moi pur* et du *moi empirique* est tout-à-fait gratuite. Le *moi* est un, soit qu'il contemple les notions idéales que Kant qualifie à tort de *formes à priori*, soit qu'il perçoive les faits de l'expérience sensible. Une aussi est la conscience que, dans l'un et l'autre cas, l'homme a de soi-même. S'il n'en était pas ainsi, il ne serait jamais possible d'appliquer les *concepts* purs de l'esprit aux données de l'expérience, et l'homme n'aurait pas conscience que c'est lui-même qui sent, lui-même qui comprend et raisonne. Mais en outre, il est indubitable que le *moi* ne peut consister dans la conscience seule. Le *moi* est le sujet de toutes nos attributions tant actives que passives; or, tant s'en faut que la conscience puisse être le sujet de ces attributions, qu'elle-même a besoin d'être attribuée : et de fait, pouvez-vous concevoir la conscience sans concevoir un être auquel elle appartienne? La conscience est une faculté. Or de même qu'une faculté ne peut subsister sans un objet auquel elle se rapporte, elle ne peut subsister davantage sans un sujet

en qui elle réside. Ce n'est donc pas dans la conscience, mais dans le sujet de la conscience elle-même, qu'il faut chercher la notion du *moi* ou le terme dernier de toutes les attributions de l'agent raisonnable. De plus, la conscience est une conséquence de l'être. Or, toute conséquence suppose nécessairement le principe d'où elle dérive. De là, la vérité de cette formule : *Cogito, ergo sum*, en ce sens que la pensée ne peut exister sans la réalité du sujet pensant dont elle émane. Vouloir le contraire serait vouloir un effet sans cause. Ce que nous disons en général de la pensée, doit se dire en particulier de la conscience.

Mais la réalité de l'être est tellement incluse dans l'acte, quel qu'il soit, de la conscience, que celui-ci sans celle-là est une pure contradiction. J'ai la conscience. — De quoi ? — D'une forme pure ou d'une représentation sensible ? Mais cette forme et cette représentation flottent-elles par hasard dans l'air comme des vapeurs ? Ou ne sont-elles pas plutôt des modifications d'une substance individuelle et concrète à laquelle elles sont inhérentes, et qui les produit ? La conscience pouvant seulement les saisir comme elles sont, ne peut donc en aucune façon les rapporter, sans rapporter en même temps l'être sur lequel elles s'appuient. A qui les rapporte-t-elle ? *Au moi*. Le *moi* n'est donc pas la conscience, si nous ne voulons confondre la voix qui atteste avec la chose attestée et avec le sujet recevant l'attestation.

8. Eh bien ! me dira-t-on, si l'on rejette l'opinion de Kant, il faut par là même accepter celle de Rosmini qui place le *moi* dans la conscience, de telle façon qu'il y inclut encore l'être du sujet dont elle a le sentiment. Mais cette opinion n'est pas plus admissible que l'autre. La méprise de Rosmini a beaucoup d'analogie avec celle de Kant ; car, comme lui, il confond le *moi* avec la *perception* du *moi*. C'est ce qui devient évident, si peu que l'on jette les yeux sur le chapitre de l'anthropologie, auquel il renvoie le lecteur. Ce chapitre, il l'intitule : *De la génération du moi*, et il ne fait qu'y expliquer les pas que nous faisons pour arriver à la conscience de nous-même [1]. Une seule citation suffira : « Quand le sujet humain, dit-il, moyennant diverses opérations

---

[1] *Antropologia*, lib. IV, cap. 4.

» intérieures de ses facultés, parvient à acquérir la conscience de
» lui-même, alors ce sujet devient un *moi*. » Qui ne le voit, le
mot *devient* est ici mis à la place du mot *connaît*? Le *moi* commence avec l'existence, non avec la réflexion : autrement pourrions-nous dire avec vérité : Je suis né tel ou tel jour, nommant
non le jour où nous avons commencé à réfléchir, mais celui où
nous sommes venus à la lumière?

Mais, répliquerez-vous, nous ne pourrions dire cela sans réflexion. — Très-bien, mais qu'est-ce que cela prouve? Cela
prouve que nous ne pouvons parler du *moi* sans le connaître et
que l'on n'a cette connaissance que par l'acte réflexe de la conscience. Mais encore une fois, nous ne cherchons pas ici *comment
le moi se connaît*, mais bien *en quoi consiste le moi,* et c'est à
tort que l'on prend ces questions l'une pour l'autre. La connaissance suppose l'être, puis qu'on ne peut connaître ce qui n'est
pas. Le *moi*, c'est-à-dire la personne, appartient à l'être, et
quoiqu'il ne puisse être connu que par un acte de la conscience,
cependant il ne peut être constitué par cet acte. Dans sa réalité,
le *moi* précède la conscience que nous en avons, et il ne peut
se confondre avec elle sans confondre l'objet connu avec la
connaissance.

Si la conscience perçoit et affirme le *moi*, le *moi* doit exister
avant cette perception et cette affirmation, autrement la connaissance créerait son objet, conformément aux rêveries de l'idéalisme transcendantal. La réalité d'une chose est toujours présupposée à l'acte de la puissance par laquelle elle est perçue. Ou
bien, dirons-nous que les corps deviennent tels par la perception sensitive que nous en avons? que si, par aventure, tous les
êtres sensibles venaient à manquer, le monde matériel tout
entier, par le seul fait, serait anéanti? Dans cette hypothèse, la
création divine des cieux, de la terre, des astres, des plantes,
des eaux, durant les quatre premiers jours, aurait été vaine et
illusoire jusqu'au cinquième où furent créés les animaux.

Supposez encore que la conscience soit la raison formelle du
moi, il faudra croire que le *moi* n'existe pas, ou cesse d'exister
quand le sujet n'a pas actuellement la conscience de lui-même.
Ainsi un petit enfant qui n'a pas encore l'âge de la réflexion ne
sera pas une personne, et l'adulte perdra sa personnalité lors-

qu'il dormira ou qu'il sera enseveli dans la léthargie. De même dans l'homme qui est sain et qui veille, le *moi* variera toujours puisqu'en lui varie incessamment l'acte de la conscience. J'ai maintenant la conscience que j'écris ou que je lis, une autre fois je sens en moi l'impression de la tristesse ou de la joie. Ces actes de conscience sont divers, parce que divers en sont les objets. Divers aussi sera donc le *moi*, puisque « *le sujet par la conscience devient un moi.* »

Enfin remarquons qu'en cette matière, il ne faut s'avancer que d'un pas prudent et sûr; car la doctrine de la personnalité touche aux mystères les plus augustes de la religion chrétienne. En Dieu il n'y a qu'une nature en trois personnes. Pourrons-nous dire en saine théologie, qu'en Dieu il y a trois consciences ou trois actes de conscience? En Jésus-Christ, il n'y a qu'une personne divine et deux natures. Pourrons-nous dire, sans l'erreur la plus manifeste, qu'en lui il n'y a qu'une seule conscience divine, la conscience humaine étant totalement supprimée?

ARTICLE III.

EN QUOI CONSISTE PROPREMENT LA PERSONNALITÉ.

9. Dans le premier article nous avons dit, en général, que l'âme et le corps appartiennent à la personne humaine. Précisons maintenant notre analyse et cherchons en quoi consiste la personne humaine; étendons même encore plus la question, voyons ce qui constitue la personnalité en général. La personne ou le *moi* en général, signifie *l'être subsistant d'une nature raisonnable.* C'est ce que saint Thomas enseigne clairement: *Persona significat id, quod est perfectissimun in tota natura, scilicet subsistens in rationali natura* [1].

Et ailleurs, il nous apprend que la personne n'est autre chose qu'une substance individuelle de nature raisonnable. *Nihil est aliud persona quam rationalis naturæ individua substantia* [2];

---

[1] S. Thomas, *Summa theol.*, p. 1, q. 29, a. 3.
[2] *Summa theol.*, 3. p., q. 2, a. 2.

où il est bon de noter que le mot *individuel* est pris pour signifier et ce qui est doué de singularité, et ce qui, dans sa singularité, n'existe qu'en soi-même, comme séparé de tout autre être : *indivisum in se et divisum à quolibet alio* [1].

10. L'idée d'être subsistant implique deux choses : l'acte de la subsistance et la nature ou l'être qui est doué de cette subsistance. Si cette nature n'est pas celle d'un minéral, d'une plante, d'une brute, mais une nature intellectuelle et raisonnable, nous avons la personne. Pour mieux entendre ceci, il est bon de remonter un peu plus haut.

Dans tout être réel, il y a un fond premier, base et soutien de tout le reste, et qui, n'appartenant qu'à lui-même, est sujet d'attribution de tout ce qui se peut affirmer de lui. S'il n'en était pas ainsi, nous aurions en chaque être un édifice sans fondement, un château en l'air. Or, quel est ce fond, ce soutien premier de l'être? C'est l'être singulier et individuel de chacun subsistant en soi-même. *Subsistere*, observe Suarez, *dicitur aliquid, in quantum est sub esse suo, non quod habeat esse in aliquo sicut in subjecto, sed quod cum per se sit et quasi in se sustentetur, ipsummet sit quasi primum subjectum et quasi fundamentum sui esse* [2]. Cet être singulier et individuel, appuyé sur lui-même et base de toutes les attributions de l'être, les Grecs l'appellent *hypostase*, c'est-à-dire suppôt, de ὑφίστημι (*suppono*); chez les latins, il se nomme *substance première*. On l'appelle *substance*, parce qu'il soutient, physiquement et logiquement, tout ce qui peut s'affirmer de l'être. On y joint l'épithète *première* pour le distinguer de l'être spécifique, c'est-à-dire de la substance qui, par abstraction, serait prise universellement et que les anciens appelaient *substance seconde*, comme serait, par exemple, l'homme en général, lequel, bien qu'il puisse recevoir un grand nombre d'attributions, peut cependant lui-même être attribué à beaucoup d'individus, en disant : Pierre est homme, Paul est homme, et ainsi de suite. Au contraire, la substance singulière qui subsiste en elle-même, ne peut en aucune manière se communiquer à une autre soit

---

[1] S. Thomas, *Summa theol.*, 3. p., q. 2, a. 2.
[2] *Disputationum metaphysicarum*. Disput. XXXIV, sect. I.

physiquement, soit logiquement; elle ne peut s'énoncer que d'elle-même.

11. Une telle substance est ce qui proprement existe (car toutes les autres choses qui lui appartiennent, n'existent qu'en elle et par elle); elle est aussi ce qui proprement opère, car puisque l'opération suit l'être, elle convient proprement à celui qui proprement existe. Or, il faut observer que si cette substance est de nature raisonnable, l'opération lui convient à un degré plus parfait, c'est-à-dire, avec une entière indépendance; en tant que douée de liberté, elle est vraiment maîtresse de ses actes. De là, il résulte qu'une telle substance est digne de recevoir un nom particulier, à raison de sa noble prérogative : elle s'appelle *personne* [1]. La personne n'exprime donc autre chose que l'être subsistant de nature raisonnable.

Toute cette théorie est presque mot pour mot de saint Thomas, qui, défendant cette définition : *Persona est rationalis naturæ individua substantia* [2], s'exprime ainsi : « C'est avec raison,
» comme il est évident par ce qui a été dit plus haut, que l'indi-
» vidu dans le genre substance reçoit un nom spécial, parce que
» la substance s'individue en vertu de ses principes propres, et
» non en vertu d'un élément étranger, comme il arrive aux acci-
» dents, qui s'individuent en vertu du sujet auquel ils sont inhé-
» rents. C'est encore avec raison qu'entre les individus substan-
» tiels, celui qui est doué d'une nature raisonnable reçoit un nom
» spécial. Car il lui appartient d'agir vraiment par lui-même,
» comme il a été dit plus haut. De la même manière donc que le
» nom d'hypostase, selon les Grecs, et celui de substance pre-

---

[1] *Sicut substantia individua proprium habet quod per se existat, ita proprium habet quod per se agat, nihil enim agit nisi ens actu. Et propter hoc calor, sicut non per se est, ita non per se agit, sed calidum per calorem calefacit. Hoc autem quod est per se agere, excellentiori modo convenit substantiis rationalis naturæ, quam aliis. Nam solæ substantiæ rationales habent dominium sui actus, ita quod in eis est agere et non agere; aliæ vero substantiæ magis aguntur, quam agant. Et ideo conveniens fuit ut substantia individua rationalis naturæ speciale nomen haberet.* (S. Thomas. Qq. disp. q. ix, *de potentia*, a. 1, ad 3^m.)

[2] Cette définition fut d'abord formulée par Boëce, dans son livre de *Duabus Naturis*.

» mière, selon les Latins, sont le nom spécial de l'individu dans le
» genre substance, ainsi celui de personne est le nom spécial de
» l'individu qui jouit d'une nature raisonnable. L'une et l'autre
» spécialité sont contenues dans ce mot *personne*. C'est pourquoi,
» afin de montrer qu'elle est un individu dans le genre substance,
» on dit que la personne est substance individuelle; pour mon-
» trer ensuite qu'elle jouit d'une nature raisonnable, on ajoute *de*
» *nature raisonnable*. De cette manière, par le mot *substance*,
» on exclut de l'idée de personne les accidents dont aucun n'est
» *personne*; par le mot *individu*, on exclut de cette même idée
» les genres et les espèces qui ne peuvent non plus s'appeler *per-
» sonne*; enfin, en ajoutant *de nature raisonnable*, on exclut de
» cette idée les minéraux, les plantes, les brutes, toutes choses
» qui ne sont pas des personnes [1]. »

La personnalité n'est donc que la subsistance individuelle d'une nature raisonnable. Quant à la personne, elle est cette subsistance même concrétée, c'est-à-dire la nature raisonnable elle-même en tant qu'elle est un être par lui-même, qui n'appartient qu'à lui-même, qui, par conséquent, est principe suprême de toutes ses opérations, sujet dernier auquel se rapporte tout ce qu'on peut affirmer de l'être en tant qu'il existe. Donc, ni l'âme seule, ni le corps seul (puisque ni l'un ni l'autre séparément ne

---

[1] *Rationabiliter, sicut ex præmissis patet, individuum in genere substantiæ speciale nomen sortitur, quia substantiæ ex propriis principiis individuantur, et non ex alio extraneo, sicut accidens ex subjecto. Inter individua etiam substantiarum rationabiliter individuum in rationali natura speciali nomine nominatur; quia ipsius est proprie et vere per se agere, sicut supra dictum est. Sicut ergo hoc nomen* hypostasis, *secundum Græcos, vel* substantia prima, *secundum Latinos, est speciale nomen individui in genere substantiæ, ita hoc nomen* persona *est speciale nomen individui rationalis naturæ. Utraque ergo specialitas sub nomine personæ continetur. Et ideo ad ostendendum quod est specialiter individuum in genere substantiæ, dicitur quod est* substantia individua; *ad ostendendum vero quod est specialiter in rationali natura, additur* rationalis naturæ. *Per hoc ergo quod dicitur* substantia, *excluduntur a ratione personæ accidentia, quorum nullum potest dici persona; per hoc vero quod dicitur* individua, *excluduntur genera et species in genere substantiæ, quæ etiam personæ dici non possunt; per hoc vero quod additur* rationalis naturæ, *excluduntur inanimata corpora, plantæ et bruta, quæ personæ non sunt.* (S. Thomas. Qq. Disp., Q. ix. *de potentia*, a. 2.)

donne toute la nature humaine), mais le composé des deux à la fois (qui comme nous le verrons dans l'article suivant, possède la véritable unité de nature), le composé, dis-je, en tant que positivement actué en lui-même par la subsistance, et en tant qu'il existe par lui et en lui-même, constitue le *moi*, notre personne. Quand l'homme sent en lui-même cette subsistance, il sent le *moi*, et ce sentiment, il l'a par l'acte de la conscience : ce sentiment n'est donc pas ce qui constitue, mais ce qui perçoit le *moi*.

12. Cette doctrine répond admirablement aux dogmes de la foi, soit que l'on s'élève vers le très-auguste mystère de la Trinité divine, soit que l'on considère celui de la très-sainte Incarnation du Verbe éternel. Pour l'un comme pour l'autre, il faut recourir à la notion de subsistance.

En effet, quelle explication donnent les Pères et les théologiens du mystère très-profond de la divine Trinité? En Dieu comme être intelligent, il n'y a que deux actions immanentes, entendre et vouloir. Dans ces deux actes, il doit y avoir un terme qui procède d'un principe, parce que de même que le Verbe mental, produit par voie d'intellection, contient l'objet entendu, de même l'acte affectif de la volonté, produit par voie d'amour, renferme l'objet aimé. *Amatum est in amante; sicut per conceptionem verbi, res dicta vel intellecta est in intelligente*[1]. Donc, de Dieu se comprenant et s'aimant lui-même, comme être souverainement intelligible et souverainement bon, procède Dieu lui-même compris et aimé par deux émanations distinctes de l'intelligence et de la volonté. Mais en Dieu, être très-parfait, on ne peut trouver une qualité ou un accident qui serait inhérent à la substance et lui donnerait un nouveau degré de réalité. Donc les deux termes dont nous avons parlé, procèdent nécessairement de Dieu comme deux êtres subsistants en eux-mêmes, et non comme deux qualités inhérentes d'un sujet préexistant. D'un autre côté, il ne peut être vrai qu'ils soient deux êtres nouveaux distincts de Dieu quant à l'essence, parce que dans ce cas on aurait une production extérieure, et non une émanation interne. Il est donc nécessaire que, tout en possédant une identité de nature avec leur principe, ces êtres soient

---

[1] S. Thomas. *Summa theol.*, 1 p., q. 27, a. 3.

distingués de lui par une subsistance propre à chacun d'eux, subsistance qui ne peut s'identifier avec celle de l'autre, à cause de l'opposition de relation qu'entraîne la procession réelle entre le principe et le terme. Et parce que la subsistance dans une nature intellectuelle constitue vraiment une personne, il s'en suit qu'en Dieu, bien qu'il n'y ait qu'une nature, il y a cependant trois personnes. *Substantia in divinis continet unitatem, relatio multiplicat Trinitatem* [1].

C'est ce que Dante a exprimé en vers inimitables, lorsqu'il représente le Verbe éternel sous l'image d'une lumière qui subsiste, mais dans une nature non distincte de son foyer, non distincte de l'amour, lequel, comme un rayon de chaleur, reçoit sa vibration de l'un et de l'autre et produit par sa vertu toutes les substances créées :

> *Chè quella viva Luce, che si mea*
> *Dal suo Lucente, che non si disuna*
> *Da Lui nè dall'amor che in lor s'intrea,*
> *Per sua bontade il suo raggiare aduna*
> *Quasi specchiato in nuove sussistenze,*
> *Eternalmente rimanendosi una* [2].

13. Un mot maintenant de l'Incarnation divine. Bien qu'il y ait deux natures dans le Christ, pourquoi n'y a-t-il qu'une personne? Parce que ces deux natures n'ont qu'une subsistance, celle du Verbe qui, en prenant la nature humaine, se l'est unie substantiellement, l'a faite sienne et lui a départi ce suprême complément qu'exige une nature pour exister comme substance. En quoi il faut observer la différence qu'il y a entre la nature ou *quiddité* substantielle et la *quiddité* accidentelle. La nature ou *quiddité accidentelle,* comme l'extension, la couleur, la figure et le reste, a besoin d'être inhérente à un sujet qui la soutienne. La nature ou *quiddité substantielle* ne demande pas un sujet, mais veut subsister par elle-même et soutenir en elle-même son être propre. A la première appartient l'inhésion, à la seconde la subsistance. Mais cette inhésion et cette subsistance, en tant qu'elles constituent l'essence même, l'une de l'accident, l'autre

---

[1] Boèce. *De Trinitate.* — [2] *Paradis,* 13.

de la substance, doivent s'entendre non de l'inhésion et de la subsistance actuelle, mais d'une aptitude ou d'une simple exigence. L'accident doit être inhérent à une substance, et de fait il y est inhérent tant qu'on le laisse à son mode d'être naturel. Cependant cette inhérence actuelle peut être détruite par une vertu divine qui soutienne l'accident en lui-même, en suppléant à l'influence du sujet sur lequel il devrait naturellement s'appuyer. C'est ce qui arrive dans la très-sainte Eucharistie, où les espèces sacramentelles restent sans la substance du pain et du vin. Semblablement, la nature substantielle tend à subsister en elle-même; mais le complément actuel de cette exigence ne lui peut venir que d'une subsistance positive, en vertu de laquelle cette même nature reçoive son terme dernier comme substance, et devienne une nature subsistante et tout-à-fait incommunicable. Or, cette subsistance positive est donnée à la nature humaine du Christ par le Verbe divin qui se l'est unie; et, par suite, cette nature, quoique humaine, ne constitue pas une personne humaine, parce qu'elle ne subsiste pas d'une subsistance humaine. Sa subsistance étant divine, c'est-à-dire étant la subsistance même du Verbe éternel, l'être subsistant qui en résulte est divin, quoique, avec l'être divin auquel il est identique, il ait tout ensemble l'être humain, c'est-à-dire la nature humaine terminée et complétée par ce même Verbe.

C'est à ce point de vue que les théologiens enseignent qu'on peut dire que la personnalité du Christ est composée, parce qu'il est un être subsistant en une double nature. Voici les paroles du Docteur angélique : « La personne ou l'hypostase du Christ peut
» se considérer de deux manières. L'une, selon ce qu'elle est
» en elle-même; et, prise ainsi, elle est parfaitement simple,
» aussi simple que la nature du Verbe. L'autre manière, selon
» qu'à la personne ou à l'hypostase il appartient de subsister en
» une nature donnée; et, sous cet aspect, la personne du Christ
» subsiste en deux natures. D'où il arrive que, quoiqu'il n'y ait là
» qu'un seul être subsistant, il y a néanmoins diverses manières
» de subsister; de sorte que cette personne se dit composée, en ce
» sens qu'une seule personne subsiste en deux natures : *Persona sive hypostasis Christi dupliciter potest considerari. Uno modo, secundum illud, quod est in se; et sic est omnino simplex,*

sicut et natura Verbi. Alio modo, secundum rationem personæ vel hypostasis, ad quam pertinet subsistere in aliqua natura; et secundum hoc persona Christi subsistit in duabus naturis. Unde licet sit ibi unum subsistens, est tamen ibi alia et alia ratio subsistendi, et sic dicitur persona composita, in quantum unum duobus subsistit [1].

ARTICLE IV.

L'UNITÉ DU COMPOSÉ HUMAIN EST UNE VÉRITABLE UNITÉ DE NATURE.

14. L'unité qui, dans l'homme, résulte de l'union de l'âme avec le corps n'est pas seulement une unité de personne; c'est aussi une unité de nature. *Ex anima et corpore constituitur in unoquoque nostrûm duplex unitas, naturæ et personæ* [2]. Encore ici, notre guide est la conscience. Car non-seulement nous expérimentons que par l'union de l'âme et du corps une seule personne est formée en nous, de même qu'un, un seul principe, un seul sujet d'action et de passion; mais encore nous sentons que ces deux substances sont en nous cimentées et combinées entre elles de telle sorte qu'il en résulte une seule nature. Or, cette nature, quoique composée de parties qui ne sont ni confondues, ni empruntées l'une à l'autre, n'est cependant aucune d'elles prise isolément, mais bien le résultat de toutes les deux et comme un troisième être qui se tient par l'assemblage de deux éléments. *Ex corpore et anima dicitur esse homo sicut ex duabus rebus quædam tertia res constituta, quæ neutra illarum est; homo enim nec est anima neque corpus* [3].

Pianciani n'oublie pas ce fait lorsqu'il écrit : « Ces deux sub-
» stances aussi diverses que la pensée et l'extension résistante et
» mobile, sont si intimement unies, sans toutefois se confondre,
» qu'elles paraissent s'identifier l'une avec l'autre, et former un

---

[1] S. Thomas. *Summa theol.*, 3. p., q. 2, a. 4.
[2] S. Thomas. *Summa theol.*, 3. p., q. 2, a. 1, ad 2.
[3] S. Thomas. *De ente et essentia*, c. III.

» être mixte; être à la fois un et double, comme une et double
» est l'eau considérée au point de vue chimique, comme sont
» tous les autres oxydes, et en général les substances compo-
» sées [1]. »

15. L'homme n'est pas un composé quelconque de corps et d'âme, de chair et d'esprit; mais c'est un composé substantiel, doué d'une véritable unité, de sorte qu'il en résulte un seul être humain, qui subsiste et opère dans l'assemblage individuel des deux composants.

Les engins d'une machine, œuvre de l'art, telle que serait, par exemple, une horloge ou une locomotive, concourent assurément à former un tout. Mais de quelle nature est ce tout? Sa nature est purement accidentelle. L'ingénieuse disposition des parties, leur mutuelle dépendance dans leurs mouvements, leur coordination à une seule fin, voilà ce qui constitue l'unité de cette œuvre. Mais toutes ces choses ne sont que des modifications, des accidents qui présupposent la substance, c'est-à-dire l'être complétement subsistant du métal, du bois, des pierres, qui doivent former les pivots, les ressorts, les rouages, toutes les autres pièces de cette construction artificielle. Rien de semblable ne peut se dire de l'homme. En lui, le corps n'est pas un être vivant déjà constitué indépendamment de l'âme; car la

---

[1] *Saggi filosofici*. Vol. 1. Sagg. 2

Nous ne rappelons ici cet exemple, et tous les autres tirés des combinaisons chimiques, que comme une simple analogie, espèce d'argument *ad hominem* pour ceux qui s'en tiennent aux doctrines de la chimie, telles qu'on les propose communément. Mais, comme nous le dirons plus loin, il y a une différence immense entre l'union de l'âme humaine et du corps, et celle que les chimistes admettent entre deux éléments simples qui forment un composé, et deux composés qui forment un surcomposé. Bien plus, sur ces mêmes combinaisons chimiques, nous serons obligés de porter en son lieu un jugement un peu différent de celui qu'on s'en forme d'ordinaire. Toutefois, en les acceptant pour le moment telles qu'on les présente, elles servent merveilleusement à prouver par les faits mêmes admis par les chimistes, comment deux êtres distincts et même contraires peuvent, sans s'identifier, ni se confondre, arriver à s'unir tellement entre eux, qu'ils produisent un troisième être doué de propriétés nouvelles, que vous chercheriez vainement dans chacun des deux composants, pris à part.

vie est l'attribut essentiel et la manifestation d'une force intrinsèque qui constitue le sujet même vivant. La chair en nous est chair humaine; et cette épithète *humaine* n'est pas une dénomination extrinsèque, comme celle d'un vêtement et d'une habitation, qui ne se disent humains que par une simple relation avec l'homme qui s'en couvre ou l'habite. Mais c'est une dénomination intrinsèque, qui regarde la substance même de la chair à qui elle s'attribue. Si donc l'être humain procède en nous de l'âme raisonnable, il faut dire que l'âme raisonnable, en s'unissant au corps, l'élève à la participation d'un être commun.

16. L'âme et le corps unis ensemble constituent en nous la chair vivante, le corps animé. Or, la chair vivante, le corps animé est certainement une substance, mais une troisième substance, c'est-à-dire non le corps seul, ni l'âme seule, mais le produit de leur union réciproque. « Comme dans les corps formés » par combinaison chimique, on ne peut découvrir le moindre » espace où un élément soit sans l'autre (un rayon même de » soleil passant à travers ces corps, comme à travers un corps » simple, ne pourrait, pour ainsi dire, les distinguer), ainsi on ne » peut déterminer une partie du corps animé et sensitif, qui ne » décèle la combinaison de l'esprit et du corps [1]. » Et que l'on ne croie pas que pour avoir un tel composé, ce soit assez d'une simple addition des deux éléments unis ensemble et en contact mutuel. Cette addition et ce contact donneraient toujours deux substances, non une seule substance participant des propriétés de l'une et de l'autre ; précisément comme l'oxygène et le soufre ne donneraient jamais l'acide sulfurique par le simple mélange de leurs parties; de même qu'un acide quelconque mis en contact avec une base ne donnerait pas un sel. Pour obtenir l'une ou l'autre de ces substances mixtes, il faut que, outre le contact et l'action réciproque des parties, il y ait communication intime des deux éléments, et comme transfusion de l'être de l'un en celui de l'autre. Raisonnez de même de l'âme relativement au corps, autant que l'analogie et le rapprochement peuvent avoir lieu en des sujets si différents.

---

[1] PIANCIANI, passage ci-dessus.

17. Et la vérité de ceci paraît manifeste dans les formes de notre langage, qui ne sont pas arbitraires, mais fondées sur les faits dont nous avons la conscience et le sentiment intime. Car de cette union résulte à l'égard de l'homme un échange d'épithètes, une sorte de communication d'idiômes entre l'âme et le corps, telle que l'une peut recevoir les dénominations empruntées à l'autre, et réciproquement. Et de fait; de même que nous disons *corps animé*, nous pouvons dire *âme incorporée* [1]; et comme nous disons que le corps sent, bien que la sensation procède radicalement de l'âme, nous disons aussi que l'âme se meut d'un lieu à un autre, quoique le mouvement local ne lui convienne pas de soi, mais n'appartienne proprement qu'au corps [2].

---

[1] Si quelqu'un était assez susceptible pour prendre ombrage de ces façons de parler, comme si elles faisaient tort à la simplicité et à la spiritualité de l'âme, qu'il se rappelle les termes adoptés même par l'Eglise relativement au Verbe divin quand elle dit qu'il s'est *incarné*, qu'il s'est *fait homme,* par son union avec la nature humaine. Bien plus, le saint Evangile use d'une locution plus forte encore lorsqu'il dit que le *Verbe s'est fait chair, et Verbum caro factum est.*

[2] En vertu de cette union, on trouve dans *le corps animé* des propriétés qui ne conviennent point à la matière; et dans *l'âme incorporée,* des propriétés qui ne conviennent point aux purs esprits. Grâce à cette union, nous pouvons affirmer du *corps animé* ce que l'on ne pourrait dire sans erreur du corps seul; et de *l'âme incorporée,* ce que l'on ne pourrait dire de l'esprit séparé. Par exemple, le *corps animé* n'est pas totalement inerte : souvent il s'imprime de lui-même le mouvement sans aucune impulsion extérieure, sans être mû par aucune loi générale de la nature; il est donc doué d'activité. Et pourtant ce corps privé d'âme est inerte comme le reste de la matière; les membres coupés à un être vivant sont pareillement inertes comme les principes qui composent ce corps, soit les principes immédiats, comme le sang, les fibres musculaires, etc., soit les matières premières ou élémentaires, tels que l'oxygène, l'hydrogène, le carbone, le nitrogène ou l'azote et le reste. Donc la *non inertie* n'est pas une propriété de la matière, ni même des composés animaux matériels, comme le sang, les nerfs, la cervelle; mais elle est une propriété de la matière animée. Elle n'appartient à aucun corps, mais seulement à ce qui est composé d'âme et de corps : et, si je ne m'abuse, elle fournit une preuve très-solide de l'existence d'une âme incorporelle, et dans l'homme, et dans les autres animaux. Comme le corps semble perdre en partie l'inertie en s'unissant à l'âme pour la reprendre en s'en séparant, ainsi l'âme, tant qu'elle est unie au corps, semble en quelque

18. Qu'il nous soit permis de recourir ici à une comparaison très-relevée, d'établir un parallèle entre l'âme unie au corps, et le Verbe de Dieu incarné ; car ces deux mystères, l'un naturel, l'autre surnaturel, se prêtent une mutuelle lumière : dans ce qui nous est permis d'en saisir, ce parallèle pourra aussi nous montrer comment les véritables idées philosophiques servent à l'intelligence des dogmes de la foi, et comment, par leur analogie avec ces dogmes, elles proclament que l'auteur de la nature est aussi l'auteur de la grâce. Comme l'unité de personne dans le Christ résulte de l'union de la divinité avec l'humanité dans la subsistance unique du Verbe, de même l'unité de personne dans l'homme résulte de l'union de l'âme avec le corps. *Persona hominis mixtura est animæ et corporis, persona autem Christi mixtura est Dei et hominis* [1]. Par conséquent, comme, en vertu de cette unité de personne, il y a dans le Christ échange mutuel des appellations empruntées aux deux natures, mais prises dans le sens concret, en tant qu'elles se rapportent à la personne ; ainsi la même chose a lieu dans l'homme à l'égard de l'âme et du corps. Comme donc nous pouvons dire : Le Christ est Dieu, le Christ est homme, un Dieu est né de la vierge Marie, un homme est fils de Dieu le Père, un Dieu a été visible sur la terre, a souffert sur la croix, un homme est Roi de gloire et Seigneur de toute chose [2] ; ainsi pouvons-nous dire : l'homme est esprit, l'homme est corps, un être intelligent et corporel, un être corporel et intelligent, puisque la même personne humaine est à la fois intelligente et corporelle, et que les termes concrets se rapportent à la personne. Mais, parce que dans le Christ, l'union des deux natures n'a été que personnelle, sans une véritable et mutuelle transfusion de l'être et des propriétés

---

sorte perdre l'inextension, en tant qu'elle est combinée avec une portion du corps de l'animal, portion nécessairement étendue. (PIANCIANI, l. c.)

[1] S. AUGUSTIN. Ep. 137 *ad Volusianum*.

[2] *Cum sit eadem hypostasis utriusque naturæ, eadem hypostasis supponitur nomine utriusque naturæ. Sive ergo dicatur homo, sive Deus, supponitur hypostasis divinæ et humanæ naturæ. Et ideo de homine possunt dici ea quæ sunt divinæ naturæ, tamquam de hypostasi divinæ naturæ ; et de Deo possunt dici ea, quæ sunt humanæ naturæ, tamquam de hypostasi humanæ naturæ.* (S. THOMAS. *Summa theol.*, p. 3, q. 16, a. 4.)

de l'une dans l'autre, la communication d'idiômes ne peut avoir lieu entre les natures elles-mêmes [1]. Ainsi on ne peut dire : L'humanité du Christ est partout, elle est incréée, éternelle; ou bien : La divinité dans le Christ est circonscrite en un lieu, elle fut passible, sujette à la mort. Au contraire, dans l'homme, comme il y a, outre l'unité de personne, une union de nature véritable et immédiate, cet échange d'épithètes peut se faire entre les natures mêmes. Ainsi nous pouvons dire : Le corps dans l'homme est sensible, actif, doué d'une vertu motrice; nous pouvons dire aussi : L'âme dans l'homme est mobile, sujette à l'impression des corps environnants, et ainsi de suite. Néanmoins, même ici, nous avons un rapprochement avec le sublime mystère de l'Incarnation. En effet, comme l'âme ne communique pas au corps tous les degrés de son être, puisqu'elle exerce son intelligence et sa volonté sans le concours d'organes corporels; ainsi on ne peut en aucune façon attribuer au corps les dénominations empruntées à ce degré de l'être intelligent. On ne peut donc dire : Dans l'homme le corps comprend, le corps veut; tandis qu'au contraire, on peut dire que le corps sent [2] et convoite [3], parce que le degré sensitif lui est de fait communiqué par l'âme, comme nous le verrons dans l'article suivant.

[1] Le Fils de Dieu, dans le très-saint mystère de l'Incarnation, a pris en unité de personne une âme informant un corps, de telle manière que les deux natures humaine et divine, ne peuvent mêler et confondre leurs attributs. C'est ce qui a été défini dans le cinquième Concile général contre l'impiété d'Eutychès et de Dioscore d'une part, qui confondaient en Jésus-Christ les natures; et celle de Nestorius et de Théodore de Mopsueste de l'autre, qui distinguaient les personnes.

[2] *Aurem audientem, et oculum videntem, Dominus fecit utrumque.* (Prov. 20.)

[3] *Caro concupiscit adversus spiritum.* (Ad Gal., v.)

ARTICLE V.

LE CORPS ANIMÉ PARTICIPE DE LA VIE MÊME DE L'AME.

19. L'analogie et la différence entre les deux termes de la comparaison établie tout-à-l'heure naissent de ce que, dans le Christ, la conjonction des deux natures procède de l'unité de sa personne divine; tandis que, dans l'homme, l'unité de la personne procède de la conjonction directe des deux natures. De là vient que les natures dans le Christ, la Divinité et l'humanité, peuvent rester, comme elles restent en effet, incommunicables entre elles, sans déroger à l'unité de la personne; dans l'homme, au contraire, l'âme et le corps doivent absolument se mêler en quelque sorte et se combiner ensemble, afin que de l'unité de nature résulte l'unité de personne : *Miscetur anima corpori ut una persona fiat hominis* [1]. Ce mélange et cette combinaison des deux natures en une seule, outre les preuves apportées plus haut, se révèle aussi en ce que l'âme fait participer le corps à sa propre vie. Pour s'en assurer, il suffit de porter son attention sur le témoignage de la conscience. Elle nous apprend que les actes de la sensation ne dérivent pas de l'âme seule, mais du composé, c'est-à-dire du *corps animé*, ou, si vous aimez mieux, de *l'âme incorporée*, en tant que ces actes sont exercés par un organe sensible.

20. Cette observation pourrait s'étendre également à la vie végétative, que l'homme partage avec les brutes et les plantes. Car, comme nous le verrons bientôt, la raison nous dit, et les plus célèbres naturalistes sont unanimes à reconnaître que l'on ne peut attribuer la végétation aux seules forces physiques et chimiques, mais qu'elle dépend d'une autre force d'un ordre supérieur. Cette force végétative emploie l'attraction et les affinités, qualités propres à la matière inorganique, comme autant d'instruments pour produire des effets d'une sphère plus haute, les contraignant à suivre des lois nouvelles et tout-à-fait différentes, souvent même contraires à celles par lesquelles elles sont d'or-

---

[1] S. Augustin, Epit. CXXXVII, *ad Volusianum*.

dinaire gouvernées. Cette force informatrice des corps organiques, ce principe qui produit la vie en eux n'est pas différent de l'âme dans les animaux; par conséquent, il ne se distingue pas en nous du principe d'où procèdent, dans les divers membres et les divers organes de notre corps, la sensibilité et le mouvement, et, dans les puissances supérieures de notre esprit, l'intellection et la volition. Mais je ne veux pas anticiper sur l'exposition d'une vérité qui doit être le fruit d'une longue démonstration; je m'arrête plutôt au seul acte du sentiment, dont la provenance est plus facile à saisir par voie de simple réflexion sur ce que nous éprouvons en nous-mêmes.

21. Assurément nul ici ne doute que la sensation ne procède de l'âme; car il est trop évident que le corps ne peut sentir, s'il n'est animé par un principe simple et actif. Un cadavre ne sent pas. Cependant il n'est pas moins évident qu'il participe à la sensation, bien qu'en vertu de l'âme. Quand je vois un objet, c'est l'œil qui voit; quand j'éprouve une douleur dans la poitrine ou dans la main, c'est la chair animée, ce sont les nerfs qui sentent, s'étendant et s'entremêlant dans leurs parties extrêmes avec le tissu même des organes. Quand je goûte quelque chose de savoureux, c'est la langue, le palais qui éprouvent cette sensation. Dire que c'est l'âme seule, c'est rejeter, par esprit de système, les faits les mieux constatés de la conscience; c'est attribuer à l'âme simple et spirituelle des actions intrinsèquement compliquées de circonstances et de conditions matérielles. *Anima sensitiva non habet aliquam operationem propriam per seipsam; sed omnis operatio sensitivæ partis est conjuncti* [1].

Le sujet qui sent ne pourrait, il est vrai, ni se concevoir, ni s'expliquer sans un principe simple, non étendu, d'où découle,

---

[1] S. Thomas. *Sum. theol.*, 1. p., q. 75, a. 3. — Entre mille passages du saint Docteur, qu'on pourrait alléguer, le suivant exprime encore clairement cette idée : *Quamvis animæ sit aliqua operatio propria, in qua non communicat corpus, sicut intelligere; sunt tamen aliquæ operationes communes sibi et corpori, ut timere et irasci et sentire et hujusmodi.* (*Contra Gentes*, l. II, c. 57.)
Ailleurs il dit que le sujet des puissances sensitives n'est pas l'âme, mais le composé. Donc, le composé détruit, elles ne restent plus en acte dans

comme de sa source, la faculté de sentir. Toutefois, considéré en lui-même comme principe immédiat d'opération, le même sujet qui sent est étendu et formé de parties distinctes entre elles. » En consultant la conscience, dit fort bien Pianciani, je trouve que » de même que je suis certain de sentir, de même je suis souvent » certain de sentir dans la partie supérieure, et non dans la partie » inférieure de mon corps. Si parfois on se trompe en rapportant » la douleur à une partie du corps plutôt qu'à une autre, je ne » pense pas que l'on puisse se tromper alors que, sans pouvoir en » douter, on éprouve la sensation dans la partie élevée, et non » dans la partie basse, ou réciproquement. Donc le *moi sensible*, » l'homme qui sent peut en un sens se dire étendu. Autrement » comment y aurait-il en lui une partie supérieure et une autre » inférieure, une antérieure et une postérieure? Et si elles n'exis- » taient pas, comment l'homme pourrait-il y éprouver la douleur? » De même qu'il sent, et qu'il sent ses modifications et sa sponta- » néité: *Sentit animus se moveri, quod cum sentit illud una sentit* » *se vi sua non aliena moveri* [1]; et assurément il ne se trompe pas, » lorsqu'il affirme que sa sensation est douloureuse, qu'elle n'est » pas agréable; ainsi, si je ne m'abuse, il est impossible que » l'homme soit sa propre dupe, lorsqu'il se sent affecté dans la » partie ou antérieure ou supérieure, plutôt que dans la partie » postérieure ou inférieure [2]. » Voilà ce que l'auteur que je cite ne cesse d'inculquer dans tout son *Essai,* et notamment dans le paragraphe 13, où, précisément de ce que la sensation s'exerce dans les différents membres, de ce qu'elle est un acte propre des divers organes animés, il déduit l'existence de l'âme dans le corps tout entier.

22. Le composé, et non l'âme seule, constitue l'animal. La sensation est une action propre de l'animal. Donc elle ne peut dériver de l'animal sans dériver du composé. Or, comment la

---

l'âme, mais seulement d'une manière virtuelle, comme dans leur racine première : *Quædam potentiæ sunt in conjuncto sicut in subjecto, sicut omnes potentiæ sensitivæ partis et nutritivæ. Unde, corrupto conjuncto, non manent hujusmodi potentiæ actu, sed virtute tantum, in anima, sicut in principio vel radice.* (S. Thomas. *Summ. theol.*, 1 p., q. 78, a. 8.)

[1] Cic. Tusc., 1.
[2] Œuvre cit., § v, pag. 203.

sensation pourrait-elle dériver du composé, si les deux composants ne concouraient à former une seule faculté sensitive; et comment pourraient-ils concourir à former cette faculté seule et unique, s'ils ne concouraient à former un seul être sensible?

De plus, la sensation est un acte *un* en lui-même. Elle exige donc une puissance *une*, et cette puissance *une* exige un être *un*. Car comme l'opération est le fruit de la vertu opérative, ainsi la vertu opérative est le fruit de l'être. Donc, afin que les composants, âme et corps, puissent concourir à émettre une sensation *une*, il faut qu'ils concourent à devenir sujet d'une faculté *une*, celle de sentir, et que, par suite, ils s'unissent de manière à former un être un et identique. Saint Thomas dit avec sa sagesse ordinaire :
« Il est impossible que plusieurs choses qui ont un être différent,
» aient une seule opération. Je dis une seule opération; et cela,
» non de la part du terme auquel l'action se rapporte, mais de la
» part de l'agent lui-même duquel procède l'opération. Car si
» plusieurs hommes concourent à tirer un navire, l'action peut se
» dire *une* du côté de l'effet produit, effet unique; mais du côté
» de ceux qui la produisent, c'est-à-dire de ceux qui tirent le
» navire, les actions sont diverses, parce que divers sont les
» actes qu'ils font en le tirant. La raison en est que l'action étant
» la conséquence de la forme constitutive de l'être et de la vertu
» qui en résulte, il est nécessaire que là où il y a diversité de
» formes et de vertu, il y ait aussi diversité d'action. Or, quoique
» dans l'âme humaine il se trouve une action propre à elle
» seule, à laquelle ne participe pas le corps, comme est l'acte
» de l'entendement, cependant il s'y trouve aussi des actions
» diverses qui lui sont communes avec le corps, comme la
» crainte, la colère, la sensation et autres semblables. Car ces
» opérations se faisant avec une modification d'une partie déter-
» minée du corps, il est manifeste que ce sont des actions tout
» à la fois et du corps et de l'âme. Il faut donc que de l'union
» de l'âme et du corps résulte une véritable unité, un seul
» être commun à tous les deux. » *Impossibile est quod eorum quæ sunt diversa secundum esse, sit operatio una. Dico autem operationem unam, non ex parte ejus in quod terminatur actio, sed secundum quod egreditur ab agente. Multi enim trahentes navim, unam actionem faciunt ex parte operati, quod est*

unum; sed tamen ex parte trahentium sunt multi, quia sunt diversi impulsus ad trahendum. Quum enim actio consequatur formam et virtutem; oportet quod quorum sunt diversæ formæ et virtutes, et actiones sint diversæ Quamvis autem animæ sit aliqua operatio propria, in qua non communicat corpus, sicut intelligere; sunt tamen aliquæ operationes communes sibi et corpori, ut timere et irasci et sentire et hujusmodi. Hæc enim accidunt secundum aliquam transmutationem alicujus determinatæ partis corporis : ex quo patet quod simul sunt animæ et corporis operationes. Oportet igitur ex anima et corpore unum fieri et quod non sint secundum esse diversa [1].

23. La sensation est essentiellement et vraiment une en elle-même. Or, ce fait démontre la simplicité et l'indivisibilité du principe qui informe le sujet dont elle émane. La même conséquence peut se déduire de l'activité qu'on retrouve dans toutes les sensations, et de leur compénétration en un centre commun, en une même conscience. Nous développerons ces preuves lorsqu'il s'agira de démontrer la simplicité de l'âme humaine. Mais nonobstant cette simplicité, on ne peut nier que la sensation ne modifie immédiatement un sujet doué d'extension, qu'elle ne soit éprouvée dans les organes, qu'elle ne soit causée par l'impression des corps environnants, qui, à coup sûr, ne peuvent influer directement sur un pur esprit. Le sujet de la sensation est donc doué d'extension, bien qu'informé d'un principe simple, il reçoit de lui l'être sensitif, ou la vertu de sentir [2].

---

[1] *Contra Gentiles,* l. 2, c. 57.
[2] En disant : *L'homme qui sent* ou *le moi sensible* est *étendu,* voulons-nous dire que la substance pensante, l'âme, soit étendue? Non, certainement. Le *moi sensible* dont nous parlons maintenant, n'est pas l'âme seule, qui ne peut sentir de la manière dont nous sentons, c'est-à-dire, subir l'action des corps environnants, car ceux-ci n'agissent qu'au moyen du mouvement local, lequel n'a rien à faire avec l'esprit; mais c'est bien le corps animé qui peut sentir l'action des corps ambiants. Le principe sensitif assurément est un; mais cela ne veut pas dire qu'il soit un être simple, libre, non combiné avec une autre substance. Or, le corps humain animé est précisément ce que j'appelle le *moi sensible.* Le *moi* qui réfléchit et raisonne, et veut, et est libre, c'est l'âme; mais celui qui supporte l'action des corps extérieurs, ce n'est pas l'âme seule, mais bien l'âme combinée avec le corps. — (PIANCIANI, ouvrage cité, § v.)

24. Et qu'on ne dise pas que le corps seul reçoit l'impression causée par les objets sensibles, et qu'il les transmet à l'âme résidant dans le cerveau. Car cette solution est en désaccord avec le témoignage de la conscience, qui nous assure que nous sentons, non dans le cerveau, mais dans les organes; et elle ne ferait que remettre la difficulté sur le tapis, c'est-à-dire, comment il peut se faire qu'un esprit souffre les impressions d'un corps, quand le corps n'opère que moyennant le choc et le mouvement local : à quoi l'esprit est, de soi, totalement étranger. Certainement le cerveau, qui devrait communiquer à l'âme l'impression reçue, est lui-même un corps non moins que les autres corps, et partant incapable d'agir sur un pur esprit : *Nihil corporeum potest imprimere in rem incorpoream*[1]. Au lieu donc d'inventer des doctrines capricieuses, tenons-nous-en aux faits, tels qu'ils sont dans la nature, et confessons que le véritable sujet de la sensation, celui qui reçoit l'impression des objets et qui, comme en réagissant, les perçoit, n'est ni le corps, ni l'âme tout seuls, mais le composé, le *corps animé*. C'est lui qui se trouve en communication directe avec les corps distincts du nôtre, et qui, par conséquent, peut en recevoir l'impression et les sentir, par la vertu de l'âme. Par l'unité de nature qui résulte de cette alliance, l'âme elle-même devient capable de subir l'impression des êtres sensibles, non en elle-même, mais dans les puissances sensitives qu'elle communique au corps. « L'âme semble devenir
» étendue et sujette à l'action des corps par sa combinaison avec
» le corps; mais on ne peut dire qu'elle le soit devenue, si ce n'est
» en ce sens, que tel est le composé dont elle est une partie
» essentielle et la plus noble. » Ainsi s'exprime Pianciani déjà souvent cité. Et afin qu'il ne semble pas incroyable qu'une substance puisse par son union avec une autre changer en quelque façon de propriété, et s'accommoder à celle-ci, il apporte plusieurs exemples analogues de la chimie moderne. « Ainsi, l'oxy-
» gène, l'hydrogène et l'azote, tant qu'ils ne sont pas combinés
» avec d'autres substances, ne perdent leur élasticité ni à la plus
» basse température, ni même sous de fortes pressions. Et pourtant
» ces mêmes gaz perdent leur élasticité, ils semblent n'avoir même

---

[1] S. Thomas. *Summ. theol.*, 1 p., q. 84, a. 6.

» plus de tendance vers cet état, quoique portés à de très-hautes
» températures, dès qu'ils sont combinés avec certains corps, par
» exemple, avec l'oxygène, ou avec certains métaux dont les oxydes
» restent solides, même dans les températures élevées auxquelles
» les métaux purs se fondraient et se volatiliseraient. Il n'est assu-
» rément pas possible de conserver longtemps l'oxygène ou un
» autre gaz dans un vase ouvert, ou de le mettre dans sa poche et
» de l'en retirer à la façon d'un solide ; mais tout cela est très-aisé
» aussitôt que le gaz est devenu solide par combinaison, par
» exemple, quand l'oxygène s'est uni au fer ou au plomb. Par
» contre, le soufre devenu gazeux, en s'unissant chimiquement à
» l'hydrogène devient comme aérien ; on peut dire la même
» chose de l'antimoine et de l'arsenic. L'oxygène et l'hydrogène
» combinés en eau passent facilement à l'état liquide, et souvent
» le retiennent à une température assez haute ; et quand celle-ci
» s'abaisse au dessous *du zéro* thermométrique, ils prennent
» aisément l'état solide[1]. »

25. Il en est qui hésiteront peut-être à admettre que le corps sent, de crainte qu'une pareille doctrine ne s'accorde pas bien avec celle de la simplicité et de la spiritualité de l'âme humaine. Nous verrons plus bas comment et par qui cette difficulté a été introduite dans la psychologie moderne ; nous démontrerons en son lieu, en répondant victorieusement aux objections des matérialistes et des sensualistes, comment cette doctrine, loin de nuire à la simplicité et à la spiritualité de l'âme humaine, est au contraire la seule voie par où l'on puisse arriver à asseoir solidement l'une et l'autre. Afin de rassurer les timides, il suffira pour le moment de leur faire observer que le maître suprême de la vérité parmi les catholiques, le Pontife romain, a fait évanouir, sur cet article, toute vaine appréhension, en déclarant que la doctrine qui enseigne que le corps sent par la vertu de l'âme, est la plus commune dans l'Eglise de Dieu, celle que les plus grands docteurs regardent comme la seule vraie, et la seule apte à maintenir le dogme de l'union substantielle de l'âme et du corps. Voici ses propres paroles : *Hanc sententiam, quæ unum in homine ponit vitæ principium, animam scilicet rationalem,*

---

[1] Pianciani, ouvrage cité, § vi, pag. 207.

a qua corpus quoque et motum et vitam omnem et sensum accipiat, in Dei Ecclesia esse communissimam, atque Doctoribus plerisque, et probatissimis quidem maxime, cum Ecclesiæ dogmate ita videri conjunctam, ut hujus sit legitima solaque vera interpretatio, nec proinde sine errore in Fide possit negari[1].

Le péril de tomber dans l'erreur n'est donc pas dans notre doctrine, mais plutôt dans l'opinion contraire.

ARTICLE VI.

PROBLÈME QUI RESTE À RÉSOUDRE; DIFFICULTÉ DE LA SOLUTION.

26. Le fait démontré jusqu'ici par nous, est que l'âme, en s'unissant au corps, forme avec lui une seule personne, et une seule nature, bien que composée. Il résulte de cette union un seul être vivant, un seul être animé, qui n'est ni le corps seul, ni l'âme seule, mais le résultat des deux réunis, et dont la vie, par conséquent, est commune aux deux principes; en sorte toutefois que l'un des deux, l'âme, soit le principe qui la communique; l'autre, c'est-à-dire le corps, celui qui la reçoit. Resterait maintenant à expliquer comment cette union se fait, la nature de l'âme étant si différente de celle du corps. C'est ce qu'il y a de plus ardu et de plus scabreux dans cette matière, et ce qui a fait battre le cœur et le pouls à plus d'un philosophe.

27. Saint Augustin ne fait pas difficulté de regarder ce problème comme tout-à-fait insoluble et au-dessus du génie de l'homme. *Modus quo corporibus adhærent spiritus et animalia fiunt, omnino mirus est, nec comprehendi ab homine potest*[2]. Dans sa lettre à Volusien, il va jusqu'à dire que cette union est encore plus difficile à comprendre que l'incarnation même du Verbe éternel. Voici les paroles du sublime Docteur : « Quand » le Verbe de Dieu s'unit à une âme informant un corps, il prit » en même temps et cette âme et ce corps. L'une de ces choses

---

[1] Bref à l'évêque de Breslau, 30 avril 1860 (Voy. *Analecta juris pontificii*, 40ᵉ livraison, page 244).

[2] *De Civit. Dei.* L. 21, c. 10.

» arrive chaque jour dans la génération de l'homme ; l'autre
» n'est arrivée qu'une seule fois, pour la délivrance de l'homme.
» Mais la conjonction de deux choses incorporelles semble plus
» facile à concevoir, que celle d'une chose incorporelle avec une
» chose corporelle. Car si l'âme ne se trompe pas dans la con-
» naissance de sa propre nature, elle comprend très-bien qu'elle
» est incorporelle ; à plus forte raison le Verbe divin est-il in-
» corporel. Or, n'est-il pas plus aisé de croire à l'union du Verbe
» divin avec l'âme, qu'à l'union de l'âme avec le corps? Or, nous
» expérimentons celle-ci en nous-mêmes; la foi nous ordonne de
» croire à celle-là dans le Christ. Mais si l'une et l'autre de ces
» deux unions avaient été proposées à notre créance en dehors de
» toute expérience, à laquelle des deux ajouterions-nous une foi
» plus prompte? Comment pourrions-nous ne pas avouer que l'u-
» nion de deux substances incorporelles ensemble a pu se réaliser
» plus facilement que celle d'une substance incorporelle avec
» une substance corporelle[1] ? » Ainsi parle saint Augustin. Dirons-
nous qu'en s'efforçant de rendre le profond mystère de l'Incarnation admissible à un gentil tel que Volusien, le saint docteur a pu
employer une hyperbole de rhéteur, exagérer un peu ce qu'il y

---

[1] *Cum enim Verbum Dei permixtum est animæ habenti corpus, simul et animam suscepit et corpus. Illud quotidie fit ad procreandos homines, hoc semel factum est ad liberandos homines. Verumtamen duarum rerum incorporearum commixtio facilius credi debuit, quam unius incorporeæ et alterius corporeæ. Nam si anima in sua natura non fallatur, incorpoream se esse comprehendit : multo magis incorporeum est Verbum Dei, ac per hoc Verbi Dei et animæ credibilior debuit esse permixtio, quam animæ et corporis. Sed hoc in nobis ipsis experimur, illud in Christo credere jubemur. Si autem utrumque nobis pariter inexpertum credendum præciperetur, quid horum citius crederemus? Quomodo non fateremur duo incorporea, quam unum corporeum alterumque incorporeum, facilius potuisse misceri?* (Epit. CXXXVII *ad Volusianum.*)

Voyez S. Thomas dans sa *Somme théologique*, p. 3, q. 6, a. 1, où, expliquant ce point de doctrine, il dit que le Verbe a pris le corps moyennant l'âme, et qu'il faut entendre ceci non d'une priorité de temps, mais seulement d'une priorité de cause et d'excellence, en ce sens que le corps ne peut être pris qu'à raison de son rapport avec l'âme, de laquelle il reçoit l'être humain. *Non enim esset (caro) assumptibilis, nisi per ordinem quem habet ad animam rationalem, secundum quam habet quod sit caro humana.*

a d'ardu dans le terme de comparaison qu'il adoptait? On ne peut toutefois nier que le fondement sur lequel son raisonnement s'appuie, ne soit très-vrai ; car il est hors de doute que notre esprit trouve une difficulté spéciale et très-grave à concevoir l'union de l'âme et du corps ; et c'est pour cela que la sainte Eglise s'en est servie, comme d'une comparaison très-propre à nous faire comprendre la possibilité de ce dogme sacré, nonobstant la difficulté qu'il renferme : *Sicut anima rationalis et caro unus est homo, ita Deus et homo unus est Christus*[1].

28. Quelque grande qu'elle soit, la difficulté n'est pas telle qu'à force d'étude et d'investigations on ne puisse la surmonter : et de fait le génie pénétrant des scholastiques, et à leur tête le Docteur angélique qui plane sur eux comme un aigle, *che sopra tutti come aquila vola*, paraissent l'avoir résolue. Le fruit de leurs recherches scientifiques est contenu dans cette célèbre proposition : Que l'âme humaine est unie au corps comme sa forme substantielle. Mais cette proposition, qui devrait être la solution du nœud, est devenue pour nous le principe d'une longue et laborieuse recherche, et comme la cause de tout ce traité. Cette proposition avait la force d'un axiome quand la théorie des formes substantielles était familière à quiconque s'occupait d'études philosophiques. Mais aujourd'hui que depuis deux siècles les doctrines scholastiques sur ce point ont été tout-à-fait bannies de l'enseignement scientifique, cette théorie ou est complétement ignorée, ou, ce qui est pire, on n'en a que des notions étranges et ridicules. C'est pourquoi la solution dont nous avons parlé se trouve, pour la généralité de nos lecteurs, non moins obscure qu'un oracle de la sybille. Forme substantielle! que veut dire ce mot? Forme substantielle! pourquoi le corps a-t-il besoin d'en avoir une? Et comment l'ayant, s'en suit-il qu'il n'en surgit qu'un seul être subsistant, une seule nature, un seul principe agissant et passif? De quelle manière est-elle dans le corps un principe de vie? Comment ne se confond-elle pas avec lui? Ces questions et mille autres se posent soudain devant l'esprit d'un philosophe moderne ; et nous ne

---

[1] Symbole de S. Athanase.

pouvons les résoudre sans descendre à des recherches assez subtiles sur l'être des choses sensibles.

Nous devons donc élargir le cercle de notre discussion, et décrire en quelque sorte le fond de toute la philosophie naturelle. La voie la plus sûre pour le faire convenablement et la plus méthodique, serait d'appliquer l'analyse à la substance des corps en général, et, après en avoir découvert les principes constitutifs, de passer aux corps vivant soit simplement de la vie végétative, soit de la vie animale; d'en venir enfin à la considération de l'homme en lui appliquant la notion de forme recueillie dans le cours de cet examen. Mais nous avons cru devoir accommoder notre écrit plutôt à la portée des lecteurs, qu'à l'ordre ontologique de la matière. Par conséquent, au lieu de commencer par les corps en général, nous commençons par les êtres vivants, au sujet desquels les derniers progrès de la science nous mettent en état d'écarter plus aisément les erreurs qu'une philosophie aveuglée par les préjugés avait jusqu'à ce jour tenues en faveur. De là, montant jusqu'à l'homme, nous tâcherons d'expliquer la merveilleuse union de l'âme et du corps en lui. Enfin, prenant occasion d'une difficulté particulière, nous nous fraierons la voie pour découvrir la théorie de la composition substantielle de tous les corps en général, et la hiérarchie de tous les êtres de l'univers. Par là, il nous sera facile de reconnaître la place que l'homme occupe dans le monde, et de comprendre la cause des divers phénomènes de son existence.

CHAPITRE II.

DE LA VIE EN GÉNÉRAL.

29. Les êtres naturels qui composent ce monde sensible, se divisent comme en deux grandes catégories : les corps bruts, ou non vivants, et les corps vivants. Les corps vivants peuvent à leur tour se répartir en deux classes : celle des plantes, êtres à fonctions végétatives, et celle des animaux qui, outre la faculté de végéter, sont doués de la faculté de sentir. De là, la grande division des trois règnes de la nature. Le règne minéral, le règne végétal, le règne animal. Le premier n'a que l'être en partage. Le second a l'être et la vie ; le troisième a l'être, la vie et le sentiment. A la tête de tous se tient l'homme qui, comme le sommet d'une pyramide triangulaire, les réunit tous les trois dans l'individualité de sa nature. Par la vie intellectuelle qu'il a en partage, il inaugure un ordre bien plus sublime, celui des esprits, avec lequel il relie le monde corporel, et forme ainsi de l'univers une chaîne continue.

Mais avant de parler en particulier de ces trois degrés des êtres vivants, il est nécessaire de dire quelque chose de la vie, en général.

Dans ce but, nous nous applanirons le chemin en rappelant d'abord brièvement les caractères propres de chacun des trois degrés dans lesquels elle se manifeste ; en notant les principales différences, qui distinguent les corps vivants de ceux qui sont privés de vie, les animaux des êtres seulement vivants, l'homme des simples animaux.

ARTICLE I.

EN QUOI LES CORPS VIVANTS DIFFÈRENT DE CEUX QUI NE LE SONT PAS.

30. Commençons par le degré le plus bas de la vie, les végétaux. *Plantæ secundùm ultimam resonantiam vitæ habent vi-*

vere[1]. La première différence et la plus saillante qui s'offre à nous, entre les corps vivants et non vivants, c'est que ceux-là sont organisés, et que ceux-ci ne le sont pas. Car, tandis que la matière brute ne nous présente qu'une substance homogène dans toutes ses parties : en chacune desquelles on trouve la même nature ; les végétaux, au contraire, nous montrent un composé de parties dissemblables, arrangées avec plus ou moins d'art, et qui, par leur merveilleuse structure, se prêtent à des usages très-divers. Un minéral, par exemple, un morceau de fer ou de soufre est homogène en toute sa masse ; il conserve son essence aussi bien dans tout son ensemble que dans la plus minime partie de ses molécules. Leur réunion n'est une condition requise ni à leur existence, ni à leur action spécifique ; bien plus, aucune forme particulière ne leur est nécessaire, et vous pouvez les façonner de la manière qui vous agréera davantage, en faire, par exemple, une sphère, un cube, un cône, un prisme.

Il est vrai que les corps, généralement parlant, quand ils passent sans interruption, ni trouble, de l'état liquide ou fluide à l'état solide, tendent à prendre des figures régulières, selon des lois de symétrie propres à chaque espèce ; et, en cela, se révèle la pensée du souverain Géomètre qui a déterminé les formes de la nature. Mais cette régularité de configuration, suivant laquelle les molécules des corps se groupent en se cristallisant, ne change ni l'essence ni l'action de cette substance ; elle se retrouve également et dans le tout et dans ses derniers éléments. Ainsi, par exemple, un cristal de carbonate de chaux, ou de protoxide de manganèse, vous présente un beau rhomboèdre, qu'à l'œil nu on croirait tout d'une pièce. Mais si vous l'étudiez de plus près, si vous vous aidez du microscope, vous découvrirez qu'il est composé d'innombrables parcelles douées de la même figure, et celles-ci, d'autres plus petites encore, jusqu'à ce qu'on ne puisse en discerner les éléments premiers. Que si tous les cristaux n'offrent pas dans la coupe successive de leurs lamelles la même conformation de parties, de sorte que le noyau qu'on obtient à la fin montre une forme très-différente, ou plus ou moins composée, cela vient des modifications que

---

[1] Dyonisius. *De divinis nominibus*, c. 6.

subissent peu à peu leurs facettes latérales par la superposition de plans nouveaux sur leurs arêtes ou leurs angles solides. Mais l'homogénéité des parties a lieu ici encore, et on ne découvre pas ombre de véritable organisme.

Au contraire, prenez un végétal : il vous offrira toujours un tout doué d'une structure particulière, qui ne se rencontre pas dans chacune de ses parties visibles. Supprimez cette structure, et cet être vivant n'aura plus ni son action, ni son existence. Cette démonstration pourrait s'étendre jusqu'aux algues et aux lichens qui constituent les classes les plus simples, les moins parfaites. Mais pour prendre un exemple plus à notre portée, concentrons notre attention sur une plante quelconque. Soit, par exemple, un saule, un mélèze, un pin. Ces végétaux sont munis de racines par lesquelles, comme par autant de bouches, ils pompent les sucs de la terre dont ils s'alimentent. Vous trouvez le tronc avec sa moëlle, avec son système ligneux et cortical, avec ses diverses couches de cellules et de fibres, avec les vaisseaux destinés au passage du suc nutritif. Vous trouvez les feuilles qui, pour la respiration, remplissent dans les plantes le même office que les poumons chez les animaux. Enfin, dans les fleurs dont, en leur saison, elles s'embellissent, vous découvrez l'appareil de tout ce qui est requis pour la production et la fécondation des germes qui doivent propager de nouveaux individus. Que cette indication générale suffise; car nous ne pouvons entreprendre, sans sortir de notre sujet, une description plus minutieuse de tant d'organes que l'on peut y observer, depuis la cellule primitive jusqu'aux tissus fibreux et vasculaires les plus compliqués et les plus ingénieux. D'où il est clair que les corps vivants, à la différence des corps bruts, présentent une véritable unité, comprenant des parties hétérogènes, des fonctions variées; et que leur individualité ne se révèle entièrement que dans le composé total, dans l'accord harmonieux d'opérations multiples, tendant à un seul but commun.

31. L'autre différence concerne leur composition chimique. Car les végétaux ne résultent pas seulement de principes immédiats qui n'appartiennent en aucune façon aux corps inertes, tels que l'amidon, le sucre, la dextrine, etc., qui s'appellent, à juste

titre, matières organiques ; mais, en remontant même aux principes médiats et derniers, leur composition est plus complète par le nombre des éléments et les proportions dans lesquelles ils se combinent. Là où les minéraux sont simples, ou bien, s'ils sont composés, procèdent par composition binaire, les substances végétales résultent de l'union de trois éléments au moins, le carbone, l'hydrogène, et l'oxigène auxquels, bien souvent, s'ajoute l'azote. Quant aux proportions, elles sont bien plus variées. Car, tandis que dans la formation de l'eau, par exemple, la proportion entre l'oxygène et l'hydrogène est de 1 à 2 pour le volume, et de 8 à 1 pour le poids; si l'on veut obtenir la cellulose, il faut 24 molécules de carbone, 20 d'hydrogène, 10 d'oxigène, ce qui, en poids, équivaut à 70 parties de carbone, 10 d'hydrogène, et 80 d'oxigène.

32. La troisième différence est que les corps bruts arrivent à l'existence d'une manière pour ainsi dire fortuite, sans dérivation intrinsèque d'un principe qui leur soit semblable, et cessent pareillement d'exister par le concours éventuel de causes tout-à-fait extérieures. Ils n'exigent pas, comme condition préalable de leur existence, un autre corps de la même nature qu'eux d'où ils tirent leur origine, mais ils sont les produits ou de la combinaison de corps plus simples, ou de l'analyse de corps plus composés. Et cela sans période préétablie et constante, mais par le concours de causes accidentelles qui déterminent l'influence des forces chimiques de la nature. De là vient que ces corps, considérés en eux-mêmes, ont une existence, pour ainsi parler, immobile, sans vicissitudes, et ne sont pas définis ou limités dans leur durée. Une pierre, par exemple, reste ce qu'elle fut d'abord ; elle dure sans interruption ni changement jusqu'à ce qu'une cause extrinsèque vienne l'altérer ou la détruire. Témoin les roches primitives dont les années se mesurent par celles de la création, et qui se maintiendront peut-être dans leur état actuel jusqu'à la consommation des siècles. Il n'en est point ainsi des corps vivants. Ils ont une origine déterminée d'avance, toujours la même ; ils ne commencent leur existence qu'en vertu d'un germe qui d'abord a fait partie d'un individu de la même espèce. En d'autres termes, ils procèdent par génération d'autres êtres vivants dans lesquels Dieu a mis une fécondité intrinsèque natu-

relle pour qu'ils se propagent [1]. Le corps vivant ne naît que par l'opération des parents. Une fois produit, il est soumis à des phases réglées, à une période fixe dans sa durée, pendant laquelle, après avoir suivi une marche en quelque sorte ascendante, se fortifiant et se consolidant jusqu'à ce qu'il parvienne à l'état parfait, il commence à parcourir une série de révolutions en sens inverse, déclinant pas à pas, vieillissant jusqu'à ce qu'il perde toute fonction vitale et se résolve en ses éléments inorganiques primitifs. Quelle que soit la cause de ce phénomène, il est certain qu'un fait universel et constant démontre une nécessité physique provenant des lois intrinsèques de l'organisme, lequel, par l'exercice même, s'use et se dérange jusqu'à devenir un instrument inhabile aux fonctions de la vie. La mort des corps vivants est une conséquence inévitable de la vie végétale elle-même [2]. Néanmoins, afin que la mort de l'individu n'amène pas la perte de l'espèce entière, les plantes ont déjà antérieurement porté remède à ce mal par la génération de germes sans nombre, aptes à se développer en plantes nouvelles de même nature. Cette action si mystérieuse qui fait l'étonnement des naturalistes, montre dans les corps vivants une tendance à se perpétuer en revivant en quelque sorte en d'autres individus issus de leur propre substance. Cette faculté reproductive ne se trouve pas dans

---

[1] *Et ait : germinet terra herbam virentem et facientem semen, et lignum pomiferum faciens fructum juxtà genus suum, cujus semen in semetipso sit super terram..... Et protulit terra herbam virentem et facientem semen juxtà genus suum, lignumque faciens fructum et habens unumquodque sementem juxtà speciem suam.* (Gen. c. 1.)

[2] Cuvier pense que la mort naturelle arrive par la cause suivante : l'être vivant, après avoir crû en dimension, selon les proportions propres à son espèce, commence à croître en densité dans la plupart de ses parties ; cet accroissement, en devenant excessif, altère ainsi l'organisme, et rend impossible l'exercice des fonctions nécessaires à la conservation de la vie. « Le corps vivant éprouve des changements graduels, mais » constants, pendant toute sa durée. Il croît d'abord en dimension, sui- » vant des proportions et dans les limites fixées pour chaque espèce et » pour chacune de ses parties; ensuite il augmente en densité dans la » plupart de ses parties ; c'est ce second genre de changement qui paraît » être la cause de la mort naturelle. » (*Le règne animal.* Tome I. *Introduction.*)

les corps bruts, parce qu'ils ne sont pas sujets à des phases de destruction provenant de leur constitution intrinsèque. Ainsi ils manifestent leur tendance à se conserver par les seules forces de répulsion et d'attraction; en tant que, par les premières, ils éloignent d'eux-mêmes les autres corps nuisibles à leur individualité, et que, par les secondes, ils accumulent autour d'eux de nouvelles parcelles, ou semblables ou diverses qui, en augmentant leur masse, les défendent des injures d'agents contraires.

32. En quatrième lieu, les corps bruts ne concourent en aucune façon au développement et au complément de leur être. Ils le reçoivent tout fait, selon la détermination que lui ont donnée les forces extérieures qui influent sur eux. Au contraire, les corps vivants n'ayant reçu de celui qui les a produits qu'un commencement de vie, et rien de plus, se développent ensuite par eux-mêmes suivant leur propre type, s'organisant peu à peu et se perfectionnant dans leur espèce. Voyez, par exemple, une plante qui, de l'état de germe et d'embryon, arrive graduellement à se constituer en arbre vigoureux : d'abord, elle n'avait en son germe d'autre organisation que celle d'un simple utricule, ne différant en rien de celles des autres parties rudimentaires de l'organisme. Néanmoins, à peine a-t-elle commencé à germer sous des conditions favorables d'humidité ou de chaleur, que la voilà qui émet et déploie ses organes fondamentaux : sa plumule, sa tigelle, sa radicule. Puis, progressant toujours, elle organise le tronc en allongeant ses fibres, en façonnant ensuite en vaisseaux les cellules du tissu primitif. Les fibres se groupent en divers faisceaux qui forment la moelle avec ses rayons multiples et l'écorce avec son épiderme, son parenchyme, son système vasculaire. Ensuite, au retour du printemps, le cambium s'étant formé dans la zône intermédiaire entre le système ligneux et l'écorce, elle reprend le même travail donnant ainsi lieu à ces couches annuelles, par où la plante grossit et se consolide, jusqu'à ce qu'elle ouvre ses bourgeons, pousse au dehors ses rameaux, se couvre de feuilles, de fleurs et de fruits. Et tout cela, par l'exercice d'une vertu propre, en développant en elle-même des parties et des fonctions qui d'abord n'existaient qu'en puissance, et en faisant surgir, de son propre sein, des éléments nouveaux

d'une nature bien différente de l'action des forces brutes et qui leur est en tout supérieure.

33. De là naît une autre différence, différence capitale entre les corps vivants et les corps non vivants. C'est que ceux-ci, bien qu'ils résistent en quelque façon, comme nous l'avons dit, aux agents qui leur sont contraires, n'exercent cependant aucune action véritable pour se soumettre pleinement les autres êtres de la nature, en les faisant servir à leur propre perfectionnement, à leur propre conservation. Ils ne se rattachent au reste du monde que par une relation d'ordre général ; ils servent plutôt aux autres, même à leurs propres dépens, qu'ils ne tournent à leur accroissement les forces de la nature environnante. S'ils détruisent une substance, ce n'est que pour en former une autre, qui diffère d'eux-mêmes spécifiquement, ou, tout au moins, individuellement. Ainsi ces corps ne présentent en eux-mêmes que l'idée de moyen, et, en nulle façon, celle de fin.

Les plantes, au contraire, travaillent assidûment à leur propre développement : elles font servir à leur profit nombre d'autres substances, les décomposant en leurs éléments, et s'en incorporant les parcelles propres à les nourrir. Quoiqu'elles soient elles-mêmes destinées au bien d'êtres plus nobles, elles offrent toutefois dans leur individualité, un centre vers lequel convergent les existences inférieures.

La terre et l'air leur fournissent des aliments qu'elles décomposent, digèrent, et convertissent en leur propre substance. Les pluies viennent les baigner, leur donnant en abondance l'humidité que, selon les diverses vertus dont elles sont pourvues, elles font servir à des résultats très-divers. La chaleur les réchauffe, retrempe leur vigueur, favorise la dilatation des pores par où elles exhalent les matières, ou nuisibles, ou inutiles à leur existence. La lumière les colore, les fait épanouir, règle la direction des branches, les mouvements périodiques des feuilles sur leurs pédoncules, ou des pédoncules sur leurs ramilles, les mettant ainsi dans la position la plus convenable à l'accomplissement des fonctions propres à leur vie. Or, au milieu du concours de tant de causes, les plantes travaillent incessamment à s'en assujettir l'influence, ou même à en détruire l'existence, afin de s'en prévaloir pour croître, se maintenir dans la grandeur qui leur convient, ou pour conserver les acquisitions qu'elles ont faites, réparer les pertes qu'elles ont éprouvées et continuer leur espèce par voie de génération. Ainsi donc, de ce degré qui, pourtant, est le plus bas degré de la vie, à celui des minéraux, le pas est immense dans l'échelle des êtres, en ce que, dans les végétaux, se révèle une individualité qui est en même temps unie à une certaine puissance par laquelle ils se soumettent les natures inférieures, comme moyen pour un but plus élevé. Et c'est pourquoi, reluit en eux, sous ce rapport, une trace plus marquée de la perfection de Dieu qui seul subsiste en lui-même, et qui seul est la fin de toute créature.

34. Recueillons en peu de mots ce que nous venons d'exposer : les corps vivants se distinguent des corps non vivants : I. Par leur constitution matérielle, en ce qu'ils ont des parties diversement conformées en vue de fonctions spéciales, par suite desquelles ils prennent le nom de corps organiques; tandis que, par la raison contraire, on nomme inorganiques, les corps non vivants. II. Par la composition chimique, en tant que les minéraux sont simples ou formés de deux composants, en proportions beaucoup plus simples ; tandis que les végétaux sont toujours formés de trois éléments au moins, et en proportions bien plus composées. III. Par l'origine, en ce que les corps vivants procèdent de causes constantes et réglées d'avance, auxquelles ils sont d'abord substantiellement unis à l'état de germes. Les corps non vivants sont, au contraire, produits par l'intervention accidentelle de causes tout-à-fait extérieures, et par conséquent, on dit que ceux-là, à la différence de ceux-ci, procèdent par génération proprement dite. IV. Par le développement, en ce que les corps vivants développent par eux-mêmes leur type propre, selon l'espèce à laquelle ils appartiennent, tandis que les corps non vivants, restent d'eux-mêmes immobiles en l'état qu'ils reçurent d'abord. Les premiers croissent donc véritablement, au lieu que les seconds ne croissent pas, à proprement parler, mais, s'unissent seulement à une autre matière par simple adjonction de parties. V. Par la durée, en ce que les corps vivants ont une existence bornée, renfermée entre certaines limites fixées par leur nature, tandis que les corps non vivants ont une existence indéfinie, qui ne peut être détruite que par

un principe extérieur. VI. Par la manière de se conserver : car les corps vivants réparent leurs pertes par la conversion d'aliments nouveaux en leur propre substance et se renouvellent continuellement ainsi, sans perdre leur individualité propre. Les corps non vivants restent tels qu'ils furent produits dès le principe, jusqu'à ce qu'ils se résolvent en leurs éléments, s'ils sont composés, ou viennent à faire partie d'une autre substance, s'ils sont simples ou capables de composition ultérieure. VII. Par la manière de se reproduire, en ce que les corps vivants se perpétuent dans leur espèce par leur vertu propre en engendrant des individus nouveaux; les corps non vivants sont entièrement privés d'une semblable faculté, leur mission est de ne se multiplier que par l'intervention de causes extérieures.

ARTICLE II.

DIFFÉRENCE DES ANIMAUX ET DES SIMPLES ÊTRES VIVANTS.

35. La vie de la plante est concentrée tout entière dans son propre corps. Croître, se nourrir, produire en elle-même des germes capables de se développer en nouveaux individus, telles sont les opérations auxquelles se réduit l'activité de la plante. Dans les animaux, la vie, sans sortir du sujet vivant, s'exerce, entre en communication avec les autres êtres en vertu de la sensibilité, et du mouvement spontané. De là vient que les physiologistes modernes ont appelé la vie animale vie de relation, et vie de nutrition celle des simples végétaux [1]. C'est ce qu'avait dit saint Thomas, qui souvent désigne par l'épithète de *nutritif* le principe vital des plantes, et qui traitant de la différence entre la vie végétale, animale et raisonnable, assigne, entre autres, celle-ci : l'opération végétative se restreint au seul corps de l'être vivant, tandis que, l'opération de l'animal et de l'être raisonnable a un objet plus vaste, l'opération du pre-

---

[1] On appelle celle-ci *vie de relation*, et celle-là *vie de nutrition*. — Notes du docteur Cerise sur les recherches physiologiques de Bichat : note (B).

mier s'étendant à tous les corps sensibles, et celle du second à tout l'être en général. *Objectum operationis animæ in triplici ordine potest considerari. Alicuius enim potentiæ animæ objectum est solum corpus animæ unitum; et hoc genus potentiarum animæ dicitur vegetativum. Non enim vegetativa potentia agit, nisi in corpus, cui anima unitur. Est autem aliud genus potentiarum animæ, quod respicit adhuc universalius objectum, scilicet omne corpus sensibile et non solum corpus animæ unitum. Est autem aliud genus potentiarum animæ, quod respicit adhuc universalius objectum, scilicet non solum corpus sensibile, sed universaliter omne ens. Ex quo patet quod ista duo secunda genera potentiarum animæ habent operationem non solum respectu rei coniunctæ, sed etiam respectu rei extrinsecæ* [1].

36. Les animaux jouissent donc d'une double vie : l'une, par laquelle ils convertissent en leur propre substance les divers aliments, s'en servent non-seulement pour réparer les pertes qu'ils ne cessent de faire, mais encore pour perfectionner leur corps et produire en eux-mêmes des germes d'individus nouveaux. L'autre, par laquelle ils perçoivent les êtres qui exercent sur eux une impression sensible, et se déterminent à des mouvements locaux. Il leur a donc fallu un organisme plus composé; car, outre les organes de la végétation, il est besoin ici de deux autres systèmes : celui des nerfs, pour les sensations, et celui des muscles, pour le mouvement. Et même les simples organes de leur végétation durent subir des modifications notables, attendu leur manière différente d'exister. N'étant pas, comme les plantes, fixés au sol par des racines, ils sont doués d'organes et d'appareils spéciaux pour saisir, triturer, retenir et digérer les aliments qui conviennent à leur nutrition. Nous voulons parler ici principalement des animaux des espèces supérieures, en qui la vie de relation, dans le degré sensitif, se manifeste pleinement. Car il n'est pas de notre sujet de nous arrêter à des observations minutieuses sur les diverses classes du règne zoologique. Relativement donc à la vie nutritive des animaux dont nous parlons, il est bon de considérer la longue

---

[1] S. Thomas. *Summa theol.*, 1 p., q. 78, a. 1.

élaboration à laquelle sont soumis les aliments pour devenir peu à peu assimilables. Après les diverses transformations qu'ils ont subies dans l'estomac et les intestins, après qu'ils sont devenus chyme d'abord, et chyle ensuite, ils se font un chemin, par le moyen des villosités intestinales, jusqu'aux vaisseaux lactés et aux veines, afin d'acquérir la nature d'un vrai sang par l'opération spéciale de l'acte respiratoire, et en circulant dans le système irrigateur. Ainsi élaboré, le sang devient matière prochainement propre à la nutrition de l'animal, parce qu'il contient virtuellement tous les éléments chimiques nécessaires à la composition de ses parties, soit solides, soit liquides. Aussi parcourt-il tous les points du corps à travers les vaisseaux du système artériel. D'où il est clair que les forces végétatives de l'animal, bien que génériquement semblables à celles du végétal, s'en distinguent néanmoins spécifiquement, en ce qu'elles produisent des effets plus variés, et bien au-dessus de ceux auxquels peut atteindre l'activité de la plante. On le constate jusque dans la composition chimique des éléments primitifs et éloignés de la substance organique. En effet, tandis que dans les simples végétaux la combinaison des éléments peut-être ternaire, c'est-à-dire, composée d'oxygène, d'hydrogène, de carbone; dans les animaux elle est nécessairement quaternaire, et aux trois éléments cités vient s'ajouter l'azote qui, dans les plantes, n'entre qu'accidentellement et en quantité très-minime. Que dirons-nous maintenant des éléments plus prochains de la formation des tissus, des membranes, des vaisseaux de nature si variée, de la production des germes propres à se développer en autant d'animaux?

37. N'écrivant pas un traité de physiologie, nous éviterons d'exposer et le système aréolaire, et celui des vaisseaux, car cette exposition serait complètement en dehors de notre sujet. Nous nous bornerons à un court exposé des seuls systèmes nerveux et musculaire qui sont les instruments propres, l'un de la sensation, l'autre du mouvement spontané, caractères vraiment distinctifs de l'animal.

Et, à commencer par le système musculaire, il est formé d'un très-grand nombre de parties charnues, rouges chez les animaux à sang chaud, blanches chez les animaux à sang froid, dont la masse se compose de plusieurs faisceaux de fibres résultant eux-mêmes de l'union d'autres filaments plus ténus, parallèles entre eux, et convergeant en un même point, selon la diverse configuration du tout. Car tout muscle ne ressemble pas à un autre par la forme; mais selon la diverse place qu'il occupe, ou les divers usages auxquels il sert, il est plat ou rond, ou triangulaire, cylindrique, ou de quelqu'autre forme. Généralement, les muscles dans leurs extrémités se terminent en un tissu blanchâtre plus serré, plus ferme qui, d'après ses diverses dimensions, reçoit le nom ou d'*aponévrose*, ou de *tendon*. C'est par le moyen des tendons que les fibres le plus souvent s'insèrent dans les parties dures du corps, qui dans les animaux vertébrés, se nomment *os* et ne sont autre chose que le tissu aréolaire, durci par le mélange de molécules de chaux et de phosphore. Mais ce qui mérite d'être remarqué dans les fibres musculaires, c'est leur contractilité ou la faculté de se raccourcir sous l'influence de la force motrice propre à l'animal, ou d'une irritation quelconque produite en eux. En vertu de cette contraction et de ce relâchement qui en est la suite, les muscles produisent le mouvement local de chaque membre et partant de tout le corps, par le concours des parties dures ou des os agissant à la façon de leviers. On peut dire en rigueur de termes que les fibres musculaires sont précisément les organes propres de la locomotion. C'est merveille de voir la combinaison de leur action par laquelle, dans la production de chaque mouvement, tantôt ils s'entr'aident, tantôt se modèrent et s'équilibrent; de sorte qu'il en résulte un effet unique, qui étonne bien souvent par son énergie et sa grandeur, lorsqu'on le compare à la ténuité et à la finesse des filaments dont les muscles sont composés. Quant à cette action, elle ne peut s'assujettir à un calcul certain; car la force en varie, non-seulement selon les divers individus, mais selon l'éducation, l'exercice ou les divers états de santé d'un même individu. Bien que le système musculaire soit l'instrument de la vie de relation, quant aux mouvements spontanés de l'animal, il se relie toutefois aux organes mêmes de la végétation qui se composent en très-grande partie de fibres charnues, attendu le besoin qu'elles ont d'être contractiles, pour exercer leurs fonctions, comme le démontre le mouvement péristaltique des intestins, des artères et du cœur.

Mais assez sur ce point. Disons un mot du système nerveux.

38. Le système nerveux forme un vaste réseau qui enveloppe toutes les parties du corps animé et dont le centre principal est le cerveau auquel se relient ou médiatement, ou immédiatement tous les nerfs. Car du cerveau descend dans le cou comme un prolongement de substance acéréorole ce qu'on nomme la moëlle allongée, et dans le canal osseux du dos, la moëlle épinière ; de l'une comme de l'autre part chaque nerf qui, sous forme de petits cordons blanchâtres, s'étend dans les organes et se ramifie en tous sens. Quoique la matière des nerfs soit toujours la même, c'est-à-dire une substance grisâtre et médullaire, néanmoins ils diffèrent entre eux par la conformation, la couleur et les autres qualités accidentelles, selon les diverses fonctions auxquelles ils sont destinés, les divers organes auxquels ils se rapportent. Ainsi, par exemple, autre est la structure des nerfs olfactifs se terminant aux cavités nasales, autre celle des nerfs optiques qui aboutissent à l'orbite de l'œil ; autre celle des nerfs du toucher, qui, s'étendant partout le corps, pénètrent par leurs extrémités jusqu'à la peau, où ils se forment en papilles et viennent se confondre avec son tissu. Nous ne nous arrêterons pas à décrire en particulier le concours que les nerfs prêtent à la sensation, les conditions qu'ils requièrent, la part qu'ils y prennent : ce sera l'objet de nos recherches dans un autre ouvrage, où nous traiterons des diverses facultés sensitives après que nous aurons épuisé la présente question du composé humain. Ici, il nous suffit de rappeler que le système nerveux est le moyen par lequel l'animal reçoit ses sensations, altérées, par conséquent, ou empêchées, selon les altérations et les empêchements que ce système éprouve.

39. Cependant, ce n'est pas seulement pour l'exercice de la sensation que les nerfs sont requis, mais encore pour l'exécution du mouvement dans les muscles et des diverses fonctions des organes végétatifs. C'est pourquoi les physiologistes ont coutume de diviser les nerfs en trois catégories : les sensitifs, les moteurs, et les automatiques. Ces derniers sont ainsi nommés parce que leur action ne dépend aucunement des perceptions et de la spontanéité de l'animal. Ils forment le système ganglionnaire, dit encore *grand sympathique*, donnant naissance dans

les animaux vertébrés à une double chaîne de ganglions disposés de chaque côté de la colonne vertébrale et réunis entre eux par des filets de même nature, d'où de nombreux rameaux vont ensuite se répandre dans tous les organes de la vie végétale. Ceux-ci néanmoins font partie du système nerveux tout entier, au centre duquel ils se rattachent par l'entremise des autres nerfs. Ce fait démontre que l'organisme de l'animal est un, bien que composé d'organes très-divers, suivant les diverses fonctions auxquelles chacun doit servir d'instrument.

40. Et telle est peut-être la cause pour laquelle la perfection des deux organismes, celui de la nutrition et celui de la sensation, dans les divers degrés de l'ordre zoologique croît et décroît le plus souvent en raison directe. Car plus l'animal est parfait, plus il est sensible, plus délicate et exquise est en lui l'organisation de la vie même végétative. Et réciproquement, là où la vie animale est la moins parfaite et réduite à sa plus simple expression, là se révèle une imperfection, une faiblesse égale même en ce qui concerne la vie de nutrition; d'où il arrive que les limites entre les deux règnes, le végétal et l'animal, sont plus difficiles à distinguer dans le dernier degré de l'un et de l'autre, que dans leurs degrés plus élevés, en sorte que c'est à peine si l'on peut décider si les infusoires, qui n'ont que le système cellulaire, sont de simples végétaux ou appartiennent encore aux êtres sensibles, tandis que nul ne douta jamais que le cèdre ne soit une plante et non un animal. Il semble de prime abord que la difficulté de faire une telle distinction dût se rencontrer plutôt dans les espèces de plantes plus parfaites, comme seraient un palmier, un cyprès, une vigne, et non dans les organismes qui, même pour la vie végétative, sont de la structure la plus simple et la plus grossière. Mais un examen plus attentif nous convainc que c'est précisément en ceux-ci que doit s'offrir cette difficulté. Car l'organisme de l'être vivant étant un, à quelque classe qu'il appartienne, le plus bas degré de l'échelle des êtres sensitifs doit avoir une organisation très-imparfaite, même sous le rapport de la vie végétative, et, par contre, plus on monte dans l'échelle zoologique, plus les organes de la vie doivent être développés et parfaits, du moins, à circonstances égales pour le mode d'exister. Quant à ce qui concerne les organes de la loco-

motion, leur plus ou moins de perfection est en raison directe de la perfection de l'organisme sensitif, puisque la puissance de se mouvoir n'est qu'un corollaire de celle de sentir. Elle est donc très-bornée dans les derniers d'entre les animaux, et se réduit à n'être qu'une dilatation et un resserrement, sans mouvement en avant d'un lieu à un autre; si bien que la sensibilité chez ces animaux se borne uniquement au toucher, comme on le voit dans les polypes, les madrépores, les méandrines, et, en général, dans les diverses espèces de zoophytes.

ARTICLE III.

DIFFÉRENCE ENTRE L'HOMME ET LES SIMPLES ANIMAUX.

41. La raison que nous venons d'alléguer relativement à la vie sensitive, savoir que, dans son plus bas degré, elle se manifeste nécessairement par l'imperfection de l'organisme, même par rapport à la vie végétative, n'a aucune application à l'égard de la vie intellective. Car, si la vie sensitive commence à se rapprocher de la vie végétative par un organisme très-imparfait, c'est que l'une et l'autre sont des vies organiques, c'est-à-dire, dépendantes d'organes ou d'instruments corporels. L'être vivant étant *un*, par conséquent étant doué d'un organisme *un*, celui-ci ne peut être imparfait et de structure grossière relativement à la vie de relation, sans l'être pareillement en ce qui concerne la vie de nutrition. Mais la vie intellective, comme nous le verrons en son lieu, en traitant de la spiritualité de l'âme humaine, est une vie indépendante de tout concours intrinsèque d'organes matériels. Lors donc que, par son plus bas degré, elle se rapproche de la vie sensitive, ce qui arrive dans l'homme, à la fois raisonnable et sensitif, un organisme imparfait ne lui est pas indispensable. Bien au contraire, ce qu'il lui faut nécessairement, c'est un organisme parfait. Car cette union du degré intellectif avec le sensitif devant tourner à l'avantage de la partie la plus noble, il faut que les facultés sensitives servent de la manière qui est en leur pouvoir à l'exercice de la faculté intellective, et par conséquent, il faut qu'elles atteignent le plus parfait dé-

veloppement. C'est ce qui n'arrive pas dans l'union du degré sensitif avec le degré végétal; car, comme nous le disions plus haut, bien que la force nutritive se trouve élevée par cette union jusqu'à produire, non plus des fibres ligneuses et des feuilles, mais des chairs et des nerfs, toutefois ce travail n'est requis que pour former chimiquement l'organe qui doit servir à la sensation, mais il n'entre en aucune façon comme auxiliaire de l'acte de sentir.

C'est pourquoi, dans les rapports du degré végétatif avec le degré sensitif, il n'y a pas lieu d'appliquer cet axiome : *Supremum infimi attingit infimum supremi*, parce que cet axiome n'a sa force que là où la fonction propre au degré inférieur doit être elle-même instrument et matière de l'opération propre au degré supérieur. Ceci n'a pas lieu, comme nous l'avons dit, dans l'union de ces deux degrés, puisque la végétation n'est ni l'objet, ni l'organe de l'action de sentir. S'agit-il du degré sensitif rapproché du degré intellectif? tout le contraire arrive, parce que la matière de la connaissance intellectuelle est fournie à l'homme par la sensation, parce que l'imagination, la plus haute des facultés sensitives, est celle qui lui présente les images d'où il tire par abstraction ses concepts premiers. C'est pour cela que, dans l'homme, le degré sensitif devait être très-parfait, comme l'organisme qui lui correspond.

Le fait concorde ici pleinement avec la raison. Ne découvrons-nous pas, en réalité, dans l'organisme animal de l'homme, une délicatesse et une perfection qu'on chercherait en vain dans tous les êtres sensitifs d'un ordre inférieur? C'est qu'en effet, comme on vient de le voir, la sensibilité doit être le ministre fidèle et l'auxiliaire de l'intelligence humaine.

42. La première différence entre l'homme et la brute peut donc se constater dans l'organisme de l'un et de l'autre. En l'homme, il est plus parfait que dans toutes les familles ou espèces du règne animal. Cette perfection resplendit dans la beauté de la forme, la régularité et la symétrie des parties, la position droite et verticale du corps, et encore plus dans les fonctions de nutrition et de locomotion. Car les systèmes nerveux et musculaires ont dans l'homme une extrême délicatesse de texture; les articulations de ses membres sont mieux disposées pour l'exé-

cution de quelque mouvement que ce soit. N'oublions pas de noter la conformation particulière de son cerveau, proportionnellement plus volumineux en lui que dans tout autre mammifère, et dont les anfractuosités sont plus profondes et les circonvolutions plus nombreuses.

43. La seconde différence est que l'homme est le seul animal à proprement parler capable d'art et d'industrie. Quelques-uns, il est vrai, produisent des ouvrages très-ingénieux : on peut citer les nids des oiseaux, la toile des araignées, les alvéoles des abeilles. Mais, évidemment, ces ouvrages ne sont qu'un travail d'instinct, le produit d'une détermination de nature qui pousse l'animal comme mécaniquement, sans dessein préconçu, sans connaissance de la proportion entre les moyens et la fin. On en a une preuve dans la parfaite et constante uniformité de travail de l'espèce entière, dans l'absence absolue de tout progrès. On rencontre même souvent ces industries dans les animaux les plus stupides et les plus incapables de toute autre action qui demanderait quelqu'ordre. Ces travaux ne dénotent donc pas de l'art dans leurs causes prochaines, mais bien dans le premier auteur qui a communiqué à celles-ci et l'être et l'activité, en construisant leurs corps avec cette harmonie d'organes requise pour l'effet demandé, en déterminant par des lois analogues l'activité du sujet. Voilà pourquoi nous n'avons ici qu'une machine vivante façonnée par un ouvrier infiniment sage. Mais on n'en peut dire autant de l'homme. Car il se porte de lui-même vers les œuvres d'art les plus variées, distribue, modifie, perfectionne son travail, et découvre sans cesse des usages nouveaux et de nouvelles applications des forces de la nature.

Voilà pourquoi, seul entre les animaux, il a été doué d'un véritable instrument artistique, de mains parfaitement conformées pour saisir et manier des objets si différents à l'aide de ces nombreuses articulations de ses doigts, par la facilité que ceux-ci ont de se mouvoir séparément, de s'appuyer sur le pouce et de s'en servir de levier. De plus, quelle admirable délicatesse de tact à leurs extrémités, où de nombreuses papilles nerveuses se font un rempart de la dureté des ongles qui leur prêtent un solide appui! C'est avec des organes aussi merveilleux de la main, que l'homme devient le maître de la nature sensible. Bien que naturellement dépourvu d'armes puissantes pour l'attaque et pour la défense, il est néanmoins le plus puissant des animaux, il est capable de vaincre et de terrasser les énormes baleines, les lions les plus féroces, les plus robustes éléphants, ou tout autre animal plus terrible et plus fort que lui, que cet animal nage dans les eaux, qu'il habite dans les forêts, ou qu'il vole dans les airs.

44. En troisième lieu, l'homme est le seul animal doué de la parole. Les brutes pourvues de poumons émettent, il est vrai, divers sons, des cris inarticulés suivant les passions, dont elles sont agitées, les besoins qu'elles éprouvent. Mais, qui ne le voit? ces sons n'ont rien de commun avec la parole, signe artificiel et arbitraire des idées et des affections de l'âme, et destiné à exprimer non-seulement les sensations inaccoutumées, mais toute sorte de pensées, même l'universel et l'abstrait.

Quant aux sons articulés, à l'émission desquels on a coutume de dresser les perroquets et autres oiseaux, ce ne sont pas proprement des mots, parce qu'ils sont prononcés mécaniquement par une habitude qu'on a fait prendre à ces animaux, sans aucune intelligence de leur signification. Et, à propos de langage, rien de plus juste que l'observation des naturalistes : l'orangoutang et les autres singes plus rapprochés de l'homme par la conformation de la tête et le volume du cerveau sont tout-à-fait incapables, d'articuler une parole, parce qu'ils ont le larynx percé de manière que l'air en descendant dans la trachée artère rentre et se perd dans les cavités membraneuses intérieures [1]. Nouvelle preuve plus évidente que la parole est le privilége exclusif de l'homme

45. En quatrième lieu, l'homme est le seul animal qu'on puisse rigoureusement appeler être sociable, puisqu'on ne peut donner proprement le nom de société à la vie commune de certains animaux, tels, par exemple, que les fourmis et les castors. Cette association est purement instinctive ; elle n'est dirigée par aucune autorité régulatrice ; point d'échanges de relations entre

---

[1] Camper a découvert et bien décrit deux sacs membraneux, qui communiquent avec les ventricules de la glotte de cet animal, et qui assourdissent sa voix. (CUVIER, *Le règne animal, etc.* Tome 1 ; *Mammifères*.)

ces animaux; point d'invitations faites par les associés à une coopération volontaire pour une fin poursuivie en commun. Leur réunion n'est que l'ombre d'une société, comme la sensation peut s'appeler l'ombre de l'intelligence, et l'instinct l'ombre de la volonté. L'homme seul obéissant non moins au penchant de sa nature qu'aux lumières de son esprit, contracte les liens d'une véritable vie sociale avec ses semblables, sous la direction d'une autorité qui gouverne et coordonne les efforts individuels vers un but commun.

46. Mais, pour ne pas trop nous étendre en notant chaque différence entre l'homme et la brute, bornons-nous à celle qui est radicale et première, à laquelle sont subordonnées, et d'où dérivent toutes les autres. Cette différence est la *raison* qui resplendit en l'homme comme le sceau de la face divine. Par la *raison* il entre en société avec les purs esprits, et se trouve capable de célébrer la gloire du Créateur. De là, la définition d'*animal raisonnable* par laquelle on a coutume de distinguer l'homme, parce qu'il est doué d'une intelligence discursive de laquelle procèdent, comme conséquence, une volonté et un libre arbitre. En vertu de ce magnifique apanage, la vie de relation dans l'homme n'est pas circonscrite uniquement dans la sphère des corps singuliers et concrets, comme celle des brutes, mais elle s'étend à l'infini dans le cercle immense de l'être en général. Cette extension de vie n'était possible que par le secours de facultés indépendantes dans leur action du concours intrinsèque des organes corporels; d'où il s'ensuit que l'âme de l'homme se trouve dans le plus haut degré auquel puisse s'élever un principe vital informant un corps, degré qui consiste en une pleine supériorité et une parfaite prééminence sur la matière.

C'est là, selon saint Thomas, ce qui relève la vie de l'homme au-dessus des vies inférieures. « La différence entre les âmes ou » principes de vie, dit-il, vient de la manière différente dont leurs » opérations surpassent l'opération de la nature corporelle. Car » toute la nature corporelle est assujettie au principe vital et s'y » rapporte comme matière et instrument. Or, il est une opération » vitale qui surpasse la nature corporelle et n'a nul besoin d'elle » comme organe, pour s'exercer : c'est l'opération de l'âme rai- » sonnable. Une autre opération vitale est placée au-dessous de la

» précédente, c'est celle qui s'exerce par l'organe corporel, mais
» non en vertu de quelque qualité propre de la matière. Telle est
» l'opération de l'âme sensitive. Car, bien que l'humidité, la cha-
» leur et autres qualités corporelles soient requises pour l'opéra-
» tion des sens, néanmoins l'action de sentir ne se fait pas au
» moyen de ces qualités, mais elles sont seulement requises afin
» que l'organe de la sensation soit convenablement disposé. L'o-
» pération vitale la moins relevée, est celle qui s'exerce par
» l'organe corporel, et en vertu de qualités pareillement corpo-
» relles. Elle aussi, cependant, surpasse les opérations de la ma-
» tière, car les mouvements de celle-ci proviennent d'un principe
» extrinsèque, tandis que celle-là procède d'un principe intérieur,
» principe commun à toutes les opérations vitales, puisque le
» propre de tout être vivant est d'être en quelque façon son
» moteur. Telle est aussi l'opération du principe végétatif; parce
» que la digestion et les autres fonctions qui en sont la suite, ne
» s'accomplissent par l'action du calorique que comme instru-
» ment, etc. [1]. »

47. Ce texte est remarquable. Il distingue trois degrés dans la vie des êtres composés : le végétatif, le sensitif, le raisonnable. Il assigne le trait commun qui distingue l'être vivant du non vi-

---

[1] *Diversæ animæ distinguuntur secundum quod diversimode operatio animæ supergreditur operationem naturæ corporalis. Tota enim natura corporalis subjacet animæ et comparatur ad ipsam sicut materia et instrumentum. Est ergo quædam operatio animæ, quæ in tantum excedit naturam corpoream, quod neque etiam exercetur per organum corporale : et talis est operatio animæ rationalis. Est autem alia operatio animæ infra istam, quæ quidem fit per organum corporale, non tamen per aliquam corpoream qualitatem : et talis est operatio animæ sensibilis. Quia, etsi calidum et frigidum, et humidum et siccum, et aliæ hujusmodi qualitates corporeæ requirantur ad operationem sensus; non tamen ita quod mediante virtute talium qualitatum operatio animæ sensibilis procedat, sed requiruntur solum ad debitam dispositionem organi. Infima autem operationum animæ est, quæ fit per organum corporeum et virtute corporeæ qualitatis. Supergreditur tamen operationem naturæ corporeæ, quia motiones corporum sunt ab exteriori principio, hujusmodi autem operationes sunt a principio intrinseco; hoc enim commune est omnibus operationibus animæ. Omne enim animatum aliquo modo movet seipsum. Et talis est operatio animæ vegetabilis : digestio enim et ea quæ consequuntur, fit instrumentaliter per actionem caloris.* (S. THOMAS. *Summa theol.*, 1 p., q. 78, a. 1.)

vant : c'est d'avoir en soi-même le principe du mouvement et de l'action dont il est le sujet. Ce trait distinctif ne convenant point à la matière corporelle, en tant que corporelle, il s'ensuit que le principe de vie excède les forces communes de la matière, et que, par le degré dont il les dépasse, se mesurent les divers degrés de perfection vitale. Or, ces degrés sont au nombre de trois. Car la vie végétale excède les forces des corps bruts en ce point seulement qu'elle procède d'un principe intrinsèque au sujet en qui elle se manifeste, mais avec pleine dépendance de la matière et de ses qualités. La nutrition et les autres actions qui s'y rattachent se font non-seulement par les organes corporels, mais encore moyennant les forces physiques et chimiques de la nature. La vie sensitive monte plus haut : car, bien qu'elle exige ces forces comme dispositions des organes dont elle a besoin, elle ne fonctionne pourtant pas par leur vertu. Au sommet apparaît la vie raisonnable la plus relevée au-dessus de la nature corporelle, puisqu'elle ne fonctionne ni par la vertu des forces chimiques et physiques, comme la vie végétative, ni par le concours d'organes matériels, comme la vie sensitive. Voilà pourquoi elle touche au degré suprême de la perfection vitale et ne peut procéder que d'un principe tout-à-fait immatériel et indépendant du corps dans son existence.

ARTICLE IV.

LA VITALITÉ CONSISTE DANS L'IMMANENCE DE L'ACTION.

48. La vie peut se prendre, ou dans le sens le plus abstrait, et alors elle exprime en général ce qui est commun à tous les degrés des êtres vivants; ou dans un sens plus restreint, et alors ce mot ne signifie que le degré le plus bas de la vie, la vie végétative. Encore ici désigne-t-on quelque chose de commun à tous les êtres vivants organisés qui, pour se conserver, ont tous besoin de se nourrir.

De plus, la vie peut se considérer ou *in actu primo*, ou *in actu secundo*. *In actu primo*, c'est la substance même de l'être vivant. *In actu secundo*, c'est l'opération qui en procède. *Vita dicitur dupliciter : uno modo ipsum esse viventis ; alio modo ipsa operatio viventis, secundùm quam principium vitæ in actum reducitur* [1].

Il n'est pas possible de se former une idée claire et distincte du particulier, avant d'avoir bien compris le général. Nous commencerons donc par chercher en quoi consiste la vie dans son acception la plus large, et nous dirons ensuite en quoi proprement elle consiste, en son sens le plus restreint, quand il s'agit de la seule vie végétative. Or, comme nous ne connaissons les causes et les substances que par leurs effets et leurs opérations, nous examinerons la vie *in actu secundo* pour en conclure en quoi elle consiste *in actu primo*. La question que nous traitons ici se réduit donc à savoir : Qu'est-ce qui constitue en général l'action vitale et en quoi diffère-t-elle de celle qui ne l'est pas?

49. Saint Thomas sachant bien que le devoir du philosophe n'est pas de se créer des doctrines à sa guise, mais de raisonner sur les faits et de prendre pour point de départ les données universelles du sens commun, commence cette recherche par une sorte de commentaire sur ce que la nature enseigne implicitement à chacun de nous. Voici comment il procède. Pour connaître facilement en quoi consiste l'action vitale, il est bon de porter son attention sur les êtres dans lesquels la vie se manifeste davantage : les animaux. *Ex his, quæ manifeste vivunt, accipere possumus quorum sit vivere et quorum non sit vivere. Vivere autem manifeste animalibus convenit* [2]. C'est parler sagement, car la vie dans les végétaux est trop latente, puisqu'ils en occupent le plus bas degré. Dans les êtres intelligents, elle est trop abstruse, puisqu'ils sont au plus haut sommet et que nous ne pouvons y atteindre qu'en réfléchissant sur les actes de la raison. Dans l'animal, la vie est à son degré moyen ; il est donc plus à la portée des sens d'où l'intelligence s'élève aux idées abstraites. La considération de l'animal est donc plus propre à nous ouvrir la voie dans la question présente, et nous pouvons plus facilement étudier la vie en examinant la manière dont il commence et dont il cesse de vivre. *Undè secundum illud*

---

[1] S. Thomas. *Summa theol.*, 1. 2, q. 3. art. 2 ad 1.
[2] *Summa theol.*, 1 p., q. 18, a. 1.

oportet distinguere viventia a non viventibus, secundum quod animalia dicuntur vivere ; hoc autem est in quo primo manifestatur vita, et in quo ultimo remanet [1]. Or, nous disons que l'animal est vivant lorsque nous voyons qu'il commence à se mouvoir de lui-même, et, tant qu'il continue à se mouvoir, nous jugeons qu'il continue à vivre. Au contraire, lorsque nous le voyons sans mouvement *ab intrinseco*, lorsqu'il ne se meut plus que par une impulsion extérieure, nous disons qu'il est mort, en d'autres termes qu'il a perdu la vie. *Primo autem dicimus animal vivere, quando incipit ex se motum habere ; et tamdiu judicatur animal vivere, quamdiu talis motus in eo perdurat. Quando vero jam ex se non habet aliquem motum sed movetur tantum ab alio, tunc dicitur animal mortuum per defectum vitæ* [2].

L'aptitude à se mouvoir est donc ce qui nous fait croire à la vie de l'animal, comme l'incapacité absolue d'exécuter un mouvement à sa mort. Ce qui ne doit pas s'entendre seulement du mouvement local, mais généralement de tout mouvement. En effet, lors même qu'il ne remue plus, nous continuons de le croire vivant, tant que nous remarquons en lui quelque action, comme seraient les pulsations du cœur, la nutrition, une perception sensible, etc. Que si toutes ces fonctions ne sont qu'assoupies, nous dirons que la vie sommeille en lui, et nous ne l'en croirons tout-à-fait privé qu'après nous être assurés qu'elles ont cessé sans espérance de retour. Ainsi, posséder un principe d'où résulte une action accomplie dans le sujet, voilà ce qui constitue l'être vivant. On peut donc dire en général que la vie *in actu secundo* consiste à se mouvoir soi-même, entendant par là non-seulement le mouvement local, ni même un changement de qualité ou de quantité dans les corps, mesuré par le temps, mais toute opération, quelle qu'elle soit. En ce sens, sentir et entendre, c'est se mouvoir. *Ex quo patet quod illa proprie sunt viventia, quæ se ipsa secundum aliquam speciem motus movent, sive accipiatur motus proprie, sicut motus dicitur actus imperfecti, id est existentis in potentia, sive motus accipiatur communiter prout motus dicitur actus perfecti, prout intelligere et sentire*

---

[1] S. Thomas. *Summa theol.*, 1 p., q. 18, a. 1. — [2] *Ibidem.*

dicitur moveri, ut dicitur in tertio de anima ; ut sic viventia dicantur quæcumque se agunt ad motum vel operationem aliquam [1].

Le saint docteur enseigne la même chose partout où il parle de la vie. Pour ne pas trop nous étendre, il suffira d'en citer un autre passage. Voici comment il s'exprime dans le commentaire sur le second livre de l'âme : « L'essence de la vie consiste en ce » qu'un être soit capable de se mouvoir en prenant le mouvement » dans le sens le plus large, en tant que ce mot exprime quelque » opération que ce soit, même une opération intellectuelle. Car, » nous disons qu'une chose est privée de vie, lorsqu'elle ne peut » se mouvoir qu'en vertu d'un principe extrinsèque. » *Propria ratio vitæ est ex hoc, quod aliquid est natum movere seipsum ; large accipiendo motum, prout etiam intellectualis operatio motus quidam dicitur. Ea enim sine vita esse dicimus, quæ ab exteriori tantum principio moveri possunt* [2].

50. D'où l'on voit que quand le sens commun attribue la vie aux plantes, il leur attribue par là même un mouvement *ab intrinseco*, ou une opération dérivant d'une vertu qui leur est propre. L'analyse philosophique confirme ce jugement du vulgaire. En effet, comme nous l'avons vu plus haut, la plante se distingue du minéral en ce qu'elle représente un tout véritable, c'est-à-dire un composé de plusieurs parties concourant à former un seul individu, ayant une fin unique et des opérations diverses, il est vrai, mais toutes subordonnées à cette fin. Les molécules des corps bruts formés par simple agrégation d'atomes, subsistant et opérant chacune à part, notre esprit leur prête l'unité d'un tout, en se fondant seulement sur leur cohésion réciproque. Mais, la plante a une unité plus stricte, bien qu'étendue dans son organisme. En elle, la vie se manifeste dans la variété de ses fonctions multiples, mais ces fonctions mêmes sont tellement enchaînées les unes aux autres, que toutes conspirent à un but commun, identique et atteint dans le sujet même qui opère. Elles tendent à la conservation de cet être, qu'on le considère en son espèce, ou dans l'individu. C'est là, dans tous

---

[1] S. Thomas, l. c.
[2] In 2 *de anima*, lect. 4.

les végétaux le but unique dont la poursuite se voit toujours, ou commencée, ou continuée, ou terminée, depuis la première absorption des matières alimentaires jusqu'aux derniers effets de l'assimilation et de la fructification. Nous verrons plus bas que ce fait ne peut s'expliquer sans admettre, dans les plantes, une force centrale et primitive, un principe vital distinct des forces chimiques et physiques, un principe informant toutes les parties qui les composent et répandant en chacun des organes une efficacité diverse. Pour le moment, le fait de l'unité de l'être végétal nous suffit : d'après ce fait, une même individualité comprenant différentes parties et se manifestant par des actions différentes est la même qui se développe et se nourrit, en convertissant en sa propre substance les parcelles des autres corps et en engendrant des germes capables de perpétuer son espèce. La plante agissant de la sorte opère proprement en elle-même. C'est elle qui s'augmente, se fortifie en croissant ; elle qui s'alimente en s'assimilant les sucs qu'elle tire du sol et de l'air ; elle qui convertit une partie d'elle-même en principe de propagation, en produisant la semence, qui en suite détachée d'elle et confiée à la terre, devra germer.

54. Quant aux corps bruts, nous ne pouvons leur attribuer qu'une force, celle de relation avec les corps distincts d'eux-mêmes : attraction, répulsion, résistance, pesanteur, etc. Voilà tout ce qu'ils peuvent. Mais ces forces, comme on le voit, n'ont d'action que sur un sujet substantiellement différent, existant à part, absolument indépendant de l'intégrité et de la fin de l'autre corps. Nous avons, il est vrai, un être actif et un être passif : par exemple, une molécule attirant et une autre attirée ; mais l'une est tout-à-fait en dehors de l'autre, matériellement et formellement, car l'être et la fin de chacune sont en l'un et l'autre entiers et complets. Il n'en est point ainsi dans l'organisme vivant. Les parties n'y ont de valeur que par rapport au tout qui résulte de leur union. Elles sont en dehors l'une de l'autre, quant à leur matérialité et à leur extension quantitative ; mais elles sont en quelque sorte l'une dans l'autre formellement, quant à leur extension pour ainsi dire virtuelle. Car elles constituent un organisme *un*, elles sont actuées par des vertus surbordonnées entre elles et qui résultent d'un principe unique. Par conséquent,

lorsque la plante opère, bien qu'elle remplisse ses fonctions par des organes divers, c'est en elle-même qu'elle opère, c'est-à-dire par une action intérieure. Car l'agent comme le patient appartiennent à la même individualité; et, par suite, l'individualité qui agit est la même qui reçoit l'action.

52. Ainsi, pour réduire tout ce que nous avons dit à une formule plus courte, nous pouvons affirmer en général que la vie consiste dans l'immanence de l'action. Car il faut observer que l'opération peut être de deux espèces, l'une transitoire, l'autre immanente. On appelle *transitoire* celle que reçoit un sujet différent de celui qui produit l'action, comme lancer une pierre, battre le grain sur l'aire. L'action *immanente*, au contraire, est reçue dans le sujet même qui la produit, comme sentir et vouloir. *Duplex est actio. Una quæ transit in exteriorem materiam, ut calefacere et secare; alia quæ manet in agente, ut sentire et velle. Quarum hæc est differentia : quia prima non est perfectio agentis quod movet, sed ipsius moti; secunda autem actio est perfectio agentis* [1]. Deux choses donc sont nécessaires pour constituer l'action immanente : la première, qu'elle soit vraiment une action, c'est-à-dire qu'elle procède d'un principe intérieur; autrement, si elle procédait d'un principe extérieur, son vrai nom serait passion. La seconde, qu'en procédant d'un principe intérieur au sujet qui opère, elle ne sorte pas de ce sujet, mais demeure pour ainsi dire en lui. Le soleil éclaire, et cela, en vertu d'une force qui réside en lui et lui appartient. Cette action peut-elle s'appeler immanente? Non, parce qu'elle s'exerce sur des sujets distincts de celui dont elle émane. Un corps pesant, abandonné à lui-même, tombe. Ce mouvement peut-il s'appeler immanent? Non, parce que ce mouvement, bien que reçu dans le corps pesant, ne procède cependant pas de ce corps, mais d'un principe qui lui est extérieur, c'est-à-dire de l'attraction de la terre agissant sur lui. Au contraire, quand je sens ou me promène, j'exerce une action immanente, puisque l'action de sentir et de marcher procède de moi, et qu'elle s'accomplit en moi; de même que m'appartient la vertu motrice de la fibre musculaire, ainsi m'appartiennent les pieds et les jambes dont je me sers

---

[1] S. Thomas: *Summa theol*, 1 p., q. 18, a. 2, 1.

pour exercer ce mouvement. Qu'on dise la même chose, proportion gardée, de la plante, lorsqu'elle convertit en sa propre substance les sucs déjà prédisposés, ou qu'elle développe ses organes, pousse des feuilles, des fleurs, des fruits; c'est elle assurément qui agit, et qui agit en elle-même.

53. On objectera peut-être : un peintre qui dessine un tableau, un musicien qui joue de la lyre exercent sans doute une action vitale; et pourtant cette action passe dans un autre sujet. Donc la vitalité de l'action ne consiste pas dans l'immanence. A cela nous répondons que l'action du peintre ou du musicien n'est pas vitale, en tant précisément que mouvement du pinceau ou des cordes; car, dans ce cas, il faudrait aussi appeler vitale l'attraction du fer par l'aimant, et l'impulsion que le ressort donne aux roues d'une horloge. Mais cette action est vitale en tant qu'elle est un mouvement des doigts et des mains de l'artiste, lesquels sans doute font partie de sa personne. Il se trouve donc vrai que c'est le même sujet qui produit et qui reçoit l'action. En d'autres termes, il faut distinguer ici une double action : l'une est reçue dans les membres de l'agent, et celle-ci est immanente et vitale; la seconde passe dans la matière extérieure qui est mue et touchée, et elle est transitoire et non vitale.

ARTICLE V.

L'IDÉE D'IMMANENCE EXPLIQUE POURQUOI LA VÉGÉTATION EST LE DERNIER DEGRÉ DE LA VIE.

55. Les philosophes, comme le vulgaire, reconnaissent unanimement que la vie la moins noble qui se manifeste dans les êtres vivants, c'est la vie des plantes. Mais il est bon d'assigner la raison de cette infériorité. Nous le ferons en particularisant ici l'idée que nous avons déjà exposée.

La vie, comme nous l'avons démontré, consiste dans l'immanence de l'action, ou, ce qui revient au même, dans le mouvement qui procède d'un principe intérieur au sujet. Or, il est évident que la végétation participe à l'immanence dans le plus bas degré. Deux choses, avons-nous dit, sont nécessaires pour qu'un acte soit immanent : l'une, qu'il procède d'un principe intérieur ; l'autre, qu'il fonctionne et qu'il réside dans le sujet même d'où il procède : à ce double titre, la vie des plantes est la moins parfaite.

55. Et quant au premier, nous pouvons considérer trois choses dans l'action : l'exécution, la forme qui détermine l'agent, la fin à laquelle tend l'opération. Or, la plante est active, par un principe interne, par rapport seulement à la première de ces choses ; elle est passive par rapport aux deux autres. Car, quoique la plante agisse par une force intrinsèque, et que par conséquent elle se donne d'elle-même l'action, néanmoins elle ne préétablit pas la fin de cette action ; elle n'acquiert pas par sa propre industrie la forme qui la détermine immédiatement à agir. La plante végète pour se conserver elle-même avec son espèce. Ce but lui est imposé par l'auteur suprême de toutes choses ; elle ne l'apprend pas ; elle ne le poursuit pas de ses désirs ; moins encore voit-elle la proportion entre les moyens et la fin. La forme par laquelle la plante agit est un principe actif ; mais ce principe lui est communiqué par la nature, sans qu'elle puisse en régler l'influence. Tout ce qu'elle fait, c'est de produire l'action, pour laquelle elle est douée de facultés convenables, dépendamment des circonstances particulières où elle se trouve. *Inveniuntur quædam quæ movent se ipsa non habito respectu ad formam vel finem, quæ inest eis a natura, sed solum quantum ad executionem motus : sed forma, per quam agunt, et finis, propter quem agunt, determinantur eis a natura. Et hujusmodi sunt plantæ, quæ, secundum formam inditam eis a natura, movent seipsas secundum augmentum et decrementum* [1].

Il n'en est pas de même de la vie des êtres doués de connaissance. Ces êtres se déterminent à l'action en vertu de la connaissance qu'ils se procurent par leur propre énergie ; s'ils sont intelligents, ils établissent aussi la fin de leur action, ou, du moins, ils en perçoivent l'ordre et la proportion avec les moyens. Par conséquent, ils se meuvent d'eux-mêmes beaucoup plus que les plantes ; et c'est à bon droit qu'on considère celles-ci comme appartenant au dernier degré de vie.

[1] S. Thomas. *Summa theol.*, 1 p., q. 18, a. 2.

56. On arrive à la même conclusion, si l'on considère l'immanence sous le second rapport : il consiste en ce que le terme de l'action demeure dans le sujet même d'où elle procède. L'opération de la plante reste dans la plante elle-même, c'est-à-dire dans le sujet agissant; mais elle n'est pas reçue dans la puissance ou faculté même qui agit. Expliquons ceci par un exemple. L'intellection est un acte immanent puisque l'âme qui la produit la reçoit en elle-même. Mais, si l'on y regarde de près, elle est un acte immanent, tout-à-fait intime, parce qu'elle est reçue dans la faculté même intellective qui la produit. C'est ce qu'on ne voit pas dans les plantes. L'action qu'elles font n'est pas reçue dans la même puissance qui agit, pas même dans la même partie organique d'où elle procède, mais dans une partie différente. La molécule qui assimile est distincte de la molécule assimilée, bien que celle-ci, au terme de sa transmutation, commence à faire partie d'une même plante. C'est pourquoi, l'action végétative n'est immanente qu'en tant qu'elle demeure dans le sujet même agissant, considéré dans sa totalité individuelle; mais elle ne l'est nullement en tant qu'elle informe la même puissance opératrice. Bien plus, si on examine attentivement le point où cette action commence à se produire sur une matière distincte de l'agent, elle ne demeure en lui qu'à son terme ; ou bien, si elle commence à se faire sur le sujet lui-même, elle va se terminer au dehors dans un objet extrinsèque. Voyons-le séparément.

57. Les fonctions des végétaux considérés dans leurs principaux effets, se réduisent à trois: la nutrition, l'accroissement, la génération ou fructification. Or, la nutrition, bien qu'elle ait pour terme la substance même de la plante qui l'exerce, en s'assimilant les parcelles séparées du suc alimentaire, commence néanmoins par une opération sur la matière extérieure, telle que les humeurs que la plante absorbe du sol, ou les fluides qu'elle attire de l'atmosphère. L'assimilation en est le terme ; et cette assimilation s'accomplit par le changement en substance végétale de ce qui n'était auparavant que matière brute ou matière végétale déjà morte. Mais, combien d'opérations ont dû d'abord s'accomplir? L'absorption, la circulation, la sécrétion, etc.; toutes fonctions exercées sur des substances qui,

tout en se disposant peu à peu à se transformer dans l'être vivant, n'en faisaient cependant pas encore partie ; toutes n'étaient pas matière apte à l'alimenter ; aussi, en sont elles expulsées par les organes excréteurs.

La même chose a lieu par rapport à l'augmentation, puisque la plante ne croît que par la nutrition. Elle s'assimile plus de matière qu'il ne serait nécessaire pour réparer les pertes qu'elle fait incessamment. Enfin, la génération commence, il est vrai, dans le sujet lui-même, puisqu'il détache de lui-même les parcelles qui composent le germe et la semence; mais elle tend à un terme extrinsèque, savoir : à un être individuellement distinct de celui qui engendre, quoiqu'il lui soit semblable en nature. La génération du végétal est donc une action immanente dans son commencement. Elle ne l'est pas dans son terme. Sous ce rapport, elle s'écarte de la perfection intrinsèque de la vitalité, qui, comme nous l'avons dit, consiste précisément dans l'immanence.

Ensuite, la nutrition aussi bien que la génération, même du côté par lequel elles se rapportent à l'agent, ne sont jamais reçues dans la puissance même agissante, puisque l'une et l'autre opération consistant à transformer des molécules, soit pour les ajouter à l'agent, soit pour les détacher de lui, il faut qu'elles s'exercent sur une matière distincte de l'organe qui les a produites. En sorte que, dans ces opérations, on voit toujours que la partie qui agit est différente que celle qui reçoit l'action, quoique toutes les deux appartiennent au même sujet.

ARTICLE VI.

LA VIE DANS SON DEGRÉ LE PLUS PARFAIT NE SE TROUVE QU'EN DIEU.

58. De tout ce que venons de dire, il est aisé de comprendre que la vie, dans son suprême degré de perfection, ne se trouve qu'en Dieu. Et la raison en est que l'immanence totale et parfaite, sous ses deux aspects, ne se trouve que dans l'acte divin. Quant au premier, nous pouvons considérer trois ordres de vie : la vie végétative, propre aux plantes; la vie sensitive, propre

aux animaux; la vie intellective, propre aux substances intelligentes. La végétative, la plus imparfaite, participe dans un degré infime de l'action immanente, puisque, comme nous l'avons démontré, elle opère dans un même sujet agissant, mais sans être reçue dans la même faculté opérative. La condition de la vie sensitive est plus élevée sous ce rapport, puisque l'acte de sentir, non-seulement demeure dans le sujet, mais, de plus, actue et informe la faculté même d'où il jaillit. Ainsi, la vision procède de la faculté de voir et elle demeure dans la même faculté. Toutefois, à cause du concours nécessaire de l'organe matériel, cet acte ne réside pas dans le seul principe vital, mais dans le composé auquel proprement il appartient de sentir. Ainsi, la vision, à proprement parler, est l'acte de l'œil vivifié, c'est-à-dire, de la vertu de voir, non pas en tant qu'elle tire son origine de l'âme seule, mais en tant qu'elle informe cette partie organique de l'animal. On peut dire la même chose des autres sensations. Donc l'immanence de l'acte sensitif dans le principe vital, sous ce rapport, n'est pas parfaite.

Il n'en est pas ainsi de la vie intellective. En effet, l'acte d'entendre ne s'exerce pas avec le concours d'un organe matériel; mais il appartient tout entier à la seule faculté de l'esprit intelligent. Par conséquent, l'immanence de l'acte intellectuel, sous ce rapport, est parfaite, puisque la même faculté qui produit l'action en est informée sans la participation d'aucun autre être distinct du principe d'où la vie jaillit comme de sa source. C'est pourquoi l'on nomme *vivantes* par excellence, les substances intelligentes; et l'on appelle action vitale, l'acte d'entendre et de vouloir, dans un sens bien plus strict que celui de sentir et de se nourrir.

59. Toutefois, il faut le remarquer, s'il s'agit d'une substance spirituelle créée, son action ne touche pas au degré suprême d'immanence. On le voit clairement sous les deux rapports que l'on peut considérer ici. Et d'abord, si nous considérons l'immanence comme exigeant un acte identique au principe qui agit, nous nous apercevrons facilement qu'elle n'est pleine et complète qu'en Dieu. Car, même dans les créatures spirituelles, l'action, aussi bien que la faculté opérative, se distingue de l'essence de l'agent. En Dieu seul, l'action, la vertu d'agir et

l'essence se trouvent identifiées, puisque Dieu seul est tout acte, acte pur, et qu'il n'admet aucune sorte de composition. *Dei potentia, quæ est operationis principium, est ipsa Dei essentia; quod non potest esse verum neque in anima, neque in aliqua creatura* [1]. *Nec in angelo, nec in aliqua creatura virtus vel potentia operativa est idem quod sua essentia* [2]. C'est pourquoi, en Dieu, et en Dieu seulement, se rencontre l'intimité pleine et parfaite, ou l'immanence de l'action dans le principe agissant, et, par conséquent, la vie dans toute sa plénitude, dans toute sa perfection. Bien plus, il résulte de cette identité de l'être avec l'opération en Dieu, qu'il n'est pas seulement vivant dans le plus haut degré, mais qu'il est sa vie même, soit *in actu primo*, soit *in actu secundo*. *Sicut Deus est ipsum suum esse et suum intelligere; ita et suum vivere* [3].

60. Nous aboutirons à la même conclusion, en considérant l'immanence de l'action vitale sous un autre rapport, c'est-à-dire, en tant qu'elle procède d'un principe intrinsèque. Car la vie consistant dans l'action que l'agent produit de lui-même, et non par l'impulsion d'une cause extrinsèque, la vie est plus parfaite là où son origine est plus intrinsèque. *Cum vivere dicantur aliqua, secundum quod operantur ex seipsis et non quasi ab aliis mota; quanto perfectius competit hoc alicui, tanto perfectius in eo invenitur vita* [4]. Or, comme nous l'avons dit, on peut considérer ici trois choses, savoir : l'exécution de l'acte, la forme qui détermine l'agent, le but vers lequel l'action est dirigée; or, par rapport à toutes les trois, l'origine *ab intrinseco* n'est parfaite qu'en Dieu. Les plantes se meuvent d'elles-mêmes, seulement quant à l'exécution de l'acte, parce que, quoiqu'elles émettent l'action vitale par une vertu propre, néanmoins, elles ont besoin d'être déterminées par une forme qu'elles n'ont pas en elles-mêmes, mais qu'elles reçoivent d'une cause extérieure; elles ne se proposent pas non plus d'elles-mêmes le but de leurs opérations. Les animaux, mis à un degré

---

[1] S. Thomas. *Summa theol.*, 1 p., q. 77, a. 1.
[2] S. Thomas. *Ibid.*, 1 p., q. 54, a. 3.
[3] S. Thomas. *Ibid.*, 1 p., q. 18, a. 3.
[4] *Ibidem.*

plus élevé de l'échelle vitale, et bien qu'ils ne se proposent d'eux-mêmes aucune fin, la simple faculté de sentir ne s'élevant pas si haut, néanmoins agissent en vertu d'une connaissance acquise par les sens ; ainsi, ils se donnent en quelque sorte d'eux-mêmes la forme qui détermine immédiatement leur action. Enfin, les êtres raisonnables non-seulement produisent l'action par une vertu propre, et se donnent en quelque sorte d'eux-mêmes la forme qui détermine leur action, moyennant la connaissance ; mais, de plus, ils se proposent bien souvent d'eux-mêmes le but de leur opération, ou du moins ils discernent la proportion des moyens qu'ils ont pris pour y parvenir.

Ici, nous touchons au suprême degré de la vie en tant qu'elle consiste à se donner soi-même le mouvement. Néanmoins, si l'on veut bien y regarder de près, ce degré n'est possédé parfaitement que par l'intelligence incréée. L'intelligence créée se propose d'elle-même, il est vrai, le but particulier de l'action ; mais elle ne se propose pas d'elle-même le but final, qui lui est imposé par la nature. De plus, elle accomplit, il est vrai, par sa propre vertu, l'acte de la connaissance, premier mobile qui la fait vouloir et agir ; mais l'être substantiel, source première de cet acte, lui vient d'une cause extérieure, c'est-à-dire de celui qui lui donne l'existence. Dieu seul est exempt de toutes ces imperfections. Il est par lui-même sous tous les rapports ; il n'a point de but proposé par un ordonnateur externe ; il est lui-même la fin dernière de toute chose. Par conséquent, Dieu seul agit par un principe souverainement intrinsèque, et, par là, Dieu seul possède parfaitement la vie. *Illud igitur, cujus sua natura est ipsum ejus intelligere, et cui id, quod naturaliter habet, non determinatur ab alio ; hoc est, quod habet summum gradum vitæ. Tale autem est Deus ; unde in Deo maxime est vita* [1].

---

[1] S. Thomas. *Summa theol.*, 1 p., q. 18, a. 3.

ARTICLE VII.

NÉCESSITÉ POUR LES PHYSIOLOGISTES DE BIEN DÉFINIR LA VIE : QUELLE DOIT ÊTRE CETTE DÉFINITION.

61. La physiologie, sans abandonner l'observation et l'expérimentation, doit se fonder sur des principes rationnels et vraiment philosophiques. Autrement, elle se réduit, comme il est arrivé à d'autres sciences naturelles, à n'être qu'un pur empirisme, une collection de phénomènes, classés avec plus ou moins d'art en différentes catégories, et subordonnés à ceux qui, sous le nom de lois, ne sont en réalité que des faits plus généraux et plus constants. Mais, tant qu'elle se tiendra dans ce cercle, elle ne sera point une science. Car la science exige la connaissance des causes proprement dites, qui sont ordinairement occultes et se dérobent à la seule expérience. Elles ne se révèlent qu'à la lumière des principes transcendants et ontologiques.

62. Il est un autre dommage qui résulte pour la physiologie de sa rupture avec la philosophie; c'est qu'elle ne peut pas être greffée sur l'arbre encyclopédique des sciences humaines. Les sciences n'y sont greffées que grâce à un lien commun, qui les réunit toutes dans une véritable unité de système; et ce lien se trouve, non dans ce qui est particulier à chacune d'elles, mais dans la liaison des idées universelles, et dans les notions essentielles qu'elles reçoivent d'une science première et générale : la philosophie. Ce n'est donc pas merveille que tous ceux qui ont voulu écrire sur la physiologie d'une manière vraiment scientifique, ou baser sur des théories physiologiques quelque autre science professée par eux, se soient toujours montrés jaloux d'y mêler des recherches philosophiques, principalement sur l'essence de la vie. Ils y étaient amenés par les raisons que nous venons d'alléguer, par la persuasion que l'idée-mère de toute science est précisément celle qui regarde l'objet premier et fondamental de leurs études, sans l'intelligence duquel il est impossible que les autres idées secondaires soient suffisamment claires et distinctes.

63. Par malheur, la théorie de l'unité substantielle de tout

être composé ayant été défigurée par Descartes, la philosophie ne fut plus en état de fournir à la physiologie l'idée juste de la vie ; car cette idée ne peut être comprise de celui qui ne sait rien concevoir dans les corps, hormis l'étendue et le mouvement. Voilà pourquoi on a vu des hommes très-propres aux investigations scientifiques, même en s'apercevant que la vie est bien autre chose que l'effet de forces communes de la matière, s'égarer néanmoins, lorsqu'ils ont essayé d'en définir l'essence. Pour s'en convaincre, il suffit de lire l'un des écrivains les plus célèbres qui, après la réforme philosophique, se sont occupés de ce sujet. Comme exemple, nous citerons trois noms bien connus, qui, dans la science médicale, physiologique ou zoologique, se sont efforcés de s'élever au-dessus des seuls phénomènes, et d'atteindre à des considérations rationnelles et générales. Ces trois écrivains sont Stahl, Bichat et Cuvier ; nous discuterons leurs différentes opinions sur la vie en trois paragraphes distincts.

§ I.

Définition de Stahl.

64. Ce célèbre médecin, fondateur de l'*animisme*, parce que, dans son système, il attribue les phénomènes vitaux à l'action de l'âme, fait consister la vie dans la conservation de l'organisme, quant au mélange et à la disposition de ses parties. Il établit, il est vrai, cette doctrine à propos du corps humain ; mais, proportion gardée, la raison est la même pour la vie organique en général, qui, dans les êtres vivants inférieurs à l'homme, ne saurait être plus parfaite que dans l'homme même.

Le raisonnement de Stahl se réduit à celui-ci. Après avoir déploré que, jusqu'à son temps, la vraie définition de la vie n'ait pas été suffisamment connue, il arrive à démontrer combien il est nécessaire que le corps humain ait une structure particulière pour accomplir ses fonctions, et combien il lui est facile de se corrompre, à cause des éléments corruptibles dont il est composé. Pourtant, l'organisme est exempt de cette corruption, tant que durent les actions vitales qui tendent à en conserver l'intégrité et l'équilibre contre l'influence de causes délétères ;

d'où il est aisé de conclure que c'est précisément dans la conservation de cette intégrité et de cet équilibre que consiste formellement la vie ; et que communiquer la vie au corps, n'est autre chose que produire en lui cette même intégrité et ce même équilibre. *Materia corporis, ut in se undique, ita cum primis in sanguine, summe corruptibilis ; quod tamen ne in actum corruptionis deducatur, vitæ beneficio debet ; quæ nempe nihil est aliud formaliter, quam hæc ipsa conservatio corporis in illa sua mixtione quidem corruptibili, sed sine omni corruptionis istiusmodi actuali eventu* [1].

65. La vie ainsi définie, il est aisé de connaître les moyens dont le principe vital doit se servir pour la faire fonctionner. Car il est manifeste qu'à la conservation du corps organique, qui, dans son mélange corruptible ne se corrompt pas, coopère médiatement le mouvement des liquides alimentaires par le système des vaisseaux, et que les secrétions et les excrétions faites en temps opportun y concourent aussi. Voilà donc les instruments éloignés et prochains de la vie, ou bien voilà les actes moyennant lesquels elle se produit et se conserve dans le corps. *Agit quidem illa (animalis natura vel anima) imo peragit felicissime, quantum et quamdiu potest, motu ; sed ille motus non est vita absolute et simpliciter et qua talis. Præstat vitam mediante motu humorum circulatorio : sed hic motus circulatorius non est vita, sed tantum instrumentum vitæ, et quidem remotum. Proxime præstat vitam per secretiones perpetuas et excretiones tempestivas materiarum non solum inutilium sed etiam nocivarum. Interim neque secretiones hæ, neque excretiones sunt vita, sed solum verum ultimum et magis immediatum instrumentum vitæ, nempe eliminando aliena, ut maneant propria et ad corpus vere pertinentia. Ita demum vita efficitur, nempe conservatio corporis et mixtionis ejus, atque vindicatio adversus omnem corruptionem, cui alias e materiali sua indole expositum, immo obnoxium est* [2].

66. Cette doctrine ne peut être acceptée, puisqu'elle renverse

---

[1] George-Ernest Stahl, *Theoria medica vera.* Halæ mdccviii, page 561. *Brevis repetitio summorum capitum medicæ physiologiæ.*

[2] Ouvrage cité, page 76.

de fond en comble tout concept philosophique de la vie. Une pareille théorie ne tient aucun compte de la notion générique et abstraite de la vie ; et cette lacune n'est pas rare dans les théories des physiologistes, qui pourtant ne pourront jamais parvenir à un système rationnel sans partir de cette notion. Mais, sans nous arrêter à cette question, et en nous reportant à la théorie de Stahl, nous voyons qu'elle n'embrasse dans les êtres organiques que la partie matérielle et mécanique. L'intégrité des organes essentiels dans un animal ou dans une plante, le mélange très-compliqué de leurs éléments chimiques, l'équilibre entre les parties solides et liquides qui les composent, sont des choses requises, sans doute, afin que la vie puisse subsister. Mais ces choses sont-elles ce qui constitue l'essence même de la vie dans l'animal ou dans le végétal ? S'il en était ainsi, quelle raison nous empêcherait de dire qu'une horloge ou toute autre machine vit, tant que dure la disposition artificielle des pièces qui la composent ?

Si Dieu, après la séparation de l'âme et du corps, continuait à conserver dans le corps la même proportion dans les groupes moléculaires de ses diverses matières organiques; s'il arrêtait toute putréfaction du sang, toute dissolution de parties ; s'il conservait les tissus, les vaisseaux, les systèmes dans leur intégrité (toutes choses faciles à la toute-puissance de Dieu), Stahl oserait-il affirmer que ce corps est vivant? Et cependant, quoique n'étant plus informé par l'âme, on retrouverait encore exactement en lui tout ce qui, selon cet écrivain, constitue la vie, savoir : la conservation du mélange corruptible, sans la corruption actuelle, à laquelle l'organisme serait sujet par sa nature. *Nihil est aliud formaliter, quam conservatio corporis in illa sua mixtione corruptibili, sine corruptionis actuali eventu.*

67. Stahl dirait peut-être qu'un tel corps ne pourrait plus s'appeler corps vivant, parce que l'organisation ne lui serait plus conservée par une action vivificatrice, c'est-à-dire, par le mouvement que l'âme produit, soit par la circulation des humeurs, soit par la secrétion des éléments utiles, soit enfin par l'excrétion de ceux qui sont nuisibles ou inutiles. On peut, ce semble, déduire ceci de ce passage où notre écrivain distingue la vie procédant de l'âme, de la vie même reçue dans le corps : il fait

consister la causalité vivifiante, dans l'action qui écarte sans cesse du corps les molécules impropres à faire partie de l'organisme et qui en assimile d'autres à leur place. *Bene notanda venit realis illa penitus diversitas inter vitam, quatenus de corpore dicitur, quo, inquam, respectu et intuitu corpus vivum esse dicitur (de qua re nobis in Physiologia est sermo), et illum respectum quo anima viva dicitur, quæ respectu corporis vivifica solum dici meretur. Peragit tamen in corpore hunc actum vivificationis, non, uti vulgo crassiore modo interpretantur, per nudam atque simplicem sui unionem; sed sane per actionem. Neque tamen eamdem simpliciter innominatam, sed omnino vere mechanico-physicam. Nempe per materiarum sensim fatiscentium perpetuam remotionem, quæ proprie et directe est vita instrumentaliter considerata ; et in locum harum decedentium novam receptionem et admotionem recentium, quam nutritionem vocamus* [1].

68. Mais d'abord, en admettant ce qui précède, il faudrait retirer ce que Stahl avait affirmé en termes si clairs; savoir, que la vie du corps consiste formellement dans la conservation de l'organisme. On devrait dire plutôt qu'elle consiste dans le mouvement que le corps reçoit de l'âme dans toutes les fonctions nécessaires à sa nutrition ; car la raison formelle de toute chose ne consiste pas en ce qui peut être indépendamment d'elle, mais en ce qui la constitue, et qui, étant supprimé, supprime cette chose. Or, nous l'avons vu, absolument parlant, l'organisation pourrait être conservée dans le corps sans que pour cela le corps fût vivant; seulement, le mouvement causé par l'âme serait le seul, suivant ce dernier passage de Stahl, dont l'existence produirait la vie, et dont la cessation amènerait la mort. C'est donc dans la communication de ce mouvement, et non pas dans la conservation de l'organisation du corps, qu'on devrait faire consister la raison formelle de la vie. Sans quoi, si l'action vivifiante, selon le passage cité, est le mouvement produit par l'âme, ce même mouvement, reçu dans le corps, sera sa vie : la vie du corps n'étant autre chose que l'effet immédiat de l'acte vivifiant.

En second lieu, ce mouvement des liquides qui circulent dans

---

[1] Ouvrage cité, pag. 563.

l'être vivant et cette action de sécrétion et d'excrétion sont sans doute des fonctions vitales, produites au moyen des organes déjà vivifiés. Elles supposent donc la vie déjà communiquée à l'organisme, et elles concourent seulement à la conserver. Elles ne peuvent donc pas être le moyen ou le véhicule par lequel la vie est primitivement donnée à l'organisme.

En troisième lieu, ces mêmes fonctions peuvent être interrompues pour quelque temps, sans que pour cela la vie cesse substantiellement dans le corps organisé. Il en est probablement ainsi des animaux saisis par le froid : tant qu'ils restent dans cet état, ils n'ont pas de circulation, pas de nutrition, et, pourtant, ils ne meurent pas ; aussitôt qu'ils sont réchauffés, ils reprennent de nouveau leurs fonctions vitales. On peut dire la même chose des animaux tombés en asphyxie, et de ceux que les zoologistes appellent Larves : on ne voit là aucun phénomène d'action vitale ; et cependant, la vie, substantiellement considérée, n'est pas éteinte [1]. Donc l'acte qui vivifie substantiellement l'organisme ne peut être ni la circulation, ni la nutrition. Enfin, nous demanderons à Stahl si la circulation des humeurs dans l'organisme et l'action des organes de sécrétion et d'excrétion produisent la vie : la première, en tant qu'elle est le simple mouvement d'un liquide ; la seconde, en tant qu'elle est simplement analyse ou synthèse de groupes moléculaires ; ou bien, si cette circulation et cette action produisent la vie, en tant qu'elles sont toutes les deux des mouvements excités par un principe vivant. En vé-

[1] Il peut même se faire que tout phénomène de nutrition et, par suite, que toute vitalité soit suspendue, pendant un temps plus ou moins long, soit dans les graines, soit chez les larves de quelques animaux placées dans certaines conditions de température, de sécheresse ou d'humidité. Mais si ces conditions n'ont pas amené de lésion dans l'organisation, la nutrition, et par suite le développement, pourront reparaître et continuer, jusqu'à la période de la reproduction. Ainsi, dans ces cas-là, l'organisme est conservé à l'état statique, c'est-à-dire non apte à agir, ou à manifester les actes propres à la substance organisée ; c'est un état de *mort apparente*, mais non réelle, puisque l'organisme n'est point lésé, et manque seulement des conditions extérieures physico-chimiques nécessaires à l'accomplissement des actions qui caractérisent la vie et qui reprennent dès que celles-ci lui sont rendues. (*Eléments de physiologie de l'homme*, etc., par le docteur BERAUD, etc. Tome 2, sixième partie, pag. 678 ; *Vitalité*.)

rité, il ne choisirait pas la première de ces deux hypothèses : il devrait alors appeler cause de vie l'ascension de l'eau dans une pompe aspirante, et l'action du fer qui, à un degré donné de température, décompose la vapeur de l'eau et s'en incorpore l'oxygène. Il faudra donc accepter la seconde partie du dilemme proposé. Mais si un mouvement imprimé par l'âme à une humeur qui circule suffit pour vivifier le corps, par cela seul que ce mouvement procède d'un être vivant, pourquoi le mouvement que ma main imprime à la plume en écrivant, ne vivifierait-il pas cette plume et le papier même sur lequel ce mouvement va se terminer? N'y a-t-il pas là également un mouvement qui procède d'une cause vivante?

69. On répliquera : la différence consiste en ce que le principe moteur de la plume lui est extrinsèque, tandis que le principe moteur de l'organisme est intrinsèque à l'organisme tout entier. Très-bien : mais que signifie ce mot *intrinsèque*? Que ce principe n'applique pas sa vertu au corps en se tenant en dehors de lui, mais en dedans, en sorte que le mouvement communiqué ne se propage pas de la surface au centre, mais du centre à la surface? Cette réponse serait ridicule, puisqu'elle supposerait que la vie naît uniquement de la diversité de position du moteur, et partant, de la seule direction opposée du mouvement qu'il a produit; de sorte que, si un démon s'emparait d'un cadavre, causant en lui tous les mouvements analogues à ceux d'un organisme animé, oseriez-vous dire que ce corps est revenu à une vie nouvelle? Et pourtant, la cause du mouvement serait intrinsèque dans le sens exposé, c'est-à-dire, qu'il viendrait du dedans et non pas du dehors, et qu'il irait du centre à la surface et non pas de la surface au centre.

70. L'ardente imagination du Dante crut voir dans les enfers l'âme d'un traître, dont le corps paraissait encore sur la terre manger et boire, et exercer toutes les autres fonctions vitales.

> .... *Col peggiore spirto di Romagna*
> *Trovai un tal di voi, che per sua opra*
> *In anima in Cocito già si bagna,*
> *Ed in corpo par vivo ancor di sopra* [1].

[1] *Inferno*, c. 33.

Et, pour expliquer ce phénomène, il disait que le corps était possédé par un démon qui en gouvernait les membres.

> *Nel fosso su, diss'ei, di Malebranche,*
> *Là dove bolle la tenace pece,*
> *Non era giunto ancora Michel Zanche;*
>
> *Che questi lasciò un diavol in sua vece*
> *Nel corpo suo, e d'un suo prossimano,*
> *Che il tradimento insieme con lui fece* [1].

Cette fiction poétique d'Alighiéri, nous pouvons la supposer comme exemple dans la matière présente. Nous disons donc : si ce que Dante a inventé eût été réel (et cette hypothèse n'offre aucune répugnance), est-ce qu'on aurait pu dire de ce corps mû par le malin esprit qu'il vivait?

Certainement, non. Et néanmoins, on aurait pu remarquer en lui des mouvements produits par un principe vivant et intime, en ce sens que ce principe était dans le corps et non en dehors. Donc, lorsque l'on dit que pour qu'un corps vive, il faut que le principe de ses mouvements lui soit intrinsèque, ce mot *intrinsèque* n'exprime pas une simple présence intérieure, un contact virtuel, s'il est permis de parler ainsi; mais il exprime une conjonction essentielle, par laquelle le principe de vie s'unit tellement à ce corps, qu'il forme avec lui une seule substance, un seul être, un seul sujet d'action et de passion. Ainsi, le mouvement qui en résulte doit procéder du principe informant le corps, de telle manière qu'on puisse dire qu'il procède en même temps du corps, puisqu'il procède d'une puissance qui appartient à ce principe et à ce corps joints ensemble. Il sera donc vrai par conséquent, que le corps se meut réellement de lui-même, quoiqu'il le fasse en vertu du principe vital qui l'informe, et qui, en l'informant, fait éclore en lui les puissances opérant dans les divers organes vivifiés.

71. Nous verrons mieux en son lieu en quoi consiste cette union substantielle; nous ne pouvons pas éclaircir ici en peu de mots une question si abstruse. Qu'il nous suffise maintenant

---

[1] *Inferno*, c. 33.

d'établir contre Stahl que la simple organisation ne peut constituer la vie d'un corps, pas plus que le simple mouvement causé par un principe vivant ne peut constituer l'acte vivifiant. L'organisation ne sort pas, par elle-même, des limites de la matière; et elle ne nous offre que l'idée d'une machine, et non pas d'un être vivant. Le mouvement communiqué à un corps par un principe vivant, qu'il soit visible ou invisible, qu'il opère en dehors ou en dedans, ne sort pas par lui-même des limites d'une action transitoire; et, par conséquent, il n'a rien de commun avec l'action vitale, qui, nous l'avons dit, consiste dans l'immanence. Cette immanence ne peut se vérifier là où ce n'est pas le même sujet qui agit et qui reçoit l'action; et cette identité du sujet agissant, avec celui qui reçoit l'action, ne peut avoir lieu dans un corps, si le principe actif ne s'unit pas en lui de manière à former avec lui une seule substance. Donc l'acte vivifiant par lequel le corps est constitué substantiellement vivant, c'est-à-dire vivant, *in actu primo*, doit consister dans l'union substantielle du principe vital avec l'organisme corporel, et non pas dans le mouvement qui en est la conséquence. Donc le vulgaire, tourné en dérision par Stahl, parce qu'il pensait que l'âme *peragit hunc actum vivificationis* dans le corps *per sui unionem*, pense plus juste que cet auteur, quoiqu'il ne soit ni médecin, ni physiologiste; et Stahl, au lieu de le mépriser, aurait fait preuve de sagesse, en acceptant sa croyance, en tâchant de l'expliquer et de la convertir en une théorie rationnelle, par l'analyse philosophique.

§ II.

Définition de Bichat.

72. Bichat, habile observateur des faits, se prit à chercher la vie dans ses divers phénomènes. Il avait bien compris que l'ordre naturel de notre connaissance consiste à déterminer et à distinguer les causes par rapport aux effets qui en découlent. Mais, dominé, lui aussi, par la philosophie de son temps, il ne réussit qu'à donner une idée de la vie; fausse ontologiquement, et logiquement sophistique, en croyant pouvoir la définir : l'ensemble des fonctions qui résistent à la mort. « On cherche, a-t-il

» dit, dans des considérations abstraites la définition de la vie.
» On la trouve, je crois, dans cet aperçu général : la vie est l'en-
» semble des fonctions qui résistent à la mort[1]. » Cette définition,
avons-nous dit, est logiquement sophistique, puisqu'au lieu de
nous offrir l'idée de vie, elle la présuppose, tombant ainsi évidemment dans un cercle vicieux. Elle explique la vie par opposition à la mort : mais qu'est-ce que la mort, si ce n'est la cessation de la vie? Personne ne peut comprendre une privation,
qu'il n'ait déjà dans l'esprit l'idée de la réalité contraire qui
est exclue ; comme on ne pourrait concevoir les ténèbres sans
savoir ce qu'est la lumière, comprendrait-on la cécité sans avoir
l'idée de la vue? Par conséquent, il s'en faut beaucoup que la
mort puisse nous donner l'idée de la vie ; et la vie est plutôt
l'unique raison de faire concevoir la mort. C'est pourquoi, la
définition de Bichat, prise à la lettre, ne mérite pas même le nom
de *définition,* puisqu'elle manque à cette règle de la logique :
Le défini ne doit point entrer dans la définition sous le même
rapport par lequel il doit être défini. Evidemment cette définition se réduit à la proposition tautologique suivante : La vie est
l'ensemble des fonctions qui résistent à la cessation de la vie.

73. Mais si, laissant de côté cette considération logique, nous
voulons porter notre attention moins sur les mots que sur l'idée
de Bichat, nous pourrions affirmer que, sous le nom de mort, il
a voulu comprendre la corruption du corps organique ; et, alors
sa définition équivaut à celle-ci : la vie est l'ensemble des
fonctions qui résistent à la dissolution de l'organisme. Dans ce
cas, la seule différence entre cette définition et celle de Stahl
serait que l'un a considéré l'effet positif des actes vitaux, et
l'autre l'effet négatif ; et que, tandis que l'un a regardé ces
actes comme des instruments, l'autre n'en a tenu compte que
comme de pures conséquences. Quoi qu'il en soit, il est certain
que la définition de Bichat, même interprétée de cette manière,
est défectueuse pour plusieurs raisons.

D'abord, elle n'explique pas l'acte vital en lui-même et en
tant qu'il se distingue de l'acte non vital ; elle l'explique seulement par rapport à l'un des effets qu'il produit, et, en cela même,

---

[1] *Recherches physiologiques sur la vie et la mort.* Première partie, art. 1.

elle se borne à ce qui est secondaire et indirect. Sans doute l'être vivant, comme tout autre être sujet à des influences contraires, résiste comme il peut et tant qu'il peut, à toute influence corruptrice. C'est là la raison pour laquelle, dans les maladies, on doit attendre la guérison moins des remèdes que de la force même de la nature vivante, suivant le principe d'Hyppocrate, traditionnel en médecine. Toutefois, les forces vitales ne s'en tiennent pas là, et ce n'est pas là non plus l'effet propre et direct de la vie. S'il en était ainsi, l'être vivant n'aurait d'autre office que de combattre et de vaincre les agents contraires, demeurant néanmoins dans l'état où il fut constitué dès le commencement, par celui qui lui donna la vie. Mais ce n'est pas ce que nous voyons dans les êtres vivants, en nous bornant même au seul règne végétal. Nous les voyons travailler à développer leur propre organisme, à l'affermir quand il est développé, à en renouveler continuellement les parties, à propager avec une fécondité infinie d'autres organismes qui leur sont semblables. Tout cela n'est pas simplement résister à la mort, c'est produire positivement la vie.

De plus, de quels secours et de quelle matière se sert l'être vivant pour accomplir ses fonctions? Des forces mêmes et des éléments de la nature inorganique. Il reçoit du monde physique et chimique, comme en tribut perpétuel, tout ce dont il a besoin pour s'alimenter; et il reçoit de leur action le commencement même de ses actes vitaux.

74. Bichat affirme que « tel est, en effet, le mode d'existence des » êtres vivants, que tout ce qui les entoure tend à les détruire [1]. » Cette proposition rigoureusement entendue est fausse. Si les pertes que font éprouver à une plante ou une chaleur excessive, ou une excessive humidité, ou des matières vénéneuses qui se mêlent par hasard à son alimentation, autorisent à affirmer que tout ce qui entoure l'être vivant tend à le détruire; à plus forte raison, l'avantage que cette même plante tire de la chaleur tempérée, d'une humidité favorable, des matières nutritives formées par l'atmosphère et par le sol, devrait nous autoriser à affirmer que tout ce qui entoure l'être vivant tend à le conserver.

[1] L. c.

L'erreur de Bichat procède, ce semble, de ce qu'il a confondu ce qui est essentiel avec ce qui n'est qu'accidentel, et de ce qu'il a considéré les forces communes de la nature, non dans l'être vivant, mais dans son cadavre. L'organisme une fois privé du principe de vie, toutes les forces naturelles tendent à le résoudre en ses éléments primitifs et inorganiques. C'est, pour ainsi dire, une conséquence de l'état d'anarchie où se trouvent, dans un corps mort, toutes les parties que gouvernait et dirigeait auparavant l'activité vitale. Mais, tant que l'on compare les forces communes de la matière inorganique à l'organisme vivifié et constitué dans son état normal, elles doivent être plutôt considérées comme des auxiliaires qui, dirigés et gouvernés par la force vitale, concourent comme moyens à la conservation et à l'exercice de la vie. Et quelle est la fonction organique à laquelle ne servent pas d'instruments, la capillarité, l'endosmose, l'attraction moléculaire, l'affinité, l'évaporation, l'électricité? Quelle est la fonction à laquelle l'atmosphère et le sol ne fournissent pas un aliment?

75. Enfin, l'idée de Bichat est contraire à la fin que s'est proposée la Providence, ordonnatrice de l'univers. Cette fin n'est pas la lutte et le combat, mais l'harmonie et la paix, qui sont le fruit de l'ordre. C'est à cette paix que conduit l'harmonie de toutes les parties, par leur union naturelle, par la subordination des natures inférieures à la perfection et à l'avantage des êtres supérieurs. Ainsi, nous lisons dans les saintes Ecritures que la création des êtres vivants a suivi la création des corps bruts : preuve évidente que, dans les desseins de Dieu, les forces de ces corps n'étaient que des moyens préparés pour les fonctions plus nobles et plus élevées des êtres vivants.

§ III.

Définition de Cuvier.

76. Cuvier a évité en partie les défauts de la définition de Bichat. Se bornant à définir la vie dans son dernier degré, le règne végétal, il porta son attention sur la fonction la plus universelle et la plus continuelle, la nutrition. Néanmoins, l'idée qu'il nous en donne est encore défectueuse, et pour plusieurs raisons.

« Si pour nous faire une idée juste de l'essence de la vie, dit-
» il, nous la considérons dans les êtres où ses effets sont les plus
» simples, nous nous apercevrons promptement qu'elle consiste
» dans la faculté qu'ont certaines combinaisons corporelles, de
» durer pendant un temps et sous une forme déterminée, en
» attirant sans cesse dans leur composition une partie des sub-
» stances environnantes, et en rendant aux éléments des por-
» tions de leur propre substance [1]. »

Cette exposition est acceptable dans un traité d'histoire naturelle, qui n'a en vue que les corps organisés dont il veut parler. Mais l'œil clairvoyant du philosophe y découvre bien des imperfections et bien des équivoques. D'abord, il est faux que, dans les plantes, les effets de la vie soient plus simples. C'est vrai seulement relativement au nombre des fonctions organiques, lesquelles s'accroissent dans l'animal, à cause de la vie sensitive ou de relation. Mais, si l'on considère la nature même de la vie, ainsi que le promettaient les premières paroles de Cuvier, la vie, dans son degré le plus simple et à la fois le plus élevé, ne se rencontre que dans les êtres intelligents, comme nous l'avons vu plus haut. Dans les plantes, la vie est faible; elle est, de plus, très-obscure, soit qu'elle participe trop de la matière, soit qu'elle dépende trop des forces brutes.

77. En second lieu, l'auteur se propose de rechercher quelle est l'essence même de la vie; et pourtant, il ne tourne ses regards que sur sa partie instrumentale, sans se soucier de la différence intrinsèque entre celle-ci et l'action vitale. Mais laissons l'auteur achever sa définition, pour en reprendre ensuite plus soigneusement l'examen. « La vie est donc un tourbillon
» plus ou moins rapide, plus ou moins compliqué, dont la di-
» rection est constante, et qui entraîne toujours des molécules
» de même sorte, mais où les molécules individuelles entrent et
» d'où elles sortent continuellement; de manière que la forme
» du corps vivant lui est plus essentielle que sa matière. Tant
» que ce mouvement subsiste, le corps où il s'exerce, est *vi-*
» *vant;* il *vit.* Lorsque le mouvement s'arrête sans retour, le
» corps *meurt* [2]. »

---

[1] *Le Règne animal;* Introduction, page 13. — [2] L. c.

Si tout ceci n'était pas donné par Cuvier comme la définition de la vie, mais comme une simple observation d'un de ses principaux phénomènes, il n'y aurait rien à dire ; il n'y aurait qu'à applaudir, à cause des conséquences importantes auxquelles ces considérations ouvrent la voie. Car ce point de vue, non-seulement fait ressortir le grand fait de l'assimilation, dans lequel s'exerce principalement le travail de la vie ; mais, de plus, il appelle l'attention sur un des caractères les plus marquants de ce phénomène, la conversion perpétuelle de la matière en l'être vivant, sans que son individualité cesse. Il n'y a point de partie dans un être organique qui, prise matériellement, demeure toujours la même. Les molécules qu'il attire à sa propre substance, sont substituées à d'autres déjà expulsées elles-mêmes, pour céder la place à d'autres qui les suivront. Toute fibre, tout tissu, tout organe est soumis à cette transmutation perpétuelle de ses parties ; en sorte qu'après un temps donné, les molécules de l'être vivant, toutes ou presque toutes, ne sont plus identiques à celles qui le composaient auparavant. Toutefois, l'être vivant subsiste dans la même individualité, et au milieu de la métamorphose de ses éléments matériels, il ne change ni quant à l'essence, ni quant à ses opérations spécifiques. Il conserve toujours son type ; il transforme en lui-même toutes les matières dont il s'empare successivement. Cela nous amène à conclure qu'il doit y avoir en lui un principe interne de subsistance, qui est la raison pour laquelle il demeure identique au milieu de tant de changements, et qui est la cause pour laquelle les actes vitaux continuent d'être semblables à eux-mêmes.

78. En outre, quoique Cuvier appelle vie le travail continuel de l'être vivant, dans ses fonctions de préparer par degrés et de s'assimiler diverses parties de substance qu'il attire des corps environnants ; il fait assez entendre néanmoins, que c'est là une manifestation de la vie plutôt que la vie elle-même substantiellement considérée. Car il affirme que le corps meurt, non pas lorsque ses fonctions cessent, de quelque manière que ce soit, mais lorsqu'elles cessent sans retour. Par conséquent, il suppose que, dans leur interruption même totale, mais passagère, le corps continue de vivre, comme encore doué de la faculté de reprendre l'exercice de ces fonctions, momentanément suspen-

dues. C'est distinguer clairement entre la vie *in actu primo*, et la vie *in actu secundo*, et cette distinction est essentielle à ce sujet.

79. Mais, quoique ces raisons rendent la théorie de Cuvier assez plausible, elle n'est cependant pas acceptable comme définition. Car elle laisse de côté l'acte reproducteur de l'être vivant. De plus, elle ne touche pas du tout à la différence intime entre l'action vitale et l'action non vitale. Quant au premier défaut, Linnée a remarqué, dans sa *Philosophie botanique*, que la limite du développement de la plante, est l'état où elle se trouve lorsqu'elle devient apte à se reproduire : *terminatur omne vegetabile fructificatione, alioquin vix cessaret crescere*. Nous ne voulons point décider ici cette question : si l'acte de la génération est le but vers lequel est dirigé par la nature le perfectionnement du végétal ; ou bien, s'il en est une simple conséquence, tendant à ce qu'avec l'individu périssable ne périsse pas l'espèce. Quoi qu'il en soit, il est certain que cet acte est une fonction très-importante de la vie des plantes, surtout si l'on réfléchit que les semences qu'elles produisent ne servent pas seulement, suivant l'ordre naturel, à la propagation de l'espèce, mais aussi à la subsistance des animaux. La génération ne peut donc pas être omise dans une définition rigoureuse de la vie végétative. On en doit dire autant de l'acte de s'accroître et de s'affermir, dans lequel se manifeste une fonction *sui generis*, distincte de la simple nutrition, parce que, par cette fonction, l'être vivant se perfectionne et se développe, mettant en acte ce qu'il ne contenait auparavant qu'en puissance.

Le second défaut de cette définition, c'est qu'elle ne touche nullement à l'essence intime de l'action vitale, qui, dans son idée générique, consiste, comme nous l'avons dit ailleurs, dans l'immanence. La définition de Cuvier se borne à observer seulement ce qui détermine l'action vitale dans les plantes par rapport à l'assimilation, c'est-à-dire, la transformation en leur propre substance des diverses matières empruntées aux corps circonvoisins. En d'autres termes, cette définition comprend la différence spécifique de la vie végétale, sans faire mention de la vie générique et universelle, qui devrait être restreinte par cette différence. Voilà pourquoi elle est tronquée et imparfaite. Par là même, elle ne donne qu'une idée vague et confuse de l'objet défini, ce qui est bien contraire au caractère de la vraie science.

§ IV.

De la vraie définition de la vie.

80. Les défauts que nous avons signalés jusqu'ici dans les définitions de trois écrivains illustres entre plusieurs, et qui se sont acquis le renom d'avoir raisonné avec justesse dans les sciences qu'ils embrassèrent, sont bien plus nombreux dans les définitions données par des savants moins soucieux d'asseoir solidement leurs théories. On chercherait vainement dans leurs œuvres une idée de la vie, sinon parfaite, du moins supportable. En vérité, quelle idée précise peut-on se faire de la vie, quand on entend dire par Brown, qu'elle est le produit des stimulants sur la fibre excitable! ou bien, par Huffeland, qu'elle est l'exercice continué des forces organiques! ou bien encore, par Leroy, qu'elle est la circulation harmonique des différentes atmosphères, inhérentes aux solides et aux fluides de l'économie! De pareilles définitions semblent inventées à dessein non d'éclaicir l'objet défini, mais de l'obscurcir.

Laissant donc de côté tous ces auteurs, revenons aux sources limpides de la philosophie de saint Thomas, de qui l'on peut dire à bon droit : *nil molitur inepte*. Remarquons-le d'abord : de quelque manière qu'on veuille combiner la définition de la vie (puisque les termes peuvent varier et se trouver plus ou moins bien choisis), il est toujours nécessaire que l'on exprime l'essence, le *quod quid est* de la vie, qui, comme nous l'avons démontré, consiste dans l'immanence de l'action. Appuyés sur cette observation, nous pouvons définir l'acte vital : un mouvement intérieur de l'être, ou bien une opération qui s'accomplit dans le sujet même dont elle tire son origine. *Opera vitæ dicuntur, quorum principia sunt in operantibus, ut seipsos inducant in tales operationes* [1]. C'est là la vie *in actu secundo*, et qui n'est

---

[1] S. Thomas. *Summa theol.*, 1 p, q. 18, a. 2.

autre chose que l'opération propre de l'être vivant. *Vita in actu secundo est operatio viventis* [1]. Que si l'on veut considérer la vie *in actu primo*, elle est l'être même de cet agent ; en sorte que la vie, dans son concept le plus général, ne renferme qu'une substance qui produit ou qui est capable de produire une action immanente. *Vitæ nomen est impositum..... ad significandam substantiam, cui convenit secundum suam naturam movere seipsam, vel agere se quocumque modo ad operationem* [2]. Par conséquent, l'être vivant est un être constitué dans cette nature, c'est-à-dire, un être dont l'essence est capable de procéder à cette opération. *Et secundum hoc, vivere nihil est aliud quam esse in tali natura* [3].

Comme on le voit aisément, la vie, considérée sous cet aspect, n'est pas le propre seulement des végétaux ; elle se trouve aussi dans les êtres intelligents ; et, dans son plus parfait degré, elle n'appartient qu'à Dieu. Bien plus, dans les végétaux, la vie se trouve dans son degré le plus bas, l'immanence de l'action étant très-imparfaite en eux. Car l'acte végétatif, quoiqu'il se termine dans l'agent même, néanmoins, à son commencement ou à son terme, s'exerce sur un sujet divers. Pour formuler une définition exacte de la vie végétative, il ne faut que déterminer, dans cet ordre particulier, le concept générique de vie. C'est ce que nous ferons dans le chapitre suivant, après avoir indiqué les diverses fonctions qui appartiennent au végétal.

[1] S. Thomas. *Summa theol.*, 1. 2. q. 3, a. 2, ad. 1.
[2] S. Thomas. *Summa theol.*, 1 p., q. 18, a. 2.
[3] S. Thomas. *Ibidem.*

CHAPITRE III.

DE LA VIE VÉGÉTATIVE.

81. Ce que nous venons d'exposer dans le chapitre précédent regarde la vie en général. Il faut maintenant descendre aux êtres vivants et à la vie en particulier, en commençant par le dernier degré où elle se manifeste. Ces êtres, placés au dernier degré de l'échelle de la vie, sont les plantes : elles sont l'objet de la botanique. Comme nous avons déjà décrit les principaux caractères qui les distinguent des minéraux ou corps bruts [1], nous allons maintenant parler des diverses fonctions dans lesquelles leur activité se développe, pour passer de là à la recherche du principe de leur vitalité, ou de la source première de toutes leurs opérations.

ARTICLE PREMIER.

LES FONCTIONS PRINCIPALES DE LA VIE VÉGÉTATIVE SE RÉDUISENT A TROIS.

82. La plante, à l'aide de ses organes, exerce plusieurs fonctions ; voici les principales :

1. L'*absorption*. Par ses racines, la plante suce, attire à elle l'eau et les matières qu'elle tient en solution, et c'est dans le sol où elle naît qu'elle trouve les éléments nécessaires à sa nutrition.

2. La *circulation*. Les sucs pompés par la plante sont d'abord attirés en haut, depuis les racines jusqu'aux feuilles. Ils parcourent ainsi les cellules, les fibres, les vaisseaux de tout l'organisme, et s'enrichissent pendant le trajet des nouveaux matériaux qu'ils dissolvent. Ensuite, après avoir reçu une dernière

---

[1] Chap. 2, art. 1, § 30 et suivants.

transformation, ils descendent dans les parties inférieures, en sève alimentaire, et pénètrent dans chaque tissu, jusqu'à la surface de l'écorce et à l'extrémité des plus petites racines.

On appelle lymphe la sève qui monte, et suc élaboré ou cambium, celle qui descend.

3. La *transpiration*. Le suc qui monte dans les parties vertes de la plante, spécialement dans les boutons et dans les feuilles, abandonne à l'air une certaine quantité d'eau, ordinairement par l'évaporation.

Cette évaporation, par les vides qu'elle produit, facilite la circulation et l'absorption.

4. La *respiration*. Dans les surfaces vertes de la plante, spécialement dans les branches et dans les feuilles, le suc qui monte se met en contact avec l'air atmosphérique; sous l'action de la lumière solaire, il en retire de l'acide carbonique, en rendant de l'oxigène; par là, il se change en un fluide propre à nourrir le végétal. Pendant la nuit, a lieu le phénomène contraire, la plante absorbe l'oxygène et exhale l'acide carbonique. Comme on le voit, le mode de la respiration diurne des plantes est l'inverse de celui des animaux : car ces derniers, en respirant, renvoient l'acide carbonique et absorbent l'oxygène. De cette manière, les végétaux concourent beaucoup à rétablir l'équilibre dans les éléments qui composent l'air atmosphérique; attendu que la quantité d'oxygène que les plantes absorbent pendant la nuit n'est presque rien, en comparaison de celle qu'elles cèdent à l'air durant le jour.

5. La *sécrétion*. Chaque partie des plantes emprunte au suc alimentaire modifié par le contact de l'air, durant la respiration, les éléments aptes à se transformer en sa propre substance.

6. *L'excrétion*. Un grand nombre de végétaux rejettent au dehors, par divers canaux, certains fluides plus ou moins épais, inutiles ou même nuisibles à leur nutrition. Ainsi, nous en voyons souvent sortir des résines, des gommes, des huiles volatiles ou fixes et autres matières semblables.

7. La *floraison*. A l'extrémité des axes de la plante, tels que le tronc, les branches, les pédoncules, poussent des boutons, qui se développent ensuite en fleurs, et qui contiennent les germes et les organes nécessaires à leur fécondation. Ce phénomène

arrive, lorsque la plante a déjà grandi, à une époque fixe de l'année, selon la diversité des espèces et les conditions de la température.

8. La *fécondation*. Dans les plantes les plus parfaites, comme les cotylédonées, les ovules des fleurs sont fécondés par le pollen, ou poussière très-fine, que les étamines injectent par les anthères dans le pistil.

9. La *fructification*. Aussitôt après la fécondation de l'ovaire, les fleurs perdent peu à peu les pétales, les étamines et le pistil, dont elles n'auront plus besoin. L'ovaire s'agrandit dans son péricarpe et dans sa semence; les ovules mûrissent et deviennent des embryons de nouvelles plantes.

83. Ces fonctions et d'autres encore peuvent se remarquer dans les végétaux. Mais ici nous ne cherchons que les principales, savoir celles qui ne sont pas subordonnées à une autre, celles qui n'ont aucun but distinct d'elles-mêmes. Sous ce rapport, nous nous attachons à l'opinion de saint Thomas. Il réduit à trois ces opérations principales des végétaux, à savoir : la génération, la nutrition, et la croissance, en relation avec les trois fins qui constituent leur fin complète.

Voici le raisonnement du saint Docteur. La plante, dit-il, est un corps vivant, auquel trois opérations vitales sont nécessaires. L'une est nécessaire à sa production; l'autre, à la juste proportion, à la vigueur convenable du corps déjà produit; la troisième, à la conservation de l'être et des proportions acquises dans le corps déjà produit et développé. Les fonctions de la vie végétative se réduisent donc à trois : se nourrir, croître, reproduire; et les trois puissances ou vertus de l'être vivant répondent à ces trois fonctions : *Tres sunt potentiæ vegetativæ partis. Vegetativum enim, ut dictum est, habet pro objecto ipsum corpus vivens per animam; ad quod quidem corpus triplex animæ operatio est necessaria. Una quidem, per quam esse acquirat; et ad hoc ordinatur potentia generativa. Alia vero, per quam corpus vivum acquirat debitam quantitatem; et ad hoc ordinatur potentia augmentativa. Alia vero, per quam corpus viventis salvetur et in esse et in quantitate debita; et ad hoc ordinatur vis nutritiva*[1].

---

[1] S. Thomas. *Summa theol.*, 1 p., q. 78, a. 2.

84. Il ne paraît pas possible de donner une explication plus juste et plus précise. Car assurément, la fin de l'être organique, en tant qu'organique, n'est pas autre que l'organisme même vivifié. Or, on peut considérer en lui trois choses : l'existence, la grandeur requise, la réparation des pertes auxquelles il est sujet. Il faut donc que l'être organique soit pourvu de trois puissances correspondantes, desquelles dérivent trois opérations, exigées pour les trois buts énoncés plus haut; et ces puissances sont : la force générative, la force de croissance, la force nutritive.

Que les actions de ces puissances diffèrent entre elles, qu'elles ne se confondent pas, à proprement parler, c'est ce qui paraît par la fonction propre à chacune. Car nulle d'entre elles ne consiste, comme il arrive dans les autres opérations vitales, dans une simple prédisposition, dans un quasi commencement de l'autre; mais toutes trois ont un terme distinct, qu'elles atteignent complètement en dehors des autres. Ainsi, l'absorption, l'élaboration, la concoction des aliments, l'assimilation des liquides, la respiration, etc., sont des fonctions qui ne s'arrêtent pas à elles-mêmes, mais qui sont uniquement coordonnées à la nutrition, à la croissance, à la génération. Au contraire, on ne peut dire de ces trois dernières, qu'elles soient moyen par rapport aux deux autres; mais chacune a sa fin particulière.

85. Commençons par la nutrition. Elle est requise, qui ne le voit? pour que la plante puisse croître et se reproduire; son acte se termine à l'assimilation, c'est-à-dire, à la transformation des aliments en la substance de l'organisme vivifié; cette opération, absolument parlant, n'a donc aucun rapport avec la vertu générative et augmentative, dont les fonctions sont bien différentes. En effet, la première a pour but de produire en elle-même des germes et des semences capables de former d'autres organismes; la seconde, de donner à l'être vivant les dimensions propres à son espèce.

86. Toute proportion gardée, il faut dire la même chose de la vertu générative. Cette petite semence qu'on a confiée à la terre, pour en avoir, par exemple, un saule, un pin, un mélèze, n'avait auparavant qu'une structure organique, tout-à-fait simple

et commune, savoir la structure cellulaire. Néanmoins, elle germe à peine, qu'elle pousse dehors et développe, on ne sait comment, des organes qu'auparavant elle ne contenait pas ; elle s'étend en bas par sa radicule, et en haut par son plumule. Et elle ne s'organise pas d'une manière quelconque, mais d'une façon tout à fait identique au type de la mère dont elle se détacha. Il faut donc reconnaître dans cette semence, une vertu plastique, ou formative d'une organisme déterminé ; et, par conséquent, il faut reconnaître dans la plante génératrice, la faculté de produire en elle-même une telle semence, en communiquant à une partie de la matière alimentaire déjà transformée, la vertu que nous venons d'indiquer. *Generatio viventis est..... per aliquid ipsius viventis, quod est semen; in quo est aliquod principium corporis formativum ; et ideo oportet esse aliquam potentiam rei viventis, per quam semen hujusmodi præparetur, et hæc est vis generativa* [1].

Or, qui ne voit que cett force est toute autre chose que la simple assimilation, ou l'accroissement; et qu'elle a un but tout différent?

87. La différence entre la vertu nutritive et la vertu augmentative ne se manifeste pas avec la même évidence ; car il semblerait d'abord que celle-ci n'est qu'un effet de la première. La semence changée en embryon et ayant reçu de cette sorte son organisme élémentaire, la jeune plante ne reste pas dans cet état imparfait ; mais petit à petit elle s'accroît et affermit ses tissus, jusqu'à ce qu'elle ait atteint la grandeur et la vigueur de son espèce. *Quia generatio viventis est ex aliquo semine, oportet quod in principio animal* (on peut dire la même chose de la plante) *generetur parvæ quantitatis. Et propter hoc necesse est, quod habeat potentiam animæ, per quam ad debitam quantitatem perducatur* [2].

Cette augmentation de grandeur et de consistance s'accomplit par l'assimilation ; car une partie des aliments qui ne sont pas nécessaires à la réparation des pertes occasionnées par l'exercice des actes végétatifs, se transforme en la substance de l'être or-

---

[1] S. Thomas. *Summa theol.*, 1 p., q. 78, a. 2.
[2] S. Thomas. *Summa theol.*, 1 p., q. 87, a. 2.

ganique ; sous ce rapport donc, la croissance semble se confondre avec la nutrition [1].

88. Toutefois, si nous y regardons de plus près, la différence entre les deux fonctions se manifeste clairement ; car la vertu augmentative ne se borne pas au remplacement des parties exhalées ou rejetées, mais elle tend encore à ajouter à l'être vivant de nouvelles parties, et à consolider celles qui existent déjà. Bien plus, elle reproduit souvent l'organisme presque tout entier, comme il arrive dans la production des branches, qui sont elles-mêmes une copie de la structure du tronc. Il est cependant une différence entre ces deux fonctions : tandis que le tronc s'implante dans le sol et subsiste séparé de tout être vivant, les branches s'implantent dans le tronc et reçoivent de lui l'alimentation et la vie. Donc, la vertu de croissance a une toute autre fin que la vertu nutritive. Celle-ci, par elle-même, n'a pour but que de remplacer dans le corps vivant les pertes qu'il fait. Ajoutons encore que la vertu de croissance peut être séparée de la vertu nutritive : celle-ci peut rester dans l'être vivant, sans la première ; comme il arrive dans les plantes et dans les animaux, qui cessent de se développer, au moins en hauteur, lorsqu'ils sont parvenus à leurs dimensions ; ce qui ne pourrait pas arriver si ces deux forces étaient identiques ; car alors, pourquoi le même effet ne se manifesterait-il pas, lorsque la même opération persévère ?

Cet argument, que nous tirons de la distinction de ces deux puissances, s'applique également à la vertu générative. Dans les êtres vivants déjà vieillis, elle cesse entièrement ; et se distingue, par conséquent, de la vertu nutritive. D'un autre côté,

---

[1] C'est pour cette raison que beaucoup de botanistes réduisent les deux actes de la nutrition et de l'accroissement, à une seule fonction. Jussieu, entre autres, s'exprime ainsi : « La nutrition est cette fonction par laquelle le corps organisé prend dans les matières en rapport avec lui les principes propres, tant à entretenir et à fortifier les parties déjà formées, qu'à former les parties nouvelles, tant à le conserver qu'à l'accroître. » (*Botanique*, par M. Adr. Jussieu, leçon, III, § 224). Suarez soutient la même opinion dans son traité *De animâ*, liv, 2, chap. 9. Mais nous préférons l'opinion de S. Thomas, pour les raisons que nous avons apportées plus haut.

dans les êtres vivants trop jeunes, ou stériles, soit naturellement, soit accidentellement, cette vertu générative se distingue, soit de la vertu nutritive, soit de la vertu de croissance, parce que les bourgeons et les arbrisseaux se nourrissent et se développent sans fructifier.

ARTICLE II.

COMMENT POURRAIT-ON DÉFINIR EXACTEMENT LA VIE VÉGÉTATIVE ?

89. Nous avons rejeté les définitions de la vie que donnent généralement d'autres écrivains, même celles qui ne regardent que la végétation; et, cela pour deux raisons principales : elles n'expriment pas l'idée générique de la vie; elles ne font qu'une mention incomplète des actes végétatifs. En effet, elles parlent de la seule nutrition, qui, d'elle-même, ne suppose et n'implique pas nécessairement les deux autres fonctions principales de la reproduction et de la croissance. Du premier de ces deux défauts, il résulte que la vie ne se distingue pas substantiellement des opérations propres aux êtres non vivants. Le second nous empêche de voir clairement l'efficacité de la vertu vitale dans toute son extension. Nous avons notamment signalé ce dernier défaut dans la définition de Cuvier; et nous avons remarqué le premier dans celles de Stahl et de Bichat.

Ces deux vices réunis se rencontrent souvent dans beaucoup de définitions modernes; mais leur discussion nous entraînerait trop loin.

90. Si l'on veut donc éviter ces deux écueils, il faut, dans cette définition, désigner l'immanence de l'action vitale; car c'est là la notion générique de la vie. Il faut, en outre, dans cette définition, renfermer, comme différence spécifique, explicitement ou au moins implicitement, les trois fonctions ci-dessus mentionnées. C'est seulement ainsi qu'on aura de la vie végétale une définition claire, à l'abri de toute erreur et de toute équivoque.

Cela posé, la vie végétative, considérée dans son exercice, ou (comme dit l'école) dans son *acte second*, pourrait se définir ainsi : « l'ensemble des opérations par lesquelles une substance se nourrit, s'accroît et se propage elle-même. » Ici, comme on le voit, on exprime distinctement les trois actes principaux de la végétation ; et, par ces mots : *elle-même*, on indique la notion générique de l'immanence, propre à toute action vitale.

Si l'on ne voulait pas exprimer ces trois actes, on pourrait se contenter d'un seul, pourvu que l'on choisisse celui qui renferme implicitement et rappelle à l'esprit les deux autres. Or, cette propriété n'appartient pas à la nutrition, choisie par Cuvier ; elle ne convient pas mieux à l'augmentation ; mais on ne peut l'attribuer qu'à la seule génération. En effet, quoique la génération ne se rencontre pas toujours dans l'individu vivant, comme nous l'avons dit ; cependant, dans l'ordre naturel, elle appartient, au moins pendant un certain temps, à tout être végétatif, et, à certains égards, elle est la fin à laquelle les deux autres tendent. Voilà pourquoi, d'après saint Thomas, on peut fort bien définir l'être végétal par le seul acte de la génération ; car on peut définir les choses par le but vers lequel elles tendent ; or, le but des opérations végétatives n'est-il pas la génération d'autres individus ? *Quia omnia definiuntur et denominantur a fine, finis autem operum animæ vegetabilis est generare alterum simile sibi; sequitur quod conveniens sit definitio animæ vegetabilis, ut sit generativa alterius similis secundum speciem*[1].

Et, de fait, en nommant la vertu générative, on indique implicitement la vertu nutritive. Car la plante ne croît et n'engendre qu'au moyen des aliments qu'elle s'assimile continuellement. De plus, dans cette définition, on indique également la vertu de croissance, dont le but, dans la plante, est de la rendre apte à fructifier. C'est ce que semble indiquer sa structure matérielle elle-même ; car on observe généralement dans le corps végétal, que les fleurs, dans lesquelles s'effectue la génération, sont l'extrémité où se termine chaque axe, soit primordial, soit dérivé. Ainsi donc, parmi toutes les fonctions végétatives, la génération est un acte final et suprême, puisqu'elle présuppose les autres, et requiert dans le corps organique un développement complet. *Inter ipsas tres potentias, finalior et principalior et*

---

[1] In 2. *De anima*, lect. 6.

perfectior est generativa. Est enim rei jam perfectæ facere alteram, qualis ipsa est. Generativæ autem deserviunt et augmentativa et nutritiva, augmentativæ vero nutritiva [1].

Envisagée sous ce point de vue, la vie végétative, dans son *acte second*, pourrait se définir : « un ensemble d'opérations par lesquelles une substance devient apte à se propager elle-même, par la génération d'autres individus spécifiquement semblables. »

91. De cette définition de la vie végétative dans son *acte second*, il est aisé de déduire la définition de cette même vie dans *l'acte premier*. Car, comme nous l'avons dit plusieurs fois, la vie, dans *l'acte premier*, n'est autre chose que l'être même des corps vivants, en tant qu'il est capable d'exercer les fonctions vitales. Suarez dit très-bien à ce propos : « Dans les êtres
» simples, comme les intelligences, la vie substantielle ne paraît
» être autre chose que la substance simple elle-même, en tant
» qu'elle est apte à se mouvoir elle-même par une vertu propre
» et intime. Quant aux corps vivants, ce n'est point par eux-
» mêmes qu'ils vivent, mais par l'âme, c'est-à-dire, par un prin-
» cipe vital qui les informe. C'est pourquoi, la vie substantielle,
» dans ces corps, n'est autre chose que l'acte même par lequel
» ce principe les informe. Ce principe constitue le composé sub-
» stantiellement apte à se mouvoir par une vertu intrinsèque.
In simplicibus, ut in intelligentiis, substantialis vita non videtur esse aliud, quam ipsamet substantia simplex, quatenus seipsam agere et movere ab intrinseco potest. Corpora autem viventia non per se, sed per animam informantem vivunt. Unde vivere substantiale in eis nihil est aliud quam informari tali forma, quæ constituit compositum aptum substantialiter ad se movendum ab intrinseco [2]. »

---

[1] S. Thomas. *Summa theol.*, 1 p., q. 78, a. 2.
[2] *Tractat. de anima*, l. 1, c. 2, § 28.

ARTICLE III.

EN UN SENS, LA GÉNÉRATION SE TROUVE DANS LES CRÉATURES INTELLIGENTES RELATIVEMENT AUX ACTES DE L'ENTENDEMENT.

92. La génération, comme on peut déjà le conclure d'après ce que nous avons dit, est l'acte le plus noble de l'être végétal. Et la raison dernière qu'en découvre le génie pénétrant de saint Thomas, c'est que la génération surpasse les deux autres fonctions, l'accroissement et la nutrition, à raison de l'étendue plus grande de son objet. Elle ne s'arrête pas à l'organisme propre, mais s'étend à d'autres individus, auxquels elle communique l'existence par un acte en quelque sorte immanent. Donc, sous ce rapport, l'opération de la plante se rapproche de l'opération plus parfaite de l'animal. Car la vie de l'animal n'est une vie de relation que par ses rapports incessants avec les autres corps, au moyen des sensations. Ainsi il arrive que l'opération la plus noble d'une nature inférieure, imite en quelque manière l'action la moins élevée des êtres supérieurs. *Nutritiva et augmentativa habent suum effectum in eo in quo sunt; quia ipsum corpus unitum animæ augetur et conservatur per vim augmentativam et nutritivam, in eadem anima existentem. Sed vis generativa habet effectum suum non in eodem corpore, sed in alio, quia nihil est generativum sui ipsius. Et ideo vis generativa quodammodo appropinquat ad dignitatem animæ sensitivæ, quæ habet operationem in res exteriores, licet excellentiori modo et universaliori. Supremum enim inferioris naturæ attingit id quod est infimum superioris* [1].

93. Au reste, la vertu générative propre aux créatures renferme une imperfection essentielle, parce que, à proprement parler, elle ne peut convenir aux êtres intelligents. Cette imperfection consiste dans la nécessité de l'étendue et de la composition des parties dans la substance générative. Celle-ci, en effet, ne peut se propager autrement que par un germe produit en elle-même, et qui, fécondé et séparé, ait la propriété de se développer

---

[1] S. THOMAS *Summa theol.*, 1, p., q. 78, a. 2.

et de former un autre individu subsistant par lui-même. C'est pourquoi, la génération, dans les choses créées, ne peut convenir proprement qu'à des substances matérielles, divisibles et altérables. *In creaturis non potest esse generatio sine divisione essentiæ vel naturæ secundum esse, cum natura non sit suum esse ; et ideo creaturis est generatio cum aliqua indignitate. Et propter hoc creaturis nobilioribus non competit generatio* [1].

94. Toutefois, on peut, dans un sens moins rigoureux, attribuer la génération aux créatures intelligentes, en tenant compte du passage de l'ordre réel à l'ordre idéal. Comment cela se fait-il? c'est ce que nous essaierons d'exposer en peu de mots.

L'acte de l'entendement, de quelque nature qu'il soit, est toujours une reproduction de l'objet, que l'être intelligent opère en lui-même. Car celui-ci, par son action, ne sort pas de lui-même; et cependant, par son acte, il s'empare de l'objet. Toutefois, la perception sensitive est très-imparfaite sous ce rapport, parce qu'elle est presque entièrement passive, qu'elle n'a pour terme que les qualités extérieures des objets, et qu'elle dépend intrinsèquement des organes du corps. Les sens, par exemple, perçoivent la résistance, les sons, les couleurs; et, par là, ils donnent d'une certaine façon la vie à ces qualités sensibles, en leur donnant une existence subjective, sans détruire leur existence objective. Mais, dans cette opération, les sens sont déterminés et délimités entièrement par les conditions concrètes de la réalité individuelle de l'objet, sans pénétrer jusqu'à son essence intime, attendu qu'ils ont pour terme le simple fait d'une existence matérielle. L'imagination, qui occupe le premier rang parmi les facultés sensitives, et qui est le centre commun dans lequel toutes les autres vont déposer leurs perceptions, forme bien des représentations d'objets, en faisant abstraction de leur présence; mais elle ne s'étend pas jusqu'à atteindre leur *quiddité* intime : s'arrêtant aux seules modifications extérieures, sans dépouiller les objets de leurs accidents matériels, elle se renferme dans les bornes déterminées et circonscrites de l'individu corporel.

95. Il n'en est pas ainsi de la connaissance propre aux créatures intelligentes : lorsque celles-ci appréhendent un objet,

---

[1] S. Thomas. *Quæstio II. De potentia Dei*, a. 1, ad. 7.

par exemple, un arbre, un oiseau, un homme, elles produisent en elles-mêmes une représentation idéale de son essence intime [1]. Cette représentation intellectuelle est une image véritable de l'objet qui subsiste dans l'intellect, en vertu de son action vitale.

En cet état, l'objet ne se distingue de sa réalité physique que par un mode d'existence différent. Par sa réalité physique, il subsiste en lui-même ; par son état idéal, il subsiste dans l'acte intellectuel. Au reste, ces deux réalités sont identiques ; car ce qui se trouve dans l'une se reproduit dans l'autre. Par exemple, la plante, dans son état réel, est un être, une substance, une vie déterminée de telle ou telle manière, selon l'espèce de végétaux à laquelle elle appartient. Les mêmes propriétés se reproduisent exactement dans l'état idéal, où nous la considérons. Bien plus, quoique la plante, dans son état idéal, nous apparaisse moins parfaite du côté de la subsistance, puisqu'elle n'existe pas en elle-même, mais dans un autre, elle acquiert cependant une nouvelle perfection, par l'universalité et l'immutabilité dont elle se trouve revêtue. En effet, considérée comme forme reçue dans l'intelligence, elle ne dit plus tel ou tel individu déterminé, mais elle peut se rapporter à tous les individus possibles de l'espèce dont elle exprime l'essence. Cette forme intellectuelle ne vieillit, ni ne se dessèche, lorsque la plante réelle vieillit ou se dessèche ; mais elle reste toujours la même, malgré les perpétuelles vicissitudes auxquelles la plante réelle est sujette. *Præstantior est imago corporis in spiritu, quam ipsum corpus in substantia sua.* Ainsi parle l'admirable saint Augustin [2].

96. Assurément ce n'est pas ici le lieu d'expliquer sous quelle influence notre intellect est capable de produire en lui-même ces sortes de formes. Nous ne dirons pas non plus comment il se fait que ces formes ne soient pas innées, et qu'elles ne pro-

---

[1] *Nomen intellectus quamdam intimam cognitionem importat. Dicitur enim intelligere, quasi intus legere : et hoc manifeste patet considerantibus differentiam intellectus et sensus. Nam cognitio sensitiva occupatur circa qualitates sensibiles exteriores ; cognitio autem intellectiva penetrat usque ad essentiam rei.* (S. THOMAS. *Summa theol.*, 2. 2, q. 8, a. 1.)

[2] *De Genesi ad litteram*, l. 12, c. 16, n. 38.

viennent point de la prétendue intuition dans l'être divin, comme l'ont rêvé les ontologistes. Nous ne montrerons pas non plus que c'est des formes réelles des choses existantes qu'elles proviennent, et que ces formes réelles sont comme des copies concrètes des archétypes divins, capables d'en reproduire en nous la ressemblance, en vertu de la puissance abstractive répandue par Dieu, comme une lumière, en notre âme. C'est ce que nous avons suffisamment développé, quand nous avons parlé de l'origine des idées[1]. Mais nous tenons à faire remarquer que cette reproduction idéale est une espèce d'enfantement mental, par lequel l'objet participe à sa manière à la vie même de l'être intelligent. Et, sous ce point de vue, l'acte intellectuel devient une génération improprement dite. Génération improprement dite, disons-nous ; car, par elle, l'intellect ne produit pas un être physique de même nature que lui, mais seulement une représentation idéale de l'objet. C'est ce qui a lieu, non-seulement dans la connaissance des choses distinctes de nous, mais encore dans la connaissance que nous avons de nous-mêmes. Ici encore, le verbe mental que nous formons exprime seulement d'une manière idéale le principe d'où il procède ; mais il ne participe ni substantiellement ni physiquement à sa nature. *Quia intellectus noster non est secundum suam essentiam in actu perfecto intellectualitatis, nec idem est intellectus hominis quod humana natura; sequitur quod verbum prædictum etsi sit in intellectu et ei quodammodo conforme, non tamen sit idem quod ipsa essentia intellectus, sed ejus expressa similitudo. Nec iterum in conceptione hujusmodi formæ intelligibilis, natura humana communicatur, ut generatio proprie dici possit, quæ communicationem naturæ importat*[2].

97. Néanmoins, cette reproduction idéale, accomplie dans notre intelligence, peut en un sens prendre le nom de génération, parce que, par l'acte vital de l'entendement, l'image intellectuelle de l'objet se trouve reproduite dans l'intellect. C'est pourquoi on appelle cette reproduction *conception*, et l'on substitue le terme de concevoir à celui de comprendre. Il ne sera pas hors de pro-

---

[1] *Della Conoscenza intellettuale,* vol. 2.
[2] S. Thomas. *Quæstio II. De potentia Dei,* art. 4.

pos de rappeler ici un des nombreux passages où saint Augustin enseigne cette doctrine, que nous n'avons fait qu'indiquer. Le saint Docteur, voulant montrer dans notre entendement une faible image et un reflet de la génération du Verbe divin, s'exprime ainsi : « Il est bien évident que tout objet que nous con-
» naissons, engendre en nous la notion de lui-même; cette notion
» a donc un double générateur : le connaissant et le connu. C'est
» pourquoi, l'esprit, en se connaissant lui-même, est seul à en-
» gendrer sa notion propre, puisque le connu et le connaissant
» sont une seule et même chose : *Liquido tenendum est, quod omnis res quamcumque cognoscimus, congenerat in nobis notitiam sui. Ab utroque enim notitia paritur, a cognoscente et cognito. Itaque mens, cum se ipsam cognoscit, sola parens est notitiæ suæ; et cognitum enim et cognitor ipsa est* [1]. » Et, plus bas, il ajoute : « La recherche d'une chose, c'est la tendance à
» la trouver (*reperire*), comme si l'on disait : *parere*, *engen-*
» *drer*. Donc, lorsqu'on trouve une chose, c'est comme si l'es-
» prit l'engendrait. Comment cela se fait-il? c'est par l'acte
» même de la connaissance, puisque, par cet acte, les choses
» sont pour ainsi dire procréées, en tant qu'exprimées idéale-
» ment. En effet, quoique ce que nous trouvons existât avant
» notre recherche, nous n'en avions pas cependant la connais-
» sance; et voilà pourquoi nous le regardons comme le produit
» d'une génération intérieure : *Inquisitio est appetitus inveniendi, quod idem valet si dicas, reperiendi. Quæ autem reperiuntur, quasi pariuntur : unde proli similia sunt. Ubi, nisi in ipsa notitia? Ibi enim quasi expressa formantur. Nam etsi jam erant res, quas quærendo invenimus : notitia tamen ipsa non erat, quam sicut prolem nascentem deputamus* [2]. »

[1] *De Trinitate*, lib. IX, c. 18.
[2] *Ibidem.*

ARTICLE IV.

UNE GÉNÉRATION VÉRITABLE ET EXEMPTE DE TOUTE IMPERFECTION S'ACCOMPLIT EN DIEU.

98. L'acte le plus parfait auquel puisse s'élever un être vivant, est la génération d'individus semblables à lui. Mais, dans l'ordre créé, cet acte demeure très-imparfait, à raison de la matérialité et de la corruption qu'il renferme. En effet, comme nous l'avons démontré à propos des végétaux, l'être créé ne peut en produire un autre de sa propre substance que par une division de parties, en séparant de lui-même des germes capables de se développer en d'autres individus vivant d'une vie propre. Voilà pourquoi cette production est entièrement impossible dans les substances simples, telles que les créatures intellectuelles, qui n'ont ni étendue, ni parties, et qui ne comportent, par conséquent, ni division, ni transformation de substance. En elles, comme on l'a dit plus haut, on trouve une espèce de génération purement idéale, par le verbe de l'intellect qu'elles forment en elles-mêmes, dans l'acte de la connaissance. Et cette opération, selon saint Augustin, n'est autre chose qu'une pensée formée et accomplie, que l'esprit produit en lui-même, quand il connaît son objet. *Formata quippe cogitatio ab ea re quam scimus, verbum est quod in corde dicimus* [1].

Mais cette production idéale, dans les créatures, ne présente qu'une notion imparfaite de la génération, parce qu'elle ne communique point à l'objet produit la nature spécifique et réelle du producteur, condition nécessaire pour une génération véritable.

99. La seule intellection que Dieu a de lui-même, comme la foi nous le révèle, a tous les caractères de la génération : parce que le Verbe qui émane comme terme d'un tel acte, a une véritable et réelle subsistance ; sa nature est entièrement conforme, voire même identique, au principe duquel il procède. Voici comment S. Thomas, pour jeter quelque jour sur ce mystère, le compare

---

[1] *De Trinitate*, lib. XV, c. 19.

à ce qui s'accomplit en nous : « De même que notre intelligence, lorsqu'elle se contemple, produit un verbe, l'image de
» son principe; de même, aussi il est en Dieu un Verbe, expression fidèle du principe dont il émane. Mais la production
» du Verbe divin se distingue par une double excellence, dont
» ne jouit pas la production de notre verbe. D'abord, le verbe
» humain n'est pas l'essence de l'intellect qui le produit; au lieu
» que l'intellectualité divine, étant essentiellement très-parfaite,
» ne peut recevoir aucune forme intellectuelle qui ne s'identifie
» avec son essence réelle. D'où il résulte que le verbe de l'intellect divin ne diffère pas de l'essence de cet intellect lui-
» même; que la nature divine s'identifie avec son intellectualité;
» qu'ainsi, la communication de l'être que Dieu fait à son Verbe
» dans l'ordre intellectuel, il la fait également dans l'ordre réel.
» Cette communication peut donc et même doit s'appeler une véritable génération, et c'est là la seconde perfection dont jouit
» le Verbe divin, à l'exclusion de notre verbe mental. *Sicut in nostro intellectu, se ipsum intelligente, invenitur quoddam verbum progrediens ejus a quo progreditur similitudinem gerens; ita et in divinis invenitur Verbum, similitudinem ejus a quo progreditur habens. Cujus processio in duobus verbi nostri processionem superat. Primo in hoc, quod verbum nostrum est diversum ab essentia intellectus, ut dictum est; intellectus vero divinus, qui in perfecto actu intellectualitatis est secundum suam essentiam, non potest aliquam formam intelligibilem recipere, quæ non sit sua essentia. Unde Verbum ejus unius essentiæ cum ipso est, et iterum ipsa divina natura ejus intellectualitas est. Et sic communicatio, quæ fit per modum intelligibilem, est etiam per modum naturæ, ut generatio dici possit; in quo secundo processionem verbi nostri Dei Verbum excedit*[1]. »
On ne saurait être plus concis ni plus profond.

100. Ainsi, le Verbe divin se nomme avec raison le Fils : *Filius est Verbum quo Pater dicit seipsum*[2]. En effet, Dieu le Père, de qui procède le Verbe d'une manière toute intellectuelle, lui communique sa propre forme, non-seulement d'une manière

---

[1] *Quæst. De potentia Dei.* art. I.
[2] *Qq. Disp. Quæstio II, De potentia Dei*, a. 1, ad 2.

idéale, comme le fait tout être intelligent créé qui se comprend lui-même, mais il la lui communique encore réellement; car, en Dieu, idéalité et réalité s'identifient; en lui, l'intellection, c'est l'existence. Il suit de là que le Verbe divin n'est pas une simple image mentale, comme notre verbe à nous, mais une subsistance véritable et réelle, en tout et partout, coéternelle, consubstantielle à son principe, et, à ce titre, sagesse de sagesse, lumière de lumière, Dieu de Dieu [1]. Le Verbe possède toute la nature du Père, substance indivisible, à l'abri de toute vicissitude de durée, et qui partant n'est pas communicable, sinon intégralement et éternellement [2]. Néanmoins, le Verbe est distinct du Père dans sa subsistance personnelle, à cause de sa relation de procession, qui fait en lui ce que l'individuation fait dans les choses créées, en distinguant le produit de la cause productrice. Aussi, cette relation *in divinis*, s'appelle propriété personnelle, parce qu'elle constitue une personne distincte de l'autre.

101. Et voilà comment la considération des choses d'un ordre inférieur, selon les principes d'une saine philosophie, nous élève par des comparaisons analogues, en épurant nos idées, jusqu'à une certaine intelligence des mystères les plus sublimes et les plus incompréhensibles de la Foi, autant du moins que notre faiblesse le comporte. Voilà comment aussi tout s'unifie dans une idée simple, comment l'ordre créé nous apparaît comme une ressemblance plus ou moins parfaite du Créateur. Si la tendance à se communiquer est essentielle à ce qui existe ou à ce qui est bon, l'être vivant, dont le propre est d'opérer par une action immanente, devra naturellement, par une opéra-

---

[1] *Ut sic sit Filius Sapientia de Sapientia, quemadmodum Lumen de Lumine, Deus de Deo.* (S. Augustin, *de Trinitate*, lib. XV, c. 9.)

[2] *Patet etiam quod Verbum in divinis est similitudo ejus, a quo procedit; et quod est coœternum ei, a quo procedit, cum non fuerit prius formabile quam formatum, sed semper in actu; et quod sit œquale Patri, cum sit perfectum et totius esse Patris expressivum; et quod sit coessentiale et consubstantiale Patri, cum sit subsistens in natura ejus. Patet etiam quod, cum in qualibet natura id quod procedit habens similitudinem et naturam ejus a quo procedit, vocetur filius; et hoc fit in Verbo, quod in Deo dicatur Filius et productio ejus dicatur generatio.* (S. Thomas, Opusc 13, *De differentia divini Verbi et humani.*)

tion intime, se répandre et se communiquer au dedans de lui-même. Or, suivant le dogme catholique, c'est ce qui arrive d'une manière ineffable en Dieu, par l'éternelle génération du Verbe. Cette génération, à la fois idéale et réelle, tout en distinguant le terme de son principe, n'empêche pas que la nature ne soit numériquement identique dans tous les deux. En dehors de Dieu, l'idéal et le réel se distinguent toujours; car ce qui est uni en Dieu, est séparé dans les créatures. C'est pourquoi, dans l'ordre supérieur des intelligences créées, il ne s'opère, comme nous l'avons dit plus haut, qu'une génération idéale, dont nous trouvons une faible image dans la connaissance sensitive. Au dernier degré de la vie, celui des corps organiques, une génération réelle a lieu, mais imparfaite et grossière, vu la divisibilité matérielle requise afin que l'être végétatif prenne naissance d'un autre. Enfin, dans les minéraux, on constate une ombre de génération réelle, provenant de l'activité par laquelle toute substance peut en produire une autre, quoique ce ne soit pas par une action immanente, mais bien transitoire. Ainsi, la génération, l'acte le plus parfait de l'être vivant, si on la suppose dépouillée de tout défaut et de toute matérialité, se trouve rigoureusement en Dieu, dans son acte le plus noble, l'acte de l'entendement. Mais, dans les créatures, elle se divise d'abord en deux ordres, l'idéal et le réel; puis, dans chacun des deux, elle décline et s'affaiblit graduellement, jusqu'à ce que, dans les dernières subsistances, elle ne soit plus qu'un pâle reflet de la fécondité divine.

ARTICLE V.

DANGER DE L'OPINION QUI N'ADMET PAS UN PRINCIPE VITAL DISTINCT DES FORCES DE LA MATIÈRE.

102. Pour revenir maintenant à la vie végétative, appliquons-nous à la recherche si importante du principe vital. Voyons d'abord quelle est la témérité de ceux qui confondent ce principe avec les forces élémentaires de la nature, dont, selon eux, il ne serait qu'un simple résultat. Depuis que Descar-

tes refusa aux brutes un principe d'animation, en en faisant de simples machines et en n'attribuant à leur corps que la matière et le mouvement, les philosophes de son école ne purent concevoir autrement la vie, que comme un pur effet d'un mouvement mécanique. Mallebranche lui-même, tout spiritualiste qu'il était, a dit sérieusement (du moins nous devons le supposer) : « Le » principe de la vie d'un chien n'est pas fort différent de celui du » mouvement d'une montre. Car la vie des corps, quels qu'ils » soient, ne peut consister que dans le mouvement de leurs par- » ties [1]. »

Cette manière grossière d'envisager la vie alla s'accréditant de plus en plus, après que la science philosophique fut descendue vers les basses régions du sensualisme. Dès lors, le concept le plus élevé que la physiologie put se former de la vie, fut de la concevoir comme le résultat de l'organisation et des forces physiques ou chimiques qui se tempèrent dans l'organisme et fonctionnent de différentes manières. Cette opinion s'est propagée jusqu'à nos jours, surtout parmi les médecins, à la tête desquels il faut placer Cabanis, Broussais et d'autres raisonneurs de même force.

103. Outre l'erreur physiologique que contient cette fausse idée de la vie, outre l'erreur anthropologique à laquelle on ouvre la voie, par la scission de l'unité substantielle de l'homme qui en résulte, un autre péril non moins funeste se présente, et il ne sera pas inutile de le signaler. Cette fausse philosophie, qui assigne à des causes si disproportionnées des phénomènes d'un ordre supérieur, prépare insensiblement l'esprit au matérialisme et à l'athéisme. La raison en est que cette méthode affaiblit et anéantit peu à peu cette tendance naturelle que nous avons, à chercher une cause suffisante aux phénomènes qui se manifestent à nous, quoique ces causes ne puissent ni se voir, ni se toucher. Le point d'appui de toutes les démonstrations de la spiritualité de l'âme et de l'existence de Dieu n'est autre, en définitive, que l'impossibilité de pouvoir expliquer autrement la nature de l'intellect, l'existence et l'ordre de l'univers. Or, cette impossibilité,

---

[1] *De la recherche de la vérité*, 1, 3. Éclaircissement sur le chapitre troisième de la seconde partie du sixième livre.

fondée sur ce qu'il ne peut y avoir d'effet sans une cause proportionnelle, autant elle est évidente pour celui qui ne saurait attribuer un effet à une cause insuffisante, autant elle devient problématique et incertaine pour celui qui s'engage dans une voie contraire. C'est pourquoi, je le répète, il est très-dangereux, dans la science, de s'habituer à se contenter d'une science insuffisante, pour donner la raison des phénomènes.

104. Si cette considération a de l'importance dans l'explication de chaque phénomène naturel, assurément elle en a une plus grande encore dans celle de l'admirable exercice de la vie. Car, ici précisément, dans la recherche des causes immédiates, le philosophe est contraint de faire le premier pas pour sortir du cercle de la matière, de ses forces communes, et de s'élever par le raisonnement à un autre plus sublime. Si donc le philosophe se débat contre la raison, qui l'entraîne au delà des sens; s'il se plaît à en détruire la force, en se persuadant qu'il peut attribuer des effets si éclatants à des causes si disproportionnées, déjà le principe de causalité a reçu une grave atteinte, et perdu en grande partie son évidence. Entré dans cette voie, le philosophe ne reculera plus devant l'absurde sur quoi que ce soit; et une fois qu'il a habitué sa raison à méconnaître les causes des phénomènes observés, il n'éprouve plus de répugnance à attribuer la sensation à la simple agitation des fibres, l'intelligence à la sensation, l'ordre au hasard. Aussi, n'est-il pas étonnant que les physiologistes ennemis du vitalisme, soient ordinairement enrôlés dans les rangs des matérialistes et des athées; tant il est difficile de ne pas rouler au fond du précipice, quand déjà le pied a glissé sur ses bords. Quelques exceptions honorables ne sauraient infirmer ce que nous avançons : une volonté non pervertie s'arrête parfois à mi-chemin, et fait souvent changer la direction d'un esprit dévoyé. Nous ne faisons, bien entendu, que signaler un simple danger, et non pas une conséquence nécessaire et inévitable. Néanmoins, la seule pensée de ce péril doit nous donner l'éveil et nous faire tenir sur nos gardes, en bannissant de notre esprit toute préoccupation de système qui pourrait l'obscurcir.

ARTICLE VI.

TÉMOIGNAGE DES PHYSIOLOGISTES ET DES NATURALISTES CÉLÈBRES EN FAVEUR DE LA DISTINCTION ENTRE LE PRINCIPE VITAL ET LES FORCES PHYSIQUES ET CHIMIQUES DE LA MATIÈRE.

105. Malgré les égarements de l'esprit humain dans la recherche du principe vital, cependant, dès l'époque même où la philosophie de Descartes était en honneur, il y eut des hommes qui, plus ou moins, approchèrent de la vérité. Le célèbre Sthal, auteur du système de l'animisme, soutint que la vie organique dans l'homme procède du principe intellectuel lui-même; et nous verrons en son lieu les raisons sur lesquelles il s'appuie. Cette doctrine fut depuis modifiée par Bordeu et Barthez, auteurs du système du vitalisme. Elle est maintenant enseignée dans les cours de la Faculté de Montpellier, avec les modifications introduites par ces docteurs. D'après ce système, le principe vital est essentiellement distinct de l'organisme et des forces générales de la matière; car il suppose nécessairement une activité *sui generis*, source et fondement de toutes les facultés, de toutes les actions qui s'opèrent dans l'être vivant. Ce principe informe, unifie l'organisme; il le régit, il s'en assujettit à lui-même les forces inférieures; bien qu'existant dans la matière, il ne résulte pas de la combinaison physique ou chimique des éléments matériels [1]. Nous démontrerons solidement la vérité de cette doctrine, en la dépouillant des erreurs qu'y ont mêlées beaucoup de ses partisans. Mais auparavant, nous voulons l'appuyer sur l'autorité des écrivains de notre époque les plus célèbres dans les sciences naturelles, afin que notre pensée ne paraisse point être exclusivement le fruit de subtilités métaphysiques, ou une marque de mépris pour les progrès modernes dans ces sciences.

106. Et d'abord, le savant Berzelius, dont l'autorité est d'un si grand poids dans les sciences chimiques, organiques et inorganiques, ayant observé qu'après la mort, bien qu'il reste les éléments de l'organisme, la vie a cependant à jamais disparu, dé-

---

[1] *Voyez* BARTHEZ : *De principio vitali*. Montpellier, 1773.

duit de là la nécessité d'admettre un autre principe qui commande à ces éléments, et leur donne la puissance de concourir à la production d'effets supérieurs à leur efficacité naturelle. « Il
» s'ensuit de là que l'essence du corps vivant n'est pas fondée
» dans ses éléments inorganiques, mais dans quelque autre prin-
» cipe, qui dispose les éléments organiques, communs à tous
» les corps vivants, à coopérer à la production d'un résultat
» particulier, déterminé et différent pour chaque espèce [1].

Et il continue, en disant que si la matière eut été abandonnée à elle-même, elle n'eût jamais pu produire, par ses propres forces, un organisme doué de vie. D'où il conclut qu'une force supérieure et différente de la nature inanimée a dû introduire la vie dans la masse inorganique, que cette animation n'est pas un effet du hasard, mais qu'elle s'est opérée avec une variété admirable, une sagesse infinie, dans le but de produire des résultats déterminés, une succession non interrompue d'individus périssables, qui naissent les uns des autres, et parmi lesquels l'organisation détruite des uns sert à l'entretien des autres [2].

107. Vient ensuite le témoignage d'un illustre botaniste, Adrien de Jussieu. Après avoir parlé de l'influence des forces physiques dans l'absorption, et des forces chimiques dans la transformation à laquelle sont successivement soumis les sucs des végétaux, ce célèbre naturaliste les fait dépendre toutes d'une force vitale distincte d'elles-mêmes, qui les retient, les coordonne et les fait concourir au résultat final [3].

108. Nous citerons, en troisième lieu, un homme très-versé dans la science zoologique, le premier peut-être de tous les naturalistes, pour la précision et l'exactitude minutieuse de sa doctrine. Cuvier, en parlant de la vie, s'exprime en ces termes : « La vie
» en général suppose l'organisation en général, et la vie propre
» de chaque être suppose l'organisation propre de cet être,
» comme la marche d'une horloge suppose l'horloge. Aussi ne
» voyons-nous la vie que dans des êtres tout organisés et faits
» pour en jouir; et tous les efforts des physiciens n'ont pu encore
» nous montrer la matière s'organisant, soit d'elle-même, soit

---

[1] *Traité de Chimie*, T. II, Chimie organique, page 288. — [2] L. c. —
[3] Botanique.

» par une cause extérieure quelconque. En effet, la vie exerçant
» sur les éléments qui font à chaque instant partie du corps vivant,
» et sur ceux qu'elle y attire, une action contraire à ce que pro-
» duiraient sans elle les affinités chimiques ordinaires, il répugne
» qu'elle puisse être elle-même produite par ces affinités [1]. »

Voilà donc le principe vital distinct des forces organiques, et déduit de l'opposition et de la contrariété qui existent entre les effets respectifs de ce principe et de ces forces.

109. Quant aux physiologistes, quels que soient les efforts de Broussais et de Magendie pour prouver que le docteur Bichat est pour eux, il reste certain que ce célèbre médecin reconnut clairement un principe vital différent de l'organisme et des forces inhérentes à la pure matière. Il le conclut de l'opposition et de la lutte qui se remarquent entre le principe lui-même et les forces de la matière; ce qui n'aurait pas lieu, s'ils étaient absolument identiques. « Les corps organiques agissent sans cesse sur eux; eux-
» mêmes exercent les uns sur les autres une action continuelle;
» bientôt ils succomberaient, s'ils n'avaient en eux un principe
» permanent de réaction; ce principe est celui de la vie [2]. »

L'idée de résistance aux forces physiques et chimiques nous amène nécessairement à distinguer ces forces du principe qui leur résiste. C'est là l'interprétation du docteur Cerise, dans les notes dont il a enrichi les œuvres de Bichat. Il s'y exprime ainsi au sujet de la définition de la vie que donne le savant physiologiste : « Qu'on le remarque bien, toute la définition de Bichat,
» complétée dans les lignes qui la suivent, se trouve dans ce
» mot : RÉSISTER, et dans ceux-ci : RÉSISTER A L'EFFORT DES
» PUISSANCES EXTÉRIEURES QUI TENDENT A DÉTRUIRE LES CORPS
» VIVANTS. Ces mots impliquent l'idée d'une force distincte des
» influences physico-chimiques, et dont l'ensemble des fonctions
» est une manifestation [3]. »

110. La même opinion, au sujet de la distinction entre le principe vital et les forces purement matérielles, est soutenue par Bérard, dans son ouvrage intitulé : *Rapports du physique et du*

---

[1] *Le règne animal*; Introduction, page 27.
[2] *Recherches physiologiques sur la vie et la mort*, première partie, art. I.
[3] Ouvrage cité, pag. 247, *nota* (A).

moral de l'homme, et par des physiologistes plus modernes encore. Nous citerons parmi ceux-ci M. Milne Edwards, professeur de physiologie à l'Université de Paris : « Les êtres vivants ne
» sont pas soustraits à l'action des forces générales de la nature,
» mais ils sont soumis en même temps à l'influence de la vie,
» qui est aussi une force, et qui leur appartient en propre.
» C'est la vie qui coordonne les forces chimiques et physiques,
» de façon à produire les phénomènes, dont les corps organisés
» nous offrent le spectacle [1]. »

M. Strauss-Durcheim, dans son ouvrage intitulé : *Théologie de la nature* [2], va plus loin encore. Car il admet dans les plantes, non-seulement une force vitale distincte du principe actif de la matière inorganique, mais il n'hésite pas, à l'exemple des anciens, à l'appeler âme, expression qui choque les modernes, nous ne savons trop pourquoi. Nous disons, nous ne sa-

---

[1] *Leçons sur la Physiologie et l'Anatomie comparée de l'homme et des animaux*, faites à la faculté des Sciences de Paris, par H. MILNE EDWARDS. Introduction.

M. de Quatrefages, dans un article inséré dans la *Revue des Deux-Mondes*, fait de graves reproches aux physiciens qui s'obstinent à nier l'existence du principe vital distinct des forces de la matière brute. « Habitués, dit-il, à voir tous les phénomènes de laboratoire dépendre de la chaleur, de l'électricité, de l'affinité et d'une demi-douzaine d'autres forces, dont ils admettent l'existence, ils ne veulent pas voir autre chose dans les êtres organisés. De là des exagérations vraiment étranges, et qui n'ont rien de nouveau pour être datées d'hier. Sans remonter à l'antiquité, bien avant M. Fink, les *iatromathématiciens*, les *iatrophysiciens* des derniers siècles étaient allés jusqu'à dire que « la psychologie ne sera bientôt plus qu'une branche de la mécanique. » Bien avant M. Lehmann, les *iatrochimistes*, héritiers eux-mêmes des alchimistes, avaient nié l'existence des forces vitales et cherché dans les lois de la physique et de la chimie l'explication de tous les phénomènes vitaux ». Il loue M. Edwards de son zèle à soutenir dans ses leçons de physiologie la doctrine vitaliste, et il conclut : « Nous ne pouvons qu'applaudir à ce langage : c'est celui d'un esprit vraiment élevé, qui, au-dessus de la matière brute et morte, voit clairement la nature organisée et vivante, qui, au delà des forces physico-chimiques, aperçoit celle qui les maîtrise et les régit. On peut suivre sans crainte le physiologiste, qui fait une pareille profession de foi. » (*Revue des Deux-Mondes*, tome douzième, an 1857, pag. 854.

[2] *Théologie de la nature*, t. I, ch. 2.

vons trop pourquoi ; car nous n'avons pas encore pu trouver chez ces écrivains une bonne raison qui puisse justifier leur répugnance pour ce mot. En effet, une fois admis que, par âme, on n'entend pas autre chose que le principe vital dans un corps organique : *Principium vitæ in his quæ apud nos vivunt* [1], on ne voit pas pourquoi on refuserait cette âme aux plantes mêmes qui vivent sans aucun doute. D'un autre côté, l'emploi général d'une telle appellation n'aiderait pas peu à éviter l'erreur du dualisme, dans laquelle tombent beaucoup de physiologistes, qui conçoivent la vie organique dans l'homme, non point comme causée par l'âme humaine, mais comme procédant d'un autre principe ; et cela, au grand préjudice de l'anthropologie comme de la science médicale elle-même, ainsi que nous aurons occasion de l'observer en son temps. L'unique raison des modernes pour rejeter cette appellation, c'est qu'elle est admise par les anciens. Si c'est par antipathie, c'est pur caprice ; si c'est par je ne sais quelle peur, c'est puérilité. Mais c'est bien assez sur ce point ; revenons à notre sujet.

111. Nous ne pouvons omettre le témoignage de nos compatriotes. Le professeur Martini tient cette opinion pour si plausible qu'il l'a exprimée dans la définition même de la vie : « La vie, dit-» il, n'est pas autre chose qu'une période que les corps organiques » parcourent, et durant laquelle sous l'influence de certaines » forces, ils sont assujettis à des mouvements qu'on ne peut pas » expliquer par les seules lois mécaniques, physiques et chi-» miques [2]. » Le professeur Tommasi n'est pas moins explicite. Dans son *Cours de physiologie* récemment publié, après avoir montré la succession et la mobilité continuelle des éléments matériels de l'organisme, sans que l'être vivant perde son individualité, il conclut, 1° qu'il faut nécessairement admettre un principe vital distinct des forces des corps bruts ; 2° que l'existence de ce principe n'est point une fiction, mais bien une réalité immanente ; car cette réalité peut seule expliquer l'identité du sujet au milieu de la variabilité des phénomènes et des transmutations

---

[1] S. Thomas. *Summa theol.*, 1 p., q. 75, a. 1.
[2] *Manuale di Fisiologia ad uso di prelezioni accademiche* di Lorenzo Martini ; Parte 1, c. 12.

matérielles. A ces autorités, il faut ajouter celle de l'illustre chevalier de Renzi qui nie que les propriétés vitales puissent être considérées comme une aggrégation et un résultat des forces communes de la matière [1]; et celle du célèbre docteur Taruffi, qui, dans le *Bulletin des sciences médicales* publié à Bologne, soutient et appuie sur des observations fort judicieuses que, dans l'être vivant, il faut reconnaître une force supérieure aux forces chimiques et physiques. Cette force informe les éléments matériels de l'organisme et leur donne l'unité, en se servant de leur action comme d'un instrument pour obtenir les phénomènes de la vie [2].

La même doctrine est soutenue savamment par les professeurs Franceschi et Santi, par le docteur Liverani, et en général par tous les partisans de l'école d'Hyppocrate, qui peu à peu se relève en Italie.

112. Enfin, l'*Encyclopédie italienne* de Venise, au mot: *Animaux*, s'exprime ainsi : « Si nous voyons dans un corps quel-
» conque une succession donnée d'opérations qui lui soient
» exclusivement propres, nous en devons raisonnablement con-
» clure à l'existence d'une force particulière et distincte, et les lui
» attribuer. Ainsi, par exemple, si la chaleur rayonne d'un corps,
» nous disons qu'il renferme un principe calorifique; s'il répand
» de la lumière, nous disons qu'il renferme un principe lu-
» mineux. En effet, toute action sensible, tout mouvement n'est
» produit que par l'impulsion d'une force déterminée; et le
» manque absolu de forces dans un corps, entraîne l'idée de sa
» non-existence, ou, comme dit Giacomini, nous empêche même
» de concevoir l'idée abstraite de ce corps. Or, qu'on appelle
» cette force d'un nom ou d'un autre, pourvu qu'elle soit une
» force inhérente à l'organisme, il s'en suit nécessairement que
» nous devons la considérer comme réellement distincte de ses
» opérations qui découlent et dépendent uniquement de son
» existence. Si, par exemple, je fais une opération donnée,

---

[1] *Lezioni di Patologia generale.* Napoli 1856. Lib. 1, pag. 20.
[2] *Bulletino delle scienze mediche*, ecc. pubblicato per cura della società medico-chirurgica di Bologna, an XXIX, serie IX, vol. VII. Maggio 1857, pag. 390 e seg.

» cet acte sera distinct du *moi* agissant ; il sera produit parce
» que le *moi* existe réellement. Tel est précisément le phéno-
» mène de la vie. Tous les corps organiques existants sur la
» surface de la terre, manifestent en eux-mêmes une série variée
» de phénomènes, tels que la sécrétion, la respiration, le mouve-
» ment volontaire, etc., dans les animaux ; l'accroissement et la
» propagation dans les plantes. L'ordre des phénomènes, leur
» nombre, le lien qui les unit dans le même être, la fin à laquelle
» ils tendent, et arrivent successivement, leur indépendance,
» au moins restreinte du monde extérieur ; tout cela, dis-je,
» même abstraction faite de tout autre raisonnement philoso-
» phique, nous engage, par une conviction intime, à reconnaître
» dans ces êtres un principe subtil, une force vitale régulatrice
» qui préside aux fonctions organiques, de la même manière que
» l'âme raisonnable règle et produit les phénomènes de l'intel-
» ligence. Or, si nous faisons réflexion que ces actes propres à
» tous les individus organiques tirent d'eux leur origine, se ma-
» nifestent par eux, agissent indépendamment des forces phy-
» sico-chimiques de la matière, avec lesquelles ils sont même
» en opposition, nous serons nécessairement conduits à admettre
» dans chacun de ces corps un principe moteur, immatériel,
» un principe vital, qui ne naît point du conflit de forces oppo-
» sées, mais qui doit être une force puissante, active, détermi-
» nante, force réellement distincte des opérations par lesquelles
» elle manifeste son activité. »

Ces citations suffisent abondamment à notre but ; mais nous pourrions en remplir tout un livre, surtout, si à celles qui précèdent nous ajoutions celles que nous pourrions emprunter aux naturalistes allemands. Au reste, nous déclarons, en apportant ces témoignages, que notre unique but est d'appuyer de leur autorité le point principal de notre sujet ; nous n'entendons nullement ni en approuver toutes les propositions, qui parfois sont inexactes, ni en adopter toutes les opinions, qu'il ne s'agit pas d'examiner ici.

ARTICLE VII.

RAISONS EN FAVEUR D'UN PRINCIPE VITAL ESSENTIELLEMENT DIFFÉRENT DES FORCES DE LA PURE MATIÈRE.

113. Laissons l'autorité et venons aux preuves de raison. Et pour ne pas nous égarer en de longues abstractions, nous nous contenterons de trois arguments immédiatement tirés des faits expérimentés. Nous pouvons considérer dans l'être végétal sa production, ses lois et ses opérations. Ces trois choses supérieures aux forces de la matière inorganique, nous fournissent trois arguments très-explicites pour conclure à l'existence d'un principe vital distinct de ces forces.

§ I.

Premier argument tiré de l'impossibilité d'obtenir par les seules combinaisons de la chimie une substance vivante.

114. Il n'est rien de si avéré que l'inutilité des efforts que l'on tenterait dans un laboratoire pour obtenir une plante par les procédés de l'art. Que dis-je, une plante? On ne saurait même produire un organe végétal, tel qu'une feuille, une fleur, un fragment d'écorce ou de racines. Par le calorique ou par l'électricité on compose, on décompose les corps, on les dispose à reproduire, en vertu de leur affinité chimique, avec plus ou moins de facilité, tous les composés et *surcomposés* de la chimie inorganique; mais on aurait beau multiplier les tentatives et les expériences, aucun chimiste ne peut se promettre de nous donner, un jour, comme résultat de ses combinaisons artificielles, je ne dis pas, une plante belle et parfaite, mais même un germe qui puisse la produire, même la simple cellule qui fait partie d'une fibre de son tissu. Et cependant nous ne disons rien des parties organiques, puisque la matière dont elles se forment est si supérieure à l'efficacité des forces moléculaires inorganiques. Qui, jusqu'à ce jour, est parvenu à combiner les trois éléments simples de l'organisme de manière à obtenir ou la cellulose, ou

la fécule, ou la dextrine, substances les moins composées du règne végétal et qui servent comme de base et de principe aux autres? A plus forte raison doit-on dire la même chose des matières azotées, comme la fibrine et l'albumine; pour ne pas parler de tant d'autres substances encore plus composées, qui, comme les précédentes, ne s'obtiennent qu'en les extrayant des êtres vivants exclusivement propres à les élaborer.

115. « Il n'est pas donné, dit Berzélius, à l'art de combiner les
» éléments inorganiques à la manière de la nature vivante : dans
» nos expériences nous ne produisons que des combinaisons bi-
» naires[1]. » Les matières organiques ne se forment que dans l'être vivant, et celui-ci n'est produit d'un autre être vivant que par voie de génération. D'où vient cela, nous le demandons, si la vie est un simple résultat des atômes, des forces chimiques ou physiques dont ils sont doués?

L'organisme est connu et parfaitement décrit par les naturalistes. Les premiers éléments de la matière qui le compose sont les mêmes que dans la nature inorganique[2]. Les proportions dans lesquelles ces éléments entrent en composition dans chaque partie des végétaux, sont aujourd'hui en formules arithmétiques[3]. Que manque-t-il donc pour obtenir au moins en partie un corps végétal?

116. Il est vrai que, dans ces derniers temps et au prix d'in-

---

[1] *Traité de Chimie.* Chimie organique, p. 206.

[2] Les mêmes éléments qui composent le monde inorganique composent aussi le monde organique. Néanmoins on ne connaît pas tous les éléments de celui-ci, mais seulement les suivants : Oxigène, hydrogène, carbone, azote, phosphore, soufre, chlore, iode, brôme, fluor, silicium, magnésium, aluminium, potassium, sodium, calcium, fer, manganèse, titanium, cuivre, plomb, argent; parmi ces éléments, les quatre premiers sont comme substantiels, parce que, dans la composition de la matière organique, ils entrent pour une plus grande proportion ; ensuite, sous le rapport de l'importance ou de la quantité, il faut énumérer le soufre, le phosphore, le calcium, le sodium, le chlore, le fer, et le potassium; en dernier lieu, le magnésium, le silicium, l'aluminium, l'iode et l'argent. (*Istituzioni di fisiologia del prof. Salv.* Tommasi, 2 ediz, v. I. *Prolegomeni*, p. 1, c. 1.)

[3] Voyez la *Chimie organique* de Berzélius, où ces formules sont enregistrées avec beaucoup de précision.

croyables et persévérants efforts, les chimistes ont réussi à obtenir par leurs procédés et par les affinités de certaines matières, quelques substances analogues à celles qui se trouvent dans les corps organiques. Ainsi, ils ont obtenu l'urée par la décomposition des matières albuminoïdes, et en procédant par analyse et par synthèse sur des matières qui ont déjà appartenu à des corps vivants, ils sont même parvenus à obtenir des combinaisons *quaternaires* assez semblables aux alcaloïdes que forment les végétaux dans les cellules de leur écorce. « En ayant recours à
» l'influence des réactifs chimiques sur les produits organiques,
» le chimiste parvient à donner naissance à un petit nombre
» d'autres matières analogues aux produits organiques ; mais en
» même temps les éléments des corps soumis à cette action se
» trouvent rapprochés, de quelques pas, de leur séparation finale
» en combinaisons binaires. Ainsi, nous obtenons de l'acide ma-
» lique et de l'acide oxalique en traitant un grand nombre de
» corps par l'acide nitrique ; du vinaigre et des huiles empyreu-
» matiques, par la distillation à feu nu, mais on n'a jamais réussi
» à produire à l'aide d'éléments inorganiques de l'acide oxalique
» ou de l'acide malique ou de l'acide citrique, et on n'a pas été
» plus heureux en ayant recours, pour leur donner naissance, à
» des combinaisons binaires qu'en essayant de combiner les élé-
» ments isolés [1]. »

Or, il faut le remarquer, la nécessité de prendre des matières organiques pour en produire d'autres par la décomposition, loin de démentir, prouve au contraire l'impuissance des forces inorganiques, lorsqu'elles sont employées seules. De plus, l'affinité ou l'analogie de quelques effets produits artificiellement avec les effets naturels de l'organisme, sont loin de constituer une identité ; à plus forte raison, cela sera-t-il vrai, si l'on compare tous les effets de chacune de ces deux classes et si l'on fait réflexion, que pour les obtenir, les procédés sont entièrement différents ; en effet les chimistes ont dû recourir à des réactifs très-puissants, dont les végétaux n'ont nul besoin, puisque leurs procédés sont entièrement différents.

117. Ainsi donc, quand même on arriverait par ces moyens à

---

[1] *Traité de Chimie.* Chimie organique, pag. 207.

obtenir quelques substances organiques, je veux même qu'on les obtienne toutes, les chimistes n'auraient encore, ni imité la vie, ni découvert son secret. Pour se flatter de l'avoir fait, ils devraient non-seulement obtenir ces substances, ils devraient encore les produire par des procédés analogues à ceux de la plante, employer les mêmes agents, suivre le même ordre. Ils devraient élaborer les sucs de la même manière qu'ils s'élaborent dans l'écorce; puis en faire naître le cambium, le condenser en gélatine, le transformer en tissu cellulaire, en faire surgir les fibres, les membranes, les vaisseaux et tout ce qui se rapporte à l'étonnant édifice du corps organique. Et encore, après avoir fait toutes ces merveilles, qu'auraient-ils obtenu? Rien autre chose que le squelette, le cadavre de la plante, et non la plante même active et vivante. Pour arriver à ce grand résultat, ils devraient faire en sorte que ces opérations se produisissent dès la première ébauche de cette petite machine qu'ils auraient fabriquée, de manière qu'elle pût se nourrir par elle-même, croître et produire d'autres petites machines semblables. Personne sans doute n'osera jamais rêver la réalisation d'une pareille chimère.

Si donc, la vie n'est autre chose que l'ensemble harmonieux des forces moléculaires, d'où vient, nous le demandons encore, d'où vient que la physique et la chimie qui disposent de ces forces, ne soient pas capables de nous produire un semblable effet? Si la plante n'est qu'une élaboration chimique, pourquoi les chimistes n'arrivent-ils pas à l'imiter, comme ils sont parvenus à imiter la nature dans le règne inorganique? Quel obstacle insurmontable s'oppose aux tentatives de l'art et de la science? L'unique réponse raisonnable qu'on peut donner, c'est qu'il manque à l'art et à la science une force, un principe qui n'est pas entre leurs mains, parce qu'il ne se trouve pas dans les forces générales de la matière. Ce qui leur manque, c'est le principe vital qui ne résulte ni de l'assemblage des parties composant l'organisme, ni des forces mécaniques ou chimiques de la matière, mais qui, une fois introduit par Dieu dans l'univers, ne se propage que par voie de génération. C'est ce principe qui règle l'économie végétale et qui, en informant la matière, produit en elle des actions d'un ordre supérieur, et lui communique des propriétés qu'elle ne peut recevoir par d'autres moyens. Voilà pourquoi les chimistes avec leurs tamis, leurs alambics, leurs creusets, leurs cornues, n'arrivent et n'arriveront jamais, je ne dis pas à produire les fonctions vitales, mais seulement à façonner le tissu organique qui leur sert d'instrument. La raison, nous le répétons, c'est qu'ils ne mettent en œuvre que les seules forces de la nature inorganique, et parmi ces forces, le principe vital fait totalement défaut.

118. En vain dirait-on, avec quelques-uns, que dans les éléments matériels, outre l'activité développée dans la nature inorganique, il y a encore une autre vertu qui demeure inactive et latente jusqu'à ce qu'elle soit réveillée et mise en exercice par une disposition particulière de la matière[1]. En effet cette explication saute à pieds joints la difficulté de la formation même de l'organisme et de ses parties; bien plus, elle laisse conclure que la vie tire son origine d'une force différente des aptitudes physiques ou chimiques propres aux corps non vivants : elle attribue encore sans raison cette force à chaque molécule de la matière commune, en supposant gratuitement qu'elle y reste endormie. Cette solution ne porte donc aucune atteinte à notre thèse, mais elle détruit plutôt l'unité du principe vital en chaque organisme, unité dont nous parlerons plus bas.

§ II.

Second argument tiré de la diversité des lois, qui régissent les corps organiques.

119. Les fauteurs du *chimisme* et du matérialisme physiologique, lorsqu'on leur objecte l'impossibilité où ils se trouvent de former artificiellement, je ne dis pas la vie, mais la moindre graine végétale, qui nage dans le liquide d'un utricule, s'efforcent de se justifier, en se rejetant sur notre ignorance des procédés de la nature, pour arriver à ce résultat; si on les connaissait, disent-ils, on pourrait former l'organisme par les seules ressources de la chimie et de la mécanique.

Défense vraiment étonnante dans la bouche d'hommes, dont l'unique loi est la loi des faits ou de l'expérience! Elle signifie, en

---

[1] BUFALINI. *Istituzioni patologiche, Prolegomeni.*

d'autres termes, qu'on abandonne le fait pour recourir à l'imagination, que l'on ne tient aucun compte des données certaines de la science pour se livrer entièrement aux hypothèses suggérées par l'ignorance. Et sur quoi appuyent-ils leur refus obstiné d'admettre ce que leur art lui-même leur démontre avec tant d'évidence? Ils auraient quelque apparence de raison, s'ils avaient au moins découvert identité, ou accord entre les lois qui gouvernent les deux règnes organique et inorganique; car, alors, de l'identité, ou de l'uniformité des lois, on pourrait conclure à l'identité, ou à l'uniformité des principes de ces deux classes de substance, quelque différentes qu'elles soient, quant à leurs combinaisons respectives : mais cette identité est si loin de la vérité, que le fait contraire nous fournit un solide argument, en faveur d'un principe vital distinct des forces communes des corps bruts.

120. Rien de si frappant dans la nature, que la différence qui existe entre les lois des phénomènes vitaux, et celles qui règlent les simples effets des forces mécaniques, chimiques, ou physiques de la matière. Nous avions déjà remarqué, dans le premier article du chapitre précédent, la différence, qui sépare les unes des autres, mais puisque la suite de notre discussion nous y ramène, nous les rappellerons ici à la mémoire du lecteur.

Diversité de combinaison chimique.

Les composés non vivants procèdent par combinaisons binaires des molécules de corps simples, comme l'air, qui se compose d'oxygène et d'azote; ce système binaire des éléments se retrouve encore dans la formation des corps surcomposés. Les corps vivants au contraire, exigent dans chaque particule organique, la combinaison de trois éléments simples pour le moins, à savoir : de l'oxigène, de l'hydrogène, et du carbone dans les plantes, auquel s'ajoute l'azote dans les animaux.

Diversité des formes qu'ils affectent.

Tandis que les minéraux en prenant des formes régulières par la crystallisation tendent à revêtir des formes géométriques anguleuses avec des lignes droites, les corps organiques, au contraire, et dans leur ensemble, et dans leurs plus petits éléments, présentent toujours des lignes courbes, plus ou moins circulaires, elliptiques, spirales, cylindriques, et autres semblables.

Diversité d'origine.

Les minéraux se produisent par analyse, ou par synthèses déterminées par des forces extrinsèques, et accidentelles; les êtres vivants, au contraire, procèdent par une véritable génération d'un autre être vivant, qui forme en lui-même le germe apte à devenir un individu de la même espèce.

Diversité d'accroissement.

Les minéraux augmentent par simple juxta-position de nouvelles parties, les êtres vivants par *intrasusception* d'aliments qu'ils transforment en leur propre substance par une action qui va presque toujours non pas de la circonférence au centre, mais du centre à la circonférence.

Diversité de grandeur.

Les minéraux, indifférents de leur nature à toute masse et à tout volume, croissent infiniment, et sans limite déterminée; les êtres vivants, au contraire, ont une dimension déterminée à laquelle ils tendent, et qu'ils ne dépassent jamais.

Diversité de durée.

Les minéraux, dans leur existence, ne sont soumis à aucune limite de temps; ils durent jusqu'à ce qu'une cause extrinsèque vienne les dissoudre, s'ils sont composés, ou à les combiner s'ils sont simples; tandis que les êtres vivants ont une période fixe durant laquelle ils croissent, se développent, déclinent et meurent, suivant la loi intime qui les régit.

Diversité de conservation.

Les minéraux se conservent en vertu des forces mêmes de la matière élémentaire; mais les êtres vivants, quoiqu'ils s'en servent, ont cependant besoin de maîtriser ces forces et de les assujettir sans cesse, afin qu'elles ne prévalent pas, au péril de leur existence.

121. Ceci posé, nous pouvons faire le raisonnement suivant : des lois différentes supposent proportionnellement des principes différents. Si donc la diversité des lois est purement *quantitative* et *accidentelle,* de telle sorte qu'elle ne consiste que dans le plus ou le moins, ou dans une variation de la même espèce de choses, la diversité du principe devra se rapporter elle-même à la quantité ou à la nouvelle modification des forces. Ainsi en est-il des diverses lois que doit subir un corps, lorsque de l'état solide il passe à l'état liquide ou aëriforme. Car, si l'on y réfléchit mûrement, ces lois ne s'écartent pas de l'ordre d'attraction ou de répulsion mutuelle des molécules des corps et de la plus ou moins grande consistance de leurs parties. Mais si la diversité de ces lois est *qualitative* et *radicale,* de telle sorte qu'elle atteigne l'être lui-même, ses principes constitutifs, le mode de recevoir et de conserver l'existence, la manière d'exercer dans un état quelconque son opération naturelle ; alors la diversité du principe doit être substantielle, et on doit l'attribuer à la source première d'où découle l'activité du sujet. C'est ce qu'on voit dans le cas présent où les lois de l'être vivant sont d'un ordre tout différent de celles de la matière inerte, car elles régissent cet être dans son essence et dans son opération.

Or, on ne peut expliquer cette diversité en concevant la force vitale comme le résultat des forces élémentaires premières, ménagées d'une manière nouvelle. On pourrait tolérer en quelque sorte cette opinion, si, à la première apparition de la vie dans un corps, les forces inorganiques disparaissaient entièrement, quant à leurs propres effets ; si, par exemple, elles étaient détruites, ou du moins suspendues. Peut-être alors nous aurions lieu de croire que la nouvelle force qui se manifeste est comme une résultante des précédentes, formée en quelque façon par leur concours, comme on le voit souvent en mécanique et même en chimie. Mais ici, les choses se passent tout autrement : les forces brutes ne s'annulent pas, mais restent dans l'organisme en continuant d'opérer selon leur tendance ; on constate seulement, que cette tendance n'est plus libre, et pour dire le mot, *sui juris*, mais qu'elle se trouve assujettie à une influence supérieure, qui la modifie, et la force à suivre de nouvelles lois.

Les botanistes observent que, dans le vide des cellules, se trouvent très-souvent des cristaux formés de certains minéraux qui, attirés avec la sève ou les gaz dans lesquels ils se trouvent déjà dissous ou combinés, circulent conjointement avec le suc dans les différentes parties de la plante. Or, ces cristallisations, dues sans doute à l'attraction moléculaire de ces corps, ne prennent pas les mêmes formes qu'elles affecteraient, si elles s'accomplissaient dans un récipient non animé. Elles revêtent des figures très-différentes, et, en outre, les modifient encore de plusieurs manières, selon la différence des appareils organiques dans lesquels elles se produisent. Le plus souvent elles présentent dans leurs agglomérations ou groupes, une espèce d'ovoïde tout hérissé de pointes, ou un faisceau d'aiguilles très-fines disposées avec une grande variété. Qui ne voit dans ce phénomène, si peu considérable en lui-même, une force minérale, qui, quoique persistante, se trouve cependant dominée, et assujettie à des lois étrangères par une force plus puissante?

Notre raisonnement se trouve confirmé par l'observation suivante : la force vitale n'a de vigueur et ne se conserve qu'en enchaînant continuellement les forces inférieures de la nature. Il est toutefois certain que ce n'est pas dans l'opposition à ces forces que consiste la vie organique, comme le prétendait Bichat. Elle a un but plus élevé auquel l'être vivant fait servir les aptitudes mêmes soit des éléments qui le composent, soit des corps qui l'environnent. Mais pour arriver à ce but, il faut que l'être vivant exerce une sorte d'empire sur ces forces élémentaires, et oppose à l'influence excessive des puissances étrangères une réaction véritable. Que cet ordre vienne à cesser, l'être vivant succombera bientôt. Nous pouvons donc dire en toute vérité : la mort n'est autre chose que la victoire des forces communes de la matière sur la force vitale. La vie, il est vrai, ne consiste pas dans l'antagonisme entre le principe vital, et les affinités chimiques et moléculaires, mais elle renferme cet antagonisme en ce sens, que si elle n'existait pas, et ne prévalait pas, ces affinités au lieu de conserver l'organisme, ne feraient que le corrompre : c'est ce qu'on voit dans un corps mort; il se corrompt, il se dissout promptement par l'action même des éléments qui le composent, et des corps environnants. Il arrive, en ce cas, ce qui arriverait dans une société civile privée tout à coup de l'autorité sans laquelle nul ordre et nulle défense ne sont possibles. Elle se trouverait bientôt en proie aux dissensions intestines et aux attaques de l'étranger, si elle ne rétablissait promptement en son sein le principe ordonnateur d'où lui venait son unité et sa puissance.

122. Il nous serait facile de fortifier nos preuves en invoquant des exemples recueillis parmi tous les phénomènes de la vie : nous nous contenterons d'indiquer les plus communs, les plus frappants.

Et d'abord, n'oublions pas de remarquer cette constante direction de l'axe principal des plantes, en vertu de laquelle elles projettent toujours leurs racines vers le centre de la terre, et leurs tiges vers le ciel. Cette loi domine si fortement la nature des végétaux, qu'elle trouve son application même lorsqu'on fait artificiellement germer une semence dans un appareil où le milieu humide, au lieu d'être en bas, selon sa position naturelle, se trouve tourné au-dessus; même alors on verra la radicule descendre, et la tigelle monter.

Tel est encore ce que l'on appelle le *sommeil* des plantes; elles en conservent les vicissitudes, ou, au moins, les reprennent alors même qu'on les soumet artificiellement à un état uniforme d'obscurité, ou de lumière.

Tel est enfin le merveilleux mouvement des étamines et des pistils dans la fécondation des fleurs, le frémissement soudain de certaines plantes, au contact, quelque léger qu'il soit, d'un corps extérieur. Ces mouvements et autres semblables, quoiqu'ils puissent s'expliquer en partie par l'influence du calorique et de la lumière, ou bien par la diversité des tissus, par l'affluence des fluides, ces mouvements, dis-je, ont des lois si spéciales, d'un genre si particulier, que de l'aveu des botanistes les plus exacts, on chercherait vainement dans ces seules causes une explication pleine et satisfaisante [1].

---

[1] Voy. *Botanica* del Sig. Adriano de Jussieu, § 682. Edizione italiana. Milano, 1846.

§ III.

Troisième argument tiré de l'insuffisance des forces physiques et chimiques pour rendre raison des fonctions de la vie.

123. Les fonctions de la vie sont multiples et variées. Pour être bref, nous n'en considérerons que trois : la circulation, la nutrition, la reproduction.

Et d'abord, la plante pour se nourrir a besoin d'absorber diverses substances dont les parcelles fournissent à son accroissement jusqu'à ses dimensions ordinaires, et réparent les pertes continuelles qu'elle fait. Dans ce but, elle possède, surtout dans les racines, une faculté absorbante, par laquelle elle tire de la terre l'eau et les autres substances nutritives qui y sont en solution. Ce suc, que l'on nomme ordinairement lymphe, commence par monter dans le tronc, en traversant la partie ligneuse ; en se modifiant successivement, il pénètre dans toutes les parties de la plante par les vaisseaux et les canaux qui le répandent en tous sens. Dès qu'il est arrivé aux feuilles et à la surface de l'écorce, il entre en contact avec l'air, et reçoit sa dernière élaboration par cet acte respiratoire ; il redescend ensuite par l'écorce sous le nom de suc élaboré, et suivant en sens inverse le chemin déjà parcouru. Il envahit ensuite tous les tissus, afin de fournir à chacun d'eux la matière toute préparée pour les alimentations, remplissant les fibres, les cellules, les vaisseaux, tous les méats jusqu'à ce qu'il parvienne aux extrémités des racines qui ont aussi besoin de nourriture.

124. Ce double parcours de ce liquide à travers les canaux que lui offrent les vaisseaux, les fibres et les cellules de la plante, on ne peut l'attribuer exclusivement ni à la capillarité, ni à l'endosmose, ni à l'attraction des boutons, ni à l'évaporation des feuilles. Il ne provient ni de l'attraction des boutons, ni de l'évaporation des feuilles ; car on voit le suc monter en grande quantité et avec beaucoup de vitesse dans un tronc coupé au niveau du sol ; il ne provient pas de la capillarité, parce que dans tous les grands arbres, le suc monte si haut qu'il dépasse la sphère attractive des tubes capillaires. Cette ascension est parfois

si énergique, qu'elle montre évidemment l'intervention d'une force d'un tout autre genre. A ce propos, il sera bon de se rappeler l'expérience que l'on doit à Halés. Après avoir coupé un cep de vigne à une petite hauteur du sol, il y appliqua au printemps un tube à double courbure rempli de mercure. Il ne tarda pas à constater que la lymphe s'échappant du tronc, pénétrait dans le tube avec une telle force, qu'elle soulevait le mercure jusqu'à la hauteur d'un mètre. Or l'on sait qu'un mètre de mercure pèse 14 mètres d'eau. Est-il possible d'attribuer une si grande force à l'attraction capillaire ? Enfin l'endosmose ne peut pas être la cause première de la circulation, parce qu'on ne pourrait en ce cas distinguer deux courants l'un de bas en haut, l'autre de haut en bas ; et cependant ces deux courants sont si différents l'un de l'autre, que parfois l'un est inoffensif, tandis que l'autre est vénéneux, comme on le voit surtout dans l'euphorbe des Canaries. Je ne dirai rien de la circulation intercellulaire et rotatoire, que d'abord on croyait exclusivement propre aux plantes aquatiques qui ont l'organisation la plus simple, car cette circulation est aujourd'hui regardée généralement comme un fait en botanique. Ce mouvement par lequel un seul courant tourne autour de la paroi intérieure de la cellule, en décrivant une ellipse plus ou moins allongée, ou bien plusieurs courants circulent çà et là en formant comme un réseau, ce mouvement ne peut être causé ni par l'endosmose ni par aucune autre force connue jusqu'ici dans la simple matière.

125. Mais nous ne sommes pas les seuls à faire valoir ces raisons : on les retrouvera dans le discours d'un savant naturaliste, lu à l'Académie des sciences de Paris, dans la séance du 28 septembre 1857, et dont le *Cosmos* rend ainsi compte :

« M. Trécul communique à l'Académie la première partie d'un
» travail intitulé : *De la circulation dans les plantes*. Dans cette
» première partie, il a pour but principal de prouver que la ca-
» pillarité et l'endosmose ne jouent aucun rôle dans l'absorption
» des liquides par les racines, dans l'ascension de la sève, non
» plus que dans sa marche descendante. Les physiologistes
» mêmes, dit-il, qui accordent à la capillarité, et surtout à
» l'endosmose une grande part dans l'ascension des sucs de la
» plante, sont obligés de reconnaître qu'elles sont impuissantes

» à élever les liquides à la hauteur de nos arbres sans le secours
» de l'évaporation qui a lieu dans les feuilles, et qui appelle,
» disent ces savants, les liquides vers ces organes. M. Trécul
» pense que si l'évaporation fait monter les liquides, elle doit
» les empêcher de descendre. Comme ils descendent après avoir
» monté, il en conclut que l'évaporation ne concourt pas à leur
» ascension. Il croit en outre, que la nature ne fait point usage
» de forces insuffisantes, comme le seraient l'endosmose et la
» capillarité; et il ajoute que le rôle attribué à l'endosmose est
» incompatible avec la constitution des végétaux. Voici comment
» il prouve cette assertion : Admettons avec les physiologistes,
» dit-il, que c'est l'endosmose qui fait monter les liquides par
» le corps ligneux, et qui les fait descendre ensuite par l'écorce.
» Pour que ce phénomène s'accomplisse, il faut que la densité
» des sucs aille en augmentant à mesure qu'ils s'élèvent, (c'est
» ce que l'on a observé); il faut de plus que cette densité s'ac-
» croisse en passant, à travers les feuilles, du corps ligneux
» dans l'écorce, et en descendant de cellule en cellule dans
» le tissu cortical. Ceci étant admis, les botanistes qui adoptent
» la théorie endosmique n'ont pas remarqué qu'ils ont ainsi, à
» côté l'un de l'autre, deux courants de liquides de densité dif-
» férente, parcourant des tissus dont les membranes sont per-
» méables; que la sève descendante, étant plus dense que la
» sève ascendante, devrait attirer cette dernière; qu'il devrait y
» avoir, par conséquent, dans toute la longueur du tronc un
» courant horizontal centrifuge, jusqu'à ce que l'équilibre de
» densité soit établi; qu'alors le double courant ascendant et
» descendant, que cependant nous constatons, ne saurait exister.
» Le courant descendant au moins devrait être anéanti. Puisque
» le double courant persiste, c'est que l'endosmose ne s'exerce
» pas sur les liquides en circulation dans les plantes.

» Il y a dans les végétaux d'autres mouvements que celui de
» la sève ascendante et de la sève descendante. Cette sève en-
» voie, chemin faisant, dans toutes les cellules, des substances
» nécessaires à leur nutrition; ces cellules s'assimilent les élé-
» ments qui leur conviennent, et rejettent ceux qui leur sont
» inutiles. Les éléments rejetés se réunissent, soit dans les lati-
» cifères, soit dans les réservoirs d'huiles essentielles, etc. Il

» n'y a pas dans ces réservoirs de liquide plus dense qui ap-
» pelle ces dernières, et pour lequel elles aient de l'affinité.
» Ici encore, l'endosmose n'a donc aucune part au mouvement
» des liquides.

« La spongiole est aussi un exemple de l'abus que l'on a fait
» des causes physiques, pour expliquer les phénomènes physiolo-
» giques; car on a comparé l'extrémité des racines à une éponge,
» ainsi que son nom l'indique. Rien ne justifie cette compa-
» raison. La propriété d'absorption qui, dans certaines plantes
» au moins, est beaucoup plus puissante à l'extrémité de la ra-
» cine que dans les autres parties de ces organes, ne peut pas
» être assimilée aux phénomènes capillaires, qui font monter les
» liquides dans l'éponge. Le mot *spongiole* donne donc une idée
» fausse de ce qui se passe dans les racines.

« Une autre force que l'endosmose et la capillarité, la vie,
» que nous ne connaissons que par les effets qu'elle produit,
» présidant à l'absorption des liquides du sol, de même qu'à
» celle des gaz empruntés à l'atmosphère, les mots capillarité,
» endosmose et spongiole doivent être rayés de la physiologie
» végétale [1]. »

Cette dernière conclusion ne doit pas s'entendre crûment selon le sens matériel des mots; il faut l'expliquer d'après le sens de tout le discours. Et de fait, comme nous l'avons déjà dit plusieurs fois, les forces physiques et chimiques concourent, il est vrai, aux effets vitaux, mais comme de simples moyens, comme causes instrumentales et non principales, sous l'influence d'une cause plus haute qui les gouverne. C'est pourquoi il ne faut pas les éliminer absolument de la physiologie végétale, il faut seulement écarter la prétention de ceux qui font consister la vie en elles, ou veulent expliquer la vie par elles seules.

[1] *Cosmos,* Revue encyclopédique hebdomadaire des progrès des sciences; VIe année, II vol., 13e livraison : 2 octobre 1857.

§ IV.

Suite du même argument. Les forces physiques et chimiques ne sauraient expliquer l'assimilation.

126. Il est encore plus difficile d'expliquer par les seules forces physiques et chimiques l'assimilation, ce prodige de la vie organique. Ce suc élaboré par la plante se répand et circule partout en baignant chaque vaisseau, chaque fibre, chaque cellule. Avant d'être propre à la nutrition, il a dû recevoir dans son trajet, des changements successifs jusqu'à sa dernière préparation dans les feuilles, par une action analogue à celle que reçoit le sang dans les poumons des animaux. Néanmoins, quoiqu'ainsi préparé, il ne renferme qu'en puissance chaque partie de la plante : quelle est la force qui fait passer cette puissance en acte, de manière que chaque organe prenne, de la masse commune de ce suc, les éléments qui lui sont propres, et se les incorpore en les transformant en sa propre substance? Serait-ce l'affinité chimique des minéraux, ou la porosité inhérente à chaque tissu? S'il en était ainsi, la composition ternaire ou quaternaire des éléments chimiques des molécules végétales ne pourrait pas avoir lieu, parce que des parcelles difformes et sans choix pénétreraient confusément dans les tissus. Voulons-nous la chose plus évidente? considérons-la dans les animaux, et nous l'appliquerons ensuite par analogie aux plantes. Même en laissant de côté les diverses matières dont se composent les muscles, les nerfs, les os, etc., on compte plus de vingt fluides différents formés par l'action incessante des organes de la sécrétion sur le sang. Or, en supposant même, ce qui d'ailleurs serait contre toute vérité, que les atômes de ces substances se trouvent déjà en acte dans le sang qui circule en arrosant les parois de chaque glande et de chaque organe [1] ; nous demandons premièrement quelle force chimique ou physique a réduit graduellement ce liquide à un tel état de composition qu'il contienne confusément,

---

[1] Cette capacité est virtuelle et non actuelle ; car dans l'animal la substance du sang est *une*, bien que sa nature soit protéiforme et équivalant à plusieurs éléments.

mais actuellement, la matière de toutes les parties animales? De plus, d'où vient que chaque glande et chaque organe sont pourvus de cette merveilleuse faculté de sécréter et de retenir les éléments qui leur conviennent, et de laisser les autres? Le seul mécanisme, ou la seule affinité chimique, suffisent-ils à l'explication d'un tel phénomène? S'il en était ainsi, il n'y aurait pas de raison pour que dans l'animal une fois mort, ce phénomène cessât par là même, puisque le mécanisme dure encore, et que l'affinité chimique n'a pas été détruite. Il faut donc conclure que les affinités et les opérations observées dans les êtres animés, sont différentes et d'un ordre à part, et qu'elles supposent par conséquent une vertu transcendante. La seule nécessité qui a fait, de la chimie organique, une science spéciale et distincte de la chimie inorganique, n'équivaut-elle pas à la démonstration de cette vérité?

127. Est-il donc surprenant que dans l'animal, et, par analogie, dans tous les êtres organisés, on ne puisse pas expliquer par les seules forces brutes de la matière l'acte prochain de l'assimilation, puisqu'on ne peut pas même en expliquer, par l'action du suc gastrique, l'acte le plus éloigné, la digestion des aliments? Le suc gastrique, ce puissant dissolvant, n'a aucun équivalent dans la matière inorganique. Quoique son action soit très-active sur les substances qui doivent servir à la nutrition, heureusement néanmoins il ne peut pas nuire à l'estomac où il séjourne. On a prétendu que la digestion n'était qu'une sorte de fermentation semblable à celle qui se fait en d'autres matières. Cela n'a pas même l'ombre de la vraisemblance. En effet, la fermentation va du centre à la superficie, et demande pour son premier développement le concours d'un degré très-élevé de calorique; la digestion, au contraire, va de la superficie au centre, et c'est à peine si elle exige de la chaleur dans les animaux à sang froid. On ne peut même pas dire que ce soit une espèce de putréfaction, car elle lui est entièrement contraire, et elle l'arrête même dans les matières où elle avait déjà commencé. Il faut encore noter l'effet de l'estomac, quand il est en travail, sur certains venins qu'il décompose, de manière à les rendre tout-à-fait inoffensifs à l'organisme. Ces propriétés ont-elles aucune ressemblance avec les forces élémentaires de l'orga-

nisme? comment pourraient-elles donc être le résultat de ces forces?

128. On pourrait appliquer ce raisonnement à toutes les opérations subséquentes, depuis la formation du *chyme* jusqu'à la dernière disposition que le sang reçoit dans les poumons par l'influence de l'oxygène que l'on respire; mais les considérations que nous avons déjà faites suffisent à notre but. Concluons donc en répétant que l'assimilation dans les animaux se montre évidemment supérieure à la vertu des seules forces chimiques et physiques; étendons pareillement cette conclusion à l'assimilation qu'un principe analogue opère dans les plantes par un travail semblable, quoique beaucoup plus simple.

§ V.

Application du même argument à la reproduction.

129. Enfin l'opération générative se montre évidemment supérieure à l'activité chimique et moléculaire de la matière. L'être vivant produit des germes qui, fécondés ensuite, ont la vertu de se développer en d'autres individus vivant de leur propre vie. D'abord ces germes sont constitués par un utricule auquel d'autres se réunissent, et ils présentent bientôt une petite masse cellulaire uniforme en tout, semblable à celle qui est propre aux autres parties germinales de la plante[1]. De cette masse commence d'abord à surgir l'organisation *embryonale*: les cotylédons et un axe ou rudiment d'un petit tronc. Ainsi la plante est déjà ébauchée; un côté du tronc s'enfoncera dans le sol pour former les racines; l'autre, orné à son extrémité d'un petit bouton, donnera, en se développant petit à petit, le tronc, les feuilles et toute la structure ultérieure des organes nécessaires aux diverses fonctions.

Dans le germe donc se trouve une vertu formative de l'organisme, *nisus formativus*, pour nous servir du mot de Blumenbach:

[1] Le germe n'est pas une miniature de l'animal qui doit en provenir, (il en est de même de la plante), mais le siége de la force organogénique qui déterminera l'édification de cet être nouveau. (MILNE EDWARDS. *Leçons sur la Physiologie*. Introduction.)

par cette vertu, au milieu même de circonstances tout-à-fait diverses et par des moyens d'eux-mêmes indifférents, se forme, d'après un dessein invariable, un but déterminé, un organisme qui renouvelle, dans la matière commune, la même espèce de plante que celle dont il est sorti sous la forme d'une semence. Si nous ne voulons admettre des effets sans cause, il faut dire que ce travail surprenant doit préexister de quelque manière dans la vertu germinale. La forme organique déterminée qu'elle donne aux éléments inorganiques, doit encore en quelque sorte se trouver en elle. Or, comment s'y retrouve-t-elle? Si cette activité de la semence était une intelligence, on pourrait dire qu'elle s'y trouve comme idée, comme forme exemplaire de l'ouvrage. Mais à moins d'être assez dépourvu de sens pour oser spiritualiser les forces de la matière, on ne pourra pas rêver une semblable solution. Il faut donc dire que l'organisme futur se trouve virtuellement dans la force formative et *organogénique* dont la semence est douée ; en tant qu'elle est intrinsèquement constituée de nature à opérer selon les lois requises pour la formation de l'organisme. Or, ce travail n'est pas du ressort des forces physiques et chimiques, d'elles-mêmes indéterminées et indifférentes à l'égard de cet organisme. Qui donc leur ôtera cette indifférence native, et les amènera à former telle ou telle organisation? La nature séminale qui les régit. Donc cette vertu doit être supérieure à ces forces et d'une espèce toute différente ; autrement on tombe dans un cercle vicieux, ou bien on admet un effet sans cause [1].

---

[1] Voici à ce propos les remarquables paroles du professeur Tommasi. « Le germe étant capable de se développer de lui-même, selon le type de l'organisme générateur, et, d'un autre côté, n'étant constitué d'aucune forme primordiale et caractéristique, mais ayant seulement la forme très-commune d'une cellule, il doit contenir en idée ou en puissance l'organisme futur qui, à son tour, se produira lui-même sous forme d'un terme. Qui pourrait le nier? Voici le fait : l'organisme suppose, pour cause ou condition, un autre organisme. On ne saurait lui assigner d'autre origine, parce qu'un organisme quelconque demeure et demeurera toujours ce qu'il fut à son commencement, tandis qu'une cause étrangère ne serait pas capable de donner à son germe une spécification déterminante. S'il en est ainsi, on devra avouer que la marche des organismes est intime et autonome; d'où il résulte que ces organismes sont toujours

Ce seul argument devrait suffire pour convaincre l'esprit le plus prévenu. La semence a la vertu primitive de l'organisme de la plante qui doit se reproduire.

Cette vertu ne peut pas être le résultat des forces inorganiques agissant sous des conditions données, car ces conditions, selon les défenseurs d'une telle opinion, ne seraient autre chose que la disposition ingénieuse de l'organisme ; et la semence, comme on le

semblables à eux-mêmes ; jamais ils ne se conforment à un type étranger, jamais ils ne viennent à manquer.

» Mais l'autonomie et l'intimité ne sont pas les seuls caractères de l'organisme ; il y en a deux autres qui sont corrélatifs : *la correspondance des moyens à la fin*, et *l'unité*. Le premier caractère est incontestable : il se manifeste dès qu'on vient à considérer que chaque fonction a son organe propre, et que tous ces organes sont coordonnés de manière à atteindre un but suprême qui est l'unité ou l'individuation de l'être organique. Au contraire, les procédés chimiques sont séparés ; l'un est hors de l'autre : et la relation intime que l'on met entre eux comme moyens déterminés et se complétant réciproquement, ne peut provenir de leur nature, mais bien de la cause qui les ordonne entre eux, ou d'un principe autonome agissant selon sa nature individuelle et se développant selon les lois de sa fin. De plus, l'unité organique qui est intime et substantielle, et non extrinsèque et mécanique comme celle d'un ensemble quelconque de différents objets, se révèle au philosophe sous deux formes distinctes : dans l'acte de la génération, et dans la sensation. Les plantes possèdent la première forme d'unité organique, et les animaux les possèdent toutes les deux.

» Il est hors de doute que la génération serait impossible sans l'unité intime et substantielle de l'organisme. Et, de fait, le germe, tant des animaux que des plantes, d'un côté, résulte d'une forme commune à toutes les cellules non germinales, et se compose d'un ensemble de matières organiques également communes ; d'un autre côté, il possède la faculté de se développer et de reproduire exactement l'idée type de l'organisme générateur. Il nous importe peu que la plante, en général, n'ait pas un véritable centre comme les animaux, et que ses parties séparées artificiellement soient et puissent devenir des individus séparés. Le fait est que telle plante, en particulier, prise dans son ensemble, dans ses qualités spécifiques, dans son mode d'activité végétative, représente un type déterminé qui ne se confond d'aucune sorte avec un type différent. Voilà donc l'unité spécifique qui, si elle n'était pas un principe intime et réel de toute la plante, ne pourrait nullement se reproduire dans la semence. » (*Rivista contemporanea*, vol. undecimo, anno 5, pag. 150, Torino 1857.)

constate par l'observation, n'est pas l'organisme de la plante en miniature, mais une simple petite cellule. La semence donc a une vertu *sui generis*, essentiellement différente des forces inorganiques, et ne peut en provenir. Mais la force de la semence est une émanation de la force vitale de la plante génératrice; or il n'y a pas d'émanation qui surpasse l'entité de son principe; car aucun effet ne supasse sa cause. Il faut donc que la force vitale de la plante générative soit également *sui generis*, essentiellement différente des forces inorganiques et supérieure à leur efficacité.

130. On dira peut-être que la cause productive de l'organisme de la nouvelle plante à l'aide de la semence, est la volonté de Dieu. Très-bien; mais Dieu, à moins que nous ne voulions ressusciter l'occasionalisme de Malebranche, opère dans la nature par le moyen des causes secondes. Dieu créa d'abord l'organisme vivant, et tout à la fois lui donna la vertu de reproduire par le germe d'autres organismes conformes au type primordial. *Et ait: germinet terra herbam virentem et facientem semen, et lignum pomiferum faciens fructum juxta genus suum, cujus semen in semetipso sit super terram. Et factum est ita. Et protulit terra herbam virentem et facientem semen juxta genus suum, lignumque faciens fructum, et habens unumquodque sementem secundum speciem suam.*

Dieu a donc fait les plantes capables de former en elles-mêmes des semences aptes à organiser et vivifier la matière inorganique qui leur est soumise. C'est donc dans cette efficacité accordée aux plantes et non ailleurs, qu'il faut chercher la véritable explication du merveilleux phénomène de la propagation végétale. Oser affirmer le contraire, vouloir que Dieu, comme cause unique, organise immédiatement chaque petit corps qui végète sur la terre, ne serait-ce pas produire une opinion antibiblique et antiphilosophique? ne serait-elle pas contraire au texte sacré et n'ôterait-elle pas sans raison toute activité aux causes secondes dans le domaine des phénomènes naturels?

131. Si l'on réplique que Dieu, d'après la citation empruntée à la Genèse, communiqua aux forces physiques et chimiques elles-mêmes la faculté de produire l'organisme, je répondrai: ou ces paroles ne signifient rien, ou elles multi-

plient inutilement les principes vitaux. En vérité, que signifie cette communication que Dieu aurait faite aux forces brutes? qu'il leur a donné une vertu qu'elles n'avaient pas avant, ou bien qu'il ne leur a rien donné de plus? s'il ne leur a rien donné, on emploie des mots vides de sens en disant : « il leur a communiqué; » car une communication qui ne donne rien n'est pas une communication. Que si, au contraire, Dieu leur ajoute quelque chose qu'elles n'avaient pas d'elles-mêmes, ce sera précisément la force vitale, force surajoutée aux forces chimiques et physiques et qui ne se confond pas avec elles. Seulement cette force vitale s'est multipliée selon le nombre des atomes de la matière inorganique, et, sans raison, elle s'est trouvée inerte dans les premiers éléments qui certainement ne vivent pas. En outre, qui fait sortir cette force de son inertie? Les circonstances. Mais qui produit ces circonstances et en ordonne l'économie? Nous voilà de nouveau dans un cercle vicieux, si nous ne donnons au germe une vertu *sui generis*, distincte des éléments inorganiques et qui puisse actuer en eux l'organisme. Car ces éléments, par rapport à l'organisme, ne disent autre chose qu'une simple aptitude potentielle.

Mais si le germe produit par la plante a une vertu supérieure aux forces chimiques et physiques, à plus forte raison faudrait-il accorder une vertu semblable à la plante génératrice qui a pu produire ce germe. Et voilà comment l'opération générative de l'organisme vivant nous conduit nécessairement à reconnaître en lui un principe vital différent des forces communes de la matière. Nous sommes amenés à cette conclusion, d'abord par l'inutilité des efforts de l'art pour produire, avec des éléments bruts, même la plus petite partie d'un organisme; ensuite par la considération des lois et des fonctions propres aux corps vivants. Il est donc vrai que, d'après les lois d'une sage et légitime philosophie, on doit reconnaître dans les plantes un principe vital qui ne peut nullement résulter des forces mécaniques et chimiques, parce qu'il doit avoir la vertu de les élever à un effet supérieur et de les coordonner à un seul et même but.

ARTICLE VIII.

DE L'UNITÉ DU PRINCIPE VITAL DANS LES PLANTES.

132. L'existence d'un principe vital distinct des forces physiques et chimiques, nous semble suffisamment démontrée dans l'article précédent. La vie nous apparaît dans la nature de manière à faire éclater cette vérité à nos yeux : tout être vivant naît d'un autre être vivant, et c'est la vie qui règle en chacun les affinités et les attractions moléculaires ; c'est elle qui les fait concourir à la conservation de l'organisme, en des circonstances où, sans la vie, ces forces tendraient plutôt à le détruire. Il reste à démontrer que de même que chaque plante possède l'unité et l'individualité de l'être, de même aussi elle possède l'unité de principe vital. Nous en trouverons la première preuve dans l'unité organique de l'être vivant.

§ I.

L'unité organique de l'être vivant démontre l'unité du principe vital.

133. Il n'est pas nécessaire de faire l'anatomie d'un végétal pour y découvrir la multiplicité des parties qui le composent. Sans autres instruments que nos yeux et nos mains, nous pouvons distinguer dans la plus petite plante un grand nombre d'éléments nécessaires à son existence. Nous remarquons la racine avec ses touffes de filaments, la tige avec sa moëlle, son écorce, ses rameaux, ses feuilles, ses fleurs. Si nous examinons le tissu intérieur, nous y trouvons une variété prodigieuse de fibres s'entrelaçant pour former des mailles et des réseaux ; mille petits tubes, les uns droits, les autres obliques ; ceux-ci vont en serpentant, ceux-là tournent en spirale ; tous servent à élaborer, à faire circuler la sève. Considérons une feuille, nous y verrons un système de veines qui, partant du pédoncule, se ramifient dans toute son étendue ; de petites bouches distribuées à ses extrémités et à sa surface ; un double épiderme, l'un inférieur, l'autre supérieur, et destiné — l'un à absorber de l'eau, de l'air, de l'acide carbonique, — l'autre à exhaler, sous l'influence de la lumière, l'oxygène et l'azote déjà répandus dans la masse

du parenchyme. Si nous portons notre attention sur la fleur, elle offre à notre admiration la charmante corolle qui sort de son calice ; la disposition et le coloris de ses pétales, le rôle mystérieux de ses étamines et de son pistil.

Ces parties si multiples et si variées ne forment qu'un seul être organique, qu'elles ont pour but de nourrir et de propager. Un lien commun réunit tous ces organes divers, établit entre eux une dépendance et une connexion réciproque ; bien souvent même on ne peut pas distinguer nettement le point où ils se séparent. Bien plus, l'un n'est ordinairement que le développement de l'autre, dont il présente la continuation avec des modifications plus ou moins prononcées, selon les fonctions qu'il doit remplir. Ainsi, à partir de la racine, le tronc se continue et se partage en rameaux : ces rameaux eux-mêmes se développent en feuilles et se terminent par des boutons et des fleurs, quelquefois les organes se transforment l'un en l'autre, les rameaux deviennent des feuilles, comme il arrive dans les *xylophilles* ; les étamines se changent en pétales, ainsi que nous pouvons le voir dans les fleurs doubles de nos jardins. De sorte qu'une partie semble contenue d'avance dans l'autre, et que toutes dépendent de la vertu organogénique d'un seul principe d'où l'être tire sa première existence, où il trouve la source de toutes ses forces actives, et la cause qui règle la structure de ses divers organes.

134. La première formation du végétal nous atteste cette vérité d'une manière assez claire. L'organisme entier est en quelque sorte postérieur à la nature de la plante que le germe contient déjà en puissance. Le germe n'est pas, comme nous avons dit plus haut, une ébauche vivante ; il est seulement le siége d'une vertu formative, qui constitue graduellement le végétal entier et communique à chacune de ses parties les qualités correspondantes à l'office qu'elle doit remplir. Qui pourrait ici ne pas voir l'existence d'une force primitive et centrale, de laquelle rayonnent ces diverses facultés, aussitôt que les organes qui en sont les instruments ont reçu leur formation ? Ou bien, disons-nous que ces facultés préexistent en elles-mêmes comme si elles étaient autant de substances, et cela même avant le développement des parties qu'elles doivent affecter et dans lesquelles elles doivent trouver leur *substratum* ou leur appui ?

C'est ce que nous voyons même dans une montre formée par un simple mécanisme de parties que la main de l'ouvrier a assemblées et que les lois de la gravité et de l'inertie maintiennent réunies; on ne peut y obtenir l'unité de mouvement qu'en employant une force unique qui provenant de l'élasticité d'un ressort ou de la traction d'un poids se transmet et se répand en quelque sorte d'une roue à l'autre pour communiquer enfin le mouvement à l'aiguille destinée à tourner sur le cadran. Pourrions-nous, après cela, nous persuader que l'unité radicale et primitive de la force opérative manque à l'organisme vivant, dans lequel l'être a une individualité bien plus marquée, et les parties une unité et une connexion bien plus intimes? A quoi aboutirions-nous, sinon à multiplier arbitrairement les principes vitaux et à détruire la raison intrinsèque du développement graduel que nous présente la structure organique elle-même.

§ II.

L'unité dans les fonctions de l'être vivant démontre l'unité du principe qui l'informe.

135. Nous sommes conduits à la même conséquence par l'observation de l'accord merveilleux qui règne entre toutes les fonctions de l'être vivant et qui les coordonne toutes à une seule et dernière fin. L'opération de chaque organe n'est pas à elle-même son terme, elle n'est pas indépendante des autres, mais tous les organes travaillent à un but commun, et leur action, ou se rattache à une action précédente, ou prépare les matériaux à l'opération qui doit suivre. Quelquefois même un organe, quoique principal, agit pour un but qui lui est tellement étranger qu'à peine l'a-t-il obtenu, il cesse d'exister. C'est ainsi que les feuilles de la plupart des arbres tombent au commencement de l'hiver, et repoussent au printemps, dès que le besoin de leur action se fait sentir. C'est encore ainsi que, dans les fleurs, les étamines et la partie supérieure du pistil se détachent, après avoir rempli leur office dans la fécondation des germes par le pollen. Quelquefois un organe exerce une action dont il ne tire aucun profit, si ce n'est par le concours d'autres organes supérieurs ; c'est ce qui arrive dans les racines : le suc absorbé ne sert à leur nourriture,

qu'après avoir été peu à peu élaboré dans son mouvement ascendant vers les organes respiratoires, d'où il revient, entièrement transformé en matière alimentaire, vers cette racine qui lui avait servi de point de départ.

136. Cet admirable concert d'opérations ne démontre-t-il pas l'influence d'un principe unique qui informe l'être vivant, et qui coordonne en quelque sorte, et dirige toutes les forces actives de chaque organe? N'est-ce pas par cette unité et cette harmonie que se révèle et s'exerce la puissance vitale? Est-il possible de trouver cette unité dans les effets et de méconnaître l'unité dans la cause qui les produit? Nous sommes heureux de pouvoir appuyer ce que nous disons sur l'autorité, non pas d'un physiologiste, mais d'un chimiste célèbre ; ce suffrage aura peut-être plus de valeur pour certains adversaires. Voici en quels termes s'exprime M. Chevreul, membre de l'Académie des sciences de Paris :
« L'être vivant ne peut se développer avec la constance que
» nous observons dans sa forme et les fonctions de ses organes,
» sans qu'il y ait une harmonie préalable entre toutes ses parties
» et les conditions extérieures où son existence est possible; par
» conséquent, sans que toutes les forces auxquelles nous rappor-
» tons immédiatement les phénomènes de la vie soient balancées
» dans leurs oppositions, coordonnées dans leurs actes successifs,
» de manière à concourir toutes vers un but unique. Eh bien! il
» est évident pour moi, que ce qui distingue essentiellement le
» corps organisé du corps brut, ce n'est pas la nature des forces
» auxquelles nous rapportons immédiatement les phénomènes de
» la vie, mais bien la cause première du balancement mutuel de
» ces forces et de leur coordination, pour maintenir la vie dans
» un assemblage de molécules assujetties à une forme déter-
» minée, susceptible d'accroissement régulier aux dépens du
» monde extérieur. En définitive, je n'ai jamais aperçu aussi
» clairement qu'aujourd'hui, combien il y aurait peu de raison
» à supposer que celui qui aurait expliqué la digestion, l'assimila-
» tion, la respiration, la circulation et les sécrétions, serait en
» état d'expliquer la vie [1]. »

[1] Appendice au sixième Mémoire des Recherches chimiques sur la teinture, par M. CHEVREUL. (*Mémoires de l'Académie des sciences*, 1853. t. XXIII, page 32.)

137. Vous direz peut-être que cet accord, cette conformité des opérations de l'être vivant procède de Dieu. Sans aucun doute, il procède de Dieu, mais comme d'une cause efficiente et première, non pas comme d'une cause prochaine et formelle. Or, ce n'est pas de ce premier genre de cause, mais bien du second que nous nous occupons. Assurément, le merveilleux travail de l'organisme, la sage correspondance de toutes ses fonctions montrent plus clairement que le jour l'existence d'un esprit infiniment sage qui a présidé à la construction de cette admirable machine et qui en a disposé toutes les parties selon un plan préconçu. L'idée ne précède-t-elle pas l'œuvre? n'est-ce pas le dessein qui dirige l'exécution? la vue du but ne guide-t-elle pas la main de l'ouvrier dans son travail? C'est une des nombreuses preuves que la nature nous offre de l'existence et de la sagesse du Créateur. Mais ceci n'est pas l'objet de nos recherches actuelles; ce que nous avons à faire, c'est de trouver la cause seconde que Dieu lui-même a créée pour exécuter les actes accomplis dans la machine qu'il a composée. Dieu ne donne pas l'existence à des êtres essentiellement inertes et sans action. Ces êtres seraient indignes de la puissance du Créateur et de la fin qu'il s'est proposée dans la création de l'univers. Dieu, personne ne l'ignore, a conçu l'organisme et, par sa puissance, a communiqué la force vitale à une matière brute. Cette force, qu'il a créée, est quelque chose de réel qui informe la matière, et elle est distincte de Dieu, comme l'effet est distinct de sa cause, l'ouvrage de l'ouvrier, la créature du créateur; et c'est là le principe dont nous parlons, c'est cette force créée qui, sans connaître le dessein du Créateur, exécute sa volonté, et coopère comme instrument à la fin pour laquelle elle existe. Or, puisque cette fin est *une* et doit s'obtenir par le concours harmonieux de plusieurs fonctions en des circonstances très-diverses, il faut que le premier principe actif qui les unit et les gouverne toutes, ait lui-même l'unité.

138. Cette doctrine se trouvera solidement confirmée par la considération de la nature de l'assimilation, la plus universelle sans contredit et la plus constante des fonctions principales de la vie. Cette vertu, quoique unique et tendant à un seul effet, la nutrition du végétal, s'étend néanmoins sur toutes ses parties,

influe sur chacune d'elles; et parmi un grand nombre d'actes vitaux, elle gouverne et s'assujettit les uns, favorise ou rend les autres possibles. Pour s'en convaincre, il suffit de considérer que l'assimilation ne s'opère ni dans un seul instant, ni dans un point isolé de la plante, mais qu'elle est une action lente et non interrompue, qu'elle se fait par une transformation graduelle du suc alimentaire, depuis son attraction par les racines jusqu'à sa dernière élaboration dans les feuilles : action absolument requise, soit pour l'accroissement du végétal, soit pour la production des germes. Toute cette opération progressive et étendue dans laquelle on ne peut distinguer des degrés, puisqu'ils sont susceptibles de se diviser et de se subdiviser à l'infini, montre évidemment que, quoiqu'elle s'exécute dans un sujet étendu et composé, elle tire néanmoins son origine d'un principe simple, inétendu en lui-même, principe qui informe à la fois toutes les molécules de l'organisme et, par son information, les maintient toutes dans l'unité vitale, en causant en elles diverses actions tendant à un seul but général : la transformation des matières absorbées en la substance organique de l'être vivant.

§ III.

L'identité de l'être vivant montre l'unité du principe vital.

139. Nous trouvons une nouvelle preuve dans l'identité de l'être vivant : une plante, par exemple, dans la période de son existence, se montre, et est en réalité toujours la même, quoique toutes les molécules dont elle est composée soient dans un changement continuel et dans une perpétuelle vicissitude. Cette petite semence que vous confiez à la terre, brise son enveloppe, germe, pousse ses premières feuilles, s'organise peu à peu jusqu'à ce qu'elle atteigne sa grandeur. Après tous ces phénomènes, on chercherait inutilement dans la plante déjà adulte, les particules matérielles qui la sustentèrent dans ses premiers jours. Elles se sont renouvelées et continuent de se renouveler incessamment par des sécrétions et des excrétions constantes, de sorte qu'après un court espace de temps, on peut regarder comme changée toute la masse constitutive du premier organisme. Néanmoins cette plante reste individuellement la même, elle est douée des

mêmes propriétés, exerce les mêmes fonctions selon l'exigence du type auquel elle appartient. Comment rendre raison de cette conservation identique, si, pendant toute la durée de sa vie, elle ne conservait pas un même principe formel concourant à constituer son être, beaucoup mieux que ne le font ses parties intégrales, puisque celles-ci sont par elles-mêmes indifférentes à la participation ou à la privation de la vie? comment concevoir une identité quelconque là où tout se transforme? L'identité de l'être ne suppose-t-elle pas l'identité des principes constitutifs, surtout quand elle se manifeste par l'identité d'une opération spécifiquement différente de celle des autres substances? Si donc la plante se maintient identique au milieu du changement perpétuel de ses parties matérielles, il faut dire qu'un principe formel subsiste en elle, qu'en vertu de ce principe elle vit réellement, avec des facultés actives, et qu'elle mérite le nom d'être vivant.

140. Mais, nous dira-t-on, une rivière reste bien identique, quoique les eaux dont elle s'alimente soient incessamment renouvelées? Que répondrons-nous? une rivière, il est vrai, est identique à elle-même, si on la considère dans ce qu'il y a d'immuable en ses relations topographiques. Tel est, par exemple, le lit où elle coule, la source d'où elle vient. L'objection aurait quelque fondement, si la rivière, changeant entièrement même de lit et de source, était encore néanmoins regardée comme identique; mais il n'en est rien. Bien plus, l'objection ne fait que confirmer notre raisonnement; car si l'identité même d'un fleuve qui est telle, moins en réalité que dans l'estimation commune, réclame néanmoins la permanence de quelques propriétés, à plus forte raison faudra-t-il dire la même chose d'une plante, véritablement identique, dans le sens rigoureux de ce mot, non par une simple estimation, non par une simple identité de lieu, mais par la continuité d'effets spécifiquement différents de ceux des autres plantes. Or, quelle est, par rapport à la plante, la chose qui reste invariable? Ce n'est pas la semence qui ne subsiste plus; ce n'est pas le sol : vous pouvez l'en arracher sans que pour cela elle soit changée. C'est donc quelque chose qui appartient à sa constitution intime. Mais les particules matérielles dont elle est composée, subissent un changement continuel; il faut donc que ce qui persévère soit la partie formelle, le prin-

cipe d'où émanent dans la plante les opérations de la vie. Et, en effet, si nous analysons mieux notre idée, nous trouverons que l'identité que nous attribuons à la plante, nous la lui accordons à cause de ses fonctions vitales, qui restent toujours les mêmes, et de la manière constante dont elle végète et produit ses effets.

141. Il serait inutile d'objecter que notre raisonnement démontre l'identité des mêmes forces dans la plante, mais non pas l'unité de son principe vital. Car ces forces peuvent être considérées sous un double rapport; où relativement au principe dont elles émanent, ou relativement au sujet auquel elles sont inhérentes. Le sujet, c'est l'organisme matériel, c'est-à-dire, les molécules elles-mêmes qui forment le tissu de l'écorce, du tronc, des feuilles, etc. Or, ces molécules, en se renouvelant totalement ou en partie, comme il a été dit, entraîneraient avec elles le changement total ou partiel des forces qui leur sont inhérentes, si ces forces n'étaient retenues par la permanence du principe dont elles dépendent plus intimement, c'est-à-dire, par la permanence du principe vital, source des forces de l'organisme.

ARTICLE IX.

C'EST A TORT QUE LES PHYSIOLOGISTES SE PLAIGNENT DE L'OBSCURITÉ QUI RÈGNE AUTOUR DU PRINCIPE VITAL.

142. Autant les naturalistes modernes reconnaissent la nécessité d'admettre dans les végétaux un principe vital distinct de toutes les forces de la matière inorganique, autant ils multiplient leurs plaintes sur l'obscurité de sa nature. Ils sont toujours à répéter que ce principe nous est absolument inconnu, qu'il est occulte, qu'on ne l'entrevoit que dans ses effets. Mais avons-nous une connaissance plus claire de toutes les autres forces de la nature?

Si l'on ne veut pas s'égarer dans ces sortes de recherches, il faut savoir se tenir sur ses gardes. Si l'on ne veut reconnaître d'autre principe vital que celui qu'on distillera d'un alambic, ou, qu'à l'aide de la loupe, on apercevra au fond d'une cellule, assurément on ne le découvrira jamais; la toute-puissance de Dieu même ne pouvant faire le grand miracle de transformer en une matière palpable une force simple et invisible. Mais alors nos savants devront dire que l'affinité, l'attraction, la gravitation des corps, la vertu motrice, la vertu calorifique, la vertu répulsive et attractive du magnétisme, et en général, toutes les forces de la matière sont pareillement inconnues, occultes, puisqu'on ne les connaît que par leurs phénomènes et par l'action qu'elles exercent sur d'autres corps. Nous aurions par là introduit le pyrrhonisme dans toutes les sciences qui regardent le monde sensible. Bien plus, nous devrions douter aussi du monde des esprits, puisque nul homme n'a pu encore goûter le bonheur de les contempler en eux-mêmes, dans l'indivisible essence qui les constitue. Ce n'est qu'en réfléchissant sur nos pensées, que nous parvenons à la connaissance de notre âme; et nous connaissons Dieu dans sa création. Si donc la connaissance des effets ne suffit pas à nous manifester les causes; les matérialistes et les athées auront triomphé, ou du moins il sera très-difficile de les convaincre d'erreur. Voilà comment certaines opinions inspirées, peut-être de prime-abord par une modestie et une retenue qui tremblent devant une affirmation, ne viennent, en réalité, que d'un scepticisme grossier, et mènent aux conséquences les plus absurdes et les plus pernicieuses.

143. Comme l'expérience ne nous permet pas de douter de l'existence de la nature créée, l'expérience et le raisonnement ne nous permettent pas de mettre en question son activité. A quoi bon une existence inactive? Peut-on supposer que ce qui n'a aucune propriété active, puisse être ordonné à une fin? Aussi, Leibnitz raisonne-t-il juste, quand il dit, que si les créatures n'agissent pas, il faut en conclure qu'elles n'existent pas. Celui qui penserait, avec Malebranche, que Dieu seul agit, serait forcé d'admettre, avec Spinoza, que Dieu seul existe. Ainsi, l'unité de cause amène à l'unité de substance; et celui, au contraire, qui reconnaît des existences créées, devra de même reconnaître des forces créées. Quant à ces forces, en tant que causes, nous ne pouvons autrement les saisir que par les effets qu'elles produisent.

144. Nous ne devons pas prétendre à la manière de connaître des anges, moins encore à celle de Dieu. Il faut se contenter de celle qui convient à notre nature d'animaux raisonnables. Des

idées universelles et abstraites, des perceptions de faits individuels et concrets, le pouvoir de nous élever, par le rapprochement des unes et des autres, à la conception de nouvelles idées, à la découverte de nouveaux faits, voilà notre partage. Dans l'ordre de la réalité, nous n'avons immédiatement d'autres perceptions que celles des phénomènes et des effets. Nous ne remontons aux causes et aux substances, qu'en déterminant, par rapport à ces mêmes phénomènes et effets, les idées générales que l'intelligence apercevait confusément. Nous avons les idées d'être, de substance, de force, de principe. Ces idées, dans leur généralité, ne nous manifestent rien de déterminé, ni de spécifique. Néanmoins, par la considération des manifestations extérieures, des effets, des propriétés des subsistances que nous connaissons immédiatement, ces mêmes idées sont susceptibles de différentes déterminations, à l'aide desquelles nous les rangeons dans notre esprit, nous en fixons le degré de perfection, nous en posons les limites. En vertu du principe de causalité, d'idéales qu'elles étaient, nous les transformons en connaissances réelles. C'est ainsi que nous découvrons en nous l'existence d'une âme indépendante du corps, quoique l'expérience ne nous la présente pas immédiatement dans sa nature simple et substantielle.

145. C'est d'une manière analogue que nous nous élevons à la connaissance de Dieu : nous ne le comprenons en effet que comme une cause première et souveraine de toute la création ; nous en déterminons les perfections par la supériorité infinie que nous lui trouvons sur toutes les perfections des créatures, par l'abstraction de toute limite et de toute imperfection inhérente à l'être fini.

Est-il donc étonnant que, dans la recherche du principe vital, nous tenions une conduite pareille? Les opérations de la vie supposent certainement un principe dans l'être vivant lui-même. Un tel principe ne peut pas être l'ensemble des forces chimiques physiques ou mécaniques, puisque, comme nous l'avons démontré de différentes manières, les effets qui en dérivent sont d'un ordre supérieur, et ne peuvent s'obtenir par l'action seule de ces mêmes forces. En outre, il est un et simple, à cause de l'individualité de l'être vivant, et de l'influence simultanée qu'il exerce sur tous les points de l'organisme. Néanmoins, il n'agit pas indépendamment de l'organisme lui-même, mais à l'aide de ses parties, et des forces inhérentes aux molécules qui en composent les différents tissus. Aussi, ne subsiste-t-il pas en lui-même; mais il est acte premier et perfection première de l'organisme dont il dépend également, et dans son opération et dans son existence. Voilà la connaissance que nous pouvons nous former du principe vital organique par le raisonnement appuyé sur l'expérience.

En voulez-vous davantage? Voulez-vous en apercevoir la couleur? en palper l'aspérité ou le poli qu'il ne saurait avoir? Qui ne voit combien une telle exigence est déraisonnable? Après avoir déterminé la notion générale de force substantielle par rapport aux caractères spéciaux qu'elle manifeste dans ses effets, toute perfection ultérieure de connaissance se réduit, dans le cas présent, à bien concevoir en quoi consiste l'action vitale, et à savoir quels phénomènes elle se borne à produire dans les plantes. Voilà seulement ce qu'on peut faire, et ce que nous avons taché de faire jusqu'ici avec sobriété et précision, en suivant l'unique voie possible en de pareilles recherches. Nous aboutissons, je l'avoue, à une connaissance imparfaite, à une connaissance de raison, non d'intuition; puisque ce n'est pas en elle-même que nous voyons la chose; mais seulement dans les effets où elle se reflète. Notre intelligence, en s'élevant des choses sensibles à celles qui ne tombent et ne peuvent tomber sous les sens, ne peut avoir d'autre connaissance. Cette manière de connaître peut bien être méprisée des hommes à préjugés, qui, presque toujours occupés dans un laboratoire de chimie ou au fond d'un cabinet de physique, uniquement attentifs à l'analyse ou à la synthèse matérielle, ne sauraient rien concevoir, s'ils ne le peuvent vérifier à l'aide du creuset ou de la pile; mais cette connaissance véritable, quoique imparfaite, ne saurait être méprisée, ni dédaignée du philosophe ou du naturaliste sérieux qui raisonne. Il comprend parfaitement que les principes simples des choses ne sont nullement visibles en eux-mêmes, mais qu'ils nous sont intelligibles seulement par leurs effets.

ARTICLE X.

DU SENTIMENT DANS LES PLANTES. — LES PLANTES SONT-ELLES DOUÉES DE SENTIMENT ?

146. Avant de nous occuper de la vie animale, il nous reste encore, à propos de la vie végétale, à écarter une erreur diamétralement opposée à celle que nous venons de réfuter. Nous nous sommes efforcés de réfuter l'opinion qui n'admettait pas, dans les végétaux, un principe de vie distinct des forces communes de la matière; maintenant, il faut combattre l'opinion de ceux qui admettent, au contraire, dans les plantes, un principe de sentiment et d'appétition, semblable à celui des animaux.

§ I.

Philosophes qui ont admis la sensibilité dans les plantes.

147. Cette opinion fut imaginée dès les temps les plus reculés. Plutarque nous apprend qu'Empédocle et Platon rangeaient les plantes parmi les êtres sensibles. Au temps même de saint Augustin on trouvait des partisans de cette opinion; de ce nombre étaient les manichéens. Le saint docteur les attaque vigoureusement : il appelle cette erreur une impiété grossière, aussi dépourvue de sens, que les végétaux dont elle cherche à ennoblir la condition. *Non enim audienda est nescio quæ impietas rusticana, magisque lignea, quam sint ipsæ arbores, quibus patrocinium præbet; quæ dolere vitem quando uva decerpitur, et non solum sentire ista cum cæduntur, sed etiam videre atque audire credit* [1].

Dans les temps modernes, l'illustre Leibnitz semble donner dans cette rêverie, puisque, dans ses *Nouveaux Essais*, il dit expressément, en la personne de Théophile, « qu'il a du penchant
» à croire qu'il y a quelque perception et quelque appétition dans
» les plantes, à cause de la grande analogie qu'il y a entre elles
» et les animaux [2]. » Et, après avoir fait dire à Philalète que, dans

---

[1] *De quantitate animæ*, c. 33, n. 71.
[2] *Nouveaux Essais sur l'entend. hum.*, (liv. II, ch. XI, § 2.)

les animaux privés du mouvement de translation, il semble qu'on ne puisse reconnaître que de faibles perceptions, il ajoute : « Fort » bien : et je crois qu'on en peut dire presqu'autant des plantes. »

Mais Robinet, plus encore que Leibnitz, se montra zélé partisan de la sensation des végétaux : il en donnait pour raison l'espèce de tendance, remarquée dans les plantes, pour certaines choses, et leur répulsion pour d'autres. Voici ses paroles : « Le sentiment est une impression reçue dans un être » organique, qui lui fait rechercher certains objets et fuir cer- » tains autres objets..... Or, nous avons vu des plantes fuir la » main qui les touche, d'autres plantes rechercher l'aspect du » soleil, affecter une certaine situation préférablement à une » autre, quitter celle qu'on leur donnait et reprendre celle qu'on » leur ôtait, choisir entre deux terrains différents, s'approcher » de celui qui leur convient, et s'éloigner de celui qui est moins » favorable à leur bien-être. Les plantes sont donc des êtres » sensibles, capables de plaisir et de douleur, de désir et d'aver- » sion ; on ne peut leur refuser cette qualité, sans renoncer à la » plus simple notion du sentiment [1]. »

La même opinion fut reproduite par l'anglais Darvin, et par d'autres modernes, sortis surtout des rangs des sensualistes. Ceux-ci, en concevant l'intelligence comme une transformation de la sensibilité, conçurent aussi la sensibilité comme une transformation des forces végétatives; ils ont donc admis une intelligence initiale dans les animaux, de même qu'une sensibilité initiale dans les plantes.

Bichat lui-même n'est pas exempt de cette erreur. Dans sa division de la sensibilité, en sensibilité organique et animale, il accorde la première aux plantes. « Il est, dit-il, une sensibilité » organique et une sensibilité animale, sur l'une roulent tous » les phénomènes de la digestion, de la circulation, de la sécré- » tion, de l'exhalation, de l'absorption, de la nutrition, etc. Elle » est commune à la plante et à l'animal : le zoophyte en jouit » comme le quadrupède le plus parfaitement organisé [2]. »

Afin que l'on ne croie pas que cette manière de parler n'est

---

[1] *De la nature*, part. 7, c. 5.
[2] *Recherches physiologiques sur la vie et la mort*. Partie 1, art. 7, §, 3.

qu'une métaphore, il a soin d'ajouter, immédiatement après, qu'entre les deux espèces de sensibilité, il n'y a pas de différence essentielle, mais seulement des degrés. « Quoique au premier
» coup d'œil, ces deux sensibilités, animale et organique, présen-
» tent une différence notable, cependant leur nature paraît être
» essentiellement la même; l'une n'est probablement que le
» maximum de l'autre [1]. »

Nous discuterons, dans les paragraphes suivants, les raisons sur lesquelles il s'appuie, après toutefois que nous aurons démontré la fausseté de cette opinion.

§ II.

Les plantes n'ont pas de sentiment.

148. Que les fonctions de la vie, dans les plantes, ne soient ni des sensations, ni des conséquences de sensations, on peut le démontrer par ce que nous éprouvons en nous-mêmes. Si les opérations végétatives, dans les plantes, étaient sensitives, elles devraient l'être à plus forte raison en nous qui, sans doute, participons de cette même vie, et d'une manière plus noble encore. Or, que les fonctions végétatives, en nous, ne donnent pas lieu à des sensations, il n'y a rien de plus connu et de plus évident. Si ces fonctions étaient des sensations, ou en dérivaient, nous en aurions conscience, comme nous avons conscience de toutes les autres sensations, ou mouvements de la vie animale. « L'es-
» tomac, dit Bichat, est sensible à la présence des aliments, le
» cœur à l'abord du sang, le conduit excréteur au contact du
» fluide qui lui est propre. [2] » Or l'expérience montre le contraire dans les fonctions végétatives, puisque nous devrions nous apercevoir de telles sensations comme nous nous apercevons du bon, ou du mauvais état du corps, qui souvent n'en est qu'un effet : au lieu que celles-là ne sont soumises à aucun acte de réflexion, et de conscience.

Cette absence de connaissance, répond Bichat, vient de ce

---

[1] *Recherches physiologiques sur la vie et la mort.* Partie 1, art. 7, § 3.
[2] *Ibidem.*

que la sensation reste dans l'organe, et qu'elle n'est pas transmise au cerveau, centre général de la sensibilité [1].

Mais ce n'est là qu'une affirmation purement gratuite, une inspiration systématique, qui répugne aux données les plus certaines de la physiologie elle-même.

Premièrement, si les impressions reçues dans les organes végétatifs tendent à produire la sensation, pourquoi ne sont-elles pas transmises, de même que celles des organes animaux, au cerveau, centre commun de la sensibilité en général? N'y aurait-il aucun moyen de produire cette transmission? Il y en aurait, sans doute : puisque, comme nous l'avons remarqué ailleurs [2], et, comme nous aurons sujet de le faire remarquer encore, tout notre corps ne forme qu'un seul système parfaitement harmonisé, et que les nerfs *automatiques*, qui président à la vie nutritive, aboutissent, eux aussi, moyennant le grand sympathique au système nerveux cérébro-spinal. En outre, je le demande, l'âme humaine se trouve-t-elle présente, oui ou non, dans les organes végétatifs? Si elle s'y trouve, pourquoi ne doit-elle pas avoir conscience de la sensation, qui s'y produit? Quand même l'impression reçue dans ces organes, ne serait pas transmise au cerveau (ce que l'on prétend sans aucune preuve, comme nous l'avons dit), cela ne devrait pas empêcher l'acte de la conscience, qui ne fonctionne pas à l'aide du cerveau, et qui n'a besoin d'aucune impression. La sensation donnée, il existe dès lors un objet sur lequel notre âme peut réfléchir, à moins qu'elle n'en soit empêchée ou par l'intensité de l'attention qu'elle prête à quelqu'autre objet, ou par la rapidité et la ténuité de la sensation elle-même; ce qui ne pourrait arriver constamment dans le cas dont il est ici question. Si l'on dit que notre âme n'est pas substantiellement présente aux organes par lesquels s'exercent les fonctions végétatives, l'embarras des adversaires n'en

---

[1] « Le terme de cette sensibilité est dans l'organe même; elle n'en
» dépasse pas les limites. La peau, les yeux, les oreilles, les membranes
» du nez, de la bouche, toutes les surfaces muqueuses à leur origine.
» les nerfs, etc., sentent l'impression des corps qui les touchent et la
» transmettent ensuite au cerveau, qui est le centre général de la sensi-
» bilité de ces divers organes. (*Ibidem.*)

[2] Chap. 2, art. 2.

sera que plus grand. Car, en vertu de quel principe, dans cette hypothèse y aurait-il des sensations dans ces organes? En vertu, répondra-t-on, d'un principe distinct de l'âme humaine, puisqu'il est impossible que l'âme humaine agisse où elle n'est pas. Nous admettons donc en nous autant de principes sensitifs distincts de notre esprit, c'est-à-dire, autant d'âmes de brute, qu'il y a dans le corps d'organes végétaux : une dans le cœur, une dans le foie, une dans les entrailles, voire même une dans chaque molécule qui concourt à la formation de quelque partie que ce soit de notre organisme !

149. On dira peut-être que les sensations des organes végétatifs dérivent réellement en nous de l'âme humaine; mais que l'âme ne s'en aperçoit point, parce qu'elles sont habituelles. Ce subterfuge ressemble assez à celui auquel on aurait recours si l'on disait qu'on ne peut pas voir un objet, précisément parce qu'on l'a continuellement sous les yeux. De même, ces sensations seraient toujours présentes à la conscience, et néanmoins celle-ci ne pourrait les saisir, parce qu'elle les aurait toujours présentes. Mais, quand même cette impossibilité de réfléchir sur des actes habituels, serait concevable (ce qu'on affirme sans le démontrer); la réflexion devrait au moins devenir possible, quand quelque changement intervient dans ces sensations. Ainsi, nous devrions nous apercevoir des sensations des organes végétatifs, au moins dans les cas extraordinaires qui arrivent de temps à autre. Si donc, comme on peut le constater par l'expérience, cela n'a jamais lieu, il faut dire que les actes végétatifs se font en nous sans aucune sensation; et l'on devra, à plus forte raison, conclure de même pour les plantes qui nous sont si inférieures dans l'échelle des êtres.

150. En outre, si les plantes sont sensitives, nous demanderons quelle espèce de sensations elles ont. Ces sensations ressemblent-elles à celles des animaux, ou sont-elles de quelqu'autre nature inconnue? Si elles sont semblables à celles des animaux, comme au bout du compte Bichat semble le croire [1], les plantes

---

[1] Si pour rendre mon idée, je pouvais me servir d'une expression vulgaire, je dirais que, distribuée à telle dose dans un organe, la sensibilité est animale, et qu'à telle autre dose inférieure elle est organique. (*Ibidem.*)

devront être pourvues, quoique dans un degré moins parfait, de ces mêmes organes par lesquels les animaux éprouvent leurs sensations. Or, l'organe universel des sensations dans les animaux, c'est le système nerveux. Ce système devra donc se trouver dans les plantes. Mais elles n'en offrent pas même de vestiges. Donc, elles ne participent pas des sensations propres aux animaux. Ou bien, faudra-t-il dire qu'on peut exercer une fonction sans l'organe qui en est l'instrument, sans le sujet en qui réside la faculté? Que si l'on dit que la sensation des plantes est d'une nature inconnue, nous voudrions d'abord savoir où ils ont puisé la notion d'une sensation qui nous est complètement inconnue? Dans ses effets, répondent-ils. Très-bien; mais quels sont ces effets? Ils ne sont autres, sans doute, que la nutrition, avec les phénomènes qui s'y rapportent. Or, pour expliquer ces phénomènes, il suffit d'admettre une vertu active différente des forces *chimiques et physiques, comme nous l'avons vu;* mais il n'est nullement nécessaire qu'une telle force soit sensitive, dans le sens propre du mot.

151. Enfin, la sensation des plantes, de quelque manière qu'on l'explique, serait inutile et sans but. Car, les plantes placées dans le sol où l'homme fixa leur existence, comme celles qui ont germé d'une semence jetée au hasard, sont d'une structure incapable d'irritabilité proprement dite, elles ne peuvent se mettre à l'abri des pluies surabondantes, ni éviter les rayons trop brûlants du soleil, ni se défendre contre la main qui va les arracher, ou les couper; elles sont même incapables de faire aucun mouvement, pour se soustraire si peu que ce soit aux attaques des agents nuisibles, ou pour subir des influences favorables. La sensation serait donc en elles un hors-d'œuvre, tout-à-fait contraire au principe des causes finales et à la sagesse du Créateur. Bien plus, la sensation ne serait pour elles qu'un supplice continuel, puisqu'elle les soumettrait à des vexations, auxquelles le sujet ne pourrait se soustraire en aucune manière.

§ III.

Réponse aux objections de Robinet.

152. Afin de prouver qu'il y a sensation dans les plantes, Robinet s'appuyait sur le raisonnement suivant : la sensation n'est autre chose qu'une impression reçue dans un être organique, en vertu de laquelle il est poussé à la recherche de certains objets, et à la fuite d'autres objets. Il faut donc admettre la sensation dans les plantes, puisqu'elles sont des êtres organiques recevant des impressions, en vertu desquelles elles recherchent des conditions favorables à leur existence comme à leurs fonctions, et qu'elles s'éloignent de ce qui leur est contraire.

Cet argument est entièrement fondé sur de misérables équivoques. D'abord, afin que la sensation ait lieu, il ne suffit pas qu'un être organique reçoive une impression; mais il faut, de plus, que cet être soit doué de sensibilité, et qu'il se trouve dans des conditions opportunes pour l'exercer. L'œil même d'un cadavre, avant sa putréfaction, est un corps organique, dans sa structure matérielle et, s'il n'est pas fermé, il reçoit l'impression de la lumière. Dirons-nous pour cela, qu'il exerce la faculté de voir? Et ceux, par exemple, qui dorment les yeux ouverts, ils ont sans doute l'organe de la vue, ils sont en outre doués de la faculté de voir, cependant, si vous vous approchez d'eux sans les réveiller, ils ne voient assurément pas. En outre, pour qu'on puisse donner le nom d'être sensitif à un être organique, il ne suffit pas qu'en vertu d'une impression reçue, il soit poussé à rechercher ou à fuir quelque chose; mais il faut de plus qu'il agisse par une véritable appétition, par un mouvement spontané qui résulte de la perception d'un objet. Autrement, on ne voit pas pourquoi on ne pourrait attribuer la sensation même aux êtres inorganiques, s'ils sont également déterminés à l'exercice de certains mouvements, par des impressions en vertu desquelles ils se rapprochent ou s'éloignent de quelques corps par affinité ou répulsion. Ainsi, il nous faudra dire, par exemple, que l'oxygène est sensitif, puisque dans l'eau il se sépare de l'hydrogène, sous l'action de l'électricité, et va se réunir à un autre corps avec les molécules duquel il a une plus grande affinité. La preuve de

Robinet pèche donc par deux raisons ; et, s'il ne démontre pas préalablement que la plante est un être organique sensitif, qu'elle se détermine aux mouvements qui lui sont propres en vertu de perceptions et d'appétitions véritables, il ne prouve rien, mais s'emprisonne dans un cercle vicieux, en supposant gratuitement ce qu'il prétend démontrer.

153. Il se manifeste dans les végétaux, j'en conviens, de merveilleux phénomènes de mouvements. Cette espèce de sommeil auquel les plantes sont sujettes pendant la nuit; cette tendance irrésistible à tourner vers la lumière la partie supérieure de leurs feuilles; les aspects, les attitudes différentes que, selon la marche du soleil, certaines fleurs prennent sur leurs pédoncules, aux différentes heures de la journée; les phénomènes singuliers qu'offrent la sensitive, les axillaires et d'autres espèces sans nombre, font l'étonnement des botanistes, et démentent toutes les hypothèses imaginées pour les expliquer par la seule force des causes mécaniques ou chimiques. Mais ces phénomènes ne prouvent qu'une chose, la nécessité absolue de reconnaître dans les plantes un principe actif distinct des forces de la nature inorganique; principe doué de fonctions propres, provenant de sa nature particulière; principe qui emploie les forces de la matière comme de simples instruments. Et parce que toute force a ses tendances particulières, ses lois propres, la vertu de se déterminer selon les circonstances relatives à son exercice, il est tout simple qu'on remarque toutes ces propriétés dans le principe vital des plantes. En outre, comme, parmi les êtres, les plantes se rapprochent le plus du règne animal, comme la nature procède sagement, par degrés, il n'est pas étonnant qu'elles montrent dans leur action de certaines analogies avec les animaux; mais de la simple analogie à l'identité de l'essence il y a une distance énorme.

154. Toutefois, parmi ces mouvements mêmes qu'exercent les végétaux, il en est qui dévoilent assez l'absence de tout sentiment. Nous citerons, comme exemple, la direction constante que gardent leurs axes principaux dans toutes les circonstances données.

Nous avons vu que, dans le développement de l'embryon, la partie qui doit se changer en racine, s'étend en bas, vers le centre de la terre ; et que celle dont doit naître le tronc, pousse en haut, vers le ciel. Cette tendance persiste, lors même que le changement des conditions exigerait le contraire. En effet, si l'on place une semence dans la partie inférieure d'une motte, suspendue en l'air sur un treillis de fer, on verra que la petite racine pousse en descendant dans le vide, comme si l'humidité était au-dessous et non au-dessus ; et que la petite tige, au contraire, au lieu de se renverser pour sortir au grand air, continue à pousser en haut, et à s'enfoncer dans la motte. Pareillement, si, à côté de la racine qui descend de la sorte, on place à peu de distance une éponge imbibée d'eau, la racine ne se détournera en aucune manière pour rencontrer le liquide, mais suivra en bas la direction verticale, comme si son aliment se trouvait au-dessous. Cette expérience prouve évidemment que ce mouvement si déterminé dans la plante, procède de sa constitution intrinsèque, et non des sensations qu'on lui attribue ; autrement, dans l'un et l'autre cas, elle devrait changer de direction, selon les différentes circonstances qui l'entourent.

§ IV.

Réponse aux objections de Bichat.

155. Les raisons sur lesquelles s'appuie Bichat pour donner le nom de sensations aux fonctions de la vie végétative, et, par là, attribuer la sensibilité aux plantes, sont des observations physiologiques, qu'il prend comme prémisses de ses conclusions. Mais ces prémisses ont toutes un défaut commun ; c'est qu'elles ne peuvent conduire aux conséquences auxquelles il vise : nous le démontrerons aisément, en les rapportant l'une après l'autre, et en les accompagnant d'une courte réflexion.

156. *Première raison.* Nous voyons, dans la nature animale, les deux ordres de facultés dont nous parlons, se mêler comme par un imperceptible enchaînement, et nous passons graduellement des phénomènes d'une espèce à ceux de l'autre. Ainsi, par exemple, dans le trajet des aliments par la bouche et l'arrière-bouche, il y a sensation ; mais elle s'affaiblit au commencement de l'œsophage, devient presque nulle au milieu, et finit par

s'évanouir entièrement dans l'estomac. N'est-ce pas dire que la sensation animale précède une sensation purement organique?

Réponse. On nie la conséquence. Le célèbre physiologiste, très-versé en anatomie, ne le semble pas autant en logique. Il suppose ce qu'il doit prouver, c'est-à-dire, qu'il existe, outre la sensation animale, une autre espèce de sensation véritable qu'il appelle organique. Autrement, comment pourrait-il, de la diminution par degrés de la première, conclure à l'existence de la seconde, à laquelle on passerait? Si, au-dessous de la sensation animale, il n'y a que les fonctions de la vie végétative, lesquelles ne renferment aucune idée de véritable sensation, il faut dire que dans ces parties de l'être vivant où la sensation animale s'évanouit complétement, elle n'est remplacée par aucune autre sensation, mais bien par les opérations végétatives.

157. *Deuxième raison.* Plusieurs organes végétatifs, selon qu'ils sont excités ou irrités par un agent plutôt que par un autre, produisent ou ne produisent pas des sensations animales. Par exemple, les parois artérielles parcourues par le sang se contractent, il est vrai, mais ne transmettent aucune sensation au sensorium commun; mais, si vous injectez dans ces conduits un fluide étranger, l'animal témoignera par ses cris qu'il en ressent l'impression. Quand donc ce phénomène ne paraît pas, c'est un signe qu'il y avait seulement sensation organique.

Réponse. C'est le même sophisme. On suppose ce qui est en question. La conséquence devrait plutôt être la suivante : Quand cela donc n'arrive pas, c'est un signe que, dans ces conduits, il n'y a que la fonction végétative. Or, Bichat n'a pas encore démontré que ce soit une sensation. Bien plus, nous tirons de son expérience un argument contre lui. Car si, lorsqu'on injecte dans les artères un fluide étranger, l'animal ressent de la douleur, il est évident que les nerfs capables de transmettre la sensation, s'étendent jusque-là. Le moyen de communication entre le sensorium commun et cet organe, ne fait donc pas défaut. Si donc la circulation importe une sensation, pourquoi n'est-elle pas transmise, elle aussi, au sensorium commun?

158. *Troisième raison.* L'habitude affaiblit la vivacité des sensations au point d'en ôter la conscience; au contraire, un changement accidentel, par exemple, l'inflammation de certains

organes végétaux, a la propriété de l'exciter. On peut donc croire que, dans le premier cas, la sensation est seulement organique, et que, dans le second, d'organique elle devient animale.

Réponse. Et pourquoi ne pourrait-on pas également croire, que, dans le premier cas, la sensation proprement dite s'éteint, ou devient très-faible, qu'elle passe inaperçue, à cause de sa ténuité? et que, dans l'autre cas, elle naît, ou devient sensible, à cause de l'altération qui a lieu dans les parties enflammées? Si Bichat, ou un autre à sa place, ne démontre par d'autres voies l'existence de sensations différentes de celles des animaux, et qui néanmoins méritent le nom de sensations proprement dites, les phénomènes physiologiques qu'il allègue, ne donnent pas le droit de déduire une conséquence plutôt que l'autre. En général, il se trompe toujours sur le sens du mot *sensation*; et, partant, il déduit des conséquences qui ne sont pas contenues dans les prémisses.

159. C'est dans la même équivoque que tombent ces physiologistes qui parlent sans cesse des *sensations latentes* à propos des actes végétatifs. Cet abus de mots, quand même il ne renfermerait aucune confusion d'idées, devrait être évité par les écrivains sérieux, à cause du danger qu'il présente de faire tomber les lecteurs dans l'erreur de Bichat; car, on pourrait prendre pour une vraie sensation le phénomène auquel ils donnent ce nom. Cela pourrait même engager dans une erreur plus pernicieuse encore: on pourrait penser que la faculté sensitive n'est qu'une transformation de la faculté végétative commune à tous les corps organisés, d'après l'opinion des sensualistes, dont il semble que Bichat ait subi l'influence.

Le docteur Cerise l'a sagement remarqué. « En confondant,
» dit-il, sous un nom commun, les faits de sensibilité ou de
» contractilité accessibles à la conscience, et les faits d'excitabilité
» qui ont lieu à notre insu, Bichat a subi les tendances de l'é-
» poque où il écrivait. Au commencement de ce siècle, tous les
» phénomènes de la vie, les actes moraux, intellectuels, comme
» les fonctions sensorio-motrices et nutritives, étaient le résultat
» d'une propriété générale de l'organisme : la sensibilité. La
» sensibilité est distribuée à des degrés différents dans les par-
» ties : ici, elle est obscure absorption ou obscure sécrétion; là,

» elle est impression et mouvement ; plus loin, elle devient intel-
» ligence et volonté. Telle est la doctrine des sensualistes, et en
» particulier de Cabanis, exposée dans son ouvrage sur les
» rapports du physique et du moral de l'homme. Cette sensibi-
» lité, disent à la fois Bichat et Cabanis, est commune à tous les
» organes... elle est plus ou moins abondamment répartie dans
» chacun... elle a mille degrés divers. Dans ces variétés, il est
» une mesure, au-dessus de laquelle le cerveau en est le terme,
» et au-dessous de laquelle, l'organe seul excité reçoit et per-
» çoit la sensation sans la transmettre. Quelle confusion ! Des
» organes sécréteurs, tels que le rein, le foie, les glandes sali-
» vaires, etc., qui perçoivent la sensation ! Que devient dans ce
» langage barbare l'intelligence humaine ? Elle est le maximum
» de cette sensibilité animale, qui elle-même est le maximum
» de la sensibilité organique. Elle se confond avec la sensibilité
» sous le nom de perception, de mémoire, d'imagination, de
» jugement, etc.; et elle se confond avec la contractilité, sous le
» nom de volonté. N'est-ce pas dire que tous les phénomènes de
» la vie se réduisent à sentir et à se mouvoir ? Une pareille phy-
» siologie, nous l'avons dit, ne saurait s'appliquer à l'homme [1]. »

Comme on le voit, cette étrange opinion se fonde sur le matérialisme dans lequel tomba la philosophie sensualiste du siècle
dernier ; elle est par conséquent aussi éloignée de la vérité, que
la source dont elle émane.

[1] BICHAT. Nota (N).

CHAPITRE IV.

DE LA VIE ANIMALE.

160. Parlons maintenant de l'animal. Chez lui, l'être acquiert un degré plus parfait de vie, sans cependant se dépouiller de celui dont nous venons de traiter. Les animaux, en effet, sont doués de toutes les fonctions de la vie végétative; c'est dépendamment de ces fonctions qu'ils reçoivent l'existence, qu'ils perfectionnent et conservent l'organisme nécessaire aux opérations qui leur sont propres.

La variété, le nombre de leurs espèces sont presque infinis, au point de vue anatomique, comme au point de vue physiologique. Il suffit, pour s'en convaincre, de se rappeler les innombrables variétés de coquilles, de poissons, de reptiles, d'oiseaux, de quadrupèdes, de quadrumanes, qui, ou peuplent les eaux, ou sont répandus dans les airs, ou remplissent la terre, depuis l'huître jusqu'au plus parfait des singes. Pour mettre de l'ordre dans une si grande multitude d'êtres, les naturalistes, et Cuvier à leur tête, ont essayé de les classer d'une manière satisfaisante, d'après les types fondamentaux qui paraissent se rencontrer dans toutes les familles, tous les genres, toutes les espèces subalternes. De là, les quatre grands embranchements des *vertébrés*, des *annelés*, des *mollusques*, des *zoophytes*. Le chien, par exemple, appartient au premier de ces embranchements, l'écrevisse au second, l'escargot au troisième, et l'étoile de mer au quatrième. Il existe entre eux une si grande différence, qu'on ne peut la méconnaître : elle résulte de la manière dont sont disposées les parties de l'organisme, surtout par rapport au système nerveux, instrument propre de la sensation.

Les animaux vertébrés ont un squelette intérieur, appuyé à une colonne formée de vertèbres; celle-ci soutient le corps entier, et autour d'elle sont disposés, comme par paires, les différents membres. Les plus parfaits de ces animaux sont les mammifères, dont l'organisation se rapproche le plus de celle de l'homme. Les annelés n'ont point de squelette intérieur ; à la place, ils possèdent des téguments extérieurs, plus ou moins solides, formés d'anneaux mobiles, avec des points d'appui qui en aident le mouvement. Tel est, par exemple, le ver à soie. Les mollusques sont dépourvus de squelette soit intérieur, soit extérieur. Leur corps est formé d'une substance molle, soutenue le plus souvent, chez les uns, les seîches, par exemple, par une pièce solide à l'intérieur, ou, à l'extérieur, par une coquille, comme chez les différentes espèces de conchyfères. La dernière place dans le règne zoologique est occupée par les zoophytes, dont quelques-uns, par leur forme, ressemblent plutôt à des plantes qu'à des animaux. Généralement, les différentes parties de leur corps se groupent autour d'un axe ou point central, elles affectent donc une forme sphérique, ou tout au moins radiaire, d'où leur vient le nom d'animaux *rayonnés*. Nous en avons un type dans le hérisson de mer. Pour plus de détails, le lecteur pourra consulter les traités de zoologie, et spécialement *Le règne animal* de Cuvier.

ARTICLE PREMIER.

LA DIFFÉRENCE ESSENTIELLE DANS L'ANIMAL EST LA FACULTÉ DE SENTIR.

161. On appelle animaux les êtres qui possèdent, outre la vie végétative, la sensation et le mouvement. « Les êtres vivants » ou organisés ont été subdivisés, dès les premiers temps, en » êtres animés, c'est-à-dire sensibles et mobiles, et en êtres ina- » nimés, qui ne jouissent ni de l'une ni de l'autre faculté, et » qui sont réduits à la faculté commune de végéter [1]. » La même vérité avait été exprimée par saint Thomas : l'animal se distingue du non animal par la sensation et le mouvement : *Animal distinguitur a non animali sensu et motu* [2]. » Il est bon de remarquer que le mouvement dont il est ici question, n'est pas un changement quelconque par rapport au lieu, quand même il se

---

[1] *Le règne animal, etc.;* Introduction, p. 24.
[2] S. Thomas. *Metaphysicorum*, l. 5, lec. 1.

ferait en vertu d'un principe intrinsèque; car, dans ce sens, la plante aussi se meut, en se nourrissant et en croissant. Le mouvement dont il s'agit, c'est celui qu'on nomme spontané; il procède d'une perception préalable, et, par conséquent, il est immédiatement déterminé, non par la nature, mais par une appétition purement instinctive du sujet agissant. De là il résulte que, contrairement au mouvement qui provient de la nature seule, ce mouvement est varié, multiple, sans règle fixe; il se modifie, en effet, selon les différentes appréhensions et passions qui se succèdent dans l'animal. Quelle variété, quelle irrégularité de mouvements dans un limier, par exemple? a-t-il flairé le gibier, il tressaille d'abord, il s'élance à sa poursuite, le chasse partout, et l'ayant enfin atteint, ne lâche prise qu'à l'arrivée du chasseur. Dans les mouvements du végétal, au contraire, tout est uniforme et régulier, comme la nature qui les cause; s'il y a quelque variation, elle correspond exactement aux différentes causes physiques qui concourent à la produire.

162. Tout animal, fût-il de l'espèce la plus infime, participe en quelque manière au mouvement spontané; et celui-ci est tellement lié à l'idée d'animal, que quelques zoologistes doutent à bon droit que les éponges s'élèvent au-dessus du règne végétal, moins à cause de l'irrégularité de leur forme, que de l'immobilité totale à laquelle elles se trouvent bientôt réduites[1]. Quelques-uns ont cru devoir établir en leur faveur un cinquième embranchement du règne animal, celui des substances *amorphozooraires*; mais nous préférons l'opinion qui ne voit, dans ces organismes si imparfaits, qu'une vie purement végétale, et dans le mouvement de leurs germes, un simple mouvement mécanique, semblable à celui des spores de certaines algues. En effet,

---

[1] Ces corps marins, d'une nature si singulière, sont formés d'une substance gélatineuse criblée en tout sens, et soutenue par une espèce de charpente solide, composée de filaments cornés qui s'entrecroisent. Au commencement de leur existence, ils offrent la forme d'une ovoïde, comme celle de quelques infusoires : ils sont garnis de cils vibratiles à l'aide desquels ils semblent nager, et se transporter d'un lieu à un autre. Mais à peine se sont-ils un peu développés, qu'ils se fixent dans un endroit, se transforment de façon à perdre toute ressemblance avec quelque animal que ce soit, et deviennent immobiles.

s'il est bien avéré que ces êtres, arrivés à leur état de perfection, au point où ils sont capables de se reproduire, ne jouissent d'aucun mouvement spontané, comment est-il possible de leur croire quelque sensibilité [1]? La Providence n'a donné à une grande partie des êtres de la création la faculté de sentir, que parce qu'ils devaient se déterminer, par la perception, à la recherche de ce qui leur est utile, et à la fuite de ce qui leur est nuisible. Voilà, du moins en partie, la raison d'être du mouvement local. Quant aux plantes fixées au sol, elles sont privées de mouvement progressif, leur structure les rendant incapables de contractilité; de là vient qu'elles sont dépourvues de toute sensation. Ne serait-ce pas, en effet, une sorte de cruauté que de rendre un être capable de sentir la douleur, sans lui donner le moyen de se soustraire à l'influence qui la produit?

163. La sensation renferme donc, comme conséquence nécessaire, le mouvement spontané, au moins dans le dernier degré, qui consiste dans la contraction et la dilatation des parties. Nous

---

[1] Cuvier pense que les éponges sont douées de quelque mouvement, au moins de celui de contraction, quoiqu'il soit à peine sensible. « Il » paraît que les éponges vivantes éprouvent une sorte de frémissement ou » de contraction, quand on les touche; que les pores, dont leur super- » ficie est percée, palpitent en quelque sorte. » Nous observons d'abord qu'il n'y a là rien d'opposé à la thèse que nous soutenons; car nous raisonnons dans l'hypothèse où ces êtres sont dépourvus de mouvement; si le contraire avait lieu, alors l'état de la question serait changé. Ensuite, l'opinion de Cuvier n'est qu'une conjecture, puisque, dans cet endroit même, il avoue qu'on n'a pu constater aucune partie mobile dans ces substances. « Les éponges, corps marins fibreux, qui ne paraissent avoir » de sensible qu'une sorte de gélatine ténue, laquelle se dessèche, et ne » laisse presque aucune trace, et où l'on n'a pu encore observer de po- » lypes, ni d'autres parties mobiles. » Donc, si les éponges ne présentent pas des parties mobiles, comment sait-on qu'elles se meuvent? En troisième lieu, il ne suffirait même pas qu'elles produisissent le mouvement; mais il faudrait encore s'assurer que ce mouvement n'est point l'effet de causes purement physiques, et qu'il ne peut être que spontané. Car, dans le cas où, à cause du frémissement ou de tout autre mouvement des parties, on se croirait en droit de déduire que le sujet est sensible, nous serions par là même forcés d'attribuer aussi la sensation à la mimose sensitive, à la dionée muscipule, au népenthe distillateur de Madagascar, etc.

mettons cette restriction, puisqu'il est constaté par l'expérience que le mouvement progressif et complet ne se trouve que chez les animaux les plus parfaits, qui vont d'un lieu à un autre en marchant, en sautant, en volant, en nageant. Plusieurs sortes d'animaux d'une organisation bien imparfaite, ne se meuvent que par contraction; et cependant, ils réussissent par ce moyen à se soustraire à l'influence de ce qui peut leur nuire, sans abandonner l'endroit où ils se trouvent. C'est ce que nous voyons dans les zoophytes, peu supérieurs aux plantes, dans les mollusques acéphales, dans plusieurs espèces d'annelés, comme les crustacés, par exemple, les anatiffes et les glandes marines. Voilà pourquoi saint Thomas, tout en ne reconnaissant que trois sortes de vies, la vie végétative, la vie sensitive et la vie intellective, tient compte cependant de cette importante modification du règne animal, et établit quatre modes ou degrés d'êtres vivants, selon que la vie sensitive se joint au mouvement local parfait, ou seulement à la dilatation et à la contraction des parties. *Quædam viventia sunt, in quibus est tantum vegetativum, sicut in plantis. Quædam vero in quibus cum vegetativo est etiam sensitivum, non tamen motivum secundum locum; sicut sunt immobilia animalia, ut conchilia. Quædam vero sunt, quæ supra hoc habent motivum secundum locum, ut perfecta animalia, quæ multis indigent ad suam vitam. Et ideo indigent motu, ut vitæ necessaria procul posita quærere possint. Quædam vero viventia sunt, in quibus cum his est intellectivum, scilicet in hominibus. Appetitivum autem non constituit aliquem gradum viventium : quia in quibuscumque est sensus, est etiam appetitus* [1].

164. Quoique la vertu de sentir entraîne nécessairement à sa suite le mouvement spontané, néanmoins cette faculté suffit à définir l'animal. Aussi, saint Thomas remarque avec justesse que l'on doit appeler animal l'être qui sent. *Hoc dicitur animal, quod naturam sensitivam habet* [2]. La raison en est que, pour définir une chose, il suffit d'exprimer ce qui en constitue l'essence : or, l'essence de l'animal consiste précisément à avoir

---

[1] S. Thomas. *Summa theol.*, 1 p., q, 78, a. 1.
[2] S. Thomas. *Summa theol.*, 1 p., q, 3, a. 5.

l'être sensitif, par lequel il se trouve placé dans le dernier degré des êtres doués de connaissance. *In hoc, quod est sensitivum esse, consistit ratio animalis, per quam animal a non animali distinguitur. Attingit enim animal ad infimum gradum cognoscentium* [1]. Ce qui sépare essentiellement le règne animal du règne végétal, c'est donc la faculté de sentir. Les autres propriétés, quoique résultant nécessairement de cette différence, sont néanmoins des propriétés contenues déjà radicalement dans l'essence. Le mouvement spontané est de ce nombre; et, quoiqu'il puisse nous aider à reconnaître si un être est animal ou non, il n'est pourtant pas nécessaire d'en faire une mention spéciale, lorsqu'on cherche ce qui constitue son essence. On doit en dire autant de la faculté appétitive et de l'instinct, quoique l'un et l'autre soient inséparables de la sensation.

165. L'idée de la sensation une fois conçue, on a conçu par là-même un degré plus haut dans la raison intrinsèque de la vie. La vie, nous l'avons dit ailleurs, ne consiste-t-elle pas en une certaine élévation sur l'être purement matériel, dans la faculté intrinsèque de se mouvoir et de se perfectionner soi-même? Or, sous ces deux rapports, la sensation seule suffit pour exprimer sa prééminence sur l'être purement végétatif. Une puissance est au-dessus de la matière : 1° quand elle est distincte des forces matérielles, quoiqu'elle ait besoin, pour agir, d'organes corporels et des forces inhérentes aux corps. Ainsi, le principe vital des plantes diffère des forces des corps bruts; et cependant, pour produire ses effets, il lui faut un organisme, le concours intrinsèque de l'affinité, du calorique, de la capillarité, et des autres forces physiques et chimiques. 2° Il est un degré de vie tout-à-fait opposé au précédent : celui où est une puissance qui, dans ses opérations n'a besoin ni des forces de la matière, ni d'aucun organe matériel. C'est la vie des êtres intelligents, en tant qu'intelligents; l'acte de l'intellect procédant uniquement de l'esprit, sans le concours intrinsèque d'aucune force ou organe matériel. 3° Il est un degré de vie mitoyen entre les deux qui précèdent : celui d'une force agissante qui ne peut produire son effet sans le concours d'organes corporels, quoiqu'elle ne se serve point des

---

[1] S. Thomas. *De sensu et sensato*, lect. 2.

forces communes de la matière. C'est la vie sensitive. Les sens fonctionnent sans le concours actuel intrinsèque de l'attraction, de l'endosmose, de l'électricité; car ces dernières influent tout au plus sur la bonne disposition des organes. C'est donc uniquement par la faculté de sentir, que l'on conçoit un degré de vie supérieur à celui des végétaux, et inférieur à celui des natures intelligentes.

166. On en peut dire autant de la faculté de se mouvoir et de se perfectionner. On y peut considérer trois choses : l'action qui s'accomplit, la forme qui détermine immédiatement à cette action, le but vers lequel l'action est dirigée. Les substances intelligentes seules possèdent l'activité dans ces trois ordres de choses. En effet, elles ne sont pas seulement le principe de leurs opérations; mais, par la connaissance, elles se donnent elles-mêmes la forme qui détermine l'opération; enfin, elles peuvent connaître et se proposer le but auquel elles tendent, et voir en même temps si les moyens pour y arriver sont en rapport avec la fin. Les plantes, au contraire, étant privées de connaissance, n'ont d'influence ni sur la fin, ni sur la forme qui détermine leur action; elles influent seulement sur l'action par laquelle elles se perfectionnent. Pour avoir un degré plus élevé de vie, il suffit d'ajouter à la faculté de végéter celle de sentir; par celle-ci, l'être vivant devient réellement influent sur sa détermination à agir à la suite de ses perceptions sensibles. « Si la vie, dit avec
» raison saint Thomas, consiste dans le mouvement spontané des
» êtres, et non dans le mouvement qu'ils reçoivent des causes ex-
» térieures, plus ce mouvement est parfait, plus parfaite sera leur
» vie. Or, dans les êtres qui se meuvent et qui sont mus, on dis-
» tingue trois choses. La *fin*, ou le mobile de l'agent; la *forme*,
» ou le moyen par lequel l'agent principal agit; l'*instrument*, qui
» ne produit rien en vertu de sa forme, mais qui emprunte toute
» son action à la vertu de l'agent principal : cet instrument ne fait
» qu'exécuter l'action. Or, il y a des êtres qui se meuvent et se
» bornent à exécuter leur mouvement; c'est la nature qui déter-
» mine en eux la forme et la fin, ou le but de leur action. Telles
» sont les plantes, qui, d'après la forme que la nature leur a im-
» posée, se meuvent suivant qu'elles croissent ou décroissent. Il y
» en a d'autres qui se meuvent, mais qui ne se bornent pas à exé-

» cuter leur mouvement; ils en acquièrent par eux-mêmes la
» forme ou le principe. Tels sont les animaux, dont les mouve-
» ments ont pour principe une forme que la nature ne leur im-
» pose pas, mais qu'ils reçoivent de leurs sens; aussi, leur facilité
» de se mouvoir est en raison directe de la perfection et du déve-
» loppement de leurs sens. Par là même, les animaux qui n'ont
» d'autre sens que le tact, ne se meuvent qu'en se dilatant ou en
» se resserrant, comme font les huîtres; ces dernières n'ont
» guère plus de mouvement que les plantes. Au contraire, ceux
» dont les sens sont assez développés pour saisir ce qu'ils tou-
» chent, distinguer les objets rapprochés ou éloignés, se diri-
» gent d'eux-mêmes vers les choses placées à distance et y ten-
» dent directement. Cependant, quoique les animaux reçoivent
» des sens la forme ou le principe de leur mouvement, ils ne
» déterminent pas par eux-mêmes la fin de leurs actions; mais
» elle leur est imposée par la nature, qui les pousse instincti-
» vement à agir d'après la forme que leurs sens ont perçue. Il
» faut donc considérer comme supérieurs aux animaux les êtres
» qui se meuvent en vue d'une fin qu'ils ont eux-mêmes choisie.
» La raison seule a ce noble privilége; car l'intelligence seule
» connaît le rapport de la fin et des moyens; elle seule sait or-
» donner entre eux tous les êtres [1]. »

[1] *Cum vivere dicantur aliqua secundum quod operantur ex seipsis et non quasi ab aliis mota; quanto perfectius competit hoc alicui, tanto perfectius in eo invenitur vita. In moventibus autem et motis tria per ordinem inveniuntur. Nam primo finis movet agentem; agens vero principale est, quod per suam formam agit; et hoc interdum agit per aliquod instrumentum, quod non agit ex virtute suæ formæ, sed ex virtute principalis agentis; cui instrumento competit sola executio actionis. Inveniuntur igitur quædam, quæ movent seipsas, non habito respectu ad formam vel finem quæ insunt eis a natura, sed solum quantum ad executionem motus; sed forma, per quam agunt, et finis propter quem agunt, determinantur eis a natura. Et ejusmodi sunt plantæ, quæ, secundum formam inditam eis a natura, movent seipsas secundum augmentum et decrementum. Quædam vero ulterius movent seipsa non solum habito respectu ad executionem motus, sed etiam quantum ad formam, quæ est principium motus, quam per se acquirunt. Et hujusmodi sunt animalia; quorum motus principium est forma, non a natura indita, sed per sensum accepta. Unde quanto perfectiorem sensum habent, tanto perfectius movent seipsa. Nam ea,*

ARTICLE II.

APERÇU SUR LES FACULTÉS SENSITIVES EXTÉRIEURES.

167. Comme nous avons le projet de traiter plus au long des sens dans un autre ouvrage, nous nous bornerons à signaler ici les différentes facultés sensitives, telles qu'on les trouve dans les animaux plus parfaits, en renvoyant à plus tard toutes les discussions qui se rattachent à cette matière. Commençons par ceux qui se présentent les premiers, savoir, les sens extérieurs, au nombre de cinq : la vue, l'ouïe, l'odorat, le goût, et le tact.

Le sens de la vue, comme l'a observé saint Augustin, est le plus noble, et celui qui, par sa nature, se rapproche le plus de la vision intellectuelle[1]. Il sert à percevoir les couleurs, les figures, le nombre, la distance, la disposition des corps; et cela, en vertu d'une action que les objets exercent sur l'œil, au moyen de la lumière, qu'elle soit réfléchie ou réfractée, ou simplement diffuse.

Vient ensuite l'ouïe, à raison de sa subtilité et de son excellence. Elle sert à percevoir les sons et leurs différentes modifications, au moyen des vibrations produites dans l'air par des corps durs plus ou moins élastiques. Ces vibrations viennent frapper la membrane du tympan de l'oreille. Chez l'homme, ce sens acquiert, accidentellement, une importance en quelque manière supérieure à celle de la vue; car c'est par ce sens que la parole,

---

quæ non habent nisi sensum tactus, movent solum seipsa motu dilatationis et constrictionis, ut ostrea parum excedentia motum plantæ. Quæ vero habent virtutem sensitivam perfectam, non solum ad cognoscendum conjuncta et tangentia, sed etiam ad cognoscendum distantia, movent seipsa in remotum motu progressivo. Sed quamvis hujusmodi animalia formam, quæ est principium motus, per sensum accipiant; non tamen per seipsa præstituunt sibi finem suæ operationis vel sui motus; sed finis est ei inditus a natura, cujus instinctu ad aliquid agendum moventur per formam sensu apprehensam. Unde supra talia animalia sunt illa, quæ movent seipsa etiam habito respectu ad finem quem sibi præstituunt. Quod quidem non fit nisi per rationem et intellectum, cujus est cognoscere proportionem finis et ejus quod est ad finem et unum ordinare ad alterum. (S. Thomas. *Summa theol.*, 1 p., q. 18, art. 3.)

[1] *Is* (le sens de la vue) *sensus corporis maxime excellit, et est visioni mentis pro sui generis diversitate vicinior.* (De Trinit., l. 11, c. 1.)

moyen d'enseignement le plus prompt et le plus commun, nous arrive. Saint Thomas avait déjà remarqué que les aveugles de naissance sont plus instruits que les sourds-muets. *Inde est quod inter privatos a nativitate utrolibet sensu, scilicet visu et auditu, sapientiores sunt cæci, qui carent visu, surdis et mutis qui carent auditu* [1].

L'odorat est un sens bien inférieur. Par lui, on sent les odeurs que les corps exhalent sous l'action du calorique, et qui, en traversant les fosses nasales, produisent une titillation plus ou moins agréable ou désagréable.

Par le goût, sens moins subtil encore, on perçoit la saveur des corps sapides qui ont la propriété de se dissoudre dans le liquide sécrété par les glandes salivaires. Le siége de ce sens est principalement la surface de la langue et le voile du palais. Cependant, les parois intérieures de la bouche, de l'arrière-bouche et de l'œsophage, y participent aussi.

Le tact enfin, le moins parfait de tous les sens, est destiné à percevoir la résistance, la forme, la température, et les aspérités des corps. Il réside dans la surface extérieure de la peau, et même dans sa surface intérieure, quoique d'une manière moins sensible. Le tact, comme fondement de toute la sensibilité extérieure, est plus parfait chez l'homme que chez tout autre animal. Dans certaines parties du corps, par exemple, l'extrémité des doigts et de la langue et dans les lèvres, il est d'une exquise sensibilité.

168. Ces cinq sens, dont le Créateur a favorisé le règne animal en général, se rencontrent non-seulement chez l'homme, et chez les animaux qui se rapprochent le plus de l'homme, mais encore, comme il est probable, chez toutes les espèces d'animaux doués d'une faculté de locomotion parfaite. Au contraire, ceux qui sont entièrement ou presqu'entièrement immobiles au fond de la mer, ou dans le sable, ou attachés à quelque rocher, dont tout le mouvement consiste à se dilater ou à se resserrer, et qui n'ont qu'une organisation très-imparfaite, paraissent n'avoir que les sens du goût et du toucher. Saint Thomas en donne pour raison, que la faculté de se mouvoir n'est donnée aux animaux, qu'a-

---

[1] S. Thomas. *De sensu et sensato*, lect. 2.

fin qu'ils puissent approcher de ce qui est utile à leur alimentation et à leur existence, ou repousser et éviter ce qui pourrait leur nuire. De là, la nécessité d'accorder, dans un degré plus ou moins parfait, les sens de l'odorat, de la vue et de l'ouïe, aux animaux doués de la faculté de se transporter d'un lieu à un autre; tandis que le goût et le toucher suffisent à ceux qui en sont dépourvus.

169. L'observation zoologique ne contredit pas ce raisonnement. Pour s'en convaincre, on n'a qu'à porter ses regards sur un des embranchements du règne animal. Celui des vertébrés, assurément le plus noble des quatre, nous montre évidemment dans toutes ses divisions et subdivisions, l'existence des cinq sens unis au mouvement local. Le dernier de tous, celui des zoophytes, immobiles comme les plantes, ne révèle que le sens du tact; mais ces animaux ont, par là même, le sens du goût, qui, quoique modifié, n'en diffère cependant pas beaucoup. Quant aux deux autres embranchements intermédiaires des annelés et des mollusques, il est certain que, dans les espèces qui n'ont pas la faculté de se porter d'un lieu à un autre, on ne trouve point de trace bien évidente des organes de la vue, de l'odorat et de l'ouïe, tandis que ces organes se manifestent, au moins en partie, dans les espèces douées de cette faculté. Il est vrai que, dans certains cas, on ne constate pas ce fait avec la même évidence : le défaut de moyens pour une analyse plus exacte en est peut-être la cause; mais cet argument n'étant que négatif, ne détruit pas la convenance mentionnée plus haut.

ARTICLE III.

APERÇU SUR LES FACULTÉS SENSITIVES INTÉRIEURES.

170. On ne peut connaître la qualité et le nombre de ces facultés que par les différentes opérations exercées par l'animal. Or, il est admis que tout animal parfait perçoit simultanément toutes les sensations extérieures qu'il éprouve, et sent la modification produite dans les organes par les objets sensibles : c'est un fait d'expérience personnelle. Nous apercevons, en effet, une différence entre les sensations; ce qui ne

pourrait se faire, si elles n'étaient perçues par une même faculté. Nous sentons, en outre, l'impression organique qui produit en nous le plaisir ou la douleur. Il y a donc en nous une faculté sensitive différente des cinq sens extérieurs, et qui a cependant une communication intime avec eux [1]. Cette faculté (nous le verrons à son temps) ne doit point être confondue avec le sens fondamental, introduit par Condillac, et admis par quelques autres philosophes modernes. Saint Thomas l'appelle, tantôt *sens intérieur*, tantôt, et cela d'une manière plus précise, *sens commun*, en tant qu'elle est comme la racine commune d'où découle dans chaque *sensorium* la vertu de sentir [2]. D'où il suit que cette faculté est aussi, pour ainsi dire, le centre où aboutissent toutes les sensations extérieures. *Vis sentiendi diffunditur in organa quinque sensuum ab aliqua una radice communi, a qua procedit vis sentiendi in omnia organa, ad quam etiam terminantur omnes immutationes singulorum organorum* [3]. On pourrait conclure de là, que l'organe de cette faculté est le système nerveux tout entier : il semble en effet convenable, que cet organe soit celui dont les parties sensitives des organes extérieurs tirent leur origine. Ces parties, comme on le sait, ne sont autre chose que les nerfs, qui du système cérébro-spinal s'étendent à tous les membres du corps.

171. Saint Augustin désigne ordinairement cette faculté par le nom de *sens intérieur*. Il lui attribue le sentiment des actes des sens extérieurs, et de leur présence actuelle : *Arbitror illud esse manifestum : sensum illum interiorem non ea tantum*

---

[1] *Quia discernimus aliqua virtute non solum album a nigro vel dulce ab amaro, sed etiam album a dulci, et unumquodque sensibile discernimus ab unoquoque, et sentimus quod differunt; oportet quod hoc sit per sensum: quia cognoscere sensibilia, in quantum sunt sensibilia, est sensus. Cognoscimus autem differentiam albi et dulcis non solum quantum ad quod quid est utriusque, quod pertinet ad intellectum; sed etiam quantum ad diversam immutationem sensuum; et hoc non potest fieri, nisi per sensum.* (S. Thomas. In 3 *De anima*, lect. 3).

[2] *Sensus interior non dicitur communis per prædicationem, sicut genus, sed sicut communis radix et principium exteriorum sensuum.* (*Summa theol.*, 1 p., q. 78, a. 4, ad. 1.)

[3] S. Thomas. In 3 *De anima*, lect. 3.

sentire quæ acceperit a quinque sensibus corporis, sed etiam ipsos ab eo sentiri [1]. Il est donc d'accord avec saint Thomas et sur le nom et sur la chose.

172. Mais, dira quelqu'un, l'identité de l'âme, dont relèvent toutes les facultés sensitives, ne suffit-elle pas à percevoir simultanément les actes des sens extérieurs et leur affection subjective? Le principe qui agit dans chaque membre étant un et identique, il doit sans doute s'apercevoir de toutes ses perceptions.

Solution. — Le sujet qui connaît ne s'aperçoit de ses actes que par la réflexion; cette réflexion est l'exercice d'une puissance; car nulle créature n'agit immédiatement par sa propre essence, mais au moyen de quelque faculté qui dérive de cette essence même. Or, la faculté de réfléchir peut être en même temps la faculté qui agit directement, si ce n'est pas incompatible avec sa nature : ainsi en est-il de l'intelligence. Par elle, nous pensons à une chose, et nous pouvons réfléchir encore sur cette pensée même. La raison en est que cette faculté est entièrement spirituelle, indépendante des organes dans son action, qu'elle a pour objet le vrai dans son universalité, et par conséquent l'acte intellectuel lui-même. Mais il n'en est pas ainsi des facultés inférieures : elles dépendent des organes, et leur action porte sur un seul objet déterminé hors duquel elles ne peuvent pas agir. Donc si un animal, impressionné par les sens extérieurs, perçoit en même temps l'impression organique, en tant qu'elle lui apporte plaisir ou douleur, en vertu de quelle puissance exercera-t-il cette action? En vertu des facultés sensitives extérieures? Certainement non : car ni la vue, ni l'ouïe ne voient, ni n'entendent l'acte qu'elles produisent; et ainsi des autres. Il faut donc que cet acte soit exercé par une autre puissance, appartenant elle aussi à l'ordre sensitif (les brutes n'ayant pas d'intelligence); cette puissance sensitive perçoit l'acte des sens extérieurs, mais ne perçoit pas le sien propre, puisqu'elle est également organique et restreinte à un objet déterminé. Par elle, l'être qui sent s'aperçoit qu'il voit, qu'il entend, qu'il touche, etc.; par conséquent il distingue l'organisme, instru-

---

[1] *De libero arbitrio*, l. 2, c. 4.

ment de ces sensations. Cet être exerce une espèce de réflexion sur lui-même, puisqu'il sent sa sensation ; cette réflexion néanmoins n'est pas complète, puisque le sens intérieur est incapable de réfléchir sur son acte propre, bien qu'il réfléchisse sur les actes des sens extérieurs. C'est ce que remarque saint Thomas, là où, après avoir dit que la sensibilité commence en quelque manière à revenir sur elle-même : *Sensus redire quidem incipit ad essentiam suam; quia non solum cognoscit sensibile, sed etiam cognoscit se sentire;* il ajoute que ce retour est imparfait, le retour parfait n'appartenant qu'aux substances intellectuelles. *Illa quæ sunt perfectissima in entibus, ut substantia intellectualis, redeunt ad essentiam suam reditione completa*[1].

173. On dira que ce sens intérieur n'est point nécessaire à l'homme, puisqu'il peut se servir de son intelligence pour réfléchir sur les actes des sens extérieurs. Nous répondons d'abord que ce sens, faisant partie de la sensibilité, doit aussi se trouver dans l'homme : l'animal parfait doit incontestablement avoir tout ce qui appartient à la sensibilité; d'un autre côté, la réflexion exercée par l'intelligence sur ces actes, diffère de celle qui est exercée par le sens intérieur. L'intelligence agit, en réfléchissant, d'une manière toute spirituelle ; et c'est en saisissant l'essence et le rapport avec le principe producteur, qu'elle nous fait connaître ces actes. Le sens intérieur, au contraire, les perçoit purement comme un fait, en tant qu'ils dépendent des organes, et se révèlent par une impression corporelle de plaisir ou de douleur.

174. Mais, chez les animaux parfaits, la faculté de saisir, par un acte unique, les perceptions des sens extérieurs, avec les organes qui y concourent ne suffit pas; il faut, de plus, une faculté qui conserve les images reçues, et qui puisse les reproduire, lors même que les objets ne sont plus présents. C'est là le rôle de l'imagination, que saint Thomas appelle à bon titre une espèce de trésor, où sont déposées les formes que les sens ont reçues. *Ad harum formarum retentionem aut conservationem ordinatur phantasia sive imaginatio, quasi thesaurus quidam formarum per sensum acceptarum*[1].

[1] *Qq. Disput.* Quæstio 1. *De veritate*, art 9.
[1] S. Thomas. *Summa theol.*, 1. p., q. 78, a 4.

L'existence de cette faculté en nous n'a point besoin de preuve : nous savons, par notre propre expérience, que les images qui ont frappé nos sens se réveillent en nous, et parfois avec une telle vivacité, qu'elles nous font sentir l'objet comme présent. Elle existe aussi dans les brutes qui se rapprochent le plus de l'homme. Saint Augustin le démontre par les signes évidents qu'ils en donnent. Nous voyons, en effet, les bêtes de somme suivre, sans se tromper, les chemins par où elles ont passé autrefois ; les bêtes fauves savent retrouver leurs tanières ; les chiens reconnaissent leur maître, et souvent ils glapissent, aboient même parfois pendant leur sommeil. Rien de tout cela ne serait possible, s'ils ne gardaient les images reçues, et si celles-ci ne se réveillaient en eux. *Et per loca nota sine errore jumenta pergunt, et cubilia sua bestiæ repetunt, et canes dominorum suorum corpora recognoscunt, et dormientes plerumque immurmurant et in latratum aliquando erumpunt ; quod nullo modo possent, nisi in eorum memoria visarum vel certe per corpus utcumque sensarum rerum versarentur imagines*[1].

175. Avec ces deux facultés, savoir, le sens intérieur et l'imagination, il semble que les puissances appréhensives sensibles soient suffisamment expliquées, surtout si, avec saint Augustin, on attribuait à l'imagination le rôle de conserver les images acquises par les sens, ou de les reproduire non-seulement d'une manière absolue, mais encore de les rapporter avec précision à un temps passé. Cependant, saint Thomas pousse l'analyse plus loin : il reconnaît dans les animaux deux autres facultés, qu'il appelle *Estimative*, et *Mémoire*. Il raisonne ainsi. Outre la sensation des impressions organiques qui nous cause du plaisir ou de la douleur, outre la reproduction des formes sensibles, nous voyons que les animaux, au moins les plus parfaits, perçoivent dans les choses corporelles certaines propriétés utiles ou pernicieuses, qui ne peuvent se réduire à d'autres perceptions. La brebis, par exemple, fuit à la vue du loup, non à cause de la couleur ou de la figure, mais parce qu'elle voit en lui son ennemi naturel ; de même, l'oiseau amasse de la paille, non parce qu'elle flatte son œil, mais parce qu'elle lui sert à faire son nid. Il est donc néces-

---

[1] *Contra Epist. Fundamenti*, c. 17.

saire de reconnaître dans l'animal une faculté spéciale pour percevoir ces rapports. *Necessarium est animali ut quærat aliqua vel fugiat, non solum quia sunt convenientia vel non convenientia ad sentiendum, sed etiam propter aliquas commoditates et utilitates, sive nocumenta. Sicut ovis videns lupum venientem fugit, non propter indecentiam coloris vel figuræ, sed quasi inimicum naturæ. Et similiter avis colligit paleam, non quia delectat sensum, sed quia est utilis ad nidificandum. Necessarium est ergo animali quod percipiat hujusmodi intentiones, quas non percipit sensus exterior* [1]. C'est là la faculté qu'on appelle *estimative. Ad apprehendendum intentiones quæ per sensum non accipiuntur, ordinatur vis æstimativa* [2]. La perception de ces rapports n'est point du tout transitoire ; elle laisse dans la faculté appréhensive de l'animal des traces qui les lui rappellent en des occasions données. C'est ainsi que l'éléphant, par exemple, dans la suite des temps, se venge des torts qu'on lui a faits, ou se montre reconnaissant envers ceux qui lui ont fait du bien. C'est encore ainsi que le chat fuit les lieux où il a été frappé, et qu'il revient à ceux où il a pu faire bonne capture. Cette faculté de retenir et de reproduire ces appréhensions s'appelle mémoire sensible : elle ne doit point être confondue avec la pure reproduction des images, puisque la première renferme l'appréhension du passé, tandis que la seconde fait abstraction du passé comme du présent. Enfin, l'affinité qui existe entre la mémoire sensible et la faculté *estimative*, paraît en ce que la mémoire de l'animal ne se réveille, qu'en tant que l'objet sensible lui a été autrefois utile ou nuisible. *Ad conservandum autem eas* (ces rapports d'utile ou de nuisible) *ordinatur vis memorativa, quæ est thesaurus quidam hujusmodi intentionum. Cujus signum est quod principium memorandi fit in animalibus ex aliqua hujusmodi intentione, puta quod est nocivum vel conveniens. Et ipsa ratio præteriti, quam attendit memoria, inter hujusmodi intentiones reputatur* [3].

176. Quelques auteurs modernes, qui, on ne sait pourquoi, ont

---

[1] S. Thomas. *Summa theol.*, 1. p., q. 78, a. 4.
[2] *Ibidem.*
[3] *Ibidem.*

une grande peur d'attribuer aux brutes un degré quelconque de connaissance, seront singulièrement étonnés de nous entendre dire que les animaux perçoivent, non-seulement le plaisir ou la douleur, mais encore certains rapports déterminés ou concrets. Mais leur crainte est tout-à-fait déraisonnable et ne saurait détruire les faits. Cette crainte est déraisonnable; car cette perception n'a rien à faire avec l'intelligence. Le propre de celle-ci, en effet, est de concevoir l'universel ; tandis qu'une faculté sensible, quoiqu'elle perçoive, ne percevra jamais que le particulier. *Sensus est particularium, intellectus universalium* [1]. Il en est de même de l'appréhension du passé : limitée entre deux points d'un temps donné, elle n'est autre chose au fond, que la perception concrète d'une partie de l'extension successive. Elle ne renferme point la comparaison de termes représentés sous une forme commune, ce qui est nécessaire seulement pour concevoir l'essence du passé; c'est une notion propre de l'intelligence, et qui reluit seulement dans la mémoire intellectuelle. Quand nous aurons à démontrer la spiritualité de l'âme humaine par la spiritualité de sa connaissance, cet argument paraîtra dans toute sa lumière.

Nous avons ajouté que cette crainte si peu fondée ne peut changer la réalité des choses : les animaux nous présentent, en effet, des actes qu'on ne saurait expliquer autrement qu'en leur attribuant quelque degré de connaissance distincte de la perception de la couleur, de la saveur, du son, etc. Lorsque le chien qui avait accompagné Tobie et qui revenait avec lui, se trouvant déjà près de cette maison qui lui était bien connue, devança son jeune maître, comme pour en annoncer le retour à ses vieux parents, il montrait sa joie par tous les mouvements de son corps et l'agitation de sa queue [2]. Certes alors cet animal éprouvait quelque chose de plus que les seules impressions organiques, ou que quelque modification dans le sens subjectif de son corps. Il reconnaissait certainement, et l'ancienne maison, et les anciens maîtres; il voyait entre eux et lui un rapport qui était la cause de sa joie.

---

[1] S. Thomas. *Contra Gentes*, l. 2, c. 82.
[2] *Tunc præcucurrit canis, qui simul fuerat in via, et quasi nuntius adveniens, blandimento suæ caudæ gaudebat* (Tobiæ, c. 11, v. 9).

177. On dira : l'instinct explique tout cela. C'est bien ; mais l'instinct ne supprime pas, au contraire, il suppose la perception de l'objet. Qu'est-ce en effet que l'instinct ? c'est la détermination d'une tendance qui vient, non de nous, mais de la nature. Il signifie l'opposé de la délibération, du raisonnement, de l'art acquis, et, partant, exprime cette sorte d'impulsion naturelle qu porte un sujet animé à agir de telle ou telle manière, sans qu'il en connaisse les conséquences, ni le pourquoi. De là vient qu'on peut le rencontrer en tout ordre de puissances, qu'elles soient exécutives, appétitives, ou cognoscitives. Si l'abeille construit sa ruche avec tant d'art, ce n'est pas pour avoir appris la géométrie, mais parce qu'elle a reçu de la nature cette aptitude déterminée. Le ver à soie meurt plutôt que de se nourrir de feuilles autres que celles du mûrier : non pas parce qu'il préfère la mort à une autre nourriture, mais parce que la nature lui a donné un appétit déterminé à ce seul aliment. Le poussin fuit l'épervier dès la première fois qu'il le voit : non qu'il déduise ses mauvaises inclinations à son égard, en raisonnant d'après le mal qu'il lui aurait fait auparavant, mais parce que, naturellement, il le perçoit comme ennemi. Dans tous ces cas, et dans d'autres semblables, c'est l'instinct qui agit. Mais, de même que, lorsqu'on le considère dans les facultés exécutives ou appétitives, il ne fait qu'enlever l'indifférence, et non pas la force d'agir ; de même, quand on le considère dans la faculté appréhensive, c'est l'indétermination qu'il lui ôte, et non la perception de l'objet correspondant. Le loup, à la vue d'un agneau, ne reste point en suspens, jusqu'à ce que l'expérience, ou le raisonnement (qu'il n'a pas) lui ait démontré que cet animal est bon à manger ; mais aussitôt il le perçoit comme une pâture agréable. Le cheval donne des signes de frayeur la première fois qu'il entend le rugissement du lion. Est-ce qu'il a raisonné ? Non ; mais, dans ce rugissement, la nature lui a fait reconnaître un ennemi. Voilà l'œuvre de l'instinct. Il suppose la perception ; il y joint seulement la détermination à l'acte, indépendamment de la liberté ou du raisonnement.

Voilà pourquoi saint Thomas explique par l'instinct les actions des animaux, tout en reconnaissant en eux l'*estimative* et la *mémoire*. Car, lorsqu'il établit la différence entre ces facultés et celles de penser et de se souvenir qui appartiennent à l'homme, il dit que les premières sont déterminées dans leurs actes par l'instinct, tandis que les secondes procèdent par voie de comparaison et de raisonnement. *Nam alia animalia percipiunt hujusmodi intentiones solum naturali quodam instinctu, homo autem per quamdam collationem* [1].

ARTICLE IV.

ON REJETTE UNE FAUSSE THÉORIE DE QUELQUES NATURALISTES.

178. L'animal est un être vivant sensitif. En tant qu'il n'a que la vie, il est semblable aux plantes; mais il s'en distingue, en tant qu'il joint le sens à la vie. C'est ainsi que chacun de nous, sans autre guide que le sens naturel, n'attribue d'animalité qu'aux êtres doués ou d'organes propres à la sensation, ou de quelque mouvement dont l'irrégularité et la variété témoignent de la spontanéité du sujet qui le produit. Ce jugement du sens commun est confirmé par le raisonnement. L'idée d'animal, en effet, renferme un degré de vie plus élevé que celui du végétal : or ce degré ne peut être que la sensation, en vertu de laquelle le sujet, sans sortir de lui-même, se met en communication avec les êtres qui l'entourent. Douter donc si un être est ou non doué de sentiment, c'est douter s'il est ou non animal : l'animalité étant impossible sans le sentiment.

179. A cet arrêt si clair du sens commun et de la raison philosophique, s'opposent quelques naturalistes, qui soutiennent qu'on rencontre parfois l'animalité sans la faculté de sentir. Quoique la sensibilité, disent-ils, se manifeste très-évidemment chez les animaux plus parfaits, tels que les vertébrés, et qu'elle ne puisse non plus être révoquée en doute chez les annelés, elle commence cependant à devenir moins saisissable dans les mollusques, qui ne se meuvent guère autrement qu'en ouvrant ou en refermant leur coquille. Elle l'est moins encore chez les zoophytes, à cause de l'imparfaite régularité de leurs mouvements. Elle disparaît enfin entièrement dans les éponges, qui ne se meuvent en aucune manière, quoiqu'elles croissent et se reprodui-

---

[1] S. Thomas. *Summa theol.*, 1 p., q. 78, a. 4.

sent. « Les éponges, dit Edwards, sont donc évidemment privées
» de sentiment et de mouvement. Cependant on les laisse avec
» raison dans le règne animal, à cause de leur structure, car elles
» ressemblent à l'état transitoire de certains polypes, dont les
» individus ne sont pas encore développés dans la membrane
» commune. Elles sont privées des fonctions de relation ; et il ne
» leur reste que les deux principales formes de la nutrition : elles
» grandissent et se reproduisent. Mais ces qualités ne suffiraient
» pas pour les ranger dans le règne animal ; aussi faut-il ajouter
» celles qui sont tirées de la structure, puisqu'elle est analogue
» à l'organisation d'autres espèces, qui sont bien évidemment
» douées de sentiment. Ainsi, le sentiment et le mouvement vo-
» lontaire ne sont pas nécessaires pour constituer un animal ; il
» suffit de la structure, qui doit être rapportée à celle du règne
» animal, avec les deux caractères indispensables de croître et
» de se reproduire, de façon à constituer une espèce. Il y a donc
» trois caractères essentiels pour constituer un animal : 1º la
» structure animale ; 2º la faculté de croître ; et 3º celle de se
» reproduire [1].

180. On voit aisément combien cet exposé est inexact. Car on pourrait demander à M. Edwards : Qu'entendez-vous par le mot *animal ?* Une espèce d'êtres vivants, différents des autres, mais dont les fonctions vitales ne dépassent point la sphère des végétaux ? Si c'est là ce que vous entendez, vous abusez du nom, en lui donnant une signification arbitraire ; mais la chose reste. Il sera toujours vrai, en effet, qu'outre toutes les espèces de végétaux, il y a une autre classe d'êtres doués de sensation. Après leur avoir enlevé le nom d'*animaux*, qu'ils ont gardé jusqu'ici, il faudra leur donner un autre nom. Que si par ce mot animal vous désignez un être organique plus élevé dans l'échelle de la vie que les végétaux, quel est ce degré de vie plus élevé, si ce n'est le sentiment ? En vérité, nous n'en connaissons, ni ne pouvons en connaître d'autre. Les trois caractères que vous désignez, la croissance, la reproduction, la structure animale, ne font rien ici. Les deux premiers étant génériques, c'est-à-dire, communs aux plantes et aux animaux, ne suffisent pas à établir la

---

[1] *Encyclopédie du dix-neuvième siècle*, au mot Animal.

différence qui sépare ceux-ci de celles-là ; vous l'avouez vous-même : « Mais ces qualités ne suffiraient pas pour les ranger » dans le règne animal. » Reste donc le troisième caractère, la structure *animale*. Mais que signifie ce mot ? Peut-être la structure que constituent les organes de la sensation ? Mais alors, comment dire que chez les êtres vivants où on la rencontre, le sentiment n'existe pas ? Car la nature ne fait rien d'inutile : or, l'instrument d'une opération étant destiné à l'exercice de cette même opération, il est évident que partout où il y a des instruments de sensation, on doit conclure que la sensation existe. De cette manière, la structure animale serait un indice de la sensibilité de l'être. Il resterait donc hors de doute qu'il n'y a point d'animalité sans sensation. Mais ce n'est pas, sans doute, ce que vous entendez par ce mot de *structure animale*; autrement vous ne la chercheriez pas, comme vous faites, en des êtres évidemment privés de sentiment. « Les éponges sont évidemment pri- » vées de sentiment et de mouvement ; cependant on les laisse » avec raison dans le règne animal à cause de leur structure. » Or, en vertu de quel droit appelez-vous *animale*, une structure qui ne se rapporte pas à l'exercice de la sensation ? Parce que, direz-vous, on la trouve dans les éponges, qui sont de véritables animaux. Mais alors nous tombons dans un cercle vicieux, ou plutôt dans une pétition de principe. On suppose que les éponges sont des animaux, et ensuite, parce qu'on ne voit pas en elles d'indice de sensation, on conclut que la sensation n'est pas nécessaire pour constituer l'animal. En bonne logique, ne devrait-on pas procéder en sens inverse, et dire : D'après le sens commun et la raison, le sentiment est nécessaire pour constituer l'animal ; mais, comme dans les éponges nous n'en trouvons pas d'indice, il faut donc les exclure du règne animal, et c'est par erreur que quelques naturalistes les y ont comprises.

181. Mais nous voyons, reprend-on, dans les éponges, une structure qui diffère de celle des végétaux, et qui a quelque analogie avec la structure des animaux de la plus basse espèce.

Réponse. Si cette analogie ne se rapporte pas à l'exercice d'une fonction vitale plus élevée, en vertu de laquelle l'être animal se distingue de l'être purement végétatif (et elle ne peut être que la sensation), cette analogie n'étant qu'une chose tout accidentelle et mécanique, ne suffit pas pour faire passer un être vivant d'un ordre inférieur à un ordre supérieur. Les êtres vivants, en effet, doivent se classer d'après leur degré de vie. Or, une conformation de parties qui n'entraîne pas avec elle une fonction vitale nouvelle, ne donne certainement pas un nouveau degré de vie. Par conséquent, tant qu'elle ne constitue pas des organes destinés à la sensation, unique fonction vitale qu'on puisse concevoir immédiatement au-dessus de la pure végétation, elle sera incapable d'élever le sujet à un ordre supérieur. Il nous faut donc voir là un de ces cas qu'on rencontre parfois dans la nature, d'un être inférieur qui, sans sortir de sa sphère, tient par certains côtés aux êtres d'une sphère supérieure.

182. En résumé : tout être est pour sa propre opération; donc si l'animal exprime un degré spécial de vie, il est absolument nécessaire qu'il ait sa propre opération vitale. Or, cette opération ne peut être un acte d'entendement, qui est le propre des esprits; ou, si on le rencontre dans l'homme, il y est, non point parce que l'homme est animal, mais parce qu'il est raisonnable. Cette opération ne saurait être non plus la végétation, attendu qu'elle appartient aussi aux plantes, qui ne rentrent point dans le règne animal. Reste donc à dire que l'opération propre de l'animal, en tant qu'animal, c'est la sensation, puisqu'en dehors d'elle, il n'y a pas d'autre opération vitale différente des deux précédentes. Un animal qui ne serait point sensitif, serait donc une véritable contradiction.

ARTICLE V.

LA FACULTÉ DE SENTIR EST ORGANIQUE, C'EST-A-DIRE PROPRE DU COMPOSÉ, NON DE L'AME SEULE.

183. Un des points de la réforme philosophique introduite par Descartes, était de considérer la sensation comme un acte de l'âme seule, où le corps ne concourt qu'occasionnellement, et n'apporte qu'une détermination extrinsèque. Cette opinion, aussi contraire à l'expérience intime qu'à la raison, eut une telle vogue chez les philosophes modernes, que, maintenant encore,

plusieurs d'entre eux la tiennent pour une vérité incontestable et trouvent étrange qu'on la combatte. Elle ne fut point, du reste, une invention du réformateur français. Elle avait déjà été enseignée par Platon, et combattue par Aristote, comme l'observe saint Thomas dans sa *Somme théologique* [1].

Saint Augustin, quoique platonicien en beaucoup de points, s'éloigne formellement du philosophe d'Athènes sur cette matière comme en plusieurs autres, et enseigne que la sensation est une action du composé, et non de l'âme seule [2].

184. La même doctrine a été embrassée par saint Thomas, et suivie avec un admirable ensemble par toute l'Ecole. *Sensus communis est animæ et corpori : sentire enim convenit animæ per corpus* [3]. Elle est confirmée par le saint Docteur en une infinité d'endroits; il suffira de citer l'article troisième de la question 75me de la première partie de la *Somme théologique*. Il commence par rappeler l'opinion de Platon, d'après lequel l'acte d'entendre, aussi bien que celui de sentir, ne convient qu'à l'âme seule. *Ponens quod, sicut intelligere, ita et sentire convenit animæ secundum seipsam*. En rejetant cette opinion, il signale un très-grave inconvénient, celui d'admettre les âmes des brutes subsistant indépendamment du corps, ainsi qu'il en est de l'âme humaine. *Ex hoc sequebatur quod etiam animæ brutorum animalium sint subsistentes*. La raison en est évidente : car l'opération correspond à l'être; d'où il suit qu'elle ne peut jouir d'une prérogative dont est privé l'être qui est son principe. Ensuite, le saint Docteur établit, avec Aristote, que l'intelligence seule n'a pas besoin d'organe corporel pour agir : *Solum intelligere inter opera animæ sine organo corporeo exercetur*. Il arrive ainsi à

---

[1] S. Thomas. *Summa theol.*, 1 p., q. 75, a. 3.

[2] *Sunt certe quinque partiti corporis sensus, qui nec sine corpore, nec sine anima esse possunt. Quia neque sentire est nisi viventis, quod ab anima est corpori ; neque sine corporeis instrumentis et quasi vasis atque organis videmus, audimus, ceterisque tribus utimur sensibus. Intendat hæc anima rationalis, et sensus corporis non sensibus corporis, sed ipsa mente atque ratione consideret. Certe sentire homo non potest, nisi vivat ; vivit autem in carne, antequam morte utrumque dirimatur.* (Epist. cxxxvii. *Ad Volusianum.*)

[3] *De sensu et sensato*, lect. 1.

conclure que la sensation est une faculté organique, puisqu'elle n'est point propre à l'âme seulement, mais au composé. *Et sic manifestum est quod anima sensitiva non habet aliquam operationem propriam per seipsam, sed omnis operatio sensitivæ animæ est conjuncti.*

Conséquemment à une telle conclusion, il enseigne que les facultés sensitives ne résident que dans le composé, et que, par conséquent, lorsque celui-ci disparaît, elles disparaissent aussi, restant dans l'âme isolée, non pas formellement, mais en germe : *Quædam potentiæ sunt in conjuncto, sicut in subjecto; sicut omnes potentiæ sensitivæ partis et nutritivæ. Destructo autem subjecto, non potest accidens remanere. Unde, corrupto conjuncto, non manent hujusmodi potentiæ actu, sed virtute tantum in anima sicut in principio vel radice* [1].

185. Quant aux autres Scholastiques, il nous suffira de citer Suarez. En réfutant Grégoire de Rimini, qui soutenait que le sujet des puissances sensitives était l'âme seule, il s'exprime ainsi : « Grégoire s'est trompé en disant que les facultés sensitives (si
» vraiment il les a distinguées de l'âme) ont pour sujet immédiat
» l'âme elle-même, et que, partant, la sensation s'accomplit en
» elle, comme il en est de l'intellection. Il suivrait d'une telle
» proposition que les sens et la sensation sont spirituels, aussi
» bien que les espèces sensibles; ce qui répugne : celles-ci étant
» produites par des objets matériels. Il s'en suivrait encore que
» les animaux, ou n'auraient pas de sensation, ou auraient une
» âme spirituelle, puisqu'ils auraient des opérations exclusive-
» ment propres à l'âme, sans le concours du corps. De plus,
» la diversité des organes correspondants aux diverses facultés
» sensitives, prouve que ces facultés résident dans ces organes,
» et non dans l'âme prise séparément. C'est pourquoi la nature
» n'a point donné d'organes à l'intelligence. C'est encore pour ce
» motif qu'Aristote dit avec raison que le *sensorium* est le pre-
» mier sujet où réside le sens, que toutes les opérations et toutes
» les facultés sensitives sont communes à l'âme et au corps,
» c'est-à-dire, à tout le composé [2]. »

---

[1] S. Thomas. *Summa theol.*, 1 p., q. 77, a. 8.

[2] *Deceptus est Gregorius*, in 2 dist. 17, q. 3, *dicens omnes potentias sen-*

186. Cette doctrine, enseignée communément dans les écoles catholiques pendant bien des siècles, est de nouveau remise en honneur de nos jours, où l'on revient peu à peu à la saine philosophie. Le Père Pianciani, homme très-versé dans les sciences rationnelles aussi bien que dans les sciences expérimentales, la soutient avec force dans ses *Essais philosophiques*. « Le moi qui
» sent en moi, dit-il, ce n'est pas l'âme seule ; elle ne peut sen-
» tir de la manière que nous sentons, c'est-à-dire, en subissant
» une action des corps environnants lesquels n'agissent qu'au
» moyen du mouvement local, qui n'est rien moins que spiri-
» tuel : le corps animé seul peut subir une pareille action [1]. » Et peu après : « Le corps animé et rendu sensible par l'âme, n'é-
» prouve pas de souffrance que l'âme n'éprouve pareillement ; et,
» réciproquement, l'âme n'éprouve aucune passion, au moins de
» quelque véhémence, telle que la haine ou l'amour, l'espoir ou
» la crainte, la joie ou la tristesse, que le corps animé ne s'en
» ressente aussi [2]. »

C'est aussi ce qu'affirme le Père Romano dans ses *Eléments de philosophie* : « Sans parler de la vie organique, dit-il, dont toute
» l'action se borne à ébaucher, à perfectionner, à propager l'es-
» pèce d'êtres matériels à laquelle elle appartient ; la vie sen-
» sitive est aussi tellement liée aux organes matériels, que ces
» actes se terminent en eux, qu'ils en dépendent, et même qu'on
» ne peut les concevoir que par eux. Il n'y a pas de sensation
» sans une modification sensible ; or, afin que cette modification

sitivas (si forte illas ab anima distinxit) subjectari immediate in ipsa anima ; atque ideo in anima ipsa perfici sensationem sicut et intellectionem. Ex hoc enim sequitur sensationem et sensum esse spiritualia ; immo et species etiam sensibiles, quod est impossibile cum imprimantur a rebus materialibus. Rursus sequitur vel bruta non sentire, vel animas habere spirituales, nam habebunt operationes proprias, non exercitas in corpore. Præterea diversitas organorum ad diversas potentias sensitivas ostendit eas non esse in anima, sed in organis. Unde intellectui nullum organum præbuit natura ; et Aristoteles, 2° de anima textu 122, ait sensorium esse primum subjectum, in quo est ipse sensus, et, lib. 1, c. 1, operationes omnes et potentias sensitivas esse communes et totius conjuncti. (Tractatus de anima lib., 2, c. 3, n. 2.)

[1] Vol. I.
[2] *Ibidem.*

» soit perçue, il faut qu'elle soit dans le sujet même qui sent.
» Personne ne sent hors de soi-même : donc le sujet qui sent, doit
» avoir quelque chose de matériel, qui est tout à la fois et le
» siége et l'instrument de la sensation [1]. » Enfin, pour ne pas trop
multiplier les citations, le professeur Buscarini déduit, comme
conséquence, que la sensibilité intérieure est dans tout le corps,
de ce que celui-ci participe à la sensibilité de l'âme dont il est
informé ; voici son raisonnement : « Nous sentons que tout le
» corps sent avec nous : la conscience nous l'atteste avec tout l'é-
» clat de l'évidence. Mais si la faculté de sentir n'est point inhé-
» rente à tout le corps, il ne peut se faire qu'il participe tout
» entier à notre sensibilité, puisqu'il manquerait de la faculté
» de sentir avec nous. Donc la sensibilité qu'on appelle inté-
» rieure est répandue dans tout le corps de l'homme [2].

Du reste, toute difficulté sur ce point doit cesser pour les catholiques, depuis la déclaration de Pie IX dans son bref à l'évêque de Breslau. D'après cette déclaration, nous devons regarder comme la doctrine la plus commune de l'Eglise, que le corps reçoit de l'âme la vie, le mouvement et même le sentiment : *Hanc sententiam, quæ unum in homine ponit vitæ principium, animam scilicet rationalem, a qua corpus quoque et motum et vitam omnem et sensum accipiat, in Dei Ecclesia esse communissimam* [3]. Si le corps a par l'âme la faculté de sentir, il faut dire que le corps sent bien qu'il tient cette faculté de l'âme ; en d'autres termes, le sujet qui sent, c'est tout le composé.

---

[1] *Elementi di filosofia*, Tom. II.

[2] *Discussioni di filosofia razionale*, Vol. 2, dis. 3, § 303.

[3] *Ad Episcopum Wratislaviensem*, 30 avril 1850. V. *Analecta Juris Pontificii,* 40ᵉ livraison, page 244.

ARTICLE VI.

PREUVES TIRÉES DE LA RAISON.

187. Il nous paraît utile de faire ressortir par des preuves une proposition que jusqu'ici nous n'avons appuyée que sur l'autorité. La première nous est fournie par l'expérience. Chacun de nous, en effet, a la conscience de sentir, par le moyen des organes. Qu'une épine vienne à nous piquer au pied, c'est au pied que nous sentons la douleur; qu'un son vienne frapper le tympan de notre oreille, nous sentons que c'est notre oreille qui entend; touchons-nous un solide avec la main? c'est dans la main que nous sentons la résistance; et si un objet se présente à notre vue, nous sentons que c'est avec l'œil que nous le voyons. Voilà le fidèle témoignage de la conscience, que le philosophe ne doit ni contredire, ni fausser, mais étudier et éclaircir. Or, tout ceci ne nous montre-t-il pas que la vertu de sentir correspondante à chaque sensation, se trouve dans les organes respectifs, vivifiés et informés par l'âme?

188. *Deuxième preuve, tirée de la nature du sens.*

Le sens n'est ni l'âme, ni l'organe pris séparément. Ce n'est pas l'organe; car il demeure après la mort, et cependant on ne peut dire que le sens demeure, le cadavre n'étant point sensitif. Ce n'est pas l'âme : soit parce que les purs esprits n'ont point de sentiment; soit parce que, si l'organe est détruit, la sensation correspondante cesse aussitôt. Donc, si la sensation est une opération propre de la faculté de sentir, il est clair qu'elle ne peut résulter de l'âme seule, mais du composé, dans lequel par conséquent réside la faculté de sentir : *Sentire non est proprium animæ neque corporis, sed conjuncti. Potentia ergo sensitiva est in conjuncto, sicut in subjecto* [1].

189. *Troisième preuve, tirée de la qualité du principe immédiat de la sensation.*

La sensation, nous l'avons dit, est l'opération propre et distinctive de l'animal. Or, l'animal n'est point l'âme seule; mais c'est le composé de l'âme et de l'organisme corporel. C'est donc

---

[1] S. Thomas. *Summa theol.*, p. 1, q. 77, a. 5.

du composé, et non de l'âme seule que doit résulter la sensation. En d'autres termes : de même que la plante est un organisme vivifié par un principe végétatif, de même l'animal est un organisme vivifié par un principe sensitif. Ce principe est substantiel, car l'animal est une substance, et c'est par ce principe qu'il est constitué dans l'être qui lui est propre. Cependant, l'être qui en résulte est un être composé, sans que pour cela il perde son unité; c'est-à-dire, c'est un corps animé; ou, si l'on veut, c'est une âme incorporée. Or, l'opération étant un fruit de l'être, si l'être de l'animal est composé, la sensation sera le résultat du composé, et non de l'une de ses parties.

190. *Quatrième preuve, tirée des caractères intrinsèques de l'action sensitive.*

La sensation, quoique *une* en elle-même, participe néanmoins en même temps de la simplicité de l'âme et de la composition propre au corps. Par là, on voit que le principe immédiat qui la produit et le sujet où elle réside, résulte de ces deux éléments. La sensation est simple parce qu'elle se présente à nous une et indivisible par elle-même : c'est que l'âme, qui en est comme la racine, est simple. Elle renferme cependant une individuation matérielle et des caractères concrets, puisqu'elle ne fait abstraction de la quantité déterminée, ni objectivement, ni subjectivement, parce que l'organe dont la sensation dépend a une individuation matérielle et concrète. D'où il résulte que sa perception, bien que compréhensive d'un corps étendu, est pourtant tellement restreinte à toutes les conditions et déterminations de l'individu matériel qui en est l'objet, qu'elle ne peut jamais s'élever au-dessus; ce qui ne pourrait avoir lieu, si la faculté qui produit l'acte sensitif n'était intrinsèquement enchaînée par de telles déterminations; si elle n'était, par conséquent, une faculté organique, c'est-à-dire, liée à des organes matériels et dépendante d'eux dans son exercice. Aussi, de ce que la faculté de sentir est organique, saint Thomas conclut-il qu'elle ne peut percevoir que des objets corporels. *Omnis potentia hujusmodi est actus corporalis organi. Actus autem proportionatur ei, cujus est actus. Unde nulla hujusmodi potentia potest se extendere ultra corporalia* [1].

---

[1] S. Thomas. *Summa theol.*, 1 p., q. 12, a. 3.

191. *Cinquième preuve, tirée de la condition même de l'âme des brutes.*

Si la sensation appartenait à l'âme seule, l'âme des brutes aurait une opération *par elle-même*. Mais elle ne peut avoir d'elle même une opération, sans avoir aussi l'être *par elle-même;* car l'opération suit l'être, et il répugne que ce qui n'existe point *par soi*, agisse *par soi*. Donc, si la sensation n'était que l'opération de l'âme, l'âme des brutes, aussi bien que l'âme humaine, serait un être *par soi;* elle serait indépendante du corps dans sa subsistance, et, par là même, immortelle de sa nature. C'est la raison que signale saint Thomas, lorsqu'en réfutant l'erreur de Platon, qui attribuait la sensation à l'âme seule, il s'exprime ainsi : *Ex hoc sequebatur quod etiam animæ brutorum animalium sint subsistentes* [1].

192. *Sixième preuve, tirée de la passivité du sens.*

Quoique la faculté de sentir soit active relativement à l'action qu'elle produit (cette action étant vitale doit procéder de l'activité intrinsèque du sujet); on dit cependant avec raison qu'elle est passive, en tant qu'elle doit être déterminée par une impression produite en elle par l'objet. Or, si la faculté de sentir appartient à l'âme, et non au composé, il faudrait admettre que les corps font impression sur l'âme : ce qui répugne; car l'étendu n'agit que sur l'étendu, par le mouvement local. *Nihil corporeum imprimere potest in rem incorpoream* [2]. Au contraire, il n'y a aucun inconvénient à admettre que les corps agissent par leurs propriétés sur le composé, à cause de l'influence qu'ils exercent sur les organes vivifiés par l'âme : *Non est inconveniens quod sensibilia, quæ sunt extra animam, causent aliquid in conjunctum* [3].

193. On pourrait dire qu'à la vérité, les corps extérieurs font impression sur les organes matériels dans lesquels ne se trouve aucune vertu sensitive communiquée par l'âme; mais qu'ensuite, les organes, par l'intermédiaire des nerfs, communiquent à l'âme l'impression qu'ils ont reçue.

[1] S. Thomas. *Summa theol.*, 1 p., q. 75, a. 3.
[2] S. Thomas. *Summa theol.*, 1 p., q. 84, a. 6.
[3] *Ibidem.*

Nous répondons que ce faux-fuyant ne résout point la difficulté ; seulement, il la transporte d'un point à un autre. Les nerfs, en effet, sont aussi des corps, ils ne peuvent donc avoir d'action sur l'âme, qui est simple et spirituelle : *Nihil corporeum imprimere potest in rem incorpoream.* Il ne resterait donc d'autre parti à suivre, dans ce cas, que de recourir à l'harmonie préétablie de Leibnitz, ou à l'occasionalisme de Malebranche, en acceptant toutes les désastreuses conséquences qui en découlent et que nous discuterons en son lieu. De plus, si les nerfs doivent rapporter à l'âme, avec leurs mouvements, les impressions des objets, soit en eux-mêmes, soit dans les fluides qui les parcourent; ils ne peuvent avoir d'autre mouvement que l'oscillation ou la vibration. On ne verrait donc pas la raison du travail si merveilleux de tant d'organes, tel que nous l'admirons, par exemple, dans l'appareil de la vue ou de l'ouïe. Dans cette hypothèse, il suffirait que le système nerveux aboutît par ses extrémités à la peau d'une manière uniforme, et qu'ainsi il se trouvât en contact avec les corps extérieurs, pour en être excité. Et même, pour mieux dire, il n'en aurait nul besoin ; car si l'âme est capable de recevoir ce que les nerfs lui rapportent, pourquoi ne pourrait-elle pas le recevoir immédiatement des objets extérieurs, sans le secours d'un organisme ? Elle pourrait ainsi voler çà et là dans les airs, comme un papillon ; recevoir des différents corps les impressions aptes à produire en elle le sentiment. Recourir enfin à la volonté divine pour résoudre ces difficultés, c'est un expédient peu philosophique, nous dirons même, puéril. Dieu n'agit point par caprice en ordonnant l'Univers, mais il dispose toutes les choses selon l'exigence de leur nature et d'après les lumières de sa sagesse incréée.

ARTICLE VII.

LE PRINCIPE DE LA VIE SENSITIVE DANS L'ANIMAL EST IDENTIQUE AU PRINCIPE DE LA VIE NUTRITIVE.

194. Quoique la vie sensitive et la vie végétative diffèrent entre elles, et qu'ainsi les plantes ne sentent pas ; quoique, dans le corps de l'animal, il y ait des parties qui ne jouissent pas des deux vies, une seule âme les produit cependant toutes les deux dans l'organisme qu'elle informe. En effet, l'animal, bien qu'il végète et qu'il sente, ne constitue cependant qu'un seul être vivant. Il faut donc que le principe formel dont procèdent l'être et la vie, soit un et identique. Ce principe formel doit avoir, il est vrai, la vertu de communiquer, selon la différence de disposition et d'aptitude des parties de l'organisme, ou les seules facultés végétatives, ou à la fois la faculté végétative et sensitive ; mais s'il n'était pas un et identique, il ne pourrait jamais constituer un sujet un et identique. Or, il n'y a rien de plus évident que l'unité et l'individualité de chaque animal. Ce petit lévrier, si vif et si prompt dans ses perceptions sensitives, est substantiellement le même dans ses fonctions nutritives et végétatives. Donc le principe de vie est un dans chaque animal, quoique de ce principe procèdent des facultés différentes, dans les différents organes du corps. Ceci est confirmé par le fait de la cessation de la vie végétative dans un organisme devenu incapable de vie sensitive, et réciproquement. Ce qui démontre évidemment l'identité du principe des deux vies dans l'animal ; car si elles ne découlaient point du même principe, on ne verrait pas pourquoi la perte de l'un entraînerait inévitablement celle de l'autre.

195. Cette vérité, que l'esprit pénétrant des anciens déduisait aisément de l'unité de l'être dans l'animal, reçoit, dans les progrès actuels des sciences physiques, une remarquable confirmation de l'étude anatomique du corps animal. On y voit, en effet, une connexion, une harmonie admirable entre les organes végétatifs et sensitifs ; d'où résulte un seul système organique, quoique varié dans ses différentes parties, selon les différentes fonctions qu'il exerce. Le système nerveux s'étend à toutes les parties du corps, quelles qu'elles soient, y préside, et par son influence

vivifie les organes des sens et de la locomotion, comme ceux qui sont simplement destinés à la végétation. Bien que les nerfs automatiques se distinguent de ceux de la sensation et du mouvement, et qu'ils tirent leur origine prochaine du système ganglionaire, cependant ils aboutissent en dernier terme au système *cérébro-spinal*, auquel le grand sympathique est lié par plusieurs branches de communication. Il n'y a donc pas à s'étonner, si nous voyons dans le même sujet une si intime correspondance entre les deux vies. Une irritation locale un peu forte affaiblit tout le corps de l'animal, en altérant et affaiblissant même les opérations végétatives ; d'un autre côté, une vive sensation détermine aussitôt une forte excitation dans la fibre musculaire, et dans les organes de la vie nutritive. Par contre, l'intensité extraordinaire des actes de la végétation diminue l'énergie du sentiment, et parfois les supprime tout-à-fait. Cette influence réciproque et cette connexion des facultés relatives aux deux vies, ne pourraient être raisonnablement expliquées, si le principe dont elles découlent n'était pas un et identique, quand même il donnerait naissance à des facultés différentes, selon la capacité des différentes parties organiques de la matière à laquelle il est uni?

196. De plus, nous observons dans l'échelle zoologique, au moins dans les animaux les plus parfaits, tels que les vertébrés, un rapport constant entre les degrés de sensibilité et la perfection relative à la vie végétative, de manière qu'elles croissent ou décroissent en raison directe l'une de l'autre. Ainsi, chez les mammifères, qui ont des sensations plus variées et plus vives, les organes de la respiration, de la circulation, de la digestion et les autres, ont plus d'étendue et de perfection ; au contraire, cette perfection va généralement en décroissant de degré en degré dans les oiseaux et les reptiles, jusqu'aux poissons, qui, parmi les vertébrés, se trouvent également placés dans le plus bas degré, relativement aux perceptions des sens.

Ainsi en est-il de la délicatesse et de la variété des tissus et des humeurs qu'ils secrètent ; ces tissus et ces humeurs, multiples et variés chez les animaux les plus parfaits, diminuent et tendent à se confondre chez les moins parfaits. Cette proportion se maintient jusque dans les éléments organiques primitifs. Ainsi, à mesure qu'on descend dans le règne animal, la quantité de carbone et d'azote (dont l'un est l'élément distinctif du végétal et l'autre de l'animal) diminue dans une proportion constante ; tandis qu'au contraire on voit croître la proportion de l'hydrogène et de l'oxygène.

Ce rapport mutuel d'augmentation et de diminution entre les deux vies, si manifeste dans les diverses classes et familles des vertébrés, paraît avec non moins d'évidence dans les zoophytes : chez ceux-ci, la perfection de la vie sensitive diminuant peu à peu, tellement que toute distinction spécifique de fibres, dans les classes infimes, finit par disparaître, et ne présente plus qu'une seule qualité de tissu. Ce tissu, à cause de ses caractères particuliers, ne peut être assimilé au tissu cellulaire, musculaire ou nerveux ; mais il paraît être un mélange confus de tous les trois, et il remplit, quoique d'une manière imparfaite, les fonctions de chacun.

197. Cette loi cependant semble interrompue dans son cours chez les annelés et les mollusques, entre lesquels ce parallèle ne se maintient pas ; mais, tandis que les annelés ont à un plus haut degré la vie de relation, les mollusques l'emportent par la vie de nutrition. Voici ce que dit à ce propos M. Edwards, que nous avons cité plus haut. « Nous avons vu, en suivant la dégradation
» des organes dans l'échelle des êtres, que tous perdaient quel-
» que chose de leur perfection en descendant les classes des ver-
» tébrés, en passant des mammifères aux oiseaux, de ceux-ci
» aux reptiles, et des reptiles aux poissons. Elle continue tou-
» jours à avoir lieu en allant plus bas ; mais tous les organes ne
» se détériorent pas en même temps, en passant par les mêmes
» embranchements. Ainsi, les organes de la vie nutritive, dans
» l'ordre de leurs altérations successives, passent des poissons
» aux mollusques, des mollusques aux articulés, et de ceux-ci
» aux zoophytes. Nous avons également reconnu que l'axe ner-
» veux, suivant la même marche que celui des mollusques,
» venait, à cause de la masse des ganglions, après le poisson et
» avant les articulés ; mais que, pour les nerfs qui en partent
» et vont animer les organes de relation, l'ordre était renversé ;
» car les organes de la vie de relation sont plus variés et plus
» multipliés chez les articulés. On pourrait considérer les mol-

» lusques et les articulés comme étant sur la même ligne, se
» partageant chacun la supériorité relative dans les deux grands
» ordres des fonctions : les mollusques ayant la suprématie dans
» les organes de la vie nutritive, et les articulés dans les organes
» de la vie de relation [1]. »

198. L'interruption qu'on a signalée pourrait être l'effet d'une autre loi, par laquelle les attributs réunis dans les êtres plus parfaits, se séparent dans les êtres moins parfaits, jusqu'à disparaître dans les infimes. *Quæ sunt unita in superioribus, sunt divisa in inferioribus.* Ainsi, les deux organismes correspondants aux deux vies se trouveraient, relativement à leur développement graduel, réunis dans l'embranchement plus élevé, tel que celui des vertébrés ; ils se sépareraient en quelque manière, dans les deux embranchements inférieurs des annelés et des mollusques ; et enfin, se réuniraient de nouveau dans l'embranchement infime des zoophytes, pour se confondre.

Cependant, on pourrait encore le soutenir : la loi que nous avons mentionnée, trouve ici même une sorte d'application ; car, même à l'égard des annelés et des mollusques, il semble qu'on doive dire que là où domine la vie sensitive, domine aussi la vie végétative, sinon en toutes ses fonctions, du moins dans les plus importantes. Et, en vérité, si les organes de la vie de relation, qui demandent un travail infiniment plus délicat que ceux de la vie de nutrition, sont plus variés et plus nombreux chez les annelés que chez les mollusques, par quelle force, demanderons-nous, ces organes sont-ils formés et conservés ? Certainement par la force végétative. Donc la force végétative des annelés dépasse en efficacité celle des mollusques, puisque les effets en sont plus nobles et plus délicats, et que des effets on déduit les qualités de la cause. Et, parce qu'une telle puissance n'opère pas sans organisme, il est convenable de dire que les organes dont elle se sert sont aussi plus parfaits.

Un exemple rendra la chose plus palpable. Voici, d'une part, un annelé, un papillon, si vous voulez ; voici, de l'autre, un mollusque, par exemple, un escargot ou une telline. Quelle variété, quelle délicatesse de structure le premier n'offre-t-il pas dans sa jolie petite tête, dans ses petits yeux, ses antennes, ses pattes,

[1] *Ibidem.*

ses ailes, son squelette extérieur, dans ses parties intérieures, soit solides, soit liquides! Voyez, au contraire, quelle uniformité, quelle grossièreté dans le corps muqueux et flasque des deux autres! Comment donc pourra-t-on dire, au moins dans un sens général et absolu, que la vertu végétative de l'escargot, et conséquemment les organes qui en sont l'instrument, sont plus parfaits que ceux du papillon? Ici, la confusion paraît venir de ce que l'on établit trop absolument la circulation comme la fonction la plus élevée de la vie nutritive; et, comme on en a remarqué l'absence totale ou partielle chez les annelés, on a conclu généralement qu'ils étaient moins parfaits par rapport aux fonctions végétatives. Mais la circulation n'est la fonction la plus élevée que relativement aux fonctions végétatives instrumentales; et la nature y supplée autrement, dans les animaux où l'humeur nutritive ne doit point se porter à un centre pour y recevoir une dernière modification; ce qui a lieu chez les annelés, qui respirent au moyen de trachées disséminées dans tout le corps. La perfection plus ou moins grande de la vie nutritive devrait proprement être mesurée, ce semble, d'après l'assimilation, et, plus rigoureusement, en tant qu'elle est plasmatique et organogénique. Or, on ne saurait douter qu'une telle vertu est plus puissante et plus active, là où il y a un plus grand nombre de parties différentes, une structure plus délicate d'organisme. C'est ce qu'on voit évidemment chez les animaux d'une sensibilité plus multiple et plus parfaite; non chez les mollusques, mais chez les articulés. Il importe donc peu que le système vasculaire subisse, par rapport à ceux-ci, une dégradation manifeste. Même par rapport à l'axe nerveux, ils présentent une semblable infériorité; et cependant, les nerfs qui partent de là pour servir aux fonctions de la vie sensitive, sont certainement plus variés et plus efficaces. Bref, la supériorité de la vie, même végétale, ne doit point être déduite de l'excédant de telle ou telle autre fonction, surtout si elle n'est qu'un pur moyen; mais du résultat entier et final de toutes les fonctions. Or, celui-ci domine, non dans les mollusques par rapport aux annelés, mais plutôt dans ceux-ci; car c'est dans ceux-ci et non dans les autres, que la vertu nutritive produit des effets plus nobles et plus variés.

199. Ici se présente un nouvel argument pour prouver l'iden-

tité du principe sensitif et végétatif dans l'animal, à raison de l'élévation que le premier donne aux fonctions de la vie organique. L'animal, par sa vertu d'assimilation, ne produit point une matière végétale quelconque, mais du chyle, du sang, des nerfs, des muscles, des tendons, etc.; par sa vertu générative, il produit, non pas un être doué d'une vie quelconque, mais de la vie de sensation. Donc le degré d'être végétal, et conséquemment les facultés qui en procèdent, sont intrinsèquement et substantiellement élevées en lui à un ordre plus sublime, en s'unissant au degré d'être sensitif. Ce qui ne pourrait être, si le principe dont dérivent les deux degrés n'était identique. Vainement objecterait-on qu'il y a des parties dans l'animal qui ne reçoivent pas la faculté de sentir; car cette privation est causée par la différente disposition ou réceptivité des parties organisées. Il n'est pas plus contraire à l'unité du principe sensitif et végétatif, qu'il n'est contraire à l'identité de la sensation et du mouvement spontané de l'animal, que les muscles reçoivent la faculté de se mouvoir, à l'exclusion de celle de sentir. Nous ne pousserons pas plus loin ces recherches sur la vie animale, dont nous avons sommairement indiqué les éléments constitutifs intrinsèques, les différentes fonctions qui en découlent, l'identité de son principe avec l'identité de celui d'où naît la vie végétale dans un même sujet.

ARTICLE VIII.

LES BRUTES SONT DÉPOURVUES D'INTELLIGENCE.

200. Il nous reste à prémunir nos lecteurs contre une erreur dans laquelle le langage inexact de quelques naturalistes, à propos de l'intelligence des brutes, pourrait les faire tomber. Il pourrait, en effet, sembler qu'ils attribuent au moins un degré de cette très-noble faculté, à des êtres inférieurs à l'homme. Rien de plus contraire aux notions de la saine philosophie, que cette opinion sans fondement. Un simple examen suffira pour nous en convaincre.

Quelqu'un pourrait dire : J'admets volontiers que l'intelligence soit une faculté inorganique, qu'elle diffère essentiellement des sens. Cela cependant n'empêche pas qu'on ne la rencontre plus ou moins développée, dans un grand nombre d'espèces animales, si nous voulons expliquer suffisamment les phénomènes qui se manifestent en elles. Car, quoique les infusoires (et encore sont-ils des animaux?) et les zoophytes de l'organisation la plus bornée, ne nous présentent que des mouvements très-imparfaits, dont la vertu sensitive seule suffit à rendre raison, il est certain qu'en montant plus haut dans l'échelle zoologique, nous rencontrons bien souvent des animaux dont on ne pourrait autrement expliquer les actions que par voie d'idées, de jugements et de raisonnement. En effet, en laissant de côté l'art admirable des abeilles, des araignées, des vers à soie, la prévoyance des castors et des fourmis, comment ne pas reconnaître quelque degré d'intelligence dans ceux des mammifères qui se rapprochent le plus de l'homme? Le chien, par exemple, ne montre-t-il pas du discernement dans les services qu'il rend à son maître? Et ne se sert-il pas du raisonnement lorsque, à des signes extérieurs, il reconnaît les mouvements de son âme, comme la colère, la bienveillance, le désir? Que dirons-nous du singe, cet animal si merveilleux par son enjouement, par sa grâce imitative, par son habileté à profiter de l'expérience?

201. *Réponse.* Lorsque l'on contemple les actions et les tendances des animaux, notre esprit sans doute est saisi du plus grand étonnement, il se perd dans une profonde admiration. Cependant, si on y réfléchit, on comprend que ces actions et ces tendances ne prouvent rien autre chose que l'existence de purs instincts, c'est-à-dire, de tendances naturellement déterminées à agir de telle ou telle manière. Ces tendances suppléent, dans l'animal, au défaut d'entendement; comme, chez l'homme, l'entendement supplée à l'instinct. Pour s'en convaincre, il n'y a qu'à considérer les caractères de ces phénomènes, dont nous signalerons les principaux et les plus communs.

202. Et d'abord, les phénomènes où l'on rencontre l'art le plus ingénieux, se manifestent d'ordinaire chez les animaux d'une classe moins élevée, tels que les insectes. Or, les ouvrages de ces animalcules révèlent une telle perfection et délicatesse de travail, que s'ils étaient l'ouvrage de l'intelligence, ils supposeraient un talent supérieur au talent même de l'homme; ce que nul sans doute ne voudrait admettre. En second lieu, l'animal, si

industrieux et si avisé dans un ordre donné de choses, suivant son espèce, se montre en tout le reste imprévoyant, niais, et presque entièrement stupide. Mais comment se fait-il que l'art et la raison, qui lui servent dans un cas, ne lui servent plus dans les autres? De plus, le travail ingénieux et la sagacité de la brute, quoiqu'ils supposent des calculs très-difficiles de mathématiques, une connaissance profonde des lois naturelles, datent cependant du premier moment de son existence. Voyez les abeilles, par exemple; à peine formées, elles se mettent au même ouvrage que les anciennes, et exécutent avec la même précision et la même industrie, sans hésiter et sans se tromper, les mêmes opérations. On en peut dire autant, proportion gardée, des castors, dans la construction de leurs merveilleuses habitations; des oiseaux, dans la construction si admirable de leurs nids. Donc l'art et la science seraient, chez les animaux parfaits, innés; ils auraient aussi le don natif d'en bien appliquer les principes et les lois! Mais si cette application et cette habileté est en eux dirigée par la raison, comment sont-elles entièrement déterminées relativement à l'objet et au sujet, comme à leur manière particulière de travailler, de quelque manière que tournent les circonstances, ou que le but auquel elles tendent vienne à manquer? Ainsi, l'araignée emploie les mêmes stratagèmes pour prendre une mouche, qu'elle ait des ailes, ou non; et l'écureuil fait ses provisions et met de côté le superflu de ses aliments, alors même qu'il n'a pas à craindre la disette.

Qui ne comprend par là que les animaux agissent ainsi, non par raisonnement et par choix, mais par une aveugle impulsion de la nature, réglée et dirigée par le Créateur? « Les animaux
» différents de l'homme, dit saint Thomas, n'ont point d'intelli-
» gence. Ce qui le montre, c'est que leurs actions ne sont point
» différentes et opposées entre elles, comme celles des êtres in-
» telligents, mais elles sont déterminées et uniformes dans tous
» les individus de la même espèce, parce qu'elles résultent d'une
» impulsion de la nature : c'est ainsi que chaque hirondelle fait
» son nid de la même manière [1]. »

---

[1] *Alia animalia ab homine intellectum non habent : quod ex hoc apparet quia non operantur diversa et opposita, quasi intellectum habentia; sed*

Si l'ordre et le travail artificieux de l'animal suffisaient pour conclure qu'il a l'intelligence, il faudrait dire aussi qu'une horloge, ou toute autre machine qui exécute des mouvements bien réglés, est douée d'intelligence. La nature est l'ouvrage de l'intelligence, bien plus que ne le sont les produits de l'art humain. Partant, chaque partie de l'univers, chaque être déterminé a des tendances très-réglées, selon le but qui lui est imposé ; et en cela se manifeste la sagesse de la cause première. « Il arrive que, dans
» le travail des animaux, on découvre une certaine habileté, parce
» qu'ils sont naturellement portés à exécuter des mouvements
» réglés dont l'ordre a été préconçu par l'Artisan suprême qui
» règle et ordonne toutes choses. C'est pour cette raison, qu'on
» dit que les animaux sont prudents ou habiles ; mais ce n'est
» pas parce qu'il y a en eux raison ou élection. La preuve qu'ils
» n'ont aucune de ces facultés, c'est que tous ceux qui sont de la
» même espèce, font absolument la même chose [1]. »

203. Ces déterminations constantes font ressortir un caractère très-saillant, et très-propre à démontrer le manque absolu de raison chez les brutes : l'absence absolue de tout progrès. L'animal, soit comme espèce, soit comme individu, est essentiellement stationnaire. Vous pouvez prédire d'avance, sans crainte d'être démenti par le fait, que les vers à soie, par exemple, d'ici à un siècle travailleront leurs filaments de la même manière que de nos jours, sans que l'expérience de tant d'années les mette à même d'y apporter quelque perfectionnement ; tout comme vous êtes sûr que nos planètes ne presseront, ni ne ralentiront leur cours, ni qu'elles sortiront de l'orbite qu'elles parcourent

sicut a natura mota ad determinatas quasdam operationes et uniformes in eadem specie, sicut omnis hirundo similiter nidificat. (Contra Gent., lib. 2, c. 66.)

[1] *Contingit quod in operibus brutorum animalium apparent quædam sagacitates, in quantum habent inclinationem naturalem ad quosdam ordinatissimos processus, utpote a summa Arte ordinatos. Et propter hoc etiam quædam animalia dicuntur prudentia et sagacia, non quod in eis sit aliqua ratio vel electio; quod ex hoc apparet, quia omnia, quæ sunt unius naturæ, similiter operantur.* (Summa theol. 1. 2, q. 13, a. 2.) Et dans le livre *De memoria et reminiscentia*, lec. 1. Le saint Docteur ajoute : *Instinctu naturæ moventur per apprehensionem sensitivæ partis ad quædam opera facienda, ac si operarentur ex ratione.*

aujourd'hui. Dites de même de toute autre espèce d'animaux et des individus de chaque espèce. A la naissance de l'un d'eux, on peut déjà d'avance déterminer quelle sera son industrie, et à quel degré de perfection il arrivera. Or, est-ce-là la manière d'agir propre de l'être doué de raison? Que l'on compare, à ce point de vue, l'homme avec la brute! Quelle différence entre l'enfant et le jeune homme, entre l'idiot et le savant, entre un peuple barbare et un peuple civilisé, entre les premiers âges d'une nation et les âges d'une civilisation postérieure! Dans la brute, au contraire, on n'observe partout qu'une désespérante uniformité. Toujours la même habileté, la même adresse, le même art, soit dans l'animal qui vient de naître ou qui parvient à l'âge adulte, soit dans celui qui commence son travail ou aurait déjà pu s'y perfectionner, soit dans les générations anciennes comme dans les nouvelles. Evidemment donc l'animal manque de concepts universels, et, par conséquent, d'intelligence.

204. De même que la détermination ad *unum* est le trait caractéristique des sens, ainsi l'universalité est le trait caractéristique de l'intelligence. Fait pour saisir la *quiddité* des choses, l'œil intellectuel reconnaît l'unité dans la multiplicité, la ressemblance commune dans la variété, l'élément par soi universel dans les individualités particulières, dans lesquelles il peut se répéter indéfiniment, sous toutes les formes et dans tous les degrés de l'existence déterminée. De cette faculté de saisir ces notions, découle, comme propriété spéciale et naturelle à l'homme, la perfectibilité et le progrès. Car cette aptitude qu'il a de se perfectionner sans cesse, soit spéculativement, soit pratiquement, naît précisément de l'intarissable fécondité de ses conceptions universelles. Puisées aux principes du raisonnement, elles donnent une série ordonnée de conséquences, qui va insensiblement en augmentant, par l'étude de la nature. Voilà le progrès scientifique. Puisées ensuite à des types réalisés différemment dans la matière, selon le but que l'on poursuit, elles offrent une série d'applications concrètes, qu'on peut toujours perfectionner avec de nouvelles découvertes. Voilà le progrès de l'art. La source de l'un et de l'autre est toujours l'universalité de l'idée, et, partant, l'intelligence à qui elle appartient.

Dans les sens, le contraire a lieu. Les sensations sont différentes et détachées, comme les objets concrets qui les déterminent. Elles sont toujours bornées à la seule connaissance d'individualités séparées, lesquelles, ne contenant rien d'universel, sont tout-à-fait incapables de présenter par elles-mêmes des vérités qui puissent être la source d'autres vérités. Quoique assemblées dans l'imagination, gardées par la mémoire, associées par les relations de temps et de lieu, elles ne sortent point hors de leur être; tout au plus donnent-elles un amas de faits particuliers, réunis d'une manière quelconque, sans aucune perception de l'unité commune qui les informe toutes, et, en les informant, les domine et les surpasse. De là naît chez les êtres simplement sensitifs, l'incapacité de perfectionner leurs aptitudes naturelles, ou de les transférer, quant à l'application, d'un ordre de choses à un autre.

205. On oppose surtout l'exemple du chien et du singe, qui sont les plus perspicaces des animaux, et ceux qui se rapprochent le plus de l'homme [1]. Mais quelque singuliers que soient les phénomènes qu'ils nous présentent, ils ne vont point au delà de la faculté de sentir, et du pur instinct. Sans entrer dans une discussion détaillée, ce qui nous entraînerait trop loin sans aucune utilité, il est certain que quelles que soient les marques de discernement qu'on vante en eux, elles sont bornées à un seul ordre de choses uniformes, soit dans l'individu, soit dans l'espèce; qu'elles n'ont trait qu'à des rapports particuliers d'objets

---

[1] L'espèce la plus élevée des singes, c'est *l'Orang-outang* (*Simia Satyrus*) : de tous les animaux, c'est lui qui ressemble le plus à l'homme, par la conformation du crâne et par le volume du cerveau. Mais Cuvier remarque que son histoire a été fort altérée, parce qu'on lui a attribué par erreur les actions propres à d'autres espèces de singes. Une critique sévère a démontré que sa sagacité n'est pas aussi parfaite qu'on l'avait prétendu; elle ne surpasse pas de beaucoup celle du chien. « Son histoire
» a été fort altérée par le mélange que l'on en a fait avec celle des
» autres grands singes et surtout du Chipansé. Après l'avoir soumis à
» une critique sévère, on trouve qu'il n'habite que les contrées les plus
» orientales, comme Malaca, la Cochinchine, et surtout la grande île de
» Bornéo, d'où on l'a fait venir par Java en Europe, mais très-rarement; que c'est un animal assez doux, qui s'apprivoise et s'attache
» aisément; qui, par sa conformation, parvient à imiter un grand
» nombre de nos actions : mais dont l'intelligence ne paraît pas s'élever
» à beaucoup près autant, qu'on l'a dit, ni même surpasser beaucoup
» celle du chien. » (*Le règne animal*, etc., tome I, pag. 102.)

et d'actions concrètes, et qu'elles ne fournissent aucune trace de progrès. Elles ne peuvent donc point prouver l'existence d'une puissance qui perçoive l'universel, et qui agisse sans dépendre intrinséquement de l'organisme : ce qui serait cependant nécessaire, pour nous faire conclure un degré quelconque d'intelligence. La seule déduction légitime qu'on puisse tirer, c'est que ces brutes ont vraiment un degré de connaissance assez parfaite dans l'ordre sensitif, une sorte d'imitation de l'intelligence, imprimée dans leur faculté *estimative* naturelle; car c'est le propre des espèces plus élevées d'un ordre inférieur, de retracer en elles les qualités des êtres supérieurs, quoique très-imparfaitement. L'ange de l'école remarque avec beaucoup de sagesse, que « ce
» qui est le propre d'une nature supérieure, ne se rencontre
» point dans une nature inférieure d'une manière parfaite, mais
» seulement d'une manière participée. C'est ainsi que, dans la
» nature sensitive, la raison n'existe pas; on y trouve seulement
» une certaine participation de cette faculté, en tant que les
» brutes sont douées d'une certaine prudence instinctive. Mais
» ce qu'on a par participation, on ne peut dire qu'on le possède
» vraiment; en d'autres termes, que ce soit une perfection
» propre et entièrement dépendante de la puissance du sujet qui
» en est doué. C'est pourquoi, il n'y a pas de faculté spéciale qui
» corresponde à ce qu'on possède par participation. Ainsi, on ne
» dit point que les brutes sont douées de raison, parce qu'elles
» ont une sorte de prudence; mais, en elles, cette participation
» est une espèce d'instinct de discernement. » *Quod est superioris naturæ non potest esse in inferiori natura perfecte, sed per quamdam participationem; sicut in natura sensitiva non est ratio, sed aliqua participatio rationis, in quantum bruta habent quamdam prudentiam naturalem. Id autem, quod sic participatur, non habetur ut possessio, idest sicut aliquid perfecte subjacens potentiæ habentis illud. Unde ad id, quod hoc modo habetur, non deputatur aliqua potentia; sicut bruta non dicuntur habere rationem aliquam, quamvis aliquid prudentiæ participent; sed hoc inest eis secundum quamdam æstimationem naturalem* [1].

---

[1] *Qq. Disp.* Quæstio *De ratione superiori et inferiori*, art. 1.

CHAPITRE V.

DE LA VIE INTELLECTUELLE DE L'HOMME.

206. Placé à la tête des êtres qui vivent ici-bas, à l'extrême confin de l'univers corporel, l'homme réunit en lui seul, comme en abrégé, les qualités et les caractères de tous les degrés inférieurs de l'être. Il se rattache aux animaux par la sensation; par la vie végétative, il tient en quelque façon aux plantes; il conserve enfin avec les simples minéraux une ressemblance générique, à cause des éléments dont se compose son corps. Il n'est pas seulement sujet aux vicissitudes propres à toute substance qui sent et qui végète; il est encore soumis aux lois de la pesanteur, de l'équilibre, de l'électricité et à toutes les lois de la matière commune. Sous le rapport de cette ressemblance avec les natures inférieures, l'homme ne présente d'autre supériorité que celle d'un arrangement de parties et d'un mécanisme plus ingénieux, d'un équilibre d'humeurs plus délicat, de fonctions plus nombreuses et plus harmonieusement combinées. Jusque-là, vous ne voyez en lui que le plus accompli et le plus parfait des animaux, le chef-d'œuvre de l'organisme vivant; mais néanmoins, comme les autres animaux, après une vie plus ou moins longue, plus ou moins active, plus ou moins agitée, il finit par succomber, à son tour, sous l'influence de causes dissolvantes. Toutefois, il y a pour nous, dans l'homme, quelque chose par où il surpasse le monde sensible, et entre dans un nouvel ordre de substances. C'est la vie intellectuelle, dont nous allons traiter.

ARTICLE PREMIER.

L'HOMME EST INTELLIGENT.

207. Même au simple point de vue anatomique et physiologique, l'homme nous présente d'irrécusables indices, d'après lesquels nous devons conclure que ce merveilleux concert de facultés et d'organes, dont il est pourvu, n'est que sa partie inférieure. Celle-ci ne forme pas tout son être, mais elle sert comme de demeure à un principe plus élevé, qui, en l'élevant au-dessus de toute sphère corporelle, le place dans l'ordre des substances immortelles. Son corps naturellement droit, son visage tourné vers le ciel, son œil avide de vérité et de lumière, nous indiquent bien clairement que la terre ne lui sert que de piédestal, mais qu'il est, par sa nature, appelé à de plus hautes destinées. Et puis, la structure si bien calculée de son organisme, réduite en ses diverses parties à un si parfait équilibre, qu'aucune fonction organique ne prédomine et n'empiète sur les autres, montre avec évidence que leur ensemble n'a que la valeur d'un moyen, et que leur fin doit se trouver en dehors, dans quelque faculté plus noble et tout-à-fait inorganique.

Que dirons-nous, si nous considérons en particulier chaque organe et chaque faculté? Le mécanisme de l'appareil vocal est calculé, dans l'homme, de manière à montrer clairement qu'il est destiné à former des sons articulés, pour l'usage et la détermination desquels la sensibilité seule ne saurait suffire. Ce mécanisme exige nécessairement une faculté capable d'abstraire, de réfléchir, d'analyser, de composer et d'influer librement sur la production des sons. L'aptitude à toute sorte de mouvements, l'admirable structure des mains, faites pour saisir quelque objet que ce soit, fabriquer et employer toute espèce d'instruments, révèle dans l'homme une nature née pour s'assujettir la matière et régner sur elle, sous la direction d'une faculté inventive et vraiment artistique. De plus, les sens, comme l'observent les physiologistes, présentent dans l'homme une double supériorité sur les sens de la brute. L'une, c'est qu'en l'homme, tous les sens arrivent à un certain degré de perfection harmonique et presque égale; tandis que, dans la brute, la délicatesse d'un sens est toujours aux dépens de la perfection de l'autre. La seconde, c'est que les sens mêmes qui, dans la brute, parviennent à un degré de finesse plus grande, dans l'homme gagnent en extension et en discernement. Le chien, par exemple, a sans doute l'odorat plus fin ; mais il ne sent pas, comme l'homme, toute la diversité des odeurs. L'aigle voit les objets à une distance sans comparaison plus grande; mais il est incapable de discerner les teintes diverses du coloris. Le lièvre a l'oreille plus sensible, mais est-il capable, entre autres, de goûter les diverses harmonies et de distinguer les tons de l'échelle musicale? Quelle que soit la raison que l'on veuille assigner, de cette extension plus grande et de ce discernement plus fin des sens dans l'homme, soit qu'elle provienne de la seule influence de l'esprit sur eux, soit qu'on se persuade qu'elle procède, en tout ou en partie, de la structure plus délicate des organes; ce qu'il y a de certain, c'est que, par là, l'homme nous apparaît comme un être destiné à se servir de ses perceptions, non pour subvenir d'une manière quelconque aux besoins de la vie, mais pour en user en vue d'une fin d'un ordre supérieur à la sphère animale.

208. Cependant, avec une si grande supériorité de dons, une si grande aptitude à régner sur la nature, l'homme naît le plus débile des êtres vivants, le plus dépourvu par lui-même des moyens de conserver et de protéger sa frêle et chancelante existence. Il ne reçoit de la nature ni vêtement, ni toit, ni armes offensives ou défensives, ni connaissance instinctive de ce qui lui est nuisible ou salutaire ; mais, toutes ces choses, il faut qu'il se les approprie par son travail et son génie. Ainsi, soit que l'on considère sa perfection, soit que l'on considère son imperfection relative, tout révèle en l'homme l'existence d'un principe plus élevé, qui détermine la destination de l'une et supplée à l'insuffisance de l'autre.

209. Mais ce que la considération de l'homme extérieur nous donne à conjecturer, le témoignage de l'homme intérieur nous le montre avec une pleine évidence. La conscience nous fait sentir que nous sommes doués d'un degré de connaissance plus sublime que celle qui vient des sens, que cette connaissance nous relève au-dessus de l'ordre matériel tout entier, et nous rattache à celui

des esprits. Nous sentons fort bien que nous ne restons pas passifs en face des objets qui impressionnent notre organisme; mais qu'en réagissant sur eux, avec une puissance très-active, nous en pénétrons l'essence intime, dépouillée de ce qui la concrète et la particularise. Grâce à ces perceptions, nous nous trouvons emportés dans une région inconnue aux facultés purement empiriques, c'est-à-dire, dans la région des idées, où nous contemplons la pure possibilité des choses, leur caractère intrinsèque, leurs relations nécessaires; et nous formulons sur elles des jugements immuables et absolus. De là, nous repliant sur nous-mêmes, nous y trouvons la faculté de penser et de sentir; ensuite, de notre examen propre, comme de celui des choses qui nous environnent, nous nous faisons une échelle pour nous élancer à la connaissance de la cause première. Si, par la réflexion, nous revenons aux choses qui frappent nos sens, nous en analysons les concepts, nous les recomposons, nous les modifions en mille manières. Combinant ensemble les faits et les idées, nous plongeons le regard dans l'avenir, nous calculons et prévoyons les événements futurs, nous nous replions sur le passé, nous observons la marche et les vicissitudes des siècles. Des phénomènes, nous passons, par le raisonnement, aux substances, des effets aux causes; et, contemplant les diverses relations des êtres, leurs différences, leurs analogies, leurs dépendances, nous en déduisons les lois qui gouvernent le monde physique et moral. De là, les arts et les sciences, le continuel progrès dans l'application des forces de la nature, et dans l'invention de moyens nouveaux pour rendre la vie aisée, florissante et prospère, pour étendre toujours davantage notre domaine sur les êtres inférieurs qui nous entourent.

210. Ce degré de connaissance si haut et si fécond, c'est l'intelligence. C'est elle qui, proprement, nous distingue de toutes les natures inférieures, et constitue en nous l'image expresse de Dieu. « C'est de Dieu, dit fort à propos S. Augustin, que nous
» tenons l'être; car à qui, sinon à lui seul, sommes, nous rede-
» vables d'être sortis du néant? Mais c'est aussi par la vertu
» divine qu'existent le bois et les pierres. Qu'avons-nous donc
» de plus? Le bois et la pierre ne vivent pas, et nous vivons.
» Mais vivre nous est commun avec les plantes; car on dit aussi

» que les plantes vivent. Si, en effet, elles ne vivaient pas, nous
» ne lirions pas : *Il tue leurs vignes par la grêle, occidit in*
» *grandine vineas eorum.* Elles vivent, quand elles verdissent ;
» elles meurent quand elles sèchent. Mais cette vie n'a pas de
» sentiment. Qu'avons-nous donc de plus qu'elles ? La sensation.
» Les cinq sens de notre corps, qui ne les conçoit ? Nous
» voyons, nous entendons, nous flairons, nous goûtons, nous
» discernons, par le tact répandu par tout le corps, les objets
» durs ou tendres, rudes ou polis, froids ou chauds. Il y a donc
» en nous cinq sens. Mais les bêtes en sont également pourvues.
» Il faut donc reconnaître en nous quelque autre chose. Et
» cependant, les choses mêmes que nous avons énumérées
» jusqu'ici, mes frères, combien devraient-elles déjà nous ex-
» citer à louer le Créateur, à lui rendre grâces ! Toutefois,
» qu'avons-nous encore de plus ? Nous avons l'esprit, la raison, le
» conseil, dont les brutes sont privées. Voilà en quoi nous
» sommes faits à l'image de Dieu. » *A Deo habemus esse quod su-*
mus. Quia quod non nihil sumus, nisi a Deo, a quo habemus?
Sed sunt et ligna, sunt et lapides; a quo, nisi a Deo? Nos ergo
quid plus? Non vivunt ligna et lapides : nos autem vivimus. Sed
adhuc nobis idipsum vivere cum arboribus frutetisque com-
mune est. Dicuntur enim et vites vivere. Nam, si non vive-
rent, non scriptum esset : Occidit in grandine vineas eorum
(Ps. LXXXVII, 47). *Vivit, cum viret; arescit, cum moritur. Sed*
vita ista non habet sensum. Quid nos amplius? Sentimus.
Quinquepartitus corporis notus est sensus. Videmus, audimus,
olfacimus, gustamus, tactu etiam per totum corpus nostrum
mollia dijudicamus et dura, aspera et lenia, calida et frigida.
Est ergo in nobis sensus quinquepartitus; sed hunc habent et
bestiæ. Habemus ergo aliquid amplius nos. Et ista tamen, quæ
enumeravimus, fratres mei, si consideramus in nobis, quantam
de his gratiarum actionem, quantam Creatori laudem debemus?
Sed tamen amplius quid habemus? Mentem, rationem, consi-
lium; quod non habent bestiæ, non habent volucres, non ha-
bent pisces; in eo facti sumus ad imaginem Dei[1].

---

[1] Serm. XLIV, c. II. Edit. de Migne, tome V, page 255.

ARTICLE II.

COROLLAIRE RELATIF A L'HISTOIRE NATURELLE.

211. Comme la brute est un être vivant et sensible, ainsi l'homme est un être sensible et intelligent. D'où il suit que l'homme, dans la classification des êtres vivants, devra former un règne à part, le règne humain, puisqu'il possède un degré de vie tout-à-fait distinct de ce qui est simplement végétation et sensation. C'est ce que remarque sagement le professeur Tommasi dans un excellent article sur les relations entre la physiologie et la chimie [1]. En vérité, il est pénible de voir, chez les naturalistes, une seule science, la zoologie, traiter pêle-mêle de l'homme et de la bête, sans autre distinction que d'établir, pour le premier, un ordre séparé dans la classe des mammifères, l'ordre des bimanes. Comme s'il n'y avait d'autre différence entre lui et le reste des animaux, que celle qu'il y a entre le singe et le cheval, la tortue et la sèche. Cet usage nous semble se ressentir par trop de l'influence sensualiste, sous laquelle naquirent et se développent encore de nos jours les sciences naturelles et physiologiques, grâce à la philosophie matérialiste du siècle passé qui présida à leur naissance et fut leur institutrice et leur maîtresse. Or, maintenant que les sciences naturelles vont se purifiant de cette infection, il serait fort à propos qu'elles suivissent ce mouvement d'épuration, en constituant pour l'homme une science à part, et en abandonnant aux seules brutes le règne animal. Ainsi, comme nous avons trois ordres d'êtres vivants, nous aurions trois sciences qui leur correspondraient : la botanique, la zoologie et l'anthropologie.

212. Mais, dira-t-on, l'homme, en tant que sensitif, touche au règne animal ; ce n'est donc pas merveille qu'une même science traite à la fois de l'homme et de la brute. Doucement ! Les brutes en tant qu'elles végètent, appartiennent aussi au règne végétal ; pourquoi donc n'en traiterait-on pas en botanique ? La conve-

---

[1] *Rivista Contemporanea,* vol. XI, pag. 155.

nance générique d'une nature supérieure avec une nature inférieure, n'est pas une raison suffisante de ramener l'une et l'autre à la même science, quand la différence qui les sépare est telle, qu'elle transfère l'une à un ordre totalement distinct de celui de l'autre. Ainsi en est-il de l'homme, qui, dans la hiérarchie des êtres, occupe une place à part, comme roi du monde corporel.

213. On répliquera : la science zoologique, dans le partage des êtres dont elle traite, qu'ils soient rois ou sujets, regarde uniquement à la structure organique ; et, dans l'homme, la structure organique n'est pas très-différente de celle de beaucoup d'autres animaux ; elle participe certainement aux caractères fondamentaux et communs à toutes les classes du règne animal.

Nous répondons avec Tommasi, cité plus haut : Quoique les zoologistes aient pris le parti de ne tenir compte que du corps, cependant, l'homme, même abstraction faite de sa nature spirituelle, présente de ce côté une telle prééminence, qu'il mériterait dans l'histoire naturelle une place tout à fait séparée de celle des autres animaux. Voici comment s'exprime cet écrivain :
« Je suis convaincu que l'homme, même considéré au point de
» vue physique, doit former à lui seul un règne à part ; et je dé-
» sirerais qu'on ne l'appelât plus du nom générique d'animal,
» ou bien que ce titre ne fût plus donné qu'à lui. Voici le rai-
» sonnement sur lequel j'appuie ma pensée. Il est très-naturel
» que les autres animaux soient classés selon l'ensemble de leurs
» organes et la qualité diverse de leur conformation. Mais, je le
» demande, en quoi consiste l'idée d'animal ? Elle consiste as-
» surément dans une unité complète, c'est-à-dire, dans un en-
» semble d'organes parfaitement harmonisés et équilibrés ; de
» telle sorte qu'aucun d'eux ne prédomine, soit par son déve-
» loppement, soit par ses fonctions ; de telle manière que, quant
» à la vie de relation, les mouvements soient le plus étendus
» possible dans leur direction, et les sens assez perfectionnés
» pour pouvoir se mettre en facile rapport avec toutes les mo-
» dalités de la nature extérieure. Or, dans les animaux, quel
» que soit leur degré de perfectionnement relatif, je ne trouve
» pas d'unité véritablement complète ; ils ne sont pas harmonisés
» et équilibrés dans toutes leurs parties ; mais toujours il en est
» quelqu'une qui prédomine aux dépens des autres. Donc, en

» cela, j'admets complètement l'opinion de Carus. L'homme est
» vraiment la synthèse des antithèses que l'on voit éparses dans
» les diverses classes d'animaux, par rapport au concept suprême
» de l'animalité. Maintenant, si les zoologistes veulent définir
» la place que l'homme occupe au milieu des êtres vivants, par
» les caractères spéciaux tirés de la main, de la position ver-
» ticale, de l'absence d'os intermaxillaires, et ainsi de suite ; ces
» caractères sont suffisants pour le distinguer, comme on distingue
» un genre ou une classe d'un autre genre ou d'une autre classe,
» mais jamais cette distinction ne pourra le qualifier, et ne sera
» substantielle. Tandis qu'en retenant comme vraie, l'idée de
» l'animalité, que l'homme seul réalise complètement, chacun
» voit qu'il doit constituer un règne à part, parce qu'il est la vraie
» personnification des divers moments du principe animal ;
» principe que les classes inférieures à l'homme développent et
» représentent en quelque façon, il est vrai, mais d'une manière
» toujours ébauchée et incomplète [1]. »

Donc, même à ne regarder que l'organisme et les fonctions animales considérées dans leur genre propre, la distance qui sépare l'homme de la brute, en général, est bien plus grande que celle qui sépare une brute d'une autre appartenant à un genre ou à une autre classe différente. Donc c'est à tort qu'on le soumet, avec les animaux, à une même règle de classification.

214. Ce qu'il y a d'irrationnel dans cette méthode, paraît bien plus clairement encore, si on la considère sous deux autres aspects. Le premier est que l'histoire naturelle de l'homme n'est pas restreinte au seul point de vue anatomique et physiologique, mais s'étend nécessairement aussi à la sphère intellectuelle et morale, puisqu'elle nous décrit les tendances, les mœurs, le développement progressif de l'homme, et les fonctions qui lui sont propres : connaître et vouloir. En traitant de l'homme, elle sort donc de la simple considération de sa vie animale ; elle s'élève à des vues plus hautes, qui se rattachent à la vie raisonnable. Or, celles-ci ne peuvent être circonscrites dans le domaine de la zoologie, à moins de supposer, suivant les honteuses extravagances des sensualistes, que les facultés intellectuelles

---

[1] l. c., pag. 167.

et morales de l'homme ne sont que la sensation transformée, et ne diffèrent guère, en qualité et en essence, des facultés qui appartiennent aux brutes, que par la quantité et le degré.

215 L'autre aspect, qu'il ne faut pas perdre de vue ici, c'est que, vu l'unité du corps humain, les fonctions animales elles-mêmes sont grandement modifiées par l'influence de la partie intellectuelle. Si l'on regarde ses instincts, ses affections sensibles, ses sympathies, ses déterminations à les seconder ou à les réprimer ; tous ces phénomènes, et autres semblables, si profondément différents dans l'homme de ce qui se révèle dans les brutes, ne peuvent s'entendre, ni s'expliquer, sans recourir aux destinées plus hautes que lui a fixées la nature, et à l'empire que la raison doit exercer sur les sens. Cuvier l'observe donc avec raison : le principe rationnel qui dirige les recherches des naturalistes, est le principe des causes finales [1]. Or, comment sera-t-il possible de faire la part des causes finales, en traitant de l'homme, même au point de vue physique, si on lui refuse un esprit intelligent et libre ; si l'on ne voit autre chose que des instruments et une demeure convenable, dans ses sens et dans son corps ? En outre, comment est-il possible d'avoir l'œil sur la partie spirituelle de l'homme, sans reconnaître en lui la manifestation d'une vie d'un degré tout à fait étranger à l'animalité, et qui ne peut, sans une très-grossière méprise, se ranger dans la même catégorie ? Mais cet abus des naturalistes touche à une autre erreur, dont nous aurons à parler plus bas : celle d'admettre une intelligence jusque dans les brutes.

---

[1] L'histoire naturelle a cependant aussi un principe rationnel, qui lui est particulier, et qu'elle emploie avec avantage en beaucoup d'occasions ; c'est celui des conditions d'existence, vulgairement nommé des *causes finales*. (*Le règne animal*; Introduction, *Méthodes*).

ARTICLE III.

L'INTELLIGENCE DE L'HOMME EST NATURELLEMENT DISCURSIVE, C'EST-A-DIRE, FAITE POUR RAISONNER.

216. L'homme, commençant à connaître par les idées universelles, n'entre pas immédiatement en possession de toute la science dont il est capable. En vertu de ses premières idées, il prononce seulement des jugements d'évidence immédiate, qui se nomment *premiers principes*, parce qu'ils viennent d'une simple analyse et d'une comparaison d'idées, et non d'une déduction tirée de jugements antérieurs. Ainsi, la notion d'être une fois perçue et confrontée avec son contraire, l'intellect voit l'absolue répugnance de l'un avec l'autre, et prononce : L'être et le néant sont inconciliables. Pareillement, la notion de substance et de cause une fois perçue et comparée avec l'idée de mode et d'effet, l'intellect affirme que la substance est présupposée à l'accident, et la cause à l'effet qu'elle produit ; et ainsi pour d'autres exemples semblables, dans lesquels une essence abstraite, envisagée dans ses caractères intrinsèques, conduit aussitôt l'esprit à en considérer la convenance ou la répugnance avec tel ou tel attribut, qui, ou convient *immédiatement* à la chose dont on analyse le concept, ou *immédiatement* répugne à ses propriétés. Mais ces connaissances sont trop générales et trop vagues, et, toutes seules, ne nous apprennent rien par rapport à tel ou tel objet déterminé. Afin que l'homme en puisse tirer cette série de connaissances précises et particulières qui constituent chaque science, il faut qu'il les applique à une matière donnée, et en fasse jaillir les conséquences, qu'il ira ensuite toujours multipliant et perfectionnant de plus en plus par la méditation et l'étude. *Processus rationis, provenientis ad cognitionem ignoti in inveniendo, est ut principia communia per se nota applicet ad determinatas materias, et inde procedat in aliquas particulares conclusiones, et ex his in alias*[1]. Ainsi, en appliquant au monde visible le principe de causalité, en voyant que ce monde est contingent,

---

[1] S. Thomas. *Qq. Disp.*, Quæstio *de Magistro*, a. 1.

nous en déduisons l'existence d'une cause qui ne soit pas un effet, mais qui existe par elle-même.

Or, ce passage d'une connaissance à une autre virtuellement contenue dans la précédente, ou développée par l'application de celle-ci à un objet déterminé, c'est ce que l'on appelle *opération discursive* ou raisonnement, et la faculté intellective, en tant qu'elle exerce cette fonction, se nomme, en rigueur de terme, *la raison*. Nous disons : en rigueur de terme, parce que, dans un sens plus large, cette dénomination se donne aussi à la faculté pure et simple de l'entendement, en tant qu'elle sert à connaître la raison des choses, non par raisonnement, mais par intuition immédiate. Dans cette seconde signification, la raison s'attribue même à l'ange et à Dieu, bien que ni l'un ni l'autre n'aient besoin de passer d'une connaissance à une autre, en raisonnant. Car l'ange voit immédiatement les principes et les conséquences dans les idées que Dieu lui a données infuses ; et Dieu connaît toute chose par la seule compréhension qu'il a de sa propre essence. La dénomination d'être raisonnable convient donc à l'homme seul, dans le sens rigoureux expliqué plus haut, parce qu'à lui seul appartient la propriété de connaître par voie de raisonnement.

217. Il suit de là que la raison dans l'homme, ne se distingue pas de l'intelligence, comme une puissance d'une autre puissance ; mais exprime seulement une fonction et un caractère la même faculté, qui ne se trouve pas d'abord en possession de toutes ses connaissances, mais a besoin, pour les trouver, d'un travail successif, en développant une connaissance par l'autre.

Cette vérité est démontrée par S. Thomas en divers endroits de ses ouvrages, notamment dans la *Somme théologique*. Là, il se demande si la raison est une faculté distincte de l'intellect : *utrum ratio sit alia potentia ab intellectu*. Et il répond que cette distinction paraît manifestement impossible, à ne considérer que l'acte de l'une et de l'autre. Car l'entendement consiste dans la perception immédiate du vrai ; le raisonnement, dans le passage d'une vérité perçue à une autre à percevoir, en vertu de la première. Donc, le raisonnement présente l'idée du mouvement ; de même que l'entendement offre celle du repos. Et, puisque le mouvement renferme une relation nécessaire à un point de départ et à un point d'arrivée, la faculté de raisonner ne peut faire abstraction de la perception du vrai, soit au début, soit au terme de son opération. Ainsi, chez l'homme, la faculté de comprendre et de raisonner est donc une et identique, comme la force de la gravitation, par laquelle un corps reste en repos dans son centre, où il retombe, après en avoir été éloigné, est une et identique. Or, cette faculté une et identique s'appelle ou *intellect*, ou *raison*, selon qu'elle exerce les actes divers de comprendre et de raisonner. Elle exerce l'acte de comprendre, lorsqu'elle conçoit et juge une vérité sans la déduire d'une autre, comme il arrive dans la connaissance que nous avons des premiers principes. Elle exerce l'acte de raisonner, lorsque, de la conception ou du jugement d'une vérité perçue, elle passe à la conception et au jugement d'une autre vérité, qu'elle découvre en vertu de la première. Le raisonnement part de l'entendement et se termine à lui; l'entendement fournit au raisonnement le principe et le terme de son mouvement. Il lui en fournit le principe, parce qu'il serait impossible de connaître une vérité en vertu d'une autre, si cette autre, de qui elle dépend elle-même, n'était pas déjà connue. Il lui en fournit le terme, parce que la vérité à laquelle aboutit le raisonnement, n'est reconnue pour telle, que lorsqu'elle est amenée jusque sous la lumière de celle qui se manifeste par une évidence immédiate. Donc la faculté discursive exécute, dans son opération, un mouvement pour ainsi dire circulaire, en ce que, partant d'un principe connu par lui-même, elle y ramène finalement la vérité déduite.

218. D'où l'on voit que, dans l'âme humaine, la nature propre de la faculté de connaître, consiste précisément à passer d'une vérité à une autre; et que c'est par là-même que notre esprit se distingue de celui de l'ange. Mais, comme une telle connaissance serait impossible sans la perception du principe qui renferme virtuellement les conséquences, il est nécessaire que notre puissance discursive puisse, sans raisonner, saisir quelques vérités, qui sont comme le germe et le principe de toutes les autres. C'est dans cette faible intuition, que notre esprit participe, quoique à un degré inférieur, au mode de connaissance propre aux anges.

Quamvis cognitio humanæ animæ propria sit per viam rationis, est tamen in ea aliqua participatio illius simplicis cognitionis, quæ in substantiis superioribus invenitur, ex quo vim intellectivam habere dicuntur [1].

ARTICLE IV.

L'HOMME EST DÉFINI UN ANIMAL RAISONNABLE.

249. Une conséquence naturelle des principes exposés plus haut, c'est que l'homme est justement défini *un animal raisonnable*. Car, bien qu'il puisse aussi s'appeler un animal intelligent; toutefois, cette qualification n'exprime pas, comme celle de raisonnable, le caractère propre et distinctif de l'intelligence humaine, de connaître par voie de déduction. *Homines ad intelligibilem veritatem cognoscendam perveniunt procedendo de uno in aliud, et ideo rationales dicuntur* [2].

220. Cette définition, très-ancienne, embrassée universellement par les docteurs scolastiques, ne plaît pas à l'illustre abbé Rosmini. Il lui reproche trois défauts essentiels [3]. Premier défaut : en appelant l'homme animal raisonnable, on n'exprime que la partie intelligente de cet animal, mais non sa partie *volitive*. Or, celle-ci devrait aussi être exprimée, soit parce qu'elle renferme l'activité, tandis que l'autre n'inclut que la passivité; soit parce que c'est en elle que réside proprement la personnalité humaine. Second défaut : la raison n'est pas la puissance première de l'homme, mais elle naît de l'intelligence; et, par suite, le mot raisonnable exprime, non la source, mais le ruisseau.

---

[1] S. Thomas. *Qq. Disp.*, Quæstio *De ratione superiori et inferiori*, art. 1.
[2] S. Thomas. *Summa theol.*, 1 p., q. 79, a. 8.
[3] Le vicomte de Bonald la rejette aussi, et propose à sa place celle-ci tirée de Platon : L'homme est une intelligence servie par des organes. Mais l'abbé Rosmini le refute avec raison, en observant que si un ange prenait un corps comme instrument pour quelque action, il serait une intelligence servie par des organes, mais non un homme. L'origine de cette erreur est, à notre avis, le système platonique, qui fit de l'âme humaine, non la forme substantielle, mais le simple moteur du corps.

Troisième défaut : dire que l'homme est un animal raisonnable, porterait à croire que dans l'homme le sujet est l'animal, rien de plus ; et que la raison n'est qu'une propriété, une faculté, un attribut de l'animalité. En conséquence, Rosmini propose de substituer à cette définition, qu'il appelle aristotélique ou de l'école, une des deux définitions suivantes : 1° L'homme est un animal intellectif et volitif ; 2° L'homme est un sujet animal doué de l'intuition de l'être idéal indéterminé, opérant selon l'animalité et l'intelligence. La première évite les trois défauts signalés. En outre, la seconde a le mérite d'expliquer distinctement la nature de l'intellect humain, qui consiste précisément à avoir l'intuition indéterminée de l'être idéal [1].

221. Avant tout, il est bon d'observer que la définition de l'homme, *animal raisonnable,* a été, plusieurs siècles avant les Scolastiques, donnée par saint Augustin, qui assurément n'était pas l'esclave d'Aristote ; et qu'elle est attribuée par lui, non au prince du Lycée, mais en général aux sages de l'antiquité. Dans l'endroit cité plus haut, le grand évêque d'Hippone, après avoir expliqué que l'homme se distingue des brutes par la raison, conclut : *Est ergo* (l'homme) *animal rationis capax ; verum, ut melius et citius dicam, animal rationale* [2]. Dans le second livre *De ordine,* il ajoute : *Homo a veteribus sapientibus ita definitus est : Homo est animal rationale, mortale. Hic genere posito, quod animal dictum est, videmus additas duas differentias, quibus credo admonendus erat homo et quo sibi redeundum esset et unde fugiendum* [3]. C'est donc à saint Augustin principalement que s'adresse la critique de Rosmini, et non à saint Thomas et aux autres Scolastiques, lesquels, d'après lui, bien que très-éloignés du matérialisme que l'on croit voir dans cette définition, adoptèrent néanmoins quelques formules aristotéliques, qui n'ont pas toute l'exactitude philosophique désirable [4]. Mais venons à l'examen des trois défauts reprochés.

222. Quant au premier, par là-même que le mot raisonnable

---

[1] *Antropologia in servizio della scienza morale,* lib. 4, cap. 1, a. 2.
[2] Serm. XLIII, cap. 2. Edit. de Migne, vol. 5.
[3] *De Ordine,* lib. 2, c. 11.
[4] *Ibidem,* page 26.

exprime la partie intelligente de l'homme, il exprime implicitement aussi la partie volitive; et c'est assez pour l'exactitude de la définition qui, comme Rosmini l'observe lui-même, doit exprimer l'élément premier et non l'élément secondaire qui en dérive. Or, que le concept d'intellectif renferme implicitement celui de volitif, c'est de quoi on ne peut douter, puisque, de l'aveu de Rosmini, la volition naît en nous comme une conséquence naturelle de l'intelligence. Et qu'on n'objecte pas que Dieu pourrait, absolument parlant, suspendre la volonté; car, quand il s'agit de définir une essence, on ne regarde pas ce que Dieu pourrait faire en elle, comme maître absolu des créatures, mais bien ce qui lui convient dans l'ordre naturel. Autrement, en définissant l'homme, nous devrions aussi exprimer la faculté de rire, la sociabilité, la parole et autres caractères qui lui conviennent, et qui ne conviennent pas aux brutes; puisqu'il ne paraît pas absurde que Dieu, par sa toute-puissance, puisse empêcher ces modes dans un être intelligent et libre.

Les deux raisons, alléguées ensuite par Rosmini, n'ont pas de valeur. Car, premièrement, il est faux que la volonté seule emporte l'idée d'activité; et l'intelligence, celle de passivité et rien de plus. L'une et l'autre puissance participent de l'activité et de la passivité sous différents rapports, parce que l'une et l'autre passent de la puissance à l'acte, et que tout ce qui passe de la puissance à l'acte, sous ce rapport, est passif. C'est le propre de la volonté d'être libre à l'égard des biens particuliers; et cette prérogative elle-même, comme nous le verrons dans un autre article, a sa racine dans l'intelligence, dont la volonté n'est que la servante. Mais ce privilége de la volonté mis à part, l'intelligence, bien que passive, en ce sens qu'elle passe de la puissance à l'acte, et reçoit une perfection qu'elle n'avait pas auparavant, ne laisse pas d'être active sous d'autres rapports. *In parte intellectiva est aliquid activum et aliquid passivum* [1]. Pour s'en convaincre, il suffirait de considérer que tout acte intelligent est vital, et que l'acte vital suppose l'activité, parce qu'il suppose l'opération d'un principe intérieur : *Ratio vitæ est ex hoc quod aliquid est natum movere seipsum, large accipiendo motum, prout etiam intel-*

---

[1] S. Thomas. *Summa theol.*, 1 p., q. 79, a. 3, ad. 1.

lectualis operatio motus quidam dicitur [1]. Mais où l'activité intellectuelle se manifeste surtout, c'est dans le jugement, qui exige l'exercice de l'analyse et de la synthèse, lesquelles, assurément, sont des actions : *Animus, in quantum de rebus judicat, non patitur a rebus, sed magis quodammodo agit* [2]; pour ne rien dire de cette faculté par laquelle, des perceptions sensibles, l'esprit abstrait les espèces intelligibles; faculté tellement active, que saint Thomas l'a nommée *intellect agent*, pour le distinguer de la faculté de percevoir, à laquelle il donne le nom d'*intellect possible*. Bien plus, le saint Docteur va jusqu'à dire que l'on doit regarder l'intelligence comme une faculté active à l'égard de la volonté, qui est mue par elle, c'est-à-dire, par la représentation de l'objet perçu : *Intellectus est prior voluntate, sicut motivum mobili et activum passivo : bonum enim intellectus movet voluntatem* [3]. Enfin, c'est une erreur de dire que dans la volonté réside proprement la personnalité humaine, rigoureusement parlant; parce que la personnalité humaine consiste proprement dans la subsistance incommunicable de l'être en une nature raisonnable.

223. Quant au second reproche : que la raison n'est pas proprement la puissance première de l'homme, et qu'elle ne vient qu'après l'entendement; cette accusation semble supposer que l'entendement et la raison sont deux puissances distinctes. Or, nous l'avons démontré, l'une est identique à l'autre; et, sous deux noms différents, elles ne font qu'exprimer deux fonctions diverses d'une seule et même faculté. Ensuite, qu'il soit plus exact, dans la définition de l'homme, d'employer la seconde dénomination plutôt que la première, c'est ce que nous croyons avoir suffisamment démontré dans l'article précédent. Car la faculté de raisonner est ce qui détermine le degré propre et spécifique de l'intellect humain; et la différence qu'on joint au genre, dans la définition d'une essence, doit précisément exprimer cette détermination spécifique. L'intelligence humaine n'arrive que par le raisonnement à connaître les vérités virtuellement contenues dans les

---

[1] S. Thomas. In 2. *De anima*, lect. 1.
[2] S. Thomas. *Qq. Disp.* Quæstio 1 *De veritate*, a. 10
[3] S. Thomas. *Summa theol.*, 1 p., q. 82, a. 3, ad 2.

principes immédiatement connus, et l'intuition même de ces principes tend à donner naissance en lui à la faculté discursive. L'entendement humain est donc discursif de sa nature, et, par conséquent, il est bien plus convenable qu'il entre, sous cet aspect, dans une définition exacte de l'homme, que sous l'autre plus générique et plus indéterminé. Si l'on exprimait dans une définition de ce genre la qualité d'*intelligent*, il resterait encore à déterminer de quelle nature est l'acte propre de cette intelligence; s'il est parfait, comme dans les anges, qui, dans les principes, voient immédiatement les conséquences; ou imparfait, comme de fait il l'est, n'ayant la perception immédiate que des vérités premières et universelles, avec une capacité et une tendance à en déduire peu à peu les conséquences. Au contraire, en le qualifiant de *raisonnable*, on explique implicitement le caractère d'intelligent, puisque l'acte de raisonner suppose l'acte de comprendre. Telle est, sans doute, la raison pour laquelle les Scolastiques ont préféré ce terme, et non celle que Rosmini suppose, avec peu de respect, à ces investigateurs si subtils et si pénétrants [1].

224. A l'égard du troisième défaut, à savoir, que la définition d'animal raisonnable induirait à croire que la raison est, dans

---

[1] Ce qui poussa l'école, dit Rosmini, à définir l'homme un animal raisonnable, plutôt qu'intelligent, ce fut l'observation qu'elle fit, « que la qualité de raisonnable distingue l'homme, non seulement des bêtes, mais des intelligences angéliques qui comprennent et ne raisonnent pas » (endroit cité, p. 24). Sur quoi il loue la subtilité et la pénétration des Scolastiques, en ajoutant, que néanmoins la raison proposée ne lui semble pas admissible. Un tel éloge semble équivaloir à un outrage, puisque telles auraient été leur pénétration et leur attention, qu'ils ne seraient pas parvenus à voir ce que Rosmini observe ensuite; savoir, que même en introduisant dans la définition l'épithète *d'intelligent*, au lieu de celle de *raisonnable*, l'homme serait resté suffisamment distingué des anges par l'animalité, et des bêtes par l'intelligence. Mais, comme nous le disons, la véritable raison pour laquelle S. Thomas et les Scolastiques ont préféré l'épithète de raisonnable, n'a pas été le besoin de distinguer l'homme de l'ange d'une façon quelconque, mais de le distinguer de telle sorte, qu'il exprime la qualité spécifique de l'intelligence humaine, qui est d'être, à l'égard du vrai, non simplement perceptive, mais discursive.

l'homme, un attribut de l'animalité; il nous semble que Rosmini n'avait pas bien songé à la nature de la définition qui se fait, non par la description et le dénombrement des propriétés, mais par le genre prochain et la différence spécifique. La différence, aussi bien que le genre, exprime l'essence de la chose définie ; bien que celui-ci l'exprime par rapport aux caractères qui sont communs à d'autres natures voisines, et celle-là par rapport aux caractères par lesquels le défini en diffère. Or, l'homme se confond avec la brute, par la vie végétative et sensitive ; il s'en distingue, par l'âme, qui est en lui la source de la vie et de la sensation, aussi bien que de la pensée et du raisonnement. Le premier caractère se rend par le mot *animal*, et le second par le mot *raisonnable* : *Animal significat id quod habet materiam sensitivam ; rationale vero quod habet naturam intellectivam ; homo vero quod habet utrumque* [1]. Nous ne saurions comprendre comment Rosmini a pu ajouter que les Scolastiques, après avoir défini l'homme un animal raisonnable, se trouvèrent ensuite grandement embarrassés, quand ils voulurent démontrer que l'âme humaine est la forme du corps, en alléguant, pour preuve, l'article 1er, question 75me, première partie de la *Somme théologique* [2]. Au contraire, cette définition posée, il nous semble qu'appeler l'âme intellective, *forme substantielle du corps*, n'est plus qu'un corollaire très-évident. Car, puisque la différence spécifique doit résulter de la forme du défini ; si cette différence, dans l'homme, est la raison, force est de conclure que le principe d'où procède en lui la raison (lequel ne peut être que l'âme intellective), est le même qui informe le corps humain, et qui, en l'informant, le rend participant de la vertu de sentir, se réservant exclusivement celle de comprendre et de raisonner. Et, de fait, nous voyons que saint Thomas procède précisément de cette manière dans l'article cité. Voici comment il raisonne : *Differentia sumitur a forma rei ; sed differentia constitutiva hominis est rationale, quod dicitur de homine respectu intellectivi principii ; intellectivum ergo principium est forma hominis.* Donc, définir l'homme un animal raisonnable, n'est pas embarrasser,

---

[1] S. Thomas. *Summa theol.*, 1 p., q. 85, a. 5, ad. 3.
[2] *Antropologia*, pag. 23

mais aplanir la voie, pour prouver que l'âme intellective est la forme de l'homme, ou, en d'autres termes, la forme du corps; manière diverse, mais équivalente, de parler.

225. Après ces explications, on ne voit pas pour quelle raison, à cette définition de l'homme, si ancienne et si commune chez les docteurs catholiques, on devrait substituer cette autre : *sujet animal doué d'intelligence et de volonté*. Nous avons déjà vu que la notion de *raisonnable* est plus exacte que celle *d'intelligent*; et que la notion de *volitif* n'est pas nécessaire, parce qu'elle est implicitement contenue dans la première, comme une qualité qui en découle naturellement. Ajouter ensuite le mot *sujet* est chose tout à fait superflue, puisqu'il est contenu dans celui d'*animal*, pris substantivement. Et, de fait, que signifie *animal* ? un être vivant et sensitif. Que signifie *être vivant*? une substance qui se meut d'elle-même. Donc, en substituant au mot *animal* ses équivalents, la définition d'animal raisonnable revient à celle-ci : Une substance qui se meut d'elle-même, sent et raisonne. Voilà le sujet demandé par Rosmini, sujet auquel on attribue à titre égal, la vie, la sensibilité, la raison, de manière que l'une ne soit pas plus privilégiée que les autres. Que si l'idée de substance, de beaucoup meilleure ici que celle de sujet, conjointement avec les idées de vitalité et de sensibilité, s'exprime par un seul mot, *animal*, auquel, comme caractère spécifique, on adjoint la notion de *raisonnable*; on ne fait, en cela, qu'obéir à la loi de la brièveté d'une bonne définition, loi reconnue de tous les logiciens.

Enfin, la seconde définition proposée à la place de l'ancienne, supposant l'intuition innée de l'être (une découverte de notre temps!), a, en outre, l'inconvénient très-grave de ne pouvoir trouver place dans une définition (laquelle, comme chacun sait, doit exprimer l'essence de la chose définie); et de dire, en termes bien clairs, que, depuis une soixantaine de siècles, le genre humain ignore quelle est sa propre essence. Ce qui, peut-être, paraîtra à d'autres une bagatelle, mais nous semble, à nous, un paradoxe si énorme, que nous ne saurions, en aucune façon, nous décider à le digérer.

ARTICLE V.

L'INTELLIGENCE EST UNE FACULTÉ INTRINSÈQUEMENT INORGANIQUE.

226. L'homme, outre la sensibilité, possède l'intelligence. Cette intelligence est en lui essentiellement discursive, c'est-à-dire, faite pour raisonner. Donc, l'homme doit rigoureusement se définir : un animal raisonnable. C'est ce que nous avons établi dans l'article précédent. Il nous faut maintenant considérer l'intelligence en elle-même, au point de vue sous lequel elle se distingue essentiellement de la sensibilité. Ceci est d'une souveraine importance pour la science psychologique, et pour toutes les sciences qui, d'une manière quelconque, se rattachent à elle. Aussi éprouve-t-on un véritable dégoût, quand on voit qu'il est presque impossible d'ouvrir un livre de zoologie ou de physiologie, sans y rencontrer quelques pages de la plus pitoyable confusion entre la sensation et l'intelligence. Ceux qui ont écrit sur ces sciences, reconnaissent, en général, de l'intelligence jusque dans les brutes, et ne parlent de celle de l'homme que comme si elle n'en était qu'un degré plus développé et plus parfait. Nous en avons un exemple dans ce que disent à ce sujet deux des hommes les plus illustres dont s'enorgueillisse notre siècle. Cuvier, en essayant d'énumérer les fonctions, comme il dit, intellectuelles des animaux, affirme sans hésiter que, bien que les brutes les plus élevées le cèdent, sous ce rapport, infiniment à l'homme, toutefois elles font, avec leur intelligence, des actions du même genre. « Les animaux les plus parfaits sont infiniment
» au-dessous de l'homme pour les facultés intellectuelles, et il
» est cependant certain que leur intelligence exécute des opéra-
» tions de même genre [1]. » Et Bichat, dans un paragraphe qu'il décore de ce titre extravagant : « Tout ce qui est relatif à l'entendement appartient à la vie animale, » s'exprime ainsi : « Il est
» inutile, je crois, de s'arrêter longuement à prouver que la mé-
» ditation, la réflexion, le jugement, tout ce qui tient, en un

---

[1] *Le règne animal*, Vol. 1, Introduct. Exposé rapide des fonctions intellectuelles des animaux.

» mot, à l'association des idées, est le domaine de la vie animale[1]. » Nous pourrions prouver le même fait par le témoignage de beaucoup d'autres zoologistes ou physiologistes, qui, imbus des coupables maximes de la philosophie sensualiste de leur temps, ne surent concevoir l'intelligence que comme une dérivation et une évolution de la perception sensitive.

227. Dans le but de purger d'une tache si honteuse les sciences naturelles, d'où elle a passé dans les sciences médicales, il faut que les philosophes mettent tous leurs soins à démontrer, par des arguments solides et non par des preuves en l'air, la différence essentielle qu'il y a entre la sensibilité et l'intelligence; puisque celle-ci, par elle-même, n'a rien à démêler avec l'animalité, et qu'elle ne se trouve en l'homme qu'en tant que, s'élevant au-dessus des brutes, il participe à la nature des purs esprits. Afin de rendre cette conséquence lumineuse, il faut avoir toujours l'œil fixe sur deux points : le sujet et l'objet; attendu que toute faculté sort d'un sujet, et se porte sur un objet. C'est ce que fait très-bien S. Thomas d'Aquin, en réduisant les diversités profondes qui séparent l'intelligence de la sensibilité, à deux grandes différences, l'une objective, et l'autre subjective, desquelles, comme d'une fontaine, découlent toutes les autres. La différence objective consiste, selon lui, en ce que là où la sensation ne perçoit que l'élément individuel, particulier, sous des circonstances déterminées de temps et de lieu, l'intelligence saisit l'universel qui a son application partout et toujours. *Differt sensus ab intellectu et ratione, quia intellectus vel ratio est universalium, quæ sunt ubique et semper; sensus autem est singularium, quæ sunt hic et nunc*[2]. Quant à la différence subjective, il la fait consister en ce que la sensibilité est une faculté organique, tandis que l'intelligence est une faculté inorganique : *Hæc est differentia, qua differt cognitio intellec-*

---

[1] *Recherches physiolog. sur la vie et la mort.* Première partie, art. 6, § 1. Saint Jean Chrysostome attribue cette confusion à l'influence diabolique : *Hoc semper egit diabolus ut ostenderet nostrum genus nihil differe a brutis, quando nonnulli in opinionem tam peregrinam et absurdam venerunt, ut animalia rationis expertia dixerint rationalia.* (Chrysost., Hom. 4. in Actus Apost.)

[2] *De sensu et sensato*, lect. 1.

tualis a sensitiva, quod sentire est aliquid corporeum, non enim operatio sensus est sine organo corporali; intelligere autem non est aliquid corporeum; quia operatio intellectus non est per organum corporeum [1]. Nous suivrons les vues du S. Docteur; et, pour plus de simplicité, nous considérerons principalement la seconde différence, nous aidant néanmoins aussi de la première, puisqu'elles sont corrélatives entre elles, et que la première se déduit de la seconde, et réciproquement.

228. Comme la matière est essentiellement nécessaire pour constituer l'animal (car l'animal n'est pas l'âme seule, mais *le composé*); ainsi l'organe corporel est nécessaire pour constituer la puissance de sentir, puisque sentir est une opération propre de l'animal comme animal. Ce serait une étrangeté de croire que le corps de l'animal ne concourt à la sensation que comme objet seulement, même comme objet premier, ou comme instrument extrinsèque à l'acte, à peu près à la façon dont les lunettes concourent à la vision, en transmettant, d'une manière plus nette, à l'œil, les rayons de la lumière qui doivent le déterminer à la sensation visuelle. S'il en était ainsi, l'action de sentir serait émise proprement par l'âme seule; et, partant, l'être de l'animal, qui résulte de l'union de l'âme et du corps, n'aurait pas d'opération propre. Pour qu'il en ait une, il faut dire que l'organe concourt comme *principe* et sujet partiel de la sensation; puisque ce qui sent, n'est proprement ni l'âme seule, ni le corps seul, mais l'un et l'autre, le corps animé, ou l'âme incorporée. D'où vient justement que S. Thomas nous répète, en mille endroits, que sentir, *est actus organi corporalis*, et que les facultés sensitives *sunt potentiæ affixæ organis;* parce que, bien qu'elles aient dans l'âme leur racine dernière, elles résultent cependant prochainement, non de l'âme seule, mais du composé, c'est-à-dire, de l'organe vivifié par l'âme. La raison en est qu'elles résultent de l'animal; et que l'animal, nous le répétons encore, n'est pas l'âme seule, mais le composé.

229. Il n'en est pas ainsi de l'intelligence. Cette noble faculté appartient à l'homme, non selon le degré d'être que l'âme com-

---

[1] In 3. *De anima*, lect. 4.

munique au corps, mais selon le degré qu'elle possède en elle-même, et par suite l'intelligence vient de l'âme seule et non de l'organisme animé. *Animæ humanæ, quia excedit corporis capacitatem, remanet virtus ad operandum operationes quasdam, sine communicatione corporis, sicut intelligere et velle*[1]. L'homme est intelligent, non pas en tant qu'animal, mais en tant que, par l'immatérialité de son esprit, il tient de la nature des anges. L'acte de l'entendement n'est pas, comme la sensation, un acte dont le principe immédiat serait le composé, c'est-à-dire, l'organe informé par la vertu de l'âme; c'est un acte dont le principe immédiat est la vertu de l'âme seule, sans aucun concours intrinsèque du corps.

230. En vérité, si l'entendement dépendait intrinsèquement des organes, il devrait suivre les lois de toute faculté organique. Or, toute faculté organique suit en tout les altérations de l'organisme, puisque son acte se proportionne, d'une part, à la texture de l'organe; de l'autre, aux impressions qui sont produites en lui. Ainsi en arrive-t-il à la faculté de sentir : plus l'organe est parfait, plus parfaite est la sensation; et, selon que le *sensorium* se trouve plus ou moins impressionné, le sentiment qui en résulte croît ou décroît d'intensité. De plus, la faculté organique s'affaiblit et s'use par l'exercice même, parce que l'organe dont elle dépend s'use et s'affaiblit. Ainsi encore arrive-t-il aux sens. Placés dans une atmosphère odorante, bientôt nous n'y sentons plus aucune odeur. Un son, s'il est continu et monotone, ne se distingue plus. Le tact s'habitue en quelque sorte aux impressions de la douleur ou du plaisir, et finit par devenir insensible aux unes comme aux autres. Une lumière excessive éblouit la vue, et finit par altérer l'œil au point d'éteindre en lui la faculté de voir. Un mets d'abord agréable nous devient indifférent par l'excès, et il ne tarde pas à produire la satiété et les nausées. En troisième lieu, la faculté organique ne peut réfléchir sur elle-même, ni s'élever au-dessus des besoins de l'organisme, et beaucoup moins en contrarier les tendances. La raison de la première partie de cette proposition, c'est que la faculté organique, n'opérant pas sans le

---

[1] S. Thomas. Quæstio *De anima*, art. 10.

concours intrinsèque des organes, ne peut se tourner sur elle-même sans que l'organe en fasse autant ; et celui-ci ne peut se replier que sur une étendue distincte de lui. De là vient que l'œil ne peut voir son propre regard, pas plus qu'un autre sens ne peut percevoir l'acte même par lequel il perçoit. La raison de la seconde affirmation n'est pas moins évidente, puisqu'il est impossible qu'une faculté surpasse ou combatte le sujet qui l'emploie. D'où nous voyons que la sensibilité est en tout et partout l'esclave du corps.

231. C'est tout le contraire pour l'intelligence. Celle-ci, quoiqu'elle exige que les sens, principalement les sens internes, soient bien disposés, pour en abstraire les idées ; toutefois, excepté en ce seul point, elle s'écarte en tout le reste du procédé organique. Ses méditations sont d'autant plus élevées et plus profondes, que nous sommes plus soustraits aux impressions des choses extérieures ; et, quand les années de la vigueur sont passées, tandis que le corps, en avançant en âge, s'affaiblit, la perspicacité et le savoir de l'âme gagnent en force et en valeur. La pénétration de l'entendement s'accroît et s'aiguise par l'exercice ; la continuité de l'acte, au lieu d'inspirer le dégoût, augmente le plaisir et éveille un nouvel appétit. Plus on exerce la faculté de comprendre, de juger, de raisonner, plus elle se trouve disposée à répéter ses actes avec facilité. Plus une vérité est lucide et sublime, plus elle fortifie notre entendement ; et plus il l'approfondit, plus notre esprit éprouve de satisfaction. Et, en outre, nous n'exerçons pas seulement des opérations directes, mais encore des actes réfléchis, puisque notre intelligence se replie sur son acte propre et se compénètre elle-même, s'il est permis d'ainsi parler. Nous entendons notre entendement, et nous *repensons* la pensée déjà conçue. Enfin, en vertu de l'intelligence, nous nous soulevons au-dessus de toutes les exigences organiques ; nous en contrarions, nous en réprimons les impressions diverses. L'antagonisme entre la chair et l'esprit, entre les sens et la raison, entre le tempérament physique et les aspirations idéales, antagonisme d'où vient la lutte acharnée dans laquelle se consume toute la vie morale ici-bas, est une preuve éclatante de cette vérité. Comment pourrions-nous avoir l'empire et le libre arbitre sur nos tendances instinctives, si l'intelligence, et la volonté qui en ré-

sulte, n'avaient des actes propres, indépendants du concours intrinsèque de l'organisme ?

232. Ce fait devient plus manifeste encore, si nous considérons la différence *objective* qui existe entre la sensibilité et l'intelligence, puisque la condition de l'objet décèle nécessairement la condition de la puissance. La sensibilité, précisément parce qu'elle est une faculté organique, ne s'étend point par sa connaissance au delà de l'ordre corporel ; et, dans cet ordre même, elle perçoit seulement les individus concrets, capables d'influer sur ses organes, et elle ne les atteint que dans une entière proportion avec leur influence actuelle. La vue ne perçoit que la lumière, l'ouïe que le son, l'odorat que les odeurs. La faculté d'apprécier, qui est la plus élevée des *facultés sensitives* internes, et qui se trouve dans les animaux plus parfaits, ne s'applique qu'à quelques êtres concrets, relatifs aux seuls besoins matériels de l'être sensible. C'est pourquoi, la sensibilité se nomme justement *passive*, non qu'elle n'exerce une action réelle (puisqu'en ce cas, sentir ne serait pas un acte vital) ; mais parce que son action est totalement déterminée par l'impression de l'objet et la disposition du sujet.

Telle n'est point l'intelligence. Car, si nous considérons cette faculté comme percevant les vérités premières, et en tant que discourant par la voie du raisonnement, ou réfléchissant par la voie du sens intime, nous ne trouvons aucune limite qui circonscrive la sphère de ses opérations. Son objet adéquat est le vrai comme tel, c'est-à-dire, le vrai pris dans toute l'extension de son incommensurable domaine. De plus, l'entendement, uni au raisonnement, peut se porter sur tout objet où se révèle la qualité d'être et qui se distingue en quelque chose du néant. Ainsi nous pourrions contempler, et nous contemplons de fait, les corps et les esprits, les objets de la pensée et les actes mêmes de la pensée, les accidents et les substances, les effets et les causes, le fini et l'infini. Tout ce qui est idéal ou réel, subjectif ou objectif, conditionnel ou absolu, évident par soi-même ou pouvant se déduire de quelques prémisses, tout cela peut être l'objet de notre connaissance intellectuelle.

233. Que si l'on ne veut pas prendre l'intelligence comme faculté de raisonner, mais seulement en tant qu'elle se borne aux premiers concepts de l'esprit ; sous cet aspect encore, l'universalité

de son objet nous révèle son indépendance intrinsèque des organes. Car elle ne s'arrête pas, comme la sensation, à un simple fait déterminé, actuel et concret; mais elle en saisit l'essence, abstraction faite de toute circonstance particulière de lieu, de temps et d'autres conditions d'individualité matérielle. La sensation atteint un objet étendu, l'intellect se forme l'idée abstraite de l'extension. La sensation atteint une chose nouvelle; l'intellect conçoit la nouveauté d'existence, et la nécessité d'une cause dont toute nouvelle existence tire son origine. Il faut en dire autant de toute autre idée, dans laquelle nous percevons immédiatement une essence, non restreinte à tel ou tel individu corporel, et capable de se rencontrer en tous les êtres concrets, en ceux mêmes qui ne sont pas sujets à l'expérience. Mais l'universalité de l'idée ressort bien davantage, lorsque, s'élançant par de là le cercle entier des substances matérielles et même existantes, elle nous représente ce qu'on rencontre en toute participation de l'être, même possible. Ceci démontre avec évidence une diversité d'ordre tout-à-fait distinct entre les deux puissances, de la part de leur objet, et rend plus visible encore l'indépendance intrinsèque de l'intelligence, relativement à tout organe corporel; car l'action, étant un rejaillissement de l'être, ne peut jamais excéder le principe d'où elle procède. D'où il suit que le principe dont elle émane et le sujet en qui réside l'entendement, est l'âme seule, et non le composé; autrement, l'intelligence ne pourrait jamais abstraire des modifications propres de l'individu matériel, ni s'élever au-dessus du monde corporel.

ARTICLE VI.

DANS L'ÉTAT PRÉSENT D'UNION AVEC LE CORPS, NOTRE ENTENDEMENT DÉPEND EXTRINSÈQUEMENT DE L'ORGANISME.

234. Comme il est évident, d'après les raisons que nous avons données, que l'entendement est une faculté inorganique, il est également certain, que tandis que l'âme est unie au corps, notre entendement n'opère pas indépendamment de l'organisme. L'expérience la plus commune suffit pour nous en convaincre. Un petit enfant, en qui l'organisme est encore imparfait, ne raisonne

pas. En avançant en âge, à mesure que son corps va se perfectionnant, il devient plus capable de juger et de réfléchir, jusqu'à ce que, dans la décrépitude, lorsque les membres s'appesantissent et languissent, l'esprit, lui aussi, décline, et vieillisse ; l'on dit alors communément que l'homme, en cet état, retombe en enfance. Une méditation tant soit peu prolongée nous fatigue, et une oppression de tête nous empêche plus ou moins, parfois même entièrement, de penser. Les seuls phénomènes de la folie, nous montrent, du reste, évidemment, que les altérations organiques entraînent avec elles le désordre de l'esprit. Ces faits, et autres semblables, manifestent, sans aucun doute, la grande connexion qui existe entre les dispositions de l'organisme et les opérations de l'intelligence. Ce qui s'explique généralement par l'unité du composé humain, et par l'identité du principe dont découlent toutes les fonctions de la vie. Si l'âme, en effet, unie au corps, ne forme avec lui qu'un seul être, une seule substance agissante, il est évident que les facultés opératrices doivent suivre la condition du sujet, pris dans sa substance intégrale, et partant qu'elles sont, en quelque manière, enfantines dans l'enfant, vigoureuses dans l'homme fait, troublées s'il est dans le trouble, enfin sans consistance dans l'âge de la décrépitude. *Consensus unus, conspiratio una, consentientia omnia* ; d'après la sage formule d'Hippocrate. Il est tout naturel que l'âme, étant, dans l'état actuel, une partie de l'homme, soit, quoique partie principale, soumise dans ses opérations aux modifications de tout individu auquel elle appartient [1].

---

[1] Le P. Pianciani, dans son ouvrage intitulé : *Saggi filosofici*, s'arrête justement à ce fait, et l'éclaircit par des exemples tirés de la chimie. « Le mot célèbre, dit-il : *crescere sentimus pariterque senescere mentem*, pris littéralement, sent le matérialisme, et ne peut être admis en aucune manière ; mais je n'oserais pas blâmer celui qui dirait que l'âme incorporée, ou mieux, que le composé, âme et corps, l'homme, croît en force intellective, languit, s'affaiblit, devient vieux, ou tombe en enfance. Ceci est un fait. Mais il ne s'ensuit pas que l'âme s'altère et se corrompe, et par conséquent qu'elle soit matière. Il s'ensuit seulement qu'elle est substantiellement unie à un corps organique, d'abord faible et imparfait, ensuite vigoureux, grandissant, et propre à ses fonctions, et enfin affaibli, débile, perdant de jour en jour une partie de sa force, et par cela même impropre à accomplir ses fonctions. Combinez un morceau de

De plus, le principe dont toutes nos facultés opératives procèdent comme de leur racine, étant unique, il s'ensuit que si l'une d'entre elles prédomine, en dehors de l'équilibre convenable, elle entraîne presque toute l'énergie du sujet, et partant, elle empêche, ou ralentit, ou au moins trouble l'opération des autres. Mais une explication déterminée et toute spéciale de la dépendance, que les fonctions intellectuelles semblent avoir à l'égard des dispositions de l'organisme, résulte du besoin que l'âme humaine a des sens, pour acquérir et employer ses idées, pendant son union avec le corps. Nous avons démontré ce point quand nous avons traité de l'origine de nos conaissances [1]; nous ne ferons ici qu'en rappeler la théorie à nos lecteurs.

235. L'homme, en venant au monde, n'apporte pas avec lui ses idées, selon l'opinion plus ou moins modifiée de Platon : il ne va pas non plus les puiser dans je ne sais quelle intuition immédiate de Dieu, selon les rêves, plus ou moins embellis, de Malebranche. L'une et l'autre opinion a contre elle la raison et l'expérience, et rendrait contre nature l'union de l'âme avec le corps. La connaissance intellectuelle, proportionnée à notre âme, dans son état d'union avec le corps, résulte des objets sensibles, par le moyen de l'abstraction. Pour cela, elle a besoin d'un double élément : d'une représentation sensible dans l'imagina-

---

métal avec une petite portion d'oxygène, vous obtiendrez un sous-oxyde, c'est-à-dire, un oxyde imparfait, incapable de se combiner avec des acides et de former des sels. La quantité du métal demeurant toujours la même, augmentez la proportion de l'oxygène : ce composé passera à l'état d'oxyde parfait, capable de faire avec des aides des sels neutres. Augmentez encore l'oxygène ; il se changera en peroxyde, moins capable, ou même entièrement incapable de produire des sels, en se combinant avec des acides. Il est certain que le métal ne souffre ni altération ni corruption ; bien que, par suite des variations du corps avec lequel il est combiné, il manque d'abord d'une qualité, la reprenne ensuite, et enfin la perde de nouveau, par une cause toute contraire à celle qui l'en privait au commencement. Un corps simple, qui fait partie d'une substance organisée, ne se corrompt pas, ni ne doit se prendre pour composé et corruptible ; car un autre composant, non simple, en se corrompant, entraîne la corruption de la substance même dont le simple et le composé faisaient partie. » (Vol. 1, pag. 248.)

[1] *Della Conoscenza intellettuale*, Vol. 2.

tion, savoir, d'un fantôme; et d'une lumière intellectuelle, capable d'en abstraire les raisons intelligibles. *Cognitio quam per naturalem rationem habemus, duo requirit : scilicet phantasmata a sensibus accepta, et lumen naturale intelligibile, cujus virtute intelligibiles conceptiones ab eis abstrahimus* [1]. De là vient que l'objet de l'intelligence humaine, dans l'état présent, est toujours une chose *intelligible*, perçue dans un élément sensible; car elle est une faculté intellective, demeurant dans un sujet sensitif. C'est pourquoi notre âme intelligente, durant son union avec le corps, ne peut pas abstraire les idées premières; elle ne peut même pas se rappeler celles qu'elle a déjà abstraites, sans recourir aux fantômes. *Impossibile est intellectum secundum præsentis vitæ statum, quo passibili corpori conjungitur, aliquid intelligere in actu, nisi convertendo se ad phantasmata* [2]. Le sujet, comme nous l'avons indiqué, y a autant de part que l'objet. La raison en est que l'homme n'est pas une pure intelligence, mais un être intelligent sensitif; et que l'idée tirée d'un objet sensible, représente quelque chose d'universel, qui resplendit dans un objet particulier.

236. De ce concours nécessaire de l'imagination à l'exercice de l'intelligence, dans l'état présent, on tire l'explication des phénomènes que nous venons de signaler. En effet, comme le cerveau est l'organe de l'imagination, il est évident que, dans un enfant, l'intelligence ne peut agir, jusqu'à ce que cet organe soit assez développé pour servir à l'exercice de cette puissance. Quand le cerveau de l'enfant a atteint le degré de perfection requis, alors l'intelligence entre en exercice, en commençant par les conceptions les plus universelles et les plus indéterminées; comme il arrive de toute faculté qui passe de la puissance à l'acte, et qui, par conséquent, tend à se perfectionner peu à peu. Le mouvement progressif de l'entendement vient après. L'entendement développe ensuite ses forces, dans l'abstraction de nouvelles idées; au moyen de l'expérience, et de la comparaison réciproque des mêmes idées, il acquiert peu à peu l'habitude du jugement et du raisonnement.

[1] S. Thomas. *Summa theol.*, 1 p., q. 12, a. 13.
[2] *Ibidem*, q. 84, a. 7.

ARTICLE VII.

L'HOMME, PAR LÀ MÊME QU'IL POSSÈDE LA FACULTÉ DE COMPRENDRE, POSSÈDE AUSSI LA FACULTÉ DE VOULOIR.

240. La vie humaine, proprement dite, est celle qui appartient à l'homme comme homme, c'est-à-dire, comme distinct de la brute. Elle doit donc se manifester dans l'exercice des facultés qui n'appartiennent qu'au seul être raisonnable, c'est-à-dire, dans l'exercice de l'intelligence et de la volonté. Nous avons déjà parlé de la première; disons un mot de la seconde.

Remarquons d'abord que ces deux facultés sont si étroitement liées entre elles, que l'une est la conséquence naturelle et nécessaire de l'autre. Il est clair, en effet, qu'un sujet doué de connaissance, doit aussi nécessairement être doué d'appétition, et que l'appétition doit être dans le même ordre que la connaissance.

Toute nature, étant dirigée vers un but, doit, en vertu de sa constitution intrinsèque, avoir nécessairement une tendance vers ce but. Toute forme, observe saint Thomas, donne lieu à une inclination, comme toute flamme tend à s'élever en haut, et à produire d'autres flammes. *Quamlibet formam sequitur aliqua inclinatio; sicut ignis ex sua forma inclinatur in superiorem locum et ad hoc quod generet sibi simile*[1]. La raison en est que nulle chose ne peut être indifférente à ce pourquoi elle est faite, et que toute chose est faite pour sa propre fin. Il faut donc que, dans tout sujet, dans toute faculté, se trouve une propension innée pour ce qui lui est convenable selon l'ordre naturel : cette propension s'appelle *appétit naturel* dans le sens métaphorique; ou bien, *tendance naturelle* dans le sens propre. Ainsi, tous les corps, par la vertu de répulsion qu'ils possèdent, tendent à conserver leur propre existence; ainsi, l'œil cherche naturellement la lumière, et se repose sur un objet visible.

241. Mais, outre cette tendance universelle des êtres et de leurs facultés, il faut, dans les êtres doués de connaissance, reconnaître une faculté distincte, qui les porte, par un acte vital, vers le bien

---

[1] S. Thomas. *Summa theol.*, 1 p., q. 80, a. 1.

connu ; une faculté qui leur appartienne exclusivement. En vérité, l'être doué de connaissance, outre la forme naturelle qui le constitue dans sa subsistance physique et réelle, s'empare, par la connaissance, de la forme des choses connues. Cette forme, d'un ordre tout-à-fait différent, doit produire dans le sujet une tendance corrélative, par laquelle il se repose dans sa possession, ou bien il tend à s'en emparer davantage. C'est ce qui paraît plus manifeste, si l'on fait les deux considérations suivantes. La première, que l'objet perçu se présente souvent, non comme le bien de la puissance même qui l'a perçu, mais comme le bien du sujet agissant par rapport à une autre de ses puissances. Cette dernière ne se contente pas de la possession obtenue par la simple connaissance ; elle exige de plus la possession réelle de l'objet. Alors une nouvelle appétence se réveille dans le sujet; il tend à posséder réellement l'objet qu'il possède déjà en quelque manière par la connaissance. Ainsi, par exemple, quand on connaît la santé, on n'est pas satisfait d'en avoir la simple perception ; mais on désire aussitôt l'obtenir, et la conserver. La seconde considération est que l'être intelligent poursuit le bien qui lui est propre, non pas en aveugle, mais en vertu d'une connaissance préalable. Il faut donc qu'il ait une faculté appétitive, par laquelle il se porte à chercher le bien déjà connu, comme convenable à sa nature. Si cette connaissance ne produisait aucune affection en lui, il demeurerait indifférent par rapport à l'objet connu : par conséquent, il n'aurait nulle raison de tendre à s'en procurer la possession.

242. Or, cette tendance, suite nécessaire de l'acte de la connaissance s'appelle *appétit élicite*, et appartient exclusivement aux êtres doués de connaissance. De plus, l'effet étant proportionné à la cause, suivant les divers degrés de connaissance d'un sujet, on aura un *appétit élicite* de degrés différents. Cet appétit ne dépassera donc pas les limites de la sensibilité, dans un sujet purement sensitif; et constituera par conséquent en lui une faculté organique. Il est ainsi des brutes : leur *appétit* ne se porte que vers les biens matériels ; il agit avec une dépendance intrinsèque du corps, et de là il reçoit le nom *d'appétit sensitif*; il sera enfin *concupiscible* ou *irascible*, suivant qu'il se rapporte au bien considéré simplement comme bien, ou au bien en tant que

sa possession offre des obstacles. Au contraire, dans un sujet purement intellectif, *l'appétit élicite* sera une faculté tout-à-fait inorganique, puisqu'elle réside dans l'esprit seul. Il en est ainsi dans les anges : leur *appétit élicite* ne regarde que les biens spirituels ; il s'appelle volonté. La volonté est donc la puissance par laquelle on tend à l'objet connu par l'intelligence. Dans l'homme il y a l'animalité et l'intelligence ; le corps de l'homme, n'est pas informé par une âme quelconque, mais par une âme qui est un véritable esprit. L'homme doit donc avoir un double *appétit*, le *sensitif* et l'*intellectif*. Le premier dérive de l'animalité ; le second de sa différence spécifique comme animal raisonnable. L'un suit la perception sensible ; l'autre le jugement de l'intelligence ; l'un nous porte aux biens matériels et transitoires ; l'autre, nous élève aux biens spirituels et éternels. Par l'appétit sensitif, nous partageons la passion de la brute ; par l'appétit intellectif, nous participons aux affections des anges, et nous devenons ainsi, une fois de plus, l'image de Dieu, par voie d'amour.

243. Néanmoins, comme l'intelligence peut percevoir et juger même les objets corporels, sous le rapport de leur vérité, de même, la volonté peut les *appéter* sous le rapport de leur bonté. Mais, quel que soit l'objet vers lequel la volonté se porte, il doit toujours lui être proposé par l'intelligence. La volonté, dit S. Thomas, ne signifie pas un appétit quelconque, mais l'appétit raisonnable : *Voluntas nominat rationalem appetitum* [1]. C'est une faculté qui germe de l'intelligence, et l'ordre qui existe entre les facultés doit régner aussi entre les actes qu'elles produisent.

244. En ceci, nous nous éloignons de l'opinion de Rosmini. Ce philosophe croit que la volonté peut agir sur un objet présenté uniquement par l'instinct sensitif, sans un jugement préalable de l'intelligence. « L'instinct sensitif, dit-il, ne présente
» pas à la volonté un bien perçu comme tel par l'intelligence,
» mais par les sensations agréables, qui ne sont pas l'objet
» propre de la volonté. Elle peut pourtant s'y porter, obéissant
» aveuglément au sujet qui la donne, et qui lui donne un mou-
» vement physique [2]. »

---

[1] S. Thomas. *Summa theol.*, 1. 2, q. 6, a. 2.
[2] *Antropologia*, lib. 3, sez. 2, c. 8, a. 1, p. 379.

L'opération d'une puissance sur un objet qui ne lui serait pas propre, est inconcevable. Autant vaudrait-il dire que l'œil pourrait voir les sons, que les oreilles pourraient ouïr les couleurs. Si l'objet propre de la volonté est le bien proposé par l'intelligence, il est évident que, lorsque l'intelligence n'agit pas, l'objet propre de la volonté manque ; or, une faculté ne saurait agir sans son objet propre. L'unité du sujet, à la fois *animal et volitif*, à laquelle Rosmini a recours, n'élude pas la difficulté ; car l'unité du sujet, doué de deux puissances diverses, suffit, il est vrai, à faire que l'opération de l'une détermine l'opération de l'autre ; mais alors seulement que l'objet de la première peut également être l'objet de la seconde. Or, l'objet sensible, tant qu'il demeure sensible, c'est-à-dire, tant qu'il n'est pas perçu par l'intelligence, ne touche en rien à la volonté ; puisque cette faculté, comme nous l'avons dit, est un appétit intellectuel, et par conséquent, ne se meut qu'après l'appréhension de l'intelligence. Donc, avant cette perception de l'intelligence, l'homme ne peut *appéter* l'objet senti que par l'appétit animal. Autrement, s'il est vrai, comme Rosmini l'affirme, que dès que l'homme est mû par l'instinct vers un objet sensible, toutes les facultés humaines sont comme excitées vers ce même objet ; on ne voit pas pourquoi, parmi ces facultés ainsi excitées, on ne compterait pas l'intelligence. D'ailleurs, si l'intelligence est excitée elle aussi, son acte précédera, sans doute, celui de la volonté, qui lui est subordonnée. Ainsi, toutes les puissances humaines concourent à l'acte humain ; mais en conservant l'ordre de leur dépendance naturelle.

ARTICLE VIII.

LA VOLONTÉ HUMAINE EST LIBRE.

245. Sous le nom de liberté, nous n'entendons pas, ici, la simple immunité de tout empêchement, de toute coaction ; mais nous entendons aussi l'exemption de toute nécessité. Etre libre, c'est avoir le domaine de ses actes, et se déterminer de soi-même à une action plutôt qu'à une autre. C'est ce qu'enseigne saint Thomas, et avec lui tous les Docteurs catholiques,

qui, unanimement, font consister la liberté en ce que : *voluntas seipsam determinat ad agendum.*

L'immunité de tout empêchement est une condition nécessaire à l'action d'une puissance ; sans cette condition, l'intelligence, et même les sens, ne sauraient produire leurs actes. Cette observation s'étend même aux êtres inanimés : ainsi, par exemple, nous disons qu'un corps pesant doit être libre, c'est-à-dire, non empêché, pour tendre au centre de la terre ; que l'eau d'un fleuve doit être libre, pour suivre son cours. Ensuite, l'absence de toute coaction ne constitue, à proprement parler, que la spontanéité de l'acte ; et elle appartient généralement à toute appétition. Celle-ci, étant un acte vital, ne peut pas procéder d'un principe extrinsèque. C'est pourquoi les philosophes remarquent que la volonté ne peut jamais souffrir violence dans ses actes élicites ; puisqu'il répugne qu'un acte soit contraire à la tendance du sujet (ce qui constituerait la violence), et qu'en même temps il soit produit par cette tendance, ainsi qu'il en est de toute volition. Car la volition n'est autre chose que le développement actuel d'une tendance innée. *Coactionis necessitas omnino repugnat voluntati. Nam hoc dicimus esse violentum, quod est contra inclinationem rei; ipse autem actus voluntatis est inclinatio quædam in aliquid.*[1]. Mais, comme nous l'avons dit, ce n'est pas la liberté dont nous parlons. Il s'agit de cette liberté qui, toutes les conditions nécessaires pour agir étant données, permet de produire ou de suspendre l'action, de produire cette action plutôt que telle autre[2].

---

[1] (S. Thomas. *Summa theol.*, 1. p., q. 82, a. 1.) La volonté ne peut subir de violence et de coaction que dans les actes qu'elle commande. Nous voulons, par exemple, mouvoir un bras, et nous en sommes empêchés par un obstacle que nous oppose une force plus grande. En pareil cas, la volonté ne souffre pas d'opposition en elle-même, c'est-à-dire, dans l'acte qui procède d'elle immédiatement ; mais dans l'un de ses effets, c'est-à-dire, dans l'influence qu'elle exerce sur les membres du corps.

[2] Rosmini se fait cette question : En quoi consiste la liberté de l'acte? Il y répond : Dans un sens strict, elle consiste à ne pas subir de nécessité. Mais il est étonnant que, définissant, immédiatement après, l'acte libre, il ajoute : L'acte libre est cet acte de la volonté qui n'est déterminé par aucune cause nécessaire, différente du principe volitif. Ici, évidemment, il y a une faute d'impression ou une distraction de l'auteur. En

246. C'est cette liberté que nous affirmons de notre volonté ; et le témoignage de notre conscience suffit pour nous convaincre de son existence. Car chacun de nous sent en lui-même qu'il a souvent le domaine de ses actes, qu'il est le maître de sa volonté. Nous pouvons à notre gré, nous déterminer à demeurer assis, à nous tenir debout, à rester à la maison, à sortir ; à nous asseoir à notre table, ou pour manger, ou pour étudier. Et ce que nous disons de ces déterminations de tous les moments, il faut le dire aussi d'autres actes moins fréquents ; comme des délibérations que nous prenons sur l'emploi de nos talents et de notre fortune, les différentes occupations de la vie, les combats entre la vertu et le vice. Dans ces cas, et en d'autres semblables le sens intime nous dit que nous nous déterminons nous-mêmes, et que, par suite, nous méritons la louange ou le blâme que ces actes peuvent nous attirer. Or, ce témoignage de notre conscience est si clair et si évident, qu'en douter serait douter de notre propre existence. La liberté donc est un fait intérieur, qui se manifeste à nous de lui-même, toutes les fois que nous rentrons en nous-mêmes par la réflexion. Il n'y a là aucun danger d'illusion ; car nous percevons par la réflexion l'acte de la volonté en lui-même aussitôt qu'il se produit en nous ; en sorte que nous n'en sentons pas seulement l'existence, mais aussi le mode de sa dérivation intrinsèque.

247. De plus, chacun sent en soi-même une voix impérieuse, qui commande certaines actions et en défend d'autres ; chacun se sent tellement lié par ce commandement, que s'il le transgresse, il en éprouve des remords, il se condamne lui-même. En outre, chacun comprend, avec toute la clarté de l'évidence, que l'obligation morale est impossible pour ce qui n'est pas en son pouvoir, et que la conscience ne peut pas lui reprocher ce qui ne dépend pas de lui : *Quis non clamet, stultum esse præcepta*

---

effet, d'après cette définition, il suffirait, pour que la liberté existât, que l'acte fût déterminé par une cause nécessaire, mais non distincte du principe qui veut ; ou bien qu'il fût déterminé par une cause distincte de ce principe, mais libre. Pour échapper au défaut de cette définition, il faut dire : L'acte libre est cet acte de la volonté qui n'est déterminé par aucune cause nécessaire, ni distincte du principe qui veut.

dare ei, cui liberum non est, quod præcipitur, facere [1]? De plus, si l'homme accomplit ce que le devoir lui impose, il se sent meilleur, digne de louange et de récompense; si, au contraire, il ne l'accomplit pas, il se sent comme dégradé, digne de blâme et de châtiment. Or, comment un pareil sentiment pourrait-il subsister avec l'évidence que nous avons, de cette vérité, que l'on ne peut imputer à l'agent une action, qu'il ne saurait produire ou omettre à son gré? Ce sentiment invincible, cette conviction irrésistible, ne sont-ils pas une preuve incontestable que nous avons le choix libre de nos actions? Saint Augustin a dit à ce propos : *Illud bonum, quo commendatur ipsa justitia in damnandis peccatis recteque factis honorandis, quomodo esset, si homo careret libero voluntatis arbitrio? Non enim aut peccatum esset aut recte factum, quod non fieret voluntate* [2].

Enfin, pour ne pas nous étendre inutilement sur une vérité aussi patente, chacun de nous éprouve le besoin de discuter, de consulter, de peser ses raisons avant d'agir ; chacun juge de l'opportunité des conseils et des exhortations qu'on lui donne, ou qu'on adresse à d'autres ; chacun sent la force des menaces ou l'attrait des promesses, quand il doit se décider pour un parti. Or, tout cela serait inutile, et même inconcevable, si l'action ne dépendait pas de nous, et si nous n'avions pas la liberté du choix. Consultons-nous, interrogeons-nous nos voisins pour savoir si nous devons grandir et vieillir, exercer les fonctions nutritives, ressentir les impressions de l'atmosphère, ou l'aiguillon de la faim? La liberté est donc, en nous, un fait attesté par l'observation interne; et il n'est pas besoin d'autres preuves pour en établir l'existence. Il convient plutôt d'examiner pourquoi la volonté est libre. Cet examen nous servira aussi à démontrer, *à priori*, l'existence de la liberté. Mais nous devons exposer auparavant en quoi consiste l'acte libre, et quel est son objet.

---

[1] *De Fide contra Manich. In append.*, tom. 8. *Operum* S. AUGUSTINI.
[2] *De libero arbitrio*, lib. 2, c. 1.

ARTICLE IX.

LA LIBERTÉ CONSISTE FORMELLEMENT DANS L'ÉLECTION : ELLE S'EXERCE SUR LES BIENS FINIS, QUI N'ONT PAS UNE CONNEXION NÉCESSAIRE AVEC LA FIN DERNIÈRE.

248. Que la liberté ne soit autre chose que la faculté de choisir, c'est une vérité expressément enseignée par S. Thomas : *Liberum arbitrium nihil est aliud quam vis electiva* [1]. Car nous déterminer de nous-mêmes à agir, c'est vouloir de telle manière, que nous puissions ne pas vouloir ; ce qui revient à dire que nous faisons une élection, puisque nous embrassons un parti, et en rejetons un autre : *Ex hoc liberi arbitrii esse dicimur, quod possumus unum recipere, alio recusato; quod est eligere* [2].

L'élection, comme il est évident, renferme toujours un choix. Il faut, par conséquent, que plusieurs choses, deux au moins, soient présentées à la volonté, afin qu'elle puisse choisir entre elles. Pourtant, il n'est pas nécessaire que ces deux choses soient deux objets matériellement distincts; il suffit de deux différents aspects d'un seul et même objet, qui, considéré sous l'un ou sous l'autre rapport, puisse attirer notre volonté ou la repousser. Ainsi, que l'on nous propose l'étude d'une science, l'objet est unique, mais puisque nous pouvons considérer dans cette science l'accroissement de nos connaissances, ou la fatigue qu'exigera son étude; nous pourrons l'entreprendre ou la laisser, suivant que nous nous arrêterons à la première ou à la seconde considération. Bien plus, il faut remarquer que si nous ne pouvions pas exercer l'élection sur un seul objet, nous ne le pourrions pas non plus sur plusieurs; puisque le choix de l'un d'entre eux n'est libre qu'en raison de ce que nul d'entre eux ne nous nécessite. Or, n'être nécessité par aucun de ces objets, c'est pouvoir embrasser ou rejeter chacun d'eux. En effet, si chaque objet, pris à part, nécessitait notre appétition, comparé

---

[1] S. Thomas. *Summa theol*, 1. p., q. 83, a. 4.
[2] *Ibidem*, a. 3.

avec les autres, il nous entraînerait aussi ; seulement de ce conflit résulterait le triomphe de celui qui aurait plus d'influence sur la volonté.

249. Mais quels sont ces biens, sur lesquels peut tomber l'élection ? L'élection suppose toujours l'amour pour quelque chose avec laquelle le bien que l'on choisit a une connexion intime ; de même que le raisonnement renferme toujours la vérité, d'où dérive la conséquence. On n'élit pas un objet pour lui-même, mais parce qu'il renferme une qualité qui nous attire. L'élection d'un bien suppose donc toujours un autre bien voulu antérieurement, et qui soit le mobile et la cause de l'élection. Que si ce bien est un bien également choisi, nous aurions à faire le même raisonnement, et à nous appuyer sur la même supposition. Mais, comme il n'est pas possible de procéder à l'infini, il faut reconnaître qu'antérieurement à toute élection, il existe un bien voulu pour lui-même ; de même qu'avant tout raisonnement, il y a quelque vérité d'immédiate évidence. Et puisque l'acte libre, nous l'avons dit, consiste dans l'élection ; ce bien, non point élu, mais voulu, doit être voulu nécessairement. Or, quel est ce bien ? Ce doit être celui qui ne présente pas deux aspects contraires (autrement il donnerait lieu à l'élection) ; mais celui qui n'en offre qu'un seul, aspect qui le rend appétible. Cela n'a lieu, dans cette vie, que pour le bien pris en général, c'est-à-dire le bien en tant que bien, abstraction faite de tout sujet déterminé dans lequel il se réalise [1]. Le bien, ainsi considéré, fait nécessairement

---

[1] Nous disons cela, par rapport à la vie présente. En effet, quoique la raison nous dise que le bien infini, dégagé de tout défaut et de toute limite, se trouve en Dieu ; cependant, l'amour de Dieu, tant que nous vivons ici-bas, n'est pas nécessaire, mais libre. La raison en est que ce bien concret nous apparaît, il est vrai, comme le sujet d'un bien infini et comme source de bonheur ; mais il est vrai aussi qu'il nous apparaît comme difficile à atteindre, à cause des vertus qu'il nous faut pratiquer pour en mériter la possession. Il nous apparaît aussi comme contraire à d'autres biens, qui nous séduisent, et dont nous devons nous priver, pour nous attacher avec constance à l'amour divin. Il en est autrement des bienheureux ; ils voient Dieu face à face, et libres de toute tendance déréglée ils reconnaissent, avec une pleine évidence, que l'objet qu'ils possèdent renferme tous les biens capables de les perfectionner. Cette connaissance produit en eux un amour de Dieu nécessaire ; et elle les

naître l'amour dans la volonté, puisqu'il présente uniquement la raison suffisante de l'appétition. C'est pourquoi la volition d'un tel bien n'est pas libre, elle est seulement spontanée; et l'on dit avec raison qu'il est comme la fin dernière, puisqu'il est voulu uniquement pour lui-même. Il se présente aussi comme objet de notre béatitude, parce qu'il se manifeste à nous comme celui en qui peut se reposer notre esprit satisfait. Par suite, l'amour de cet objet s'impose à notre volonté. S. Augustin parle dans ce sens, lorsqu'il dit que tous les hommes désirent ardemment le bonheur, et subordonnent à ce désir tous les autres désirs. *Omnes homines beati esse volunt, et hoc ardentissime appetunt, et propter hoc cætera appetunt* [1].

250. Ceci posé, il faut remarquer que, de même que l'intelligence n'admet comme nécessaires que les conséquences qui découlent nécessairement des principes, de telle sorte que la négation des conséquences soit nécessairement la négation du principe; de même, la volonté, aimant nécessairement la fin dernière, n'aime d'un amour nécessaire que les biens qui se présentent à elle comme moyens nécessaires pour la posséder; en sorte qu'elle ne saurait renoncer à l'amour de ces biens, sans renoncer en même temps à l'amour de cette fin. Ces biens sont, par exemple, l'existence, la connaissance de la vérité, en général, et autres semblables : ils n'attirent nécessairement notre appétition, qu'autant que nous les considérons comme nécessairement liés à notre béatitude. Hors de ces biens, se trouvent tous les autres, qui n'ont pas une connexion nécessaire avec la fin dernière. Nous pouvons les rejeter, sans renoncer par là au bonheur; c'est sur eux que s'exerce l'élection. *Sunt quædam parti-*

fixe tellement à cet objet souverain, qu'il leur est impossible de s'en détourner, pour l'amour d'un bien fini quel qu'il soit.

> *A quella luce cotal si diventa;*
> *Che volgersi da lei per altro aspetto*
> *È impossibil che mai si consenta.*
> *Perocchè il ben, ch'è del volere obbietto,*
> *Tutto s'accoglie in lei; e fuor di quella*
> *È difettivo ciò che lì è perfetto.*
> (Dante, *Paradiso*, cant. 33).

[1] *De Trinitate*, liv. 13, c. 5.

cularia bona, quæ non habent necessariam connexionem ad beatudinem, quia sine his potest aliquis esse beatus; et hujusmodi bonis voluntas non de necessitate inhæret [1]. Ces mêmes biens se présentent à nous sous deux aspects contraires ; comme bien, et comme s'éloignant du bien, puisqu'ils sont bornés, et non nécessaires à notre fin dernière. Ils nous offrent par là une raison suffisante de les accepter ou de les rejeter.

251. On voit par là que la liberté a sa racine dans la raison *Totius libertatis radix est in ratione constituta* [2]. Car la raison, en proposant les biens particuliers sous ce double aspect, met la volonté à même de les vouloir ou de les rejeter. Aussi, dit-on judicieusement, que l'homme est libre, parce qu'il est raisonnable. *Particularia operabilia sunt quædam contingentia, et ideo circa ea judicium rationis ad diversa se habet et non est determinatum ad unum. Et pro tanto necesse est quod homo sit liberi arbitrii, ex hoc ipso quod est rationalis* [3]. La raison ne perçoit pas l'objet d'une manière quelconque ; elle en pénètre la *quiddité*, en pèse le mérite, découvre s'il est bon ou mauvais, utile ou nuisible. Ainsi, de même qu'en percevant la fin dernière, c'est-à-dire, le bien en général, elle le présente à la volonté sous le seul aspect de bien, et, partant, comme nécessairement appétible ; de même, lorsqu'elle perçoit un bien particulier, non lié nécessairement à la fin dernière, elle le présente sous un double aspect, celui de bien et celui de défaut. Or, un tel jugement est, par sa nature, indifférent, non pas *subjectivement*, puisqu'en lui-même il est un acte déterminé ; mais *objectivement*, en tant qu'il présente (s'il s'agit d'un seul objet) deux aspects, dont l'un attire et l'autre repousse. De là vient que la volonté, qui tend au bien, selon qu'il lui est proposé par l'intelligence, demeure indifférente sur cet objet ; ne trouvant point, quoique peut-être plus sollicitée d'un côté que de l'autre, un motif capable de la déterminer. La raison en est (il est bon de le répéter), que la bonté perçue dans l'objet ne détermine l'acte de la volonté, qu'autant qu'il est question de la fin dernière, ou des moyens nécessaires

---

[1] S. Thomas. *Summa theol.*, 1. p., q. 82, a. 2.
[2] S. Thomas. *Qq. Disp.*, Quæstio *De libero arbitrio*, a. 2.
[3] S. Thomas. *Summa theol.*, 1. p., q. 83, a. 3.

pour y parvenir. Alors seulement, on constate un mobile qui étant complétement proportionné à la puissance sur laquelle il agit, produit en elle un mouvement nécessaire. Mais les autres biens particuliers indifférents à la béatitude, n'ont point cette force sur la volonté. Ils peuvent causer dans la volonté des attraits indélibérés, puisque ce sont des biens ; ils ne pourront jamais l'attirer nécessairement, par un acte parfait et efficace. La volonté demeure pleinement indépendante à leur égard, soit pour les chercher, soit pour les rejeter ; et cette indépendance de la volonté, qui est une puissance active et non passive, se transforme en un domaine sur sa propre action : c'est en cela que consiste la liberté [1].

ARTICLE X.

LA PUISSANCE DE CHOISIR N'EST PAS UNE PUISSANCE DISTINCTE DE LA VOLONTÉ.

252. Ce que nous avons dit ailleurs de la raison, savoir, qu'elle n'est pas une faculté différente de l'intelligence, mais qu'elle est l'intelligence même, tirant des conséquences de principes évi-

---

[1] Leibnitz, préoccupé d'idées systématiques, parle, en plusieurs endroits, d'une manière assez équivoque de la liberté. Néanmoins, dans l'opuscule intitulé : *Causa Dei asserta*, il s'exprime ainsi : *Licet nunquam quidquam eveniat, quin ejus ratio reddi possit, neque ulla unquam detur indifferentia æquilibrii (quasi in substantia libera et extra eam omnia ad oppositum utrumque se æqualiter unquam haberent), cum potius semper sint quædam præparationes in causa agente concurrentibusque, quas aliqui prædeterminationes vocant ; dicendum tamen est has determinationes esse tantum inclinantes non necessitantes, ita ut semper aliqua indifferentia, sive contingentia, sit salva. Nec tantus unquam in nobis affectus appetitusve est, ut ex eo actus necessario sequatur : nam quamdiu homo mentis compos est, etiamsi vehementissime ab ira, a siti, vel simili causa stimuletur ; semper tamen aliqua ratio sistendi impetum reperiri potest, et aliquando vel sola sufficit cogitatio exercendæ suæ libertatis et in affectus potestatis.* (CAUSA DEI ASSERTA PER JUSTITIAM EJUS, etc., § 125.) Ici il ne nie pas toute indifférence dans la volonté après l'appréhension de l'objet, comme il semble le faire ailleurs ; mais il reconnaît une certaine indifférence, et il nie que les inclinations précédentes qui affectent cette indifférence, l'entraînent invinciblement à l'acte.

dents par eux-mêmes; il faut, proportion gardée, l'appliquer à la puissance d'élection, par rapport à la volonté : celle-là n'est pas une faculté distincte de celle-ci; c'est la même faculté exerçant une fonction particulière. « L'élection, dit saint Thomas, est
» substantiellement un acte de la volonté; car elle s'accomplit
» par le mouvement de l'âme vers le bien choisi, et cet acte appartient évidemment à la faculté appétitive. » *Electio substantialiter non est actus rationis, sed voluntatis. Perficitur enim electio in motu quodam animæ ad bonum quod agitur; unde manifeste actus est appetitivæ potentiæ* [1].

L'appétit raisonnable, c'est-à-dire, la puissance de tendre au bien connu, s'il adhère à la fin dernière est, à proprement parler, la volonté; parce que la fin dernière, comme nous l'avons vu, ne tombe pas sous l'élection : on la veut. Mais, si ce même appétit nous porte, par l'amour de la fin dernière, à aimer les moyens qui n'ont pas avec elle une connexion nécessaire, un tel acte se nomme élection. Il est clair que la puissance exerçant ce dernier acte, doit être identique à celle qui produit le premier; autrement, elle ne pourrait se porter à l'un en vertu de l'autre, en choisissant les moyens à cause de leurs relations avec la fin. *Voluntas, per hoc quod vult finem, movet seipsam ad volendum ea, quæ sunt ad finem* [2].

253. Sur ce dernier point, nous ne saurions non plus nous accorder avec Rosmini. Cet auteur, non-seulement distingue l'élection de l'acte libre [3]; car il enseigne que le choix n'est libre que lorsqu'il s'exerce entre le subjectif et l'objectif, et non pas lorsqu'il s'exerce sur deux subjectifs [4]; mais il distingue aussi l'é-

---

[1] S. Thomas. *Summa theol.*, 1. 2, q. 13, a. 1.
[2] S. Thomas. *Summa theol.*, 1. 2, q. 13, a. 3.
[3] On ne peut pas confondre l'acte d'élection avec l'acte libre. (*Antropologia*, lib. 3.)
[4] « Le champ où éclate, sans aucun doute, la puissance de la liberté humaine, est le troisième degré d'élection. » L'auteur explique en quoi consiste ce troisième degré d'élection. « L'homme est-il parvenu, dans le développement de ses puissances, à l'opération morale, l'acte de l'élection acquiert une nouvelle forme, qui est la troisième dont cette fonction est capable. Car l'homme, dans cette élection, ne compare plus entre eux les biens physiques, ce qui constitue la première forme; il ne compare plus

lection de la volition, comme deux actes, dont l'un précède l'autre[1].

Ces affirmations sont toutes les deux fausses. Et quant à la première, si l'on disait que l'exercice de la liberté ne brille jamais d'un plus grand éclat, que lorsque, le combat s'étant engagé entre la passion et le devoir, l'homme fait triompher la loi de la vertu sur toutes les inclinations de l'égoïsme ; on dirait une vérité, dont chacun pourrait se rendre un témoignage à soi-même. Mais affirmer que la liberté consiste seulement dans ce combat, c'est s'opposer à la raison et aux faits. À la raison, car, comme nous l'avons démontré plus haut, quel que soit l'ordre des objets, partout où il y a choix, il doit y avoir liberté; le choix est une contradiction, quand l'un des deux partis nous attire nécessairement à lui. Aux faits, car il n'est pas un seul homme qui n'expérimente en lui-même qu'il lui est libre de se décider entre deux occupations, deux affections, deux avantages, même de la nature de ceux que Rosmini appelle *subjectifs*.

254. Quant à la seconde affirmation, nous voudrions demander, avant tout, si l'élection est un acte de la volonté ou non. Si elle n'est pas un acte de la volonté, la volonté n'est pas formellement libre; puisque la liberté a lieu dans l'élection, et qu'aucune puissance ne peut tirer une dénomination formelle de la qualité d'un acte qui ne lui appartient pas. Si, au contraire, l'élection est un acte de la volonté, elle est donc, disons-nous, une volition,

---

les biens physiques aux biens spirituels, ce qui constitue la seconde forme; il compare un bien subjectif à ce qui a une valeur objective, et il choisit entre ces deux biens. » Et ailleurs : « De la même manière qu'un seul objet estimé bon, excite aussitôt l'appétit de la volonté, quelque petit qu'il soit; ainsi, dans la collision des biens et des maux estimés tels, la volonté incline du côté où penche la balance, si légère que soit cette prépondérance. Dans ce cas, la volonté, par rapport à tous les autres biens qui perdent à la comparaison, ne peut avoir que des velléités ou des inclinations, jamais l'acte complet du pur vouloir. Que l'on remarque ici que ce raisonnement n'a de valeur, que pour le cas où la volonté se trouve encore renfermée dans des biens uniquement subjectifs. » (l. c., c. 8.)

[1] « L'acte même de choisir demeure un acte très-simple, dans lequel il n'y a que *l'élection* et pas encore une volition. En effet, c'est cet acte qui détermine une volition plutôt qu'une autre, et qui, par conséquent, doit la précéder. » (l. c., c. 9.)

puisque tout acte de la volonté est une volition, comme tout acte de l'intelligence est une intellection, tout acte des sens une sensation. Quand on parle des actes d'une puissance, on peut affirmer de l'un d'entre eux une propriété particulière, qui le distingue des autres; mais on ne pourra jamais lui ôter la nature et la dénomination générique, qui lui appartient, en tant qu'il est, lui aussi, un acte de cette puissance. C'est ce qui arrive dans le cas présent. Par le mot *élection*, on exprime le caractère propre de la volition d'un bien, qui ne nécessite pas la volonté; mais ce nom n'exclut nullement de cet acte le caractère générique, qu'il a en tant qu'il est un acte de la volonté. Or, répétons-le, l'acte de la volonté ne peut être qu'une volition [1].

255. En second lieu, comment la distinction entre l'acte d'élire et celui de vouloir, sauverait-elle la liberté? Car, si la volonté n'est pas libre de rejeter le bien subjectif, quand l'un ou l'autre lui est offert séparément; comment sauvegarderait-on la liberté, quand les deux ensemble lui seraient présentés? Elle reste sans atteinte, dira-t-on, parce que l'action simultanée de ces deux biens excite dans l'âme une nouvelle spontanéité, par laquelle l'âme se détermine à une volition plutôt qu'à une autre. Mais d'abord ceci aurait lieu pour la liberté de *spécification*, qui se rapporte à des actes différents; il ne pourrait en être de même pour la liberté *d'exercice*, puisque celle-ci suppose une volition qu'on peut librement produire ou non, une volition qui se rapporte à un seul et même objet. Si l'on veut défendre cette liberté sur les biens finis et n'ayant pas une connexion nécessaire avec la fin dernière, il faut absolument recourir à la raison par laquelle S. Thomas démontre que les biens particuliers, par là même qu'ils sont particuliers, n'égalent pas la capacité de notre

---

[1] *Liberum arbitrium non est alia potentia a voluntate.* (S. Thomas. *Summa theol.*, 3. p., q. 23). Le S. Docteur ajoute que l'acte du libre arbitre est l'élection : *Cujus (liberi arbitrii) actus est eligere. Electio enim est eorum, quæ sunt ad finem; voluntas autem est ipsius finis* (Ibidem). Si le libre arbitre s'identifie avec la volonté, et que l'élection soit un acte du libre arbitre, il est évident que l'élection est un acte de la volonté, et par conséquent une volition. Cependant, une pareille volition reçoit un nom particulier, qui la distingue de celle qui se rapporte à la fin, et non aux moyens; on laisse à celle-ci le nom générique, par excellence.

volonté, et, par conséquent, n'ont pas à eux seuls assez de force pour l'attirer. *Movens tunc ex necessitate causat motum in mobili, quando potestas moventis excedit mobile, ita quod tota ejus possibilitas moventi subdatur. Cum autem possibilitas voluntatis sit respectu boni universalis et perfecti, non subjicitur ejus possibilitas tota alicui particulari bono. Et ideo non ex necessitate movetur ab illo* [1]. Cette raison est générale et a la même valeur pour tous les biens, qu'ils soient objectifs ou subjectifs, qu'ils soient proposés ensemble ou séparément [2]. En outre, nous l'avons déjà démontré, la liberté de spécification se base sur la liberté d'exercice ; car si nous sommes libres de choisir entre deux biens comparés ensemble, c'est parce que nous ne sommes déterminés par aucun d'eux, considéré isolément. Si on ne l'admet pas, la comparaison ne parviendra jamais à créer la liberté en nous ; elle servira seulement à faire prévaloir celui des biens qui, par son plus grand attrait, éliminera les autres, dont l'attrait sera plus faible.

256. Enfin, Rosmini affirme, contre toute vérité, que la distinction entre l'acte d'élire et celui de vouloir, est fondée sur les traditions de la sagesse ancienne. Il faudrait d'abord exclure de cette tradition saint Thomas, qui, exposant en quoi consiste l'élection par rapport à la volonté, dit qu'elle repose en ce que *appetendo acceptetur quod per consilium dijudicatur ;* et il conclut de là que *electio sit principaliter actus appetitivæ virtutis* [3]. Il faudrait aussi écarter de cette tradition saint Grégoire de Nysse, qui fait consister l'élection dans l'ensemble du conseil de l'esprit et de l'appétition de la volonté : *Electio neque est appetitus secundum seipsum, neque consilium solum, sed ex his aliquod compositum* [4]. Enfin, il faudrait exclure de cette tradition tous les

---

[1] S. Thomas. *Summa theol.*, 1. p., q. 82, a. 2.

[2] La liberté de spécification peut avoir lieu, même, par rapport à un bien particulier, considéré isolément, pourvu que l'on envisage en lui différents aspects : *Quælibet particularia bona, in quantum deficiunt ab aliquo bono, possunt accipi ut non bona, et secundum hanc considerationem possunt repudiari et approbari a voluntate, quæ potest in idem ferri secundum diversas considerationes.* (S. Thomas, *Summa theol.*, 1. 2., q. 10, a 2.)

[3] S. Thomas. *Summa theol.*, 1. p., q. 83, a. 3.

[4] S. Thomas. *Summa theol.*, 1. 2, q. 13, a. 1.

docteurs scolastiques, qui, sur ce point, suivent la doctrine de saint Thomas. Les textes, cités par Rosmini à l'appui de l'opinion contraire, sont cités mal à propos. Car celui de saint Paul : *Potestatem habens suæ voluntatis* [1], ne parle pas de la liberté *d'arbitre*, mais de la liberté de loi ; et il dit que Dieu, ne nous obligeant pas à un état de vie plutôt qu'à un autre, laisse l'homme dans la liberté de choisir le mariage *et bene facit*, ou le célibat *et melius facit*. Les textes des SS. Pères, allégués par l'auteur, se bornent à dire que l'homme peut volontairement embrasser un parti ou un autre. Mais la question n'est pas de savoir si nous avons ce pouvoir : qui le conteste ? Tous les catholiques en conviennent. La question est de savoir si ce pouvoir s'exerce par un acte distinct de la volition, et qui lui soit antérieur ; ou bien, si c'est la volition même, en tant qu'elle n'est pas déterminée par l'objet, mais par la volonté maîtresse et arbitre de son opération. Or, nous avons démontré qu'il faut accepter cette seconde solution. Saint Cyrille d'Alexandrie affirme, il est vrai (et il y a des phrases semblables dans d'autres SS. Pères), que l'homme a le *pouvoir* de choisir ce qu'il veut ; mais comment déduire de là que ce *pouvoir* est distinct de la volition ? Alors de ce que Tertullien affirme que l'homme a été créé libre, avec un plein pouvoir sur lui-même : *Liberum sui arbitrii et suæ potestatis invenio hominem a Deo institutum* [2] ; on devrait conclure également que la liberté de moyens est distincte de son pouvoir sur ses propres actions. Qui ne voit l'absurdité de cette conclusion ? En raisonnant de la sorte, quelqu'un pourrait prétendre aussi que la liberté est distincte du pouvoir même d'émettre des volitions différentes, et d'élire à son gré. La liberté, pourrait-on dire, nous donne le pouvoir de nous déterminer à vouloir ceci ou cela, et d'élire à notre gré : donc la liberté est distincte de ce pouvoir, et elle lui est antérieure ; car ce qui donne se distingue de ce qui est donné, et lui est antérieur. Qui ne voit la faiblesse d'un tel raisonnement ?

---

[1] Ad Cor., I, 7.
[2] *Adversus Marcionem*, l. II, 5.

ARTICLE XI.

INFLUENCE DE LA VOLONTÉ SUR LES AUTRES FACULTÉS.

257. Tout le monde connaît l'empire exercé par la volonté sur le système musculaire, par rapport au mouvement du corps. On veut se promener, on se promène ; on veut lever le bras, on le lève ; on veut fermer les paupières, on les ferme. Ces mouvements, et d'autres semblables, ne s'appellent pas seulement spontanés, mais volontaires et libres ; puisqu'ils dépendent de la volonté et de sa liberté. Ce qu'il faut remarquer ici, c'est que la volonté n'influe pas sur les muscles d'une manière immédiate, mais par l'imagination, à laquelle ils sont subordonnés dans l'animal. Ceci nous est démontré par l'ordre naturel des puissances et par l'expérience. En effet, les nerfs moteurs aboutissent tous au cerveau, organe de l'imagination ; si on les coupe, le mouvement du membre correspondant devient impossible. Ce phénomène n'aurait pas lieu, si la volonté, sans aucun intermédiaire, influait directement sur les muscles.

258. Quant aux sens externes en général, la volonté influe sur leur exercice, en tant qu'elle nous fait chercher ou fuir les circonstances dans lesquelles doivent se trouver les objets sensibles pour pouvoir agir sur nos organes ; et en tant qu'à l'instant même de cette action, elle applique ou retire, accroît ou diminue l'attention de notre âme. Qu'on dise la même chose, proportion gardée, des sens internes ; car, par notre volonté, nous pouvons exciter ou arrêter, dans l'imagination, la formation des images d'un objet ; du moins, nous pouvons en amoindrir la vivacité et la force. Mais, puisque quelques-uns de ces sens n'ont pas besoin de la présence actuelle des objets extérieurs, et que les seules images conservées dans la *rétentive sensible*, leur suffisent ; sur ceux-là, l'influence de la volonté est bien plus grande. Ainsi, nous sentons qu'il nous est aisé de réveiller en nous et de continuer de différentes manières les souvenirs et les images sensibles ; et d'influer, par leur moyen, sur l'appétit animal, qui a pour stimulant, les fantômes de l'imagination. D'où il suit aussi que, quoique la volonté n'ait pas une influence directe sur les

fonctions purement végétatives (comme la circulation, la nutrition, la transpiration, et autres semblables), elle garde néanmoins une influence indirecte; puisqu'elle influe sur les passions, qui ont un lien intime avec la vie organique, et entraînent toujours une altération corporelle. Ainsi, voyons-nous que les affections spirituelles de l'âme causent ou modifient le bien-être ou le malaise même du corps.

259. Il nous reste enfin à voir si la volonté meut aussi l'intelligence; ou bien, si cette faculté, étant la lumière de la volonté et lui présentant l'objet appétible, est par là même soustraite à son action. Saint Thomas traite et résout cette question avec beaucoup de précision et de clarté. Il commence par distinguer un double mouvement; l'un, qui vient de la fin, est donné à la volonté par l'intelligence: car c'est l'intelligence qui présente à la volonté l'objet sans lequel nous ne pouvons vouloir. L'autre, qui vient du principe qui donne l'impulsion à l'acte : souvent celui-ci est fourni par la volonté à l'intelligence, de la même manière qu'aux autres puissances dont nous avons parlé. Ainsi, nous expérimentons en nous-mêmes que nous nous portons librement à contempler les objets qui nous agréent le plus, tandis que nous nous détournons d'autres objets dont la vue ne nous plaît pas. La raison de cette influence de la volonté sur l'intelligence est que, la volonté dans son objet universel, le bien en tant que bien, embrasse l'acte même de l'intelligence, lequel, considéré subjectivement, est un bien particulier : elle peut, par conséquent, le vouloir, puisqu'elle peut passer de l'appétition de la fin à l'appétition des moyens. Toutefois, comme la volonté ne peut exercer son influence qu'autant qu'elle est en acte, et que de l'amour d'un bien elle se porte à en aimer un autre; comme, d'ailleurs, elle n'est en acte qu'en vertu d'une intellection préalable qui lui présente l'objet; ainsi, pour éviter de procéder à l'infini ou de tomber dans un cercle vicieux, il faut exclure de l'influence de la volonté le premier acte de l'intelligence. C'est pourquoi la primauté de dignité et d'influence appartient à l'intelligence; puisque non-seulement la volonté est comme un rejeton de cette faculté, mais encore n'a aucune influence sur son premier acte, cet acte est présupposé à l'exercice de la volonté; et, sans lui, elle ne pourrait agir.

CHAPITRE VI.

DE L'UNITÉ DU PRINCIPE DE VIE DANS L'HOMME.

260. Il est temps maintenant d'en venir au point capital, qui est comme le centre de toute la théorie du composé humain : tout ce qui précède n'a d'autre but que de nous préparer à cette importante étude. Le point dont nous voulons parler est le mode dont l'âme intellective s'unit au corps, pour faire avec lui une seule nature et une seule substance.

Mais, afin d'être à même de mieux éclairer ce point, faisons un dernier pas, en établissant que le principe de la vie dans l'homme est un et identique, de sorte que la même âme, par laquelle l'homme comprend et veut sans le concours intrinsèque d'un organe corporel, est aussi celle par laquelle il sent et végète dépendamment de l'organisme. En d'autres termes, nous ne sommes pas doués de plusieurs principes vitaux ; mais il n'y a en nous qu'une seule âme qui exerce par elle-même ses facultés intellectives et donne en même temps au corps auquel elle est unie, la vertu de sentir et de végéter.

Cette doctrine est premièrement opposée à celle de Platon, qui admettait dans l'homme trois principes de vie différents. Il fut suivi par Gallien et Averroës. Elle combat, en second lieu, les erreurs des Manichéens, qui distinguaient dans l'homme deux âmes, l'une bonne et l'autre mauvaise. Elle détruit de plus le système de Günther. Ce philosophe reproduit sous une forme nouvelle l'erreur déjà ancienne d'Appollinaire : il imagine en nous une âme sensitive, distincte de l'âme intellective, et établit que la sensibilité dans l'homme provient d'une autre âme que de l'âme intellective ; que la sensibilité n'est qu'un développement de la matière et le plus haut degré auquel celle-ci puisse s'élever par sa force intrinsèque [1].

Quatrièmement, enfin, elle combat l'opinion de Baltzer, disciple de Günther, qui, mitigeant celle de son maître, a dernièrement enseigné qu'au moins la vie, si non la sensibilité, ne procède pas, dans le corps, de l'âme raisonnable. Autour de lui se rangent tous les vitalistes : ils prétendent que la force vitale, bien que différente de la matière, provient toutefois en nous d'un autre principe que celui d'où procèdent la sensibilité et l'intelligence.

ARTICLE PREMIER.

L'UNITÉ DU PRINCIPE VITAL DANS L'HOMME EST UNE VÉRITÉ CATHOLIQUE.

261. Que le principe d'où procède toute la vie en l'homme soit *un*, que ce principe soit l'âme raisonnable, c'est une vérité constamment et universellement enseignée dans l'Église. Le livre *De ecclesiasticis Dogmatibus*, le rappelle dans les paroles suivantes : *Dicimus unam et eamdem esse animam in homine, quæ et corpus sua societate vivificat, et semetispsam sua ratione disponit* [2].

C'est la doctrine même des saints Pères. Nous n'en citerons

---

[1] Il affirme, qu'une fois la *Trilogie* platonicienne répudiée, on doit reconnaitre dans l'homme un vrai *dualisme*, c'est-à-dire, un double principe de vie, animal et spirituel. Ces deux principes, agissant l'un sur l'autre, s'aident et se combattent dans leurs opérations. Il appelle le principe animal *Fisi*; et ce principe est la matière elle-même, qui, en vertu d'une qualité reçue de Dieu, commence à se poser comme objet visible et palpable dans les minéraux, jusqu'à ce que, dans les brutes, elle se pose comme un sujet apte à percevoir ses propres phénomènes par la connaissance sensitive et imaginative. Ainsi perfectionnée, la matière est unie, dans l'homme, à l'esprit. L'esprit est une substance immatérielle, créée de Dieu et douée d'une connaissance rationnelle. Il perçoit non-seulement les phénomènes, mais encore leur sujet et leurs principes; et des principes relatifs, il s'élève à contempler le principe suprême et absolu.

[2] Quelques auteurs attribuent à tort ce livre à S. Augustin ; les critiques l'attribuent à Gennade, prêtre marseillais, contemporain du saint Docteur. S. Thomas l'avait déjà remarqué : *Ille liber non est Augustini sed Gennadii*. (*Quodlibet* xii, art. x.)

que deux, l'un grec et l'autre latin. S. Augustin, faisant allusion à ce texte de l'Apôtre : *Spiritus est qui vivificat*, dit que l'esprit, c'est-à-dire l'âme par laquelle nous sommes des êtres raisonnables, fait en nous végéter les membres. *Spiritus facit viva membra. Nec viva membra spiritus facit, nisi quæ in corpore, quod vegetat, ipse spiritus invenerit. Nam spiritus, qui est in te, o homo, quo constas ut homo sis, numquid vivificat membrum, quod separatum invenerit a carne tua? Spiritum tuum dico animam tuam*[1]. C'est aussi là ce qu'enseigne S. Jean Damascène, dans son livre *De fide orthodoxa*, où, après avoir dit que l'âme humaine est une substance incorporelle, invisible, immortelle, douée d'intelligence et de raison, il ajoute que c'est elle qui donne la vie, la croissance, le sens et la vertu générative au corps qu'elle informe. *Organis instructo utens corpore, cui vitam, incrementum, sensum et gignendi vim tribuit*[2].

Le doute, du reste, n'est désormais plus possible sur ce point, après que le souverain pontife, Pie IX, a non-seulement condamné l'opinion de Günther comme contraire à la vérité catholique, mais encore frappé de réprobation celle de Baltzer; déclarant généralement reçue dans l'Eglise, la doctrine d'après laquelle le principe de vie dans l'homme est *un* (c'est-à-dire l'âme intellective); que le corps reçoit d'elle le sentiment, le mouvement, la vie; que cette doctrine enfin est la doctrine de la majorité des docteurs, et particulièrement de ceux dont l'autorité a plus de poids; qu'elle est si intimement liée au dogme catho-

---

[1] *In Joannis Evangelium, Tractatus* CXXIV, Tractatu 27, § 6.

[2] Voici le texte du saint Docteur en entier : *Anima est vivens, simplex et incorporeà substantia, corporis oculorum suapte natura sensum fugiens, immortalis, rationis et intelligentiæ particeps, organis instructo utens corpore, cui vitam, incrementum, sensum et gignendi vim tribuit, non aliam a se sejunctam mentem habens (mens quippe nihil aliud est, quam subtilissima ipsius pars : quod enim oculus in corpore, hoc mens in anima est), arbitrii libertate, volendique et agendi facultate prædita; mutabilis hoc est ejusmodi quæ voluntatis mutationem subire queat, propterea quod creata sit. Hæc omnia Creatoris beneficio secundum naturam consequuta est, a quo nimirum accepit ut esset, et ut hujus naturæ esset.* (S. JOANNIS DAMASCENI. *De Fide Orthodoxa*, liv. 2, cap. XII, De homine).

lique, qu'on ne peut la rejeter sans erreur dans la foi. *Hanc sententiam, quæ unum in homine ponit vitæ principium, animam scilicet rationalem, a qua corpus quoque et motum et vitam omnem et sensum accipiat, in Dei Ecclesia esse communissimam, atque Doctoribus plerisque, et probatissimis quidem maxime, cum Ecclesiæ dogmate ita videri conjunctam, ut hujus sit legitima solaque vera interpretatio, nec proinde sine errore in Fide possit negari* [1].

262. En citant l'autorité des Docteurs, le souverain Pontife entend surtout faire allusion aux Scolastiques. Ils établissent, en effet, avec un ensemble admirable que l'homme n'est pas constitué *être intellectif, sensitif et végétatif*, par trois principes; mais que la même âme qui nous fait être raisonnable, communique à notre corps la vie animale et la vie organique. En d'autres termes, le principe vital dans l'homme est substantiellement identique au principe sensitif et intellectif, c'est-à-dire, à celui d'où naît en nous la faculté de sentir et de comprendre. Il nous suffit de citer le plus illustre de tous, saint Thomas, qui nous tiendra lieu des autres. Il n'est pas de point sur lequel le saint Docteur revienne plus souvent. Il s'efforce de montrer que le même principe formel qui constitue l'homme être intellectif, le constitue aussi sensitif et végétatif. Nous nous bornerons à faire connaître trois passages, tirés des trois principaux ouvrages du S. Docteur. 1° Dans la *Somme théologique*, il établit que l'âme, par laquelle l'homme comprend, sent et se nourrit, est une numériquement. *Eadem numero est anima in homine, sensitiva et intellectiva et nutritiva* [2].

---

[1] *In Brevi ad Episcopum Wratislaviensem*, 30 *Aprilis*, 1860. Voy. *Analecta Juris Pontificii*, 40e livraison, page 244.

[2] S. Thomas. *Summa theol.*, 1. p., q. 76, a. 3. Nous n'avons pas besoin de répéter que saint Thomas appelle âme, même le principe qui fait végéter le corps, puisque les anciens entendaient en général par âme tout principe de vie informant un organisme : *Anima dicitur primum principium vitæ in his quæ apud nos vivunt* (Summa theol., 1. p., q. 75, a. 1). Les modernes, pour la plupart, ne suivent pas cette nomenclature ; ils aiment mieux employer les expressions de *force vitale*, de principe vital et autres semblables. Ce serait une puérilité de disputer sur le nom, quand on est d'accord sur la chose.

Dans la *Somme contre les Gentils* il prouve que les principes nutritif, sensitif et intellectif ne sont pas dans l'homme trois âmes mais une seule : *Nutritiva, sensitiva et intellectiva non sunt in homine tres animæ* [1].

Enfin, dans les *Questions disputées*, après avoir apporté plusieurs arguments pour démontrer que nous ne sommes pas informés par plusieurs principes de vie, il conclut que l'âme raisonnable donne à notre corps ce que l'âme sensitive donne au corps des brutes; le principe vital à l'organisme des plantes; et que de plus, elle nous constitue intellectifs. Il suit de là qu'il n'y a dans l'homme qu'une seule et même âme à la fois végétative, sensitive et raisonnable : *Anima rationalis dat corpori humano quidquid dat anima sensibilis brutis, vegetabilis plantis, et ulterius aliquid; et propter hoc ipsa est in homine et vegetabilis et sensibilis et rationalis* [2].

Cette même doctrine est encore enseignée par les plus sages philosophes et physiologistes modernes. C'est ainsi que Gioberti, qu'on ne soupçonnera pas certes de trop d'attachement aux doctrines de l'Eglise, le regarde comme un fait incontestable. Il s'exprime ainsi dans sa *Protologie* : « L'âme est le principe vital.
» Je n'entends pas ici, par l'âme, l'esprit en tant qu'il est sujet à
» la conscience, mais en tant qu'il est une force active gouver-
» nant le corps et douée de facultés diverses, dont plusieurs ne
» sont pas soumises à la conscience. Cette thèse repose sur des
» preuves solides; tandis que les objections qu'on lui oppose sont
» négatives et peu concluantes. Nous n'avons pas conscience, il
» est vrai, des opérations vitales; mais n'en est-il pas de même
» de beaucoup d'opérations intellectives et sensitives? Ainsi, par
» exemple, nous effectuons comme à notre insu les créations du
» génie, nous ne les connaissons que lorsqu'elles existent déjà.
» Or, l'induction nous oblige à croire que les découvertes et les
» inventions sont précédées d'un travail lent et caché, dont nous
» n'avons pas le sentiment. Nie-t-on que l'instinct vienne de
» l'âme, et ne reconnaissons-nous pas pour nôtre l'acte instinctif,
» dès qu'il s'est produit? Cependant l'instinct est une action *té-*

---

[1] *Summa contra Gentiles*, lib. 2, c. 58.
[2] Quœstio : *De anima*, art. 11.

» *léologique* dont nous n'avons pas conscience. C'est par l'instinct
» que s'expliquent aussi les actions vitales. Sont-elles produites,
» nous ne nous les attribuons pourtant pas ; pas plus que l'on ne
» s'attribue les actions sensitives de son enfance qu'on n'a jamais
» connues, ou dont on a perdu le souvenir : et cependant, ces
» actions nous sont propres. Le somnambulisme prouve que notre
» âme peut penser et agir sans qu'elle en ait conscience, et
» qu'en cet état, elle peut faire des actes dont elle est incapable
» lorsqu'elle réfléchit [1]. »

ARTICLE II.

L'UNITÉ DU PRINCIPE VITAL DANS L'HOMME N'EST QUE LE COROLLAIRE D'UNE DOCTRINE ÉTABLIE PLUS HAUT.

263. Le lecteur se souviendra qu'en parlant des animaux, nous avons établi que le principe de la vie animale ne se distingue pas réellement en eux du principe de la vie végétative. Nous l'avons premièrement démontré par l'unité substantielle de l'animal, attendu que si celui-ci est un seul être vivant, il faut bien que le principe vital par lequel il subsiste soit également unique en lui. Nous l'avons prouvé en second lieu par l'unité de l'organisme et par la dépendance mutuelle des deux vies dans l'animal ; ce que l'on ne pourrait autrement expliquer, s'il n'y avait en lui un principe unique d'où proviennent ses opérations. Enfin, nous l'avons fait voir par l'élévation intrinsèque que reçoit dans l'animal la vertu végétative, qui engendre et nourrit en lui, non un être vivant quelconque, mais un être vivant sensitif. Cette vertu ne saurait être élevée à un tel degré, si elle n'avait sa source dans la même âme, qui est la source de la sensation.

Si cela a lieu dans le simple animal, à plus forte raison doit-il en être ainsi dans l'homme, qui possède l'animalité dans un degré beaucoup plus parfait ; en lui, l'organisme a une plus grande harmonie, toutes les fonctions vitales s'accomplissent dans des relations plus intimes. Nous n'avons donc plus besoin de démontrer l'identité du principe végétatif et du principe sensitif

---

[1] *Della Protologia di* Vincenzo Gioberti, vol. 2, saggio IV.

dans l'homme, puisque logiquement elle découle de l'unité du principe de vie dans l'animal, unité que nous avons suffisamment démontrée ailleurs. On pourrait, en envisageant la question sous une autre face, rechercher si le principe sensitif et le principe raisonnable sont identiquement les mêmes, de manière à faire, non pas deux âmes, mais une seule âme, qui nous constitue tout à la fois sensitifs et intellectifs, selon les diverses vertus dont elle est douée. Mais ce côté de la question n'est point controversé. C'est un fait d'expérience interne, dont nous avons la connaissance immédiate. Et véritablement, chaque homme, par la conscience qu'il a de ses propres actes, sait que c'est lui-même qui sent et qui comprend : *Idem homo est qui percipit se intelligere et sentire* [1]. Ce qui ne pourrait avoir lieu si l'âme intellective était distincte de l'âme sensitive. Car, dans cette hypothèse, le *moi* humain ne proviendrait que de la première ; et nous ne pourrions sentir, comme nôtres, les opérations de la seconde ; pas plus que nous ne le pouvons, quand il s'agit d'actions produites par un être distinct de nous. De plus, l'homme sent en lui des appétits divers qui se font une guerre acharnée ; il se voit tiré en sens contraire, par les biens sensibles et par les biens intellectuels. Or, comment cette lutte pourrait-elle exister, comment pourrait-on s'en rendre compte, si l'on n'admettait que la même âme, une et indivisible comme en butte à des vents contraires, est sollicitée par la concupiscence de la chair et par l'amour raisonnable ?

Enfin, quel que soit le système qu'on adopte par rapport à l'origine des idées, on ne peut douter qu'il n'y ait en nous plusieurs de nos concepts qui soient le produit de l'abstraction et du travail de l'esprit sur les perceptions sensibles. Ainsi, nous pensons aux couleurs, aux sons, et nous en jugeons ; toutes choses dont ne saurait jamais se faire une idée nette, celui qui serait privé du sens requis pour ces perceptions. Or, cette connexion de la sensibilité avec l'intelligence, qui fait qu'un objet perçu par l'une est, par là même, sujet à l'appréhension de l'autre, serait non-seulement inexplicable, mais même choquante, si ces deux facultés n'avaient leurs racines dans un seul

---

[1] S. Thomas. *Summa theol.*, 1. p., q. 76, a. 1.

et même principe substantiel [1]. Impossible donc de douter, sur le témoignage de l'expérience interne, de l'identité substantielle du principe intellectif et du principe sensitif dans l'homme. Et, par suite, ayant démontré ailleurs que le principe végétatif, dans l'animal, ne se distingue pas du principe sensitif, on voit facilement que dans l'homme, l'identité du principe des trois vies est une des conséquences nécessaires de la doctrine que nous avons établie plus haut.

ARTICLE III.

TROIS RAISONS DE SAINT THOMAS POUR PROUVER L'UNITÉ DU PRINCIPE VITAL DANS L'HOMME.

264. Saint Thomas, pour démontrer cette vérité, s'appuie principalement sur trois raisons, que nous exposerons en peu de mots. La première est tirée de l'unité de l'être humain. L'homme n'est pas l'agrégat de trois substances : d'une plante, d'un animal et d'un être raisonnable ; il est une seule substance, composée, il est vrai, et capable des différentes fonctions qui sont propres aux trois degrés de la vie. L'homme doit donc être constitué par un seul principe formel, puisque du même principe, d'où procède l'être, doit aussi procéder l'unité, qui n'est qu'une conséquence de l'être : *Ab eodem aliquid habet esse et unitatem;*

---

[1] Cette doctrine, si évidente par elle-même, est devenue plus indubitable encore pour les catholiques, après la définition du huitième Concile général, qui, dans son dixième canon, condamne, en ces termes, l'erreur des deux âmes dans l'homme : *Cum vetus novaque lex Testamenti doceat unicam homini ratione intelligentiaque pollenti esse animam, eamdemque sententiam Patrum omnium et Doctorum Sanctorum Ecclesiæ doctrina firmet; sunt tamen qui dictitant duas homini esse animas, et quibusdam vitiosis ratiocinatiunculis et epicherematis sectam stabiliunt. Sancta hæc et œcumenica Synodus hujus impietatis conditores cum tota secta sua anathemate damnat, exertaque voce dicit : Quicumque posthac contraria senserit anathema sit.* Il faut ici remarquer que le saint Concile a voulu principalement, par cette définition, atteindre Photius, qui, entre autres choses, était accusé de renouveler l'erreur d'Apollinaire, relativement à la distinction réelle, dans l'homme, entre l'âme sensitive et l'âme raisonnable. Il voulait, par là, soutenir que le Verbe avait pris l'une sans prendre l'autre.

unum enim consequitur ad ens. Quum igitur a forma unaquæque res habeat esse, a forma etiam habebit unitatem. Si igitur in homine ponuntur plures animæ, sicut diversæ formæ, homo non erit unum ens, sed plura [1].

265. Et qu'on ne dise pas que cette unité subsisterait encore, lors même qu'on distinguerait, dans l'homme, les principes de vie; ces principes étant tellement ordonnés entre eux, que l'un serait comme la perfection et le complément de l'autre. Une pareille unité ne serait qu'une unité d'ordre, la dernière de toutes; tandis que l'unité des trois vies, dans l'homme, est très-parfaite; puisque ces vies se rapportent à la même personne, au même être vivant, au même sujet d'action et de passion. C'est un seul et même homme qui vit, qui sent et qui raisonne, quoiqu'en vertu de facultés diverses : *Nec ad unitatem hominis ordo formarum sufficiet; quia esse unum secundum ordinem, non est esse unum simpliciter; cum unitas ordinis sit minima unitatum* [2].

266. La seconde raison de saint Thomas est fondée sur le sens que l'on attache à l'épithète d'*animal* et de *vivant* dont l'homme est qualifié : *Secundo, hoc apparet impossibile ex modo prædicationis* [3]. Dans l'hypothèse que l'âme intellective se distinguerait, dans l'homme, du principe de vie végétative (il en faut dire autant de l'âme sensitive), elle s'unirait au corps déjà vivifié par un autre principe, c'est-à-dire, par le principe végétatif. L'âme intellective, par conséquent, n'entrerait pour rien dans la constitution intrinsèque de la vie du corps; elle prendrait seulement ce corps, comme on fait d'un instrument, pour s'en servir à différents usages. D'où il suit, que si la personne humaine était constituée par la seule âme intellective, ou, tout au plus, par l'âme intellective et par l'âme sensitive, on ne saurait d'aucune manière affirmer d'elle les attributs essentiels à la vie végétative; non plus qu'on ne peut affirmer de celui qui manie un instrument, les attributs qui ont rapport, je ne dis pas à l'action, mais à l'être de cet instrument. Le statuaire, par exemple, peut

---

[1] S. Thomas. *Summa contra Gentiles*, l. 2, c. 58.
[2] S. Thomas. *Ibidem.*
[3] S. Thomas. *Summa theol.*, 1. p., q. 76, a. 3.

saisir le ciseau et s'en servir pour tailler le marbre; mais il n'est pour rien dans ce qui constitue l'être du ciseau. Il peut rapporter à lui-même ce qui a trait à l'action exercée par le moyen du ciseau, et ne peut s'approprier ce qui concerne l'être de cet instrument. Il peut dire : Je taille ce marbre, je lui donne une forme, j'en détache telles ou telles parties; mais non : Je suis d'acier, je suis poli, je suis tranchant; toutes propriétés qui sont propres au ciseau, non plus en vertu de l'action qu'il exécute, mais en vertu de son être. Ainsi donc, si l'âme intelligente, qui fait l'homme, n'entrait pas substantiellement dans la constitution de la vie végétative, mais prenait seulement un corps déjà vivant en vertu d'un autre principe vital, nous ne pourrions affirmer de nous-mêmes les attributs qui, dans le même corps, se rapportent à l'être végétatif et à l'être organique, mais simplement les attributs concernant l'action à laquelle nous la faisons servir. Nous pourrions bien dire : Je marche, je prends un siége, je remue la main; mais non pas : Je suis composé d'os et de chair, j'ai différents organes, je digère, je mange, etc. Et la raison en est, que les premiers attributs dont nous parlons, appartiennent à l'action que nous faisons par le moyen du corps, tandis que les seconds proviennent de l'être même de cet organisme vivant, à la nature intrinsèque duquel ne sauraient appartenir l'âme intellective et sensitive.

267. Le troisième argument de saint Thomas est fondé sur la dépendance mutuelle où sont entre elles les facultés relatives aux trois différentes vies dans l'homme. D'où il arrive que parfois l'intensité d'action de l'une diminue et empêche tout-à-fait l'action de l'autre : *Tertio, apparet hoc esse impossibile per hoc, quod una operatio animæ, cum fuerit intensa, impedit aliam; quod nullo modo contingeret, nisi principium actionum esset per essentiam unum* [1]. Ainsi, une méditation profonde nous absorbe tellement, que nous n'entendons pas le bruit qui se fait autour de nous, ni ne remarquons ce qui s'y passe. L'effervescence des actes végétatifs rend l'homme moins disposé, et quelquefois complètement inepte aux exercices de l'esprit. Ce qui prouve que nos différents moyens d'action partent

---

[1] S. Thomas. *Summa theol.*, 1. p., q. 76, a. 3.

d'un principe identiquement le même; de sorte que son énergie native ne peut trop se déployer par un côté, sans rompre l'équilibre de notre être. C'est ce que notre poète a très-élégamment exprimé dans les vers suivants :

> Quando per dilettanza ovver per doglie,
> Che alcuna virtù nostra comprenda,
> L'anima bene ad essa si raccoglie,
> Par che a nulla potenzia più intenda :
> E questo è contra quell'error che crede
> Che un'anima sopr' altra in noi s' accenda.
> E però quando s' ode cosa o vede,
> Che tenga forte a sè l' anima volta,
> Vassene 'l tempo e l' uom non se n' avvede;
> Ch' altra potenzia è quella che l' ascolta,
> Ed altra è quella ch' ha l' anima intera :
> Questa è quasi legata, e quella è sciolta [1].

Mais cet argument, en tant qu'il fait ressortir l'identité substantielle du principe intellectif et du principe purement vital dans l'homme (c'est en quoi consiste principalement la question), sera développé plus au long dans l'article suivant.

ARTICLE IV.

ARGUMENT DE STAHL, DÉJA MIEUX EXPOSÉ PAR SAINT THOMAS.

268. Une philosophie contre nature, après avoir réduit la vie des corps organiques à un simple résultat de la matière pondérable ou impondérable, fut obligée de ne reconnaître d'autre union entre l'âme et le corps, que celle qui provient d'une superposition temporaire, comme celle du nocher avec son navire, du mécanicien avec sa locomotive. Toutefois, au milieu de ces délires, la vérité trouva un défenseur parmi les médecins, bien qu'il ne fût pas tout-à-fait sincère. Le célèbre Ernest Stahl continua à soutenir que la vie, même végétale, doit dériver, dans le corps humain, de l'âme intellective. Cette persuasion lui était fournie par la grande dépendance qui existe entre les mouve-

---

[1] DANTE. *Purgatorio*. Canto IV.

ments vitaux du corps et les passions de l'âme, ainsi que le prouvent évidemment les pulsations du cœur, les mouvements convulsifs, les dégoûts excités instantanément par la crainte, la frayeur, la colère, et la vue d'images fastidieuses, etc. Ce système fut appelé *animisme*. Mais cet écrivain, passant les bornes d'une légitime déduction, alla jusqu'à dire, que non-seulement l'âme exerce son influence dans ces mouvements vitaux, mais même qu'elle l'exerce par un acte d'entendement et de volonté [1]. Cependant, l'expérience même, qui lui avait révélé la première de ces assertions, aurait dû l'empêcher d'admettre la seconde. Car, si l'âme agissait, dans les mouvements vitaux, par l'intelligence et par la volonté, elle pourrait les gouverner à son gré, ou, du moins, ne pas les trouver contraires à ce qu'elle voit et veut positivement. C'est donc avec raison que Barthez corrigea, sur ce point, l'erreur de Stahl, en établissant que les actes vitaux, bien qu'ils ne soient pas simplement les effets de l'organisme, ni des seules forces générales de la matière, s'accomplissent néanmoins sans le concours du vouloir et de la connaissance. Il n'osa décider, pourtant, si le principe nécessaire à les produire est en nous, oui ou non, le même que l'âme raisonnable. Aussi, en évitant une erreur, il ne sut pas assez se garder de l'autre.

[1] *Certe enim monstro simile est audire quod motus, tam sani quam morbosi, vitalis tamen sensus, nullo modo aut respectu usquam sint in potestate animæ rationalis. Quando enim jam repentino, quantumlibet etiam absolute fictitio (ut e mendaci nuntio, e strepitu pro muris motu intellecto) animæ quidem oboritur terror et consilii trepidatio et pulsus cordis, actus ille etiam solemniter, eminentissimus vitalis, ne momento quidem alio, sed simpliciter eo ipso quo animus percellitur, non solum eodem tempore, sed revera etiam eadem penitus ratione, eodem typo trepidationis, corripitur : an hæc seorsim simpliciter vitalis est actus? An quatenus actus imo quocumque tandem ordine, ab aliis magis directe vitalibus vel principiis vel organis ducit ortum suum, aut per hæc cum illo animi pathemate quemcumque consensum aut nexum? Quis autem non erubescat has considerationes atque quæstiones ventilare circa efficaciam, undecumque etiam falsissimæ et simpliciter fictitiæ, præsentaneæ nauseæ ad ventriculi conatus vomendi subinde etiam et enormes et contumaces obstinatæ? Ut nequidem tangamus et alios palpitatorios atque tremulos, et ipsos gravissime convulsivos motus, jam a terrore, jam ab iracundia provocatos, etc.* (Theoria medica vera, etc. pag. 130.)

269. Bien mieux que les deux auteurs que nous venons de citer, saint Thomas saisit, dans la dépendance que nous avons observée, la seule et vraie conséquence; puisqu'il en déduisit l'unité du principe vital en nous, sans le concours de l'intelligence dans les fonctions de la vie organique. *Sciendum est quod secundum naturæ ordinem, propter colligantiam virium animæ in una essentia, et animæ et corporis in uno esse compositi, vires superiores et inferiores et etiam corpus invicem in se effluunt quod in aliquo eorum superabundat. Et inde est quod ex apprehensione animæ, transmutatur corpus secundum calorem et frigus, et quandoque usque ad sanitatem et ægritudinem et usque ad mortem. Contingit namque aliquem ex gaudio vel tristitia vel amore mortem incurrere. Et inde est quod ex ipsa gloria animæ fit redundantia in corpus glorificandum, ut patet per auctoritatem Augustini superinductam. Et similiter est e converso, quod transmutatio corporis in animam redundat. Anima namque conjuncta corpori ejus complexionem imitatur secundum amentiam vel docilitatem et alia hujusmodi, ut docetur in libro sex principiorum. Similiter ex viribus superioribus fit redundantia in inferiores, ut cum ad motum voluntatis intensum sequitur passio in sensuali appetitu; et ex intensa contemplatione retrahuntur vel impediuntur vires animales a suis actibus. Et e converso, ex viribus inferioribus fit edundantia in superiores, ut cum ex vehementia passionum in sensuali appetitu existentium obtenebratur ratio, ut judicet quasi simpliciter bonum id, circa quod homo per passionem afficitur*[1].

Ce lien intime entre les fonctions de la vie organique et les affections de l'âme, a été généralement remarqué par tous les physiologistes. Voyez, entre autres, Bichat, dans le passage où il décrit comment la colère, la joie, la crainte, la tristesse, influent puissamment sur la circulation du sang et sur les organes relatifs correspondants; de sorte qu'une vive émotion peut quelquefois déterminer une syncope, et causer même la mort subite. Il fait la même remarque par rapport à la respiration, à la digestion, aux sécrétions et aux autres fonctions de la vie nutritive, souvent al-

---

[1] *Qq. Disp.* Quæstio *De passionibus animæ*, art. 10.

térées, et parfois suspendues, par suite de passions véhémentes. Il étend cette remarque aux différents âges et aux divers climats. Nous le citons : « Disons la même chose des âges. Dans l'enfant, » la faiblesse d'organisation coïncide avec la timidité, la crainte; » dans le jeune homme, le courage, l'audace se déploient à » proportion que les systèmes pulmonaire et vasculaire deviennent » supérieurs aux autres ; l'âge viril, où le foie et l'appareil gas- » trique sont plus prononcés, est l'âge de l'ambition, de l'envie, » de l'intrigue.

» En considérant les passions dans les divers climats, dans les » diverses saisons, le même rapport s'observerait entre elles et » les organes des fonctions internes. Mais assez de médecins ont » indiqué ces analogies ; il serait superflu de les rappeler.

» Si, de l'homme en santé, nous portons nos regards sur » l'homme malade, nous verrons les lésions du foie, de l'es- » tomac, de la rate, des intestins, du cœur, etc., déterminer, dans » nos affections, une foule de variétés et d'altérations, qui cessent » d'avoir lieu dès l'instant où la cause qui les entretenait cesse » elle-même d'exister.

» Ils connaissaient, mieux que nos modernes médecins, les » lois de l'économie, les anciens, qui croyaient que les sombres » affections s'évacuaient, par les purgatifs, avec les mauvaises hu- » meurs. En débarrassant les premières voies, ils en faisaient dis- » paraître la cause de ces affections. Voyez, en effet, quelle » sombre teinte répand sur nous l'embarras des organes gas- » triques.

» Les erreurs des premiers médecins sur l'atrabile, prouvaient » la précision de leurs observations sur les rapports qui lient » ces organes à l'état de l'âme. Tout tend donc à prouver que la » vie organique est le terme où aboutissent, et le centre d'où par- » tent les passions [1]. »

270. Une connexion aussi intime que celle que nous venons de décrire, serait, en vérité, sans raison suffisante, si toutes les forces agissantes en nous n'avaient leur racine dans un principe un et identique, de sorte que nous exercions par la même âme les

---

[1] *Recherches physiologiques sur la vie et la mort.* Première partie, art. VI, § 2.

fonctions de la vie nutritive, sensitive, et intellective. C'est ainsi seulement que l'on peut concevoir comment une vertu de cette âme peut influer intrinsèquement sur l'autre, soit que, dans les diverses circonstances elle en accroisse ou en diminue intérieurement la force ; soit aussi qu'elle en empêche entièrement l'action, non qu'aucun obstacle extérieur s'y oppose, mais par l'exercice très-intense de son propre acte. Si les facultés dont nous parlons provenaient de principes divers, on ne voit pas pourquoi chacune d'elles ne suivrait pas son cours, dans l'ordre auquel elle appartient. On ne voit pas non plus qu'il y ait une cause suffisante de l'effet instantané que l'appréhension produit sur l'organisme, ou du trouble que le dérangement de l'organisme apporte dans la sphère de la connaissance et des tendances de la volonté. Dire, comme quelques-uns, que ces faits dérivent des lois du commerce entre l'âme et le corps, c'est, ou proférer des paroles qui n'ont pas de sens, ou répéter, en d'autres termes, le fait même sans en assigner la cause. La seule explication satisfaisante d'un tel phénomène est l'identité substantielle, dans l'homme, du principe vital et sensitif avec l'être de l'âme raisonnable.

ARTICLE V.

PREUVE TIRÉE DU LIVRE DE LA GENÈSE.

271. On peut tirer une confirmation de tout ce que jusqu'ici nous avons démontré par l'expérience et la raison, du récit de l'Ecriture sainte sur la création de l'homme. Après que Dieu eut fait de rien les différents êtres des trois règnes de la nature, et qu'il eut tout disposé avec ordre dans l'univers, il voulut achever son ouvrage en créant l'homme, qui devait en être le dominateur visible, et qui, par la contemplation des beautés et de l'harmonie de la nature, devait en rendre des actions de grâces à leur suprême Auteur. « Faisons l'homme, dit Dieu, à notre image et ressemblance, afin qu'il commande aux poissons de la mer, aux oiseaux du ciel et à tous les autres animaux qui habitent la terre. » Or, comment les livres saints nous décrivent-ils cette création? Dieu forme d'abord, avec de l'ar-

gile, la partie matérielle de l'homme, sa dépouille corruptible, l'homme extérieur et visible : *Formavit Deus hominem de limo terræ*[1]. Il répand ensuite, sur sa face, le souffle de la vie ; et voilà ce corps qui devient vivant et animé : *Inspiravit in faciem ejus spiraculum vitæ ; et factus est homo in animam viventem.* Qu'on prenne garde ici à toute la signification des mots. Cette image sans vie, que Dieu fait surgir de la poussière : *formavit hominem de limo terræ*, est convertie en image vivante : *Et factus est homo in animam viventem;* en vertu de quoi? En vertu du souffle de vie que Dieu a répandu sur elle, du souffle de sa bouche divine : *Inspiravit in faciem ejus spiraculum vitæ.* C'est donc le souffle de vie sorti de la bouche de Dieu, qui pénètre la poussière organisée et la vivifie. Or, ce souffle de vie, personne ne l'ignore, c'est l'âme intellective : l'âme produite du souffle divin et non de la matière. Car spirituelle et subsistante de sa nature elle n'a pas une existence dépendante de l'organisme qu'elle doit informer. C'est donc l'âme intellective, la même qui est produite par le souffle de Dieu, sans aucun concours de la matière préexistante, qui vivifie le corps que Dieu a formé. Entre cette âme et ce corps, il n'y a pas d'intermédiaire. Donc, le principe vital du corps et l'âme intellective sont identiques dans l'homme quant à la substance [2].

272. S. Jean Chrysostome, dans sa douzième homélie sur la Genèse, interprète de la même manière, le passage cité. Il enseigne que le souffle de vie dont il est question dans le texte sacré, n'est autre que la substance même de l'âme raisonnable. Cette âme, infusée de Dieu dans le corps, lui donne la vie, le rend actif, apte à servir aux opérations plus nobles de l'intelligence et de la volonté. Voici ses paroles : *Et inspiravit, inquit, in faciem ejus spiraculum vitæ. Vitalem ait operandi efficaciam ei, qui de terra formatus est, spiraculum datum esse, et hæc fuit constitutio substantiæ animæ. Unde subdit : Et*

---

[1] Genèse, chap. 5.
[2] Nous disons : quant à la substance de l'être, parce qu'en elle seule existe l'identité dont nous parlons ; et non quant aux facultés opératives, lesquelles jaillissent de l'âme, mais demeurent distinctes de l'âme et entre elles, comme nous l'expliquerons plus bas.

factus est homo in animam viventem. Ille formatus, inquit, et de pulvere susceptus, inspiratus spiraculo vitæ, factus est in animam viventem. Quid est in animam viventem? Hoc est efficaciter operantem, habentem corporis membra ipsius operationibus servientia, ipsiusque voluntati obtemperantia [1]. Ce qui transforme donc dans l'homme la poussière organisée, inepte d'elle-même et inutile à une fin quelconque, en être vivant et actif, c'est le souffle vital inspiré de Dieu, c'est-à-dire la substance même de l'âme raisonnable, laquelle est le produit immédiat de l'opération divine.

273. Le saint Docteur répète la même chose, en d'autres termes, dans l'homélie suivante : *Inspiravit in faciem ejus spiraculum vitæ; iterum cogita, quemadmodum incorporeas virtutes produxerat, sic placuisse illi, ut corpus hoc ex pulvere factum animam haberet rationalem quæ membris corporeis posset uti.* Et peu après : *Prius de pulvere corpus formatur, postea vitalis illi virtus datur, quæ est animæ substantia* [2].

Ainsi, cette vertu vitale que Dieu communiqua d'un souffle au corps inerte, ne fut rien autre que la substance même de l'âme humaine à laquelle saint Jean Chrysostome donne immédiatement après le nom d'incorporelle et d'immortelle. *Substantia et incorporea et immortalis, quæ multo intervallo corpus antecellit.*

ARTICLE VI.

OBJECTIONS CONTRE L'UNITÉ DU PRINCIPE VITAL DANS L'HOMME.

274. Pour compléter cette démonstration de l'unité du principe vital dans l'homme, il ne sera pas mauvais de résoudre quelques objections qui pourraient en affaiblir l'évidence dans certains esprits moins au courant de ces matières. Pour plus d'ordre et de clarté, nous le ferons en des paragraphes distincts.

---

[1] S. Joannis Chrysostomi, etc., *in cap. 1 Genesis*, Homilia 12, n. 5.
[2] *Ibidem*, 13, n. 3.

§ I.

Objection tirée de la multiplicité et de la différence des fonctions vitales.

275. Quelqu'un dira peut-être : Comment peut-il se faire que toutes nos fonctions vitales, si distinctes et si diverses entre elles, se rapportent à la même âme intellective? N'est-ce pas aller contre la simplicité et l'indivisibilité de l'esprit humain ?

Réponse. La simplicité de l'âme humaine se conçoit très-bien, malgré la multiplicité et la variété des fonctions vitales, puisque cette âme, bien que simple dans son essence, est néanmoins multiple dans sa vertu. *Licet anima sit forma simplex secundum essentiam, est tamen multiplex virtute, secundum quod est principium diversarum operationum* [1]. Son être substantiel est un; mais ses opérations sont multiples et très-diverses. Voilà pourquoi elle est douée de puissances diverses, auxquelles elle donne naissance, tout comme d'un seul et même tronc, s'élèvent différentes branches. *Unius rei est unum esse substantiale, sed possunt esse operationes plures. Et ideo est una essentia animæ, sed potentiæ plures* [2]. La difficulté aurait toute sa force, si l'essence de l'âme n'était pas distincte de ses puissances; ce qui est le propre de Dieu seul. Car, dans l'être créé, quel qu'il soit, autre chose est exister, autre chose est agir; autre aussi est l'essence capable d'être actuée par l'existence, autre la puissance capable d'être actuée par l'opération. Les puissances découlent de l'essence comme la ligne du point, et de même qu'un seul et même point peut terminer des lignes différentes, de même aussi une seule et même essence peut être le principe de plusieurs puissances. *Ab uno simplici possunt naturaliter multa procedere* [3]. Comme nous voyons les rayons partir d'un seul et indivisible centre, et s'étendre à la circonférence du cercle, ainsi rien n'empêche que, dans l'âme, l'essence ne soit une et simple, et que les puissances, au contraire, soient multiples et diverses.

---

[1] S. Thomas. *Qq. Disp.* Quæstio *De anima,* a. 10, ad 14.
[2] S. Thomas. *Summa. theol.,* 1. p., q. 77, a. 2, ad 3.
[3] S. Thomas. *Summa. theol.,* 1. p., q. 77, a. 6, ad 1.

On ne cherche jamais le principe suprême de l'unité de l'être dans l'unité de sa vertu opératrice, mais bien dans l'unité de l'essence où est radicalement contenue cette même vertu opératrice. Cette unité d'essence est comme un principe suprême, puisqu'il est le dernier auquel nous arrivons par l'analyse scientifique, tandis qu'il est le premier dans la synthèse de l'existence, où il apparaît comme à la tête de tout ce qui tient au sujet.

276. Ceci compris, on voit s'évanouir, comme d'elles-mêmes, toutes les difficultés que l'on peut faire pour combattre l'identité de l'âme et du principe vital dans l'homme. Ces difficultés, on les tire communément, soit de la diversité des lois qui gouvernent la vie physique et la vie morale ; soit de la manière dont les diverses fonctions se développent ; soit enfin de l'indépendance totale dans laquelle sont quelques-unes d'entre elles par rapport aux autres. Tout cela ne fait que prouver la distinction et la multiplicité de nos puissances, ou du principe immédiat de l'action, mais n'infirme en rien l'unité de la forme substantielle qui en est le principe éloigné. C'est ce que naguère encore faisait très-bien remarquer le docteur Bonucci. « Le docteur de
» Renzi, dit-il, écrivait : La vie n'est pas son ouvrage (de l'âme),
» puisque la vie est commune à tous les êtres organisés, et que
» l'intelligence n'appartient qu'à l'homme ; puisque dans l'homme,
» bien que le fœtus, le nouveau-né, et celui qui dort ne donnent
» pas signe d'intelligence, les fonctions vitales ne laissent pour-
» tant pas de s'accomplir ; puisque les fonctions les plus impor-
» tantes, telles que la circulation du sang, la digestion, les sé-
» crétions, la nutrition, ont lieu à l'insu de l'âme, et sont des
» phénomènes étrangers à l'intelligence et à la volonté ; puis-
» qu'enfin beaucoup de fonctions, dans la vie, se font contre les
» désirs de l'âme, et malgré ses résistances [1]. Ainsi, toutes ces
» difficultés disparaissent du moment que l'on établit la distinc-
» tion entre l'âme et sa puissance intellective. Alors il est aisé
» de comprendre que l'âme peut être créée par rapport à quel-
» qu'un des êtres vivants, avec d'autres pouvoirs, et sans l'intel-
» ligence. L'intelligence, étant une faculté particulière, a des
» conditions et des qualités propres à elle seule, et différentes de

---

[1] *Lezioni di patologia generale*, lib. 1. sez. 1, cap. 4.

» celles des autres facultés. On comprend enfin pourquoi l'intel-
» ligence peut avoir la conscience et la liberté de ses actes; ce
» que l'on ne peut dire de ses autres facultés. Si l'on attribuait la
» conscience au principe substantiel lui-même, et non pas à sa
» faculté intellective, nous aurions, dans toute sa force, cette
» opposition perpétuelle qui fait dépendre les actions physiques
» de la vie d'un principe autre que celui dont dépendent les ac-
» tions morales ; principe qui a la conscience de celles-ci et non
» de celles-là. Car, si la conscience appartenait à la substance
» elle-même, celle-ci, étant commune à toutes les facultés, de-
» vrait la partager également avec chacune d'elles. Mais la con-
» science n'est que la qualité exclusive d'une seule faculté, de
» l'intelligence, dont elle constitue un de ces attributs particu-
» liers, par lesquels une faculté est distinguée d'une autre. Pré-
» tendre donc que l'on doit trouver, dans toutes les facultés,
» l'attribut particulier à l'une d'entre elles, en continuant d'en
» rejeter toute unité substantielle, ce serait nier toute distinction
» entre les facultés, et admettre, par exemple, que la volonté
» et l'intelligence n'appartiennent pas au même principe, par
» la raison que l'une a des propriétés que n'a pas l'autre [1]. »

277. Veut-on avoir la raison dernière qui fait que l'âme humaine peut être la source des puissances rationnelles, de celles qu'on nomme *sensitives* et *végétatives*, on la trouvera dans l'excellence même de l'âme ; car, en tant qu'elle est le suprême et le plus noble des principes formels, elle contient dans son entité unique tous les degrés inférieurs de l'être. Cela ne diminue en rien la simplicité de son essence, puisque contenir plusieurs degrés d'être, ne consiste pas dans la variété et l'étendue quantitative des parties matérielles ; mais bien dans la perfection qualitative d'une même réalité, laquelle, tout en étant une et indivisible, équivaut néanmoins, par sa vertu, à plusieurs choses distinctes. Les nombres varient entre eux, par la différence de leurs unités. C'est ainsi que les principes formels des substances composées, quoique simples en eux-mêmes, se distinguent les uns des autres par l'addition d'un degré supérieur d'être que le plus noble a sur le moins noble. Et, puisque à chaque degré

---

[1] *Bibliografia italiana delle scienze mediche.* Vol. 2, Bologna, 1859.

d'être correspond une vertu spécifique d'opération, il faut dire qu'une forme plus élevée est la racine de plusieurs facultés dans le sujet qu'elle actue. Cela est d'autant plus vrai pour l'âme humaine, qu'elle n'est pas la forme du corps d'une manière quelconque, mais une forme qui participe de la noblesse des substances séparées. En elle, par conséquent, doivent se réunir les efficiences propres des deux genres de créatures. *Est et alia ratio quare anima humana abundat diversitate potentiarum ; videlicet quia est in confinio spiritualium et corporalium creaturarum. Et ideo concurrunt in ipsa virtutes utrarumque creaturarum* [1]. Elle seule fait dans l'homme ce que le principe végétatif fait dans les plantes, le principe sensitif dans les brutes. Elle a, de plus, la vertu intellective, dont les formes d'un ordre inférieur sont privées. *Eadem numero est anima in homine sensitiva et intellectiva et nutritiva. Quomodo autem hoc contingat de facili considerari potest, si quis differentias specierum et formarum attendat. Inveniuntur enim rerum species et formæ differre ad invicem secundum perfectius et minus perfectum. Sicut in rerum ordine animata perfectiora sunt inanimatis, et animalia plantis, et homines animalibus brutis ; et in singulis horum generum sunt gradus diversi..... Sic igitur anima intellectiva continet in sua virtute quidquid habet anima sensitiva brutorum, et nutritiva plantarum. Sicut ergo superficies, quæ habet figuram pentagonam, non per aliam figuram est tetragona (quia superflueret figura tetragona, ex quo in pentagona continetur) ; ita nec per aliam animam Sortes est homo, et per aliam animal ; sed per unam et eamdem* [2].

§ II.

Objection tirée de la spiritualité de l'intellection humaine.

278. Il a été démontré, dira-t-on, dans un des articles précédents que l'intelligence est une faculté inorganique, c'est-à-dire, telle qu'elle réside dans l'âme seule, et non dans le composé, ainsi qu'il en est des sens. Or, une pareille doctrine est incon-

---

[1] S. Thomas. *Summa theol.*, 1. p., q. 77, a. 2.
[2] S. Thomas. *Summa theol.*, 1. p., q. 76, a 3.

ciliable avec l'unité du principe vital dans l'homme. Car si l'âme intellective ne se diversifie pas substantiellement du principe par lequel le corps végète, ce corps, recevant de l'âme la vertu végétative, devrait en recevoir aussi la vertu intellective : ce qui ferait de l'intellection un acte organique, savoir, un acte du corps animé, et non pas du seul esprit.

Réponse. Si cette objection avait quelque valeur, il s'en suivrait que l'âme intellective serait distincte, non-seulement du principe de la vie végétative, mais aussi du principe de la vie sensitive ; car on pourrait raisonner ainsi : si l'âme intellective, dans l'homme, ne se diversifiait pas substantiellement de l'âme sensitive, elle ne pourrait communiquer le sens à un corps, sans le constituer en même temps intelligent. De cette manière, il ne faudrait pas reconnaître, dans l'homme, deux principes vitaux, mais trois. Or, qui ne voit l'absurdité de cette déduction ? A défaut d'argument, elle serait, du moins, contredite par le témoignage manifeste de la conscience, puisque chacun de nous expérimente en lui-même que le *moi* qui sent, est le même que celui qui comprend. Il y a donc quelque sophisme caché dans l'argument qu'on nous oppose. Ce sophisme caché consiste précisément dans la supposition que l'âme humaine ne peut s'unir au corps, sans qu'elle lui communique, par le fait même, toutes ses vertus, quelles qu'elles soient. Ce qui est absolument faux. L'âme humaine, quoique *une* et *simple* de sa nature, renferme cependant la perfection propre du principe végétatif, sensitif, et intellectif ; néanmoins, en s'unissant au corps, elle ne lui communique pas tous les degrés d'être, et toute la vertu qu'elle contient, mais seulement le degré d'être et de vertu dont le sujet est capable. Or, le corps n'est capable de recevoir que la vertu de végéter et de sentir : ce sont donc ces vertus, et pas d'autres, qui lui sont communiquées par l'âme. La vertu de comprendre, ne pouvant appartenir au corps, subsiste dans l'entité de l'âme seule, suivant le degré d'être par lequel l'âme humaine l'emporte sur la capacité de l'organisme matériel qu'elle informe. *Non est necessarium, si anima secundum suam substantiam est forma corporis, quod omnis ejus operatio sit per corpus ; ac per hoc omnis ejus virtus sit alicujus corporis actus. Jam enim ostensum est quod anima humana non sit talis forma, quæ sit totaliter immersa materiæ* [1]. Dans ce passage, il faut le remarquer, l'âme est appelée forme du corps, *secundùm suam substantiam*, et non pas *secundùm virtutem intelligendi*; bien plus, cette vertu est appelée *vertu séparée*, parce qu'elle réside dans l'âme seule, sans que les organes corporels y participent : *Intellectus est separatus, quia non est virtus alicujus organi corporalis* [2].

279. L'âme humaine, en s'unissant au corps, ne lui communique que le degré d'être auquel il peut être élevé. Or, le corps ne peut être élevé qu'au degré d'être végétatif et sensitif, et jamais au degré d'être intellectif; celui-ci surpassant toute condition matérielle, par son universalité et par son excellence. Donc, l'âme humaine, en vivifiant le corps, fait germer, dans chacun de ses organes, les vertus correspondantes à ces deux degrés inférieurs de la vie. Mais les vertus qui correspondent aux degrés intellectifs les plus nobles de tous, viennent d'elle et demeurent en elle seule. *Ab anima humana, in quantum unitur corpori, effluunt vires affixæ organis; in quantum vero excedit sua virtute corporis capacitatem, effluunt ab ea vires non affixæ organis* [3].

La raison de cette aptitude qu'a l'âme humaine de communiquer quelques-unes de ses puissances au corps, savoir, les puissances végétatives et sensitives, gardant pour elle seule les autres, savoir, les puissances intellectives et volitives, vient, d'un côté, de ce qu'elle n'est pas un acte pur, comme les anges, mais qu'elle est destinée à informer le corps ; et de ce que, d'autre part, elle n'est pas proportionnée au corps, à la manière des formes inférieures, mais qu'elle en excède immensément la capacité, quant à l'être et quant à l'opération. C'est pourquoi, l'âme humaine, bien qu'elle soit le principe de toutes les puissances vitales, néanmoins, ne l'est pas de toutes de la même façon, puisqu'elle est seule le principe de quelques-unes d'entre elles, à savoir, de l'intellect et de la volonté, attendu l'incapacité du sujet matériel d'y participer. Elle est aussi principe, dans le

---

[1] S. Thomas. *Contra Gent.*, l. 2, c. 69.
[2] S. Thomas. *Summa theol.*, 1. p., q. 76, a. 1, ad 1.
[3] *Qq. Disp.* Quæstio *De anima*, art. 10, ad 7.

composé, c'est-à-dire, dans le corps, qu'elle vivifie par son être substantiel, principe d'autres puissances, à savoir, des puissances nutritives et sensitives. Et ceci est bien manifeste. Ne voit-on pas, en effet, que l'âme seule comprend ; de même que le composé seul végète et sent? Ce qui ne pourrait avoir lieu, si les puissances nutritives et sensitives ne résidaient pas dans le composé, puisque la puissance appartient à celui-là même auquel appartient l'acte. *Anima est forma subsistens, et non est actus purus, loquendo de anima humana ; et ideo potest esse subjectum potentiarum quarumdam, scilicet intellectus et voluntatis; potentiæ autem sensitivæ partis sunt in composito, sicut in subjecto ; quia cujus est actus, ejus est potentia* [1].

280. On insistera : du moins, l'âme ne pourra communiquer à une partie du corps la vertu de végéter, sans qu'elle lui communique en même temps la vertu de sentir ; puisque la seconde, aussi bien que la première, n'excède pas la capacité du sujet.

Réponse. Cela ne peut non plus se dire. Car une différente conformation de parties étant requise pour l'exercice de ces vertus, il s'ensuit que l'âme communique l'une ou l'autre, ou toutes les deux, suivant que les organes sont disposés et conformés pour l'une ou pour l'autre, ou pour toutes les deux ; puisqu'elle est *una formaliter*, mais *multiplex virtualiter*, et que toute disposition organique n'est pas également apte à l'exercice de quelque fonction vitale que ce soit. Ainsi, il arrive que la vertu sensitive n'est pas toujours communiquée dans toute son étendue à toutes les parties du corps ; mais, suivant la diversité organique requise, on voit souvent tel sens plutôt que tel autre quoique l'âme humaine soit partout la même. Ainsi, la vue se produit dans l'œil, l'ouïe dans les oreilles, et les autres sensations en d'autres organes ; de la même façon que, dans les organes végétatifs, se montrent les facultés qui appartiennent aux actes de la vie nutritive. *Licet una sit anima sensibilis et vegetabilis, non tamen oportet quod in quocumque apparet operatio unius, appareat operatio alterius, propter diversas partium dispositiones. Ex quo etiam contingit quod nec omnes*

---

[1] Qq. Disp. Quæstio *De anima*, art. 12, ad 16.

operationes animæ sensibilis exercentur per unam partem, sed visus per oculum, auditus per aures, et sic de aliis [1].

§ III.

Objection tirée de la contractilité musculaire qu'on observe encore pendant quelques heures dans quelques parties du cadavre.

281. Passant de la spéculation à l'expérience, on pourrait opposer contre l'unité du principe vital, dans l'homme et dans les animaux en général, la permanence de la vertu contractile de quelques muscles, après la mort. Si ces muscles sont soumis pendant un certain temps à l'action de quelque stimulant, ils continuent, même dans un cadavre, à se contracter sensiblement. Ainsi dure, quelque temps encore, le mouvement vermiculaire des intestins; on a vu même à Londres, bondir le cœur de quelques suppliciés à qui on l'avait arraché de la poitrine; la grenouille, quoique morte, se tord et s'agite, en recevant l'étincelle électrique à l'extrémité de quelques nerfs. Ces phénomènes, et d'autres semblables, ne paraissent pouvoir s'expliquer autrement, qu'en supposant, dans les muscles, une force capable de correspondre activement, par la contraction, aux stimulants qui les touchent en quelques points, immédiatement, ou médiatement par les nerfs. Car il n'est pas croyable que ces contractions soient tout-à-fait mécaniques, ni qu'elles dépendent uniquement de la crispation produite, dans ces muscles, par l'action des impondérables, tels que l'électricité, le fluide nerveux et autres semblables qui les pénètrent, les parcourent, intimement dans toute leur structure fibreuse. S'il en était ainsi, ces mouvements ne pourraient se produire qu'après l'application de moyens aussi pénétrants, aussi diffusifs que les impondérables, et on ne les verrait jamais naître, comme il arrive en effet, seulement après le contact de l'air atmosphérique, ou bien, après une simple piqûre d'aiguille; cette piqûre n'agit que sur un seul point du muscle, et ce muscle, pourtant, est ébranlé par la contraction dans toute sa masse fibreuse.

282. Afin de résoudre cette objection avec clarté, nous rap-

[1] S. Thomas. Qq. Disp. Quæstio *De anima*, art. 10, ad 20.

pelons à la mémoire des lecteurs ce que les physiologistes enseignent touchant la contractilité. Cette vertu propre des corps vivants, ne réside, rigoureusement parlant, que dans les muscles. Elle y réside indépendamment de la faculté de sentir, puisqu'un muscle est contractile, même quand il est séparé des nerfs du sensorium, pourvu qu'il demeure en communication avec les nerfs moteurs ou automatiques. Or, qu'est-ce qu'un muscle? C'est un faisceau de muscles plus petits, résultant eux-mêmes de l'agrégat d'autres muscles plus minces encore, ou de vraies fibres. Ces dernières, regardées au microscope, montrent, dans leurs éléments, beaucoup de ressemblance avec les petits globules du sang. Ces fibres sont entourées d'une enveloppe cellulaire, dont sont aussi revêtus leurs petits faisceaux plus ou moins composés. La substance de l'être vivant, ainsi organisée, jouit de la faculté de se raccourcir sous l'action d'un irritant naturel ou artificiel; et ce raccourcissement semble venir du changement de volume auquel est réduite la matière liquide ou semi-liquide, soit des globules, soit du tissu cellulaire. Voilà en quoi consiste la contraction musculaire ; et la faculté correspondante est appelée contractilité [1].

283. Bichat et d'autres physiologistes distinguent une double contractilité : la contractilité animale et organique. La première est sous l'influence de la spontanéité de l'être vivant, et elle préside à la locomotion, à la parole, aux mouvements généraux de la tête, du thorax, de l'abdomen, etc. Elle ne peut fonctionner si les muscles ne sont en communication avec le système cérébro-spinal, par les nerfs moteurs. La seconde est

[1] Prévot et Dumas expliquent différemment le phénomène de la contraction musculaire. Ils pensent que les fibres du muscle sont coupées à angles droits par des filets nerveux qui sont parallèles entre eux, et parcourus dans tous les sens par des courants électriques ou par d'autres agents semblables. Ayant recours à la loi d'Ampère, en vertu de laquelle les courants parallèles s'attirent mutuellement, ces deux auteurs en déduisent qu'il en doit être de même des fibres nerveuses : celles-ci doivent contraindre les fibres musculaires qu'elles traversent perpendiculairement à se plier. Cette explication est ingénieuse, on ne peut le nier ; mais elle est trop hypothétique et compliquée, et, comme l'observe M. Bourdin, elle ne s'accorde pas avec l'expérience : car l'organe contracté ne se plie, que dans quelques muscles seulement.

indépendante de la spontanéité, et, par suite, elle n'exige pas la connexion directe des muscles avec le système *encéphalo-rachidien*, mais seulement avec le système ganglionaire; et elle donne lieu aux phénomènes de la digestion, de la circulation, de la sécrétion, de l'absorption, de la nutrition et autres semblables. Elle continue de s'exercer, même après que la contractilité animale a cessé dans les organes, par une cause quelconque [1].

284. Cec posé, il faut distinguer deux choses : la faculté de se contracter, et la cause qui en détermine l'action. L'une est inhérente au muscle même, tant que sa texture organique n'est pas altérée. L'autre consiste dans l'irradiation nerveuse, soit du système cérébro-spinal, soit du système ganglionaire, par les nerfs moteurs ou automatiques, suivant qu'il s'agit de la contraction animale, ou simplement de la contraction végétative [2]. La première des deux n'est pas essentiellement vitale, et elle a lieu dans les êtres vivants seulement, en tant que la substance musculaire est établie et conservée dans la structure et dans la disposition de fibres nécessaires à sa subsistance. La seconde est vitale par elle-même; mais elle peut être plus ou moins imitée par quelque agent physique ou chimique, qui, appliqué au

[1] Outre ces deux espèces de contractilité, qui se trouvent sous l'influence de la vie, et dépendent de *l'innervation,* soit encéphalo-rachidienne, soit ganglionaire, les physiologistes en assignent une troisième, qui dépend seulement du tissu organique, et s'oppose à la faculté de s'étendre. Tous les muscles, tous les organes en sont plus ou moins doués : ainsi la peau, les membranes muqueuses, le cerveau, le foie, les poumons se raccourcissent, lorsque la cause produisant en eux l'extension, vient à cesser, surtout si cette extension n'était pas naturelle. Quoique cette contractilité reçoive de l'action des forces vitales un degré plus élevé d'énergie, néanmoins, elle est, par elle-même, indépendante de ces forces; par conséquent, elle persiste dans les organes, même après la mort, tant que la putréfaction n'en a pas détruit la structure.

[2] Tommasi, après avoir examiné diverses expériences, faites dans le but de découvrir si la faculté de se contracter est propre aux muscles, ou bien si elle leur est communiquée par la force nerveuse, conclut en ces termes : « Tout cela revient à dire que l'irritabilité musculaire appartient aux fibres du muscle, et que l'influence nerveuse agit comme un stimulant physiologique, afin de l'exciter, de la même manière que tout autre stimulant artificiel qui serait appliqué au même muscle. » (*Instituzioni di fisiologia,* vol. 2, lib. 3.)

muscle, y produit une excitation analogue. De là vient que, surtout dans la mort violente, le tissu musculaire de l'animal ne s'altérant point par le fait même, la faculté de contraction demeure, pour quelque temps au moins, dans quelques muscles, jusqu'à ce que la rigidité, qui ne tarde pas à s'emparer du cadavre, la fasse cesser entièrement. Cette faculté, peut être mise en jeu par l'impression d'un irritant capable d'imiter en eux l'influence de la force nerveuse. Ainsi, il arrive que l'électricité communiquée par les nerfs aux muscles de la grenouille, en tord, pendant quelque temps, les membres; et que le simple contact de l'air ou d'un autre stimulant, produit, même après la mort, des contractions organiques ou même locomotives dans les parties d'autres animaux. Mais ces mouvements ne sont point vitaux, parce qu'ils sont déterminés par un agent extérieur, et non par un principe intrinsèque, qui informe et actue le sujet dans lequel ils se produisent. C'était précisément le contraire qui avait lieu, lorsque ces mouvements étaient déterminés par l'action des nerfs, agissant en vertu du principe de vie qui informait, à la fois, les nerfs, les muscles, et tous les organes du corps. C'est pourquoi ces mêmes mouvements peuvent être à bon droit considérés, dans un corps privé de vie, comme purement mécaniques, quoiqu'ils procèdent activement d'une force réactive, inhérente au muscle déjà mort; de même que les phénomènes d'élasticité, que nous voyons dans plusieurs corps inorganiques, sont purement mécaniques, quoiqu'ils procèdent de la réaction du sujet contre la cause qui, par le choc, en a envahi le volume.

ARTICLE VII.

DE QUELLE MANIÈRE PEUT SE CONCILIER LE DÉVELOPPEMENT SUCCESSIF DE LA VIE DANS L'EMBRYON, AVEC L'UNITÉ DU PRINCIPE VITAL DANS L'HOMME.

285. Supposant comme vraie l'opinion la plus commune et la plus raisonnable, à savoir, que l'âme intellective n'informe le corps qu'au moment où il est convenablement disposé, et qu'il présente la forme humaine (ce qui arrive trente ou quarante jours après la première conception), voici la difficulté qui se

présente immédiatement à l'esprit¹ : Comment peut-il se faire que l'âme intellective soit le principe producteur de la vie végétative dans l'homme, tandis que cette vie se manifeste dans le germe humain, même avant ce temps? Si le fœtus végète avant de devenir homme, c'est-à-dire, avant d'être informé par l'âme raisonnable; il faut dire que le principe végétatif est distinct de cette âme, et que, par conséquent, le principe de la vie en nous n'est pas unique.

Si cette objection avait quelque force, elle irait également contre l'identité de l'âme sensitive et intellective dans l'homme, puisqu'il est connu, en physiologie, que l'embryon, même avant d'acquérir l'organisation propre du corps humain, commence à exercer les fonctions de la vie animale, du moins à un degré imparfait. Donc, si les phénomènes de la vie végétative qui se manifestent dans le fœtus, avant qu'il soit informé par l'âme intellective, démontraient que cette âme est distincte du principe végétatif; les phénomènes de la vie sensitive, se manifestant aussi dans le fœtus avant la formation de l'âme intellective, démontreraient également que celle-ci n'est pas le principe de la vie animale dans l'homme. Ainsi, l'argument prouverait trop, et, comme on le sait, ne prouverait rien. Mais il faut répondre directement.

286. Afin d'écarter cette objection, les philosophes ont imaginé plusieurs hypothèses. Quelques-uns ont dit que les opérations vitales qui se manifestent dans le fœtus avant l'information de l'âme raisonnable, procèdent de l'influence maternelle. Saint Thomas rejette cette opinion, faisant remarquer que le principe d'où procèdent les opérations vitales, ne doit pas être extrinsèque, mais intrinsèque au sujet, et que tel n'est pas l'âme du générateur, par rapport au fœtus². Dans les temps modernes, Rosmini a pensé que le fœtus, dès le commencement, reçoit des parents, l'âme sensitive, et que cette âme devient ensuite intellective, en vertu de l'être idéal, que Dieu lui présente, par une loi établie depuis la création du premier homme³.

---

¹ Cette difficulté n'a pas sa raison d'être pour ceux qui font coïncider l'animation du fœtus avec sa conception. (*Note du traducteur.*)

² S. Thomas. *Summa theol.*, 1. p., q. 118, a. 2.

³ « La forme de l'intelligence, c'est-à-dire, l'être idéal, ne peut être

Cette théorie est très-semblable, ou même identique à celle que saint Thomas attribue à quelques philosophes de son temps. Ces philosophes disaient que la même âme qui, au commencement de la génération, est seulement végétative, et qui se développe ensuite, par la vertu de la mère, en âme sensitive, est enfin élevée au degré d'âme intellective par un principe extérieur, par Dieu, qui l'illumine de sa lumière divine : *Alii dicunt quod illa eadem anima, quæ primo fuit vegetativa tantum, postmodum per actionem virtutis, quæ est in semine, perducitur ad hoc ut ipsa eadem fiat sensitiva, et tandem ipsa eadem perducitur ad hoc, ut ipsa eadem fiat intellectiva, non quidem per virtutem activam seminis, sed per virtutem superioris agentis, scilicet Dei, de foris illustrantem* [1]. Mais, cette doctrine est rejetée par le saint Docteur, pour plusieurs raisons. Nous n'en rappellerons qu'une. L'action de Dieu illuminant, ou bien produit une réalité subsistante en elle-même, et alors un tel produit serait substantiellement divers de l'âme sensitive qui préexistait, et il y aurait, par conséquent, plusieurs âmes en nous; ou bien, cette action produit une modification perfectionnant

engendrée. Dieu même la révèle à l'âme, qui devient ainsi intelligente. Dieu a fait cette communication à la nature humaine toute entière, quand il donna une âme à Adam, dans lequel cette nature était contenue; et cette nature n'eut qu'à se développer, par voie de génération, en plusieurs individus. De même que, dès le commencement, Dieu imposa des lois fixes à toutes les choses créées ; ainsi, il a posé cette loi en vertu de laquelle, toutes les fois que les individus de la nature humaine se multiplient par la génération, l'être leur est rendu présent de manière à fixer sur lui leur intuition. (*Psicologia*, vol. 1, lib. 4, c. 23.)

Ensuite Rosmini se propose cette difficulté : « Dans l'homme, il y a une âme raisonnable; mais l'homme est aussi un animal, et, comme tel, il a un principe sensitif. La nature de l'animal et du principe sensitif, est de se multiplier par la génération. Cette loi universelle des animaux doit se retrouver dans l'homme. En effet, l'homme engendre : donc, il multiplie l'individu animal. En engendrant, il faut qu'il multiplie aussi l'âme raisonnable, qui est identique en lui à l'âme sensitive. » Voici sa réponse : « C'est précisément ce qui arrive ; mais il faut supposer la première loi par laquelle Dieu a décrété que l'être universel doit s'unir à tous les individus de la nature humaine. Cette loi a été établie au moment où Adam reçût de Dieu le souffle de vie. »

[1] S. Thomas. *Summa theol.*, 1. p., q. 118, a. 2.

l'être préexistant, et alors la substance obtenue par la génération et qui était dépendante de la matière, demeurant la même, l'âme humaine devrait périr nécessairement avec le corps. *Aut id quod causatur ex actione Dei est aliquid subsistens, et ita oportet quod sit aliud per essentiam a forma præexistente, quæ non erat subsistens, et sic redibit opinio ponentium plures animas in corpore. Aut non est aliquid subsistens, sed quædam perfectio animæ præexistentis; et sic* EX NECESSITATE *sequitur quod anima intellectiva corrumpatur, corrupto corpore, quod est impossibile*[1].

287. Il est vrai que Rosmini affirme que, par l'illumination de l'être idéal, l'âme devient indépendante du corps, puisqu'il ajoute: « L'intelligence est un acte qui sort, quant à son origine, de l'âme » sensitive ; cela est vrai en tant que cet acte constitue un sujet » indépendant du corps, et de ce même principe sensitif, déjà » soutenu par un nouveau terme impérissable. » Mais il ne suffit pas d'affirmer une chose; il faut, de plus, que si elle n'est pas solidement fondée en raison, du moins elle ne répugne pas. Or, ne répugne-t-il pas qu'une substance change tellement dans son être, que de dépendante de la matière qu'elle était, elle en devienne indépendante, et cela, par la simple présence d'un objet qui lui est parfaitement étranger? Et quand même cela ne répugnerait pas, nous tomberions encore dans deux absurdités bien graves : la première, que l'essence simple peut subir un changement substantiel; la seconde, que l'âme intellective n'est pas tirée du néant par l'action divine, mais d'un sujet préexistant, savoir de l'âme sensitive, par l'action de l'idée.

288. L'hypothèse imaginée par d'autres philosophes, entre lesquels se trouve Bonucci, est moins condamnable. Ils établissent que l'âme intellective est créée de Dieu, et infusée dans le petit œuf germinal dès le premier instant de la fécondation[1]. Mais cette opinion n'est pas admissible. Et pour n'en donner qu'une raison, il suffit de remarquer qu'elle détruit arbitrairement le cours naturel des choses. Car, dans l'ordre génératif, le sujet qui doit recevoir une forme, en approche par degrés, et ne devient capable de cette forme qu'en vertu de ses dernières

---

[1] S. Thomas. *Summa theol.*, 1. p., q. 118, a. 2.

dispositions. C'est pourquoi, dans la production de l'homme, le corps n'est pas apte à recevoir l'âme intellective, tant qu'il n'est pas encore convenablement organisé. C'est ici le cas de dire : l'hôte n'arrive pas que l'hôtellerie ne soit préparée.

289. Laissant donc de côté toutes ces hypothèses, il nous semble que la vraie solution de la difficulté a été donnée par saint Thomas. Ce saint Docteur enseigne que le fœtus, avant de devenir homme, par l'information de l'âme raisonnable, passe par les degrés inférieurs de la vie, en vertu d'un principe qui se développe par l'influence du générateur, et qui est d'abord seulement végétatif, ensuite tout à la fois végétatif et sensitif. L'organisme étant enfin conduit aux dispositions requises pour être vivifié par l'âme humaine (laquelle ne peut venir de l'action de la créature), alors intervient l'action de Dieu, qui la crée dans le corps. La créature est un instrument dans les mains de Dieu, et elle n'agit que dans certaines limites ; au delà de ces limites, elle ne peut rien, et l'auteur suprême y supplée par son efficace toute-puissante. Le générateur conduit le corps humain jusqu'à ces dernières dispositions, qui exigent en celui-ci l'introduction de l'âme intellective ; mais, arrivé à ce point, son activité s'arrête. Alors Dieu, lui seul, met la dernière main à l'ouvrage, en créant cette âme, et en l'infusant dans le corps, comme sa forme substantielle. Or, c'est le propre d'une forme substantielle d'être le principe unique de toute l'activité du sujet. L'âme raisonnable s'empare donc tellement de l'organisme entier, qu'elle devient en lui l'unique source de la vie. Tout ceci est conforme au procédé naturel des choses qui, passant de la puissance à l'acte, sont produites avec succession de temps, puisqu'elles ne parviennent pas, de prime abord, au dernier terme de leur être spécifique ; elles passent par différents états intermédiaires, avant d'atteindre la perfection qui leur est propre. *Est naturalis ordo ut aliquid de potentia reducatur in actum. Et ideo in his, quæ generantur, invenimus quod primum unumquodque est imperfectum et postea perficitur. Manifestum est autem quod commune se habet ad proprium et determinatum ut imperfec-*

---

[1] Nel *Raccoglitore medico di Fano*, anno XXI, série 2, vol. 17, pag. 300, aprile 1858;

tum ad perfectum [1]. Il en est ainsi de la génération humaine. Le corps s'organise graduellement; et, à mesure que l'organisation avance, surgit en lui d'abord la vie, puis le sens, par les principes actifs correspondants. Chacun de ces principes cesse lorsque l'autre survient, puisque celui-ci, contenant dans son unité l'efficace du principe précédent, en rend inutile la permanence. *Cum generatio unius semper sit corruptio alterius, necesse est dicere quod tam in homine quam in animalibus aliis, quando perfectior forma advenit, fit corruptio prioris; ita tamen quod sequens forma habet quidquid habebat prima et adhuc amplius. Et ita per multas generationes et corruptiones pervenitur ad ultimam formam substantialem tam in homine, quam in aliis animalibus... Sic igitur dicendum est quod anima intellectiva creatur a Deo in fine generationis humanæ, quæ simul est et sensitiva et nutritiva, corruptis formis præexistentibus* [2]. C'est absolument la même doctrine qu'enseigne Alighieri, par la bouche de Stace, dans ces vers très-remarquables :

> *Anima fatta la virtute attiva*
> *Come di pianta, in tanto differente*
> *Che quest' è in via e quella è già a riva,*
> *Tanto ovra poi, che già si muove e sente,*
> *Come fungo marino, ed indi imprende*
> *Ad organar le posse, ond' è semente.*
> *Or si spiega, figliuolo, or si distende*
> *La virtù che è dal cuor del generante,*
> *Dove natura a tutte membra intende.*
> *Ma come d'animal diventa fante*
> *Non vedi tu ancor; quest' è tal punto,*
> *Che più savio di te già fece errante*
> *Si, che per sua dottrina fe disgiunto*
> *Dall' anima il possibile intelletto,*
> *Perchè da lui non vide organo assunto.*
> *Apri alla verità, che viene, il petto,*
> *E sappi che sì tosto come al feto*
> *L'articolar del cerebro è perfetto,*
> *Lo Motor primo a lui si volge lieto*

---

[1] S. Thomas. *Summa theol.*, 1. p., q. 119, a. 2.
[2] S. Thomas. *Summa theol.*, 1. p., q. 118, a. 2.

*Sovra tanta arte di natura , e spira
Spirito nuovo di virtù repleto ;
Che ciò, che trova attivo quivi, tira
In sua sustanzia, e fassi un' alma sola,
Che vive e sente e sè in sè rigira* [1].

290. Et qu'on ne croie pas qu'une telle théorie, quoique très-ancienne (et qu'y a-t-il de plus ancien que la vérité?) ne se trouve pas en harmonie avec les progrès récents des sciences naturelles. Nous croyons pouvoir, sans crainte de présomption, nous déclarer prêts à résoudre toute difficulté qu'on voudra tirer de ces sciences ; bien plus, à montrer que leur solution résulte des principes mêmes de saint Thomas [2]. Mais pour en donner, dès à présent, une preuve extrinsèque, nous ferons remarquer que, dans la savante université de Bologne, il y a des physiologistes et des médecins qui professent, au sujet de l'union de l'âme avec le corps, la même doctrine que le Docteur angélique ; et que, dans l'université de Pérouse, le professeur de physiologie et d'anatomie, M. Vincent Santi, quelque versé qu'il soit dans les sciences physiques de nos temps, a jugé néanmoins ne pouvoir mieux expliquer le procédé génératif dans l'homme, qu'en recourant à la théorie de saint Thomas d'Aquin, telle que nous l'avons exposée. Voici ses paroles : « Le principe vital, comme forme
» de l'être vivant, nous l'avons déjà démontré, doit être simple.
» Et c'est précisément lui qui doit être produit du générateur
» comme du principe agissant, et de la semence comme du
» principe instrumental. C'est en vertu de ce principe que vé-
» gète l'embryon humain, avant d'être informé par l'âme spiri-
» tuelle. Il ne végète donc pas *per animæ maternæ influxum*,

---

[1] DANTE. *Purgatorio*, canto XXV.
[2] C'est à bon droit que Brentazzoli a remarqué que saint Thomas avait déjà répondu à toutes les objections qu'on a coutume de présenter aujourd'hui, sur cette matière, comme étant nouvelles. Il écrit ainsi : « Pour montrer que, depuis six siècles, toutes les difficultés contre cet article de la philosophie naturelle et que toutes les théories émises pour expliquer l'union entre l'esprit et la matière, ont été victorieusement combattues, il suffit de consulter saint Thomas, qui revient très-souvent sur ce sujet, et surtout dans les chapitres 56ᵉ et 73ᵉ, l. II, *Summ. Cont. Gent.* (*Bauoglitore medico Jauo*, 15 Maggio. 1859.)

quæ non potest agere ubi non est ; non per virtutem formativam, quæ est in semine ; sed per animam vegetativam, quæ in embryone præexistit et causatur a generante, tamquam a principali agente, et a semine tamquam ab instrumento. Anima vegetativa deinde mutatur in animam sensitivam ; tandem, superveniente anima humana, priores formæ ad nihilum rediguntur, quia ipsa in se continet quidquid habent perfectionis inferiores formæ, et adhuc amplius [1]. *Homo ergo ex materia generat hominem* [2]. C'est-à-dire, que l'on doit à
» l'efficace des parents la production du corps humain orga-
» nisé, vivant, où est la partie matérielle de l'homme ; mais que
» Dieu seul, au terme de la génération du corps humain, crée
» l'âme, qui donne l'être humain au corps, en lui communi-
» quant une vie plus élevée, plus noble, plus parfaite, telle qu'est
» la vie humaine, en comparaison de la vie animale. Ainsi, le
» petit corpuscule vivant, qui était homme en puissance, de-
» vient « homme en acte, et peut bientôt prendre le nom de *fœtus*
» *humain*. La doctrine d'Aristote trouve son application, dans
» la génération humaine : *Prius generatur animal, quàm*
» *homo* [3]. »

---

[1] S. Thomas. *Summa theol.*, 1. p., q. 76, a. 3 et 4, et q. 118, a. 2.

[2] S. Thomas. *Summa theol.*, 1, p., q. 76, a 1.

[3] *Della Forma, Genesi, Corso naturale e Modi dei viventi*, Saggio fisiologico di Vincenzo Santi, pag. 44.

CHAPITRE VII.

DE L'UNION DE L'AME HUMAINE AVEC LE CORPS.

291. Depuis que la haine des doctrines scolastiques a fait perdre aux modernes l'idée de la véritable *unité substantielle* dans le composé humain, on a commencé à traiter, très-sérieusement, la question du commerce de l'âme avec le corps, comme s'il s'agissait des relations de l'Angleterre avec le Japon. Et cependant, le seul énoncé du nouveau problème aurait dû faire comprendre qu'on était dévoyé : car, l'idée de commerce ne va pas plus loin que l'idée d'opération ; tandis que *l'unité substantielle*, a pour objet l'être et non l'opération. Le miracle aurait donc été, si après s'être trompé sur la question, on avait donné la véritable solution. C'est ce que nous verrons brièvement en rappelant les hypothèses qu'on avait imaginées à ce sujet. Les principales de ces hypothèses sont au nombre de trois : *l'harmonie préétablie* de *Leibnitz*, les *causes occasionnelles* de Malebranche, et *l'influx physique* des sectateurs de Locke. Leibnitz parle, en plusieurs endroits, de ces trois hypothèses. Il nous suffit d'en rapporter ici ce qui suit : « Figurez-vous deux hor-
» loges ou montres qui s'accordent parfaitement. Or, cela se
» peut faire de trois manières. La première consiste dans une
» influence mutuelle; la seconde est d'y attacher un ouvrier
» habile, qui les redresse et les mette d'accord à tous moments ;
» la troisième est de fabriquer ces deux pendules avec tant d'art
» et de justesse, qu'on se puisse assurer de leur accord dans la
» suite. Mettez maintenant l'*âme* et le *corps* à la place de ces
» pendules ; leur accord peut arriver par l'une de ces trois ma-
» nières. La voie d'*influence* est celle de la philosophie vulgaire;
» mais, comme l'on ne saurait concevoir des particules maté-
» rielles, qui puissent passer d'une de ces substances dans
» l'autre, il faut abandonner ce sentiment. La voie de l'*assis-*

» *tance* continuelle du Créateur est celle des causes occasion-
» nelles; mais je tiens que c'est faire intervenir *Deus ex machina*,
» dans une chose naturelle et ordinaire, où, selon la raison, il ne
» doit concourir que de la manière qu'il concourt à toutes les
» autres choses naturelles. Ainsi, il ne reste que mon hypothèse,
» c'est-à-dire, que la voie de l'*Harmonie* [1]. »

Mais l'illustre philosophe se trompe grandement, et son hypothèse n'est pas moins absurde que les deux autres qu'il rejette. On ne trouve la véritable solution que dans la théorie de S. Thomas, à laquelle Leibnitz même semble enfin se rattacher, comme nous le verrons dans la suite de cet ouvrage.

ARTICLE PREMIER.

ON REJETTE L'HYPOTHÈSE DE L'HARMONIE PRÉÉTABLIE.

292. Leibnitz, dans son système de l'harmonie préétablie, soutient que l'âme et le corps de l'homme sont tellement indépendants l'un de l'autre, que l'âme, sans aucun concours du corps, produit en elle-même toutes ses perceptions et appétitions; et que le corps, de son côté, sans aucune influence de l'âme, opère tous les changements auxquels il est sujet, avec ordre et succession, par les seules lois du mouvement. Tous deux agissent dans leur sphère, comme si chacun existait isolément. Néanmoins, ces deux séries de faits, quoique indépendantes l'une de l'autre, sont, par une prédisposition divine, tellement réglées entre elles, qu'elles sont toujours dans un parfait accord. Ainsi, par exemple, quand l'âme forme un acte en elle-même, quand elle *veut* que le corps se meuve d'un endroit à un autre, ce mouvement se produit véritablement dans le corps. De même, quand le corps se meut par l'impulsion de sa propre force, l'âme a une perception correspondante à ce mouvement. « Dieu,
» dit notre auteur, a créé l'âme d'abord, de telle façon, qu'elle
» doit se produire et se représenter par ordre ce qui se passe
» dans le corps; et le corps aussi, de telle façon, qu'il doit faire
» de soi-même ce que l'âme ordonne. De sorte que les lois

---

[1] *Second éclaircissement du système de la communication des substances.*

» qui lient les pensées de l'âme dans l'ordre des causes finales, et
» suivent l'évolution des perceptions, doivent produire des images
» qui se rencontrent et s'accordent avec les impressions des corps
» sur nos organes ; et que les lois des mouvements dans les corps,
» qui s'entresuivent dans l'ordre des causes efficientes, se ren-
» contrent aussi et s'accordent tellement avec les pensées de
» l'âme, que le corps est porté à agir dans le temps que l'âme le
» veut¹.

293. Ce système, comme on le voit, détruit toute union réelle entre l'âme et le corps. Car, il est impossible de concevoir une union réelle sans quelque dépendance intrinsèque, entre deux éléments qui s'unissent, ou, sans quelque véritable influence de l'un sur l'autre pour ce qui a rapport sinon à l'être du moins à l'opération. Or, dans ce système, il n'y a rien de semblable, puisque l'âme, aussi bien que le corps, existent et opèrent par leur énergie propre, sans se rien communiquer ou emprunter. D'où il suit que leur lien, si l'on peut employer ce mot, est purement idéal et n'a de fondement que dans l'idée, dans l'intention du Créateur, qui a conçu et établi cette harmonie entre eux.

C'est ce que Leibnitz lui-même avoue, en d'autres termes. Après avoir dit que la dépendance de l'âme des impressions des sens est un préjugé vulgaire, il ajoute : « On peut pourtant don-
» ner un sens véritable et philosophique à cette dépendance
» mutuelle, que nous concevons entre l'âme et le corps. C'est
» que l'une de ces substances dépend de l'autre *idéalement*, en
» tant que la raison de ce qui se fait dans l'une, peut être rendue
» par ce qui est dans l'autre ; ce qui a déjà eu lieu dans le décret
» de Dieu, dès lors que Dieu a réglé par avance l'harmonie qu'il
» y aurait dû avoir entre elles. Comme cet automate, qui ferait la
» fonction de valet, dépendrait de moi idéalement, en vertu de la
» science de celui qui, prévoyant mes ordres futurs, l'aurait
» rendu capable de me servir à point nommé pour tout le lende-
» main. La connaissance de mes volontés futures aurait mû ce
» grand artisan, qui aurait formé ensuite l'automate : mon in-
» fluence serait objective, et la sienne physique. Car, en tant que

---

¹ Théodicée. *Essai sur la bonté de Dieu, la liberté de l'homme et l'origine du mal,* 1ʳᵉ partie, n. 62.

» l'âme a de la perfection et des pensées distinctes, Dieu a
» accommodé le corps à l'âme, et a fait par avance que le corps
» est poussé à exécuter ses ordres ; et en tant que l'âme est impar-
» faite, et que ses perceptions sont confuses, Dieu a accommodé
» l'âme au corps ; en sorte que l'âme se laisse incliner par les
» passions qui naissent des représentations corporelles : ce qui
» fait le même effet et la même apparence, que si l'un dépen-
» dait de l'autre immédiatement, et par le moyen d'une influence
» physique [1]. »

294. Dans l'hypothèse que nous examinons, l'âme et le corps ne seraient pas plus unis ensemble, que ne le sont deux personnes dont l'une prendrait plaisir à imiter parfaitement les actions de l'autre. Pour cette raison seulement, selon Leibnitz, ces deux personnes devraient constituer une seule nature et un seul agent, comme il dit que cela arrive dans l'homme à l'égard des deux éléments dont il est composé. Il faut remarquer encore que pour obtenir cette unité substantielle de Leibnitz, il ne serait pas même nécessaire de la coexistence de l'âme et du corps dans le même endroit ; parce que la correspondance des perceptions et des mouvements, qui constituent cette union, peut avoir lieu entre les deux substances, quelle que soit la distance entre elles. Ainsi, on pourrait dire que l'âme serait substantiellement unie au corps, quand même elle habiterait le monde étoilé, tandis que le corps resterait sur la terre. N'est-ce pas là une théorie vraiment digne du progrès philosophique ?

Heureusement que le bon sens, plus fort que la voix des philosophes, proteste hautement contre de telles chimères, et montre à tout le monde un abus intolérable de mots dans la dénomination *d'unité substantielle* qu'on donne à une aussi étrange fiction. S'il existe entre l'âme et le corps la même union qu'entre deux amis qui, demeurant, l'un à Paris et l'autre à Vienne, se seraient accordés à faire en même temps les mêmes opérations, il est évident que l'âme et le corps seraient en vérité disjoints et complétement séparés. Quel cas faut-il donc faire du sentiment intime, qui nous porte invinciblement à croire que nous sommes une véritable substance composée d'âme et d'organisme,

---

[1] L. c., n. 66.

unis ensemble dans une véritable unité de nature et de personne? Faut-il le prendre pour une illusion de la conscience, de même que la perception de l'extension des corps, qui, selon le même Leibnitz, est une illusion des sens? Après avoir démenti le témoignage qui atteste l'existence des faits extérieurs, devons-nous encore détruire l'unique fondement sur lequel repose la connaissance des faits intérieurs? Qui ne voit, à la faveur de pareilles opinions, toutes les voies et toutes les portes ouvertes aux délires de l'idéalisme transcendental?

Mais il paraît que Leibnitz lui-même s'est enfin aperçu de l'inanité de son hypothèse; car, dans une lettre à Pfaff, il la traite de badinage inventé pour exercer l'esprit. *Rem acu tetigisti, et miror neminem hactenus fuisse, qui lusum hunc senserit ; neque enim philosophorum est rem serio semper agere, qui in fingendis hypothesibus, uti bene mones, ingenii sui vires experiuntur.*

ARTICLE II.

ON REJETTE L'HYPOTHÈSE DES CAUSES OCCASIONNELLES.

295. L'hypothèse des *causes occasionnelles* est encore plus étrange. Elle fait consister l'union de l'âme avec le corps en ceci : Dieu prend occasion des mouvements du corps, pour produire des perceptions correspondantes dans l'âme; et, à l'occasion des appétitions de l'âme, il produit des mouvements correspondants dans le corps. Malebranche enseigne cette doctrine dans le livre VI de son ouvrage *De la recherche de la vérité*. Il la déduit comme corollaire de son principe général ainsi formulé : « Toutes les causes naturelles ne sont point de véritables » causes, mais seulement des causes occasionnelles. Je déduis » donc le principe qu'une cause naturelle n'est point une cause » réelle et véritable, mais seulement une cause occasionnelle qui » détermine l'auteur de la nature à agir de telle ou telle manière, » en telle et telle rencontre [1] » Il répète la même chose dans *l'éclaircissement* 15e, où il s'exprime ainsi : « Si l'on dit que l'union

---

[1] *De la recherche de la vérité*, liv. 6. *La méthode*, 2e partie, chap. 3.

» de mon esprit avec mon corps, consiste en ce que Dieu veut
» que, lorsque je voudrai que mon bras soit mû, les esprits ani-
» maux se répandent dans les muscles dont il est composé,
» pour le remuer en la manière que je souhaite ; j'entends clai-
» rement cette explication, et je la reçois. Mais c'est dire juste-
» ment ce que je soutiens ; car ma volonté déterminant la vo-
» lonté pratique de Dieu, il est évident que mon bras sera mû,
» non par ma volonté, qui est impuissante en elle-même, mais
» par celle de Dieu, qui ne peut jamais manquer d'avoir son
» effet. Mais si l'on dit que l'union de mon esprit avec mon corps
» consiste en ce que Dieu m'a donné la force de remuer mon
» bras, comme il a donné aussi à mon corps la force de me
» faire sentir du plaisir et de la douleur, afin de m'appliquer à
» ce corps, et de m'intéresser dans sa conservation ; certaine-
» ment on suppose ce qui est en question, et l'on fait un cercle.
» On n'a point d'idée claire de cette force que l'âme a sur le
» corps, ni de celle que le corps a sur l'âme ; on ne sait pas trop
» bien ce qu'on dit, lorsqu'on l'assure positivement [1]. »

296. Cette hypothèse, comme nous l'avons dit, est plus étrange encore que la précédente. Non-seulement elle détruit tout lien réel et intrinsèque entre l'âme et le corps ; mais, de plus, elle ôte toute action réelle aux substances créées, et fraie ainsi le chemin au panthéisme. Elle considère l'âme et le corps comme deux substances complètes dans leur être et séparées l'une de l'autre ; de sorte que chacune d'elle est, par elle-même, sujet de certaines passions, auxquelles l'autre ne participe en aucune façon. L'unique lien qui les unit, c'est d'être toutes les deux soumises à l'action de la même cause première, laquelle meut l'une selon les mouvements qu'elle produit dans l'autre. Il n'y a donc entre elles d'autre union que celle qui existe entre deux marionnettes, maniées et mises en action en même temps par le même jongleur.

Ainsi, ce système des causes occasionnelles, aussi bien que le système de l'harmonie préétablie, détruit toute union, non-seulement substantielle, mais même réelle, entre l'âme et le

---

[1] *De la recherche de la vérité*, tome IIIe, contenant plusieurs éclaircissements. *Éclairciss.* 15.

corps; car, ici, toute influence intrinsèque de l'une sur l'autre disparaît. De plus, comme nous l'avons déjà remarqué en repoussant l'hypothèse de Leibnitz, la coexistence des deux éléments dans le même lieu ne serait pas même nécessaire, parce que Dieu peut très-bien, par son omnipotence, veiller en même temps sur l'âme et sur le corps, et prendre occasion de l'un pour opérer sur l'autre, bien que ces deux éléments de l'homme ne soient pas au même endroit, mais que l'un soit, par exemple, à Paris et l'autre à Vienne. Sous ce rapport donc, ce système n'a aucun avantage sur le précédent, mais lui est parfaitement semblable. L'unique chose qu'il y ajoute, en rapportant tout à la seule puissance divine, c'est la négation de toute activité créée; mais cette négation n'aboutit à rien autre qu'à le mettre sur la voie du panthéisme, avec une erreur de plus. En effet, s'il n'y a qu'une cause dans l'univers, il n'y a aussi qu'une substance. Car une existence sans opération est inutile; et l'on n'a aucune raison d'attribuer la divinité plutôt à l'opération qu'à l'être.

ARTICLE III.

ON REJETTE L'HYPOTHÈSE DE L'INFLUX PHYSIQUE.

297. Le système de l'influx physique paraît d'abord exempt des absurdités que nous avons remarquées dans les deux précédents; car il ne refuse pas l'activité aux causes secondes, et il admet, en outre, un lien réel entre l'âme et le corps. Ce lien consiste dans leur action mutuelle. Voici comment il est proposé par Storchenau : *Systema causalitatis, sive, ut vulgo aiunt, influxus physici, ponit mutuam animæ in corpus et corporis in animam actionem, atque ab ea rationem petit cur cum certis animæ affectionibus certi in corpore motus, et vicissim perpetuo coexistant* [1].

298. Cependant, ce système conduit à deux inconvénients non moins dangereux : il fait de l'union qui existe entre l'âme et le corps, une union accidentelle; et il ouvre la voie au matéralisme. Voici comment. L'action suppose l'être substantiel, et elle ne lui

---

[1] *Psychologia*, p. 2, sect. 2. cap. 5.

arrive que comme simple accident; de plus, l'opération est un fruit de l'existence, et en jaillit comme l'effet de la cause. L'opération n'est donc pas l'acte premier, c'est-à-dire, l'acte par lequel la chose subsiste en elle-même; mais elle est l'acte second, une chose surajoutée à l'acte premier. L'opération n'est autre chose que l'effet de l'être, qui, subsistant déjà, se modifie lui-même, ou bien modifie quelque sujet distinct de lui-même. Par conséquent, si l'âme et le corps ne s'unissent autrement entre eux qu'en vertu d'une action réciproque; chacun des deux éléments est déjà une substance parfaite et complète dans son être, indépendants l'un de l'autre. Le lien qui les unit ne serait donc, dans une telle hypothèse, qu'un pur accident, c'est-à-dire une modalité survenant à une première existence. On retomberait dans l'absurdité platonique, d'après laquelle l'âme est unie au corps comme le cavalier à son cheval, ou comme le pilote à son navire. Le cavalier, certes, pèse sur son cheval, et lui fait sentir ses éperons; le cheval, au contraire, le soutient et le transporte. Le pilote règle, avec son gouvernail, la direction de son navire; et le navire, de son côté, emporte le pilote et le soutient sur les flots. Il y a véritablement ici une action réciproque entre deux agents distincts; et cependant, peut-on dire qu'il y a là unité substantielle? On peut multiplier ces exemples et répéter le même raisonnement. Tous les corps, sans doute, agissent mutuellement les uns sur les autres, en vertu de l'attraction universelle; le soleil attire les planètes, la lune attire la mer, le soleil et la lune sont attirés à leur tour, quoique avec une moindre force. Et pourtant, qui a jamais rêvé qu'ils forment une seule substance?

299. Saint Thomas, dans sa *Somme théologique*, se propose cette difficulté : *Spirituale applicatur corporali per contactum virtutis. Virtus autem animæ est ejus potentia. Ergo videtur quod anima unitur corpori mediante potentia* [1].

Ici, il s'agit évidemment du système de l'influx physique : car toucher un sujet par vertu ou puissance, c'est la même chose qu'agir sur lui. Or, quelle est la réponse du saint Docteur à cette objection? Il dit que l'union par le seul contact de vertu ou de

---

[1] S. Thomas. *Summa theol.*, 1 p., q. 76, a. 6, ob. 3.

puissance, est une chose tout à fait propre à l'être spirituel qui s'unit à un corps comme simple moteur. Cette union, par conséquent, ne peut pas convenir à l'âme humaine, qui s'unit au corps comme forme; le seul contact de vertu ne suffit pas; mais elle doit s'unir au corps par la communication de son propre être. Néanmoins, après avoir informé le corps, elle le règle et le meut par sa puissance et sa vertu. *Substantia spiritualis, quæ unitur corpori solum ut motor, unitur ei per potentiam vel virtutem. Sed anima intellectiva corpori unitur ut forma per suum esse. Administrat tamen ipsum et movet per suam potentiam et virtutem*[1].

D'après la théorie du saint Docteur, on peut conclure : 1° L'union avec le corps, par le seul contact de vertu (influx physique), équivaut à l'union du moteur avec ce qu'il meut; et, par là même, à une union accidentelle. C'est, par exemple, ce qui arriverait, si un ange voulait prendre un corps : il ne serait pas sans doute la forme substantielle de ce corps, mais il en serait seulement le moteur, c'est-à-dire, qu'il lui serait uni par le seul contact de puissance ou de vertu. 2° Puisque l'âme doit s'unir au corps comme forme : elle ne peut s'unir autrement que d'une manière immédiate par son propre être, *per suum esse*, comme il convient à la forme; car la forme ne serait plus forme, mais cause efficiente, si elle actuait le sujet, non pas par la communication de son être, mais par la simple action qu'elle exercerait sur lui. 3° Que l'âme a aussi le pouvoir de mettre en mouvement le corps au moyen de ses puissances. Cependant l'exercice de ce pouvoir est une conséquence de l'union substantielle de l'âme avec le corps, mais il ne constitue pas cette union.

Bref, l'effet ne peut pas surpasser la cause. Si donc le lien qui produit l'unité dans l'homme n'est qu'un accident (ce qu'on doit dire de toute action exercée entre l'âme et le corps) l'unité qui en résulte ne peut être qu'accidentelle.

300. Nous avons affirmé, en second lieu, que la théorie de l'influx physique ouvre la voie au matérialisme. Nous n'avons pas besoin d'une longue démonstration pour le prouver. En effet, si le corps peut agir sur l'âme par sa propre vertu, il faut néces-

[1] S. Thomas. *Summa theol.*, 1 p., q. 76, a. 6, ob. 3.

sairement admettre une âme étendue ; et la raison en est bien simple. Toute action d'un corps est mouvement, ou a pour condition le mouvement ; et le mouvement ne peut être reçu que dans un sujet doué de parties quantitatives et qui occupent un espace déterminé. D'où saint Thomas observe que Platon, en attribuant la sensation, non au composé, mais à l'âme seule, devrait, par conséquent, nier l'action de l'objet sensible sur celui qui sent : car ce qui n'a pas de corps ne peut recevoir l'impression d'un corps : *incorporeum non potest immutari a corporeo.* Aristote, au contraire, pour expliquer l'origine de la connaissance intellectuelle dépendante des sens, eut recours au procédé de l'abstraction, qui opère sur les objets sensibles, par la raison que l'agent est plus noble que le patient, et que nulle chose corporelle ne peut exercer une impression sur une chose incorporelle : *agens est honorabilius patiente... nihil corporeum potest imprimere in rem incorpoream* [1].

ARTICLE IV.

L'AME INTELLECTUELLE DANS L'HOMME S'UNIT AU CORPS COMME SA FORME SUBSTANTIELLE.

301. Sous le nom de *forme*, il faut entendre un principe qui communique l'être au sujet auquel il s'unit ; sous le nom de *forme substantielle*, il faut entendre un principe qui communique l'être substantiel à ce même sujet. Pour que l'âme humaine puisse être forme substantielle du corps, il faut qu'elle lui soit unie de manière à produire en lui l'être substantiel. *Ad hoc ut aliquid sit forma substantialis alterius, duo requiruntur. Quorum unum est, ut forma sit principium essendi substantialiter ei, cujus est forma ; principium autem dico non effectivum sed formale, quo aliquid est et denominatur ens. Unde sequitur aliud, scilicet quod forma et materia conveniant in uno esse, quod non contingit de principio effectivo cum eo cui dat esse* [2].

---

[1] S. Thomas. *Summa theol.*, 1 p., q. 84, a. 6.
[2] S. Thomas. *Summa contra Gentiles*, 1. 2, c. 68.

302. Cela posé, la vérité énoncée dans le titre de cet article, c'est-à-dire, que l'âme intellectuelle dans l'homme est la forme substantielle du corps, est un corrollaire de la thèse, déjà prouvée, de l'unité du principe vital dans l'homme. La liaison entre les deux propositions est si étroite, que non-seulement on pourrait dire que l'une est conséquence immédiate de l'autre, mais encore qu'elles sont deux expressions d'une seule et identique vérité sous des formes diverses.

En effet, si l'âme intellectuelle est principe vital unique dans l'homme, elle est la source première, non-seulement de ses propres opérations, comme comprendre et vouloir; mais elle est aussi la source des opérations dépendantes de la vie qu'elle communique au corps, et qui se réduisent à sentir, à se mouvoir, à végéter. Or, tout ce qui est source première d'opération, dans un sujet, est forme substantielle du même sujet; car c'est pour cela qu'il est principe de l'être substantiel, s'il est vrai que l'opération découle de l'être. Donc, l'âme intellectuelle dans l'homme, est la forme substantielle du corps. Et, en vérité, pour ne parler que de la vie sensitive, si le corps animé est celui qui sent, si la vertu de sentir est attachée aux organes, et appartient seulement aux organes animés, il est juste que l'être même, dont cette vertu provient, appartienne aux organes et à leur nature intrinsèque. Mais cet être est l'âme sensitive; car on ne peut sentir sans âme. Il faut donc que le corps participe de l'être identique de l'âme sensitive, afin que les facultés sensitives puissent germer en lui. Cet être, dans l'homme, n'est pas distinct de celui de l'âme intellective; car, en lui, le principe de vie est unique. Il faut donc nier ou que l'âme donne le sens au corps, et admettre, avec Platon, que l'âme seule sent, et non pas le composé; ou bien, il faut convenir, avec Aristote et saint Thomas, que l'âme intellective s'unit au corps comme un principe qui lui communique l'être substantiel, c'est-à-dire, comme forme substantielle du corps.

303. Cette démonstration est parfaitement d'accord avec celle de saint Thomas, dans sa *Somme théologique*. Voici ses paroles : *Illud quo primo aliquid operatur, est forma ejus... Manifestum est autem quod primum, quo corpus vivit, est anima..... Anima enim est primum, quo nutrimur et sentimus et movemur secundum locum, et similiter quo primo intelligimus. Hoc ergo*

principium, quo primo intelligimus, sive dicatur intellectus sive anima intellectiva, est forma corporis [1]. On ne peut pas faire un raisonnement plus clair et plus concluant.

Des trois propositions qui composent cet argument, la troisième est une conclusion qu'on doit admettre après avoir accordé les deux premières. En outre, la seconde des prémisses, c'est-à-dire, la mineure, n'est que la thèse de l'unité du principe vital dans l'homme que nous avons déjà démontrée. On ne pourrait la mettre en doute sans nier une vérité que rendent évidente, à la fois, la démonstration et l'expérience intime. La seule proposition, qui a besoin de quelque éclaircissement, est donc la première, c'est-à-dire, la majeure. Elle affirme que tout ce qui est source première d'opération dans un sujet, est forme substantielle de ce même sujet : *Illud quo primo aliquid operatur est forma ejus*. Pour éclaircir ce point, il suffit de faire attention que l'opération suit l'être et en découle : *Nihil agit nisi secundum quod est actu, unde quo aliquid est actu, eo agit* [2]. Donc, tout ce qui est principe d'opération en quelque sujet, est par là même principe d'être ; et s'il est principe premier d'opération, il est aussi principe de l'être premier, c'est-à-dire, de l'être substantiel ; car c'est l'être substantiel qu'on conçoit comme être premier dans l'être, et d'où émanent les facultés opératives. On peut donc conclure que le principe premier d'opération dans un sujet, est celui qui communique au même sujet l'être substantiel. Il ne doit pas communiquer l'être comme principe extrinsèque et efficient, mais comme principe intrinsèque et constitutif, c'est-à-dire, en tant qu'il se communique lui-même au sujet. Autrement, il ne serait pas le principe de l'opération dans l'être, mais il serait seulement le producteur de ce principe ; car, je le répète, le principe d'opération est toujours l'être qui donne l'actualité à l'agent et le constitue intrinsèquement. Donc, ce qui est principe premier d'opération dans un sujet, est, pour ce même sujet, principe d'être substantiel : *Principium essendi substantialiter*; et c'est précisément la première condition requise par saint Thomas,

---

[1] S. Thomas, *Summa theol.*, 1 p., q. 76, a. 1.
[2] *Ibidem*.

pour qu'une chose soit forme substantielle d'une autre. De cette première condition naît la seconde, c'est-à-dire, que le principe appelé *forme*, aussi bien que le sujet qui en est actué, participent du même être ; car tout ce qui est principe d'être substantiel dans un sujet, non pas comme cause efficiente, mais par communication de soi-même, ne peut, en vertu de cette fonction, avoir un être distinct de celui dont il est principe ; autrement, ce qui est source d'être substantiel, ne communiquerait rien de soi-même, mais seulement quelque chose de ses effets ; et alors on n'aurait pas une cause formelle, mais simplement une cause efficiente. La cause formelle fait participer le sujet qu'elle informe à sa réalité intrinsèque ; elle le perfectionne et le spécifie, de manière qu'il ne cesse pas cependant d'appartenir en même temps au principe qui l'informe. Ainsi, la forme et le sujet qui la reçoit, ne font qu'une seule essence, un seul composé.

304. Appliquons ce raisonnement au cas présent. L'âme intellective est racine de toutes les opérations vitales de notre corps, puisque le corps vit par l'âme, et non pas l'âme par le corps. Pour être racine de ces opérations, il faut que, par son union, l'âme change le corps en substance vivante, c'est-à-dire, en une substance de laquelle émanent des puissances et des opérations vitales. Cela veut dire que l'âme intellective, en vertu de son union avec le corps, doit l'élever à la participation de sa propre vie substantielle, c'est-à-dire, qu'elle doit se faire vie substantielle du corps, en lui communiquant l'être même dans lequel elle subsiste au degré dont le corps est capable. Ainsi, elle forme, avec lui, une seule substance, un être unique, participant des caractères des deux éléments dont il est composé. *Anima illud esse, in quo subsistit, communicat materiæ corporali ex qua et anima intellectiva fit unum*[1]. L'âme intellective est donc la forme substantielle du corps, parce qu'elle a, par rapport au corps, les deux conditions nécessaires pour en être la forme substantielle. Ces deux conditions se vérifient en elle par la raison même qu'elle est source première de toutes nos opérations vitales [2].

---

[1] S. Thomas, *Summa theol.*, 1 p., q. 76, a. 1. ad 5.
[2] Si, au contraire, on prenait comme prémisse, que l'âme est forme sub-

305. La même vérité est confirmée par tout ce que nous avons dit dans le chapitre premier de cet ouvrage, sur l'unité personnelle et naturelle de l'homme. En effet, si l'âme et le corps forment un seul être subsistant, une seule personne, il faut dire encore qu'il n'y a dans l'homme qu'une seule subsistance, qui, procédant de l'âme, soutient le corps. Le corps ne subsiste donc pas par lui-même, tant que dure l'union; et, par nécessité de conclusion, n'a pas, indépendamment de l'âme, l'être actué et complet dans sa pleine individualité d'existence. Il ne peut non plus l'avoir en vertu de sa nature. Car l'âme et le corps n'existent pas en acte, comme deux substances; mais de toutes les deux se forme une seule substance, l'homme, qui est proprement comme le résultat de l'union des deux. *Non enim corpus et anima sunt duæ substantiæ actu existentes, sed ex eis duobus fit una substantia actu existens* [1]. Donc, il faut qu'un seul être substantiel soit commun à l'un et à l'autre; autrement, si chacun des deux éléments avait son propre être substantiel en acte, ils formeraient deux natures et deux substances, quoique en relation réciproque. Donc, l'union entre ces deux composants doit consister en ce que l'un donne l'être et l'autre le reçoive. Puisque l'on ne pourrait concevoir autrement comment deux choses concourent à constituer un seul être. Or, ce que nous venons de dire ne peut se concevoir autrement entre deux principes réels, si non en tant que l'un est source d'actualité, et l'autre sujet potentiel

---

stantielle du corps, on aurait pour conséquence l'unité du principe vital dans l'homme. Ainsi fait quelquefois le Docteur angélique : *Si ponamus animam corpori uniri sicut formam, omnino impossibile videtur plures animas per essentiam differentes in uno corpore esse*. Et la raison intrinsèque, qu'il en donne, c'est que le principe formel qui donne l'être, donne aussi l'unité, conséquence de l'être. C'est pourquoi, si le principe constituant l'homme vivant était différent du principe qui le constitue animal, ou raisonnable; cette unité substantielle serait détruite en lui. *Nihil est simpliciter unum nisi per formam unam, per quam res habet esse; ab eodem enim habet res quod sit ens et quod sit una... Si igitur homo ab alia forma haberet quod sit vivum, scilicet ab anima vegetabili, et ab alia forma quod sit animal, scilicet ab anima sensibili, et ab alia quod sit homo, scilicet ab anima rationali; sequeretur quod homo non esset unum simpliciter.* (Summa theol., 1 p., q. 76, art. 3.)

[1] S. Thomas. *Contra Gentiles*, l. 2, c. 69.

et par lui-même indifférent à devenir être actuel. Ce second caractère convient au corps, qui ne garde pas la même perfection de nature sous l'influence de l'âme et hors de cette influence. *Corpus hominis non est idem actu, præsente anima et absente.* Le corps avec l'âme est chair vivante, qui végète, qui sent et se meut; sans l'âme, il devient un cadavre inerte, sans autre opération que celle de la matière brute. C'est donc l'âme qui le fait ce qu'il est substantiellement dans l'homme : *anima facit ipsum actu esse* [1]. Par conséquent, l'âme est, par rapport au corps, la véritable forme substantielle, c'est-à-dire, le principe intrinsèquement communicatif de l'être substantiel.

ARTICLE V.

UNE OBJECTION.

306. Ceux qui ne sont pas trop accoutumés à la méditation philosophique, pourront craindre quelque péril de matérialisme dans l'exposé de cette théorie, ou du moins ils pourraient l'accuser d'être mystérieux et trop obscur. Ils disent peut-être si l'âme fait une seule substance avec le corps, ne se confond-elle pas avec le corps? Assurément, pour que deux choses se convertissent en une troisième, il faut que chacune d'elle perde son être. En outre, cette communication intime d'une réalité propre est une chose tout à fait étrange et dont on ne peut se former aucune idée.

L'objection se présente à un double point de vue, nous ferons donc une double réponse.

Que l'âme ne souffre ni altération ni détriment dans sa réalité intrinsèque, en s'unissant au corps, pour former avec lui une seule substance, on le voit aisément si l'on considère la nature de l'âme et la qualité de la substance qui résulte d'une telle union. Par nature, l'âme est simple. Ce qui est simple ne peut subir de changement substantiel : car, pour toute transmutation, il est nécessaire qu'une partie de l'objet change, et que l'autre reste. Or, ceci ne peut avoir lieu que dans l'être composé.

---

[1] S. Thomas, *Contra Gentiles*, l. 2, c. 69.

L'être simple, ou reste tout entier, ou périt tout entier ; parce qu'il n'est pas composé d'éléments, mais il est d'une seule et indivisible réalité. La crainte de voir l'âme se changer en quelque chose de matériel, par son union avec le corps, est donc une contradiction manifeste. Il faudrait supposer que l'âme reste et ne reste pas en même temps dans l'homme, il faudrait supposer qu'elle reste, car on la proclame unie au corps ; il faudrait supposer qu'elle ne reste pas, car on croit l'essence changée, et l'essence d'un être simple ne peut se changer sans cesser d'exister.

307. Vous répliquerez : vous prouvez précisément que l'union dont il est question ne constitue pas une seule substance. — Parler ainsi, n'est-ce pas ne pas comprendre ce qu'on dit ? Le mot *union* ne vient-il pas de *un*, qui exprime précisément le terme où l'union tend ? L'union n'implique-t-elle pas toujours, dans son concept, la tendance à faire de plusieurs choses une seule chose ? Or, si cette union est substantielle et non accidentelle, cela veut dire que la chose *une*, qui vient d'être opérée par l'union, est une substance ; par conséquent, ou il faut nier, que l'union de l'âme avec le corps est substantielle, ou il faut accorder que l'âme s'unit au corps, pour former avec lui une seule substance. Ainsi donc, admettre l'union substantielle, et nier, pour son terme, l'unité de substance, c'est ne pas comprendre les termes que l'on emploie.

L'équivoque a ici son origine en ce que l'on croit que toute substance est simple, tandis qu'il y en a de simples et de composées. Si toute substance était simple, l'âme, certes, ne pourrait former une seule substance avec le corps. En ce cas, il faudrait nier, comme nous l'avons dit, que l'union de l'âme avec le corps soit substantielle, ce qui serait démentir le sens commun, la conscience et la raison. Il faudrait modifier le langage de la foi, de la science et du genre humain, qui, d'un commun accord, affirment que l'homme est *un* et qu'il est substance. Si l'on n'a pas le courage de soutenir cette contradiction, on doit nécessairement, outre les substances simples, admettre des substances composées, et affirmer que l'homme est précisément une substance composée. De là il suit, que l'âme et le corps s'unissent comme deux principes substantiels, et se complètent mutuellement, l'un comme sujet, et l'autre comme forme ; l'un comme susceptible d'être, l'autre comme communicatif de l'être. On voit aussi, par là-même, l'impossibilité d'une confusion mutuelle ; car il est absurde, que deux termes *unis*, il est vrai, mais corrélatifs, et opposés entre eux, puissent se confondre. Dirons-nous, qu'il n'y a pas d'opposition entre le principe *informateur* et le sujet *informé* ; entre donner et recevoir ; entre actuer et être actué ? Ou bien, pourra-t-on concevoir, qu'un sujet, qui cesse d'être, reçoive l'acte, et que celui qui n'a pas l'acte le communique ? Si le corps, en l'homme, reçoit continuellement l'acte de l'âme, et l'âme continuellement le lui communique, n'est-il pas clair que l'un, aussi bien que l'autre, durent sans interruption, et conservent la même relation qui, d'abord, les a unis ?

308. L'âme, du reste, quoique unie au corps en unité de substance, ne souffre point d'altération dans sa nature simple et spirituelle : la considération de ses propres actions le démontre évidemment : *In anima rationali considerari oportet, quia non solum absque materia et conditionibus materiæ species intelligibiles recipit, sed nec etiam in ejus propria operatione possibile est communicare aliquod organum corporale ; ut sic aliquod corporeum sit organum intelligendi, sicut oculus est organum videndi. Et sic oportet quod anima intellectiva per se agat, utpote propriam operationem habens absque corporis communione. Et quia unumquodque agit, secundum quod est actu ; oportet quod anima intellectiva habeat esse per se absolutum non dependens a corpore. Formæ enim, quæ habent esse dependens a materia vel subjecto, non habent per se operationem* [1].

On ne pouvait mieux exposer la preuve de l'union substantielle entre l'âme et le corps, d'un côté, et de leur parfaite distinction de l'autre. En effet, quelle marque plus sûre de distinction entre deux principes, que des opérations propres à l'un et non à l'autre, des opérations complètement en dehors de la condition de l'un et des caractères de l'autre ? En outre, des opérations faites par l'un de ces principes avec le concours in-

---

[1] *Qq. Disp.* Quæstio *De anima*, a. 1.

trinsèque de l'autre, c'est-à-dire, faites par le composé et dérivées du composé, ne sont-elles pas l'indice le plus sûr de l'unité substantielle de ces deux mêmes principes? Cela aurait-il lieu si ces deux principes ne formaient pas un seul être, puisque toute opération est incontestablement un fruit de l'être? Or, ces deux choses ensemble se vérifient en nous; car l'âme comprend et veut, par elle seule, sans le concours intrinsèque du corps, et elle exerce les fonctions de la vie animale et organique avec le concours du corps.

309. Mais cette unité substantielle, suivant l'objection, est tout à fait mystérieuse et inintelligible.

Qu'il y ait là quelque mystère, Dieu nous garde de le nier; car telle est la condition de la science humaine, qu'elle ne peut sonder l'essence intime des choses sans finir par rencontrer le mystère.

Mais que cette unité soit entièrement inintelligible, même suivant le mode propre de notre connaissance, nous ne pouvons l'accorder, et nous croyons à un jeu de l'imagination chez notre adversaire. Cette faculté, comme nous l'avons dit ailleurs, nous présente la matière de nos premières abstractions idéales; elle revêt ensuite de ses images nos conceptions ultérieures. Or, il y a là un danger continuel, pour les personnes peu exercées, de confondre le fantôme avec l'idée, de croire inintelligible ce qui n'a pas formellement de fantôme pour être représenté. C'est ce qui arrive dans le cas présent. L'imagination, faculté animale, et par là même restreinte exclusivement aux objets sensibles, n'est pas capable de percevoir une autre union que celle qui consiste ou dans le contact de deux êtres étendus, ou dans le mélange des parcelles d'un corps avec celles d'un autre corps. Par conséquent, si quelqu'un se laisse dominer par son imagination, il se persuade facilement n'avoir point l'idée de l'union substantielle dont il est question; parce qu'il ne sait et ne peut s'en former une représentation fantastique. Au contraire, le sage comprend sans peine qu'il y a là une erreur grossière. En effet, l'essence des choses, avec tout ce qui a rapport à ses constitutifs intrinsèques, est l'objet exclusif de l'intellect. Elle ne peut pas, il est vrai, se représenter par des images matérielles; mais pourtant il faut bien dire qu'on la conçoit et qu'on la comprend toutes les fois que les parties dont elle se compose ne sont pas en contradiction. Le néant absolu seul, ou le composé de termes contradictoires, n'a pas de concept propre, parce qu'il ne peut être contemplé. Toute autre notion, pourvu qu'elle exprime l'être, et l'exprime sans contradiction d'éléments, est intelligible, et conforme à notre entendement. Pour pouvoir donc dire que nous n'avons aucune idée de l'union substantielle de l'âme avec le corps, il ne suffit pas de l'affirmer gratuitement; il faut prouver que les idées qui l'expliquent répugnent entre elles. Cette preuve n'a pas encore été donnée; et elle ne le sera jamais, par la raison bien simple qu'elle n'existe pas.

310. L'unique chose qu'on peut dire à bon droit, c'est que nous ne pouvons pas nous former une idée immédiate et directe de l'union dont il s'agit; mais seulement une idée médiate et indirecte, c'est-à-dire, une idée par déduction et par relation avec le terme de cette union. De plus, ce concept n'est pas tout à fait positif; il est négatif en grande partie, parce qu'on l'obtient en éloignant tout ce qui ne lui appartient pas. Dans ce genre de choses, la connaissance humaine ne pourrait arriver à des notions plus parfaites. Nous n'apercevons d'abord, avec l'intelligence, que les raisons universelles, qui, en vertu de leur transcendance, sont applicables à toute chose; mais la notion déterminée des êtres existants dans la nature, nous arrive autrement. Ces êtres ne présentent immédiatement à notre perception que leur seule partie superficielle, extérieure, c'est-à-dire, celle qui appartient à leurs phénomènes et à leurs effets; tandis que la partie intime, ou celle qui regarde la substance et l'efficacité, nous reste cachée par elle-même, et nous ne pouvons que la déduire et la spécifier par voie de raisonnement. Ceci arrive dans la connaissance de chaque substance tant soit peu simple, et, d'une manière encore plus particulière, dans la connaissance des substances composées; parce que le raisonnement même ne nous donne une idée directe que de ce qui est. Or, dans les substances composées, ce qui proprement est, c'est le composé même; car les éléments ne sont qu'en lui et par rapport à lui. Et puisqu'on ne les connaît que par le seul procédé du raisonnement, on ne peut s'en faire une idée directe et absolue, mais seulement indirecte et relative, en se les représen-

tant par rapport au composé dont ils sont les constitutifs. Telle est la nature de la connaissance propre à l'homme. Il connaît les essences substantielles en les déduisant, et en les déduisant à *posteriori*. Il ne convient pas de faire ici le dédaigneux ; car tout philosophe qui n'est pas le jouet de ses propres caprices, et qui veut se faire le disciple de la nature, doit se contenter des idées que la nature lui offre, et non pas torturer ses propres facultés pour chercher vainement des notions chimériques. Puisque nous en sommes aux essences substantielles, nous ne pouvons, je le répète, nous ne pouvons les connaître naturellement, qu'en considérant les phénomènes et les effets qu'elles nous manifestent immédiatement, pour remonter de là, et chercher par le raisonnement à déterminer l'idée du sujet auquel ces phénomènes sont inhérents, et la cause qui les produit. Si ce sujet et cette cause sont un être composé, nous devons, par la qualité de ce composé, déterminer l'idée des composants et les fonctions qu'ils accomplissent en s'unissant pour le former.

311. Appliquons ces considérations au cas présent. Que nous dit le fait connu par l'expérience immédiate ? Il nous dit que l'homme est un, et que, dans son unité, sont comprises différentes opérations vitales. De plus, il nous dit que ces opérations vitales sont de comprendre, de sentir, de végéter ; que l'intellection est libre de tout alliage matériel et s'exerce par l'esprit seul. La sensation, au contraire, et la végétation, se font dans l'organisme et par le moyen de l'organisme. Le fait donc nous dit qu'en nous, l'organisme est constitué substance vivante et sensitive par l'âme intellective, c'est-à-dire, par le principe même par lequel nous concevons, sans aucune participation du corps. Etre constitué substance vivante et sensitive et recevoir l'être substantiel, c'est la même chose, parce que les forces vitales et sensitives jaillissent de l'être même de la substance qui vit et sent. Donc, l'âme intellective doit s'unir au corps comme principe communicatif de l'être substantiel [1]. Qu'on dise que ce concept est

---

[1] C'est ainsi que S. Thomas argumente, pour prouver que l'âme humaine est forme du corps : *Manifestum est, id quo corpus vivit, animam esse. Vivere autem est esse viventium. Vivere igitur est quo corpus humanum habet esse actu. Hujusmodi autem forma est. Est igitur anima humana corporis forma.* (*Qq. Disp.* Quæstio *De anima*, a. 1.)

clair ou obscur, il ne faut pas moins l'admettre, si l'on ne veut pas nier le fait ou le raisonnement. Si quelqu'un le trouve obscur, qu'il se le rende plus net par la méditation et l'exacte notion de ce que veut dire *être substantiel*. Mais on tomberait dans le ridicule, si, pour l'éclairer, on venait à le détruire, en réduisant l'être à l'action, car elle suppose l'être ; ou l'union de substance à l'union de contact qui suppose les substances déjà constituées. L'union substantielle consiste dans la compénétration intime de l'être de deux principes. Par cette compénétration, l'un reste tellement investi par l'autre, qu'il en est actué quant à sa première subsistance. En vertu de cette actuation, il est classé dans une espèce particulière d'êtres et rendu capable d'exercer les actions propres de cette espèce. L'âme donc, en informant le corps, doit se *consubstancier* de telle manière avec lui, qu'elle soutienne dans l'existence la matière qui, d'elle-même, est incapable de subsister, et l'élève à la participation de sa vie propre, selon le degré dont elle est capable. C'est ce que l'âme fait, en communiquant au corps la force végétative et sensitive. De sorte que la substance végétative et sensitive qui en résulte, n'est ni l'âme seule, ni le corps seul, mais bien le composé de tous les deux. On a un faible exemple de ceci dans le spectacle d'un nuage pénétré par les rayons solaires : ce nuage ne peut, sans doute, prendre toute la blancheur de la lumière ; et cependant, il est tellement coloré, que chacune de ses parties en a le reflet, et se trouve sous son action.

ARTICLE VI.

DOCTRINE DE L'ÉGLISE SUR LA QUESTION PRÉSENTE.

312. La doctrine que nous venons d'exposer, touchant l'union de l'âme humaine avec le corps, a été solennellement définie par le Concile général de Vienne, confirmée par le quatrième Concile de Latran, et par la lettre de Pie IX à l'archevêque de Cologne. Dans le Concile de Vienne, Clément V voulut définir positivement la doctrine de l'Eglise sur ce sujet, pour abattre d'un seul coup l'averroïsme de Pierre-Jean Oliva, et toutes les erreurs qu'on pourrait soulever à propos de l'union de l'âme avec le

corps. Voici le décret qu'il publia : *Doctrinam omnem seu propositionem temere asserentem aut vertentem in dubium quod substantia animæ rationalis seu intellectivæ vere ac per se humani corporis non sit forma; velut erroneam ac veritati catholicæ inimicam fidei, prædicto sacro approbante Concilio, reprobamus;* DEFINIENTES, *ut cunctis nota sit fidei sincera veritas ac præcludatur universis erroribus aditus ne subintrent, quod quisquis deinceps asserere, defendere, seu tenere pertinaciter præsumpserit quod anima rationalis seu intellectiva non sit forma corporis humani per se et essentialiter, tanquam hæreticus sit censendus* [1].

Léon X, dans le quatrième Concile général de Latran, à l'occasion de la condamnation des erreurs de Pompanazzo, répéta aussi la même définition, dans les termes suivants : *Hoc sacro approbante Concilio damnamus et reprobamus omnes asserentes animam intellectivam mortalem esse, aut unicam in cunctis hominibus, et hæc in dubium vertentes : Cum illa non solum vere, per se et essentialiter humani corporis forma existat, sicut in canone fel. rec. Clementis Papæ V, prædecessoris nostri, in generali Viennensi Concilio edito continetur, verum et immortalis et pro corporum, quibus infunditur, multitudine singulariter multiplicabilis et multiplicata et multiplicanda sit* [2].

Pie IX enfin, en condamnant les erreurs de Günther, qui admettait deux âmes dans l'homme, l'une sensitive et l'autre intellective, et qui niait par-là même que celle-ci fût forme du corps au moins immédiatement, s'exprime ainsi : *Noscimus iisdem libris* (savoir, les ouvrages de l'écrivain déjà nommé) *lædi catholicam sententiam ac doctrinam de homine, qui corpore et anima ita absolvatur, ut anima, eaque rationalis, sit vera, per se, atque immediata corporis forma* [3].

Donc, par l'autorité de trois Souverains Pontifes et de deux Conciles généraux, la doctrine qui fait de l'âme intellective ou

---

[1] CLEMENTINÆ. *De summa Trinitate et Fide catholica.* Tit. 1.

[2] *Sessione* 8. *Canone* Apostolici Regiminis.

[3] *Litteræ Apostolicæ ad Cardinalem Geissel, Archip. Coloniensem, datæ anno* 1857.

rationnelle, la forme du corps dans l'homme, est une doctrine dogmatique, et on ne peut la nier sans tomber dans l'hérésie : *tamquam hæreticus sit censendus.*

313. Il faut encore observer ici que le mot *forma* est pris dans un sens propre et déterminé, comme il est manifeste par trois raisons. Et d'abord, parce qu'on ferait injure à la sainte Eglise du Christ, de croire qu'elle use de termes vagues et impropres, ou d'un sens indéterminé, dans la définition solennelle d'une vérité dogmatique et d'une doctrine imposée à tous les fidèles, sous peine d'hérésie. En second lieu, parce que, dans les trois textes rapportés, on trouve l'adverbe *vere* ou l'adjectif *vera;* ce qui rend toute chicane déraisonnable, parce que ce mot déclare qu'on ne doit pas prendre le mot *forma* dans un sens quelconque et par manière de dire, mais dans le sens propre, selon sa signification rigoureuse. Enfin, les Conciles et les Pontifes dont nous venons de parler, ont voulu, pour ainsi dire, déclarer ouvertement qu'ils entendaient éloigner toute équivoque du mot *forma*, en lui ajoutant *per se, essentialiter, immediate.* Ce qui a été sagement remarqué par Da Porretta. Dans l'appendice à l'article premier de la question LXXVI, première partie de la *Somme théologique* de saint Thomas, l'illustre théologien, s'exprime ainsi, à propos du décret de Clément V, rapporté plus haut : *Intellige Clementem loqui formaliter; quoniam si philosophorum verba formaliter sumenda sunt, multo magis utique Sacrorum Conciliorum dogmata formaliter intelligere quisque tenetur, et hoc pro universali regula tenendum est. Hoc autem eo verius est in proposito, quanto explicatius Papam loquutum videmus, et vere (inquit) et perfecte et per se et essentialiter est humani corporis forma anima rationalis seu intellectiva. Quis nisi hæreticus dicat tot tantisque gravissimis verbis hic non importari sermonem formalem?*

Ainsi donc, l'âme humaine, selon la doctrine catholique, est la forme du corps, dans le sens vrai et précis du mot *forme.* Mais quel est ce sens? Celui, sans doute, qu'il a reçu chez tous les docteurs scolastiques, qui en déterminèrent et en établirent la signification. Qu'on lise leurs ouvrages, et qu'on voie si la forme, chez eux, est autre chose que le principe qui communique l'être, et un être substantiel, quand la forme est substantielle. Il nous suffira de rapporter quelques passages du guide et du maître de tous, l'Ange de l'école. « C'est le propre de la forme substantielle, dit-il, de donner à la matière l'être en tant que tel. » *Est hoc proprium formæ substantialis quod det materiæ esse simpliciter* [1]. Et ailleurs : *Forma substantialis dat esse simpliciter : et ideo per ejus adventum dicitur aliquid simpliciter generari, et per ejus recessum simpliciter corrumpi* [2]. Enfin : *Anima non movet corpus per esse suum, secundum quod unitur corpori ut forma; sed per potentiam motivam, cujus actus præsupponit jam corpus effectum in actu per animam* [3].

314. Nous avons voulu faire ces remarques, pour nous opposer à l'audace de ceux qui, tout en admettant le mot *forma*, ne l'entendent pas comme les docteurs scolastiques, mais selon certaines théories nouvelles, sous le prétexte spécieux de ne pas confondre ce qui est définition dogmatique avec ce qui est doctrine philosophique.

Si ce subterfuge avait quelque poids, on pourrait éluder toutes les définitions de l'Eglise : car de toutes on pourrait dire que l'explication est libre sous le rapport philosophique. Et ainsi, pourvu qu'on gardât seulement les termes de nos dogmes, on pourrait laisser aux caprices des novateurs de tous les temps de leur attribuer un sens arbitraire. Chacun, dans ce cas, pourrait se dire à soi-même : L'âme est forme du corps ; c'est bien. Mais à moi, philosophe, il appartient de définir si c'est en cette manière ou en cette autre. Un Platonicien dirait qu'elle est la forme du corps, parce qu'elle le meut. Elle est la forme du corps, dirait un Malebranchiste, parce qu'elle assiste le corps. Elle est la forme du corps, dirait un Leibnitien, parce qu'elle fait des actions en harmonie avec celles du corps. Ainsi, chacun pourrait, à son tour, donner son explication, pourvu qu'il eût soin de proférer un mot vide de sens, le mot *forme*. Ne serait-ce pas là une manière bien commode d'accepter les définitions de l'Eglise?

L'Eglise, dans ses décrets, ne définit point le sens vague d'un mot, pour laisser à chacun la liberté d'y attacher le sens qui lui

---

[1] *Qq. Disp.* Quæstio *De anima*, art. 10.
[2] S. Thomas. *Summa theol.*, 1 p., q. 76, a. 4.
[3] *Ibidem*, ad 2.

plaira. Elle ne tombe pas dans ce ridicule; et, le lui prêter, ne serait-ce pas outrager la maîtresse suprême de la vérité? L'Eglise définit les choses par des termes, et elle emploie ces termes dans le sens communément reçu parmi ceux à qui elle parle. Par conséquent, quand il s'agit de termes scientifiques, l'Eglise les emploie dans le sens admis par les docteurs contemporains, et elle veut que la chose définie en ce sens reste immuable.

Or, le Concile de Vienne, auquel se conforment implicitement Pie IX, et explicitement Léon X, fut le premier à définir que l'âme est la forme du corps. Donc, l'Eglise se servit du mot *forma* dans le sens que les docteurs de cette époque lui attribuaient communément. Si elle voulait lui donner un autre sens, il aurait fallu le dire clairement; autrement, l'Eglise n'aurait pas parlé pour être comprise; car elle se serait servie du mot *forma*, suivi du mot *vere*, en entendant par ce mot toute autre chose que ce que l'on entendait dans les écoles.

De plus, l'Eglise aurait agi contre le but qu'elle se proposait dans la définition. Le Concile, en effet, voulait fermer la voie à toute erreur dans cette matière, *ut præcludatur universis erroribus aditus* [1]; au contraire, il aurait mis les fidèles dans la nécessité morale d'entendre une chose dans un sens qu'il n'aurait point voulu, parce que, sans avis préalable, il aurait attaché à un mot une signification différente de celle que tout le monde lui donnait. Qu'on ne dise pas, avec puérilité, comme quelqu'un l'a fait, que si l'on devait nécessairement prendre le mot *forme* dans le sens scolastique, on assujettirait l'Esprit-Saint, qui parle dans les Conciles, aux lois et aux vocabulaires de l'Ecole; car on pourrait faire la même objection contre toutes les définitions dogmatiques, et leur ôter ainsi toute leur force. Le Saint-Esprit parle, dans les Conciles, le langage des hommes, pour se faire entendre des hommes. Il fait usage de leur langage; en

---

[1] Pour voir comment, par cette vérité (que l'âme humaine est forme du corps), on exclut toutes les erreurs capitales touchant le composé humain, il faut lire la *Somme* de saint Thomas contre les Gentils, du chapitre 57ᵉ au chapitre 67ᵉ du livre second. Après avoir établi que l'âme s'unit au corps comme principe intrinsèque et formel de l'être, le saint Docteur réfute toutes les fausses théories, peu différentes de celles de nos jours, qui avaient paru jusqu'à son temps.

l'employant, il ne peut l'employer autrement que dans le sens admis par les Pères rassemblés en concile, et par les fidèles qui en reçoivent les enseignements.

En outre, il faut remarquer surtout les termes *per se et essentialiter*, évidemment choisis pour exclure ceux-ci : *per accidens et secundum accidens*; afin d'indiquer que l'âme communique l'être au corps, parce qu'elle est naturellement destinée à le lui communiquer. Et, de fait, elle le communique immédiatement comme s'exprime Pie IX, c'est-à-dire, par sa propre entité; et non médiatement, par quelqu'autre forme ou opération. La raison en est que l'opération rendrait l'âme le moteur du corps, mais non pas sa forme. La forme communique l'être, en tant qu'elle se communique elle-même; et, par conséquent, elle s'unit au sujet par elle-même, sans autre intermédiaire. *Anima est forma corporis, per seipsam dans ei esse : unde per se et immediate ei unitur* [1]. C'est ce qui fait l'unité du composé, en ce sens, que le corps participe du même être que l'âme. *Illud idem esse, quod est animæ, communicat corpori, ut sit unum esse totius compositi* [2].

315. Enfin, quant à l'épithète *intellective*, donnée à l'âme, en tant que forme du corps, il faut observer qu'elle indique l'essence de l'âme, et non pas la faculté qui émane de l'essence. La faculté d'entendre, comme nous l'avons plusieurs fois observé, procède de l'âme seule, et demeure en elle seule. D'où elle s'appelle *faculté séparée du corps*, parce qu'elle ne se sert, pour opérer, d'aucun organe corporel. *Intellectus pro tanto dicitur separatus, quia non utitur organo corporali in operatione sua, sicut sensus* [3]. Mais autre chose est la faculté et autre chose est l'essence. L'essence de l'âme est une, et il n'y a pas de distinction réelle entre ses trois différents degrés de vie. C'est pourquoi le saint Concile de Vienne dit que *substantia animæ rationalis, seu intellectivæ, est forma corporis*. Saint Thomas avait déjà affirmé la même chose, en disant que l'âme humaine est forme du corps quant à l'essence d'âme intellective, et non quant à l'o-

---

[1] S. Thomas, *Qq. Disp.* Quæstio *De anima*, art. 10, ad 18.

[2] S. Thomas, *Ibidem*, a, 1., ad 1.

[3] *Ibidem*, ad 2.

pération intellectuelle. *Licet anima sit forma corporis secundum essentiam animæ intellectualis, non tamen secundum operationem intellectualem* [1].

ARTICLE VII.

ON REPOUSSE UNE DOUBLE ÉQUIVOQUE.

316. Il en est qui tombent dans une grave équivoque en cette matière. Saint Thomas, disent-ils, a soutenu la doctrine de l'*Influx physique*; et la preuve en est le texte rapporté par vous-même un peu plus haut. Dans ce texte, il enseigne que les puissances supérieures, c'est-à-dire spirituelles, et le corps, dans l'homme, se modifient réciproquement, en répandant, en quelque sorte, les unes dans les autres, ce qu'elles peuvent avoir d'exubérant. *Vires superiores et etiam corpus invicem in se effluunt quod in aliquo eorum superabundat.* Voilà, disent-ils, comment, selon le Docteur angélique, il y a influence réciproque entre l'âme et le corps. Très-bien : leur proposition serait vraie s'ils s'étaient arrêtés à cette seule affirmation générale, bien qu'elle eût besoin d'être un peu éclaircie. Mais ils croient, ce semble, que saint Thomas fait consister dans cette influence réciproque, l'union substantielle de l'âme avec le corps. Leur opinion, ainsi conçue, est absolument fausse; et, pour s'en convaincre, il suffit de faire attention aux paroles qui précèdent immédiatement celles que l'on vient d'alléguer.

Le saint Docteur, dans les termes les plus clairs, dit que l'influence réciproque entre l'âme et le corps *provient* de leur union substantielle, et de l'unité d'être qui en résulte dans le composé humain. D'où il est évident que l'influence réciproque dont il parle, ne constitue pas l'union substantielle de l'âme avec le corps, mais la suppose; car il en parle comme d'un effet d'union, et non pas comme d'une cause.

Citons le texte en entier. « C'est selon l'ordre de la nature,
» qu'en vertu de l'union des forces de l'âme en une seule essence,
» et de l'union de l'âme et du corps en un seul être composé, les

---

[1] *Qq. Disp.* Quæstio *De anima,* a. 10, ad 2..

» forces supérieures et le corps même se communiquent récipro-
» quement, par effusion, ce qui surabonde dans l'un d'eux. De là
» il arrive que, par l'appréhension de l'âme, le corps change son
» état de chaleur ou de froid. Ce changement arrive quelquefois
» jusqu'au point de produire la santé, de causer la maladie, ou
» même la mort. Ainsi, parfois, la tristesse, la joie ou l'amour,
» donnent la mort. Par la raison contraire, l'altération du corps
» influe sur l'âme. » *Secundum naturæ ordinem, propter colligationem virium animæ in una essentia, et animæ et corporis in uno esse compositi, vires superiores et etiam corpus invicem in se effluunt quod in aliquo eorum superabundat. Et inde est quod ex apprehensione animæ transmutatur corpus secundum calorem et frigus, et quandoque usque ad sanitatem et ægritudinem et usque ad mortem. Contingit enim aliquem ex gaudio vel tristitia vel amore mortem incurrere. Et similiter est e converso quod transmutatio corporis in animam redundat*[1].

Or, qui ne voit que cette doctrine n'a rien à faire avec l'influx physique des modernes? L'influx physique des modernes ne suppose pas le corps déjà uni précédemment à l'âme en unité de substance; mais il est admis comme constitutif de cette union. Au contraire, le corps qui, selon saint Thomas, influe sur l'âme, est le corps déjà vivifié par l'âme, et il opère en vertu des puissances que l'âme lui communique; ces dernières sont étroitement unies avec les puissances supérieures, par l'unique germe qui donne naissance aux unes et aux autres : *Propter colligationem virium animæ in una essentia, et animæ et corporis in uno esse compositi, vires superiores et corpus invicem in se effluunt.*

Si nous ne nous abusons pas, le mot *propter* exprime donc la cause; et cette cause de l'influence mutuelle entre le corps et les forces supérieures de l'âme, est attribuée, dans le texte cité, au concours de l'âme et du corps pour former un seul être composé, *in uno esse compositi*, c'est-à-dire, dans leur union substantielle.

317. Le saint Docteur répète constamment la même doctrine,

[1] *Qq. Disp.* Quæstio *De anima*, a. 10.

en d'autres endroits. Ainsi, dans la *Somme théologique*, en répondant à l'objection que le corps doit se concevoir en nous comme une substance complète, indépendamment de l'âme, (puisqu'il est mis en mouvement par l'âme, et qu'il n'y a que ce qui subsiste qui puisse se mouvoir,) il dit : *Anima non movet corpus per esse suum, secundum quod unitur corpori ut forma, sed per potentiam, cujus actus præsupponit jam corpus effectum in actu per animam; ut sic anima secundum vim motivam sit pars movens, et corpus animatum sit pars mota* [1].

Au chapitre 56ᵉ du livre second de la *Somme contre les Gentils*, après avoir démontré qu'une substance spirituelle peut s'unir au corps par contact de vertu, il ajoute que cette union ne produirait pas une unité substantielle, mais seulement accidentelle, et par là insuffisante à expliquer l'union de l'âme humaine avec le corps. *Substantia intellectualis potest corpori uniri per contactum virtutis. Quæ autem uniuntur secundum talem contactum non sunt unum simpliciter; sunt enim unum in agendo et patiendo, quod non est esse unum simpliciter. Sic enim dicitur esse unum, quo modo et ens. Esse autem agens non significat esse simpliciter.*

318. La seconde équivoque est celle de ceux qui croient admettre que l'âme est suffisamment la forme substantielle du corps, en ne lui attribuant d'autre office que celui de pénétrer toutes les parties du corps, et d'associer, et de mêler toutes ses forces avec les siennes. Dans cette opinion, il y aurait deux constitutifs pour la forme et l'unité des substances : la pénétration simultanée de l'âme dans chaque partie du corps, et la commixtion mutuelle des forces dirigées vers un effet commun. Evidemment, le premier de ces constitutifs n'a rien à faire avec l'union substantielle. En effet, Dieu pénètre toutes les parties de l'univers, et il est plus intime à ces parties que ne peut l'être aucun esprit créé; cependant, Dieu n'est pas pour cela la forme des différentes parties du monde, et ne constitue pas, avec chacune d'elles, une seule substance, ou une seule nature. Dites de même d'un ange, qui pénétrerait de son essence indivisible les parties d'un corps. Il ne s'en suivrait pas, sans doute, qu'il lui

---

[1] S. Thomas. *Summa theol.*, 1 p., q. 76, a. 4, ad 2.

serait uni comme forme substantielle. La compénétration est relative au lieu, et n'a par elle-même d'autre effet que de rendre présente une chose à une autre ; mais, d'elle-même, elle ne produit pas une composition physique (et à plus forte raison, substantielle), entre les choses qui se compénètrent. Il est, du reste, inutile de dire que l'aptitude à pénétrer toutes les parties du corps est essentielle à l'âme ; puisque Dieu aussi se trouve nécessairement partout où il y a quelque participation d'être.

On peut dire à peu près la même chose de l'autre constitutif ; car Dieu aussi associe et mêle sa toute-puissance à l'exercice de toutes les forces créées, concourant avec elles comme cause première. Et cependant, on ne pourrait dire, sans absurdité, qu'il s'unit à elle en unité de substance. L'artiste, dans son travail, unit et communique sa force à son instrument ; et cependant, il ne s'unit pas substantiellement à lui. Mais on pourrait dire : La différence est en ceci : quoique l'action produite par le concours de Dieu et de la créature soit une, néanmoins, la vertu divine et la vertu créée ne forment pas une seule vertu. Il en est de même de l'artiste et de l'instrument : quoique les deux vertus agissent ensemble pour la production d'un effet identique, elles restent distinctes. L'âme humaine, au contraire, unit tellement sa vertu opérative à celle du corps, que des deux il en résulte une seule, qui appartient au composé.

Nous répondons : Quand même le résultat d'une seule vertu provenant de deux autres serait possible, sans la formation antérieure des deux composants substantiels en un seul être, nous n'aurions là qu'une union accidentelle ; car l'effet ne peut surpasser la cause. Dans ce cas, la cause de l'union serait le mélange de deux accidents, des forces opératrices, lesquelles se trouvent dans la substance, mais ne sont pas la substance, et par conséquent ne peuvent produire, par leur mélange, qu'un nouvel accident, bien que composé.

Il ne servirait à rien de dire que les deux substances s'unissent au moyen de l'union des deux accidents, savoir, des forces ; car, dans cette hypothèse, l'union de l'âme serait médiate et non pas immédiate ; contrairement à ce que nous avons établi plus haut, en rapportant les paroles du pontife Pie IX, d'après lesquelles l'âme intellective *est forma corporis immediata* ; ensuite, l'union des substances, par le moyen des accidents, ne fait pas que l'union soit substantielle. Autrement, nous devrions appeler une armée, *substance composée*, parce que la subordination à un seul chef établit un lien d'union entre les soldats. Il faudrait dire de même d'une horloge, d'un navire, et, en général, d'une machine quelconque, dont les parties dépendantes les unes des autres et artificiellement disposées, formeraient la substance. Le composé qui résulte de toutes ces opérations est accidentel, parce que le lien de toutes ces parties est un accident.

Mais vous direz encore : Vous vous méprenez ; la différence est très-grande ; l'union des éléments dans l'horloge et dans le navire est un produit de l'art ; tandis que, dans l'homme, elle est naturelle.

Nous répondons : L'union selon qu'elle procède de l'art ou de la nature est, à la vérité, artificielle ou naturelle ; mais elle n'est pas par là même substantielle, puisque, dans les deux cas, elle est constituée par le mélange des accidents.

Mais, en outre, le résultat d'une force unique, obtenu par le mélange des deux forces de l'âme et du corps, serait impossible dans le cas présent. Car cette troisième force qui en résulterait, ne pouvant rester suspendue en l'air, devrait adhérer à un sujet, c'est-à-dire à l'être d'une substance. Auquel des deux êtres serait-elle inhérente ? à celui de l'âme, ou à celui du corps ? Ni à l'un ni à l'autre ; parce qu'elle ne correspond à aucun des deux ; à moins qu'on ne suppose les deux êtres, non-seulement existants dans le même lieu (ce qui ne suffirait même pas), mais mêlés et combinés en un seul. Donc, selon les adversaires, logiquement parlant, les vertus des deux êtres devraient rester séparées, et leur mélange s'effectuerait dans la seule action, conformément à ce qui arrive dans le concours divin. Là, en effet, on ne trouve qu'une seule action, bien que de la toute-puissance divine et de la vertu créée, il ne résulte pas une troisième force : cette action, par rapport à Dieu, est transitoire ; et, par rapport à la créature, elle peut être même vitale, s'il s'agit d'un être vivant.

Afin d'éclaircir la chose par un exemple, prenons la faculté de sentir. La faculté de sentir, disent les adversaires, est le résultat du mélange de la vertu de l'âme avec celle du corps.

Eh bien! soit; bien qu'on ne puisse concevoir comme résultat de deux forces, une force simple, telle que la sensibilité; une force dont l'acte est simple et immanent, telle que la sensation. Toutefois, et par courtoisie, admettons l'hypothèse. Quand cette vertu de sentir sera constituée, auquel des deux éléments appartiendra-t-elle! à l'âme ou au corps? A tous les deux, dira-t-on. Oui, si elle était une corde, je conçois aisément que l'âme tiendrait un bout, et le corps l'autre. Mais elle est une vertu simple et vitale, qui émane d'un être, et existe dans l'être dont elle émane. Or, nous avons ici deux êtres, le corps et l'âme. Comment voulez-vous que cette vertu, qui est indivisible, se trouve dans tous les deux?

Nous avons deux êtres, dira-t-on; mais deux êtres pénétrés ensemble, car l'âme pénètre le corps.

Vous revenez au point de départ. La compénétration, comme nous l'avons observé, ne mêle pas les êtres, et de deux choses n'en fait pas une seule; autrement, Dieu serait forme substantielle du monde, et ferait un seul être avec le monde. La compénétration ne dit autre chose que la présence dans le même lieu, et rien de plus. Les substances, bien que pénétrées, restent séparées dans leur entité; tandis que la force opératrice doit être inhérente à l'entité de la substance.

319. Les défenseurs de l'opinion que nous combattons ici, ont recours à l'exemple du mélange chimique, pour confirmer leur opinion. S'ils s'en servaient comme d'une simple analogie, dans le but de préparer, en quelque manière, les esprits à pouvoir connaître la vérité d'une union très-différente, l'exemple serait acceptable; mais, voulant s'en servir comme d'une similitude parfaite, et comme type de l'unité substantielle qu'ils cherchent à éclaircir, ils se donnent, comme on dit, de la pioche sur les pieds. En effet, ces mêmes savants n'avouent-ils pas, en cosmologie, qu'un mélange n'est pas, à proprement parler, une seule substance, mais un agrégat de substances, aussi nombreuses que les atomes primitifs du composé? Ne disent-ils pas encore que, dans l'union des corps simples qui forment un composé, il n'y a aucune idée de forme physique; mais qu'on pourrait seulement y voir une forme métaphysique, consistant dans l'ordre et la composition des parties? Et cependant, dans ce

composé, il y a, de leur propre aveu, un mélange parfait des forces des corps simples, aussi parfait que le mélange qu'on prétend trouver entre les forces de l'âme et celles du corps dans l'homme. Ainsi donc, et de leur aveu, la mixtion des forces de deux éléments ne suffit pas pour faire que l'un soit forme substantielle de l'autre; autrement, on devrait dire que, par exemple, dans l'acide sulfurique, l'oxygène est forme substantielle du soufre, ou *vice versâ*, parce que la force de ces deux corps est mêlée.

Bref, la raison de forme substantielle ne se trouve pas dans le mélange des forces; car, dans ce cas, on l'aurait encore dans le mélange chimique. Elle n'est pas non plus dans la pénétration, car alors, Dieu même serait forme de l'univers. D'où l'âme tire-t-elle sa raison de forme par rapport au corps, si elle ne fait autre chose dans le corps que compénétrer les parties et mélanger les forces?

320. On voit donc que, dans cette opinion, il n'y a pas de composé substantiel proprement dit; car ce qui pénètre, ne s'unit pas substantiellement avec la chose pénétrée, si, outre la pénétration, rien ne s'y ajoute : or, l'unique chose qu'on y ajoute, c'est la mixtion des forces, qui, selon les adversaires mêmes, non-seulement ne constitue pas la raison de forme substantielle, mais pas même la raison de forme physique. En effet, une union de simples accidents ne peut produire une unité de substance.

Dans cette opinion, en second lieu, on n'a pas l'unité du suppôt. Car l'unité du suppôt requiert l'unité de subsistance, qui, dans ce cas, devrait se communiquer de l'âme au corps. Or, dans cette opinion, on cherche à établir que le corps humain, en tant que corps, est une substance complète, et même un agrégat de substances; et, pour cette raison, il garde dans le composé sa propre subsistance, savoir, celle qu'il avait déjà avant l'union. Il serait, en outre, principe complet d'opération, parce qu'il opérerait par sa propre vertu, et non par celle que l'âme lui communiquerait. Il mêlerait enfin simplement son opération à celle qui procède de l'âme, comme d'un principe différent; à peu près comme deux chevaux qui mêlent ensemble leur action, en traînant une voiture. En troisième lieu, il n'y aurait pas, à proprement parler, unité de nature. Car l'âme aussi bien que le corps auraient leur être actuel, bien que l'un existât dans le même endroit que l'autre ; la présence ne mêle pas les natures. Ensuite, chacun de ces êtres aurait, par soi-même, la vertu opérative ; il serait, par elle, cause de son opération, quoiqu'avec le concours de l'opération de l'autre. Mais le concours et l'association des agents ne forment pas l'unité substantielle du principe opérant.

321. Le vice radical de cette opinion est d'attribuer aux forces et à l'action ce qui doit se dire de l'être. Ce n'est pas une force unique qui doive résulter des deux éléments; ce qui ne sortirait pas de l'idée d'accident ; mais c'est un être unique qui ne soit ni l'un ni l'autre des deux éléments, mais le résultat des deux. *Ex anima et corpore dicitur esse homo, sicut ex duabus rebus quædam tertia res constituta quæ neutra illarum est*[1].

Mais, dira-t-on : Cette fusion d'êtres est inconcevable, et c'est, parce qu'on ne peut la saisir qu'on a recours au mélange des forces et de l'action.

Nous répondons : Premièrement, nous ne concevons pas comment on peut dire inconcevable le mélange de l'être, et concevable le mélange des forces et des actions. Ou la difficulté est nulle, ou elle est la même dans les deux cas ; car il faudra toujours que de deux choses, il en résulte une troisième.

En second lieu, qu'on dise cette fusion intelligible ou inintelligible, on ne détruira pas le fait; or, c'est un fait, un fait attesté par la conscience, que l'être est *un* en nous, parce que l'agent est unique. Or, comment peut-il y avoir unité d'être dans le composé, si l'un des éléments composants ne communique son être à l'autre ?

En troisième lieu, tout homme qui comprend la véritable composition substantielle des corps, peut suffisamment concevoir le mélange d'être dont il est question. Mais nous avons besoin, dans ce but, d'expliquer cette composition : nous le ferons dans le chapitre suivant.

---

[1] S. Thomas. *De ente et essentia*, c. 3.

ARTICLE VIII.

DOCTRINE DE ROSMINI.

322. Le lecteur, qui a lu, dans les articles précédents, les étranges hypothèses imaginées par les prétendus réformateurs de la philosophie, pour expliquer l'union de l'âme avec le corps, n'a pu s'empêcher d'éprouver des sentiments de compassion, en voyant des écrivains, d'un génie non ordinaire, tomber en des folies si ridicules, démenties par l'évidence du raisonnement, par le sens commun et le sens intime. Il a dû s'étonner, surtout, de voir Leibnitz lui-même, quand il a voulu faire le novateur, échouer, avec tout son génie, sur le nœud de la difficulté, et publier, pour solution, des théories auxquelles on a donné, avec indulgence, le nom de *sublimes plaisanteries*. Ces errements prouvent, une fois de plus, la vérité incontestable de la doctrine scolastique, dont on n'a pu s'éloigner sans tomber en des contradictions manifestes. Nous en donnerons une preuve nouvelle au lecteur, en mettant, sous ses yeux, les erreurs dans lesquelles, pour la même raison, est tombé un auteur très-distingué de notre temps [1].

§ I.

Exposition de sa théorie.

323. L'illustre Rosmini, ne se contentant ni de la doctrine scolastique, ni de celle des ses modernes prédécesseurs, proposa une manière nouvelle d'expliquer l'union mystérieuse de l'âme avec le corps. Il l'a placée dans une double perception : l'une sensitive, par laquelle notre âme sent son propre corps ; l'autre intellective, par laquelle elle perçoit ce même sentiment, qu'il appelle *fondamental*. Il expose cette doctrine en plusieurs en-

---

[1] Nous aurions voulu épargner au lecteur cette théorie si obscure, d'autant plus qu'elle est presque inconnue en France ; mais nous ne pouvons tronquer l'ouvrage que nous traduisons. Si elle paraît par trop inintelligible, c'est à l'inventeur du système qu'il faut s'en prendre, et nous demandons grâce pour le P. LIBERATORE et pour nous. (*Note du Traducteur*.)

droits de ses œuvres; il nous suffit de rapporter ce qu'il dit dans sa *Psychologie* [1].

L'auteur, après avoir établi que l'essence de l'âme consiste dans le sentiment primitif que tout homme exprime en prononçant le mot *moi*, énonce ensuite ces deux propositions : 1° *L'union de l'âme sensitive avec le corps se fait par voie de sentiment*; 2° *L'union de l'âme rationnelle avec le corps se fait par voie de perception immanente du sentiment animal* [2].

Il admet *un sentiment substance*, et il croit que l'essence de l'âme réside dans ce *sentiment substance* [3]. Ce sentiment, originaire et permanent, est principe unique et sujet unique de tous les autres sentiments, et de toutes les opérations humaines [4]. Or, il y a deux éléments dans chaque sentiment : ce qui sent, et ce qui est senti. Ce qui est senti, dans le sentiment fondamental de l'âme, est le corps, qui renferme virtuellement toutes les sensations futures. Donc, l'âme et le corps concourent à former un seul être, le sentiment, en quoi consiste l'essence de l'animal [5].

« Mais, quoiqu'on comprenne assez bien, poursuit l'auteur, » comment l'animal est un sentiment indivisible, dans lequel un » principe sentant, c'est-à-dire l'âme, constitue une chose seule

---

[1] Voir aussi le *Nuovo Saggio* e l'*Antropologia*.

[2] *Psicologia,* vol. 1, lib. 3, cap. 1 e 2.

[3] « Nous avons trouvé dans le fond du *moi* un *sentiment* antérieur à la » *conscience,* qui constitue proprement la substance pure de l'âme. » (Liv. 1, chap. 5, § 81.)

[4] « Il doit y avoir un sentiment premier et permanent, dans lequel con- » siste la substance de l'âme : c'est ce que nous avons appelé *sentiment* » *fondamental.* » (Art. 1, § 91.)

[5] « Nous avons aussi démontré que dans chaque sentiment corporel, il » y a deux *quasi termes,* que nous avons appelés le *senziente* et le *sentito;* » que le *sentito* est le corps, et le *senziente* est l'âme. Or, de ce *sentito* et » de ce *senziente,* se compose un sentiment unique, qui, en tant que pre- » mier et fondamental, est un être unique et indistinct. D'où il suit » que, non-seulement le corps doit s'unir à l'âme, et l'âme au corps, mais » que l'union doit être semblable à l'union de la forme et de la matière. » (Vol. 1, l. 3, chap. 1, § 231.) On voit, dès à présent, que l'erreur fondamentale de Rosmini consiste à attribuer au sentiment, qui n'est qu'une modification, ce qu'on doit dire de l'être. Il attribue à l'accident ce que l'on doit dire de la substance.

» avec le terme senti, savoir, le corps, et par là devient forme
» du corps; il n'est pas également facile d'expliquer comment
» l'âme humaine, en tant que rationnelle, est forme du corps hu-
» main [1]. »

Pour expliquer cependant ce point, il se fraie un chemin nouveau, en observant que l'âme rationnelle est un principe qui renferme encore virtuellement l'activité sensitive corporelle; et que le même être peut être le terme de différentes perceptions, selon la nature différente de celui qui perçoit. Par conséquent, ce qui est le terme de la perception sensitive, peut être aussi le terme de la perception intellective, d'une manière cependant absolue, c'est-à-dire, en tant que ce terme est une entité; car c'est le propre de l'entendement, de percevoir toute chose sous la forme d'entité [2]. Il faut néanmoins que ce terme lui soit présenté par le sentiment [3], qui, dans le cas présent, perçoit toute l'entité réelle de la chose. C'est ce qui se vérifie dans le sentiment fondamental dont nous avons parlé [4].

De là, il conclut que le principe rationnel est uni au corps par une *perception immanente du sentiment fondamental*, qu'il appelle encore *animal*. C'est dans l'unité d'une telle perception, qu'il place l'unité de l'homme. « L'unité de l'homme, dit-il,
» consiste dans un sentiment unique, propre du principe ration-
» nel. Dans ce sentiment, il y a non-seulement le sentiment

---

[1] *Ibidem*, c. 2, § 254.

[2] « Il faut observer que la *sensibilité*, *l'extension* et les autres activités
» relatives aux différents sentiments, sont toutes renfermées dans l'entité,
» parce que, les activités mêmes relatives naissent de l'entité. En effet,
» l'extension est une entité de son genre, la sensibilité est aussi une en-
» tité d'un autre genre, etc. L'entendement donc perçoit ces activités, en
» tant qu'elles se réduisent toutes à l'entité. » (§ 260.)

[3] « Mais si l'entendement perçoit tout ce qui est offert à sa perception
» relativement à l'entité absolue, il ne peut certainement percevoir autre
» chose que ce que le sentiment lui présente. » (§ 261.)

[4] « On voit clairement, que s'il y avait un sentiment qui perçût
» toute entière l'entité réelle de la chose, et non une partie, ni une acti-
» vité spéciale, la chose, dans ce cas, serait présentée à l'entendement sans
» limitation, et sans aucune modification. De là, il résulte une con-
» naissance absolue; ce qui arrive quand il s'agit du sentiment substan-
» tiel qu'un être a de soi-même. » (§ 26.)

» animal, mais encore le sentiment rationnel, de sorte que dans
» celui-ci est renfermé celui-là, comme le plus dans le moins »
(*c'est peut-être une erreur d'impression, et il voulait sans doute
dire : Comme dans le plus est contenu le moins*) : « Ainsi,
» l'homme, dans son premier état, n'a pas plusieurs sentiments,
» c'est-à-dire, le sentiment animal et rationnel, mais un senti-
» ment unique, ayant un seul principe et un seul terme. Il a un
» seul principe, c'est le principe rationnel ; il a un seul terme,
» c'est l'idée de l'être, et il voit dans cet être le sentiment ani-
» mal qu'il éprouve. Car, je le répète encore, c'est dans la per-
» ception, que, du subsistant senti et de l'être, se forme un seul
» être, objet de l'unique principe rationnel. Cette *perception pri-
» mitive et fondamentale* de tout le senti (principe et terme),
» est le lit, pour ainsi dire, où le réel (sentiment animal et spi-
» rituel) et l'essence qui se voit dans l'idée, forment une seule
» chose, et cette seule chose c'est l'homme [1]. »

324. Si le lecteur, pour mieux comprendre cette théorie,
désire quelque commentaire, nous ne saurions mieux le satisfaire
qu'en lui présentant celui qui a été fait par l'élève même le plus
chaud et le plus diligent de Rosmini. M. Alexandre Pestalozza,
dans une brochure, où il expose les points principaux de la
doctrine de son maître, touche encore l'union de l'âme avec le
corps. Il observe d'abord que l'âme humaine, étant sensitive
et raisonnable, on ne peut donner une réponse unique à la
question ; parce que le mode selon lequel l'âme s'unit au corps
comme âme sensitive, est différent du mode selon lequel elle
s'unit comme âme raisonnable. En tant que sensitive, elle
s'unit au corps par voie de sentiment ; de sorte que sentir son
propre corps, c'est la même chose que s'unir à lui. Voici ses
paroles : « L'âme humaine est en même temps sensitive et rai-
» sonnable : il faut voir séparément quel est son mode d'u-
» nion, et comme sensitive et comme intellective. Eh bien !
» de quelle manière l'âme sensitive s'unit-elle au corps ? Elle
» s'unit *par voie de sentiment* ; et, pour cela, sa relation avec
» le corps est une relation de *sensibilité* : cela veut dire que
» l'âme, ou le principe sensitif, s'unit au corps par l'action même

[1] Art. 3, § 264.

» par laquelle elle le sent¹. » Et plus bas : « L'âme sensitive s'unit au corps en le sentant ; le sentir, c'est l'animer.². » Ce sentiment est le sentiment fondamental dont nous avons fait plusieurs fois mention, et qui constitue, dans la doctrine de Rosmini, l'essence même de l'âme sensitive.

Cependant, l'âme humaine, comme il a été dit, n'est pas seulement sensitive, elle est encore âme raisonnable. Comment s'unit-elle au corps en tant que raisonnable? En vertu d'une perception intellective du sentiment fondamental. Rapportons de nouveau les paroles de M. Pestalozza : « Il reste à voir cependant
» comment l'union de l'âme raisonnable se fait avec le corps ;
» car si l'âme raisonnable est la forme de l'homme, et si
» l'homme n'est pas une pure intelligence, mais un composé
» d'âme et de corps, il ne sera pas vrai que l'âme humaine est
» forme unique du composé humain, à moins qu'elle ne s'unisse
» en un seul individu avec le corps, même en tant que raison-
» nable, et qu'elle en soit la forme. L'âme, en effet, comme
» intelligente, et en tant qu'elle comprend, n'emploie, dans cette
» opération, aucun organe corporel. Cependant elle est forme
» unique de l'homme, et, par conséquent, du corps humain, pré-
» cisément parce qu'elle est intelligente et raisonnable. Il faut
» donc qu'elle communique avec le corps. Mais comment com-
» munique-t-elle avec le corps, comment l'informe-t-elle? M.
» Rosmini observe, premièrement, que l'activité intellective est
» un principe qui renferme virtuellement l'activité sensitive
» corporelle. Mais puisque le principe intellectif ne peut, comme
» tel, sentir corporellement, il faut dire qu'il contient l'activité
» sensitive d'une manière qui lui est propre. C'est le propre
» de l'entendement de percevoir tout ce qu'il perçoit d'une ma-
» nière absolue, et de percevoir le *sensible* ou *l'étendue*, non pas
» immédiatement comme tel, mais comme *entité*. Et de même
» que toute chose perçue, non pas d'une manière relative au
» sujet sentant, mais d'une manière absolue, entre dans le
» genre d'entité; de même, le principe intellectif peut percevoir

---

¹ *La Mente di Antonio Rosmini*, par ALEXANDRE PESTALOZZA, n. 6. L'âme humaine, pag. 86.

² *Ibidem*, pag. 88.

» tout ce que perçoit le principe sentant, en le connaissant et en
» l'affirmant comme entité, comme être réel, dans lequel se
» trouve, pour ainsi dire, une partie de l'essence de l'être.

» M. Rosmini conclut de là que l'âme intelligente est unie
» au corps en tant qu'elle est unie au sentiment animal; et elle
» est unie au sentiment animal en tant qu'elle le perçoit comme
» entité, et qu'elle l'affirme implicitement. Ainsi l'objet perçu et
» le principe qui le perçoit font un seul être, une seule chose. En
» effet, nous avons, d'un côté, le sentiment fondamental animal;
» de l'autre, l'intuition primitive de l'être idéal. Au-dessus de
» ces deux activités, il y a l'activité intellective, qui, appliquant
» l'être idéal au *senti* primitif, le perçoit intellectivement. C'est
» pourquoi, l'unité de l'âme et l'unité de l'homme résident dans
» ce principe intelligent, auquel il est donné de percevoir le
» *senti corporel fondamental*. De plus, l'unité de l'homme a
» précisément pour base *le sentiment unique, propre du prin-*
» *cipe intelligent*, dans lequel il y a le *sentiment animal*,
» comme perçu avec le sentiment intellectif lui-même. Remar-
» quez que ce dernier n'est pas une hypothèse, parce que le
» *sentiment* est la réalité même de l'être : chaque acte qui a ou
» pose un être réel, lui est sensible, et c'est un sentiment. Donc,
» l'acte du principe intellectif consiste en un sentiment intellec-
» tif, *incorporel, spirituel*, qui a pour terme objectif, c'est-à-dire,
» pour terme perçu comme entité, le sentiment fondamental ani-
» mal. Ainsi, l'homme, dans son état primitif, n'a pas plusieurs
» sentiments, mais un seul et très-simple sentiment, avec un
» principe et un terme. Le principe est la partie intelligente; le
» terme est l'idée de l'être dans lequel il voit le *sentiment ani-*
» *mal* qu'il expérimente. *Voir* et *percevoir* sont ici une seule
» chose, parce qu'il s'agit d'un être *réel*.

» Voilà donc expliquée la nature du lien qui unit, en un seul
» individu, l'âme raisonnable et le corps humain. Ce lien consiste
» dans une *perception primitive, naturelle et continuelle du*
» *sentiment fondamental animal* [1]. »

[1] *La Mente di Antonio Rosmini*, pag. 90.

§ II.

On écarte d'abord quelques points fondamentaux de cette théorie.

325. De toutes les hypothèses mentionnées plus haut, la dernière nous semble la moins acceptable. Avant de la réfuter en elle-même, faisons observer la fausseté de certains points sur lesquels elle se base.

Elle place d'abord l'essence de l'homme dans le sentiment; tandis que le sentiment, étant une action, ou, si l'on veut, une passion, suppose non-seulement l'essence, mais aussi la faculté de l'être d'où elle naît, avec l'aptitude du sujet dans lequel elle est reçue. La cause de cette erreur, c'est une équivoque perpétuelle qui roule sur le mot *acte*. Tout acte second, dit Rosmini, doit se fonder sur un acte premier. Donc, l'âme humaine ne pourrait ni sentir, ni entendre, si elle n'avait un acte premier de sentir et d'entendre, et, par conséquent, un sentiment substantiel et une idée innée. Mais l'équivoque disparaît, si l'on observe que le mot *acte*, dans son acception générale, ne signifie pas une opération, mais ce qui spécifie et détermine un sujet donné [1]. C'est pourquoi la lumière s'appelle acte du corps lumineux, et la couleur acte du corps coloré. Chaque opération est un acte second, parce qu'elle suppose l'être doué de la vertu d'opérer. L'acte premier est l'être même, capable d'émettre l'opération, en vertu de la faculté d'opérer dont il est doué. S. Thomas dit expressément que « sentir en acte et concevoir en acte n'appartient pas à l'être » substantiel, mais à l'être accidentel, auquel se rapporte la fa- » culté sensitive et intellective » : *Esse intelligens vel sentiens actu non est esse substantiale, sed accidentale, ad quod ordinatur intellectus et sensus* [2].

---

[1] Rosmini même reconnaît, quelque part, cette vérité. Il s'exprime ainsi. « Le mot *acte* signifie toute entité ; et, sous ce rapport, l'entité ne peut se définir, mais il faut la supposer connue ; il ne signifie pas la simple entité, mais encore la relation mentale avec la puissance. » (*Psicol.*, v. 2, § 744). Cependant, après avoir reconnu cette signification, il n'en fait pas toujours un usage légitime.

[2] *Qq. Disp.* Quæstio *De anima*, art. 12.

326. En second lieu, Rosmini confond l'âme avec l'animal, soit parce qu'il attribue à l'âme seule la sensation, qui est le propre du composé animé; soit parce qu'il affirme que la sensation constitue l'essence de l'âme et l'essence de l'animal. En vérité, si la sensation est l'acte de l'âme seule, l'âme seule sera un être vivant doué de sensibilité, *vivens sensitivum*; ce qui est précisément la définition de l'animal. Mais ceci est contraire au sens commun, d'après lequel l'animal est et a toujours été le composé de l'âme et du corps organique, et non pas l'âme seule, qui en est le principe formel.

327. En troisième lieu, il paraît que ce système fait naître le corps de l'acte même de la sensation. « Par l'acte de la sensation, » dit l'auteur, le *senti* est mis en être; car il n'y aurait pas de » *senti*, sans l'acte de la sensation, dont il est en même temps l'ef- » fet [1]. » Ce qui est confirmé en plusieurs endroits, dans lesquels une fois il nous dit que *nous revêtons le corps d'extension* [2]; une autre fois, que *c'est l'âme qui, par son acte* (c'est-à-dire par la sensation), *revêt le corps de ce que l'on appelle, du mot substantiel, corps* [3]; une autre fois, que le *senti étant séparé du sentant, la substance corporelle et matérielle est anéantie* [4]. Ainsi, il paraît que, dans le système dont nous parlons, de même que c'est l'âme humaine qui, en vertu de l'idée de l'être, met l'entité dans les objets que nous entendons; de même aussi, en vertu de la sensation, elle met l'extension et les autres qualités dans les choses que nous appelons corps, lesquelles ne seraient par elles-mêmes (pour parler le langage de Rosmini) qu'une *sensifère*, c'est-à-dire une force qui produit le sentiment. Cet exposé devient encore plus embarrassant, quand il nous dit, en même temps, que le *sentant séparé du senti, l'âme sensitive est anéantie* [5]; et que *l'âme n'est plus âme, si elle n'a pour terme le corps* [6]. De sorte qu'on ne sait, à la fin, si c'est l'âme qui fait exister le corps,

---

[1] *Psicol.*, vol. 1, l. 2, c. 9, art. 5, § 215.
[2] *Ibidem*, vol. 2, § 776.
[3] *Ibidem*, § 849.
[4] *Ibidem*, § 881.
[5] *Ibidem*.
[6] *Ibidem*, § 903.

ou si c'est le corps qui fait exister l'âme ; et il faudrait affirmer l'un et l'autre à la fois : car, comme l'auteur le répète souvent, l'âme et le corps, étant principe et terme, s'actuent réciproquement et se régissent.

§ III.

On réfute le point principal de cette hypothèse.

328. Venons enfin au point qui nous occupe ici directement, l'union de l'âme avec le corps. Cette union ne serait plus substantielle, mais accidentelle dans le système dont nous parlons ; et même elle ne serait plus physique, mais seulement intentionnelle. Elle consisterait, en effet, uniquement en une perception. Or la perception, comme toute action d'un être créé, est un accident qui survient à l'essence, mais qui n'est pas l'essence, puisque *in solo Deo esse et operari sunt unum* [1]. Rosmini même paraît l'avouer en quelque endroit. Ainsi, quand il veut prouver que dans l'homme le sujet sentant et intelligent ne sont pas deux sujets, mais un seul sujet, quoique la sensation et l'intellection soient distinctes ; il a recours précisément à l'unité de substance, en la supposant distincte de ses opérations. « La » substance, dit-il, est ce premier principe opératif d'un être » d'où découlent ses actions et ses passions, et par conséquent » ses différents états. Ces actions, passions et états différents sont » contenus virtuellement dans ce principe, c'est-à-dire, dans sa » vertu, activité, ou puissance, qui en est la cause efficiente [2]. »

Le sentiment donc étant une action, ou une passion, il n'est pas une substance, mais une chose qui découle d'une substance ; c'est pourquoi l'union qui résulte de ce sentiment ne peut pas appartenir au genre substance, ce qui veut dire qu'elle ne peut pas être substantielle.

329. Il est vrai que l'auteur revenant à son système, dans lequel le principe sentant est constitué par le corps senti, et le principe intelligent par l'être intelligible, se sert d'une autre théorie pour prouver l'identité du sujet qui opère dans l'homme.

---

[1] S. Thomas, *passim*.
[2] *Psicol.*, v. 1, l. 2, c. 5, art. 5, § 475.

Il se sert de l'identité du corps senti et de l'être intelligible avec la simple distinction de forme. « Dans chaque *senti* dit-il, il y
» a une entité, parce que tout acte est entité. Mais dans l'en-
» tité sentie, il manque encore la lumière intelligible; il y
» manque la cognoscibilité, comme le prouve le fait, parce que
» le mot entité sentie ne signifie pas l'entité perçue, de sorte
» qu'en la disant plutôt *sentie* que perçue, c'est la même chose
» qu'exclure la *cognoscibilité* du sentiment. Au contraire, le
» principe intelligent a pour objet *l'entité perçue,* parce que le
» principe intelligent ne fait que percevoir, et tout ce qu'il per-
» çoit est nécessairement entité. Par conséquent, le terme du
» principe sentant et le terme du principe intelligent sont éga-
» lement *entité.* Il y a donc une identification entre leur terme.
» Mais en quoi sont-ils distincts? Ils se distinguent par la ma-
» nière différente par laquelle la même entité adhère au même
» principe. Car l'entité se communique au principe sentant,
» selon le mode de sentir, que j'appelle aussi réalité et activité;
» tandis qu'elle se communique au principe intelligent selon le
» mode de comprendre, que j'appelle aussi idéalité, intelligibi-
» lité, cognoscibilité, lumière, etc., etc. Cela posé, on voit
» clairement comment le principe sentant et le principe intel-
» ligent peuvent se compénétrer jusqu'à former un seul et
» même principe d'opération, le terme des deux principes étant
» le même; bien que ce terme adhère à l'un d'une manière, et
» adhère à l'autre d'une autre manière, en se communiquant
» sous une autre de ses formes. Il y a donc deux principes, si
» l'on considère la *forme* sous laquelle l'entité se communique;
» mais il n'y en a qu'un seul, si on considère l'entité même qui
» se communique, en faisant abstraction de ses formes. »

Mais pour éviter un écueil, on va se heurter contre un autre plus dangereux. Car si le *senti corporel* s'identifie, quant à *l'entité*, avec l'être intelligible, c'est-à-dire, avec l'être idéal, et si le premier nous constitue *sentants*, et si le second nous fait *intelligents*, nous avons une vraie identification, quant à *l'entité* du constitutif de ce qui est corps, avec le constitutif de ce qui est esprit, sans autre distinction que celle de *forme*, savoir la seule manière différente d'adhésion pour distinguer l'un de l'autre. Cette identité est d'autant plus étonnante, que l'auteur

nous apprend que l'être intelligible dont il s'agit, ne se distingue pas même de Dieu, quant à l'*entité*, et que si nous le voyions pleinement, nous verrions Dieu. Car, à cette question, si l'intelligible nous est communiqué avec des bornes ou sans ces bornes, il répond : « L'intelligible est l'être éternel et néces-
» saire ; l'être éternel et nécessaire est celui dans lequel l'essence
» et la subsistance ne se séparent pas, formant un être unique et
» très-simple. Or, l'essence qui resplendit dans l'idée, c'est l'in-
» telligible. Donc, si l'homme voyait entièrement avec son intel-
» lect l'intelligible, il verrait Dieu, dont l'essence est la subsis-
» tance même. Cependant l'intelligible ne peut pas se manifester
» dans toute sa plénitude à l'être créé, sans que cet être soit tran-
» porté dans l'ordre surnaturel et qu'il voie le Créateur [1]. »
Nous ne faisons pas de commentaires sur ces passages et d'autres semblables ; nous laissons à qui voudra les interpréter dans leur sens propre et naturel, le soin de voir quelle conséquence on pourrait en déduire sur la confusion des êtres.

330. Nous ne répondons pas à ces obscurités. Revenons à notre sujet. Ici, l'union de l'âme avec le corps s'opère par le moyen d'une action, c'est-à-dire, par le moyen de la perception sensitive et intellective. Cette perception est le lien qui joint les deux éléments ; et le résultat de ces deux perceptions n'est qu'une perception unique et individuelle. Or, la perception, dans l'être créé, comme toutes ses autres actions, n'est qu'une modification de l'être, un accident. Donc, l'accident est le lien d'union entre l'âme et le corps ; donc, l'accident est le résultat de cette union. Donc, l'union n'est qu'accidentelle ; car elle est spécifiée par le lien qui la constitue et par le terme qui en résulte.

Mais ce n'est pas assez : cette union n'est pas physique, elle est simplement intentionnelle. En effet, elle n'est pas autre chose que la relation entre un sujet qui connaît et un objet connu. L'âme, d'après le système, perçoit un organisme, d'une perception primitive, qui n'est pas fondée sur une autre perception antérieure. Voilà qu'ensuite elle s'unit à l'organisme comme âme sensitive. En outre, cette âme, étant aussi intellective, perçoit intellectivement la perception sensitive ; et, par là, elle perçoit

---

[1] *Psicol.*, vol. 1, lib. 2, c. 11, § 240.

comme être l'organisme renfermé en elle. La voilà donc unie à ce même organisme comme âme rationnelle. Mais quelle espèce d'union est celle-ci? Elle n'est pas réelle certainement; car celui qui perçoit ne s'unit pas réellement avec la chose perçue; le contraire serait infiniment curieux. Nous ne pourrions regarder un objet sans le voir tout à coup devenir partie intégrante de notre être. L'union entre celui qui perçoit et l'objet perçu, est une union appelée *intentionnelle* par les anciens; ils exprimaient, par ce mot, une union différente de l'union physique, une union tout à fait *sui generis*. Par cette union, l'objet s'unit à la faculté perceptive, non pas immédiatement dans son entité, mais par le moyen d'une similitude virtuelle ou formelle.

331. En second lieu, cette opinion a les mêmes inconvénients que l'hypothèse de l'influx physique, et quelques-uns de plus encore. Elle a les mêmes inconvénients, parce qu'elle place l'action du corps au-dessus de celle de l'âme, l'âme ne pouvant sentir le corps sans être déterminée par lui à l'acte de la sensation [1]. Il y a quelque chose de plus, parce qu'elle tourne continuellement dans un cercle vicieux. Elle affirme, d'un côté, que l'âme ne peut sentir le corps, ou s'unir à lui, sans recevoir une action du corps; et, d'un autre côté, que le corps ne peut, à son tour, opérer sur l'âme, ou que *l'objet senti fondamental est le corps déjà animé.* « Nous avons déjà expliqué notre opinion, dit » l'auteur; nous avons dit que le corps matériel n'a pas la vertu » d'agir sur l'âme; mais que c'est l'âme qui le modifie d'abord, et » le met dans un acte nouveau, par lequel il lui est possible d'agir » sur l'âme et d'y produire le sentiment [2]. » Si tout cela est vrai, on pourrait raisonner ainsi : Afin que l'âme s'unisse au corps, il faut qu'elle le sente; pour le sentir, il faut que le corps agisse sur l'âme; afin que le corps puisse agir sur l'âme, il faut que l'âme lui communique cette vertu en l'animant; pour l'ani-

---

[1] Il est hors de doute que le principe sentant (*que le lecteur se le rappelle, dans le système, l'âme seule, est le principe sentant*) est passif de l'objet senti, en tant que le *senti* le détermine à sentir en cette manière. ». (ROSMINI, *Psicol.*, v. 1, l. 2, chap. 5, a. 3, § 152.)

[2] Et plus bas, il ajoute : « L'animation du corps est un acte de l'âme agissant sur le corps, plutôt qu'un acte du corps agissant sur l'âme. » (§ 205.)

mer et lui communiquer cette vertu, il faut qu'elle lui soit unie. Donc, afin que l'âme s'unisse au corps, il faut qu'elle lui soit déjà unie. Voilà la conclusion de tout le raisonnement.

332. M. Pestalozza, afin de dégager le système du cercle vicieux dans lequel il roule, a recours à l'idée de simultanéité de temps avec antériorité de nature. Il parle ainsi : « Peut-on dou-
» ter qu'il existe une action réciproque entre l'âme et le corps?
» Eh bien! quelle est l'action de l'âme? Celle d'animer le corps
» organique, de susciter en lui cet ensemble de mouvements que
» nous appelons *vie du corps*. Comment correspond le corps à
» cette action de l'âme? Il correspond par l'acte en vertu duquel
» il se fait sentir à l'âme même. Il n'y a ici ni avant, ni après,
» mais simultanéité ; ou , s'il y a antériorité ou postériorité , elle
» est de *nature*, et non de *temps;* parce que l'âme agit véri-
» tablement sur le corps, et le corps n'opère sur l'âme qu'en
» conséquence de l'acte qu'il reçoit d'elle. Quoi qu'il en soit,
» quel doit être le résultat de cette action réciproque, qui est
» l'acte de l'union même de l'âme avec le corps? Le sentiment
» animal [1]. »

Mais, ou nous ne comprenons pas , ou ce subterfuge ne dégage pas le système du cercle dont nous avons parlé. En effet, mettons de côté l'ordre de temps, et transportons-nous à l'ordre de nature, lequel, tirant son origine de l'ordre de causalité et de dépendance intrinsèque, est proprement celui dont il s'agit ici. Et puisque M. Pestalozza admet un *avant* et un *après*, tâchons de placer les choses selon l'ordre qu'il indique.

1º L'âme agit sur le corps, c'est-à-dire, anime le corps (*quelle est l'action de l'âme? celle d'animer le corps*). Celui-ci est le *premier moment* dans l'ordre de nature, puisque le *corps n'agit sur l'âme qu'en vertu de l'acte qu'il reçoit d'elle.*

2º Le corps réagit sur l'âme (*comment le corps correspond-il à cette action de l'âme? par l'acte,* etc.). Cette action du corps doit être le *second moment* dans l'ordre de la nature, parce que c'est une *réponse* du corps; et la *réponse* suit toujours *l'interrogation*, autrement il y aurait danger d'incohérence.

3º Le sentiment résulte de cette double action, à savoir, de

---

[1] Opusc. cité, page 30.

l'interrogation de l'âme et de la réponse du corps (*que doit-il résulter de cette action réciproque? le sentiment animal*). Donc, le sentiment est le *troisième moment* dans l'ordre de nature.

Même après cet exposé, la distinction apportée, loin de débrouiller l'écheveau, l'embrouille davantage. Si l'âme doit opérer sur le corps dans le premier moment de l'ordre de nature, elle doit certainement se concevoir déjà constituée dans son être, puisqu'il est absurde de concevoir, comme agissante, une chose qui n'existe pas. Or, ceci serait faux, d'après le système; car l'âme serait constituée dans son être par le sentiment, qui appartient au troisième moment de l'ordre de nature.

Ce que l'on dit de l'âme, il faut le dire aussi du corps. Car le système prétend que le corps reçoit l'extension et toutes les qualités par lesquelles il est et s'appelle corps, de l'acte de l'âme, par laquelle il est senti. Cependant, ce même corps, antérieurement à ce sentiment, doit répondre à l'âme, afin que, par sa réponse, il excite le sentiment en elle. Le sentiment donc doit y être avant et après dans le même ordre de nature; car, d'une part, il doit donner l'être au corps; et, de l'autre, il doit supposer cet être, ayant besoin de l'action du corps comme de cause.

De plus, si *l'âme anime le corps organique en excitant en lui les mouvements qu'on appelle vie du corps*, dans le premier moment de l'ordre de nature, antérieurement au sentiment qui vient en troisième lieu, il faut dire qu'on doit considérer l'âme unie au corps dans ce même moment; car il est impossible qu'elle vivifie un sujet séparé d'elle. Donc, antérieurement au sentiment, dans l'ordre de nature (l'ordre que le philosophe a principalement en vue), il faut considérer l'union, c'est-à-dire, l'acte même par lequel le corps est animé. La réponse du corps et le sentiment qui en résulte seront les conséquences de l'union, et non pas l'union même. Comment donc le système affirme-t-il que le sentiment est le lit où l'union se réalise? En vérité, si le *corps est animé, et si les mouvements qu'on appelle vie du corps, se réveillent* en lui par la seule action de l'âme, qui se vivifie dans le premier moment de l'ordre de nature, que faut-il de plus pour le dire uni à l'âme? S'unir à lui, l'animer, lui communiquer la vie, n'est-ce pas, à l'égard du corps, une même chose pour l'âme?

§ IV.

Quelques conséquences de ce système.

333. Nous nous bornerons aux seuls corollaires qui touchent à l'union même de l'âme avec le corps. Et d'abord, il suit de ce système que de la même manière que l'âme est forme du corps, le corps est forme de l'âme. Rosmini même l'avoue plus d'une fois : « Comme la chose primitive *entendue*, dit-il, peut s'appe-
» ler forme de l'intelligent, ainsi la chose *sentie* peut s'appeler
» forme du sentant; parce que la chose entendue et la chose
» sentie sont la dernière perfection, le sommet, et, comme nous
» l'avons dit, le terme de l'acte de concevoir et de sentir [1]. » Ailleurs, en termes plus précis : « Le senti peut se dire forme subs-
» tantielle de l'âme [2]. » Et pourquoi pas, si, selon l'auteur, principe et terme, savoir, âme et corps, s'actuent réciproquement [3] ? Ainsi, il faut même noter que, dans cette actuation réciproque, la partie principale, pour ainsi dire, n'appartient pas à l'âme par rapport au corps, mais au corps par rapport à l'âme. Car, dans tout composé, le nom de forme appartient proprement à celui des deux éléments qui a la propriété du principe déterminant et spécifique. Or, le principe déterminant et spécifique dans le sentiment, ce n'est pas le sentant proprement dit, mais le principe senti. Or, nous avons vu que Rosmini même donne au corps le titre de *perfection dernière* et de *sommet* de l'acte de sentir. Douterons-nous donc que le nom de forme convienne mieux au sommet qu'au tronc ?

En outre, quoique, d'après ce système, l'âme agisse sur le corps ; néanmoins, pour pouvoir agir, il faut qu'elle existe, et que son activité soit excitée. Or, Rosmini nous dit que l'âme est actuée par le corps et que c'est par lui que son activité est excitée. « L'âme ne peut pas se diviser réellement sans se détruire.
» Et cependant, nous l'avons vu, elle a une telle constitution,
» qu'il lui faut deux entités pour exister, l'une comme *principe*,

---

[1] *Psicol.*, v. 1, lib. 2, c. 9, a. 2, § 2.
[2] *Psicol.*, vol. 2, lib. 4, c. 11, § 851.
[3] *Ibidem*, § 873.

» et ce principe, c'est elle-même ; l'autre comme *terme*, distinct
» d'elle-même, un excitant de son activité, condition sans la-
» quelle elle n'est pas [1]. » Cette manière de philosopher est contraire à celle de tous les philosophes, qui ont bien toujours dit que l'âme est forme du corps, mais qui n'ont jamais dit et osé dire que le corps fût la forme de l'âme ; encore moins ont-ils émis des principes d'où il résultât que cette dénomination convient plus au corps qu'à l'âme.

334. En second lieu, il suit de ce système que l'âme n'est pas forme du corps par elle-même, mais plutôt cause efficiente de la forme. Car sa causalité, consistant dans une action, ne serait pas l'être de l'âme qui actuerait le corps, mais le produit de son action. Rosmini, en effet, nous accorde cette conséquence dans les termes les plus explicites : « La forme substantielle du corps,
» dit-il, est plutôt un effet de l'âme et le terme intérieur de
» son opération, et, par conséquent, ce n'est pas l'âme elle-
» même qui est forme substantielle du corps [2]. » On voit que tout cela est en opposition avec la vérité que nous avons démontrée, à savoir, que la substance même de l'âme rationnelle est, par elle-même, et essentiellement, la forme du corps humain [3].

335. En troisième lieu, l'âme rationnelle, d'après ce système, ne serait pas forme immédiate du corps, mais seulement par le moyen du sentiment animal. M. Pestalozza l'accorde comme corollaire de la doctrine exposée. Car, après avoir dit que le lien qui unit, en un seul individu, l'âme rationnelle avec le corps humain, consiste en une perception primitive, naturelle et continuelle du sentiment animal, il ajoute : *L'âme humaine, en tant qu'intellective et rationnelle, devient forme du sentiment animal, et, par celui-ci, devient aussi forme du corps* [4]. Il ne pouvait parler différemment. Car, une fois admis que l'âme s'unit au corps, non par sa propre substance, mais en vertu de l'opération par laquelle elle perçoit le corps, il est évident que l'âme est forme immédiate de ce qu'elle perçoit immédiatement. Or l'âme

---

[1] *Psicol.*, vol. 2, lib. 1, c. 11, § 935.
[2] *Psicol.*, § 849.
[3] Art. 4, 5 et 6.
[4] *La Mente di Antiono Rosmini*, pag. 93.

ne perçoit pas immédiatement le corps par la raison, mais par le sentiment animal. Donc, c'est le sentiment animal, ou bien, d'après le système, l'âme sensitive, qui est forme immédiate du corps. L'âme rationnelle est seulement forme médiate, en tant que percevant le sentiment animal, elle perçoit en lui et par lui le corps même. Tout ceci est bien loin de la vérité indubitable, appuyée sur la déclaration de Pie IX, que *anima eaque rationalis est vera, per se, atque immediata corporis forma* [1].

336. En voilà assez pour les corollaires. Concluons, en indiquant la cause principale qui a empêché Rosmini de donner la véritable solution de la question dans cette matière. Ce philosophe a cru que la doctrine de saint Thomas était imparfaite sur ce point. Il dit : « Le Saint, après avoir établi cette importante » vérité, que *ipsa anima, cujus est hæc virtus (intellectiva), est* » *corporis forma*; s'arrête sans expliquer quel est ce système [2]. » Cela est absolument faux ; car le saint Docteur, dans aucune question, n'a été plus explicite et plus exact que dans celle-ci, comme on peut le voir dans la *Somme théologique*, dans la *Somme contre les Gentils*, et dans les *Questions disputées*. Il nous dit expressément que la forme consiste dans la communication immédiate de son être, et non pas dans la simple opération sur un sujet; réfutant ainsi, avec une clarté merveilleuse, toutes les hypothèses contraires inventées jusqu'à son temps, et donnant, en même temps, les arguments pour réfuter celles qui seraient inventées dans la suite. Rosmini, non-seulement n'a pas compris cette théorie de l'Angélique; mais, de plus, comme il le dit lui-même, il s'est *appliqué à la refaire et à la restaurer de manière à ne pas offenser le goût des contemporains*. Il l'a défigurée radicalement, ne pouvant plaire autrement au goût des contemporains. Mais malheur au philosophe qui prend pour règle de ses théories, non pas la pure et immuable vérité, mais le goût de ceux à qui il parle !

---

[1] Article 6.

[2] *Psicol.*, vol. 1, lib. 3, cap. 6, § 276.

ARTICLE IX.

NÉCESSITÉ D'EXPLIQUER EN GÉNÉRAL LA COMPOSITION D'ESSENCE DANS LES CORPS, POUR POUVOIR COMPRENDRE COMMENT L'AME EST FORME SUBSTANTIELLE DANS L'HOMME.

337. Quelques lecteurs, en lisant les articles précédents, se seront peut-être sentis profondément ébranlés par une difficulté que nous voulons exposer ici dans tout son jour. Ils auront peut-être fait cette observation : Saint Thomas, en expliquant comment l'âme humaine est forme substantielle du corps, fait toujours remarquer que l'âme doit communiquer au corps l'être premier et non pas l'être second. Et la raison en est, que la nature de toute union est toujours spécifiée par le terme qui résulte d'elle. Par conséquent, l'union ne sera jamais substantielle, si le terme, qui en est l'effet, n'est, dans la rigueur du mot, une substance. Or, la substance se distingue de l'accident, en ce qu'elle implique l'idée *d'être premier, être* pris absolument, *esse simpliciter;* tandis que l'accident implique un être *second*, et sous un rapport déterminé, *esse secundum quid.* La substance reluit dans la première subsistance d'une chose; l'accident suppose cette subsistance, et il la détermine ultérieurement par une actuation nouvelle. Ainsi, par exemple, le mouvement et la science sont des formes accidentelles, parce que leur réalité n'a pas pour but de faire subsister le sujet qu'elles informent, mais seulement de le modifier d'une manière ou d'une autre. Donc, si l'âme s'unit au corps réellement, et non pas nominativement, d'une union substantielle, elle doit communiquer au corps l'être premier; autrement, son union ne serait qu'accidentelle, n'ayant pas pour terme la formation d'une substance, mais un perfectionnement ultérieur de cette substance.

338. Il ne servirait de rien de dire que la substance, qui doit se former ici, n'est pas simple, mais composée; parce que la différence spécifique d'une chose ne peut détruire son concept générique; et, par conséquent, la raison de composition ne peut pas détruire la raison de substance. La raison de substance, je le répète, a son fondement dans l'être premier.

Cette idée donc, doit se trouver dans toute substance simple ou composée, et qui porte à juste titre ce nom. La raison de composition fera seulement que cet être premier doive résulter de plusieurs éléments constitutifs, et non pas d'un seul ; et c'est par là que la substance composée se distingue de la substance simple.

Une fois établi que l'âme, dans l'homme, doit intrinsèquement coopérer à la constitution de l'être premier du corps, il faut dire que le corps de l'homme n'est pas corps indépendamment de l'âme. Car si le corps est corps par lui-même, sans le concours intrinsèque de l'âme ; il faut dire qu'il a, par lui-même, et sans le concours intrinsèque de l'âme, l'être premier, et par conséquent qu'il est substance. D'où il suivrait que l'âme, en s'unissant à lui, ne pourrait lui communiquer qu'un être adventice, survenant à l'être premier, c'est-à-dire, un être accidentel. Or, comme nous l'avons dit, la raison d'accident consiste en ce qu'il est une entité qui survient et adhère à une subsistance antérieure. En effet, saint Thomas, pour soutenir que l'âme est véritablement forme substantielle du corps, est obligé de dire que le corps, non-seulement est rendu capable des opérations vitales par l'âme, mais que c'est encore par elle qu'il est corps et corps organique. *Anima est actus corporis; quia per animam et est corpus, et est organicum, et est potentia vitam habens* [1].

339. D'après ce raisonnement, voici la difficulté qui a pu venir à l'esprit de plusieurs. Si le corps de l'homme est, en l'homme, en tant que corps, dépendant de l'âme, comment peut-on dire avec vérité que l'âme s'unit au corps? Les deux éléments de l'union ne doivent-ils pas être présupposés, au moins par ordre de nature, à l'union elle-même? Et, pour laisser de côté l'exigence du langage, si le corps, en nous, n'est corps que sous l'influence de l'âme, en dehors de cette influence qu'est-il? Est-ce peut-être un rien ? et, si cela est trop peu, est-ce une idée? En outre, comment l'âme peut-elle communiquer au corps sa subsistance intrinsèque, si la subsistance du corps est matérielle, tandis que l'âme est spirituelle? Est-ce qu'une chose peut communiquer à une autre ce qu'elle n'a pas? Ou bien, faut-il admettre dans l'âme quelque élément matériel et étendu?

---

[1] S. Thomas. *Summa theol.*, 1 p., q. 76, a. 4, ad 1.

La difficulté est très-grave, comme on le voit; mais elle vient de l'ignorance de la théorie scolastique sur la composition substantielle des corps. C'est pourquoi, pour y répondre justement, il nous faut remonter à cette question très-difficile, la plus difficile peut-être et la plus compliquée de toutes celles que la philosophie renferme dans son sein. Néanmoins, nous nous livrerons avec bonheur à l'étude de cette question, parce qu'elle est le point fondamental de la science philosophique. Si elle n'est pas bien saisie dans son véritable concept, on ne pourra jamais bien comprendre ni l'unité substantielle de l'homme, ni la vie des corps organiques, ni l'être même des corps inorganiques. Il est, en outre, indispensable pour la restauration de la doctrine scolastique, de chasser les ténèbres qui, de nos jours, ont été amoncelées sur cette théorie, et de rectifier les idées extravagantes que des hommes, du reste très-savants, s'en sont formées. Et, bien que cette question, eu égard à sa subtilité et à son importance, soit mal placée dans les limites d'une discussion incidente (car, à elle seule, elle demanderait un traité tout entier), cependant, comme un travail étendu est ici impossible, nous nous efforcerons d'y suppléer de notre mieux, avec précision et clarté, en comptant sur la perspicacité et la pénétration de nos lecteurs.

CHAPITRE VIII.

THÉORIE DE LA COMPOSITION SUBSTANTIELLE DES CORPS.

340. Avant de faire le premier pas dans la carrière que nous avons à parcourir, nous devons nous débarrasser de l'opposition que pourraient nous faire ceux qui cultivent les sciences naturelles, dans le but de revendiquer à leur profit une controverse tout à fait en dehors de leur compétence.

La théorie générale de la composition substantielle des corps répand une grande lumière sur la chimie, la physique, et les autres sciences qui en sont des ramifications. La nature des corps, leurs forces ou leur inertie, la réalité de l'étendue, l'unité du continu, la divisibilité de la matière à l'infini, et cent autres notions que la science du monde visible embrasse, se rattachent nécessairement à cette théorie. Toutefois, il ne faudrait pas s'imaginer qu'elle reste dans le domaine de la chimie et de la physique. Car toute science a ses limites, et une science d'un ordre inférieur ne peut recevoir ses principes que d'une science d'un ordre supérieur. Ce qu'aujourd'hui on est convenu d'appeler *chimie* ou *physique*, ne sont que des sciences purement expérimentales, qui ne dépassent pas les bornes des phénomènes sensibles. Elles examinent, elles classent, elles réduisent en lois ce que leur découvre l'observation, soit spontanément offerte par la nature, soit laborieusement obtenue par les recherches de l'art. Le terme de l'analyse chimique, aussi bien que celui de la division mécanique, n'est autre chose qu'un corps; et ce corps ne diffère de celui qu'on a pris pour point de départ, que par une plus grande simplicité d'éléments ou une moindre étendue de parties. Ainsi, le terme auquel on parvient par un procédé chimique, est le sujet même de la question, et non pas le principe qui doit la résoudre. La solution d'une pareille question dépasse, par sa nature même, le domaine de l'expérience, bien qu'elle la suppose; elle envisage les constitutifs non visibles d'une essence nécessairement présupposée à la recherche des sens. Les sens ne perçoivent que les corps : leur témoignage ne saurait décider si les corps eux-mêmes sont le résultat d'autres éléments qui seraient non des corps, mais les *constitutifs de corps*. La solution de cette question ne peut appartenir qu'à la science, qui, par le raisonnement, pénètre là où l'expérience s'arrête, et qui recherche les principes suprêmes et occultes des choses. La métaphysique est cette science. Le chimiste lui abandonne la recherche des essences; le physicien lui emprunte la notion de corps; le mathématicien, la notion de quantité; et le physiologiste, celle de la vie.

Quoique ces considérations se présentent d'elles-mêmes au bon sens naturel, il n'est cependant pas inutile de les rappeler. Car, dans la question présente, il se rencontre des esprits prévenus qui en appellent sans cesse à la physique ou à la chimie ; comme si les constitutifs des essences se pouvaient voir des yeux ou toucher des mains ; comme s'ils étaient une simple affaire de fourneau ou d'alambic! Les principes essentiels ne sont donc que du domaine du raisonnement; ils ne sauraient être saisis que par l'intelligence, et ils échappent, par conséquent, à la perception des sens. *Solus intellectus apprehendit essentias rerum* [1]. A la vérité, dans une recherche de ce genre, le philosophe doit partir des faits; et, s'il s'occupe d'une essence corporelle, il doit partir de faits sensibles ; mais il tomberait dans une étrange aberration, s'il venait à confondre le terme de ses recherches avec son point de départ. Il se perdrait, comme chacun le voit, dans un véritable cercle vicieux. Les partisans du sensualisme, dont la sensation est le seul *criterium* de vérité, pourraient seuls demander au témoignage de l'expérimentation la solution de la controverse actuelle. Mais, fort heureusement, cette doctrine vile et abjecte est aujourd'hui abandonnée.

On peut cependant nous imposer une juste condition : que la théorie métaphysique ne soit pas en contradiction avec les résultats empiriques de la chimie ou de la physique; car la

---

[1] S. Thomas. *Summa theol.*, 1 p., q. 57, a. 1, ad 2.

vérité ne saurait contredire la vérité. Nous espérons pleinement satisfaire à cette juste demande.

ARTICLE PREMIER.

TROIS SYSTÈMES SUR LA COMPOSITION SUBSTANTIELLE DES CORPS.

341. En laissant de côté les variations accidentelles des différentes opinions, pour n'en considérer que le fond, nous pourrons réduire à trois les systèmes relatifs aux éléments premiers des corps : *l'Atomisme*, le *Dynamisme*, la *Matière* et la *Forme*. Tous ces systèmes se sont produits dans le monde ancien, et tous ont fait une nouvelle apparition dans le monde moderne. Epicure paraît être le principal auteur de l'*atomisme ;* dans les temps modernes, il a été rétabli sous diverses formes par Descartes, Gassendi, Newton. Le *dynamisme* doit son origine à Pythagore; dans les temps modernes, il a été reproduit par Leibnitz, par Boscovich et par Kant. Le système de la *Matière* et de la *Forme* a pour auteurs principaux Platon et Aristote ; dans les âges chrétiens, il a été soutenu principalement par saint Augustin, saint Thomas, et, en général, par tous les philosophes scolastiques. Donnons une idée sommaire de chacun de ces systèmes, en commençant par celui qui a eu une plus longue durée.

§ I.

Système scolastique.

342. Le système scolastique établit une distinction entre le *corps* et la *matière pure*, noms qui, dans le langage moderne, sont devenus peu à peu synonymes. Suivant les Scolastiques, la matière pure n'est autre chose qu'une réalité indéterminée, comme corps, incapable d'exister par elle seule, parce qu'elle n'est pas un principe d'unité et d'activité, mais seulement la source de l'extension en tant qu'elle importe des parties placées en dehors d'autres parties. Par corps, ils entendent cette même réalité déjà déterminée à un degré d'être particulier, ou, en d'autres termes, réduite à l'une des substances nombreuses qui ornent l'univers aspectable. Et parce que cette détermination ou spéci-

fication ne peut, dans la matière, procéder seulement de la disposition différente et de la combinaison diverse des parties, car alors toute différence substantielle entre les corps disparaîtrait; les Scolastiques reconnaissent, comme nécessaire à la constitution essentielle des corps, un autre principe, simple et par lui-même inétendu, qui détermine chacun d'eux dans sa propre espèce, et qui est le principe de l'unité et de l'opération. A ce principe, ils donnent le nom de *forme*; et, par ce nom, ils désignent son rôle dans la nature corporelle. Ce principe, selon eux, forme l'être du composé, en complétant et en actuant la matière pure, qui est en puissance à devenir un corps quelconque. Et comme il s'agit ici de l'actuation par rapport à la première existence, (car il répugne que le sujet matériel existe sans sa détermination spécifique,) la *forme* prend le nom de *forme substantielle*. On l'appelle encore *acte premier*, parce que cette forme actue la capacité de la matière à devenir tel ou tel corps, et cela par rapport à l'être premier, fondement et base de toutes les autres déterminations qui peuvent survenir. La matière est encore désignée sous le nom de puissance pure, non qu'elle ne soit une vraie réalité dans l'ordre physique, mais parce que, à raison de son indétermination, elle n'offre qu'une pure aptitude à devenir, en vertu de la forme, tel ou tel corps. Ainsi, par exemple, le bois peut s'appeler une puissance pure, par rapport aux ouvrages de l'art, en tant qu'il n'est pas de lui-même déterminé à une transformation plutôt qu'à une autre, mais qu'il peut devenir indifféremment statue, table, piédestal ou toute autre chose, au gré de l'artisan.

Chaque corps, suivant les Scolastiques, est donc composé d'un double principe, à savoir, de matière et de forme. La matière est une puissance substantielle, parce que, par elle-même, elle est indéterminée et apte à devenir un corps quelconque; la forme, au contraire, est un acte substantiel, parce qu'elle détermine la matière à être tel ou tel corps. *Materia per formam contrahitur ad determinatam speciem*[1]. La première est la source de l'étendue corporelle; la seconde est la source de l'action et de toutes les autres qualités qui s'ajoutent à l'étendue : *Compo-*

[1] S. Thomas, *Summa theol.*, 1 p., q. 44, a. 2.

situm non agit ratione materiæ, sed ratione formæ, quæ est actus et actionis principium; quantitas se tenet ex parte materiæ, qualitas ex parte formæ [1].

Voilà, en très-peu de mots, le *système de la matière et de la forme*. La fermeté avec laquelle il a été soutenu par les Scolastiques, fait dire à Suarez qu'on ne saurait le repousser sans faire preuve d'une grande ignorance, et que ses rapports intimes avec les dogmes de notre foi, ne contribuent pas peu à l'accréditer et à le rendre plausible : *Hoc dogma ita receptum in philosophia est, ut sine magna ignorantia negari non possit; est que ita consentaneum veritati Fidei christianæ, ut ejus certitudo non parum inde augeatur* [2]. Il en apporte la raison suivante. Si l'homme, suivant la définition du concile de Vienne, se compose d'une forme substantielle, il s'ensuit, comme conséquence, que tous les êtres corporels sont également composés de même : *Homo constat forma substantiali, ut intrinseca causa : ergò et res omnes naturales*. Mais nous traiterons de cette conséquence en son lieu.

§ II.

Système atomiste.

343. Au système précédent, qui, durant plusieurs siècles, fut suivi dans les écoles, Descartes opposa la restauration de *l'atomisme*; d'autres, après lui, avec quelques modifications, soutinrent la même théorie. Nous ne pouvons tenir compte de quelques variations de détail qui nous écarteraient trop de notre but; nous attachant donc uniquement au fond du système, nous le résumons comme il suit. Suivant Descartes, l'essence du corps consiste dans un amas complexe d'êtres étendus, disposés de différentes manières. Ainsi, il enseigne que les corps ne sont autre chose qu'un agrégat de molécules, homogènes ou hétérogènes, n'importe, composées de corpuscules plus petits et unis entre eux par le mouvement et l'attraction. Mais comme on ne peut procéder à l'infini, il faut reconnaître comme éléments pri-

---

[1] S. Thomas, in 4.ᵐ *Sententiarum, Distinct.* 12, q. 1, a. 2.
[2] *Metaphys. Disput.*, t. 1, Disp. 15, sect. 1.

mitifs des corps, quelques-uns de ces petits corpuscules. Or, ces corpuscules, qui sont physiquement insécables, quoique réellement étendus, ont à juste titre reçu le nom d'*atomes*.

Dans cette opinion, comme chacun le voit, l'essence des corps consisterait substantiellement dans une réalité étendue. Nous disons *réalité étendue*, pour écarter d'une semblable théorie l'inconséquence qu'on peut reprocher ici à Descartes; car, relativement à la constitution des corps, il se contente uniquement de la triple dimension, confondant ainsi le corps physique avec le corps mathématique, qui se conçoit par l'abstraction de la seule quantité. Une pareille aberration se doit rejeter, pour plusieurs raisons; nous nous contenterons de rappeler ici celle qu'apporte Leibnitz : « Ceux qui veulent que l'étendue même soit une sub» stance, renversent l'ordre des paroles aussi bien que des pen» sées. Outre l'étendue, il faut voir un sujet qui soit étendu, » c'est-à-dire, une substance à laquelle il appartienne d'être ré» pétée ou continuée. Car l'étendue ne signifie qu'une répétition » ou multiplicité continuée de ce qui est répandu, une *pluralité,* » *continuité et coexistence des parties*; et, par conséquent, elle » ne suffit point pour expliquer la nature même de la substance » répandue ou répétée, dont la notion est antérieure à celle de » sa répétition [1]. »

Ainsi l'étendue entre, tout au plus, dans l'essence du corps comme raison simultanée; mais elle ne saurait y entrer comme raison unique : l'étendue suppose nécessairement un sujet étendu. Or, d'après les atomistes, c'est dans un tel sujet, ou dans la *réalité étendue* que consisterait substantiellement l'essence du corps. En effet, quoique Gassendi ait exigé l'impénétrabilité, et Newton beaucoup d'autres qualités, néanmoins, toutes ces propriétés, pour ceux qui rejettent les formes substantielles, ne sont que des modifications de la quantité, comme la figure; ou bien des effets de forces surajoutées à la substance, comme le mouvement, l'impénétrabilité, etc. Si donc nous demandons à l'atomiste ce qui constitue, à proprement parler, la première subsistance des corps, nous ne trouvons véritablement que la

---

[1] Lettre à M. Foucher sur les opérations philosophiques de Leibnitz relatée par Erdmann, part. 1, page 114.

seule manière d'être de la *réalité étendue*, ou de la réalité ayant des parties en dehors d'autres parties.

§ III.

Système dynamique.

344. Le dynanisme est tout le contraire de l'atomisme. Il assigne au corps, pour premiers éléments, des monades ou êtres simples, c'est-à-dire, des substances inétendues et actives, qu'on a regardées comme des forces subsistantes par elles-mêmes. Ce système est suivi par le plus grand nombre des métaphysiciens modernes, tel que l'a formulé Boscovich. On sait que ce philosophe l'a dépouillé de plusieurs incohérences qu'on trouve dans l'exposé qu'en a fait Leibnitz. Leibnitz refusait à ses monades toute action au dehors; il leur attribuait l'acte de la perception et de l'appétition; et, pour expliquer la divisibilité sans limites de la matière, il admettait un nombre infini de monades dans chaque corps et dans chaque partie du corps [1]. Or, si les monades n'ont pas d'actions externes, elles ne se peuvent tenir entre elles à la distance nécessaire pour ne pas se compénétrer, et elles se réduisent toutes à un seul point. Si elles sont douées de perception et d'appétition, quoique sans conscience et sans volonté, elles ne sont pas différentes des âmes, au moins des âmes des bêtes. On aurait ainsi, d'après cette singulière et curieuse théorie, des corps composés d'une infinité d'âmes. Si ces monades sont en nombre infini, aussitôt se présentent à nous toutes les absurdités que les philosophes constatent dans le nombre infini. Afin d'échapper à ces absurdités, Boscovich rejeta l'existence des monades, et conçut les corps comme autant d'agrégats d'êtres simples en nombre considérable, mais fini. Il suppose ces êtres privés de toute faculté appréhensive ou appétitive, et doués seulement d'une mutuelle attraction et répulsion, pour maintenir les uns en dehors des autres à une distance déterminée. La variété que l'on admire dans les espèces si nombreuses de substances qui décorent cet univers, il l'explique par la disposition différente des êtres simples et de la place qu'ils occupent;

---

[1] *Voy.* la *Monadologie* et la *Théodicée.*

de la même façon à peu près qu'une multitude de points noirs peut, suivant leur disposition, donner toutes les lettres de l'alphabet, tous les caractères d'un volume et même d'une riche bibliothèque. Enfin, Kant, suivant à peu près les traces de Boscovich, enseigne que les corps ne sont autre chose que des forces motrices disséminées dans l'espace. Ces forces sont concentratives et expansives, et, par l'action des unes sur les autres, elles produisent le phénomène de l'étendue.

Ce système, ainsi que le précédent, divise en quelque sorte la dualité du système scolastique. L'atomisme, en effet, n'admet que la matière ou la réalité qui est origine de l'étendue ; le dynamisme n'admet que la forme ou le principe inétendu par lui-même, pour donner au composé son activité.

ARTICLE II.

EXAMEN DU DYNAMISME.

345. Le dynamisme, même dégagé des trois erreurs de Leibnitz, présente plusieurs inconvénients qui le rendent inadmissible : chacune de ses bases heurte à quelque écueil qu'il nous suffira de signaler.

Premièrement, ce système établit dans chaque corps un nombre fini d'éléments, et, avec cela, il nie la divisibilité à l'infini de la matière. Or, nier la divisibilité de la matière à l'infini, n'est-ce pas renverser les mathématiques ? Les mathématiques ne sont pas une science chimérique ; leur objet n'est pas fictif et d'une création purement idéale. Elles sont une science réelle, quoique placée à un degré d'abstraction plus élevé que celui de la physique. La physique fait abstraction de la pure individualité, comme toute science qui ne se renferme pas dans la limite des faits ; mais elle ne fait pas abstraction des mutations sensibles, dont elle établit les lois à l'aide de l'induction expérimentale. Les mathématiques font abstraction même des mutations sensibles et considèrent les corps sous le seul rapport de la quantité pure. Mais la quantité que les mathématiques considèrent a une valeur absolue et objective, et elle n'a d'autres qualités que celles de son essence, lesquelles, par conséquent, conviennent à la quantité, alors même qu'elle adhère aux corps subsistant dans la nature. Or, à la quantité, considérée par le mathématicien, convient nécessairement la divisibilité à l'infini. La division, l'extraction des racines, les séries décroissantes, mais, par-dessus tout, le calcul infinitésimal, impliquent le concept de la divisibilité à l'infini. Ce calcul, en effet, s'appuye sur cette donnée comme sur son fondement : car il part de l'idée d'une quantité moindre que toute quantité assignable. Si donc nous ne voulons pas dire que les mathématiques reposent sur une idée fausse, qui ne correspond pas à la nature des choses, il faut accorder que la divisibilité à l'infini est l'attribut essentiel de la matière objectivement considérée, abstraction faite du sujet où elle se trouve. Comme toutes les autres sciences, elles ne peuvent sortir de leur objet propre ; au contraire, tous leurs raisonnements, toutes leurs théories, doivent s'appuyer sur les attributs véritables de cet objet. S'il en était autrement, les mathématiques ne seraient pas une science, mais une fantaisie imaginaire, dont les résultats ne trouveraient jamais d'application dans le monde réel. Que dirait-on de la métaphysique, si ses raisonnements sur les êtres reposaient sur le contraire de ce qui leur arrive ?

346. Que l'on n'objecte pas : les mathématiques considèrent la quantité abstraite ; et à l'étendue, ainsi envisagée, une propriété peut fort bien convenir, qui ne lui conviendrait pas si on la considérait dans son existence concrète. Si cette objection avait quelque valeur, nous pourrions pareillement nier l'égalité des trois angles d'un triangle à deux angles droits, quoique mathématiquement démontrée, et nous invoquerions la raison assez curieuse que la démonstration ne porte que sur un triangle abstrait. Démontrer la propriété d'une chose abstraite, c'est démontrer cette propriété par rapport à l'essence de cette même chose. Or, ce qui convient à une essence ne doit-il nécessairement convenir à tous les êtres concrets dans lesquels cette essence s'individualise ? Qu'on applique ce raisonnement au cas présent.

Le mathématicien considère la quantité comme quantité, sans égard aux sujets particuliers dans lesquels elle subsiste ; mais cette abstraction ne change rien à son essence : le mode seul de la considération est changé. Ainsi, quand on s'occupe seulement de la nature intrinsèque d'un être, tout ce qui ne se rapporte pas exclusivement au mode de considération, mais se trouve inséparable de l'objet même envisagé, tout cela se vérifie aussi bien à l'abstrait qu'au concret. Or, la *divisibilité à l'infini de l'étendue* est une considération objective du mathématicien, c'est-à-dire, un attribut de la chose même qu'il contemple, et non pas un caractère subjectif du mode de sa contemplation. Par conséquent, si cette divisibilité convient à la quantité considérée d'une manière abstraite, elle doit aussi convenir à la quantité prise au concret. On ne saurait, en effet, la refuser à cette dernière, sans détruire la réalité objective de la première, et la convertir en un pur être de raison auquel rien ne correspond dans la nature.

347. La seule chose que l'on peut dire, c'est que cette divisibilité, envisagée au concret, a un terme fixe qu'elle n'a pas dans l'ordre abstrait. En voici la raison : à l'étendue prise au concret s'associent, à raison du sujet dans lequel elle se réalise, certaines conditions dont elle est délivrée, quand on la considère d'une façon abstraite. C'est là ce que saint Thomas a remarqué lorsqu'il dit : *Corpus mathematicum est divisibile in infinitum, in quo consideratur sola ratio quantitatis, in qua nihil est repugnans divisioni infinitæ. Sed corpus naturale, quod consideratur sub tota forma, non potest in infinitum dividi; quia quando jam ad minimum deducitur, statim propter debilitatem virtutis convertitur in aliud* [1].

Ailleurs, il s'exprime ainsi : *Licet corpus mathematice acceptum sit divisibile in infinitum, corpus tamen naturale non est divisibile in infinitum. In corpore enim mathematico non consideratur nisi quantitas, in qua nihil invenitur divisioni repugnans; sed in corpore naturali invenitur forma naturalis, quæ requirit determinatam quantitatem sicut et alia accidentia* [2].

Telle est la seule différence que l'on peut découvrir entre la quantité abstraite et la quantité concrète. On peut la formuler ainsi : quoique l'une et l'autre quantité soient divisibles sans limites, cependant, la dernière, *non ratione sui, sed ratione*

---

[1] *De Sensu et sensato*, lect. 15.
[2] *In 1.ᵐ Physicorum*, lect. 9.

subjecti (car ce sujet demande une extension déterminée, à cause de la forme qui l'actue), a un terme fixé, au delà duquel elle n'est plus susceptible de division. Mais cela n'empêche pas que la quantité, en tant que quantité, et abstraction faite de toute autre considération, ne soit divisible à l'infini.

Nous ne pouvons découvrir l'autre différence, parce que l'impossibilité d'épuiser et de réduire en acte la divisibilité à l'infini de l'étendue, considérée même simplement comme étendue, n'est pas le propre de la seule étendue concrète, mais qu'elle appartient aussi à l'étendue abstraite ; puisque l'infinitésime du mathématicien n'est pas un *minimum* déterminé, résultant d'une division infinie réelle ou idéale ; mais il est un *minimum* indéterminé, c'est-à-dire, la *plus petite quantité assignable* ; ce qui suppose dans l'étendue la divisibilité infinie, non en acte, mais en puissance.

348. En second lieu le dynamisme, en établissant que les corps sont uniquement composés d'éléments inétendus, paraît détruire toute la réalité de l'étendue, et la réduit à un pur phénomène. L'inétendue, en effet, pourra-t-elle jamais donner l'étendue ? Peut-on tirer d'une chose ce qu'elle ne possède en aucune façon ? Et ne serait-il pas inutile de multiplier cette inétendue, puisque la privation, ajoutée à la privation, ne produira jamais son contraire ? La répétition de l'unité nous donne le nombre, elle ne nous donne pas l'étendue. Pour donner l'étendue, cette unité, outre ce qui la constitue unité, et qui, par conséquent, lui donne une relation avec la quantité discrète, cette unité devrait avoir quelque autre chose de commun avec la quantité continue. Or, quelle pourrait-être cette autre chose, dans un être tout à fait indivisible et sans parties ? L'étendue a des parties en dehors des parties, c'est-à-dire, des parties qui forment un continu avec d'autres parties. Or, dans la multitude d'éléments simples que suppose le système, ces parties manquent absolument ; et ces éléments excluent non-seulement toute continuité, mais encore toute véritable contiguïté. La raison en est que l'indivisible ne peut toucher l'indivisible, sans le toucher de toute son entité. Car, dans l'indivisible, puisqu'il n'y a pas de parties, on ne saurait distinguer ni extrémité, ni milieu ; mais tout, pour ainsi dire, est extrémité. Par conséquent, l'indivisible ne peut

être en contact avec l'indivisible sans le compénétrer et occuper le même lieu que lui ; et l'un n'est pas en dehors de l'autre, mais ils sont réciproquement l'un dans l'autre.

349. Dans le but d'échapper à cette conséquence Boscovich et les dynamistes venus après lui, ont établi que les êtres simples ne sont pas contigus entre eux, mais qu'ils se trouvent éparpillés plus ou moins dans l'espace. Pour expliquer ensuite la manière dont l'étendue se réalise, ils ont recours à l'ordre constant qui, suivant eux, maintient les éléments simples en dehors les uns des autres et à une certaine distance. La cause de cet ordre constant serait une attraction, qui se changerait en répulsion à une distance donnée. Mais, pour ne rien dire de l'arbitraire de cette conversion capricieuse de l'attraction en répulsion, nous soutenons que le recours à une pareille hypothèse ne sauve pas le système. En effet, l'ordre est une pure relation, qui ne change pas plus l'essence des choses que leurs propriétés essentielles. Si donc des êtres sont essentiellement distincts entre eux et inétendus, ils resteront distincts et inétendus, bien que mis en ordre et disposés de quelque manière que ce soit. Supposez, par exemple, deux points placés à une distance déterminée l'un de l'autre : pouvez-vous dire qu'ils réalisent une ligne ? Vous n'avez autre chose que deux termes, entre lesquels vous pouvez tirer une ligne. On dirait la même chose d'un triangle. Imaginez trois points distants entre eux ; ces points sont-ils un triangle ? Personne ne le dira : le triangle n'existera qu'autant que vous réunirez ces trois points par trois côtés. On soutiendrait en vain que ces points sont unis par une action réciproque ; car une action, qu'elle soit réciproque, ou qu'elle ne le soit pas, n'est certainement pas une ligne.

350. Aussi bien que la simplicité, l'ordre et l'action sont des manières d'être transcendantales, qu'on trouve même dans les esprits. Comment donc prétendrait-on qu'elles peuvent constituer le corps et l'étendue ? Eh quoi ! Si par hasard une multitude d'esprits venaient à se placer dans l'ordre même dans lequel sont maintenus les êtres simples, pour former, par exemple, un concombre ; direz-vous, d'après votre système, que vous avez, dans cette hypothèse, un concombre composé d'esprits ? Si cela était, nous pourrions le manger et le digérer

comme un concombre ordinaire; par conséquent, il faudrait dire que nous mangeons, que nous digérons des esprits. Il faut l'avouer, l'hypothèse est charmante, et elle ne paraît pas impossible dans la supposition du dynamisme. Prêtons-nous à ce système une absurdité gratuite? Les esprits sont certainement des substances simples; ils peuvent, d'un autre côté, exister dans un lieu quelconque, et se tenir à distance les uns des autres. Que leur manque-t-il donc pour former un corps? Vous dites : Il leur manque une attraction et une répulsion mutuelles. Mais d'abord, les esprits pourraient suppléer à ces forces par leur libre volonté, s'établir dans l'espace suivant le même ordre de distance et de position que les êtres prétendus simples. De plus, Dieu ne pourrait-il pas accorder à ces esprits les forces d'attraction et de répulsion? Car ces forces, dans leur concept, ne répugnent ni à l'intelligence, ni à la volonté. On le voit donc, en adoptant le dynamisme, on ne pourrait rejeter l'hypothèse de corps composés d'*esprits*, du moins, en recourant à la toute-puissance de Dieu.

Bien plus, à dire vrai, l'attraction et la répulsion se conçoivent mieux dans un esprit que dans l'un des éléments simples de Boscovich. En effet, l'esprit doué de volonté peut, sans contradiction, après s'être approché jusqu'à un certain point (attraction), changer de résolution et s'éloigner (répulsion). Mais, dans l'être simple, privé de connaissance et de liberté, un tel changement est incroyable, pour ne pas dire répugnant. Une action, en effet, qui ne provient pas d'un choix libre, mais de l'essence même du sujet agissant, ne peut se changer en une action contraire, tant que l'être de ce sujet reste identique à lui-même.

Et ici, il est à propos de considérer comment, dans l'opinion dont nous parlons, disparaîtrait toute répugnance de la pensée dans la matière. En effet, il ne répugne pas qu'un être simple pense. Si donc les éléments en question sont simples, pourquoi ne penseraient-ils pas? Boscovich assigne entre l'esprit et la matière cette différence que la matière n'a d'autre force que l'attraction et la répulsion, avec l'indifférence au repos et au mouvement, et conséquemment avec l'incapacité de penser. *In meis hisce punctis ego nihil admitto aliud, nisi illam virium legem cum inertiæ vi conjunctam; adeoque illa volo prorsus incapacia cogitationis et voluntatis. Quamobrem discrimen essentiæ illud utrumque, quod inter corpus et spiritum agnoscunt omnes, id et ego agnosco; nec vero id ab extensione et compositione continua desumitur, sed ab iis quæ cum simplicitate et inextensione æque conjungi possunt et cohærere cum ipsis* [1]. Il la veut incapable de penser; il fait bien d'employer ce mot; il la *veut*, c'est au moins l'expression d'un bon désir. Et, à vrai dire, si nous nous en tenons, non pas à ce qu'on veut, mais à ce que l'on démontre, nous ne voyons pas, dans la matière formée d'êtres simples, la raison de cette incapacité de penser. Quelle répugnance peut-on assigner entre la pensée et l'action d'attirer et de repousser? N'y a-t-il pas là des actions également simples? Penser est une action interne; attirer et repousser sont des actions externes. Voilà l'unique différence subjective. Or, dans le même sujet, une action externe est-elle incompatible avec une action interne? Cette double action ne se voit-elle pas dans l'âme humaine, qui non-seulement pense, mais en même temps meut le corps? Quant à l'inertie, prise dans le sens d'une indifférence au mouvement local et à sa direction, elle n'est pas inconciliable avec la pensée; et lors même qu'elle lui serait contraire, on ne voit pas que la puissance divine ne puisse écarter cet obstacle.

351. En troisième lieu, pour éviter la compénétration mutuelle des êtres simples (et, dans ce cas, l'extension disparaîtrait), le dynamisme pose en thèse leur action à distance : en vertu de cette action, un élément simple attire et repousse un autre élément, sans qu'il puisse en résulter un contact ou une communication entre eux. Or, une telle action est inadmissible. En effet, une cause ne peut agir que là où elle se trouve, ou bien là où elle étend son influence. Or, c'est ce qui ne saurait avoir lieu ici; car un être simple n'est pas dans un être simple séparé de lui, et sa force d'action ne peut lui parvenir, faute de tout moyen de communication entre l'agent et le patient. Et, en vérité, de même qu'un être ne peut agir sans une force d'action, de même il ne peut agir sans appliquer cette force au sujet qui doit recevoir l'action. Or, entre deux êtres distants, entre lesquels il

---

[1] *Philosophiæ naturalis theoria*, etc., § 93.

n'existe aucun véhicule de l'influence de l'un sur l'autre, cette application de la force active est impossible. Ainsi, toute action est donc impossible. Cette conclusion est si évidente, que Boscovich a été contraint d'avouer que l'on pourrait supposer qu'un élément simple n'agit pas sur un autre élément simple, mais seulement sur lui-même, par rapport toutefois à un autre ; ou bien encore, que l'on pouvait supposer que Dieu seul agit sur l'un et l'autre. *Quod pertinet ad actiones in distans., id abunde ibidem prævenimus; cum fieri possit, ut punctum quodvis in se ipsum agat, et ad actionis directionem ac energiam determinetur ab altero puncto; vel ut Deus juxta liberam sibi legem a se in natura condenda stabilitam, motum progignat in utroque puncto* [1]. La première supposition renouvelle l'harmonie préétablie de Leibnitz ; la seconde, l'occasionalisme de Malebranche.

352. Mais qu'arriverait-il si l'idée même de distance, si nécessaire dans ce système, venait à disparaître? Or, c'est précisément ce qui a lieu. La distance ne peut se concevoir qu'en vertu d'une étendue interposée, ou du moins capable d'être interposée entre deux choses données; par conséquent, mesurer la distance revient à mesurer l'extension. En outre, on conçoit certainement la distance dont nous nous occupons, comme existant dans l'espace. Or, qui dit espace dit déjà étendue; car l'espace réel ne se distingue pas plus de l'étendue réelle que l'espace idéal de la possibilité de l'espace réel. Ainsi donc, à un double titre, la distance suppose l'extension, et bien loin de concourir à la former, elle ne peut même se concevoir sans elle. « Imaginez une force simple unique, et supposez qu'il n'y ait » aucune substance étendue : cette force simple n'ayant aucune » étendue, n'occupera aucun lieu. La seule présence possible » pour elle est la *présence d'action;* or, pour que son action s'ap- » plique à un lieu déterminé, il faut que ce lieu soit déterminé » indépendamment d'elle, par la *présence corporelle* d'une » étendue réelle, soit en ce lieu même, soit à une certaine dis- » tance. Mais, dans l'hypothèse donnée, il n'y a aucune étendue » réelle; il n'y a que l'espace absolu et indéterminé. La force

---

[1] Ouvrage cité, § 101.

» simple et unique ne sera donc en aucun lieu, son existence
» n'introduira donc absolument aucune détermination dans l'es-
» pace indéfini. Il en sera donc d'une seconde monade exacte-
» ment comme de la première, et exactement comme si la pre-
» mière n'existait pas. Ainsi, la seconde monade ne pourra se
» trouver avec la première dans aucun rapport de lieu ni de dis-
» tance. En effet, la distance suppose nécessairement une unité
» d'étendue, qui ait des dimensions réelles; car la distance ne
» peut être déterminée que par son rapport avec une de ces di-
» mensions réelles de l'étendue. Or, dans l'hypothèse donnée, il
» n'y a point d'étendue réelle, point d'unité d'étendue et de dis-
» tance, point de lieu, point de position réciproque [1]. »

353. Enfin, n'oublions pas de le remarquer, réduire toute la variété de tant de substances corporelles à une simple différence de disposition d'éléments homogènes, n'est-ce pas porter atteinte à la beauté, à la richesse de l'univers sensible, ainsi qu'à la fécondité de l'art divin? Dieu, d'après cette hypothèse, n'aurait su concevoir, dans le cercle des choses corporelles, qu'un seul être substantiel, avec une variété purement accidentelle!

ARTICLE III.

EXAMEN DE L'ATOMISME PUR.

354. De ce qui précède, nous devons conclure, si nous voulons expliquer la composition des corps, qu'il est nécessaire d'admettre, non des points indivisibles, mais des éléments étendus; ou, pour mieux dire, un principe duquel l'étendue découle comme une propriété première, et non comme un résultat de distance entre des êtres simples. Faut-il donc embrasser l'atomisme? Nullement; car ce système, essentiellement incomplet, présente des difficultés dont il ne peut se débarrasser qu'en ayant recours aux formes substantielles, qu'il a si fort en horreur.

Et d'abord, l'atomisme est en quelque sorte la mort de l'univers sensible. Il ne voit, en effet, dans le monde, qu'une pure

---

[1] *Philosophie spiritualiste de la Nature*, tome I, 2ᵉ partie ch. 14, pag. 360.

passivité; c'est-à-dire, un être étendu, un sujet capable de recevoir le mouvement, mais sans une énergie propre pour le produire. Or, telle n'est pas l'idée que le philosophe doit se former du monde créé de Dieu. Si, dans chaque substance, il veut reconnaître un vestige et une ressemblance plus ou moins éloignée des perfections divines; dans chaque substance, il doit retrouver à la fois et la subsistance de l'être et la force d'action. L'action est le germe naturel de l'être; par conséquent, l'un ne se peut communiquer sans l'autre. L'être inactif peut se concevoir comme une pure potentialité par rapport à l'acte de l'existence; mais une existence actuelle, sans force d'action, est une existence vaine, sans but et sans moyen d'en atteindre aucun. Tous les arguments que Leibnitz apporte pour démontrer que toute substance est une cause et un principe d'activité, sont autant de preuves de cette vérité.

355. En outre, l'étendue, dans l'atomisme, est aussi inexplicable pour nous que dans le dynamisme. Tâchons de le démontrer avec brièveté et clarté, autant que le permet la subtilité du sujet.

Nous avons déjà remarqué plus haut que le premier élément de l'étendue est le continu. Car si toute étendue résulte de l'assemblage de parties contiguës divisées entre elles, et seulement placées en contact, il faut procéder à l'infini, ou s'arrêter enfin aux êtres simples, que nous venons de rejeter. Donc, si l'atomisme ne veut pas encourir l'absurdité de procéder à l'infini, ou rentrer dans le dynamisme, il doit, dans son analyse physique, s'arrêter à une étendue continue. Peu importe à la discussion présente, qu'elle soit un atome imperceptible ou une masse considérable.

Or, si vous observez avec attention la nature mystérieuse de l'étendue continue, elle vous présente des parties (car qui dit étendue, dit parties hors de parties); et elle vous les présente unies dans un tout divisible, mais non divisé. Vous apercevez certainement dans l'étendue une triple dimension : longueur, largeur, hauteur. Les parties qui forment les côtés ne sont pas celles du milieu; celles de la hauteur ne se confondent pas avec celles de la base; et les parties antérieures sont distinctes des parties postérieures.

Vous trouvez donc, sans aucun doute, des parties différentes dans l'étendue ; néanmoins, aucune de ces parties n'est circonscrite par des limites propres, et ne forme une individualité séparée. Le terme qui se conçoit dans l'une, s'identifie avec le principe que l'on conçoit nécessairement dans l'autre ; toutes subsistent sous une limite commune, qui n'est autre que la surface extérieure de la substance toute entière. De là vient que vous ne pouvez pas dire combien il y a dans le continu de parties en acte, si ce n'est en recourant à une unité de mesure arbitrairement déterminée. Si vous prenez le mètre, vous aurez un nombre donné ; si vous prenez la palme, vous en aurez un autre ; enfin, si vous choisissez le pouce, vous en aurez un troisième. La différence ou la constance du nombre dépend toujours de la mesure différente ou constante que vous prenez. Que s'il vous plaît de considérer les parties non aliquotes, mais proportionnelles, vous avez déjà une énumération qui va à l'infini, puisque toute moitié est-elle aussi divisible, et ainsi de suite, sans qu'on puisse s'arrêter. Néanmoins la *contenance* des parties numérables n'est pas actuelle, mais seulement potentielle ; car une *contenance* actuelle indique une division exécutée ; or, une pareille division n'est pas faite, elle n'est même jamais intégralement exécutable. Toute division du continu emporte une nouvelle divisibilité, par cela même que les parties obtenues sont étendues comme les autres, et que toute étendue est, par elle-même, divisible à nouveau. Ainsi, dans ce qui est étendu, il y a multiplicité, diffusion, redoublement ; mais il y a en même temps indivision, concentration, unité.

Or, d'où procède ce second caractère en opposition avec le premier ? Il ne peut procéder que d'un principe simple et par lui-même inétendu, embrassant et recueillant dans son unité les parties qui, autrement, se disperseraient à l'infini dans leur sujet. « Il faut, dit Leibnitz, qu'outre l'étendue, on conçoive » dans le corps une force primitive [1]. » Cette force seule, ou ce principe simple, peut rendre raison de l'unité de l'étendue, dans la multiplicité des parties où le continu est divisible. Sans ce principe faisant une seule substance avec le sujet matériel, qui,

---

[1] *Lettre à un ami sur le cartésianisme.* God. Guil. Leibnitz. *Opera philosophica*, etc., 1re partie, pag. 123. Berolini 1840.

sous sa dépendance, développe sa masse, jamais on n'aurait de parties réelles et différentes, jouissant d'une individualité commune, et subsistant comme éléments intégrants d'un seul et même être répandu et répété dans ces mêmes parties. Ecoutons de nouveau Leibnitz : « Au commencement, lorsque je m'étais
» affranchi du joug d'Aristote, j'avais donné dans le vide et dans
» les atomes ; car c'est ce qui remplit le mieux l'imagination.
» Mais, en étant revenu, après bien des méditations, je m'a-
» perçus qu'il est impossible de trouver les principes d'une véri-
» table unité dans la matière seule, ou dans ce qui n'est que
» passif, puisque tout n'y est que collection ou amas des par-
» ties à l'infini. Or, la multitude ne pouvant avoir sa réalité que
» des unités véritables, qui viennent d'ailleurs et sont tout autre
» chose que les points, dont il est constant que le continu ne
» saurait être composé ; donc, pour trouver ces unités réelles, je
» fus contraint de recourir à un atome formel, puisqu'un être
» matériel ne saurait être en même temps matériel et parfaite-
» ment indivisible, ou doué d'une véritable unité. Il fallut donc
» rappeler et comme réhabiliter les formes substantielles, si dé-
» criées aujourd'hui [1].

ARTICLE IV.

LE RECOURS A L'ATOMISME DYNAMIQUE RÉTABLIT SOUS D'AUTRES TERMES *la matière* ET *la forme* DES SCOLASTIQUES.

356. Pour les raisons que nous venons de donner, et d'autres tirées ou de l'idée générale de substance, ou de l'impénétrabilité naturelle des atomes inexplicables sans une force innée de résistance, les plus modernes défenseurs de l'atomisme ont abandonné l'hypothèse de la matière purement étendue, et ont cherché à concilier l'atomisme, et le dynamisme. A cette fin, ils ont reconnu dans les atomes primordiaux une véritable activité originelle; ils ont placé leur essence dans l'étendue en même temps que dans la force. Un de ceux qui ont le plus exactement exposé ce système est M. Henri Martin. Dans sa *Philosophie spi-*

---

[1] *Système nouveau de la nature*, pag. 124.

ritualiste de la nature, il le développe longuement, et cherche ingénieusement à l'établir sous une forme persuasive. Il pose comme thèse fondamentale, que toute substance spirituelle ou corporelle est essentiellement active. Une substance inactive serait un être sans lois ; car toute loi est une détermination de sa puissance d'agir. « Ce seraient des substances sans lois ; toute » loi étant une loi d'activité [1]. » Elle serait une existence sans attributs, puisque, si elle était simple, sa simplicité ne pourrait se concevoir sans une force ; et si elle était étendue, son étendue, pour être réelle, exigerait l'impénétrabilité dans certaines limites ; or, l'impénétrabilité ne s'explique pas sans la faculté de résister. « Ce seraient des substances sans attributs ; car tout » attribut implique l'activité, et est une condition générale qui » détermine les modes d'activité dont une substance est capable. » Par exemple, la simplicité serait la simplicité de rien, si elle » n'était pas la simplicité d'une force indivisible. L'indivisibilité » du néant n'est pas la simplicité ; car le néant n'est ni simple ni » multiple ; il est le néant, et rien de plus. De même, l'étendue » d'une substance inactive serait une étendue nulle, ou pure- » ment idéale, l'étendue de rien, ou l'étendue d'une chose quel- » conque ; par exemple, l'étendue d'une figure géométrique, « que l'esprit conçoit, mais qui n'appartient à aucun corps réel. » L'étendue n'est réelle que par la puissance résistante, par » l'impénétrabilité, qui est une force limitée à un certain es- » pace, mais invincible dans ces limites [2]. » De ce qui précède, il conclut qu'une substance inactive serait une pure abstraction, ou, pour mieux dire, le néant ; puisque l'existence est impossible sans force. « Une substance inactive serait donc l'abstrait pur, » c'est-à-dire, le néant. Il ne pourrait y avoir en elle aucune ma- » nière d'être ; car qui dit manière d'être, dit existence réelle et » persistante, et cette existence est impossible sans attributs et » sans facultés [3]. » De tout ceci, il faut déduire, comme inévitable corollaire, que les *atomes primitifs* admis par l'auteur, et qu'il

---

[1] *Philosophie spiritualiste de la nature,* tome I, 2ᵉ partie, ch. 8, page 215.

[2] *Ibidem.*

[3] *Ibidem,* ch. 10, page 256.

présente comme des substances étendues, mais non discontinues : « Nous nommons *atomes premiers* une substance étendue sans » aucune discontinuité [1], » et qui, unis ensemble, forment les *atomes chimiques* et les *molécules*. « Les *atomes premiers*, « liés entre eux par des forces qui leur appartiennent, forment » les *atomes chimiques* et les *molécules* [2], » que ces atomes, dis-je, sont essentiellement doués de forces, dont l'effet primitif est la résistance, à cause de l'impénétrabilité. « Les atomes, tels » que nous les concevons, sont des substances non-seulement » étendues, mais douées d'une activité dynamique externe [3]. »

357. En vérité, ou nous ne comprenons rien à cet exposé; ou bien, contre la volonté de ceux qui le défendent, ce système reproduit la doctrine de la *matière* et de la *forme substantielle* des Scolastiques. En effet, si une force est essentielle à l'atome primitif; si, sans elle, l'atome primitif ne peut subsister; si, sans cette force, son étendue est une pure abstraction ou la négation même de son existence, il faut dire que cette force entre comme partie dans l'essence même de l'atome. Car qu'appelle-t-on principe essentiel d'une chose, sinon ce qui est nécessaire à sa subsistance, et ce sans quoi elle retomberait dans le néant ? D'un autre côté, la force, par elle-même, ne peut se concevoir que simple, inétendue, bien qu'apte à exister dans l'étendue et à l'informer. Donc, d'après le système dont nous nous occupons, l'atome primitif étendu, doué de continuité et de résistance, est nécessairement composé d'étendue, ou, pour mieux dire, d'une réalité étendue et d'une force d'où dépendent ses attributs et ses lois. Ces deux choses sont nécessairement requises comme principes constitutifs de l'existence première de l'atome. En effet, sans la réalité étendue, la force ne pourrait se concevoir, même dans un point de l'espace; et, sans la force, l'étendue perdrait toute réalité.

Or, (qui ne le voit?) exprimé en ces termes, ce système coïncide pleinement avec celui de la *matière* et de la *forme substantielle*.

---

[1] *Philosophie spiritualiste de la nature*, tome I, 2e partie, chap. 10, page 256.

[2] *Ibidem*, page 257.

[3] *Ibidem*, t. I, 2e partie, ch. 14, page 366.

La réalité étendue, qui ne peut exister par elle seule sans la force, et dont l'étendue elle-même s'évanouirait sans l'acte d'un autre principe simple, vous présente l'idée de la *matière*, source de l'extension, mais par elle-même indéterminée et incapable de subsister sans la forme. Ensuite, la force nécessaire à l'existence première de la matière est une condition implicite de la réalité même de l'extension : elle vous représente, sans nul doute, la *forme* substantielle. Certes, ce sans quoi un sujet n'a ni attributs, ni lois, ne mérite-t-il pas le nom de forme? Et le principe nécessairement requis pour l'existence d'un sujet, qu'on l'appelle *forme* ou *force*, n'est-il pas un principe substantiel? Certainement; l'existence, l'être premier est la substance même, par opposition aux accidents.

358. Pour éviter la conséquence que nous avons tirée, les défenseurs de l'atomisme dynamique devraient rejeter ce qu'ils ont dit sur la nécessité de la force pour l'existence même de l'atome primitif, et établir que cette force est un pur accessoire de l'être substantiel de l'atome. Mais, malgré ce correctif, outre qu'ils paraîtraient se contredire, ils se verraient bientôt contraints d'avouer que c'est à tort qu'ils ont combattu l'atomisme pur avec tant d'acharnement. Dans cette hypothèse, en effet, la réalité substantielle de l'atome se limiterait dans l'étendue pure; bien qu'ensuite, comme chose survenante à l'être premier, ou comme perfection accidentelle, on puisse concevoir une force ajoutée à l'atome. Or, c'est là précisément, et rien de plus, ce qu'admet l'atomisme pur. Ce système n'a jamais repoussé comme ajoutées de Dieu à la matière primitive, des forces d'attraction ou de répulsion, de concentration ou d'expansion, d'affinité ou d'agrégation. Bien plus, ce système admet encore positivement des atomes doués de pareilles forces; car les atomes, sans ces forces, ne sauraient concourir à former les corps. Il exclut seulement ces forces comme entrant dans la constitution de l'essence des corpuscules atomiques.

359. En un mot, ou l'on nie que la force entre comme un élément nécessaire dans l'existence première des atomes, ou bien on l'admet. Si on le nie, on retombe dans le simple atomisme, et l'on en subit tous les inconvénients que nous avons signalés dans l'article précédent. Si au contraire, on l'admet, on

rétablit sous un nom différent les formes substantielles des Scolastiques; car ces formes ne sont au fond qu'un principe simple, source d'activité dans le sujet, et nécessaires à la subsistance première de la matière. En tant que ce principe est source d'activité, rien ne répugne à ce qu'on lui donne le nom de force; en tant qu'il est nécessaire à la subsistance première de la matière, l'épithète de *substantiel* lui convient aussi nécessairement. Ainsi, tout l'avantage de l'atomisme dynamique se réduit à donner le nom de *force substantielle* à ce que les Scolastiques appellent *forme substantielle*, et Leibnitz avait bien raison de dire que le dédain des *formes substantielles* était plus une affaire de mode que de raison [1]. Du reste, il est plus philosophique d'appeler un semblable principe *forme*, que *force*, attendu que le mot *forme* se rapporte à l'être (et l'être n'est-il pas précisément l'objet de nos recherches?) tandis que le mot *force*, se rapporte plutôt à l'opération qui n'est point l'être, mais une conséquence de l'être.

ARTICLE V.

DÉMONSTRATION DU SYSTÈME SCOLASTIQUE RELATIVEMENT A L'ESSENCE DES CORPS.

360. Après l'examen et le rejet des systèmes qui précèdent, il nous reste à exposer le système scolastique. Mais, afin de le faire convenablement, nous serons obligé de donner quelque étendue à cet exposé. Pour plus d'ordre et de clarté, nous classerons nos preuves en des paragraphes distincts.

§ I.

Preuve tirée de l'exposition précédente.

361. Dans les articles précédents, après avoir réduit à trois les systèmes imaginés par les philosophes relativement à la compo-

---

[1] Il semble que depuis peu le nom de formes substantielles est devenu infâme auprès de certaines gens et qu'on a honte d'en parler. Cependant il y a encore peut-être en cela plus de mode que de raison. (*Nouveaux Essais*, etc., liv. 3, ch. 6, § 24.)

sition substantielle des corps, c'est-à-dire, au *dynamisme*, à l'*atomisme*, et au système de la *matière* et de la *forme* soutenu par les Scolastiques, nous sommes arrivé à cette conclusion : Les deux premiers ne supportent pas l'épreuve d'un sérieux examen ou d'une sage critique. On peut reprocher au dynamisme, quatre inconvénients principaux :

1º Il nie forcément la divisibilité à l'infini de la matière; et, par là même, il ébranle la base des mathématiques et rend cette science inapplicable au monde physique ;

2º Il détruit la réalité de l'étendue ; car il en fait un produit d'êtres simples et indivisibles, sous la seule condition d'un certain ordre et d'une action réciproque. Or, ces notions dépassent la sphère du monde corporel, et appartiennent aussi bien au monde des esprits ;

3º Il tourne dans un cercle vicieux; car, pour expliquer l'étendue, il recourt aux idées d'espace, de distance, de mouvement : or, ces idées sont impossibles sans l'idée préalable d'étendue ;

4º Il admet l'action à distance, c'est-à-dire, une *action* dont la cause non-seulement n'existe pas, mais ne peut pas même étendre son influence, faute de moyen de communication. N'est-ce pas admettre un effet sans cause?

Quant à l'*atomisme*, s'il ne veut pas se contredire et retourner implicitement à la doctrine scolastique, il doit se borner à ne reconnaître, comme éléments constitutifs de l'essence corporelle, que la seule réalité étendue ; mais, en l'admettant, outre qu'il détruit toute diversité substantielle et *gradation* entre les êtres de l'univers sensible, il ne parviendra jamais, ce semble, à rendre raison de l'unité du continu dans ses atomes primitifs ; ainsi, il en viendra à détruire la réalité de l'étendue elle-même, ou le fondement même sur lequel il s'appuie.

362. De ces considérations, on pourrait tirer une preuve au moins indirecte du système scolastique. En effet, si nous croyons que la raison humaine a pu entrevoir quelque chose dans les principes constitutifs de la nature corporelle, nous devons conclure que l'atomisme et le dynamisme une fois rejetés, il ne nous reste plus qu'à embrasser le système, qui seul reste debout au milieu des ruines des deux autres, le système de la *matière* et

de la *forme*. Et, de fait, jamais, quoi qu'elle fasse, notre intelligence ne pourra sortir de ces trois hypothèses : les corps sont essentiellement composés ou de forces simples, ou de la seule réalité étendue, ou bien de la réalité étendue et de quelque force simple qui lui soit consubstantielle. Si l'on rejette les deux premières, il faut accepter la troisième, à moins de vouloir professer sur la question un scepticisme peu raisonnable.

363. Cette démonstration reçoit un nouvel appui de la valeur des raisons que chacune des deux autres hypothèses invoque. Les arguments des dynamistes contre les atomistes se réduisent à l'impossibilité d'expliquer l'essence des corps par l'étendue seule ou la matière seule. Au contraire, toute la force des arguments des atomistes se réduit à montrer que l'étendue ne peut être le résultat de l'assemblage, même à distance, des points inétendus, mais qu'elle doit nécessairement être un véritable attribut primitif de ce qui fait le fond et la base de l'être étendu. En résumé, les uns démontrent que la matière, pour exister, a besoin d'un vrai principe d'unité et d'action, sans lequel les parties se disperseraient à l'infini, et l'individualité, et la subsistance elle-même de l'être s'évanouiraient. Les autres démontrent qu'un principe d'unité et d'action ne saurait, par lui seul, donner l'origine à une étendue qui serait une vraie réalité, et non une vaine apparence. Qui ne voit la conséquence légitime de tout ceci, que les corps doivent se composer de ces deux éléments combinés dans l'unité de substance, à savoir, du principe *passif* et du principe *actif*, de ce qui est multiple et de ce qui est un, de ce qui est déterminable et de ce qui détermine, ou, en d'autres termes, de la matière et de la forme? Voilà le grand, le seul moyen de concilier les deux extrêmes contraires. C'est là ce que commencent à entrevoir les métaphysiciens, et, parmi eux, Auguste Conti. Après avoir remarqué que les discussions actuelles sur la cosmologie proviennent, en grande partie, de l'interruption des traditions philosophiques, brisées par Descartes, Conti énumère, entre ces discussions, la controverse des dynamistes et des atomistes; et il dit que les uns et les autres, en méprisant les doctrines scolastiques, ne s'aperçoivent pas que la théorie de la matière et de la force (parce que la forme est l'acte),

prend une voie qui tient le milieu et qui, par conséquent, est la bonne [1].

364. « Les concepts de force et de matière, dit un des plus remarquables physiologistes de nos jours, sont inséparables, tant du monde organique que du monde inorganique [2]. »

En effet, de même que l'être vivant ne saurait se concevoir, si, dans la matière, on ne suppose un principe simple et actif qui la détermine et la conforme à un type; de même, on ne saurait concevoir même un minéral, si l'on ne considère ses parties étendues et continues comme réduites à l'unité d'être, et déterminées dans leur espèce par une force primitive, qui les approprie à tel ou tel corps. Et vraiment, peut-on définir un minéral quelconque en ne tenant compte que de ses dimensions? N'est-on pas obligé d'ajouter que ce minéral agit de telle ou telle façon en des circonstances données? Or, ces caractères physiques et organiques, dont on se sert pour distinguer entre elles et classer les substances matérielles, sont-ils autre chose que les manifestations diverses d'une activité essentielle? Si donc les caractères phénoménaux sur lesquels reposent nos définitions, sont relatifs à l'essence (c'est de l'essence que naissent les propriétés de l'être), il faut convenir que chaque corps, même inorganique, outre la réalité étendue, est essentiellement constitué par une force particulière à son espèce; et que cette force, par l'emploi qu'elle a de déterminer l'essence et d'être une condition *sine quâ non* de l'existence première de la matière, peut très-bien recevoir le nom de forme et de *forme substantielle*. La chose, envisagée sous cet aspect, nous semble d'une évidence qui ne souffre pas de contradiction.

Nous pourrions donc nous arrêter ici et considérer le système scolastique comme suffisamment démontré. Néanmoins, à cause de l'importance du sujet, et des préjugés de beaucoup d'esprits, il sera utile de nous y arrêter plus au long, afin de le confirmer et de l'éclaircir.

[1] *Evidenza, amore e fede, o i criterii della filosofia*, vol. I, p. 136, Firenze 1858.

[2] Le professeur TOMMASI dans un article intitulé : *La Chimica e la Fisiologia*, inséré dans la *Revue contemporaine* de Turin, vol 11, page 94.

§ II.

Preuves tirées des propriétés que l'expérience révèle dans les corps.

365. En traitant de l'essence corporelle, nous devons prendre notre point de départ dans l'observation sensible, puisque les corps agissent sur les sens et se manifestent aux sens. Or, quelle est la notion que l'expérience nous fournit sur les corps? En tenant compte de leurs propriétés les plus élémentaires, nous pouvons dire que l'expérience nous présente le corps comme un être étendu, résistant, figuré et mobile. De chacune de ces propriétés, nous pouvons tirer un argument en faveur du système scolastique.

L'étendue. Nous n'avons pas ici besoin de faire un raisonnement bien long, à cause de ce que nous avons déjà dit relativement à la nécessité d'un principe simple pour expliquer l'unité du continu. L'étendue doit certainement être conçue comme une propriété d'expansion et de redoublement de l'être qu'elle affecte. Elle le répand suivant toutes les directions possibles, et c'est pour cela que vous pouvez considérer et décrire à l'infini des lignes dans tous les sens. Toutes ces directions, d'ailleurs, se réduisent à la triple dimension de longueur, largeur et profondeur; attendu que, selon la remarque de saint Thomas, toute étendue se mesure suivant une ligne perpendiculaire à une autre, et trois lignes perpendiculaires seulement peuvent concourir en un même point. *Impossibile est conjungi simul lineas perpendiculares plures quam tres, super idem punctum; omnis autem dimensio mensuratur secundum aliquam lineam perpendicularem* [1]. Cette expansion de l'étendue importe comme une division et une multiplication de l'être lui-même, parce que toute partie de l'étendue, par là-même qu'elle est partie, est nécessairement en dehors d'une autre partie, tout en restant une et identique à la substance à laquelle toutes les parties étendues appartiennent. Nous ne parlons ici que de l'étendue continue, la seule dans laquelle se rencontre proprement la manière d'être essentielle et primitive de l'étendue : car le contigu est moins une étendue qu'une collec-

---

[1] In 1ᵐ. *De cœlo*, lect. 2.

tion de choses étendues. Or le continu a une véritable unité, il constitue un seul tout qui n'est pas divisé, et à l'existence de ce tout participent les parties qui sont entre elles dans une espèce de communication réciproque. Il s'ensuit que le nombre de ces parties, tant que le tout n'est pas divisé, n'est point actuel, mais seulement potentiel, par la raison que le nombre est une collection d'unités. Or, les parties ne forment une unité que lorsqu'elles subsistent en elles-mêmes actuellement séparées l'une de l'autre [1].

Ceci posé, pourrait-on concevoir l'unité du continu, s'il n'existait pas dans le sujet matériel un principe simple, une force qui entre dans la substance de ce sujet, laquelle, en compénétrant l'être de chacune des parties, les appelle toutes à participer à sa propre indivision, et fait que ces parties sont identiques à un point de vue, bien qu'à un autre point de vue, elles soient distinctes ? Ce principe est la forme des Scolastiques. En actuant, en s'assujettissant la matière, la forme unifie, concentre la multiplicité et l'expansion, dont la matière est la racine dans les corps. Voilà pourquoi la forme s'appelle, à bon droit, le principe communicatif de l'être ; car *l'unité* et *l'être* peuvent se convertir entre eux ; et toute chose est un *être*, en tant qu'elle est une. *Unumquodque in quantum est unum, in tantum est ens* [2]. Le principe de l'unité est aussi le principe de l'être : *Ab eodem habet res quod sit ens et quod sit una* [3].

366. La *résistance*. Nous pourrions certainement traiter la question d'une manière plus large et considérer l'activité en général. En effet, quelque inertes que l'on veuille supposer les corps, on ne saurait du moins refuser de leur reconnaître une force d'attraction et de répulsion. Sans la première, la gravitation universelle, la cohésion des molécules homogènes et la combinaison des molécules hétérogènes seraient impossibles. La seconde de ces forces, la répulsion, est absolument requise pour

---

[1] *Partes continui non habent esse actu, sed potentia. Unde actu non est accipere ipsarum partium numerum, sed potentia tantum.* (S. Thomas, In 7m. Metaphysicorum, lect. 3.)

[2] S. Thomas. Quodlib. 6, a. 4.

[3] S. Thomas. *Summa theol.*, 1. p., q. 76, a. 3.

l'explication des ondulations lumineuses et sonores, la dilatation ou la volatilisation par le calorique, l'élasticité dont beaucoup de corps sont doués. En outre, l'étendue sans une force ne serait pas sensible : car pour être sentie, il faut bien qu'elle agisse sur nos sens. Or l'activité, bien qu'elle ne répugne pas à l'étendue, ne saurait toutefois en être le résultat. Étendue dit plutôt passivité ; l'étendue se borne à offrir un sujet qu'une activité donnée peut informer, ou dont elle peut recevoir aide à subsister si elle était incapable de subsister par elle-même. Il faut donc absolument reconnaître dans la substance étendue, un principe actif qui se révèle sous l'aspect d'une force. De ce principe naît la diversité spécifique des différents corps; car dans les corps toute variété spécifique est toujours relative à l'action qu'ils produisent. Ce principe actif est la *forme*, de même que le sujet dont émane l'étendue, comme d'un fondement, est la *matière*.

Que cette forme soit substantielle, on ne peut en douter, si l'on considère que son emploi est d'actuer et de spécifier l'être premier du corps; que cet être soit un atome primitif si on le veut (cela est en dehors de la question présente) ou bien qu'il soit un corps d'une masse assez sensible. Mais pour ne pas trop nous étendre, bornons-nous à considérer seulement la résistance dont la force de répulsion est un germe et un développement ultérieur.

367. Les physiciens les plus exacts observent que la force de résistance, qui rend les corps réciproquement impénétrables, ne doit pas se concevoir comme une force surajoutée à leur substance, mais comme une propriété naturelle qui sort du fond même de leur essence. Pour ne pas multiplier les citations, nous nous contenterons du témoignage d'un homme aussi versé dans la philosophie que dans la physique. Le P. Pianciani, dans ses *Essais philosophiques*, s'exprime de la sorte : « Toute créa-
» ture tend naturellement à sa conservation. Cette tendance se
» révèle dans les corps et dans leurs dernières particules sen-
» sibles sous forme d'impénétrabilité ou de répulsion ; elle est
» universelle dans la matière et, si je ne me trompe, on ne doit
» pas la regarder comme une loi surajoutée à son existence,
» mais plutôt comme une chose appartenant à son essence ou
» bien comme une propriété essentielle. Et véritablement, nous

» ne pouvons imaginer une matière qui ne serait pas résistante
» et encore moins la percevoir par les sens[1]. » Et plus loin il
dit : « Elle n'est pas une loi surajoutée, cette force qui rend la
» matière impénétrable et résistante à une autre matière, et
» par là, perceptible au sens[2]. »

Dans ces deux citations, nous avons d'abord la raison pour laquelle on doit considérer la force de résistance comme essentielle au corps, puisque, sans la puissance de résister, le corps ne pourrait ni se conserver, ni être perçu par les sens. Or, une puissance nécessaire à la conservation du sujet et à la fin de son existence ne peut être une puissance accidentelle, adventice ; mais elle est une puissance qui naît de l'essence du sujet lui-même. Par conséquent, la réalité d'où provient l'étendue est insuffisante pour constituer l'essence d'un corps ; il faut, de plus, un principe actif d'où puisse émaner la force dont nous parlons. Ce principe est nécessairement substantiel : rien n'étant plus véritablement substantiel que ce qui est requis pour la constitution intrinsèque d'une substance. C'est ce principe même que les Scolastiques appelaient *forme*, d'après le rôle de la forme qui consiste à actuer, à compléter le sujet, à lui donner l'unité et l'action. S'il plaît à d'autres de l'appeler *force*, nous n'élevons aucune contestation : la différence des noms importe peu quand on s'accorde sur les choses qu'ils expriment.

368. Cet argument est plus propre que tout autre à convaincre les modernes, parce qu'il est tiré de leurs théories. Ils accordent que la matière ne peut exister, et même ne peut se concevoir sans une force : donc ils accordent implicitement que le corps qui est bien certainement la matière existante, ou tout au moins la matière telle qu'on peut la concevoir ; que le corps, dis-je, est nécessairement composé d'un double principe, à savoir, de la matière et de la force, puisque toutes deux concourent à l'intégrité de l'essence. Il résulte de là que ni la matière ni la force, considérées séparément, ne sont des substances, (on ne peut pas, en effet, appeler substance ce qui ne saurait exister par soi-même,) mais qu'elles sont des *comprincipes* de la substance. Voilà

---

[1] Tome I, page 249.
[2] *Ibidem.*

pourquoi quelque nom qu'on leur donne, il serait toujours raisonnable d'ajouter implicitement ou explicitement à ce nom l'épithète de *substantiel*, rien n'étant plus substantiel que ce qui est nécessaire à la constitution de l'être : c'est le concept même de la substance. Mais passons à un autre point.

369. *La figure.* Tout corps est borné dans sa réalité et séparé des autres corps. Il y a donc des limites qui le circonscrivent dans sa masse, quelles que soient les circonstances dans lesquelles il se trouve, et la grandeur à laquelle l'élèvent ses propres dimensions.

Cette délimitation de masse constituée par la surface extrême de l'étendue, et qui, semblable à une enveloppe extérieure, embrasse et entoure les parties intérieures, s'appelle figure. La figure se diversifie dans les corps, suivant la disposition et l'ordre de leurs parties. Or, il est évident que la figure, dans la quantité continue (dans laquelle, avons-nous dit, se trouve l'élément premier de l'étendue), ne peut être que l'effet d'un principe formel, puisque, l'étendue qui résulte du principe matériel, est, par elle-même, indifférente à quelque figure que ce soit. Les forces accidentelles de cohésion et d'affinité, combinées avec les circonstances extérieures, peuvent bien expliquer la figure de la masse, formée par une contiguité de parties; mais elles ne sauraient rendre raison de la figure du continu primitif, qui est à la fois étendu dans son unité.

Ajoutons à cela la tendance qui se manifeste dans les corps par les phénomènes de la cristallisation, à revêtir une figure régulière, mais différente, selon les êtres différents auxquels ils appartiennent. Ce fait nous autorise suffisamment à conclure, que la détermination de telle ou telle figure dans les corps, provient d'un principe interne, qui spécifie l'être de chacun de ces corps : il n'est pas commun à tous, et il n'est point indifféremment dans tous. Mais nous éclaircirons ceci dans le paragraphe suivant.

370. *Le mouvement.* Enfin, la mobilité des corps manifeste, elle aussi, l'existence d'une forme simple, qui entre comme constitutif dans leur essence. En effet, la communication du mouvement serait impossible, si le corps mû ne prenait tout d'un coup, au moment du choc, la force motrice déterminée, ou la célérité virtuelle qui lui est communiquée par un corps

étranger dont il reçoit l'impulsion. Ceci suppose, dans le corps mis en mouvement, un principe simple, qui l'informe et qui, appartenant à l'intégrité de son essence, se trouve dans tous les points de l'étendue continue. La raison en est, que si nous ne tenons pas compte d'un principe qui informe l'étendue, et la contienne dans son unité, nous ne pouvons assigner, du côté de la matière, aucune puissance apte à recevoir tout d'abord et instantanément, la célérité virtuelle ou la force motrice, destinée à continuer, dans le sujet, le mouvement reçu et imprimé par le choc. La matière est, par elle-même, divisible à l'infini, et quelle que soit celle de ses parties qu'on prenne, cette partie en a d'autres moindres, sans que jamais on puisse atteindre à une dernière partie, la plus petite de toutes, ou le *réceptif premier* de l'action qui doit influer sur le tout. Ainsi, on procéderait à l'infini si, dans la communication du mouvement, on voulait trouver le vrai point de contact entre l'agent et le patient, entre la cause du mouvement et le sujet qui le reçoit dans la matière étendue, il est vrai, mais dépourvue de l'actuation et de l'unité, qui ne peuvent provenir que d'un principe simple. On voit par là, combien il est vrai de dire, que la mise en mouvement est le fait d'une chose simple, contenant virtuellement l'effet qui se doit successivement produire tant que le corps continuera à se mouvoir. Il n'y a qu'un principe simple, informant l'étendue, qui puisse donner une explication satisfaisante de ce phénomène ; parce que le principe simple, en donnant une unité véritable et une individualité à l'étendue, la rend capable de produire une action ou d'en recevoir le résultat, et de recueillir instantanément, comme sujet unique, la force active que l'influence du moteur communique au mobile.

§ III.

Preuve tirée du phénomène de la cristallisation.

371. Les corps, d'après les divers degrés de température ou de pression, auxquels ils sont soumis, peuvent se trouver en trois états; dans l'état solide, dans l'état liquide, dans l'état gazeux ou de fluide aériforme. La physique a été amenée par une juste induction à reconnaître qu'en général tous les corps peuvent se

trouver dans ces trois états. Or, dans la plupart des corps, on a observé que, lorsque par un mouvement graduel et sans perturbation, ils passent de l'état liquide ou fluide à l'état solide, ils prennent des formes polyédriques régulières, en conservant dans leurs parties une symétrie parfaite, suivant la nature différente de chaque substance.

Dans ce phénomène que l'on appelle *cristallisation,* on voit les corps les plus communs, quitter peu à peu leur aspect grossier et opaque, et revêtir une beauté, une splendeur merveilleuse. Par exemple, qui n'admirerait la transformation du charbon noir et grossier en un diamant dont l'éclatante blancheur rivalise avec la lumière du jour. Ce qu'il nous importe de faire remarquer, ce sont les lois qui régissent la génèse de ces cristaux. Nous signalerons les principales.

1º Les formes que les corps peuvent revêtir en se cristallisant sont innombrables : mais elles ne sont que les modifications de six types primitifs et fondamentaux, le tétraèdre, le rhomboèdre, l'octaèdre à base carrée et à base rectangulaire, le prisme à base rhomboïdale, et le prisme oblique non symétrique. Ainsi le carbonate de chaux, quoique susceptible de plus de mille formes différentes, ne reçoit jamais que des formes rhomboïdales dérivées. Ces formes rhomboïdales sont produites par diverses actions en vertu desquelles des faces se substituent aux angles extérieurs, et réciproquement des angles extérieurs à des faces.

2º Ces formes sont parfaitement semblables dans les divers individus d'une même substance, puisque la forme cristalline, que les corps prennent en des circonstances données, fournit aux physiciens l'un des caractères les plus décisifs pour discerner les différentes espèces de minéraux, et en ordonner les diverses catégories.

3º Afin qu'un corps donné en se consolidant se cristallise, il convient généralement qu'il soit abandonné à ses propres forces et que l'action de toute cause extérieure perturbatrice soit écartée. Voilà pourquoi une des conditions indispensables à la cristallisation est le retrait graduel du dissolvant quel qu'il soit, liquide ou calorique, qui tenait le corps dans un état de désagrégation ou raréfaction moléculaire.

4º Dès le premier instant de la formation d'un cristal, se manifeste l'empreinte rudimentaire de la forme dernière et définitive qu'il se dispose à recevoir; de façon que l'embryon cristallin semble déjà être en miniature tout ce qu'il sera dans ses plus remarquables développements. De cette loi, ainsi que le remarque M. Brame, semblent être exceptés les corps naturellement fusibles et volatilisables, tels que le soufre, le phosphore, le sélénium, l'arsenic, l'iode, le camphre, et autres semblables. Ces corps, dans les commencements de leur cristallisation se manifestent, non dans l'état de cristal, mais sous la forme de globule ou de petite outre, d'une façon analogue à ce qui a lieu dans la génération des êtres vivants. Ce globule renferme dès le commencement, à l'état liquide la matière, qui, ensuite, prendra une forme cristalline particulière.

372. Or, les naturalistes commencent à croire que cette mystérieuse génération des cristaux ne peut s'expliquer par la seule force attractive de leurs molécules. Comment pourrait-on trouver la raison des divers types cristallins auxquels tendent toutes les différentes substances, dans la simple attraction qui est la même dans tous les corps, et qui n'implique qu'un rapprochement des parties de la matière? Comment l'attraction donnerait-elle la raison de l'ordre merveilleux et plein de variété sous l'influence duquel les molécules attirées s'orientent en quelque sorte et conspirent toutes au même but, la constitution de telle ou telle forme géométrique? Qui ne voit que l'attraction agit comme un instrument d'un principe plus élevé, qui varie pour chaque substance différente et dont l'attraction reçoit une détermination, comme une impulsion directive à s'exercer de telle ou telle manière, suivant telle loi plutôt que telle autre? Il faut dire la même chose du dimorphisme de quelques substances, c'est-à-dire de l'aptitude de ces substances à revêtir deux formes cristallines d'espèces tout à fait diverses, et qui ne se peuvent rapporter au même type. On remarque encore le même phénomène à propos de la forme cristalline de quelques corps mixtes; elle ne peut résulter de la réunion des formes particulières des corps simples dont ces corps sont composés : car ici l'on ne peut évidemment assigner comme cause génératrice, l'addition de parties à d'autres parties par simple vertu attractive.

373. Et remarquez, pour présenter cet argument dans toute

sa force, que nous n'entendons pas parler de l'accroissement du cristal, après que s'est formé le premier embryon cristallisé ; mais que nous parlons de la genèse de l'embryon lui-même et de son germe primitif. Qu'est-ce qui détermine, du premier coup, la forme cristalline du premier nœud, en contraignant les molécules à se grouper, à présenter un aspect rectangulaire, rhomboïdal, trapézoïdal, et ainsi de suite, d'après la nature diverse du corps ? Aura-t-on recours à la polarité électrique dont l'action sur les atomes cristallisables, produirait dans les cristaux, suivant la différence de température, telle disposition géométrique plutôt que telle autre, en variant le parallélisme de leur axe ? Mais d'abord, puisque l'on assigne comme cause, une force mécanique, on devrait expliquer mécaniquement le mode et la variété de l'effet qu'elle produit; or, cette explication est encore à désirer. En second lieu, dans la formation des cristaux apparaissent beaucoup de phénomènes qui ne se peuvent attribuer à la cause dont nous venons de parler. Citons, pour exemple, l'anomalie rappelée dans la quatrième loi, en vertu de laquelle une grande partie des cristaux ne suivent pas, dans leur formation première, la règle commune de la ligne droite, mais commencent à apparaître sous la forme d'un globule, comme une petite cellule de végétal. Comment expliquer par l'attraction seule et la polarité des atomes, la formation de ce premier utricule, et surtout la conversion admirable des corps cristallisés en architecture polyédrique d'espèce différente, suivant la diversité de la substance liquide ou gazeuse ? N'est-il pas plus raisonnable de reconnaître ici une force *sui generis* qui contienne virtuellement la forme cristalline, qu'elle doit développer dans une matière donnée, et à l'influence de laquelle sont assujéties les forces attractives moléculaires ?

374. Il nous semble, que l'on peut trouver une nouvelle confirmation de cette vérité, dans les phénomènes surprenants observés par M. Lavalle, dans la formation des cristaux. En voici quelques-uns : « Si on tronque un seul angle d'un octaèdre régu-
» lier d'alun, et qu'on le place sur la surface artificielle ainsi for-
» mée, on voit, par suite de l'accroissement, une face se former
» à la place de l'angle opposé correspondant ; les autres angles
» restant aigus.

« Si on dissout un cristal de manière à faire disparaître tous
» ses angles et toutes ses arrêtes, et qu'on le replace dans le li-
» quide, on remarquera qu'il se reproduit identiquement de la
» même manière, de sorte que les plans, les arêtes, et les
» angles se trouvent rigoureusement dans les mêmes points. »

« Si on enlève un fragment d'un cristal en voie de formation,
» cette partie de substance se sépare rapidement, et le cristal est
» bientôt redevenu complet. Si on brise un prisme en un grand
» nombre de fragments, chacun des fragments reproduit les
» pyramides qui lui manquent, et devient bientôt un cristal
» complet. »

« Si on brise un cristal quelconque en un grand nombre de
» fragments, chacun d'eux reproduit un cristal entier organisé
» sur les portions restantes des faces du cristal primitif[1]. »

Ces phénomènes, et d'autres que l'on pourrait citer, démontrent suffisamment que l'on ne peut attribuer la formation des cristaux aux seules forces attractives des molécules, même polarisées; mais qu'il faut reconnaître une force d'un ordre supérieur appartenant intimement à la constitution essentielle des différentes substances. Cette force régit et subordonne à elle-même chacune des forces inférieures, et les fait concourir à l'effet déterminé que demande sa propre nature. Tant que l'on n'aura pas recours à une force pareille, on n'assignera jamais la raison dernière des phénomènes, et la difficulté de la question sera déplacée, mais non résolue. En effet, la polarité à laquelle on recourt comme à un dernier retranchement ne se modifie-t-elle pas d'après la nature diverse des atomes de chaque substance? C'est donc dans la différence même de nature que l'on rencontre un principe actif, une force cause de cette modification.

375. « La cohésion, dit fort à propos M. Blanchard, est cer-
» tainement impuissante à rendre raison de certains phéno-
» mènes, qui se manifestent dans le groupement des particules
» cristallines les unes avec les autres. L'importante loi d'Haüy,
» qui veut que toutes les parties similaires d'un cristal soient
» modifiées de la même manière, est-elle bien suffisante elle-

---

[1] *Cosmos*, tome II, page 455.

» même pour les expliquer? Nous en doutons. Voici quelques-
» uns de ces phénomènes récemment signalés par M. Lavalle,
» directeur du Muséum de Dijon, qu'on croirait appartenir à des
» êtres d'un ordre plus élevé. Qu'un cristal, qu'un octaèdre
» d'alun, par exemple, soit tronqué sur un point, de manière à
» perdre un de ses angles; loin de rester tronqué, tel que l'ac-
» cident l'a fait, comme un corps brut, vous le verrez, s'il est
» posé dans la dissolution sur la face accidentelle, se façonner à
» l'angle opposé une face nouvelle correspondante, tout à fait
» semblable à l'autre, et perdre ainsi deux angles au lieu d'un.

» On ne peut s'empêcher, en voyant cette espèce de sympathie
» entre deux angles correspondants d'un cristal, de se rappeler
» celle qui existe entre les deux yeux, soit des animaux, soit
» de l'homme, et qui fait que la maladie ou la perte de l'un
» entraîne si fréquemment la maladie ou la perte de l'autre. Se-
» cond cas analogue : un cristal a été privé de l'une de ses parties
» ou même de toutes ses arêtes; replacez-le dans la dissolution,
» il reproduira sous vos yeux, sur les divers points lésés, toutes
» les parties qui lui manquent. Ainsi, le corps brut devenu cris-
» tal, n'accepte pas la mutilation que lui impose la main de
» l'homme. De par la puissance de la cristallisation, il se refait
» de lui-même ce qu'il était auparavant, de même que, de par la
» puissance vitale, certains reptiles reproduisent un membre
» qu'un accident leur avait enlevé. Il ne faut donc pas s'étonner
» que des hommes très-éclairés tels que le célèbre botaniste
» Tournefort, aient laissé échapper la pensée, sans doute
» inexacte, que les cristaux poussaient comme les plantes [1]. »

376. Certainement, il n'est point nécessaire de recourir à un principe de vie pour expliquer la genèse des cristaux, mais il n'est pas possible de rendre raison de tous ses phénomènes, et de ses lois, sans recourir à une force plus élevée que les forces mécaniques, une force diverse dans les différents corps, une force, en un mot, qui, par sa vertu productive, influe sur leur génération, de manière à faire converger dans l'unité d'un type, chacune des forces moléculaires. Cette force, nécessairement diverse dans les différents corps, (son effet étant différent dans

---

[1] *Cosmos*, tome III, page 58.

chacun d'eux,) cette force est, sans nul doute la forme substantielle ; elle appartient à l'intégrité de l'être de quelque corps que ce soit, et en gouverne les développements et les opérations.

§ IV.

Preuve tirée des changements substantiels des corps.

377. Nous avons démontré par divers arguments tirés des notions mêmes, et des expériences de la physique moderne, que l'on doit admettre, comme constitutifs essentiels des corps, la *matière* et la *forme substantielle*. Les Scolastiques prenaient, pour démontrer la même vérité, un chemin plus aisé et plus facile. Ils demandaient un *postulatum* au sens commun. Ce postulatum était la diversité substantielle des corps manifestée par la diversité de leurs opérations et de leurs attributs. Ils disaient : L'air est substantiellement différent de l'eau et l'eau du bois ; le bois de la cendre, la cendre de l'herbe, et l'herbe de la chair ; la différence entre ces corps, ne consiste donc pas seulement dans une combinaison différente de substances premières, homogènes ou hétérogènes, elle consiste dans l'être fondamental et primitif qui constitue chacun des corps mentionnés dans son espèce propre. Or, c'est un fait que l'expérience rend notoire, que bien souvent les substances corporelles, sous l'action de certaines causes, se transforment les unes dans les autres : par exemple, le bois qu'on brûle se transforme en flamme et en cendre ; la cendre dissoute dans l'eau et attirée par la plante, se change en suc alimentaire végétal ; le suc nourricier de la plante, après diverses élaborations devient fleur et fruit ; le fruit mangé par l'animal se convertit en sang, puis en muscles, en tendons, en nerfs, en membranes et autres parties organiques. On peut dire la même chose des changements semblables de substances qui s'effectuent dans les trois règnes de la nature sensible. Ceci posé, les Scolastiques raisonnaient de la sorte :

Lorsqu'une substance se change en une autre, quelque élément de la première doit passer dans la seconde ; autrement, on ne dirait pas que cette première substance est changée, mais bien qu'elle est anéantie ; de même on ne pourrait dire que la nouvelle substance est une transformation de la précédente, mais bien qu'elle est créée dans son entier. La création est-elle, en effet, autre chose que la production de l'être dans tout ce qui le constitue? D'autre part, il faut bien que quelque élément nouveau soit produit et entre dans la formation de l'essence de la nouvelle substance, sans cela, c'est-à-dire, si rien de nouveau n'était produit, on ne pourrait pas dire qu'une substance nouvelle a été faite, puisqu'il est évident que l'on n'a pas de substance nouvelle là où l'on n'a autre chose que ce qui déjà existait. Dans une pareille hypothèse, on n'aurait même pas d'action véritable, car toute action a un terme positif et réel, et par conséquent implique la production de quelque chose qui n'existait pas encore. Donc, si nous ne voulons pas bannir toute causalité de l'univers sensible, il faut dire qu'une réalité nouvelle reçoit l'existence par l'action dont nous parlons, et cette réalité nouvelle doit être telle qu'elle constitue une substance nouvelle, puisque c'est la production des substances qui nous occupe en ce moment. De là est venu l'axiome : *Corruptio unius est generatio alterius.* Ainsi la corruption, et la génération des substances, telle que nous la voyons dans cet univers, exige que chacune de ces substances soit composée de deux principes dont l'un survit à la corruption et préexiste à la génération, et dont l'autre périt dans la corruption, mais est produit dans la génération.

378. Arrêtons-nous un peu à considérer les caractères propres de ces deux principes.

Quant au premier, c'est-à-dire, celui qui passe de la substance corrompue dans la substance engendrée, il doit nécessairement être par lui-même indifférent à constituer la substance corrompue, aussi bien qu'à constituer la substance engendrée ; par conséquent, il faut que ce principe soit par lui-même indéterminé par rapport au genre de substance. S'il avait dans sa propre nature une détermination relativement à telle ou telle espèce particulière, le changement dont il est le sujet, dans le passage de la substance corrompue à la substance engendrée, ne serait pas un changement substantiel, mais purement accidentel ; or, ceci est contraire à ce que l'on a déjà établi, à savoir, qu'il y a des changements substantiels. Et, en vérité, dans le cas contraire, un tel changement ne saurait consister en autre chose, qu'en une disposition différente des parcelles déjà préexistantes, ou dans un mélange de la substance avec une substance surajoutée, ou dans un développement d'activité auparavant empêchée. Or, toutes ces variations ne sortent pas de l'ordre des purs accidents. Par conséquent, si le changement est vraiment substantiel (comme on le suppose en vertu du *postulatum* qui a servi de point de départ), il faut dire que le sujet auquel ce changement est relatif, et que les Scolastiques appellent *matière première*, est une réalité indéterminée, en tant que substance.

379. Eclaircissons la chose par une exemple pris dans un changement accidentel. Soit un morceau de cire que vous façonnez successivement en diverses figures, en une pyramide, en un cône, un globe, ou un tube, etc. Afin que la cire puisse recevoir toutes ces figures, il faut qu'elle ne soit déterminée par elle-même à aucune d'entre elles. Elle ne peut, il est vrai, exister dans la nature sans avoir une détermination quelconque (l'étendue étant finie, elle est, par là même, nécessairement figurée) ; mais une pareille nécessité est générique et ne se rattache pas à telle figure, en particulier, plutôt qu'à telle autre. Ainsi, par rapport à chaque figure, prise isolément, l'indifférence de la cire est parfaite. Appliquons cet exemple. De même que la cire, sujet de changement accidentel de figure, n'est, par elle-même, ni pyramidale, ni cubique, ni sphérique, mais qu'elle peut prendre une de ces formes et qu'elle ne peut même exister sans l'une d'elles ; ainsi le sujet du changement substantiel d'un corps en un autre doit nécessairement n'être par lui-même ni l'un ni l'autre de ces deux corps, mais il faut absolument qu'il ait la capacité de devenir celui-ci ou celui-là ; et même, pour exister, il faut, que de fait, il devienne celui-ci ou celui-là. De plus, la cire était indifférente à l'égard d'une forme accidentelle, comme la figure ; mais elle était déjà déterminée quant à l'être de substance et constituée dans sa propre nature. Au contraire, l'indifférence du sujet, dont nous parlons, est relative à l'être même substantiel qui est le premier être. C'est pourquoi le sujet ne peut, en aucune façon, être considéré comme déterminé par lui-même à telle ou telle substance corporelle, mais on doit le concevoir seulement comme en puissance par rapport à cha-

cune d'elles. *Materia secundum suam substantiam* (c'est-à-dire quant à son essence) *est in potentia ad esse substantiale*[1].

380. Il résulte de là que ce sujet ne peut être ni conçu, ni compris directement par lui-même, mais seulement par des relations avec le composé, et par son analogie avec les œuvres de l'art. En effet, une chose, quelle qu'elle soit, ne se connaît qu'en tant qu'elle est en acte; or, le sujet dont nous parlons n'est pas en acte par lui-même, mais par la forme d'où lui vient sa détermination. C'est là ce que remarque très-justement saint Thomas, quand il dit : *Natura, quæ primo subjicitur mutationi, id est materia prima, non potest sciri per seipsam, cum omne, quod cognoscitur, cognoscatur per suam formam, materia autem prima consideretur subjecta omni formæ; sed scitur secundum analogiam, idest secundum proportionem. Sic enim cognoscimus quod lignum est aliquid præter formam scamni et lecti, quia quandoque est sub una forma, quandoque sub alia*[2].

381. Quant à l'autre principe, c'est-à-dire, celui qui est produit dans la matière par la génération d'une substance nouvelle, il est clair qu'il ne doit pas être indéterminé comme le premier, mais déterminé et déterminant. Son rôle, en effet, est de spécifier le sujet et de le contraindre à constituer tel ou tel corps en actuant en lui la potentialité et l'indifférence où il se trouvait relativement à tous les corps. C'est pour cette raison que l'on a appelé ce principe du nom de *forme*, en y ajoutant l'épithète *substantielle*; car cette forme ne modifie pas une substance préexistante, déjà complète et déterminée quant à l'être de substance, comme c'est le propre des formes accidentelles, par exemple, de la figure et du mouvement; mais elle donne l'actuation et le complément, quant à l'être même de substance; c'est-à-dire, quant à la première subsistance de l'être, la matière n'étant pas capable d'exister par elle seule sans un principe d'unité et d'actuation. *Forma substantialis*, dit saint Thomas, *in hoc a forma accidentali differt, quia forma accidentalis non dat esse simpliciter sed esse tale; sicut calor facit suum subjectum non simpliciter esse sed esse calidum. Et ideo, cum adve-*

---

[1] S. Thomas, in 1m. *Physicorum*, lect. 15.
[2] *In* 1m. *Physic.*, lec. 13.

nit forma accidentalis, non dicitur aliquid fieri vel generari simpliciter, sed fieri tale aut aliquo modo se habens; et similiter, cum recedit forma accidentalis, non dicitur aliquid corrumpi simpliciter, sed secundum quid. Forma autem substantialis dat esse simpliciter; et ideo per ejus adventum dicitur aliquid simpliciter generari, et per ejus recessum simpliciter corrumpi [1]. Et ailleurs : *Accidens superveniens, ex conjunctione sui cum eo, cui supervenit, non causat illud esse, in quo res subsistit, per quod res est ens per se; sed causat quoddam esse secundum, sine quo res subsistens intelligi potest esse, sicut primum potest intelligi sine secundo. Unde ex accidente et subjecto non fit unum per se, sed unum per accidens, et ideo ex eorum conjunctione non resultat essentia quædam, sicut ex conjunctione formæ cum materia* [2].

382. Ces deux principes, *matière et forme* composent la substance corporelle, et ainsi considérés en eux-mêmes, l'un isolément de l'autre, ils ne peuvent pas, dans la rigueur des termes, s'appeler *substance*. Les composants d'une chose ne peuvent être la chose même qu'ils composent; par exemple, les composants d'un palais ne sont pas des palais, et les composants d'un arbre ne sont pas un arbre. Si, pour désigner ces deux principes, on veut adopter le nom de substance, on doit y ajouter l'épithète, au moins sous-entendue, de *partielle* ou d'*imparfaite*. Ainsi il est clair que ni l'un ni l'autre de ces deux principes n'a par lui-même l'essence complète, puisque l'essence complète ne se trouve que dans la substance, et que la substance, comme nous l'avons dit, c'est à proprement parler le seul composé. *Nec forma substantialis completam essentiam habet, nec materia* [3].

Il résulte de là que l'union de ces deux principes constitue ce qui est *un par soi*, *unum per se*, et non ce qui est *un par accident*, *unum per accidens*. Car on a ce qui est un par accident, quand l'un des deux composants au moins est une essence complète en un genre donné d'existence, et acquiert par l'union avec une autre chose une nouvelle entité ou un nouveau mode d'être;

---

[1] S. Thomas. *Summa theol.*, 1 p., q. 76, a. 4.

[2] S. Thomas. *De Ente et Essentia*, c. 7.

[3] *Ibidem.*

comme il arrive dans l'union de plusieurs substances, ou dans l'union d'une substance avec une de ses modifications.

Mais lorsqu'aucun des composants n'a l'essence complète dans le genre de substance, et que chacun d'eux néanmoins est ordonné à la constituer, ainsi qu'il arrive dans le cas présent, alors le tout qui résulte de l'union, ayant l'essence complète, est le véritable être par soi, *ens per se*, et par conséquent la véritable unité *par soi, unum per se* ; puisque l'être et l'unité se *convertissent*, et qu'une chose est *une* en la manière qu'elle possède l'*être*.

ARTICLE VI.

ON RÉPOND A UNE DIFFICULTÉ TIRÉE DE LA CHIMIE.

383. Il nous semble entendre ici quelqu'un nous faire la difficulté suivante : Le raisonnement qui précède suppose que les corps mixtes comme l'eau, l'air, le bois, la cendre et tous les autres corps susceptibles de transformation, constituent un seul être substantiel, et ne sont pas seulement des combinaisons diverses de plusieurs substances élémentaires. Or, la chimie fait voir clairement la fausseté de cette supposition ; elle démontre, par des expériences, que les corps mixtes ne sont que des composés, ou des surcomposés de corps simples, qui se combinent ensemble par la force d'affinité, laquelle a la vertu d'unir intimement entre elles les molécules hétérogènes de différents corps, de même que la force de cohésion sert à unir les unes avec les autres les molécules homogènes d'un même corps, qu'il soit de nature simple ou mixte.

Nous répondons que l'argument emprunté aux Scolastiques, suppose, en effet, que chaque corps mixte, ou du moins chaque molécule d'un corps mixte, est une substance unique et non l'aggrégat de deux ou plusieurs substances; mais nous nions que cette supposition soit en contradiction avec la théorie de la combinaison chimique, considérée philosophiquement. En effet, l'expérience chimique atteste seulement un fait, c'est-à-dire l'aptitude que des corps simples ont de se mêler intimement et de se combiner entre eux, en des circonstances favorables; mais cette expérience ne dit, en aucune façon, que ces corps simples, après leur combinaison, conservent tout leur être *actuellement*, plutôt que *virtuellement*, dans le corps mixte. Définir une pareille question n'appartient point à l'expérience, qui se concilie avec une hypothèse aussi bien qu'avec l'autre, mais au raisonnement seul ; et le raisonnement paraît faire prévaloir la seconde hypothèse sur la première.

Et vraiment, quelle raison aurait-on de croire que les corps simples, en formant un corps mixte, demeurent en lui avec leur être actuel tout entier et ne reçoivent de leur union qu'un réciproque alliage de molécules, quelque intime qu'on le suppose? Serait-ce peut-être l'égalité de poids entre le composé et les composants? Mais elle ne démontre qu'une chose : c'est-à-dire, qu'il reste actuellement dans le corps mixte le principe matériel des composants, celui d'où surgissent la quantité et la masse ; mais elle ne prouve pas qu'il y reste encore leurs principes formels qui n'ont pas par eux-mêmes de parties : car ces principes peuvent être suppléés dans ce corps mixte par un nouveau principe formel, plus actif et plus parfait. C'est là précisément ce que soutenaient les Scolastiques, lorsqu'ils disaient : *Formæ elementorum manent in mixto non actu, sed virtute*[1].

384. On pourra dire encore : Mais nous voyons que les corps simples qui concourent à former le corps mixte, se reproduisent dans leur intégrité, comme auparavant, lorsque, par l'intervention d'une cause nouvelle, ce dernier vient à se décomposer. Cela ne pourrait sans doute avoir lieu, si les éléments simples n'étaient pas contenus en acte dans le corps mixte.

Nous répondons : Pour obtenir une chose d'une autre sous l'action d'un agent proportionné à la fin que l'on veut atteindre, il n'est pas nécessaire que la première chose soit contenue *en acte* dans la seconde, mais il suffit qu'elle y soit contenue *en puissance*. S'il devait en être autrement, toute activité serait anéantie ; car l'activité, pour être véritable et non pas seulement nominale, doit nécessairement être capable de produire quelque chose de nouveau, qui, par conséquent, ne préexiste pas en acte, mais seulement en puissance, dans le sujet passif de l'action. Or, s'il suffit que la chose qu'on veut produire existe en puissance, à

---

[1] S. Thomas. *Summa theol.*, 1 p., q. 76, a. 4, ad 4.

plus forte raison suffira-t-il qu'elle existe virtuellement, comme on le voit dans le cas présent. En effet, la préexistence virtuelle implique une proximité et une sorte d'équivalence dans le contenant par rapport au contenu, qui est dans le premier comme quatre dans dix; et elle établit entre l'un et l'autre comme un lien de mutuelle succession, dans le sujet auquel tous les deux se rapportent. De là vient que lorsque le corps mixte se corrompt, son principe formel ne tend à céder sa place qu'aux autres principes formels dont, par sa nature intrinsèque, il se trouve plus rapproché; et ces principes sont précisément ceux qui constituent les corps simples dont le corps mixte est composé. Voilà pourquoi, dans la corruption d'un corps mixte, les éléments simples reprennent leur être. Il n'y a pas là une pure séparation de parties, mais bien une véritable production d'être. Et il n'est pas étonnant que l'on produise un être nouveau, quand on emploie les agents les plus puissants de la nature; comme il arrive dans la décomposition chimique, où intervient presque toujours dans un degré ou dans un autre l'action du calorique ou de l'électricité.

385. Nous ne voyons donc rien qui nous oblige de croire que les corps simples demeurent dans les corps mixtes en acte plutôt qu'en puissance. D'un autre côté, beaucoup de raisons se présentent, qui nous persuadent le contraire.

Et d'abord, si les corps simples demeuraient en acte dans le corps mixte, toute production de substance nouvelle serait mise de côté, et tout se bornerait à former de nouveaux agrégats accidentels, ou tout au plus à introduire de simples altérations. En effet, dans une semblable hypothèse, il n'y aurait entre la combinaison chimique et le simple mélange des molécules des corps mécaniquement séparés, que la différence qui existe entre le plus et le moins.

Je prends une quantité donnée de limaille de cuivre et une quantité donnée de soufre, et je les mélange si intimement, que leurs parties ne peuvent plus se distinguer à l'œil nu. Certainement, je n'ai pas obtenu par là un corps, mais un simple mélange de deux corps. Si, au contraire, je chauffe ce mélange jusqu'à l'incandescence; j'ai un corps différent des deux premiers qui s'appelle *sulfure de cuivre*. Or si dans ce cas, comme dans le premier, les parcelles de cuivre et de soufre ont gardé l'intégrité de leur être actuel, je le demande, qu'est-ce qui constitue un nouveau corps? On répondra : c'est que la fusion a rendu le mélange des molécules plus profond et plus intime. La différence serait donc seulement une différence du plus au moins, ainsi que nous le disions; et, parce que le plus et le moins, comme on a coutume de le dire, ne varient pas l'espèce, il résulte que si, dans le premier cas, le changement est accidentel, il le sera aussi dans le second. Dans le premier cas, nous avons un amas de parcelles mélangées; dans le second cas, nous avons pareillement un amas de parcelles mélangées. L'unique différence dans le second cas, c'est que les parcelles sont plus petites, dans une proportion moindre, et qu'elles ont une action réciproque. Mais la division, la proportion, l'action ne nous présentent que de simples accidents.

386. Mais, dira-t-on, le produit de cette combinaison est un nouveau corps, parce qu'il manifeste une nouvelle activité et de nouveaux caractères spécifiques. Doucement! Vous employez vous-même, arbitrairement, la dénomination de *spécifique*. En effet, si cette activité et ses caractères ne sont pas relatifs au fond même de l'être substantiel, ils ne sortent pas du cercle des purs accidents; et ainsi, la dénomination de corps nouveaux est abusive, puisque l'on devrait dire alors nouvelle agrégation de corps. Pareillement, l'expression *spécifique* est abusive, attendu que l'espèce se tire non des accidents, mais de la substance. Si l'on excepte la diversité des corps simples, toute différence substantielle serait bannie du monde sensible, au préjudice, non-seulement de la richesse de la nature et de l'activité des causes secondes (lesquelles deviendraient incapables de produire une vraie substance); mais encore au préjudice de l'art divin lui-même, qui, dans cette hypothèse, serait réduit aux mesquines proportions de l'art humain.

En second lieu, si le nouveau produit manifeste de nouvelles forces et de nouveaux caractères, n'est-ce pas un signe qu'il a, par cette combinaison, acquis un être nouveau, en vertu d'une nouvelle forme substantielle[1]? Ainsi la réponse de l'adversaire

---

[1] *Virtù diverse esser convengon frutti*
Di principii formali.   (DANTE, *Parad.*, c. 2.)

devient un argument en faveur de la transmutation substantielle, au sens scolastique. Et, en effet, l'opération suit l'être et est le germe de l'être. Si donc l'action du corps mixte que l'on vient de produire est différente de celle des corps simples pris isolément, il est évident que l'être même substantiel de ces corps simples est changé. Il n'est pas cependant changé dans toute son intégrité ; autrement, s'il ne restait rien des corps simples dans le corps mixte, ce dernier ne serait pas formé d'éléments simples, mais produit de rien. Donc, le changement n'a eu lieu que pour une partie seulement de l'être, c'est-à-dire, pour celle qui spécifie et détermine chaque substance, et qui est dans chacune la source de l'activité, ou, en d'autres termes, le principe formel. C'est ce principe formel qui est différent dans le corps mixte, bien que le principe matériel, c'est-à-dire celui d'où émane l'étendue, soit le même.

387. C'est inutilement que, pour échapper à cette déduction, on voudrait recourir à la diversité d'états que les corps simples acquièrent dans le corps mixte. En effet, cela d'abord n'a pas toujours lieu ; mais souvent les solides restent solides, les fluides restent fluides. De plus, la diversité d'état peut certainement varier quelque peu l'action, relativement au changement accidentel qui s'est produit ; mais elle ne peut varier l'action fondamentale, et la convertir en son contraire, comme il arrive dans le corps mixte, par rapport à ses éléments. Par exemple, l'eau, sous la forme de glace ou de vapeur, agit autrement que dans l'état liquide. Toutefois, si on le considère attentivement, ce nouveau mode d'opérer conserve toujours de l'analogie avec l'opération antérieure ; et toute la différence est relative aux seules lois du nouvel état de consistance ou de fluidité qui est survenu. Il apparaît donc à des marques évidentes que la mutation n'est pas substantielle, mais seulement accidentelle. Il n'en est pas de même de l'eau, pour ne pas sortir de l'exemple que nous avons choisi, si on la compare avec l'oxygène et l'hydrogène dont elle est formée. Ici, l'action du composé est tout à fait différente de celle des composants ; bien plus, elle leur est contraire, et elle n'a avec eux aucune affinité. Ici, par conséquent, l'être même substantiel est changé, quant au principe dans lequel l'action a sa racine ; et ce principe est précisément le principe formel.

388. Finalement, si les corps simples demeuraient en acte dans le mixte, leurs particules, quoique très-voisines et mêlées intimement les unes avec les autres, seraient néanmoins distinctes entre elles et placées les unes en dehors des autres. Or, c'est là ce que l'expérience ne démontre pas, puisque, dans le composé chimique, on ne peut assigner d'espace, si peu considérable qu'il soit, dans lequel on trouve un élément à l'exclusion de l'autre; en sorte que même les rayons les plus subtils de la lumière n'arrivent pas à les séparer, et sont contraints de passer à travers les molécules mixtes, comme à travers celles des corps simples. C'est pour cette raison que quelques physiciens ont pensé que l'on devait admettre la compénétration des corps comme un fait naturel, en supposant que, dans le composé chimique, chaque molécule de l'un des composants occupe le même point de l'espace occupé par chaque molécule de l'autre. Que si l'on rejette cette compénétration naturelle, comme il est raisonnable de le faire, on devra, dans l'hypothèse des adversaires, affirmer, arbitrairement et contre toute manifestation sensible, que les atomes de chacun des composants se trouvent en dehors du lieu occupé par les atomes de l'autre ou bien des autres composants. On voit donc, encore une fois, que l'atomisme chimique n'obtient pas toujours, comme système métaphysique, les faveurs de l'expérience.

Mais imaginons un instant qu'il soit démontré en chimie que les corps simples restent dans le corps mixte en acte, et non pas en vertu seulement. Sera-t-on, pour cela, en droit de conclure à la fausseté du système scolastique, dans sa base fondamentale de la matière et de la forme? En aucune façon. L'unique chose alors qu'on en pourrait déduire légitimement, serait l'inefficacité de la preuve tirée de la génération et de la corruption des corps. Mais la ruine d'une preuve n'entraîne pas avec elle la ruine d'un système, sinon quand elle est le seul appui de ce système. Or, cela n'a pas lieu dans le cas présent, puisque nous avons établi le système scolastique par diverses sortes d'arguments indépendants de celui que l'on combat. La preuve est un moyen, elle n'est pas une fin; ainsi, l'on peut en faire le sacrifice de bon gré, quand la fin est également obtenue par d'autres moyens. En substance, le système scolastique enseigne que les corps véritables, c'est-à-dire, ceux qui ne résultent pas de l'assemblage d'autres corps, mais qui subsistent en eux-mêmes et jouissent d'une véritable unité et continuité d'extension, sont composés d'un double principe, c'est-à-dire, d'une réalité, source de l'étendue et semblable dans tous les corps, et d'une force primitive, laquelle compose l'unité de la substance avec cette réalité, et se trouve en même temps la source de l'indivision, de la diversité spécifique et de l'action. Que ceci se réalise dans les masses visibles du monde matériel, ou seulement dans les molécules primitives des corps mixtes, ou encore, si on le veut, dans les seuls atomes élémentaires et primitifs des corps simples, c'est là un point qui n'est pas essentiel au système.

ARTICLE VII.

LE SYSTÈME SCOLASTIQUE N'EST, EN AUCUNE FAÇON, OPPOSÉ A LA PHYSIQUE ET A LA CHIMIE MODERNES.

389. De ce que nous venons de dire, il apparaît qu'il n'y a pas de contradiction entre le système scolastique et la physique et la chimie modernes. Par rapport à la physique, la démonstration est inutile, puisqu'il est manifeste que le système scolastique envisage seulement la composition substantielle des corps, et non les causes prochaines des phénomènes qui supposent cette composition. La recherche de ces causes prochaines appartient tout entière à l'expérience, et nullement à la métaphysique.

Ainsi, la physique peut tout à son aise parcourir le champ de son domaine, rechercher les forces qui régissent les mouvements de la nature, en découvrir les lois, en mesurer la valeur, en réduire le nombre, sans craindre que ses théories ne heurtent le système scolastique. Car ce système n'a pas pour but de rendre raison en détail des effets particuliers du monde sensible, mais seulement de l'essence des corps, que le physicien suppose déjà constitués et existants.

390. Relativement à la chimie, on pourrait ici formuler un doute; car la chimie envisage de plus près la constitution de la nature même des corps. Mais sur ce point même, tout doute

s'évanouit. En effet, comme nous l'avons insinué dans l'article précédent, même dans le cas où l'on rejetterait tout véritable changement substantiel, et où l'on tiendrait pour certain que les corps simples restent dans les corps mixtes, non en *vertu* seulement, mais en *acte*, la théorie générale de la matière et de la forme ne subirait cependant aucune atteinte. Et la raison c'est que, dans ce cas, les corps doués d'une véritable unité substantielle seraient les atomes primitifs des corps simples, atomes étendus, continus, résistants, hors d'atteinte de toute force physique, et soumis aux lois de l'attraction et de l'affinité chimique. Ils seraient le terme extrême où s'arrêterait la chimie, sans pénétrer plus avant dans leur nature intime. Qui empêche que ce point, abandonné par la chimie, soit pris en considération par une science supérieure, la métaphysique, qui, en s'en emparant, en fera l'objet de ses recherches, non plus par l'expérience (car ici elle est parvenue à ses bornes), mais par le raisonnement, appuyé toutefois sur l'expérience? Et si le raisonnement découvre que les atomes primitifs se doivent composer de matière et de forme, de la manière dont nous l'avons expliqué, quel démenti, nous le demandons, les découvertes de la chimie donneront-elles à une pareille déduction? Puisque plusieurs philosophes ont pensé que les atomes primitifs résultaient de monades et d'êtres inétendus, sans jamais croire pour cela que la chimie pouvait contredire leur système; ne nous est-il pas permis, à plus forte raison, de soutenir qu'elle ne peut nullement contredire une théorie qui sauve bien mieux la réalité de l'étendue, dont la chimie a tant besoin?

391. Mais, à dire vrai, nous n'avons pas même besoin de faire cette concession; nous n'avons pas besoin de rejeter le changement substantiel des corps simples en corps mixtes, et des corps mixtes entre eux. Car, nous aimons à le redire, la chimie ne définit rien par rapport à ces mutations; mais elle établit seulement en fait que si l'on unit deux corps simples entre eux, en des circonstances données, en des proportions déterminées, il en résulte un corps mixte; que si l'on unit deux corps mixtes, il en résulte un autre corps mixte d'un ordre plus composé. Mais que ces transformations aient lieu par une simple combinaison de molécules, ou par la production d'une force substantielle

qui, dans son unité, soit comme la résultante des forces précédentes, c'est là une question d'une sphère supérieure à celle de l'expérience. Certainement, aucun chimiste ne s'avisera jamais de soutenir que la molécule d'un corps mixte, n'est qu'un agrégat des molécules des corps simples, et n'est pas un corps nouveau, substantiellement différent des premiers, ainsi que le démontrent ses propriétés nouvelles. S'il prétendait définir un point semblable, il n'arriverait jamais à une démonstration par les moyens dont il dispose. Or, c'est précisément à la solution d'une pareille question que s'applique le système scolastique. Ainsi, il a pour objet une controverse sur laquelle la chimie est impuissante à porter un jugement véritable, que de fait elle n'a jamais porté. Entre elle et le système scolastique, par conséquent, il ne peut exister aucune espèce de conflit. En résumé, autre chose est le fait, autre chose est la raison dernière du fait. Le premier regarde la chimie, la seconde regarde le système scolastique. La chimie recherche les composants des corps, suivant qu'on les peut obtenir par les procédés de l'analyse réelle ; le système scolastique recherche les composants des corps, suivant qu'ils peuvent être découverts par l'analyse rationnelle. Par conséquent, le terrain des deux sciences est différent ; et quand le terrain est différent, le combat, ou même la seule rencontre est impossible, faute de champ de bataille.

392. Il ne faut donc pas s'étonner si nous voyons actuellement des hommes très-savants dans les sciences physiques et chimiques, accueillir favorablement le système scolastique, et même le professer ouvertement. Pour ne pas trop nous étendre, nous ne citerons que trois de nos contemporains et compatriotes. M. Vincent Santi, professeur de physiologie à l'Université de Pérouse, dans un excellent article sur la *Forme des corps vivants*, s'exprime en ces termes : « Pour constituer un être
» corporel, la matière ne suffit pas, il faut encore qu'un *principe*
» *formel* vienne l'actuer. L'être humain, et tous les êtres corpo-
» rels, résultent de la matière et de la forme substantielle, qu'on
» appelle pour cela, êtres de combinaison ou coexistants, ou élé-
» ments primitifs des corps. Les physiciens, qui prennent indiffé-
» remment comme synonymes, les termes de matière et de corps,
» sont dans l'erreur. La matière n'est qu'un être potentiel, qui,

» dans la nature, n'existe pas, et ne peut pas exister seul; c'est-à-
» dire, qu'il ne peut pas exister une matière indéterminée, en
» d'autres termes, une matière qui n'aurait pas de nature spéciale,
» car toute matière existante est déterminée.

» Et, pour se rendre raison de l'existence d'un corps quel-
» conque, et même d'une seule molécule, qui, elle aussi, est
» corporelle, il ne suffit pas de recourir aux forces de cohésion,
» d'attraction ou d'affinité. Car ces qualités découlent de la
» réalité substantielle des corps, elles ne leur donnent pas l'ac-
» tivité; elles appartiennent au sujet, mais ne le produisent pas;
» elles supposent déjà le sujet, dont elles sont les propriétés ou
» les forces; car la propriété d'une chose, ne peut réduire en
» acte la chose même, puisque rien ne peut être cause et effet de
» soi-même.

» Ainsi, pour rendre raison de l'être actuel d'une chose cor-
» porelle, il faut recourir à une essence, à une nature spécifique,
» qui la constitue ce qu'elle est. Et comme cette essence ou na-
» ture existe véritablement en elle-même; ainsi, un corps, même
» purement inorganique, bien qu'il soit le résultat de plusieurs
» molécules différentes, est un en lui-même; et, si vous détrui-
» sez cette unité, vous anéantissez son être. Ce principe simple,
» qui donne l'être à une chose, s'appelle *forme substantielle.* Ainsi
» donc, les vrais éléments des corps ne sont pas les parties les
» plus petites dans lesquelles ces corps sont mécaniquement divi-
» sibles; les vrais éléments des corps ne sont pas non plus les di-
» vers éléments primitifs, qui entrent dans la formation des dif-
» férents composés. Les éléments des corps sont la matière et la
» forme substantielle, que les corps soient organiques ou inor-
» ganiques, qu'ils soient le résultat d'une matière homogène ou
» hétérogène [1]. »

Le docteur Livérani s'exprime à peu près de la même manière
que le docteur Santi. « Pour expliquer l'existence corporelle,
» dit-il, nous admettons un double élément : un élément mul-
» tiple, la *matière*; et un autre, qui est la *force,* mais force véri-
» tablement *primitive,* ou, pour mieux dire, *substantielle,* c'est-

---

[1] *Giornale Scientifico-Letterario-Agrario di Perugia e sua Provincia.* Nuova Serie, dispensa VI del 1859, page 484.

» à-dire, composant avec la matière l'être même substantiel
» ou premier de la molécule corporelle. Quant aux autres forces,
» qui exécutent les opérations des corps, nous les rangeons au
» nombre des forces *secondaires*, parce qu'elles supposent la
» force substantielle qui unifie le multiple, la *matière*. En d'au-
» tres termes, nous disons que ces forces sont accidentelles, parce
» qu'elles n'existent que pour adhérer aux molécules déjà cons-
» tituées dans leur être, par une force intime, primitive, sub-
» stantielle. Or, cette force intime, primitive, substantielle, de
» quelle façon peut-elle opérer l'unification de l'élément multiple
» et matériel? Tout d'abord, elle doit posséder l'unité, autre-
» ment elle ne pourrait la communiquer au multiple, et comme
» l'unité ne se trouve pas en dehors de la simplicité, il est néces-
» saire que, premièrement, cette force substantielle soit consi-
» dérée comme simple et immatérielle. »

» Une fois la simplicité admise dans la force primitive, on
» comprend facilement comment elle peut, par elle-même, unifier
» l'élément multiple et matériel. Pour cela, il suffit que cette
» force pénètre et embrasse intimement, par la simplicité de sa
» nature, chacune des parties du multiple, de façon qu'elle
» ramasse, qu'elle réunisse, qu'elle élève ces parties jusqu'à
» l'unité..... Où croyez-vous que se trouve cette théorie, la seule
» qui, se basant sur les faits, les explique clairement? Elle se
» trouve précisément dans la doctrine scolastique; puisque cette
» doctrine admet que la substance corporelle est composée de
» deux éléments divers, à l'un desquels, comme nous, elle donne
» le nom de *matière*, et à l'autre, le nom de *forme substantielle*
» qui correspond à notre force primitive et substantielle [1].

Enfin, le docteur Brentazzoli, dans un profond opuscule,
soutient aussi la doctrine de la matière et de la forme. Il dit,
entre autres choses au sujet de cette doctrine : « Que la forme
» constitue le principe actif dans les êtres naturels. Nous en
» avons une preuve, en considérant, d'après ce qui a été dit
» précédemment, que la forme elle-même représente l'élément
» ou le principe effectif qu'il faut, d'abord et avant tous les

---

[1] *Considerazioni del Dottor* Vincenzo Liverani, *in occasione di un discorso ecc.*, page 45 et 47. Fano 1861.

» autres, concevoir et admettre dans les choses, comme néces-
» saire à leur actuation. Nous en avons une autre preuve, si
» nous considérons que dans le concept de détermination, se
» trouvent enfermés essentiellement les deux concepts d'*être* et
» d'*opérer*. En effet, par la seule vertu opérative de la forme,
» en tant qu'elle est instrument de l'ordre providentiel, nous
» pouvons nous rendre raison de ce perpétuel et intime chan-
» gement du monde matériel; de ce flux, de ce reflux de vie
» qui ébranle et agite l'assemblage de ses parties; de cette
» source inépuisable de productions qui, au milieu de la des-
» truction incessante des êtres, surgit toujours vigoureuse et
» pleine de fraîcheur, déploie dans la création le luxe de la
» variété, et l'orne d'une jeunesse toujours renaissante..... Nous
» devons chercher à découvrir un autre élément ou principe
» des choses, c'est-à-dire, un *substratum* commun à toutes ces
» existences si variées et si nombreuses, que la forme sait tirer
» du royaume de la destruction et de la mort. Cet élément
» devra nécessairement être supposé indifférent à toutes les em-
» preintes que la forme peut lui donner; puisque la moindre
» détermination, outre qu'elle devrait se considérer comme un
» produit de la forme elle-même, constituerait un attribut en
» contradiction avec cet état de privation qui doit nécessai-
» rement précéder l'apparition de nouveaux êtres. Or, ces êtres
» ne peuvent avoir en propre ce qui, par le fait d'une détermi-
» nation particulière, composait des êtres préexistants, sans
» perdre, par là même, le caractère exclusif et incommunicable
» d'individualité qui leur appartient[1]. »

ARTICLE VIII.

ON RÉPOND A CEUX QUI ACCUSENT LE SYSTÈME SCOLASTIQUE D'OBSCURITÉ.

393. Nous ne voulons pas laisser sans réponse une autre objection contre le système scolastique. On a dit que son obscurité le rend difficile à concevoir, surtout relativement à la matière

---

[1] *Tracce di uno studio intorno alla vita ecc.*, pag. 16, Bologna 1857.

première, dont il fait je ne sais quoi de chimérique, puisqu'elle n'est *nec quid, nec quale, nec quantum*, ainsi qu'elle a été définie par Aristote.

Ceux qui font cette difficulté, montrent clairement qu'ils n'ont appris du système scolastique que les paroles que nous venons de citer, sans se mettre en peine du sens qu'Aristote y a attaché. Quand Aristote a voulu définir positivement la matière première, il l'a appelée le sujet premier dont une chose est faite : *Primum subjectum, ex quod aliquid fit* [1]. Et ailleurs, quand il a voulu la définir négativement, il a dit qu'elle est : *nec quid, neque quantum, nec aliud quidpiam dicitur, quibus ens determinatur* [2]. Ces paroles peuvent sembler étranges, au premier abord ; mais, pour peu qu'on les considère avec un amour sincère de la vérité, on trouvera qu'elles renferment un sens très-juste. En effet, par le mot *quid*, Aristote entend l'être complet dans une espèce déterminée ; or, la matière, par là-même qu'elle ne peut exister sans la forme, et constituer à elle seule la substance corporelle, ne saurait s'appeler un être complet. Elle n'est donc pas une essence, ou une chose, *quid*. Elle n'est pas non plus *quantum*, si on la considère en elle-même ; puisque, si l'on ne veut pas être pur cartésien, on ne doit pas confondre la matière avec l'étendue ; mais on doit regarder celle-ci comme un attribut qui découle de celle-là. En outre, comme l'étendue dans le continu doit nécessairement être douée d'unité, et comme l'unité ne peut procéder que de la forme, l'étendue ne peut découler de la matière, qu'autant que celle-ci est déjà actuée par la forme. Enfin, que l'on dise que la matière ne possède aucune qualité (*nec quale*), ni aucune des propriétés qui déterminent l'être, *nec aliud quidpiam, quibus ens determinatur*; c'est là une chose très-raisonnable, puisque les qualités et les déterminations spéciales ne procèdent que de la forme, et présupposent la substance déjà constituée. On le voit donc, les paroles d'Aristote ne renferment rien de ridicule ; elles sont pleines de sens et de philosophie. Ecoutons, au sujet

---

[1] *Primo Physicorum*.

[2] Λέγω δέ ὕλην, ἣ καθ' αὑτὴν μήτε τι, μήτε ποσον, μήτε ἄλλο μηδὲν λέγεται, οἷς ὥρεσαι τὸ ὄν. (*Metaph.*, lib. 7.)

de cette définition du philosophe grec, l'observation non suspecte d'un philosophe moderne.

394. Le docte Mosheim, dans ses notes sur Cudwort, s'exprime ainsi sur la définition d'Aristote : *Non me præterit quantis hæc descriptio rixis et altercationibus inter ipsos Stagiritæ sectatores, quantis apud eos clamoribus et cavillationibus, quibus philosophandi ejus ratio displicuit, locum et occasionem præbuerit. Ego vero utrosque putem quiescere potuisse. Nihil dixit Aristoteles præter id, quod multi ante eum alii eximii viri præceperant, quodque a magistro suo Platone traditum acceperat, materiam extra corpora et in se spectatam omnibus illis carere affectionibus et proprietatibus, quæ naturam efficiunt corporis.* Et plus loin, entre autres choses, il ajoute : *Ego vero mihi prope persuadeo, qui tam acriter in hoc dogma invecti sunt, viri ceteroquin meis laudibus superiores, verba potius et vocabula, quibus illud exponi solet, spectasse, quam rem ipsam... Qui materiam corporis esse dicunt nesciam, illi hoc sibi volunt unice, esse naturam quamdam principem, ex qua constant omnia corpora affectionibus plerisque corporeis orbatum, in quam Deus aut melior quædam natura formam et qualitates inducat, quum gignuntur corpora. Non putem hoc dogma tam absurdum et ineptum esse, ut aures statim sapienti ad auditum ejus claudendæ sint, modo vocabula seponat, quibus id exponi solet, et inanes quæstiunculas, quas homines quidem justo acutiores cum eo conjunxerunt, a summa rei sejungat.*

395. Mais laissons de côté la définition d'Aristote. Libre à ceux à qui elle ne plairait pas de la rejeter, et venons au fond de l'objection. Nous disons donc qu'il n'y a rien de plus injuste que d'accuser le système scolastique d'être inintelligible. En effet, personne n'a soulevé une pareille accusation contre l'atomisme et le dynamisme. Or, le système scolastique n'est pas autre chose que l'accord raisonnable de ces deux systèmes. Comme nous l'avons déjà observé, l'atomisme n'attribue aux corps que la matière, le dynamisme ne leur donne que la forme ; or, le système scolastique leur donne à la fois la matière et la forme. Si donc il n'y a pas d'obscurité dans l'idée que nous présente la réalité, source de l'étendue admise par les atomistes, non plus

que dans l'idée de la réalité, source de l'action admise par les dynamistes; pourquoi trouverons-nous obscures les idées de matière et de forme admises par les scolastiques, puisque ces idées, dans leur théorie, ne se distinguent pas ou presque pas des premiers? Personne, certainement, ne peut dire qu'il ne comprend pas l'étendue, que tous les hommes voient de leurs yeux et touchent de leurs mains. Mais quiconque ne veut pas être forcené cartésien, comprend, en outre, que l'étendue est une propriété de la substance dite *étendue,* et qu'elle n'est pas l'essence et le fondement de la substance. On conçoit donc dans la substance étendue une réalité et un sujet d'où l'étendue découle. Ce sujet, c'est la matière. Mais, dans le continu, l'étendue dit encore unité, et elle ne se manifeste dans les corps que par l'exercice d'une action. Donc, il est nécessaire de reconnaître dans l'être étendu un autre principe substantiel, simple par lui-même et source de l'activité. Voilà la forme.

Que voit-on d'inconcevable dans ces concepts? Ne sont-ils pas formés de la même manière que se forment toutes les autres notions qui concernent les substances et les causes? Concevons-nous l'essence de l'âme d'une autre façon, qu'en déterminant le concept commun de substance par rapport aux effets de penser et de vouloir qui se manifestent en nous? Et pourquoi dédaignerions-nous un semblable procédé, dans ce qui a rapport aux principes constitutifs de l'essence corporelle?

La difficulté, en ces matières, naît en premier lieu de la confusion qu'on fait entre *comprendre* et *s'imaginer*. On croit bonnement que l'on ne comprend pas une chose, parce qu'on ne l'imagine pas. Mais tout philosophe, digne de ce nom, voit très-bien qu'ici l'imagination n'a rien à faire, puisque l'imagination suppose les corps déjà constitués; or, l'on s'occupe ici de pénétrer jusqu'aux principes qui concourent à les constituer. La difficulté vient ensuite de ce que l'on croit que les principes dont il est question se doivent comprendre directement, tandis qu'ils ne peuvent être conçus que d'une manière indirecte. La raison en est qu'il n'y a de directement concevable que ce qui subsiste; or, dans la matière corporelle, ce qui subsiste est proprement le composé, non les parties du composé. Ainsi, le composé seul est directement connaissable, en vertu de ses caractères sensibles. La matière et la forme, qui concourent à constituer l'essence, ne sont pas connaissables par elles-mêmes ; mais elles le sont dans leur relation avec le composé auquel elles se rapportent, et dont elles sont les éléments constitutifs.

396. Ces réflexions, dont on ne saurait contester la justesse, sont en harmonie avec l'opinion de plusieurs physiciens et naturalistes très-savants. Parmi eux, Livérani s'exprime ainsi : « L'opi-
» nion la plus plausible au sujet des éléments des corps, est
» celle qui tient un juste milieu entre les systèmes opposés des
» dynamistes et des atomistes, et qui explique leur nature par
» l'union de deux principes : l'un, source de l'étendue et des par-
» ties ; l'autre, origine de l'unité et de la solidité ; l'un, homogène,
» déterminable, passif; l'autre, hétérogène, déterminant, actif.
» Le premier, que nous pouvons appeler *matière*, avec l'Ecole,
» est considéré comme la réalité étendue ; et, le second que nous
» appellerons *force primitive* ou *forme substantielle*, est consi-
» déré comme doué d'unité, et par cela même de simplicité. »
Le même savant ajoute en note : « Le nom de réalité s'applique
» à la matière, bien qu'elle soit unie à la force primitive, parce
» qu'alors elle constitue l'élément d'où dérive l'étendue réelle
» dans le corps. Mais, si on voulait la considérer d'une manière
» abstraite, ainsi que l'intelligence seule peut le faire, et si on
» l'envisageait isolée de sa force, en elle-même et dans ce qui
» lui est propre, il ne faudrait pas alors l'appeler *être réel*, mais
» bien *être en puissance* [1]. »

ARTICLE IX.

OPINION DE SAINT AUGUSTIN RELATIVEMENT A LA COMPOSITION SUBSTANTIELLE DES CORPS.

397. On a coutume d'attribuer à Aristote la doctrine de la matière et de la forme, et l'on dit que c'est de lui que l'ont reçue les Scolastiques. Rigoureusement parlant, l'une et l'autre de ces affirmations est fausse. Nous avons vu, dans l'article précédent,

---

[1] *Sui principii del moderno Ippocratismo*. Ragionamenti del Dottor Vincenzo Liverani, pag. 6.

qu'Aristote n'a pas inventé cette doctrine; mais qu'il l'a empruntée de Platon, qui, le premier, l'a embrassée et fort bien exposée dans ses *Dialogues*. Les Scolastiques, l'ont tirée bien moins des enseignements d'Aristote et de Platon, que des écrits de saint Augustin, qui en traite en plusieurs endroits de ses ouvrages, principalement dans le douzième livre de ses *Confessions*. Nous croyons être agréable à nos lecteurs en rapportant les réflexions du principal fondateur de la philosophie chrétienne.

§ I.

Saint Augustin reconnaît la matière informe.

398. Saint Augustin commence par donner le concept de la matière première, base de toute la question. Il en attribue la connaissance, non pas tant à la lecture de quelqu'un des philosophes païens, qu'à une lumière divine et spéciale : « Seigneur, » n'avez-vous pas instruit cette âme, qui vous en rend gloire? » N'est-ce pas vous, Seigneur, qui m'avez appris qu'avant que » vous eussiez formé et diversifié cette matière sans forme, elle » n'avait ni couleur, ni figure, ni corps, ni esprit? Elle n'était » pas toutefois un pur néant. Mais elle était comme une chose in- » forme et indistincte. *Nonne tu, Domine, docuisti hanc ani-* » *mam, quæ tibi confitetur? nonne tu, Domine, docuisti me* » *quod priusquam istam informem materiam formares atque* » *distingueres, non erat aliquid, non color, non figura, non* » *corpus, non spiritus? Non tamen omnino nihil. Erat quæ-* » *dam informitas sine ulla specie*[1]. »

399. Ce passage donne lieu à de nombreuses réflexions. Premièrement, on y trouve comme réunis les termes mêmes de la description, si ridiculisée dans Aristote par ceux qui blâment les *nec quid, nec quale, nec quantum*, donnés comme caractères de la matière première. Saint Augustin ne croit pas pouvoir mieux expliquer la nature de ce commun sujet des substances corporelles qu'en disant qu'il est *non aliquid, non color, non figura, non corpus, non spiritus*. Ces paroles écartent évidemment du concept de la matière première, non-seulement l'idée

---

[1] *Confessions*, l. 12, c. 3.

de qualité ou d'extension *non color, non figura*, mais encore l'idée d'essence complète et subsistante par elle-même, *non aliquid*; ce qui est précisément ce *nec quid* d'Aristote, affirmé au sujet de la même matière[1]. Et le saint Docteur, tout en établissant les caractères de la matière, ajoute qu'elle n'est pas un pur néant, *nec tamen omnino nihil;* car, bien qu'elle ne subsiste pas par elle-même, elle subsiste néanmoins en vertu de la forme qui vient l'actuer; et, bien qu'elle ne soit ni une qualité, ni une extension, elle est néanmoins dans le composé la raison de l'extension, et, par l'extension, le soutien des qualités issues de la forme. Ainsi, outre les railleurs dont nous avons parlé, saint Augustin combat deux autres classes de philosophes. A la première appartiennent ceux qui confondent la matière première avec les atomes; à la seconde, ceux qui objectent que ce qui n'est ni esprit, ni corps, est pur néant. La matière, reconnue par le saint Docteur, est différente des atomes, puisqu'elle n'a point de figure, et n'est pas un corps, *non figura, non corpus;* les atomes, au contraire, sont corps; ils ont une figure, ils sont étendus.

Pareillement au jugement de saint Augustin, il est faux que ce qui n'est ni esprit, ni corps, ne soit absolument rien; puisqu'il dit de la matière, qu'elle est *non corpus, non spiritus, non tamen omnino nihil.*

400. De plus, et c'est là une conséquence de ce que l'on vient de dire, la matière est, suivant saint Augustin, une réalité tout à fait indéterminée, *informitas sine ulla specie.* La détermination et l'espèce ne lui viennent que de la forme; et la forme, en l'actuant, la réduit à constituer telle ou telle substance corporelle, à l'égard de laquelle elle était seulement en puissance. Le corps, quel qu'il soit, ne paraît dans la nature que lorsqu'à la matière, être purement potentiel, s'ajoute l'actualité de la forme.

Mais ce que nous voulons surtout remarquer ici, c'est que cette notion de la matière première, que Descartes et ses partisans regardent comme une absurdité qu'il ne faut réfuter

---

[1] S. Thomas enseigne que *hoc aliquid* se dit proprement de la substance complète. *Hoc aliquid proprie dicitur individuum in genere substantiæ... Individuum autem in genere substantiæ non solum habet quod per se possit subsistere, sed quod sit aliquid completum in aliqua specie et genere substantiæ.* (*Op. Disp.* Quæstio *De anima*, a. 1.)

autrement que par le ridicule, c'est que cette notion soit considérée par saint Augustin comme une connaissance si précieuse et si scientifique, qu'il ne cesse de rendre grâces à Dieu de l'avoir aidé à l'acquérir : *Tu, Domine, docuisti hanc animam, quæ tibi confitetur.* Et plus loin, après avoir dit qu'il est inhabile à rendre, et le lecteur inhabile à comprendre tout ce que Dieu lui avait fait connaître au sujet de la matière, il ne se lasse pas de rendre des actions de grâces à la bonté divine. « S'il » faut que ma langue et ma plume vous confessent tout ce que » vous m'avez appris sur cette question, quel est celui de mes » lecteurs qui pourra le saisir? Mon cœur cependant ne cessera » de vous rendre gloire par ses hymnes de louanges, pour les » choses qu'il ne peut redire. » *Et si totum tibi confiteatur vox et stilus meus quidquid de ista quæstione enodasti mihi, quis legentium capere durabit? Nec ideo tamen cessabit cor meum dare tibi honorem et canticum laudis de iis, quæ dictare non sufficit* [1].

401. Au sujet de ce passage de saint Augustin, Mosheim ne peut s'empêcher de s'étonner des vicissitudes des opinions humaines. En effet, ce qui semblait à saint Augustin un enseignement divin; ce qui avait besoin, pour être entendu, de la lumière de Dieu, et dont la connaissance devrait être considérée comme un bienfait de la divine bonté; des philosophes modernes le rejettent comme une opinion insensée, inepte, stupide, fanatique, dépourvue de toute raison. *Tantæ sunt opinionum humanarum vicissitudines! Quod Augustinus non dubitat* DIVINUM *appellare dogma, quod nullum capere posse tradit, nisi Dei clementia illuminetur et erudiatur, quod in maximis denique ponit beneficiis a Deo acceptis; id recentiori memoria insulsum, ineptum, stultum, fanaticum, a ratione omni aversum vocatum est* [2].

L'observation de ce savant est très-juste. Mais ce qui nous paraît plus étonnant que les vicissitudes des opinions humaines, c'est la confiance qu'ont en eux-mêmes ces savants modernes.

[1] L. c.

[2] Notes à CUDWORTH. *Systema intellectuale hujus universi*, tome II, c. 5, sect 2, § 27.

Ils ne soupçonnent même pas qu'une doctrine admise et admirée par un aussi brillant génie, ne doit pas être aussi sotte qu'elle leur apparaît. Un peu de modestie aiderait beaucoup ici à la cause de la vérité. Saint Augustin est peut-être l'esprit le plus élevé, et la plus éclatante lumière de l'Eglise et du monde. Or, un homme sensé peut-il mépriser comme une rêverie délirante, ce qu'un aussi grand génie admet comme une vérité pleine de profondeur? Et ici, il serait inutile de recourir à l'échappatoire ordinaire, à l'imperfection des expériences physiques de ces temps reculés; car, ainsi que nous l'avons déjà remarqué, on ne traite pas ici d'une vérité expérimentale, mais bien d'une vérité rationnelle; puisque les constitutifs essentiels des corps ne souffrent d'autre investigation que celle du raisonnement. La chimie, avec ses progrès, est donc ici hors de cause; elle ne saurait être modifiée, quel que soit le système que l'on embrasse relativement aux éléments primitifs de la substance corporelle. Ses synthèses supposent les corps déjà constitués et sensibles, et ses analyses ne s'étendent pas au delà des corps déjà constitués et sensibles. La recherche ultérieure des constitutifs primitifs de l'essence, qui ne sont pas corps, mais *co-principes* des corps, est purement la tâche du métaphysicien. En outre, les savants, dont nous parlons, combattent le concept même de la matière première dans le sens de saint Augustin. Or, le concept d'une chose n'est pas une question de physique; c'est une question métaphysique.

§ II.

La matière, selon saint Augustin, ne peut exister par elle-même, sans l'acte ou sans le principe formel.

402. Il est nécessaire ici d'aller au devant d'une erreur, dans laquelle pourraient tomber ceux qui considèrent les choses trop superficiellement. En effet, si quelqu'un s'arrêtait à ces paroles : *Priusquam istam informem materiam formares atque distingueres*, sans lire autre chose dans l'ouvrage de saint Augustin; il pourrait être induit à croire que la matière informe, admise par le saint Docteur, est une chose capable d'exister par elle-même, séparée du principe formel. Pour écarter une erreur

aussi grande, il suffit de lire le chapitre trente-troisième du livre treizième de l'ouvrage cité, où saint Augustin, en faisant un retour sur le même sujet, conclut que, bien que la matière soit distincte de la forme, néanmoins elle a été créée non avant elle, mais avec elle : *Cum aliud sit cæli et terræ materies, aliud species : materiem quidem de omnino nihilo, mundi autem speciem de informi materia; simul tamen utramque fecisti, ut materiem forma, nulla moræ intercapedine, sequeretur* [1].

403. Mais dans quel sens avait-il donc dit, peu auparavant, que la matière a été produite avant la forme? Il l'a dit par rapport à la priorité non de temps, mais de nature. Et vraiment, en lisant le chapitre vingt-neuvième du même livre, on y trouvera ce point expliqué avec une clarté admirable. Le Saint y affirme que c'est ainsi, et non pas autrement, que l'on doit entendre cette priorité, *priusquam*; et, pour éclaircir la chose, il donne l'exemple du chant, dans lequel la modulation harmonieuse n'est pas postérieure à la voix par le temps, mais seulement par nature. Voici ses paroles : « Quel esprit assez péné-
» trant pourra comprendre, sans une grande fatigue, de quelle
» manière le son précède le chant, puisque le chant n'est autre
» chose qu'un son informé par des proportions musicales? Il se
» peut bien, il est vrai, qu'il existe une chose informe; mais ce
» qui n'est pas ne saurait recevoir une forme.

« Ainsi la matière précède ce qui est formé d'elle, mais elle ne
» le précède pas comme cause efficiente, puisqu'elle ne fait rien,
» mais qu'elle-même est produite. Elle n'est pas non plus première
» dans l'ordre du temps; car, lorsque nous chantons, nous n'é-
» mettons pas d'abord des sons informes et sans mélodie, pour
» les réduire ensuite en chants harmonieux; ainsi qu'il arrive
» pour le bois ou l'argent, quand nous les transformons en un
» coffre ou en un vase. Ces sortes de matières précèdent, même
» chronologiquement, les formes qu'elles reçoivent; mais il n'en
» est pas de même du chant. On entend le son du chant dans
» l'acte même du chant; et la voix ne sonne pas d'abord d'une
» manière informe, pour prendre ensuite la forme du chant. Le
» premier son, de quelque manière qu'il ait résonné, passe; et il

---

[1] *Confessions*, lib. 13, cap. 33.

» n'en reste rien que vous puissiez reprendre, et rien que vous
» puissiez coordonner. Ainsi, le chant est dans le son vocal; et le
» son de la voix est la matière du chant. En effet, le son de la
» voix, par la forme qu'on lui imprime, devient le chant; et ainsi,
» comme je le disais, la matière du son vocal précède la forme
» du chant; mais elle ne précède pas, par priorité d'efficience,
» le son de la voix n'étant pas la cause du chant, puisque le
» son dépend de l'action de l'âme, qui forme le chant d'un son
» corporel. Le son non plus ne précède pas le chant d'une priorité de temps, puisqu'il est produit avec lui. Il ne le précède
» pas non plus par priorité d'élection; car un simple son vocal
» n'est pas préférable au chant, qui lui donne l'être non-seulement
» de son vocal, mais d'un son de voix gracieux. Toutefois, il est
» antérieur par l'origine; car l'on ne forme pas le chant pour
» émettre un son de voix, mais l'on émet un son de voix pour
» former le chant. Que celui qui en est capable cherche à comprendre, par cet exemple, comment la matière des choses a
» été premièrement appelée *ciel* et *terre* [1], parce que c'est d'elle
» que le ciel et la terre ont été formés; mais elle n'a pas été
» faite la première dans l'ordre du temps, parce que le temps
» tire son origine des formes, et que cette matière était sans
» forme : » *Quis sic acuto cernat animo, ut sine labore magno dignoscere valeat quomodo sit prior sonus quam cantus, ideo quia cantus est formatus sonus, et esse utique aliquid non formatum potest, formari autem quod non est non potest? Sic est prior materies, quam id quod ex ea fit; non ideo prior, quia ipsa efficit, cum potius fiat; nec prior intervallo temporis. Neque enim priore tempore sonos edimus informes sine cantu, et eos posteriore tempore in formam cantici coaptamus aut fingimus; sicut ligna quibus arca, vel argentum quo vasculum fabricatur. Tales quippe materiæ tempore etiam præcedunt formas rerum quæ fiunt ex eis; at in cantu non ita est. Cum enim cantatur, auditur sonus ejus, non prius informiter sonat, et inde formatur in cantum. Quod enim primo utcumque sonuerit, præterit; nec ex eo quidpiam reperies, quod*

---

[1] Le saint Docteur fait allusion à ce passage de la Genèse : *In principio creavit Deus cœlum et terram*, terra autem, etc.

resumptum arte componas : et ideo cantus in sono suo vertitur, qui sonus materies ejus est. Idem quippe formatur ut cantus sit; et ideo, sicut dicebam, prior est materies sonandi, quam forma cantandi : non per faciendi potentiam prior; neque enim sonus est cantandi artifex, sed cantanti animæ subjacet ex corpore de quo cantum faciat. Nec tempore prior; simul enim cum cantu editur. Nec prior electione; non enim potior sonus quam cantus, quandoquidem cantus est non tantum sonus, verum etiam sonus speciosus. Sed prior est origine, quia non cantus formatur ut sonus sit, sed sonus formatur ut cantus sit. Hoc exemplo qui potest intelligat materiam rerum primo factam et appellatam cœlum et terram, quia inde facta sunt cœlum et terra : nec tempore primo factam, quia formæ rerum exserunt tempora, illa autem erat informis [1].

404. Il explique encore autrement la même théorie, en variant un peu l'exemple, c'est-à-dire, en prenant la parole, au lieu du chant. La parole n'est autre chose que la voix articulée; et, par conséquent, elle se compose de deux éléments : de l'articulation et de la voix. L'articulation en est comme l'acte et la forme; la voix en est comme la matière. Mais on ne peut dire pour cela que l'une est antérieure à l'autre, puisque celui qui parle n'émet pas d'abord des sons inarticulés, pour les recueillir ensuite, les arranger en syllabes et en former des paroles; mais il profère en un seul temps la voix articulée, ou la parole; bien que l'on puisse distinguer en elle la voix simple de l'articulation, qui en constitue la forme. Le saint Docteur veut que l'on dise la même chose de la matière première et de la forme substantielle dont les corps se composent. L'une ne peut exister sans l'autre, et, par conséquent, ne peut précéder l'autre d'une priorité de temps. Elle la précède néanmoins par l'origine et la nature; de la même manière que le sujet d'un acte est présupposé à l'acte d'où lui vient sa perfection : *Sicut vox materia est verborum, verba vero formatam vocem indicant; non autem qui loquitur, prius emittit informem vocem, quam possit postea colligere, atque in verba formare; ita Creator Deus non priore tempore*

---

[1] *Confessions,* l. 13, c. 29.

*fecit informem materiam et eam postea per ordinem quarum-
cumque naturarum, quasi secunda consideratione formavit :
formatam quippe creavit materiam* [1].

§ III.

D'où provient, selon saint Augustin, ce qui empêche de bien comprendre la matière informe par elle-même.

405. Le grand évêque d'Hippone fait une description pittoresque de la grande difficulté qu'il avait trouvée à se former un concept exact de la matière première ; et, par son exemple, il nous montre l'écueil à éviter, pour ne pas se tromper sur ce point. Ecoutons ses paroles. Continuant à converser avec Dieu, dont il reconnaît avoir reçu cette connaissance, il parle ainsi :
« En vérité, Seigneur, il faut que ma plume et ma langue vous
» confessent tout ce que vous m'avez manifesté autrefois au sujet
» de cette matière informe, dont j'entendais le nom sans y rien
» comprendre, parce que ceux qui me l'expliquaient n'y com-
» prenaient pas plus que moi. Je la confondais avec un nombre
» incalculable de formes de choses diverses ; et ainsi, je ne
» parvenais pas à m'en faire une juste idée. Je l'imaginais
» sous des formes horribles et confuses, mais néanmoins sous
» des formes ; et j'appelais *informe* la chose que je concevais,
» non pas qu'elle fût privée de forme, mais parce qu'elle en
» avait une telle, que si elle m'eût apparu, un je ne sais quoi
» d'étrange et d'affreux aurait saisi d'horreur mon âme, et aurait
» bouleversé en moi l'infirmité humaine. Toutefois, ce que je me
» représentais n'était pas informe par la privation de toute forme,
» mais seulement par la comparaison que j'en faisais avec des
» choses de forme plus belle. La droite raison me faisait sentir
» que si je voulais concevoir une chose entièrement informe, je
» devais cesser de penser à quelque forme que ce fût ; mais je
» ne le pouvais pas. Car penser que ce qui n'a pas de forme
» n'existe pas réellement, m'était bien plus facile que de conce-
» voir quelque chose d'intermédiaire entre le néant et ce qui
» a une forme, quelque chose en dehors de la forme et du

[1] *De Genesi ad literam*, lib. 1, c. 15.

» néant, quelque chose d'informe qui ne soit presque rien. » *Ego vero, Domine, si totum confiteor tibi ore meo et calamo meo quidquid de ista materia docuisti me, cujus antea nomen audiens et non intelligens, narrantibus mihi eis qui non intelligerent, eam cum speciebus innumeris et variis cogitabam; et ideo non eam cogitabam. Fœdas et horribiles formas perturbatis ordinibus volvebat animus, sed formas tamen; et informe appellabam non quod careret forma, sed quod talem haberet, ut si appareret, insolitum et incongruum aversaretur sensus meus et conturbaretur infirmitas hominis. Verum autem illud, quod cogitabam, non privatione omnis formæ, sed comparatione formosiorum erat informe; et suadebat vera ratio ut omnis formæ qualescumque reliquias omnino detraherem, si vellem prorsus informe cogitare; et non poteram. Citius enim non esse censebam quod omni forma privaretur, quam cogitabam quiddam inter formatum et nihil, nec formatum nec nihil, informe, prope nihil* [1].

406. On ne saurait dépeindre plus ingénieusement cette difficulté et l'opposition qui existe entre l'imagination et l'intellect. Il nous semble précisément voir un atomiste moderne, qui, ne sachant pas sortir de la représentation corporelle, ne sait autrement concevoir la matière informe, qu'en la confondant avec les atomes primitifs des corps simples. Mais, avec cela, il ne fait autre chose qu'en dénaturer le concept même. *Eam cum speciebus innumeris et variis cogitabam; et ideo non eam cogitabam.* Et la raison de ceci est que l'atome, quelque petit qu'il soit, est toujours corps; et ici il est question de concevoir, non le corps, mais la matière du corps. Le corps, en tant que corps, est une substance composée, et lui assigner pour composant un autre corps, c'est tomber manifestement dans un cercle vicieux. Le corps, quel qu'il soit, implique toujours la nécessité d'un principe formel, c'est-à-dire, d'une actualité simple, source de son unité et de sa spécification. Donc, le sujet premier, c'est-à-dire, la matière qui est informée et spécifiée par ce principe, peut bien être un *comprincipe* des corps; mais elle ne peut pas, à elle seule, être corps. Dirons-nous que le tout est la même chose que

---

[1] *Confessions*, lib. 12, c. 6.

l'une de ses parties? Les philosophes qui ne reconnaissent pas la matière et la forme, sont contraints de nier la composition substantielle des corps; et si l'on a égard, non à leurs paroles, mais aux faits, on voit qu'ils n'admettent qu'une composition accidentelle, l'union de plusieurs substances disposées dans un ordre différent, une proportion diverse, et agissant les unes sur les autres.

De là il résulte encore qu'ils sont contraints de nier toute vraie génération et corruption de nouvelles substances corporelles, et de tout réduire à la simple altération. Cela semble si répugnant à saint Thomas, et si contraire à l'ordre de l'univers et à l'activité des causes secondes, qu'il démontre, par ce seul argument, la nécessité de reconnaître l'existence de la matière informe. Voici ce qu'il dit dans sa *Somme théologique* : *Nec potest dici quod (materia) habuit aliquam formam communem, et postmodum supervenerunt ei formæ diversæ, quibus sit distincta. Quia hoc esset idem cum opinione antiquorum naturalium, qui posuerunt materiam primam esse aliquod corpus in actu, puta ignem aut aërem aut aquam, aut aliquod medium. Ex quo sequebatur quod fieri non esset nisi alterari. Quia cum illa forma præcedens daret esse in actu in genere substantiæ et faceret hoc esse aliquid; sequebatur quod superveniens forma non faceret simpliciter ens actu, sed ens actu hoc; quod est proprium formæ accidentalis. Et sic sequentes formæ essent accidentia, secundum quæ non attenditur generatio, sed alteratio* [1].

407. On dira : si la matière première n'a par elle-même aucun acte substantiel, elle n'est rien ; car il est plus facile de concevoir le néant que quelque chose d'intermédiaire entre lui et l'acte.

Nous répondons : c'est là reproduire la difficulté dont était travaillé l'esprit de saint Augustin : *Citius non esse censebam quod omni forma privaretur, quam cogitabam quiddam inter formatum et nihil, nec formatum nec nihil, informe, prope nihil.*

La raison d'une aussi grande difficulté vient de ce que l'on ne veut concevoir que l'acte, ou la négation de l'acte, c'est-à-dire,

---

[1] S. Thomas. *Summa theol.*, 1 p., q. 66, a. 1.

le néant; tandis qu'entre l'un et l'autre il y a comme un milieu, la puissance à l'acte. Cette puissance n'est pas un pur être de raison, mais une chose réelle; non une pure potentialité objective, mais une capacité physique et subjective. En vérité, quand vous dites que le flambeau peut être allumé, mais non l'écritoire, et que le mathématicien peut faire un calcul algébrique, mais non l'ignorant; entendez-vous, par hasard, assigner une différence purement idéale, qui subsiste seulement dans la considération de votre intelligence, et en aucune manière dans les choses sur lesquelles vous raisonnez? Cette pensée serait assez étrange. Or, cette différence, en quoi consiste-t-elle, sinon dans l'aptitude qu'a le flambeau d'être en quelque sorte actué par la flamme, et dans la capacité du mathématicien de calculer scientifiquement? tandis qu'au contraire, l'écritoire ne peut être allumé et n'est pas même inflammable, et que l'ignorant non-seulement ne fait pas, mais ne peut même pas faire les raisonnements du mathématicien; Cette puissance, que le mathématicien a acquise par l'étude, et que le flambeau possède en vertu de sa propre nature, n'est certainement pas un pur néant; autrement, le mathématicien ne se distinguerait en rien de l'ignorant en ce qui concerne la science, et le flambeau de l'écritoire en ce qui concerne la possibilité d'être allumé. Cependant, une telle puissance n'est pas l'acte, puisque le mathématicien ne fait pas actuellement des calculs, et que le flambeau n'est pas encore allumé. Voilà donc le milieu entre le néant et l'acte; c'est l'aptitude, la puissance. Ce qui est, vous l'appelez *acte*; ce qui n'est pas, mais qui peut être, vous l'appelez *puissance*; enfin, ce qui n'est pas et ce qui ne peut être, vous l'appelez *néant, l'absolue négation*[1]. Comme l'acte peut être ou substantiel ou accidentel, on peut dire la même chose de la puissance. La puissance accidentelle concerne l'être secondaire, survenant à l'être premier; ainsi, elle suppose la substance déjà en acte, et elle réside en elle, de même que l'acte auquel elle se rapporte.

---

[1] Comme on le voit, nous parlons ici de l'ordre réel et physique, non de l'ordre purement idéal, dans lequel la puissance est seulement objective, existant dans le concept de l'esprit; et la négation, c'est-à-dire, le néant est le contradictoire, c'est-à-dire, l'inconcevable.

Au contraire, la puissance substantielle, concernant l'être premier, ne peut supposer une substance ; mais elle-même est ordonnée à la constituer avec son essence incomplète, complétée ensuite dans son intégrité par l'acte substantiel qu'elle reçoit. Voilà la matière première, qui, actuée par la forme, constitue une seule essence composée : *Materiæ et formæ unum est esse ; non enim materia habet esse in actu, nisi per formam* [1].

408. Ensuite, on ne saurait faire une objection de quelque valeur de la difficulté de concevoir la matière première. En effet, il n'est pas ici question de ce qu'il est facile ou difficile de concevoir, mais bien de ce qui est vrai. Et si la plus grande facilité de concevoir devait être la règle de nos jugements, nous devrions admettre bien des choses étranges. Certes, il est plus facile de concevoir une lumière immense qu'un acte infini en perfection. Il est plus facile de concevoir le mouvement du cerveau qu'une substance spirituelle. Dirons-nous donc, avec les manichéens, que Dieu n'est autre chose qu'une lumière sans bornes? avec les matérialistes, que l'âme est une fonction du cerveau? Pareillement, vous vous efforcez de concevoir l'immensité de Dieu, qui se trouve en tout lieu ; et l'éternité de son être, sans succession et présente à tous les temps. Ne serait-il pas plus facile de concevoir une étendue sans limites et une durée sans principe et sans fin, mais divisible en passé, présent et futur? Dirons-nous donc que l'immensité et l'éternité de Dieu ne sont autre chose qu'une étendue et un temps sans limites? Vous voyez donc que la difficulté de concevoir est une objection sans valeur, quand on traite d'une chose hors de la sphère des sens. Et, nous le répétons encore, car le préjugé n'est que trop enraciné, cette difficulté n'est si fort exagérée, que parce que l'on veut imaginer ce qui doit seulement être saisi indirectement et non directement, ou, pour mieux dire, ce qui doit être déduit par le raisonnement seul ; car on ne saisit directement que ce qui est en acte. On connaît la puissance par simple déduction, et le raisonnement conduit à l'admettre ; vouloir davantage, c'est prétendre au déraisonnable.

---

[1] S. Thomas. *Contra Gentiles*, l. 4, c. 84.

§ IV.

Comment saint Augustin parvient à concevoir la matière informe.

409. Ce que nous venons de dire sur l'impossibilité de concevoir la matière informe directement et par elle-même, sur la nécessité de l'admettre par la voie seule du raisonnement, reçoit une grande confirmation de l'exemple de saint Augustin. Le saint, après avoir décrit la difficulté qu'il avait trouvée à se former le concept de la matière première, dit qu'enfin il s'aperçut de la faute qu'il commettait, en voulant saisir la matière par une image corporelle, comme une substance formée : *Et cessavit mens mea interrogare hinc spiritum meum plenum imaginibus formatorum corporum, et eas pro arbitrio mutantem atque variantem* [1].

Ainsi délivré de la tyrannie de l'imagination, qui toujours lui représentait un corps, il se mit à discourir, en considérant la transmutation substantielle par laquelle un corps se change en un autre. Ainsi, il fut amené à conjecturer l'existence d'un sujet commun, par sa nature indifférente à devenir quelque corps que ce soit, et douée, par conséquent, d'un être purement potentiel dans le genre de substance. En effet, si le mouvement et la vie de la nature matérielle s'exercent en une continuelle succession de formes, si ces formes sont constitutives de l'essence spécifique de chaque chose, il faut reconnaître un sujet qui se prête à ce renouvellement perpétuel de formes, et qui soit par lui-même sans forme : *Et intendi in ipsa corpora, eorum mutationem altius inspexi, qua desinunt esse quod fuerunt et incipiunt esse quod non erant; eumdemque transitum de forma in formam per informe quiddam fieri suspicatus sum* [1].

410. Voilà donc l'aspect sous lequel saint Augustin perçoit la matière informe : un sujet susceptible d'être changé en toutes les substances qui surgissent et se corrompent dans le monde sensible. Et afin que personne ne vienne à le confondre avec les êtres simples, ou avec les atomes, il ajoute aussitôt que ce

---

[1] *Confessions*, lib. 12, cap. 6.
[2] *Ibidem*.

sujet n'est ni un esprit, ni un corps, ni rien de semblable à l'esprit et au corps ; mais qu'il est quelque chose d'intermédiaire entre le néant et l'être, et qu'il appellerait volontiers *un être non être. Mutabilitas rerum mutabilium, ipsa capax est formarum omnium, in quas mutantur res mutabiles. Et hæc quid est? Numquid spiritus? Numquid corpus? Numquid species animi vel corporis? Si dici posset, Nihil aliquid, et Est non est, hoc eam dicerem; et jam utcumque erat, ut species caperet istas visibiles et compositas*[1].

411. Que l'on réfléchisse avec attention à ces dernières paroles du saint Docteur. La matière informe est pour lui une chose réelle, et non idéale, puisqu'elle est le sujet capable d'être changé successivement en toutes les diverses substances qui constituent chaque composé naturel. *Utcunque erat, ut species caperet istas visibiles et compositas.* Elle n'est pas cependant un acte, puisqu'elle n'est ni corps, ni esprit : *Numquid corpus? Numquid spiritus?* Elle a une essence, mais substantiellement indéterminée : *informitas sine ulla specie.* Sous un rapport, elle est ; sous un autre, elle n'est pas : *est non est;* car elle est, comme puissance ; elle *n'est* pas, comme acte. Ainsi, sous un rapport, elle se rapproche du néant, *est nihil;* et sous un autre rapport, en tant qu'elle se distingue de lui, elle est quelque chose, *est aliquid.* Elle est donc, sous divers rapports, *nihil aliquid;* ou, comme le saint ajoute, elle est quelque chose de voisin du néant, *prope nihil.* Elle est le terme extrême de la création, si l'on descend l'échelle des êtres ; tandis que la nature spirituelle, qui existe en dehors de la matière, en est le terme suprême, si l'on remonte cette échelle. « Vous avez créé deux
» choses, Seigneur, dit admirablement saint Augustin : l'une,
» rapprochée de vous, les anges ; l'autre, proche du néant, la
» matière informe ; l'une, à laquelle vous seul êtes supérieur ;
» l'autre qui n'a que le néant au-dessous d'elle : *Duo quædam : unum prope Te, alterum prope nihil; unum quo superior Tu esses; alterum quo inferius nihil esset*[2]. »

---

[1] *Confessions,* lib. 12, cap. 6.
[2] *Confessions,* 7.

CHAPITRE IX.

POLÉMIQUE SUR LES MATIÈRES DU CHAPITRE PRÉCÉDENT.

412. Comme il fallait s'y attendre, des adversaires se sont soulevés contre la théorie générale des corps que nous avons exposée dans le chapitre précédent, et publiée dans la *Civiltà Cattolica*. Ils l'ont vivement attaquée de tous côtés, et ont cherché, dans cette controverse, à faire triompher *l'atomisme chimique*. Nous avons sérieusement examiné les raisons qu'ils ont fait valoir, les observations qui nous ont été présentées de vive voix ou par écrit; et nous avons fini par nous convaincre que les unes aussi bien que les autres étaient dénuées de tout fondement. Nos lecteurs nous sauront gré, sans doute, de trouver ici, sous une forme polémique, les objections et les réponses.

Si l'aridité de la dispute, et la subtilité des distinctions scolastiques effraient quelques esprits, ils peuvent passer outre sans aucun inconvénient. Nous ne donnons pas ici, en effet, le développement d'une nouvelle doctrine, mais bien la défense de celle qui vient d'être exposée.

Voici ce qu'on nous a d'abord objecté : « Le progrès des
» sciences physiques a démontré de la manière la plus évidente,
» que les derniers éléments qui composent les corps, sont les
» atomes chimiques. Or, en ressuscitant le système scolastique,
» vous rallumez la guerre entre la métaphysique et la physique,
» au moment où elle venait à peine de s'éteindre. Passe encore,
» si vous aviez atteint votre but. Mais vous donnez trois inter
» prétations différentes du système scolastique, et aucune d'elles
» ne s'accorde avec les notions que les scolastiques nous donnent
» de la matière et de la forme; nulle ne paraît appuyée sur un
» solide fondement. Les arguments, il est vrai, sont éblouis-

» sants d'éloquence ; mais, réduits à la forme scolastique, ils ne
» sont plus que d'ingénieux sophismes. Voici votre première in-
» terprétation. Les atomes primitifs, auxquels s'arrêtent les dé-
» fenseurs du système chimique, étant étendus et actifs, doivent
» être composés de matière et de forme. La matière, c'est la
» réalité, dont émane l'étendue. La forme, c'est la réalité d'où
» jaillit l'activité. Or, votre système ainsi proposé n'est pas celui
» des Scolastiques ; car vous admettez les atomes, et des atomes
» incorruptibles, tandis que les scolastiques les rejetaient. Vous
» ne dites rien de la production des nouvelles formes substan-
» tielles ; ce qui était un point capital dans la doctrine scolas-
» tique. Vous dites la forme inétendue ; et les Scolastiques ne
» l'attribuaient qu'à l'âme humaine et à celle des animaux les
» plus parfaits. Vous admettez l'étendue et la résistance comme
» deux choses différentes ; tandis que Suarez et d'autres les
» croient identiques. Votre système diffère donc du système sco-
» lastique. »

» Est-il au moins solidement prouvé ? Toute votre argumen-
» tation se réduit à établir que l'étendue et la résistance (ou
» activité essentielle de l'atome) requièrent différents principes.
» Or, à votre raisonnement nous répondons par un *nego* so-
» lennel ; puisque l'étendue et l'activité peuvent découler d'un
» même fond. Vous m'objecterez peut-être qu'une même es-
» sence ne peut pas donner origine à différentes propriétés.
» Dites donc aussi que l'âme est composée de plusieurs prin-
» cipes ; car, outre l'intelligence, elle a aussi la volonté. Je ne
» veux point parler des autres preuves que vous avez tirées de
» la figure, de la diversité substantielle des atomes, de la com-
» munication du mouvement. Il est par trop évident que la
» figure n'a pas besoin de naître de la forme, puisqu'elle peut
» être déterminée ou par la nature de l'atome, ou par une cause
» extrinsèque. Quant à la différence essentielle des atomes hété-
» rogènes, elle peut être telle de sa propre nature, sans avoir
» besoin pour cela d'un autre principe déterminant. Enfin, quant
» à la communication instantanée du mouvement, on peut l'ex-
» pliquer par la continuité de l'étendue dans les molécules pri-
» mitives.

« Votre seconde explication consiste à supposer dans chaque

» corps, outre les formes substantielles des molécules, un autre
» principe simple, qui les régit et maintient leur union. Cette
» explication ne donne pas non plus le système scolastique. Il
» suffit de remarquer, pour s'en convaincre, que vous admettez
» plusieurs formes substantielles dans le même composé, savoir,
» une pour chaque partie, et une autre pour le tout. Or, il n'est
» rien de si contraire aux idées des Scolastiques. En effet, cette
» seconde forme serait tout à fait inutile; elle n'aurait pas le
» caractère de la *substantialité*; elle ne serait pas l'acte premier
» de la matière, mais bien un acte secondaire.

» Quant à l'argument tiré de la cristallisation, il ne prouve
» rien; car il est clair que les phénomènes que vous invoquez
» peuvent s'expliquer par des forces attractives, comme vous
» pourrez vous en convaincre vous-même, après de plus mûres
» réflexions.

» Enfin, suivant votre troisième explication, les corps mixtes
» eux-mêmes sont composés de matière et de forme; de sorte
» que les éléments restent en eux, non pas *in actu*, mais *in vir-*
» *tute*. Ceci se rapproche un peu plus du système scolastique,
» tout en s'en éloignant en plusieurs points. I. Par les éléments,
» vous entendez les corps simples des chimistes modernes; et les
» Scolastiques entendaient les quatre éléments d'Aristote : l'air,
» le feu, l'eau et la terre. II. Les Scolastiques prétendaient que,
» dans les corps mixtes, au moins dans les plus parfaits, se
» trouvaient ces quatre éléments; et vous ne voulez certainement
» pas qu'on dise la même chose des soixante-trois corps simples,
» auxquels se réduisent à peu près les éléments découverts jus-
» qu'à présent. III. Les Scolastiques disaient que les qualités, et
» non pas les formes des éléments, restaient virtuellement dans
» le corps mixte, et vous nous dites que les principes formels
» seuls y restent. Sauf ces différences, votre système s'harmoni-
» serait assez bien avec celui des Scolastiques. Mais c'est pour
» ces variantes même qu'il faut le rejeter. Car, outre les absur-
» dités qu'il contient, savoir la forme tirée de la matière (ce
» qui est inconcevable), une puissance pure dans la matière (ce
» qui est contradictoire), il a l'inconvénient d'être en opposition
» avec les principes de la chimie moderne. Il faut donc renoncer
» à l'un ou à l'autre. Mais serait-il sage d'abandonner la chimie

» moderne, qui explique avec une si admirable simplicité les
» phénomènes de la substance corporelle, organique ou inor-
» ganique, pour s'en tenir à un système qui n'explique rien,
» qui, au lieu de choses, ne nous donne que des mots? A quoi
» bon garder ce système? il ne sert à rien autre qu'à montrer
» qu'Aristote était dans le vrai, et que saint Thomas était un
» grand physicien.

« Mettant donc de côté ce système vieilli, tenons-nous-en à
» celui des éléments chimiques, que vous rejetez moins par con-
» viction, que par un aveugle attachement aux anciens. Ce der-
» nier satisfait aux exigences de l'hypothèse; il ne répugne pas;
» il n'est en opposition avec aucun fait, il explique tous les phé-
» nomènes. Puisque toute autre supposition n'a pas de fonde-
» ment, on peut donc parfaitement tirer ce système du champ
» de l'hypothèse, pour le transporter dans le domaine des faits.
» En outre, il ne donne prise à aucune objection; car, lorsqu'on
» établit dans ce système que l'essence générique de l'atome
» primitif consiste en une substance douée d'étendue géomé-
» trique et de résistance physique, on a soin d'ajouter que, par
» là, on ne prétend pas définir l'essence intime d'une telle
» substance, puisqu'elle nous est inconnue; car nous ne pouvons
» juger d'un être quelconque que par ses propriétés. »

A ces raisons, d'apparence assez spécieuse, on en a ajouté d'autres. Mais, pour plus d'ordre et de clarté, nous les exposerons, lorsque nous aurons répondu à celles qui précèdent.

Cette réponse portera sur les cinq points suivants : I. Sur le parfait accord entre notre théorie et le système scolastique, en ce qui regarde les principes constitutifs de l'essence des corps. II. Sur la solidité de nos preuves. III. Sur la faiblesse des raisons qu'on nous oppose. IV. Sur l'impossibilité d'admettre le système de l'atomisme chimique, comme une explication métaphysique de la substance des corps. V. Sur la prétendue opposition entre la chimie et la métaphysique. Mais, avant de commencer la discussion, nous devons répondre à trois griefs dont nous charge notre adversaire.

ARTICLE PREMIER.

RÉPONSE A TROIS IMPUTATIONS.

413. On nous reprochait d'abord de défendre le système scolastique, non par conviction, mais simplement par amour de l'antiquité.

L'amour de l'antiquité aurait dû plutôt nous engager à embrasser le système atomique, qui remonte au moins jusqu'à Anaxagoras; tandis que le système scolastique tire son origine de Platon, et par conséquent d'Aristote, qui, dans ses ouvrages, réfute souvent les partisans du système corpusculaire, pour n'avoir admis dans les corps que la matière, dépouillée de tout principe formel. Si nous soutenons le système scolastique, c'est parce que, après un examen impartial et approfondi des différentes doctrines sur cette matière, nous nous sommes pleinement convaincus que c'est le seul vrai. Si l'on nous croit dans l'erreur, qu'on ait donc au moins l'indulgence de nous croire dans la bonne foi. La belle preuve d'esprit que nous donnerions en affectant la conviction dans une pareille doctrine, lorsque, pour la défendre, il nous faut soutenir le choc de préjugés invétérés et de craintes futiles de la part des partisans du progrès; lorsqu'en outre, il nous faut braver cette foule innombrable de lecteurs à qui le travail de la méditation est en horreur! Car le commun des hommes s'attache plus volontiers à ce qui est facile; et se trompe souvent, en prenant ce qui flatte l'imagination pour plus conforme à la raison.

Le système scolastique est obscur, difficile, j'en conviens; et nous avouons avec ingénuité que, pour le bien comprendre, il nous en a coûté plus de travail que pour nous rendre plusieurs autres sciences familières. Mais le fruit de ces longues méditations a été de nous persuader que c'est l'unique système qui réponde aux données de l'intelligence et aux faits de l'expérience; que c'est le seul qui mette en harmonie les différentes branches de l'encyclopédie. Car il établit un parfait accord entre la physique, la chimie et l'histoire naturelle; entre l'histoire naturelle, la physiologie et les sciences médicales qui en relèvent; entre la physiologie, la psychologie et les principes généraux de l'ontologie; en un mot, entre toutes les sciences humaines et les enseignements de la théologie sur la gradation des êtres, l'essence de l'homme, et d'autres vérités de moindre importance. Mais n'anticipons pas sur ce que nous verrons ailleurs plus à propos.

414. Le second grief était que nous rallumons la guerre, déjà assoupie, entre la physique et la métaphysique. Les observations suivantes suffiront à notre justification. Autant la philosophie scolastique était complète dans ses doctrines rationnelles, autant elle était imparfaite sur la partie de la science qui s'appuie sur l'expérimentation sensible; et de ce fait on peut donner deux raisons. D'abord, ceux qui cultivèrent la scolastique avec le plus de succès furent des hommes d'Eglise. Or, ces hommes crurent qu'il importait plus à l'homme de perfectionner cette partie de la science, qui sert le mieux les intérêts moraux de l'humanité, et qui se lie plus étroitement à la théologie. Ensuite, ceux-là mêmes qui ouvrirent la voie des expériences physiques, manquèrent de ces moyens et de ces circonstances favorables que le temps seul peut fournir à la longue [1].

Au contraire, autant la science moderne l'emporte sur l'an-

---

[1] Nous ne croyons toutefois nullement amoindrir par cette concession le mérite des Scolastiques dans les expériences physiques, pour lesquelles ils avaient si peu de ressources. Et ici nous sommes parfaitement d'accord avec le docteur Brentazzoli. Il dit en réfutant Bonucci : « Que si
» M. Bonucci, ou tout autre, consentait à accorder un mérite incontes-
» table à la scolastique, dans la philosophie rationnelle, et réservait
» exclusivement aux modernes la gloire de l'initiative dans les sciences
» naturelles, en s'autorisant des noms glorieux de Newton et Galilée,
» nous engagerions nos adversaires à relire l'histoire scientifique du
» moyen âge; et à parcourir seulement l'ouvrage d'un savant écrivain
» (POUCHET, *Histoire des sciences naturelles au moyen âge*) : ils se con-
» vaincraient que ce n'est pas un privilége exclusif des modernes de
» cultiver ces études, et que les anciens s'y distinguèrent aussi à une
» époque et sous les auspices d'une philosophie que des écrivains hai-
» neux et arriérés se plaisent à représenter encore comme barbare ;
» que depuis longtemps, avec Albert-le-Grand et Roger Bacon, com-
» mencèrent les recherches sur la nature, que, par une ingratitude et
» une outrecuidance insupportables, nous attribuons exclusivement aux
» modernes. »

cienne sous le rapport des découvertes physiques, autant elle lui est inférieure sous le rapport des théories métaphysiques. On peut encore en donner deux raisons. La première est celle-ci : Puisqu'on ne peut remplacer la vérité que par l'erreur, la partie rationnelle qu'on voulut, dans la nouvelle philosophie, opposer à l'ancienne, devait nécessairement être erronée. La seconde raison, c'est que ceux qui s'adonnèrent à la partie expérimentale négligèrent entièrement la partie et les théories rationnelles. Aussi, tout savant qui veut coopérer à la restauration de la philosophie, doit-il prendre deux précautions. Il doit tourner ses regards vers les anciens, pour la métaphysique ; en même temps qu'il doit avoir, pour la physique, l'œil fixé sur les investigateurs modernes. En outre, eu égard à l'étroite liaison qui unit entre elles les différentes sciences, il arrive très-souvent que les principes et les doctrines métaphysiques se trouvent mêlés aux doctrines et aux hypothèses de la physique, et réciproquement. D'où il suit que quiconque prend à cœur le progrès scientifique, tout en puisant dans les anciens la partie métaphysique, ou la partie physique dans les modernes, doit soigneusement dégager l'une et l'autre des éléments étrangers qui s'y mêlent. C'est ainsi qu'épurant les deux sciences de toute scorie surannée, on arrivera à les concilier ensemble. Ce travail est le seul moyen de ménager la paix entre les sciences rationnelles et expérimentales, entre l'ancienne philosophie et la moderne, et de procurer ainsi un véritable et double accroissement au progrès scientifique. C'est à quoi nous nous sommes appliqués, autant que nos faibles forces nous l'ont permis ; et c'est en accordant ensemble le concept métaphysique des anciens avec l'expérimentation chimique et physique des modernes, que nous nous sommes efforcés d'y réussir.

D'où l'on voit combien l'accusation que nous adresse notre adversaire est injuste et futile. En revendiquant les droits de la science ancienne, sans porter atteinte aux droits de la science moderne, nous avons pris l'unique moyen d'arriver à la conciliation. Ce serait suivre une fausse voie pour arriver à la paix, que d'accorder à la science expérimentale, non-seulement des attributions spéciales, comme de constater et de coordonner les phénomènes, d'énoncer et simplifier les lois ; mais de lui accorder aussi la prétention d'avoir, par le fait, découvert la racine suprême et l'essence des choses. Le génie si pénétrant des Scolastiques fut souvent assez heureux pour saisir l'élément rationnel des faits connus, sans que leurs fausses théories sur d'autres faits, encore trop peu explorés, puissent leur porter aucun préjudice ; de sorte que les découvertes des physiciens, loin de donner aucun démenti à leur métaphysique, ne font que la confirmer. Nous en avons un exemple frappant dans la théorie sur la vie des plantes et des animaux. Toutes les observations des plus célèbres naturalistes et physiologistes récents, ne paraissent autre chose que le commentaire et la preuve de ce qui avait été enseigné sur ce point par saint Thomas, comme nous l'avons déjà longuement démontré.

415. On nous reprochait, en troisième lieu, de rechercher, en des matières si difficiles, l'assentiment des lecteurs, plutôt par l'éclat de l'exposition, que par la solidité des preuves qui, réduites à la forme dialectique, n'auraient point de valeur. En vérité, nous ne nous doutions guère de cette prétendue éloquence, et moins encore de cette force magique dont veulent bien nous honorer nos bienveillants adversaires. Nous avons seulement tâché, dans nos écrits philosophiques, d'éviter une trop grande aridité, et d'en rendre la lecture le moins désagréable qu'il nous a été possible à ceux-mêmes qui ne sont pas philosophes de profession.

Il nous est aisé toutefois de nous décharger de cette accusation. Nous changerons de méthode dans ce chapitre ; nous présenterons les preuves et les réponses aux objections dans la forme dialectique. Aussi, nos lecteurs voudront-ils bien nous pardonner l'ennui que nous allons leur causer, puisque nos contradicteurs nous obligent à tenir cette conduite.

ARTICLE II.

EST-IL VRAI QUE NOUS DONNIONS TROIS INTERPRÉTATIONS DIFFÉRENTES DU SYSTÈME SCOLASTIQUE ?

416. Il est absolument faux que nous ayons proposé trois interprétations différentes du système scolastique. En somme, notre raisonnement était le suivant.. En supposant la fausseté du système dynamique, les premiers éléments qui constituent la masse des corps doivent être doués d'étendue géométrique, c'est-à-dire, de continuité, autrement, on irait à l'infini, ou bien il faudrait admettre des réalités simples, que nous avons déjà rejetées. Les éléments étendus et continus, vous pouvez à votre gré les appeler *molécules,* ou *atomes primitifs* en tant que bien qu'absolument capables d'une division ultérieure, (tout corps étendu étant divisible,) néanmoins ils ne sont pas divisés en réalité et qu'ils sont le fondement de l'étendue sensible. Or, on peut faire deux hypothèses : ou bien, les corps mixtes, ne sont que des combinaisons diverses des corps simples, ou bien ce sont réellement de nouveaux corps substantiellement différents des premiers, comme semblent l'indiquer les nouvelles propriétés dont ils sont revêtus. Dans le premier cas, les atomes et les molécules des corps simples seraient véritablement des substances, et la molécule du corps mixte ne serait, à proprement parler, qu'un assemblage de plusieurs substances. Dans le second cas, même la molécule du corps mixte serait une véritable substance, puisque, étant substantiellement diverse des corps simples, elle ne serait pas une agrégation de substances, mais elle aurait un nouvel être distinct d'elles. Quelque hypothèse que l'on embrasse, la molécule primitive se compose toujours de matière et de forme. Or, puisque dans les molécules primitives il y a des substances proprement dites, le système scolastique, qui admet que la substance est composée de matière et de forme, est un système incontestablement vrai. Voilà à quoi se réduisent toutes nos interprétations. De tout cela, nous tirons deux corollaires.

417. *Premier corollaire.* — Nos explications se réduisent donc

à deux, tout au plus, à savoir : ou bien les seules molécules des corps simples sont composées de matière et de forme ; ou bien les molécules intégrales des corps mixtes eux-mêmes sont composées de matière et de forme. Une troisième explication, d'après laquelle il existerait, outre la forme de chaque molécule, une autre forme substantielle, qui, dans l'ensemble d'un ordre supérieur, s'emparerait des forces de la première, et la dirigerait, c'est une absurdité qu'on nous impute, pour n'avoir pas assez examiné nos écrits. Nous avons mille fois répété que la forme se dit *substantielle*, parce qu'elle sert à la première constitution de l'être et à la première subsistance du sujet ; que toute autre forme, supposant un être premier, n'est pas substantielle, mais accidentelle. Pouvions-nous donc songer à admettre une forme substantielle qui pût néanmoins survenir aux molécules déjà subsistantes en elles-mêmes, en vertu de leurs formes partielles ?

418. Mais, nous dira-t-on, en donnant la preuve tirée de la cristallisation, en faveur de la forme substantielle, vous l'avez développée de la manière suivante : « La simple attraction est
» identique dans tous les corps ; elle ne dit autre chose que rap-
» prochement de parties : comment pourrait-elle donc expliquer
» les différents types des cristaux de chaque substance, cet ordre
» frappant, varié, d'après lequel les molécules attirées s'orien-
» tent, pour ainsi dire, et concourent à constituer tantôt l'une,
» tantôt l'autre, des nombreuses figures géométriques ? N'est-il
» pas évident que l'attraction agit ici comme instrument d'un
» *principe d'un ordre supérieur* qui change suivant les diffé-
» rentes substances, et qui détermine l'attraction à s'exercer
» d'une manière plutôt que d'une autre, comme à suivre cer-
» taines lois plutôt que d'autres ? » Apparemment, vous admettez ici un *principe plus haut*, qui dirige l'attraction. Voilà donc une forme distincte des formes qui constituent l'essence des molécules.

A merveille ; seulement la conséquence s'étend au delà des prémisses. Il faut reconnaître dans les molécules, un principe au-dessus de la simple attraction ; dans ce principe est une forme substantielle différente de celle qui est la source de l'attraction. Mais où avons-nous avancé qu'il y a autant de formes substantielles constituant un sujet en acte, qu'il y a de forces actives dans le même sujet? N'avons-nous pas cent fois professé le contraire? D'où avons-nous déduit que, si l'âme rationnelle est la forme du corps, elle doit lui communiquer, non-seulement la vie et le sentiment, mais la subsistance et l'acte, quant à son être de corps? N'est-ce pas de l'axiome que, dans chaque être, la forme est une? Pouvions-nous donc soutenir ici la doctrine opposée? Au surplus, nous avions assez manifesté notre pensée, en disant que le principe susdit devait se rapporter à la constitution essentielle de la substance ; et nous terminions le paragraphe, en concluant que cette force, nécessairement diverse dans les différents corps (comme on le voit par les effets), est la forme substantielle. Il est donc nécessaire, d'après nous, qu'il y ait dans les cristaux un principe supérieur à la simple attraction, par lequel elle soit élevée à produire un effet au-dessus de sa nature. Ce principe est la forme constitutive de l'être substantiel des molécules du cristal, la source de toute force, et par conséquent de l'attraction elle-même, laquelle, découlant de ce principe, en est, par cela même, élevée et dirigée. Nous jugeons à propos d'avertir ici que l'argument tiré de la cristallisation n'est pas une nouvelle explication du système scolastique, mais une preuve de plus en faveur de la forme substantielle. Nous verrons, dans la suite de ce chapitre, si cette preuve a quelque force.

C'est donc à tort qu'on nous imputait cette troisième explication ; et toutes les objections qu'on nous faisait de ce côté, tombent d'elles-mêmes. Il est incontestable que la forme substantielle doit donner le premier acte et la première subsistance à la matière, et que le contraire serait opposé à la doctrine de saint Thomas et des Scolastiques. Mais cette imputation ne nous atteint pas : nous pensons et nous affirmons comme eux.

419. *Deuxième corollaire.* — Puisque nous avons exclu la troisième explication, les deux autres n'en forment en réalité qu'une seule. Elles ne font après tout que présenter sous un double aspect le point fondamental, l'idée-mère, pour ainsi dire, du système scolastique. Quelle est, en effet, l'idée capitale de ce système? C'est que les corps proprement dits, à savoir ceux qui sont des substances et non des agrégations et des mélanges de substances, se composent d'un double principe : l'un passif,

l'autre actif ; l'un puissance, l'autre acte ; l'un indéterminé, l'autre déterminant ; c'est-à-dire, qu'ils se composent de matière et de forme. Et ceci regarde l'essence. Car les Scolastiques faisaient consister la différence entre la substance spirituelle et la corporelle, en ce que la substance spirituelle peut subsister dans sa simplicité ; la substance corporelle, au contraire, dans sa subsistance même, se compose de deux constitutifs, dont l'un ne peut exister sans l'autre, à moins toutefois que l'un d'eux ne soit un esprit ; ce qui a lieu pour l'âme humaine, qui est la forme du corps. C'est là le point qui, dégagé de ce que la physique de l'école y avait ajouté, constitue en résumé la théorie scolastique touchant les corps. A ce point aussi reviennent nos deux interprétations. Il semble qu'il y en ait deux, et il n'y en a qu'une en réalité. Et, de fait, supposez que la chimie ait constaté dans la formation d'un corps mixte par des corps simples, qu'il n'y a ni corruption de ces derniers, ni production d'une nouvelle substance, mais seulement une combinaison intime d'atomes, qui, par conséquent, restent en acte, quoique paralysés dans l'exercice de leurs forces, que s'en suit-il ? Faudra-t-il rejeter pour cela la théorie générale des Scolastiques, touchant la forme et la matière ? Nullement. Il en résulte simplement, que les corps mixtes ne sont pas, à proprement parler, des corps, mais un assemblage de corps, que, par abus, on appellerait des substances ; tandis que, rigoureusement, ce ne sont que des groupes accidentels de substances. Ce sont les molécules des corps simples (petites ou grandes, n'importe), qui seraient des substances corporelles proprement dites ; ce seraient ces mêmes molécules qui, douées de continuité géométrique, ne résulteraient pas de la réunion d'autres substances, mais subsisteraient en elles-mêmes ; on appliquerait à ces molécules mêmes la théorie scolastique de la matière et de la forme. Cette théorie reste donc debout, même dans l'hypothèse que nous venons de faire.

420. On m'objectera que la preuve que les Scolastiques empruntaient à la transmutation substantielle, tomberait sous cette hypothèse. Les corps simples venant à faire partie d'un corps mixte ne se changeraient pas en une nouvelle substance ; ils s'allieraient seulement, à l'aide d'affinités chimiques, suivant des proportions et des lois données.

Je réponds d'abord : que cette preuve tombe, soit; le système n'en restera pas moins inébranlable, s'il se trouve appuyé sur d'autres preuves solides. Or, ces preuves, elles existent, et nous l'avons démontré. Mais, de plus, cette preuve ne perd pas toute sa force. Cette hypothèse en restreindrait seulement l'emploi. Elle n'aurait plus sa force pour les minéraux; mais elle la garderait toute entière pour les corps vivants. On peut, en effet, accorder que les corps simples restent en acte dans le corps mixte, sans changer de nature ; mais on ne peut nullement l'admettre pour ceux qui viennent à faire partie du végétal ou de l'animal. C'est là qu'ils doivent changer substantiellement, c'est-à-dire, quant à leur être premier; ils doivent devenir substance vivante ou même sensitive, en vertu du principe vital ou sensitif qui les élève et les informe. La raison en est que l'action vitale à laquelle ils sont élevés, doit émaner du fond de l'être. Or, ceci ne pourrait se faire, s'ils restaient dans leur être antérieur, et s'ils étaient seulement assujettis à l'impulsion et à l'action d'un principe vivant. S'il en était ainsi, l'action vitale appartiendrait en propre à ce dernier, et nullement aux premiers, puisqu'ils n'en seraient ni la source ni le sujet.

421. Vous me direz : Si l'interprétation qu'établit la forme substantielle dans les molécules des corps simples seulement, sauvegarde la substance du système scolastique, aussi bien que l'autre, qui l'admet dans celles des corps mixtes, pourquoi ne vous en êtes-vous pas tenu à la première, dont la chimie aurait été moins mécontentée ?

Réponse. — Nous n'avons jamais cru que le but du philosophe était de plaire à la chimie, mais bien à la vérité. Or, la vérité est plus satisfaite, ce nous semble, de la seconde interprétation. Elle sauvegarde l'idée-mère du système scolastique; de plus, elle en sauvegarde une chose importante, qui en relève et qui correspond mieux aux faits. La chimie, en outre, si elle était raisonnable, ne devait point s'en affliger ; on ne lui apporte aucun préjudice, puisque notre interprétation, laissant intact le cercle des expériences, résolvait un point de pure recherche métaphysique. L'adversaire, il est vrai, soutient que la théorie scolastique, sous ce point de vue, combat les principes de la chimie; mais nous examinerons ailleurs ses raisons. Donc, répliquerez-vous, s'il en est ainsi, vous pouviez abandonner la première interprétation, et vous en tenir à la seconde. Il n'était pas non plus prudent de faire ainsi. Car il s'agissait d'une théorie contre laquelle militaient d'incroyables préjugés. La prudence donc exigeait qu'en en sauvegardant la substance, on la proposât, d'un côté, de manière à pouvoir être reçue des plus difficiles ; et, de l'autre, qu'on laissât la facilité aux moins opiniâtres de l'embrasser dans son intégrité, telle que l'avaient enseignée les Scolastiques. C'est pourquoi nous avons cru utile de suivre cette marche; et nous avons proposé cette théorie sous les deux points de vue, tout en laissant aux autres la liberté de choisir.

ARTICLE III.

RÉPONSES AUX OBJECTIONS SUR LES DOCTRINES PRÉCÉDENTES.

422. Bien que les choses exposées montrent jusqu'à l'évidence que notre interprétation du système scolastique est parfaitement exacte sur le point métaphysique de la question, toutefois, il nous faut répondre aux objections que nous opposent nos adversaires. Ce que nous ferons, pour plus de clarté, en détail, indiquant immédiatement la réponse à chaque objection.

§ I.

Objections contre notre première interprétation.

423. *Première objection.* — Vous admettez, dans votre interprétation, des corps composés d'atomes. Ceci est contraire au système scolastique.

Réponse. — Nous distinguons. Nous admettons des corps composés d'atomes comme parties intégrantes, qui se rapportent seulement à l'étendue, ou à quelque autre variété accidentelle, oui ; nous admettons des corps composés d'atomes, comme de principes constitutifs de l'essence, nous le nions. De ces deux propositions, ce n'est pas la première, mais bien la seconde, qui serait contraire au point essentiel du système scolastique.

Qu'on se rappelle ce que nous avons remarqué plus haut. Si

les corps visibles ne sont pas doués d'unité et de continuité géométrique, s'ils ne sont que des agglomérations d'atomes, il n'y a que ces mêmes atomes qui soient de véritables substances. Partant, si vous ne trouvez ailleurs qu'en eux la composition de matière et de forme, vous sauvez l'idée-mère du système scolastique, selon lequel les seuls *corps substances*, et non pas les agglomérations de substances, sont composés de ces deux principes. Quant à la question de savoir si les agrégations se forment de telle ou telle manière, cela nous est indifférent. La réunion des atomes ne constitue pas l'essence de la substance, ou elle ne fait qu'en augmenter l'étendue, ou en modifier les qualités.

Deuxième objection. — Dans votre explication, vous admettez les atomes incorruptibles. N'est-ce pas contraire au système scolastique?

Réponse. — Nous distinguons encore : que ces atomes restent incorruptibles quand ils viennent à faire partie d'autres corps dans le règne minéral, on l'accorde; qu'ils restent incorruptibles quand ils viennent à faire partie d'autres corps dans le règne végétal ou animal, nous le nions.

Dans cette première hypothèse, les choses se passeraient de la manière suivante. Les atomes primitifs, c'est-à-dire, les molécules élémentaires des corps simples, seraient composés de matière et de forme. Ceux-ci, dans le règne minéral, en se réunissant entre eux par simple cohésion, formeraient les masses visibles des corps; en se réunissant à d'autres atomes hétérogènes par l'affinité chimique, ils formeraient les corps mixtes. Mais, lorsque du règne minéral ils passent au règne végétal ou animal, pour faire partie de l'organisme d'une plante d'un animal ou de l'homme, ils sont soumis à une véritable transmutation substantielle; puisque de substance morte ils deviennent substance vivante. Voilà ce que tout système doit admettre, sous peine de détruire l'idée d'action vitale, qui se distingue de l'action non-vitale, en tant qu'elle procède (comme nous l'avons dit plus haut), du fond du sujet même dans lequel elle est reçue et s'exerce; attendu que l'opération vitale est une opération immanente, procédant d'un principe intrinsèque, c'est-à-dire, d'un principe appartenant à l'être même de l'être vivant. Or, c'est ce qui ne pourrait avoir lieu sans la composition de matière et de forme, comme les anciens l'entendaient; puisque si l'organisme est une substance indépendamment du principe vital, celui-ci ne sera, par rapport à l'organisme, qu'un principe extrinsèque et efficient.

Troisième objection. — Dans votre manière d'interpréter le système scolastique, vous ne dites rien de l'*éduction*, c'est-à-dire de l'acte par lequel, à l'aide d'une force créée, la forme est tirée de la matière ; or cette *éduction* est précisément ce qui rendrait le système inadmissible. En effet, si les seuls atomes sont composés de ce double principe, et si, dans la formation des corps mixtes, ils ne se changent pas en une nouvelle substance, la production de nouvelles formes substantielles n'est plus nécessaire.

Réponse. — Tant mieux, s'il manque au système scolastique ce qui le rend inadmissible : notre interprétation a donc heureusement conservé l'idée-mère de ce système, en retranchant ce qu'on pouvait trouver de moins raisonnable. Du reste, cette *éduction*, même dans notre hypothèse, ne serait pas tout à fait rejetée ; car, si elle n'a pas lieu dans la formation des minéraux, on la retrouverait encore dans la production des êtres vivants. Quant à la prétendue impossibilité des formes substantielles, nous tâcherons plus bas de montrer qu'elle ne repose sur aucun fondement.

Quatrième objection. — Vous établissez la simplicité de la forme relativement à l'essence et aux parties quantitatives; de telle sorte qu'elle n'ait pas l'étendue formelle, mais bien l'étendue virtuelle. Or, en ceci, vous êtes encore en contradiction avec les Scolastiques, qui n'accordaient cette propriété qu'à l'âme humaine et à celle des animaux parfaits.

Réponse. — La forme, considérée en elle-même, ne peut jamais avoir d'étendue *formelle*; celle-ci n'existe que dans le composé, où elle se trouve, à raison de la matière en tant qu'actuée par la forme. Ce que disaient les Scolastiques, c'est que la forme, dans le composé, peut parfois devenir étendue *accidentellement*, c'est-à-dire, en vertu de la matière, à laquelle elle est trop assujettie par son imperfection. C'est ce qui arrive dans les formes des minéraux, des plantes, et de quelques animaux imparfaits. C'est en eux que la forme devient divisible accidentellement, c'est-à-dire, à raison du sujet que l'on divise ; c'est ce qui a pareillement lieu dans les formes accidentelles, telles que la *résistance*, l'*affinité*, la *gravité*, qui, quoique inétendues par elles-mêmes, deviennent étendues accidentellement, à cause du sujet qu'elles actuent et dont elles sont tout à fait dépendantes dans leur être. Mais cette étendue accidentelle de la forme ne se retrouve plus dans les animaux parfaits. Dans leur corps, toute partie séparée cesse immédiatement de vivre ; ce qui montre que la forme en eux n'est pas étendue même accidentellement, puisqu'elle n'est nullement divisible. A plus forte raison faut-il dire la même chose de l'âme humaine, substance spirituelle et, partant, simple, indépendante de la matière. Cette doctrine est identique à celle des plus célèbres Scolastiques, et surtout de saint Thomas, dont nous suivons les traces. Si quelques Scolastiques s'en éloignent dans quelques-uns de ces points, peu importe ; car on ne peut raisonnablement prétendre que, dans tous les accessoires, nous nous trouvions d'accord avec tous ceux qui appartiennent à cette école.

Cinquième objection. — Quand même l'atome devrait se composer de cette double réalité, dont l'une serait le principe de l'étendue, et l'autre le principe de l'activité, il n'en résulterait pas que celle-ci dût être considérée comme acte substantiel relativement à celle-là. Elle serait tout au plus une condition *sine quâ non* pour que l'étendue existât.

De plus, cette théorie distingue l'étendue de la résistance. Les anciens l'identifiaient. Suarez dit : *Quid sit habere molem corpoream declarare non possumus, nisi per ordinem ad hunc effectum, qui est expellere similem molem ab eodem spatio, non quidem actu...., sed aptitudine* [1].

Réponse. — Nous ne pouvons accorder la première assertion. Lorsqu'une chose est tellement nécessaire à la première existence d'un être quelconque, que son attribut propre entre inévitablement dans celui de cet être, on ne doit plus la regarder comme une simple condition, mais comme un second principe substantiel. Or, c'est là précisément ce qui a lieu dans le cas présent, où l'étendue ne peut naître des atomes qu'en participant

---

[1] *Metaph. Disputationum*, Disp. 11, sect. 4,

de l'activité. Il faut donc que le principe d'où émane l'activité, devienne une même substance avec le principe d'où découle l'étendue, et qu'il constitue avec ce dernier une seule subsistance, dont tous les attributs dérivent comme d'un principe immédiat.

Nous nions de même que les anciens aient confondu l'étendue avec la résistance. Si Suarez ou d'autres se servent de quelques termes qui puissent prêter à une telle confusion, c'est parce qu'ils parlent de l'étendue en tant qu'elle existe dans le composé, c'est-à-dire, dans la matière déjà actuée par la forme, et non pas, comme nous, en tant qu'elle se rapporte à la seule matière. Il n'est donc pas étonnant qu'ils y comprennent aussi la résistance, qui, dans l'étendue, tire son origine de la forme. Du reste, pour défendre le point fondamental de la doctrine, nous n'avons pas la ridicule prétention de nous charger du lourd fardeau de défendre à la fois tous les points accessoires de chaque écrivain scolastique en particulier, et de les faire concorder. Nous ne prétendons le faire que pour saint Thomas.

Sixième objection. — Enfin, on pourrait dire : par matière, vous entendez ou l'étendue, ou une réalité d'où surgit l'étendue. De même, par forme, vous entendez ou une force, ou une réalité d'où surgit la force. Dans l'un et l'autre de ces cas, vous n'êtes pas d'accord avec les Scolastiques. Dans le premier, parce qu'ils mettaient l'étendue et les forces au nombre des accidents ; dans le second, parce qu'ils ne donnaient pas la même définition de la matière et de la forme, et reconnaissaient entre elles le rapport qui existe entre la puissance et l'acte. Or, ce rapport n'a pas lieu ; ou, du moins, il n'est pas démontré qu'il existe entre ces deux réalités qui ne sont que deux *inconnus*.

Réponse. — Nous avons cent fois répété qu'on ne peut, par matière, entendre l'étendue, comme le voulaient les Cartésiens, mais bien la réalité d'où émane l'étendue. De ce côté donc, l'objection n'a aucune force. Nous avons de même assez clairement expliqué que, par forme, nous entendons la réalité d'où émanent les forces actives du composé. De ce côté donc aussi, la difficulté s'évanouit. Pour nous, comme pour les anciens, la matière et la forme ne sont pas l'étendue et la force d'agir, mais deux principes substantiels, qui, joints ensemble, constituent l'être premier de la substance corporelle, d'où découlent l'étendue et l'activité ; de sorte qu'elles se rapportent comme à leur premier principe, l'une à la matière, l'autre à la forme. *Quantitas se tenet ex parte materiæ. Compositum non agit ratione materiæ, sed ratione formæ, quæ est actus et actionis principium*[1].

Mais les anciens, dira-t-on, ne définissaient pas la matière et la forme, par rapport à l'étendue et à l'activité, comme vous le faites. Nous répondons : lorsqu'il s'agit d'expliquer les principes de choses cachées et qu'on ne découvre qu'à l'aide du raisonnement, l'unique voie de les faire comprendre, c'est d'en spécifier le concept général, à l'aide de certaines notions correspondantes aux effets qu'elles produisent et par lesquels elles se manifestent. D'ailleurs, la sagesse exige qu'entre ces différents points de vue, on choisisse ceux que l'on croit plus à la portée de ceux à qui on parle. Or, la matière présente différents aspects : celui de sujet premier, capable d'être déterminé par la forme, pour former une substance ; celui de premier principe de l'étendue ; celui de principe absolument passif, en tant que, relativement à l'être, il a besoin d'être actué par la forme, et en tant que, donnant origine à l'étendue des corps, il les rend capables de recevoir l'action d'autres corps, qui n'agissent que par le contact de la quantité. La forme aussi a ses différents aspects : elle est acte substantiel ; source d'activité dans le sujet ; source d'unité, et ainsi de suite.

Or, les Scolastiques, frappés de cette idée, que la substance est constituée par le premier être de la chose, et que le corps, en tant que substance, est composé, ont sagement agi, lorsque, pour définir la substance, ils ont employé la notion de sujet premier et de pure puissance ; et lorsque, pour définir la forme, ils se sont servis de la notion d'acte premier ; ou encore quand, pour les décrire toutes les deux, ils ont eu recours à la notion de substance incomplète. Mais aujourd'hui, que ces idées sont devenues moins familières aux philosophes modernes, nous avons jugé préférable de présenter les notions sous un point de vue plus accessible à l'intelligence commune. L'imagination rencontre moins d'obstacle à se représenter l'étendue et à con-

---

[1] S. *Thomas in* 4. *Sententiarum Distinct.* 12, q. 1, a 2.

cevoir l'activité, dont les effets lui sont rappelés par les sens. Aussi, avons-nous jugé plus opportun de définir la matière par rapport à l'étendue dont elle est le principe, et la forme par rapport à l'activité, dont elle est la source. D'ailleurs, nous avons fait remarquer que, ni l'étendue ne pouvait avoir lieu sans l'activité, ni l'activité sans l'étendue ; et, de cette manière, nous avons conduit le lecteur, presque par la main, à comprendre que ces deux réalités, dont l'étendue et l'activité découlent, étaient en même temps nécessaires pour constituer l'être substantiel des corps ; que ces deux principes étaient des substances incomplètes et partielles, ou, s'il est permis de parler ainsi, des *comprincipes substantiels*.

De là il résulte encore qu'entre eux, il doit y avoir relation de puissance et d'acte, et non pas relation de simple condition. Car, si la réalité, source de l'étendue, est par elle-même indifférente à constituer tout corps ; si la détermination à constituer un corps plutôt que l'autre, lui vient de la forme, source de l'activité, on est forcé de conclure que la matière est puissance substantielle, relativement à l'être du corps, et que la forme en est l'acte pareillement substantiel. C'est ainsi que la matière et la forme, inconnues par elles-mêmes, deviennent connues par le raisonnement.

§ II.

Objections contre le second mode d'explication, qui admet la forme substantielle, même dans les corps mixtes.

424. Nous serons brefs. L'adversaire nous accorde que cette interprétation représente bien le système scolastique, sauf les points signalés dans les objections suivantes :

Première objection. — Vous n'admettez pas les quatre éléments des anciens, mais bien le nombre de corps simples découverts par la chimie. Donc, votre système diffère du système scolastique.

Réponse. — Nous accordons l'antécédent ; nous nions le conséquent. Le système scolastique, pour ce qui regarde purement l'essence des corps, ne consiste pas dans les quatre éléments, mais dans la composition de matière et de forme, relativement à la substance de ces mêmes corps. La doctrine des quatre éléments était une doctrine purement physique ; elle n'était pas du ressort de la spéculation, mais de l'expérience. On a donc pu, à bon droit, la trouver fausse, sans que le système métaphysique en fût atteint. En effet, la chimie reconnaît à présent soixante-trois corps simples. Il n'y a pas longtemps, ce nombre était moindre. Dans quelques années, peut-être, il augmentera. Or, si, dans un siècle, on constate que la plupart de nos prétendus corps simples sont eux-mêmes composés, et, partant, que le nombre des corps simples est augmenté, pourra-t-on conclure que le système chimique d'aujourd'hui est devenu faux ? Pourra-t-on soutenir que le système qui, à cette époque à venir, fera toujours consister dans les atomes primitifs l'essence des corps, soit différent du système dont le but actuel est de maintenir la même théorie ? Pourquoi donc le système scolastique ne pourrait-il bénéficier de la même manière de raisonner [1] ?

De là, la réponse à donner à ceux de nos adversaires qui reprochent à notre système de différer de celui des Scolastiques, en ce que ceux-ci admettaient dans les corps mixtes les plus parfaits le concours des quatre éléments, tandis que nous ne voulons certainement pas que les 63 corps simples des modernes concourent à former ces corps mixtes. Tout ceci est une question de chimie, et n'a rien à faire avec le côté métaphysique du système. Si l'on vient à découvrir plus tard, qu'il existe dans l'atmosphère, outre l'oxygène et l'azote, quelqu'autre composant substantiel, faudra-t-il annoncer la ruine du système atomique ? De même faut-il nous reprocher d'avoir essentiellement changé

---

[1] Expliquons la chose par un exemple. Au temps de saint Hilaire, on croyait que le sel commun était composé d'eau et de feu : *Sal est in se uno continens aquæ et ignis elementum, et hoc ex duobus est unum.* Les chimistes modernes ont constaté qu'il se compose de chlore et de sodium. Cette différence est du ressort exclusif de la chimie, et elle n'a rien à démêler avec la métaphysique. Quels que soient les éléments dont le sel tire immédiatement son origine, le métaphysicien demande si c'est une nouvelle substance, oui ou non. Si l'on répond négativement, on ne sort pas du domaine de la chimie et de la physique ; si l'on répond affirmativement, cette nouvelle substance devient aussi l'objet de la métaphysique, qui démontre qu'elle ne saurait exister, si elle n'était composée de matière et de forme substantielle.

le système scolastique, parce que nous reconnaissons un plus grand nombre de corps élémentaires, ou une manière différente d'arriver à la formation des corps mixtes.

Deuxième objection. — Quand les anciens disaient que les éléments restaient virtuellement dans le corps mixte, ils voulaient dire que, outre la matière, leurs qualités y restaient aussi, quoique dans un moindre degré : ces qualités n'étaient autre chose que le chaud, le froid, le sec et l'humide. Or, vous n'admettez pas ces qualités élémentaires, mais vous vous en tenez aux doctrines des physiciens modernes. Aussi êtes-vous obligé d'expliquer différemment la composition des corps. Donc, votre système diffère de l'ancien.

Réponse. — C'est toujours au fond le même argument. C'est parce que, dans notre interprétation, nous n'admettons pas la partie physique ou chimique du système scolastique qu'on veut inférer qu'elle en diffère par la partie même métaphysique. Même réponse : concession de l'antécédent, négation du conséquent. Du reste, voici la doctrine des Scolastiques dans cette matière. Ils disaient que les corps simples restaient dans le corps mixte, non en acte, mais en vertu (*in virtute*). *Quæ miscentur, mixtione jam facta, non manent actu sed virtute tantum. Nam si actu manerent, non esset mixtio sed confusio tantum. Unde mixtum ex elementis, nullum eorum est* [1]. Et parce que dans la transmutation substantielle, la forme seule change, la matière restant toujours la même, la permanence virtuelle dont on parle ne regarde que les formes. *Formæ elementorum manent in mixto non actu sed virtute* [2]. Donc, puisque les formes des corps simples ne restent pas en acte, mais en vertu, il faut de même que les forces opératives, naissant de la forme, ne restent pas en acte, mais en vertu. *Sunt igitur virtutes formarum substantialium simplicium corporum, in corporibus mixtis, non actu, sed virtute* [3]. Il en est de même de toute autre qualité. Toute qualité tire son origine de la forme. *Quantitas se tenet ex parte materiæ; qualitas ex parte formæ* [4]. Nous

---

[1] S. Thomas. *Contra Gentiles*, l. 2, c. 56.
[2] S. Thomas. *Summa theol.*, 1. p., q. 76, a. 4. ad. 4.
[3] S. Thomas, in 1m. *De Gener.*, lect. 24.
[4] S. Thomas. in 4m. *Sententiarum Dist.* 12, q 1, a. 2.

affirmons la même chose. Les modernes, au contraire, disent que les qualités des corps simples, dans le corps mixte, se neutralisent, c'est-à-dire, se changent en d'autres qualités, et par là ils tombent dans un embarras dont nous nous délivrons. Car ils admettent la permanence actuelle des corps simples, et nous ne l'admettons que virtuelle. Or, il n'y a rien d'étrange en ce que les qualités d'un être restant virtuellement dans un autre né se manifestent pas, tandis qu'il est difficile de concevoir que des qualités d'un être qui restent en acte, cessent d'agir, ou ne se manifestent point.

Troisième objection. — Vous n'avez aucun droit d'appeler éléments les substances simples des modernes. Vous ne pouvez les appeler ainsi dans le sens des modernes, ni dans le sens des anciens. Vous ne le pouvez pas dans le sens des anciens, parce qu'ils appelaient *éléments* les quatre prétendus corps simples, suivant l'opinion que tous les quatre eussent part à la formation de chaque corps mixte. Vous ne le pouvez non plus dans le sens des modernes : ceux-ci, en effet, appellent *éléments* les corps simples, en tant qu'ils ne sont pas composés de plusieurs substances hétérogènes, actuellement conjointes. Or, vous n'admettez ni l'une ni l'autre de ces deux notions. D'après votre doctrine, comme l'oxygène est un élément de l'eau, car c'est lui qui la produit ; de même, il faudrait dire que l'eau est un élément de l'oxygène. Dans les deux cas, une substance naît de la corruption de l'autre. Voire même, il faudrait dire que l'huile est un élément de l'eau, parce que, lorsqu'elle brûle, dans l'oxygène de l'air, elle dégage, outre l'acide carbonique, de la vapeur d'eau.

Réponse. — A quelles minuties nous contraint-on de descendre ! Nous disons d'abord : en n'acceptant de la chimie moderne que ses expériences, et du système scolastique que sa philosophie, nous pouvons parfaitement appeler *éléments*, les corps simples, dans le sens des anciens, aussi bien que dans le sens des modernes. Nous le pouvons dans le sens des anciens, puisque saint Thomas définit les éléments : *Corpora in quæ alia resolvuntur, ipsa vero non resolvuntur in alia* [1]. Nous le pouvons dans le sens des modernes, puisque ceux-ci appellent élé-

---

[1] In 3m. *De cœlo,* lect. 8.

ments les corps simples dont se composent les corps mixtes, et font complétement abstraction de leur permanence actuelle, que notre adversaire se permet arbitrairement de leur attribuer.

De plus, il n'est pas prouvé que les anciens aient fait entrer les quatre éléments dans tous les corps mixtes. Ils les admettaient seulement dans les corps mixtes d'un ordre supérieur, comme les corps vivants ; dans les autres, ils n'en reconnaissaient que deux ou trois, tout au plus. Du reste, eussent-ils admis ce que veut notre adversaire, la notion de corps élémentaires n'aurait rien à démêler avec une opinion tout à fait en dehors de notre question.

Enfin, les exemples qu'on nous oppose ne font rien à la chose, et n'ont pas le mérite de l'à-propos. Les éléments ne se composent pas d'autres substances hétérogènes contenues virtuellement en eux. De plus, une chose en contient virtuellement d'autres, lorsque, de sa corruption, ses composants reviennent de nouveau en acte. L'hydrogène et l'oxygène sont des éléments de l'eau, parce que de la corruption de l'eau on obtient l'hydrogène et l'oxygène. Mais l'eau ne peut se dire élément de l'hydrogène ni de l'oxygène, parce que de la corruption de l'un ou de l'autre, on n'obtient certainement pas de l'eau combinée avec quelque autre substance. De là il résulte encore que, bien que dans la combustion de l'huile dans l'oxygène de l'air, outre l'acide carbonique, il se dégage aussi de la vapeur d'eau ; cependant de la corruption de l'eau on n'obtient pas de l'huile, mais seulement l'hydrogène et l'oxygène.

425. *Conclusion.* I. Il faut, dans la doctrine des Scolastiques, distinguer la partie métaphysique de la partie physique. La première est incontestable. Elle est le fruit de profondes méditations, appuyées sur des principes avoués par la raison, sur des faits de pure observation et souvent aidés de la révélation. La seconde a besoin de réforme, et elle a été réformée en effet par la science moderne ; de même que la science moderne sera en grande partie réformée par de nouvelles expériences, dans les siècles à venir. Mais quelles que soient ou que doivent être ces réformes, elles ne porteront aucun préjudice à la question métaphysique.

II. La théorie de la composition substantielle des corps que nous ont donnée les Scolastiques, regarde la partie métaphysique de leur doctrine, parce qu'elle traite des constitutifs de l'essence même des corps, en tant que corps. Or, ces constitutifs sont hors du domaine de toute expérience; ils ne sont saisissables que par le raisonnement, puisque l'expérience commence et se termine toujours sur des corps actués.

III. Les points qui se rapportent à la partie physique n'ont donc rien à faire avec cette question métaphysique. Partant, ce ne serait pas raisonner, que de confondre une chose avec l'autre, de vouloir démontrer la fausseté de l'une, par la fausseté de l'autre, et se persuader qu'on s'éloigne de la théorie scolastique sur les principes constitutifs de l'essence des corps, par là même, qu'on n'admet pas les quatre éléments, ou tout autre point de la physique ancienne.

ARTICLE IV.

VALEUR DES PREUVES TIRÉES DE LA NATURE ET DES PROPRIÉTÉS DES CORPS.

426. Discutons maintenant les arguments à l'aide desquels nous avons démontré le système scolastique, et que l'adversaire désire voir réduits à la forme dialectique.

§ I.

Première démonstration.

427. Notre première démonstration était fondée sur la concession faite par l'atomisme dynamique, en ce sens que les atomes primitifs des corps sont essentiellement doués d'activité. Elle procédait ainsi :

Les atomes sont essentiellement doués d'extension et d'activité. Donc, outre la matière, c'est-à-dire le principe dont résulte l'extension, ils se composent dans leur essence d'un principe formel, c'est-à-dire, de celui dont résulte l'activité.

Démontrons la conséquence.

428. *Premier argument.* L'activité ne peut jaillir du même principe que l'extension; car les caractères de l'une sont con-

traires et opposés aux caractères de l'autre ; et des propriétés douées de caractères opposés et contraires exigent radicalement des principes différents. Que les caractères de l'activité soient opposés et contraires à ceux de l'extension, c'est évident, car c'est le propre de l'extension de désunir l'être, de le multiplier, de l'éparpiller, de le diviser à l'infini ; l'activité, au contraire, dit par elle-même unité, simplicité, négation de parties et de division. Et, en cela, nous avons pour nous Leibnitz. Il soutient expressément que les forces dans les corps doivent avoir une autre origine que celle qui produit la multiplicité des parties. « Au commencement, lorsque je m'étais affranchi du joug d'A-
» ristote, j'avais donné dans le vide et dans les atomes, car c'est
» ce qui remplit le mieux l'imagination ; mais, en étant revenu
» après bien des méditations, je m'aperçus qu'il est impossible de
» trouver les principes d'une véritable unité dans la matière seule,
» ou dans ce qui n'est que passif, puisque tout n'y est que collec-
» tions ou amas de parties à l'infini. Or, la multitude ne pouvant
» avoir sa réalité que des unités véritables, qui viennent d'ail-
» leurs et sont tout autre chose que les points, dont il est cons-
» tant que le continu ne saurait être composé ; donc, pour trouver
» ces unités réelles, je fus contraint de recourir à un atome formel ;
» puisqu'un être matériel ne saurait être en même temps maté-
» riel et parfaitement indivisible, ou doué d'une véritable unité.
» Il fallut donc rappeler et comme réhabiliter les formes subs-
» tantielles [1]. » Que dis-je ? nous avons pour nous presque tous les philosophes, qui, comme les dynamistes nièrent la matière, ou bien s'ils la reconnurent n'en firent jamais une source propre d'activité. On le voit donc, notre maxime n'est point que *toute substance douée de plusieurs propriétés doit être composée d'autant de principes;* mais que *toute substance douée de propriétés contraires ne peut être composée d'un seul principe.* L'examen de ces propriétés nous amène à conclure qu'il suffit de reconnaître deux seuls principes substantiels ; car la contrariété existe entre l'extension et l'activité, et c'est dans l'une des deux que se fondent toutes les autres propriétés. On

---

[1] *Système Nouveau de la nature*, page 424. *Opera philosophica*, etc. Berolini 1840.

le voit donc encore, l'objection tirée de la condition de l'âme qui, quoique simple, est douée cependant d'intelligence et de volonté, est hors de propos ; car la volonté n'est pas opposée à l'intelligence, mais elle en est la conséquence naturelle. Il n'y a donc pas à s'étonner qu'elle découle d'un même principe.

429. Vous nous direz : 1° l'extension, en vertu de sa continuité, équivaut à l'unité.

Nous répondons : La continuité même de l'extension ne peut être conçue que comme procédant d'un principe autre que celui dont procède la multiplicité des parties, comme nous l'expliquerons plus loin. L'extension continue ne peut être conçue sans la résistance qui empêche les parties de se compénétrer entre elles et de se réduire à un seul point ; en elle donc on trouve une propriété moyenne entre l'extension et l'activité, et qui, par conséquent, participe des caractères des deux extrêmes. Dans le continu il y a des parties hors des parties (car c'est l'effet formel de la quantité), et cependant ces parties ne forment point chacune par elle-même un être et partant une unité, mais toutes sont comprises dans une seule unité sans se compénétrer entre elles. On voit par là que la substance de l'atome de laquelle procède immédiatement l'extension continue, est un composé d'un double principe, savoir, de celui dont procède l'extension, et de celui dont procède l'activité. Ainsi, l'objection se change en une confirmation de notre argument.

Vous me direz : 2° Vous allez trop loin ; il peut s'en suivre tout au plus que l'atome doit résulter de deux parties substantielles, mais non que ces parties doivent être matière et forme ; car la matière et la forme doivent être deux substances incomplètes, et avoir entre elles le rapport de puissance et d'acte.

Nous répondons : S'il est démontré que le corps est composé de deux parties substantielles, il est encore démontré que chacune d'elles est une substance incomplète. Cette expression de *substance incomplète* que signifie-t-elle, sinon partie constituante d'une substance, mais partie incapable à elle seule de faire une substance complète ? De même, le principe qui concourt à former le corps, comme une réalité d'où jaillit l'extension, concourt comme puissance à l'être de substance, car il dit indifférence à constituer quelque corps que ce soit, les corps ne différant pas entre eux quant à l'extension. Au contraire, le principe qui concourt à constituer le corps, comme source d'activité, y concourt comme acte, puisqu'il détermine le sujet à être tel corps plutôt que tel autre. Donc les deux parties constitutives de la substance corporelle ont entre elles la relation de puissance et d'acte.

430. *Deuxième argument.* — Les atomes, lorsqu'ils viennent à faire partie de l'être vivant ou de l'animal, changent quant à la source de leur activité; mais ils demeurent les mêmes quant à la source de leur extension. Donc l'activité procède en eux d'un principe autre que celui dont procède l'extension. Qu'ils changent relativement à la source de leur activité, quand ils viennent à faire partie de l'être vivant ou de l'animal, c'est évident : car alors en eux toute l'activité procède du principe vital, ou sensitif, qui doit constituer l'être même du sujet vivant ou sensible. En effet, les opérations de la vie relèvent d'un principe intrinsèque, c'est-à-dire d'un principe qui constitue l'être substantiel du sujet.

431. *Troisième argument.* — Si l'activité de l'atome procédait du même principe d'où résulte l'extension, la matière serait active par elle-même. Cela répugne; car alors la matière, en tant que matière, pourrait aussi produire la vie, le sentiment. On tomberait ainsi dans l'opinion de Günther, ou au moins dans celle de Baltzer, qui, toutes les deux, ont été condamnées par Pie IX. Nous avons dit que dans ce cas la vie et le sentiment pourraient être produits par la matière ; car dans cette hypothèse rien n'empêcherait de le dire. Nous avons ajouté que l'on tomberait dans l'opinion de Günther ou de Baltzer. En effet, s'il ne répugne pas en général que la vie et le sentiment jaillissent de la matière, on ne voit pas pourquoi elles doivent, dans l'homme, jaillir de l'âme.

Vous direz : 1° Qu'entendez-vous par matière ? Si c'est la matière première, nous ne l'admettons pas. Si c'est la matière seconde, c'est-à-dire le corps, elle est aussi pour nous une source d'activité.

Nous répondons : Nous entendons par matière la réalité source de l'extension. Cette réalité est pour nous une matière première qui ne peut exister sans le principe formel; pour vous, c'est tout l'être substantiel du corps. Pour nous donc, le corps est source d'activité, mais en vertu de la forme qui le réalise et le spécifie ; pour vous le corps est source d'activité, en vertu de la seule réalité, source de l'extension, sans aucun principe formel qui l'ennoblisse.

Vous direz : 2° Il ne suit pas cependant de là que la vie et la sensibilité puissent résulter de la seule matière, comme en résultent pour nous la résistance et les autres forces des minéraux. Car celles-ci sont étendues, puisqu'on les retrouve sur tous les points du sujet, tandis que la vie et la sensibilité sont sans étendue. La différence est donc immense.

Nous répondons en niant la prétendue disparité. Quant à la raison qu'on apporte, nous distinguons. La résistance et les autres forces des minéraux sont étendues *per accidens*, c'est-à-dire, à cause du sujet étendu auquel elles adhèrent, oui. Elles sont étendues *per se*, c'est-à-dire, à raison de leur propre entité, non. Proportionnellement, on doit dire la même chose de la vie et de la sensibilité : elles sont sans étendue *per se*, on l'accorde ; elles sont encore sans étendue *per accidens*, on le nie.

La résistance et toute autre activité du minéral est *de soi* sans étendue ; autrement elle aurait une figure, et on pourrait demander si elle est pyramidale, ou cubique, ou cylindrique. Cependant elle est étendue par *accident*, c'est-à-dire, en tant qu'elle informe un sujet étendu, à la nature duquel elle participe. Or, il en est de même des forces végétatives et sensitives, qui sont organiques et dépendent de l'organisme, et qui, par conséquent, sont étendues *per accidens*. Certainement le sens du toucher, est répandu par tout le corps, et celui de la vue se suivre dans les deux yeux. De même que l'idée de résistance ou de attraction ne peut être attribuée qu'à un corps, de même on ne peut attribuer la faculté de sentir ou de végéter qu'à un organisme. Une action exercée hors de l'extension, sans le concours intrinsèque des organes, ne serait ni une végétation ni une sensation. C'est ce qui aurait lieu même dans l'opinion de notre adversaire, qui admet que les facultés sensitives sont attachées aux organes, et que le seul composé peut sentir.

Direz-vous : 3° La sensibilité dans l'homme procède de l'âme ; car la conscience nous témoigne que la sensation appartient au même moi ?

Réponse. — Mais la conscience vous atteste encore en quelque manière la même chose de la faculté de résister. Ne sommes-nous pas dans le vrai lorsque nous disons : Je suis impénétrable, je suis résistant, et cela à cause des sensations mêmes que nous éprouvons dans notre organisme? Si donc, malgré cela, la résistance et les autres forces moléculaires peuvent, selon notre adversaire, résulter en nous de la pure matière, pourquoi n'en sera-t-il point de même du sentiment? De deux choses l'une : ou bien il faut admettre contre l'atomisme dynamique que l'activité est accidentelle et surajoutée à la matière, déjà substance par elle-même; ou bien il faut dire qu'elle procède dans le corps d'un principe qui donne l'acte à la matière, c'est-à-dire, de la forme substantielle. Aussi avons-nous dit que les défenseurs de l'atomisme dynamique, lequel en substance est le même que l'atomisme chimique, devraient ou rétracter leur système, ou revenir au système scolastique.

On répliquera : Eh bien! plutôt que d'admettre cette forme substantielle, nous préférons rétracter notre système; et, d'après l'atomisme pur, nous concevrons la substance de l'atome uniquement comme une réalité étendue, à laquelle vient s'ajouter la résistance comme qualité ou accident.

Réponse. — Vous ne pouvez le faire, car, ainsi que nous l'avons observé plus haut et que nous le confirmerons bientôt, si on écarte l'activité, l'extension elle-même s'évanouit. L'extension demande des parties en dehors les unes des autres; or elles ne pourraient exister sans une force qui les empêche de se compénétrer, de manière que toutes ne se réunissent en un seul et même point [1].

Ce raisonnement suffirait à lui seul; cependant, nous exposerons brièvement aussi les autres arguments.

---

[1] On voit par là combien les Scolastiques avaient raison d'établir que l'extension, quoiqu'elle tire radicalement son origine de la matière, résulte cependant immédiatement du composé, c'est-à-dire, de la matière déjà actuée par la forme.

§ II.

Deuxième démonstration.

432. Notre seconde démonstration était prise des propriétés les plus communes des atomes ; c'est ainsi qu'elle procédait.

Les atomes sont continus, figurés, résistants, mobiles ; donc ils sont composés de matière et de forme. Prouvons la conséquence. Et d'abord, *quant à la continuité*, l'extension continue ne peut exister sans un principe d'unité et un principe de multiplicité ; car le continu est un et multiple, il a des parties distinctes et il est identique en chacune d'elles. Il serait faux de dire que ses parties sont seulement en puissance. Car il est très-vrai de dire, si on les considère à un point de vue, qu'elles sont déjà en acte ; parce que la partie supérieure n'est certainement pas l'inférieure ; la droite n'est pas la gauche ; celles qui sont au centre, ne sont pas celles qui se trouvent à la circonférence.

Cependant ces parties ne sont pas divisées, mais seulement divisibles ; on ne peut pas les compter, elles sont indéfinies, puisque le nombre résulte de la division. Ceci ne peut s'entendre sans un principe simple qui comprenne dans son unité toutes les parties de l'étendue, en donnant l'actualité au sujet dont elles découlent. L'extension continue, dont vous ne pouvez certainement faire abstraction, si vous voulez expliquer la réalité de la masse des corps, vous présente des caractères manifestement opposés entre eux, je pourrais même dire contradictoires. Elle ne peut donc résulter d'un principe unique. Un tel principe devrait en quelque manière s'affirmer et se nier lui-même. Il faut donc que l'extension ait une double racine, dont l'une se rapporte à la multiplicité des parties, l'autre à leur unité et à leur état de cohésion. En vertu de la première, les parties sont les unes hors des autres ; en vertu de la seconde, les unes rentrent, pour ainsi dire, dans les autres et appartiennent à un seul tout, identique et non divisé. En d'autres termes, l'extension continue existe dans le corps en tant que le corps même est composé d'un double principe, dont l'un produit la multiplicité et la diffusion; l'autre l'unité et la concentration [1]. Par là encore, on explique pourquoi les atomes primitifs sont physiquement indivisibles, chose reconnue par la chimie, mais dont elle ne donne pas la raison intime ; raison que, du reste, ne pourront jamais assigner ceux qui n'admettent pas la composition essentielle de l'atome. Car tout ce qui est étendu, en tant que tel, est toujours divisible; et, partant, la raison pour laquelle au moins les forces naturelles ne peuvent pas la diviser, cette raison ne peut être tirée du même principe d'où surgit l'extension. On peut très-bien, au contraire, la tirer du principe opposé, savoir de celui dont procède l'unité ; car il peut être tel, que, pour informer un sujet et déployer en lui ses forces, il demande absolument une quantité déterminée. C'est précisément la raison qu'en donne saint Thomas : *Licet corpus, mathematice acceptum, sit divisibile in infinitum; corpus tamen naturale non est divisibile in infinitum. In corpore enim mathematico non consideratur nisi quantitas, in qua nihil invenitur divisioni repugnans ; sed in corpore naturali invenitur forma naturalis, quæ requirit determinatam quantitatem sicut et alia accidentia* [2].

433. *Quant à la figure.* L'atome primitif est certainement doué d'une figure déterminée. Cette figure ne peut émaner du principe d'où émane l'extension ; car ce principe, en tant qu'il est source d'extension, est indifférent à quelque figure que ce soit. Il faut donc supposer dans l'atome un autre principe, qui rende raison de telle figure plutôt que de telle autre, ou de la tendance déterminée à l'acquérir.

Cette détermination, dira-t-on, pourra procéder ou de la volonté du Créateur, ou des circonstances extrinsèques, ou de la diversité spécifique de la réalité même de l'atome.

Réponse. — Aucune de ces assertions ne peut être soutenue. La volonté du Créateur est une cause efficiente et extérieure; et nous cherchons la cause formelle et intérieure. Dieu veut que l'âme soit libre ; mais s'il n'y avait dans l'âme même la racine

---

[1] Si l'on concevait ainsi la force expansive et la force de concentration dont Kant veut que les corps soient composés, sa proposition, malgré l'inexactitude des termes, contiendrait une vérité incontestable.

[2] In 1ᵐ. *Physicorum*, lect. 9.

de cette qualité comme effet d'une telle volonté, cette volonté serait inefficace. Il en est de même dans le cas présent. Dieu veut que telle figure déterminée soit propre à telle essence; mais en vertu de cette volonté, il faut que dans cette essence soit produit quelque chose qui soit intimement lié avec la figure dont il est question. D'un autre côté, des circonstances extrinsèques ne peuvent déterminer l'atome à prendre telle figure en particulier; car selon les principes mêmes de l'atomisme chimique, l'atome primitif est de sa nature indivisible et solide. Or, ce qui est tel se conçoit déjà avec une figure déterminée antécédemment à toute circonstance extérieure. Enfin, la différence de l'essence est relative à celle de l'opération, puisque c'est de l'opération que nous déduisons l'essence; et elle ne peut dériver dans l'atome du principe d'où dérive l'extension, sans supposer la matière active par elle-même, contre ce qui a été démontré plus haut.

434. *Quant à la résistance.* La résistance est une propriété essentielle de l'atome; et cette proposition, l'atomisme chimique non-seulement nous l'accorde, mais il la pousse même peut-être au delà de la vérité [1]. Donc elle doit résulter d'un principe actuant qui appartient à l'essence. Et partant l'essence de l'atome, outre le principe générateur de l'extension, doit être composée de cet autre principe mentionné ci-dessus, à moins d'admettre la matière active par elle-même.

Cet argument, dira-t-on, ne diffère point de celui dont on s'est servi plus haut pour démontrer la nécessité de la forme substantielle, par la raison tirée de l'activité. C'est très-vrai : le fond de la preuve est le même ; l'application seule est différente, en tant qu'elle se rapporte à la seule force de résistance.

Quant à la mobilité, afin que l'atome étendu reçoive le mouvement, il faut qu'à l'instant même où il est mu, il s'empare

---

[1] D'après les atomistes, le corps sans la résistance ne peut exister, ni même être conçu. S'il en était ainsi, d'après le sens naturel des mots, la résistance serait non-seulement une propriété essentielle qui ne pourrait être séparée du sujet que par la seule toute-puissance divine ; mais elle constituerait l'essence même des corps, qui, comme toute essence, est immuable. Dans ce cas, comment pourrait-on admettre la compénétration surnaturelle des corps ?

d'un seul coup de toute cette force motrice qui lui est communiquée, et qui doit ensuite développer le mouvement en lui. Or, c'est impossible, si l'on n'admet que la seule existence du principe qui produit la distinction des parties, et si l'on rejette l'autre principe par lequel toutes ces parties sont contenues dans une véritable unité actuelle.

On dira : 1° Il suffit qu'on conçoive l'atome doué de quantité continue.

Réponse. — Quand même la continuité de l'extension pourrait exister indépendamment du principe formel, notre preuve n'en serait pas moins valable. Car à toute qualité qu'un sujet reçoit naturellement, doit correspondre comme raison de la possibilité d'être reçue, quelque chose qui lui soit proportionné, quant à la perfection de l'être. Or, la force motrice est d'elle-même sans étendue et capable d'extension *per accidens* seulement. Donc, il n'y a aussi que ce qui est de soi sans extension, et susceptible de la recevoir seulement *per accidens*, qui puisse lui correspondre comme raison de sa possibilité d'être reçue. Ceci ne peut appartenir au principe d'où jaillit l'extension, puisqu'un tel principe, par cela même qu'il est source de l'extension, est étendu non *per accidens*, mais *per se* dans le composé dont il fait partie. Il doit donc appartenir à un principe différent, à savoir au principe formel, ou à une puissance qui en dérive, et qui soit d'elle-même sans extension, et étendue *per accidens*, c'est-à-dire, à raison du sujet auquel elle donne l'acte. Néanmoins, la supposition même que la continuité de l'extension puisse s'expliquer indépendamment du principe formel, est une supposition fausse, comme nous l'avons précédemment démontré. Recourir donc à la raison du continu n'est point éviter la nécessité d'une forme substantielle, mais la rencontrer par une autre voie. Car dire *extension continue* revient au même que dire *parties distinctes*, mais non séparées, ni subsistantes en elles-mêmes, et renfermées dans l'unité du tout auquel elles appartiennent. Cette mystérieuse nature du continu est inexplicable, si l'on n'a recours à un double principe appartenant à l'essence même du corps qui est doué de continuité.

Vous répliquerez : Cette preuve est fondée sur deux fausses suppositions. La première, que l'atome contienne des parties actuellement distinctes ; la seconde, que l'extension continue soit incapable de recevoir, comme formant un tout, le mouvement. Sans quoi ce qui est étendu ne cessera certainement point de l'être en vertu du principe simple qui l'informe. S'il y a donc difficulté dans la communication du mouvement, elle reste aussi dans le système de la matière et de la forme.

Réponse. — Admettez-vous dans l'atome une étendue actuelle? Vous ne pouvez répondre qu'affirmativement. Mais encore qu'entendez-vous par ce qui est étendu? Ce en quoi les parties se trouvent les unes en dehors des autres. — Donc l'atome possède actuellement des parties les unes en dehors des autres et, partant, ses parties sont actuellement distinctes; car il répugne qu'une chose soit hors d'elle-même. Donc, notre première supposition, loin d'être fausse, est tout à fait conforme à la vérité. Nous devons cependant ajouter, nous l'avons déjà dit plus d'une fois, que les parties de l'étendue ne sont point distinctes comme des êtres séparés, mais comme appartenant à un tout dans lequel elles subsistent et ne font qu'une seule unité.

Quant à l'autre supposition nous ne nions point le fait ; nous en cherchons seulement la raison. Nous admettons volontiers que le mouvement est reçu dans un corps qui s'offre à le recevoir *per modum unius*. Mais nous disons que la raison pour laquelle le corps est susceptible de recevoir le mouvement réside en un principe simple, informant le corps étendu et le mettant à même de s'emparer de la vertu motrice qui lui est communiquée par le moteur. Ce principe simple, quoiqu'il ne prive pas l'étendue de son extension, lui communique cependant son unité, et le rend apte à recevoir les qualités dont ensuite il devra être revêtu.

Mais, répliquera-t-on encore, il est vraiment étrange de dire que ce soit la forme d'abord et ensuite la matière qui reçoivent le mouvement, comme si, par rapport à l'action et à la passion, ces deux principes étaient distingués et ne formaient pas un seul être. De plus, en ce cas, il faudrait dire que la forme est mue *per se*, et la matière *per accidens*.

Réponse. — L'objection confond d'abord la force motrice avec le mouvement. Ensuite elle n'atteint pas le vrai sens de notre proposition. Enfin, elle ne distingue pas dans le composé ce qui appartient à chaque composant. La force motrice n'est point le mouvement, mais elle en est la cause. Le corps en mouvement continue à se mouvoir, même quand il est séparé de ce qui lui a donné l'impulsion. Pourquoi cela ? Parce que le moteur lui a communiqué une force contenant virtuellement le mouvement et capable de le produire successivement dans le sujet qui est mu. C'est de cette force motrice qu'il s'agit, et non du mouvement qui en est l'effet.

Le sujet de l'action et de la passion dans les corps est sans aucun doute le composé. Mais comme le composé est ce qu'il est, en vertu de ses composants, ce qui lui vient à raison de l'un doit être distingué de ce qui lui vient à raison de l'autre. Tout ce qui a rapport à la quantité lui vient en vertu du principe matériel ; tout ce qui a rapport à la qualité doit lui être attribué en vertu du principe formel. Or, le mouvement appartient à la première espèce, la force motrice à la seconde. Car le composé est mu en tant que matière ; mais il reçoit la force motrice, qui lui est communiquée, en tant que forme. S'il n'était que matière, il ne pourrait se mouvoir que sous l'influence d'une impulsion continuelle, car il serait dans un état de pure passivité. Mais il n'en n'est pas ainsi, à cause de la forme qui l'actue, et le rend un foyer d'activité capable de s'emparer de la force motrice. C'est pourquoi il continue de se mouvoir même séparé de la force qui a été la cause du mouvement, jusqu'au point où un agent contraire vienne l'éteindre en lui. C'est ce que nous avons voulu dire dans notre preuve. Il suit de là, que quoique, en vertu de la force motrice qui lui est communiquée, le corps, c'est-à-dire le composé, donne le mouvement, et le reçoive ; néanmoins, à l'égard de ses composants on peut dire que la forme meut *per se*, et la matière *per accidens*, et, au contraire, que la première est mue *per accidens*, et la seconde *per se*.

Vous me direz : 2° La force motrice, soit *per se*, soit *per accidens* est étendue *formaliter*, parce qu'elle est matérielle. De plus, la forme substantielle est directement reçue dans la matière qui est étendue *per se*. Pourquoi ne dira-t-on pas la même chose de la force motrice ?

Je répondrai par quelques distinctions dont on n'a pas tenu assez compte. Le mot *matériel* a un double sens ; il veut dire, ou matière simplement, ou existence dépendante de la matière. C'est donc en ce sens que l'on peut appeler matérielle la force motrice, cette force étant une qualité modificative d'un corps. On peut la dire formellement étendue, parce que la modification suit la condition du sujet auquel elle est inhérente; et le sujet, dans le cas présent, est le corps, qui est sans contredit formellement étendu. Mais ceci, nous le répétons, doit lui être attribué non *ratione sui, sed ratione subjecti*, et partant non *per se*, mais *per accidens*. Cela suffit pour démontrer qu'elle ne pourrait avoir lieu dans le corps étendu, si le corps étendu n'était informé par un principe simple et actif, qui lui donnât l'unité, et le rendît capable de recevoir une participation d'activité, quoique momentanée, telle que la force motrice communiquée par le moteur au mobile.

Quant à la forme substantielle, elle est reçue directement dans la matière considérée, quant à son essence, comme antérieure par nature à l'émanation de la quantité; car la quantité même n'a pas lieu dans la matière, si l'on ne conçoit celle-ci déjà actuée par la forme, la constitution de l'être devant précéder l'émanation des attributs. La matière, avant qu'elle soit conçue, unie à la forme, peut se dire étendue *per se*, mais seulement *radicaliter*, en tant qu'elle est le principe de l'extension qui doit se déployer dans le composé. La forme, au contraire, considérée séparément de la matière, peut se dire étendue *virtuellement*, en tant que c'est par elle que la matière est actuée, et qu'elle produit l'extension dans le corps.

Que de subtilités, que de distinctions! vous écrierez-vous peut-être. C'est vrai. Mais il est vrai aussi que si nous avons en horreur les subtilités et les distinctions, il nous faut dire adieu à la métaphysique, car ce n'est que par le tranchant de l'intelligence qu'elle pénètre l'intime essence des choses. Et c'est précisément parce que l'on ne distingue pas que l'on présente la théorie scolastique sous un faux jour. On se figure la matière déjà étendue de son côté, et la forme déjà étendue du sien; et on pense que celle-ci va se réunir à la première pour former le composé, comme une toile que l'on placerait sur un mur. En s'imaginant les choses ainsi, ce n'est pas merveille qu'on trouve des difficultés et qu'on s'embarrasse à chaque pas. Il faut connaître à fond la doctrine scolastique ; autrement, on risque de soulever des objections sans fondement.

ARTICLE V.

VALEUR DE LA PREUVE TIRÉE DE LA CRISTALLISATION.

435. Notre troisième démonstration était tirée des phénomènes de la cristallisation ; en voici le résumé.

La cristallisation ne peut être attribuée à l'action des seules forces attractives, que l'atomisme chimique considère comme accidentelles dans l'atome[1]. La raison de cette impossibilité est que, dans les phénomènes de la cristallisation, les forces attractives nous apparaissent comme dominées par un principe plus élevé, appartenant à l'essence même des atomes. On le prouve, soit par l'idée d'attraction, qui indique un rapprochement de parties ; soit par les formes cristallines, puisqu'elles sont les mêmes dans tous les individus d'une même espèce, soit enfin par l'autorité d'illustres naturalistes, tels que MM. Blanchard, Tournefort, La Valle, qui, dans la formation des cristaux, ont observé bien souvent des phénomènes incapables d'être attribués aux forces attractives. L'attraction, il est vrai, opère dans les molécules la cristallisation, mais elle le fait d'une manière qui dépasse sa portée naturelle ; car la cristallisation ne consiste pas dans une agrégation quelconque des parties, mais dans une agrégation faite avec ordre et d'après les lois mathématiques. Un effet semblable ne peut cependant être attribué à la seule volonté de Dieu ou au concours d'autres causes. Car la volonté de Dieu est une cause suprême et extrinsèque ; et nous cherchons au contraire la cause prochaine et intrinsèque. Quant aux autres causes, nous devons plutôt les écarter afin que la substance, abandonnée à sa libre et naturelle tendance, puisse produire les phénomènes de la cristallisation. Il faut donc reconnaître dans les molécules du cristal un principe supérieur qui régisse et élève l'attraction à un effet dont elle

---

[1] L'atomisme chimique ne reconnaît d'essentiel à l'atome, que la seule force de résistance.

serait incapable par elle-même. Ce principe doit appartenir à l'essence ; soit parce qu'une force dans un sujet ne peut être intrinsèquement et naturellement élevée à un effet d'un ordre supérieur, que par un principe essentiel dont elle-même dérive ; soit parce qu'on voit par les phénomènes que la cristallisation diffère selon la diversité essentielle des corps, et demeure constante dans les individus d'une même espèce. Ce principe modérateur de l'attraction et appartenant à l'essence des molécules, ne peut être que leur forme substantielle, c'est-à-dire un principe différent de celui qui produit en elles l'extension.

Mais pourquoi, direz-vous d'abord, ne serait-ce pas le même principe ?

Réponse. — Par la raison, que nous avons si souvent rappelée, que la matière ne peut être active par sa propre vertu ; or, les phénomènes de la cristallisation tirent précisément leur origine du principe d'où découle l'activité. De plus, le principe générateur de l'extension ne peut être qu'homogène dans tous les corps, comme l'extension elle-même qui en découle. Or, la cristallisation diffère selon la diversité des substances.

Deuxième objection. — Une fois la figure cristalline formée dans les molécules intégrantes d'un corps, tout le reste s'explique facilement par l'attraction ; ces molécules se joignent entre elles, et adhèrent l'une à l'autre, face à face, côté à côté, et constituent ainsi le cristal tout entier, dans sa forme régulière.

Réponse. — Nous avons déjà répondu d'avance à cette difficulté, lorsque nous avons dit que nous n'entendions point parler de l'accroissement du cristal, après la formation de son premier noyau, mais de la formation du noyau même et de son germe primitif. La forme cristalline des molécules intégrantes étant supposée, l'accroissement régulier du tout est dû aux seules forces attractives ; nous l'admettons ; mais il restera toujours à expliquer comment, par ces forces seules, a été formée la figure polyédrique elle-même des molécules intégrantes.

Je l'explique, répliquerez-vous, en supposant la forme cristalline dans les atomes primitifs.

Réponse. — Cette hypothèse n'est pas admissible : elle n'a pas la sanction de l'expérience. L'expérience nous enseigne, il est vrai, que la plus grande partie des corps (peut-être tous, qui le sait?) est cristallisable, mais elle ne nous a jamais dit que tous sont composés d'atomes cristallins, quoique imperceptibles. S'il en était ainsi, les fragments d'un solide devraient toujours nous en donner quelque indice, et les solides, les liquides, les fluides devraient avoir pour premier élément des atomes polyédriques : cela n'est d'accord ni avec leurs phénomènes, ni avec l'opinion des physiciens, qui pensent généralement, avec Wollaston, que ces éléments ont une figure globulaire. Mais en outre, cette hypothèse est en contradiction avec le mode de formation de plusieurs cristaux.

C'est une remarque faite par M. Brame, que les corps fusibles ou vaporisables, affectent, aux premiers commencements de leur cristallisation, une forme globulaire semblable à celle d'un utricule organique, et qu'après ils revêtent la forme cristalline propre à leur nature. Comment pourra-t-on expliquer une telle transition, par une attraction qui unisse les formes cristallines des premiers atomes, de manière que les faces et les côtés se correspondent? Et que l'on ne nous objecte pas, qu'ici la forme utriculaire de ces germes cristallins est due à la disparition des molécules constitutives des angles produits par la facile liquéfaction et l'évaporisation de ces substances. Car, quelle qu'en soit la cause, il est toujours vrai que l'utricule dont il s'agit, doit prendre la forme d'un rectangle, d'un rhomboïde ou d'une autre figure, et que l'attraction des côtés ne peut suffire à produire cet effet. De plus, si la facilité de liquéfaction ou d'évaporisation a fait disparaître, dans ces petits cristaux, les molécules qui étaient aux angles, malgré la tendance contraire de l'attraction, comment se fait-il que ces molécules reviennent à leur place en vertu de cette attraction, et malgré la même facilité de liquéfaction et d'évaporation ?

En second lieu, l'hypothèse répugne à la loi du dimorphisme d'après laquelle un corps affecte une figure différente, selon qu'il se cristallise par *voie humide,* ou par *voie sèche.* Comment expliquer ce phénomène par l'attraction? Quoiqu'elle groupe les atomes face à face et côté à côté, elle ne saurait offrir qu'une même figure dans le corps.

Mais, dira-t-on, vous combattez ici contre vous-même. Car si c'est la forme substantielle qui produit ce phénomène, comment, tout en restant la même, peut-elle avoir un double effet?

Nous répondons : Il n'y a pas de difficulté à admettre qu'un seul principe, appartenant à l'essence d'une chose, puisse tendre à produire un double effet, s'il est constamment soumis à deux procédés différents. Or, c'est ce qui ne peut se dire de l'attraction : car l'attraction dans ce qu'elle a de variable peut changer à l'infini, selon la température et les autres conditions dans lesquelles elle peut agir. La stabilité de l'effet unique ou double, quelque changement qu'il y ait de circonstances, démontre une radicale provenance de ce qu'il y a d'immuable dans le sujet, c'est-à-dire de l'essence.

Enfin, bien souvent le cristal d'un corps mixte a un élément cristallin, qui ne peut résulter de l'union des éléments cristallins des corps simples dont il est composé. Comment, dans ce cas, se formera le cristal, par une attraction qui unisse face à face et côté à côté les formes cristallines des éléments primitifs?

Vous pourriez ajouter qu'il est impossible d'expliquer la genèse du cristal par l'attraction; mais qu'on peut supposer des forces mystérieuses, et jamais la forme substantielle.

Vraiment, on ne pourrait concevoir pour cette pauvre forme substantielle, une aversion telle, qu'elle force l'adversaire à recourir même aux *qualités occultes* plutôt que de l'admettre !

Cependant ce recours est encore inutile ; car une force, si occulte qu'elle soit, devant ici agir sous l'influence de l'être du cristal, il faut absolument qu'elle découle d'un principe substantiel agissant, différent de la matière. Soutenir le contraire, c'est tomber dans l'inconséquence déjà signalée, c'est-à-dire, adopter que la matière est active par elle-même. Proposition que nous avons déjà victorieusement réfutée. Du reste, quel peut donc être le tort de cette pauvre forme substantielle pour qu'elle provoque à ce point votre répulsion?

C'est qu'on ne peut comprendre, répond-on, en quoi consiste cette influence et cette direction que les forces attractives recevraient de la forme substantielle. Est-ce peut-être qu'à la façon d'un bon cocher, tantôt elle serrerait, tantôt elle relâcherait la bride à ces forces, et les ferait tourner à droite ou à gauche, selon que le réclamerait la formation régulière du cristal? Et cependant, chaque molécule ne pouvant modérer que sa propre attraction, il faudrait une espèce d'entente commune pour converger vers le même but.

Oh ! l'admirable objection ! Notre adversaire devrait s'apercevoir qu'il ne peut, lui non plus, dans son système, éviter la direction des forces attractives requises pour la formation du cristal ; car celle-ci ne résulte pas seulement d'une attraction quelconque des atomes les uns vers les autres, mais d'une attraction bien ordonnée et symétrique. S'il aime la métaphore du cocher, il en a aussi besoin dans l'hypothèse de l'atomisme ; autrement, ses chevaux, loin de s'accorder dans le mouvement, et de s'arrêter où il faut, courront à l'aventure, et finiront par s'abîmer eux et l'équipage. Et de fait, l'atomisme, pour trouver ce cocher qui règle l'attraction, a recours, dans le cas présent, à la figure des molécules intégrantes, à l'équilibre des forces des atomes, au concours des circonstances. Le ridicule donc qu'on cherche à jeter sur notre système, à défaut d'autres arguments, s'il avait quelque valeur, retomberait sur notre adversaire ; mais avec cette différence que nous assignons au phénomène une cause suffisante, tandis qu'il ne le fait pas. Car tout véritable philosophe comprend assez qu'un principe agissant, constitutif d'une substance, peut physiquement influer sur toutes ses forces secondaires et les déterminer à agir d'après certaines lois et d'après un but, le but de la nature de cette substance. Au contraire, on ne comprendra jamais : 1º Que la figure, inactive par elle-même, et simple effet qu'il s'agit ici d'expliquer, puisse jamais devenir la cause qui explique sa propre existence ; 2º que l'équilibre des forces ou le concours éventuel des circonstances (chose qui peut également avoir lieu par rapport à tous les corps) inclinent, dans chaque substance, à un type déterminé de cristallisation, le seul réalisable dans quelque hypothèse que ce soit. Si dans chaque molécule on suppose la détermination de nature par l'identité d'essence, elles n'ont plus besoin d'un consentement mutuel pour arriver à un but commun. Cet accord résulterait de la nécessité de l'opération naturelle, qui procède précisément de l'essence et non du libre choix du sujet agissant.

ARTICLE VI.

RÉPONSE A DEUX ARGUMENTS MÉTAPHYSIQUES.

436. On accuse le système scolastique de deux fautes capitales en métaphysique. On incrimine le concept de la matière première, et la production de la forme substantielle. Examinons rapidement ces deux inculpations.

§ I.

437. D'après les Scolastiques, dit-on, la matière première devrait être conçue, comme une pure puissance. Or, ce qui est tel ne peut être qu'une possibilité objective, une abstraction, sans aucune réalité hors de l'esprit.

Réponse. — Distinguons la première proposition : La matière première devrait être conçue comme une pure puissance relativement à l'être et à la réalité en général, *nego* ; comme une pure puissance relativement à l'être substantiel de tel ou tel corps déterminé, *concedo*. Distinguons pareillement la deuxième proposition : ce qui est tel, savoir, ce qui est une pure puissance dans la première acception, n'est qu'une possibilité objective et une abstraction, *concedo ;* ce qui est tel, savoir une pure puissance dans la seconde acception n'est qu'une possibilité objective ou une abstraction, *nego*.

Pour nous servir de l'exemple de saint Augustin, si nous disions que la voix est une pure puissance relativement au chant ou à la parole, la chose serait très-vraie ; car considérée en elle-même, la voix n'est ni le chant, ni la parole. Elle peut cependant devenir l'une des deux selon qu'elle est articulée de telle ou telle manière, ou qu'elle reçoit telles ou telles modifications musicales. Faudra-t-il donc conclure que la voix n'est qu'une puissance objective et une abstraction idéale? Ainsi en est-il de la matière première. Elle est une vraie réalité, puisqu'elle concourt physiquement à la constitution de chaque corps, mais d'elle-même elle n'est point déterminée à aucune espèce en particulier. Cette détermination lui vient du principe formel. C'est pourquoi, relativement aux différentes espèces de corps, on lui donne justement le nom de puissance pure, sous le rapport *physique*, mais non *logique*. Que si la dénomination de *puissance pure* déplaît, qu'on la rejette à la bonne heure, pourvu que la chose reste, savoir, que la matière est seulement principe de l'extension dans les corps, et qu'elle est d'elle-même indifférente à constituer un corps plutôt qu'un autre. Une preuve, c'est qu'on spécifie les corps selon leurs activités différentes : or, l'activité résulte, non de la matière, passive en soi, mais de la forme.

438. De cette manière se trouve aussi résolue l'autre controverse agitée parmi les Scolastiques, à savoir, si l'on pouvait attribuer à la matière un acte *entitatif* qui ne lui vînt pas de la forme, mais qui s'identifiât avec sa propre essence. La preuve principale de ceux qui soutenaient l'affirmative, se réduisait à celle-ci : La matière, nous l'avons dit, est une chose réelle et physique; sous ce rapport donc, elle est un acte, et on peut l'appeler ainsi. L'acte, en effet, est considéré et dénommé par opposition à la puissance ; et tout ce qui est réel et existant, est certainement pris dans le sens opposé de ce qui est simplement possible, n'ayant point l'existence, mais pouvant l'avoir.

Cet argument, on le voit facilement, est fondé sur une équivoque. Si l'on compare la matière première avec la pure possibilité idéale, sans doute que sous ce rapport on peut l'appeler un acte, en donnant ce nom à tout ce qui est réel. Pourvu qu'on explique ainsi le sens de cette phrase, elle peut passer sans difficulté. Cependant, il faut ajouter que cette expression est inexacte pour deux raisons. La première, c'est que la pure possibilité ne dit pas seulement opposition à la réalité d'essence, mais encore à la réalité de l'existence. Et partant, appeler *acte* la matière par opposition à la possibilité, pourrait faire croire que la matière, de même qu'elle est une entité réelle, est encore une entité de soi existante. Ce qui est faux ; puisque la matière ne peut absolument exister sans la forme, et que c'est de la forme qu'elle reçoit son existence.

Ensuite, quand on parle de puissance et d'acte, on les considère dans l'ordre réel. Parler donc d'une pure puissance objective des possibles, qui n'est qu'idéale, est un hors-d'œuvre, ou, comme on dit, un *parergon* (πάρεργον). Il s'agit ici des éléments qui, par leur entité, constituent le composé, et non d'une possibilité objective existant seulement dans l'intelligence de l'ouvrier : les éléments *matière* et *forme* sont des causes véritables et intrinsèques de l'être corporel. Et comme il est question ici de l'être substantiel, l'être premier, et que la matière concourt à sa formation comme puissance, c'est avec raison qu'on dit qu'elle y concourt comme *pure puissance*. Car cette appellation sied très-bien à ce qui, bien que réel, est cependant en puissance relativement au premier acte ; et le premier acte est sans aucun doute l'acte substantiel.

Cette idée de la matière, loin d'être ridicule, est, au contraire, éminemment philosophique ; et saint Augustin ne cessait de rendre grâces à Dieu qui lui en avait donné l'intelligence. Quel homme de bon sens souffrira jamais qu'on traite de sottise des théories hautement professées par les plus sublimes génies qui aient jamais brillé dans l'Eglise et dans le monde, et à leur tête saint Augustin et saint Thomas? Et notez qu'il ne s'agit pas ici d'expérimentation physique. On pourrait alors nous répéter le refrain ordinaire, qu'à cette époque la physique n'avait pas encore été découverte. Mais il s'agit d'un concept métaphysique. Puisqu'on dit que la notion même de matière première répugne : osera-t-on insinuer que la saine raison soit une découverte moderne? Saint Augustin cependant et saint Thomas ont embrassé cette doctrine malgré la pleine connaissance qu'ils avaient de l'atomisme ; et, certes, il n'y a pas une grande différence, quant à la substance, entre le système chimique des modernes et le système d'Empédocle [1].

439. Mais que dirait-on si ceux-là mêmes qui plaisantent sur la matière première, étaient, sans s'en apercevoir, forcés de l'ad-

---

[1] Empédocle, réfuté par Aristote, enseignait que les principes des corps étaient des atomes indivisibles appartenant à quatre corps élémentaires (on dirait maintenant corps simples) différemment combinés entre eux. Quelle différence y a-t-il entre ce système et l'atomisme chimique ? Elle consiste en ce que les corps élémentaires, au lieu de quatre sont soixante-trois, et qu'on peut préciser avec des formules les proportions d'après lesquelles ils peuvent former tels ou tels corps mixtes.

mettre? C'est cependant un fait : les défenseurs de l'atomisme chimique conçoivent la réalité comme étendue, et disent qu'elle ne peut suffire à constituer le corps, mais qu'il y faut encore essentiellement la résistance, de manière que sans résistance l'idée de corps est impossible. Ils conçoivent donc une réalité d'où procède l'extension, et qui cependant, ainsi conçue, n'est point encore un corps, mais seulement capable de le devenir; elle n'a pas encore l'existence, elle n'en a que la capacité. Voilà l'idée de matière première telle que nous l'avons proposée et que nous avons prouvée être la même au fond que celle des Scolastiques. Seulement au lieu de résistance, mettez *forme substantielle* source de la résistance et de toute autre qualité active du corps, et le système atomistique se trouve transformé dans le système scolastique.

§ II.

440. Mais ici se présente la seconde difficulté. Les adversaires raisonnent ainsi : On ne peut comprendre comment la forme serait tirée de la puissance de la matière, et qu'elle en fût en même temps réellement distincte. Ce qu'on tire d'un sujet doit en contenir quelque chose, et on ne pourrait expliquer comment on peut tirer d'un sujet ce qu'il ne contient déjà nullement en acte. De plus, une telle production serait une création véritable, car si la matière n'entre pour rien dans la forme qui est produite, la forme est tirée du néant, et elle retourne également au néant.

Réponse. — Nous nions chacune de ces propositions qui, prises à la rigueur, ne nous paraissent pas exactes. Premièrement, il est faux qu'on ne puisse tirer de la potentialité d'un sujet une réalité distincte de lui. Car alors, l'âme humaine ne pourrait tirer de sa propre potentialité les actes de concevoir et de vouloir, qui certainement sont des réalités distinctes de l'essence de l'âme. Le moteur non plus ne pourrait tirer de la potentialité du mobile le mouvement qu'il excite en lui, et qui certainement n'est point identique à la substance du corps, auparavant en repos. De même que l'activité de l'âme produit en nous ces actes, relativement auxquels nous étions en puissance ; de même que l'activité du moteur produit dans le mobile la force motrice dont il est susceptible; de même, dans les transformations corporelles la vertu de la cause efficiente produit dans la matière, la forme dont elle peut être actuée. Que si l'on admet relativement aux formes accidentelles, qu'elles puissent produire ce qui avant n'existait pas (ce qu'on est obligé de faire si on ne veut supprimer toute activité des causes secondes), on ne peut raisonnablement refuser cette vertu aux formes substantielles : surtout si on fait réflexion que les causes secondes agissent comme des instruments dans la main de Dieu, et que, partant, pour en apprécier l'effet, on ne doit pas seulement tenir compte des créatures, mais de la cause qui les dirige.

En second lieu, il est faux que ce qui est tiré d'un sujet doive actuellement préexister en lui. Car, s'il en était ainsi, il n'y aurait pas de véritable production, mais seulement extraction locale d'une chose contenue dans une autre, comme on tire un foulard de sa poche. En vérité, si l'on examine bien l'objection, on voit bientôt que l'on confond la production d'une chose avec sa translation. Ce qui est transféré doit déjà actuellement exister dans le sujet; mais ce qui est produit, par cela même qu'il est produit, ne doit point préexister actuellement, mais en puissance. Le nier, c'est nier l'idée même de la causalité; et donner à ce principe une extension universelle, c'est supprimer l'idée de création. Bref, ou la production de ce qui n'existait pas avant est impossible, et alors il faut se réfugier dans le panthéisme; ou cette production est possible, et alors on a tort de la refuser absolument aux créatures, ou de la borner aux seules modifications. Ainsi donc, avec le concours divin, les causes naturelles peuvent produire aussi des substances, en agissant sur un sujet préalable, apte à se transformer substantiellement.

En troisième lieu, il est faux que ce qui est tiré du sujet doive en contenir quelque chose. L'acte intellectif et volitif est-il par hasard une partie de l'âme, et la force motrice produite par le moteur est-elle composée de molécules? Ce qui appartient au sujet préexistant préexiste déjà, et, partant, ne peut faire partie de ce qui est produit. Le sens de l'objection était peut-être que, quand une chose doit se tirer de la potentialité d'un sujet, elle doit être produite de telle sorte qu'elle n'existe pas par elle-même, mais qu'elle actue le sujet de manière que le sujet actué, ou le composé, soit proprement ce qui existe. C'est très-vrai ; et c'est précisément ce qui a lieu dans le cas présent : la forme, en effet, est produite comme acte de la matière ; et elle n'est pas *id quod est*, mais *id quo aliquid est*. Ce qui proprement subsiste c'est le composé, quoique par la forme produite dans la matière et actuant la matière, de manière que le composé est vraiment ce qui est produit. *Ejus est fieri cujus est esse* [1].

Il est faux enfin que la forme produite moyennant une action exercée sur un sujet préalable, puisse être appelée *création*. Ce serait renverser tout le langage philosophique. On entend par création la production de la substance dans toute son intégrité, et non d'une partie seulement, relativement à laquelle l'autre serait en puissance. Création dit production du néant ; et l'on ne doit pas appeler ainsi ce qui se fait avec le concours passif d'une matière préexistante. C'est précisément ce qui arrive dans la production de la forme substantielle ; elle est tirée *ex nihilo sui*, mais non *ex nihilo subjecti*, comme le demanderait l'idée de création. Mais, afin de ne point engager une dispute de mots, s'il plaît à notre adversaire d'appeler cette production *une création*, il est libre de le faire. En ce cas cependant, nous lui faisons le défi de prouver que ce genre de production répugne à la créature, qui agit comme instrument dans la main de Dieu ; et nous doutons fort qu'il puisse y réussir. Il pourra tout au plus objecter que la création, selon l'acception commune, n'est que l'œuvre de Dieu seul ; et, donnant ensuite le nom de création à la production de la forme substantielle, conclure qu'elle ne peut être l'effet d'une cause seconde. On voit aisément le faible de cette difficulté, qui se réduit à un paralogisme. En effet, quand on dit communément que Dieu seul peut créer, on veut parler de la création dans notre sens, savoir de la production de toute la substance, et non d'une partie dépendamment d'un sujet préexistant. Si l'on soupçonnait que l'on voulût donner à cette dernière aussi le nom de création, alors on n'affirmerait plus la chose universellement ; mais on distinguerait entre les deux manières de production. En vérité, sur quelle raison pourrait-on

---

[1] V. SUAREZ. *Disput. métaphy.*, t. 1. Disput. XVI, sect. 2.

établir le contraire? Appelez comme vous voudrez la production de la seule forme substantielle; certainement elle ne dépasse pas la puissance divine. Or, démontrez-moi que Dieu ne peut se servir comme d'un instrument, à cet effet, de l'activité d'une cause seconde, agissant sous son influence. Et, au fond, la chose se passe ainsi; car la nature est un instrument dans la main de Dieu, comme le pinceau dans celle du peintre.

Mais, dira-t-on, cette production de la forme est assez difficile à expliquer, et elle l'était même pour les Scolastiques, qui en donnèrent neuf ou dix explications différentes.

Elle est difficile à comprendre, je l'avoue, surtout pour ceux qui ne s'élèvent pas au-dessus de l'imagination; mais c'est ce qui arrive pour tant d'autres vérités indubitables. Si l'on admettait comme règle de logique, que tout ce qui est difficile est faux, je ne sais où cette règle nous mènerait. Est-il facile de concevoir la création du monde, l'éternité et l'immutabilité divines, l'union de l'esprit avec la matière? Dirons-nous donc que ces vérités-là et autres semblables ne sont que des chimères?

Quant aux neuf ou dix interprétations différentes données par les Scolastiques, nous avouons que notre érudition n'est pas encore arrivée à pouvoir en compter autant. Il nous a toujours semblé, qu'à part deux ou trois différentes manières de l'exprimer, très-susceptibles d'être conciliées entre elles, tous les grands maîtres de l'école sont d'accord quant à l'idée. Du reste, la différence quelle qu'elle soit dans la manière d'expliquer cette production de la forme substantielle, ne nuit aucunement à sa vérité. Dirons-nous que l'âme n'agit pas dans les corps, parce que les philosophes ne sont pas d'accord sur la manière dont cette action se produit? Et si nous comptions tous les différents systèmes imaginés depuis Descartes, pour expliquer la communication du mouvement, combien n'en trouverions-nous pas? Faut-il en conclure que la communication du mouvement est une rêverie? Autre est la chose, autre est son explication. La première peut souvent être claire et sans difficulté, et la seconde obscure et discutable.

ARTICLE VII.

DE LA PRÉTENDUE OPPOSITION ENTRE LE SYSTÈME SCOLASTIQUE ET LA CHIMIE MODERNE.

441. Mais la plus grave accusation portée contre le système scolastique, celle sur laquelle on insiste le plus, c'est sa prétendue opposition avec la chimie et la physique actuelles ; opposition supposée telle, que l'admission de ce système équivaut au renversement de la science moderne. Remarquons à ce propos que quand on parle de chimie, on n'entend pas parler des faits, que personne ne saurait détruire, mais des théories que l'on établit sur eux, et des explications qu'on en donne. Ce seraient ces dernières que le système scolastique combat et anéantit. On ne peut admettre ce système sans construire une chimie et une physique nouvelles, renversant tout ce qui, jusqu'à présent, a été établi par les savants sur des expériences incontestables. Cette difficulté quoique peu sérieuse en elle-même, sert cependant beaucoup à discréditer le système scolastique auprès des personnes vouées aux sciences naturelles. Ces personnes s'occupent peu d'ordinaire d'études métaphysiques, et sont toujours prêtes à foudroyer un système qui renverse leur science. La nécessité de prévenir ce danger nous oblige à revenir sur cet argument, quoique ce qui en a déjà été dit puisse suffire à celui qui ne cherche que la vérité.

442. Le système scolastique, ainsi que nous l'avons remarqué dès le commencement, peut être admis de deux manières, ou en reconnaissant la matière et la forme uniquement dans les atomes primitifs des corps simples, et en concevant les mixtes, non comme des substances, mais comme des agrégations de substances; ou bien en reconnaissant aussi dans le corps mixte la composition de la matière et de la forme relativement aux molécules intégrantes. Dans l'une comme dans l'autre manière, l'idée mère du système scolastique reste intacte, savoir, que les vrais corps, c'est-à-dire ceux qui sont des substances et non des agrégats de substances sont composés de matière et de forme.

Il est trop évident que la première manière d'expliquer ce système n'est aucunement opposée à la chimie, ni à la physique : puisque elle a pour objets les éléments extrêmes auxquels ces sciences s'arrêtent. Je veux dire les atomes primitifs.

La prétendue opposition ne regarde donc que la seconde manière. Or, nous pourrions d'abord répondre que si elle déplaît, on peut la laisser sans inconvénient. Car cette manière d'exposer le système n'entre point dans la sphère des sciences naturelles modernes; elle reçoit seulement de leurs mains les atomes primitifs, limites extrêmes de ces sciences, et prouve, par le raisonnement, qu'ils sont composés de matière et de forme. Ainsi toute l'objection consiste à dire que cette doctrine n'est prouvée ni *à priori*, ni *à posteriori*; ce qui est faux, comme nous l'avons déjà vu, et le verrons encore dans l'article suivant. Nous nous tirerions ainsi assez vite d'embarras. Mais puisque nous ne tenons la plume que pour défendre ce qui nous paraît vrai, nous n'hésitons point à soutenir, que dans les corps mixtes, la physique et la chimie n'ont rien à redouter de l'admission de la matière et de la forme.

Nous avons d'abord pour nous l'autorité de juges compétents. Nous avons plus haut rapporté le témoignage d'hommes très-remarquables et adonnés par profession à l'étude de la physique et de la chimie. En complétant leurs études par celle de la métaphysique, ils se sont vus contraints d'embrasser le système scolastique sur la composition substantielle des corps, et ils l'ont exposé précisément de la manière qu'on dit contraire aux sciences expérimentales. Or, de telles autorités doivent avoir leur poids : et même, pour être plus juste, on doit les préférer à celle des savants exclusivement métaphysiciens, ou physiciens. Mais examinons la chose en elle-même, pour voir si réellement ce prétendu désaccord existe.

443. La physique partage les corps en pondérables et impondérables; elle en étudie, elle en décrit les propriétés tant générales que spéciales; elle réduit à des lois les phénomènes que les uns et les autres nous présentent : s'oppose-t-elle par ce côté-là au système scolastique? Non; car il ne peut y avoir opposition entre des théories qui supposent les corps déjà constitués

et en activité, et un système qui a pour objet les principes qui constituent leur première existence. Si le terrain même où ils devraient se rencontrer manque, comment pourront-ils s'entrechoquer? Au contraire le système scolastique admettant dans les corps, outre la pure matière, un principe doué d'activité qui la spécifie, sert admirablement à rendre raison des différentes opérations de la nature sensible.

La physique, dans cette branche qu'on appelle *cristallographie*, énumère les formes cristallines propres des différents corps, les circonstances nécessaires à leur production, et les lois qu'elles suivent. Cette théorie est-elle affaiblie ou détruite par le système scolastique? Au contraire; ce système y trouve une preuve en sa faveur; car une des raisons par lesquelles on prouve la vérité de la forme substantielle a été tirée précisément des phénomènes de la cristallisation.

444. La chimie partage les corps pondérables en corps simples ou élémentaires, en composés ou mixtes; elle porte pour le moment le nombre des corps simples à soixante-trois. Il n'y a là rien que combatte le système scolastique. Dès les temps d'Aristote, il se conciliait avec cette division; quoique par défaut d'expérience on crût alors que les corps simples, ou élémentaires, n'étaient que quatre, tandis qu'après on a reconnu que les corps élémentaires n'étaient ni ces quatre corps, ni restreints à un si petit nombre. Mais ce n'est là qu'une variation purement accidentelle, puisqu'elle ne regarde que la division des corps déjà constitués; tandis que le système scolastique cherche les principes qui les constituent. Cette division appartenant à l'ordre purement expérimental, elle n'a pas de point de contact avec la théorie scolastique. La chimie enseigne que le volume apparent des corps n'est point doué d'une véritable continuité géométrique, mais qu'il est le résultat de la cohésion réciproque des molécules similaires. Elle explique ensuite la raréfaction et la condensation des corps par le contraste de cette cohésion avec la force opposée du calorique. En quoi ceci est-il en opposition avec le système scolastique? Son objet n'est point de soumettre à l'analyse les masses qui résultent de la réunion de plusieurs substances, mais les substances primitives elles-mêmes, qui (supposé la vérité de

l'hypothèse sus-énoncée) seraient les seules molécules, et non les agrégations [1].

La chimie n'admet point la divisibilité indéfinie de la matière, mais elle établit que les atomes, quoique mathématiquement divisibles, ne le sont pourtant pas physiquement, au moins par des forces créées. Le système scolastique répugne-t-il à cela? Non ; au contraire, il en donne la raison intime, en disant que le corps n'étant point seulement le fait d'une réalité étendue (d'elle-même divisible), mais d'un principe formel et actif; celui-ci de même qu'il exige des propriétés déterminées, exige aussi un volume déterminé, hors duquel il ne pourrait ni exister ni agir.

La chimie nous dit qu'il existe entre les corps simples des affinités déterminées, par lesquelles ils tendent à se combiner selon leur nature et dans certaines proportions. Le système scolastique y est-il opposé? Non, il explique, au contraire, par ces affinités, la tendance naturelle des corps simples à se transformer en corps mixtes, et leur mode de solution en ceux-ci, vu la facilité avec laquelle ils reviennent des corps mixtes à leur première existence. Qu'y a-t-il donc en physique et en chimie de contraire au système scolastique? Rien autre que la permanence non *virtuelle*, mais *actuelle* des corps simples dans le corps mixte qu'ils constituent. Mais à vrai dire, il importe peu à la chimie que l'on croie telle ou telle chose, puisque tout cela est tout à fait en dehors de la sphère expérimentale, et se trouve plutôt l'objet du raisonnement. Quand, par la combustion de l'oxygène et de l'hydrogène, on voit se condenser des gouttelettes d'eau sur les parois de la cloche contenant ces deux gaz, qui vous dit qu'il n'y a point une génération d'une nouvelle substance, sous l'action combinée non-seulement de ces deux corps simples, mais encore de deux agents aussi puissants que l'électricité et le calorique [2]? La science chimique est-elle en danger,

---

[1] Voyez à ce propos ce que nous avons dit dans l'article troisième de ce chapitre, § II.

[2] On aurait tort de croire que l'action de la chaleur et de l'électricité se réduise au pur mouvement. En ce cas, ils ne seraient que des agents mécaniques; tandis qu'ils sont des agents physiques, au sens rigoureux de ce mot. Leur action, il est vrai, est réunie au mouvement ; ce qui a lieu

parce que l'on admet cette hypothèse plutôt que la contraire?

Du reste, et ceci est péremptoire, supposons que le système atomique, considéré comme explication métaphysique, soit vraiment la base de toute la chimie, et qu'il en éclaircisse tous les points. Que s'en suivrait-il? Rien autre que la nécessité de recourir à la réponse déjà donnée à un argument analogue en faveur du système scolastique. On dirait : *La théorie de la matière et de la forme est le fondement de toute la doctrine de saint Thomas et des Scolastiques. Or, cette doctrine est vraie, et tout à fait digne de vénération. Donc, son fondement doit être également vrai.* A quoi l'on répondrait : *Je nie la conséquence. Car la logique enseigne que, même d'un faux antécédent, on peut inférer une doctrine véritable, bien plus, une doctrine vraie peut être élucidée et expliquée par une hypothèse fausse.*

Qu'on transporte cette réponse au cas présent, en retenant toute la forme d'argumentation, et en substituant seulement au système scolastique le système atomique, il s'en suivra que le système atomique peut bien être le fondement et le principe d'où découle toute la doctrine chimique, sans qu'il faille pour cela le croire vrai : et que toute la chimie moderne peut très-bien être éclairée et expliquée par l'hypothèse de l'atomisme, sans que pour cela celle-ci soit vraie. La chimie, certes, comme toute autre science, est digne d'estime. Cependant, quelques-unes de ses explications, quoique ingénieuses et utiles comme connaissances, et bonnes dans le langage ordinaire, ne sont pourtant pas d'accord avec les données immuables de la métaphysique et l'intime essence des choses. Son honneur ne reçoit donc point d'atteinte, si la philosophie les laisse de côté, ou bien leur donne une meilleure interprétation, et au besoin va

---

dans toutes les opérations des corps, en tant que tels, et ce qui, relativement au mouvement, peut être réduit à une mesure mathématique. Mais ils produisent encore de véritables altérations dans les qualités et dispositions intrinsèques des substances et dans leurs forces. La tendance de quelques-uns à réduire toute action de la nature au pur mouvement, est antiphilosophique et dangereuse. C'est là un des points où la physique demande d'être corrigée par la métaphysique.

jusqu'à les corriger. Cette prétention ne pourra paraître que raisonnable, si l'on considère que les premiers qui ont inventé cette science et lui ont donné des lois, n'étaient pas aussi versés dans les spéculations rationnelles et ontologiques, qu'ils étaient habiles à faire des expériences.

445. Vous direz peut-être : En n'admettant pas que les éléments simples restent actuellement dans le corps mixte, l'explication des phénomènes offre bien plus de difficultés, tandis qu'elle est bien facile dans cette hypothèse. Prenons un exemple : mettons du potassium en contact avec de l'eau, une combustion se détermine, après laquelle nous avons d'un côté l'oxyde de potassium (la potasse), de l'autre un certain volume d'hydrogène resté libre. Rien de plus clair que l'explication de ce fait dans notre hypothèse. Le potassium ayant une plus grande affinité pour l'oxygène que pour l'hydrogène, attire à lui les molécules en les détachant des molécules de ce dernier qui reste isolé. Dans l'hypothèse scolastique, au contraire, il faudrait admettre la corruption de deux substances, le potassium et l'eau, et la production de deux autres, la potasse et l'hydrogène. Or, comment cela se ferait-il?

L'explication ainsi donnée est plus facile et satisfait mieux l'imagination : c'est vrai ; mais nous ne pouvons accorder qu'elle soit plus conforme à la vérité, et que la raison y soit mieux satisfaite.

Rien de plus aisé à concevoir sous une forme sensible, que des parties qui se séparent mécaniquement, et se réunissent sous d'autres conditions. Mais rien de plus contraire à la raison, qu'un être qui persiste à être le même avec des propriétés spécifiquement différentes, et malgré la compénétration naturelle des corps. Car les propriétés spécifiques dérivent de l'essence spécifique comme le fruit de la plante ; et l'impénétrabilité est naturellement inséparable de l'étendue, qui, de sa nature, exige des parties les unes en dehors des autres dépendamment d'un lieu. Or, dans l'hypothèse qu'on nous oppose, il faudrait admettre ces deux inconséquences. Car il est certain que les propriétés, soit physiques, soit chimiques, soit *organoleptiques*, de l'oxygène et de l'hydrogène diffèrent de celles de l'eau et lui sont opposées; il en est de même du potassium et de l'oxygène, relativement à la potasse ¹. De plus, il est également certain que dans la formation de l'eau, les molécules de l'hydrogène sont compénétrées par celles de l'oxygène ; parce qu'il n'y a aucun point de l'espace occupé par l'eau où les unes existent séparément des autres, ou, pour mieux dire, il n'y a aucun point où n'existent les molécules de l'eau. On peut dire la même chose des composants de la potasse ². Si donc une théorie philosophique ne doit pas se borner à un phénomène, mais doit rendre raison de tout, comment expliquera-t-on ces deux faits par la théorie de l'agrégation, ou bien de la combinaison moléculaire des corps simples dans le corps mixte ? Au contraire, la théorie que nous proposons, quoique moins facile à saisir par l'imagination, en donne une explication adéquate. Dans l'exemple pris plus haut, il faudrait dire que le potassium, sous l'action du calorique, corrompt l'eau, qui naturellement se résout dans les deux éléments dont elle est composée, et qui lui sont, par conséquent, plus proches par leur affinité. Une fois l'eau dissoute dans ces deux éléments, il est aisé de comprendre comment l'action mutuelle du potassium et de l'oxygène, sous l'influence du calorique, produit la potasse ; et comment l'hydrogène, qui ne trouve point de réactif, reste isolé. Ce n'est là, du reste, qu'un essai d'explication pratique du cas que l'on nous a objecté : mais nous reconnaissons que ces explications particulières sont assez difficiles, car ici l'exactitude

---

¹ On pourrait dire que les propriétés qui existaient avant, se sont *neutralisées*, et que d'autres les ont remplacées. Mais cela veut-il dire autre chose, sinon que ces propriétés ont disparu et cessé d'exister ? à moins qu'on ne veuille affirmer l'existence de propriétés qui ne se manifestent d'aucune manière, ni ne produisent aucun effet. Ainsi, l'on conçoit qu'un nouvel état modifie les propriétés qui existaient déjà ; mais qu'il en produise de nouvelles, de manière qu'une substance, restant la même, devienne salutaire, tandis qu'auparavant elle était vénéneuse, vraiment cela ne se comprend guère.

² Les atomistes pourront peut-être nier ce fait ; mais gratuitement, sans doute ; et contrairement aux données de l'expérience. Si les rayons si subtils de la lumière ne peuvent pourtant pas séparer les molécules d'un composant de celles d'un autre, et traversent les molécules du composé de la même manière qu'ils traversent celles des corps simples, sur quel fondement pourra-t-on dire que ceux-ci ne sont pas compénétrés entre eux ? Parce qu'ils ont conservé leur actualité, répondra-t-on. Mais c'est là une pure pétition de principe.

demanderait la connaissance détaillée de toutes les causes qui concourent à la production de chaque substance, de la marche qu'elles suivent et de la manière dont elles se comportent entre elles. Or, cela est assez difficile, et donnerait lieu à une métaphysique appliquée, qu'on pourrait appeler la *philosophie de la chimie*. Sa manière d'expliquer les faits cependant ne pourrait jamais être aussi simple que celle qui, se fondant sur une supposition presque mécanique, ne s'éloignerait guère des notions plus communes et plus à la portée des sens, telles que la matière et le mouvement. Mais une plus grande simplicité n'est pas toujours un signe de la vérité. Le panthéisme, en nous montrant la nature comme le développement d'une substance préexistante, nous donne certainement une explication plus simple et plus facile à saisir, que le philosophe qui a recours à la production tirée du néant. Dirons-nous que l'explication du panthéisme soit vraie? Il en est de même dans le cas présent. Nous observons en dernier lieu que cette facilité d'explication que l'on vante tant n'a point empêché des physiciens et des chimistes très-distingués d'embrasser et de soutenir dans leurs écrits la composition substantielle de matière et de forme, même dans les corps mixtes, à la manière des Scolastiques, comme nous l'avons vu plus haut. Toutefois, si quelqu'un, malgré les raisons les plus fortes, préférait une explication, par là même qu'elle est plus facile, qu'il l'admette. Mais cette explication ne le délivrera point de la nécessité de reconnaître la composition de matière et de forme au moins dans les atomes primitifs des corps simples; car les atomes chimiques ne peuvent être les premiers éléments qui constituent essentiellement les corps.

ARTICLE VIII.

L'ATOMISME CHIMIQUE NE PEUT ÊTRE ADMIS COMME SOLUTION MÉTHAPHYSIQUE DU PROBLÈME DE LA COMPOSITION SUBSTANTIELLE DES CORPS.

446. Passons enfin à l'examen du système atomique en lui-même et sondons-en la valeur métaphysique. Nous disons la valeur métaphysique, car on ne lui conteste pas le mérite, de servir comme hypothèse physique, à formuler les lois de la transformation et de la constitution des corps [1]. Et d'abord nous disons que l'atomisme chimique, transporté sur le terrain de la métaphysique, n'est appuyé d'aucune autorité philosophique de quelque renom. Parmi les métaphysiciens, les anciens ont embrassé le système scolastique, les modernes le système dynamique, ou le système des êtres simples. Témoin l'école de Wolf, celle de Boscowich, les Transcendentaux d'Allemagne, les Eclectiques de France; entre les derniers philosophes catholiques il suffira de citer Galluppi et Balmès. Descartes seul et son école ont admis l'atomisme, mais dans un sens essentiellement différent du système des *atomes chimiques*. Selon eux, l'essence du corps ne consiste que dans l'extension; et ils considéraient toute autre force comme accidentelle à la matière et nullement nécessaire par elle-même à la constitution essentielle des corps. En cela Descartes montra plus de pénétration et plus de logique que ne firent les fauteurs de l'atomisme dynamique, parce qu'il sut se garder de la théorie si peu philosophique de la matière active par elle-même, et ne laissa au système contraire aucune

---

[1] Il faut soigneusement distinguer l'hypothèse physique de l'hypothèse métaphysique. La première fait abstraction de l'essence, et elle sert seulement comme fait propre à expliquer d'autres faits généraux; et elle peut bien se trouver en opposition avec quelques-uns d'entre eux sous le rapport métaphysique. On se sert de la seconde pour expliquer directement l'essence des choses; elle doit s'accorder avec tous les faits, en tant que ceux-ci ont rapport à l'essence, dont tous les faits dérivent radicalement.

pierre d'attent pour se reconstruire en vertu des principes qu'il avait lui-même établis.

Vous direz : Si l'atomisme dynamique n'a point le suffrage des métaphysiciens proprement dits, il a celui des physiciens, et d'autres auteurs qui ont traité de la philosophie, de la physique, comme M. Martin, cité par vous.

Je réponds. Quant aux physiciens, d'abord, ils ne sont pas des juges compétents dans cette matière entièrement métaphysique.

Ensuite, ils n'entendent point expliquer par cette hypothèse la dernière essence des corps; mais ils s'en servent comme du dernier terme où s'arrête l'observation des faits, laissant aux métaphysiciens de pousser plus loin la recherche par le raisonnement.

Quant à ceux qui ont essayé de convertir cette théorie physique en système métaphysique, en examinant leur travail, nous remarquerons que leur autorité n'est pas de tel poids, qu'elle puisse contrebalancer celle des nombreux écrivains qui pensent le contraire.

447. En second lieu, l'atomisme dynamique, ou chimique, si l'on veut, ne paraît pas mieux fondé en raison. En effet, quelle preuve apporte-t-on en sa faveur? Uniquement celle-ci. Ce système doit être accepté comme hypothèse, puisqu'il suffit pour rendre raison des phénomènes corporels. D'hypothèse, ensuite, on le transforme en thèse, par l'exclusion de toute autre hypothèse possible. Or, les deux parties de cet argument nous paraissent plus que contestables. Afin que l'hypothèse puisse être transformée en thèse, il faudrait prouver, contre les raisons que nous avons fait valoir précédemment, que ces atomes ne sont pas composés de matière et de forme. Il nous paraît également contestable qu'on puisse le recevoir comme hypothèse (dans le sens métaphysique, le seul dont il s'agit ici); puisqu'en réalité 1º il n'explique pas tous les phénomènes, en commençant par le plus grand de tous, c'est-à-dire l'atome existant dans l'unité de substance, et de substance active; l'unité, comme l'activité, ne pouvant s'expliquer sans un principe formel différent de la pure matière. 2º Il n'explique pas le changement total des qualités spécifiques des corps élémentaires, lorsqu'ils

se combinent entre eux pour constituer le composé, ou qu'ils se séparent. Dire qu'elles restent *neutralisées*, n'est qu'une phrase inventée pour exprimer le phénomène; mais *exprimer* n'est pas *expliquer*. Ce phénomène ne peut être expliqué que par le changement de l'être spécifique de la chose ; et l'être spécifique ne change pas, quand la substance reste actuellement la même, ou qu'elle ne fait que se mêler avec d'autres substances. 3° Il n'explique pas la compénétration des atomes des corps simples dans le composé, car, d'un côté, il est certain qu'il n'y a aucun point de l'espace occupé par le corps composé où l'on trouve ces éléments séparés; et, de l'autre, le système rejette comme impossible la compénétration naturelle des corps. Cela soit dit uniquement pour ce qui regarde les phénomènes plus généraux; car si on voulait entrer dans les phénomènes particuculiers de la chimie, on verrait que plusieurs d'entre eux sont inexplicables, surtout dans les procédés plus compliqués et plus difficiles. De plus, ce système répond bien moins encore aux faits, quand on l'applique à l'homme, dont il détruit l'unité de nature[1].

448. En troisième lieu, nous disons que ce système, considéré comme théorie métaphysique, tombe dans plusieurs graves in-

---

[1] Voici comment ses partisans soutiennent l'unité de nature substantielle dans l'homme, malgré la permanence actuelle des atomes, dont chacun est une nature et une substance. La composition, disent-ils, est essentielle au composé; car, en l'ôtant, le composé disparaît. Donc, dans le composé *homme*, les atomes, tout en gardant l'être substantiel qu'ils avaient avant, forment une essence indivisible en s'unissant avec l'âme. Donc le composé qui en résulte, c'est-à-dire *l'homme*, est un composé substantiel.

Chacun, pour peu qu'il réfléchisse, voit tout d'abord que ce *donc* ne découle pas des prémisses. L'union des soldats et leur dépendance d'un seul chef supérieur sont également essentielles à l'armée, de manière que si on les supprime, il n'y a plus d'armée. La composition artificielle est également essentielle à l'horloge. Mais de ce qu'il y a unité d'essence, faut-il dire qu'il y a aussi unité de substance? L'équivoque vient de ce que l'on confond l'essence avec la substance. L'essence, c'est une notion plus générale qu'on rencontre partout où se trouve l'être; c'est pourquoi elle est non-seulement dans la substance, mais encore dans l'accident. Dire donc qu'une chose est essentielle, ne veut pas dire qu'elle est un être substantiel.

convénients. 1° Il détruit la différence intrinsèque entre la substance corporelle et la substance spirituelle ; car il les admet toutes les deux comme simples, quant à l'essence, en faisant découler l'extension aussi bien que la résistance d'une seule et identique réalité. Le système scolastique seul maintient cette différence, en enseignant que le corps est substantiellement composé de deux principes, dont l'un produit l'extension, et l'autre, l'activité; tandis que l'esprit subsiste en simplicité de nature.

Il ne suffit pas pour cela de dire que, dans le système atomique, la différence essentielle entre l'esprit et le corps demeure, en admettant que l'extension est une qualité dont le corps seul est doué ; car l'extension est une propriété qui résulte de l'essence, mais elle n'est point l'essence ; car si l'on disait que supprimer l'extension, serait supprimer l'essence même substantielle, je ne sais comment on trouverait possible la présence de Notre-Seigneur dans le Très-Saint-Sacrement.

449. 2° Il est antiphilosophique de donner pour éléments constitutifs des corps, les corps mêmes, quoique plus petits ; comme si l'on disait que la plante se compose de petites plantes, et un édifice de petits édifices. La petitesse de la masse n'y fait rien ; car ce n'est pas le plus ou le moins qui change l'espèce ; et ici, l'on cherche non les premiers éléments de la masse visible, mais ce qui constitue l'essence même de ce qui est visible. Outre cela, on ne voit pas, dans ce système, pourquoi les atomes doivent être physiquement indivisibles. Si le principe de la résistance est en eux le même que celui de l'extension, on devra admettre la divisibilité physique jusqu'à l'infini ; car l'étendue est de soi divisible à l'infini ; et la résistance, en excluant la compénétration, ne s'oppose point de soi à cette loi de l'étendue. On ne pourra trouver la raison de cette indivisibilité physique, qu'en ayant recours à un principe indivisible de *soi*, quoique susceptible de division *per accidens*, c'est-à-dire à raison du sujet étendu qu'il informe.

450. 3° Ce système nous mènerait à dire, que les corps ne sont autre chose que le vide, c'est-à-dire, le néant doué de résistance. Car il nous dit qu'en écartant l'idée de résistance, il ne reste autre chose dans le corps que le vide, dans lequel on

conçoit les trois dimensions; et il concède que ce vide n'est rien de réel. Donc, il suffira, pour avoir l'idée de corps, de concevoir la résistance adjointe au vide. Le corps sera donc un composé de résistance et de vide. Mais afin que la résistance, peut-on nous répondre, nous donne l'idée de corps par son adjonction à l'étendue, il faut que sous l'extension il y ait non le vide, mais une réalité substantielle. Dans ce cas, on ne voit pas pourquoi la résistance est nécessaire pour nous donner cette idée, puisque cette réalité essentielle peut très-bien nous faire concevoir la différence entre le corps et le pur espace. Mais, direz-vous, le corps alors, sans la résistance, serait pénétrable; et un corps pénétrable n'est plus un corps.

Il n'est pas exact de dire que l'impénétrabilité soit tellement liée avec l'être du corps, que, sans l'une, l'autre ne puisse exister, ni même se concevoir. S'il en était ainsi, comment la compénétration des corps serait-elle surnaturellement possible? Quand Notre-Seigneur entra dans le cénacle *les portes fermées, januis clausis*, ces portes cessèrent-elles d'exister? Les corps des bienheureux, après la résurrection, ne seront-ils pas des corps véritables, parce qu'ils pourront occuper le même lieu qu'un autre corps? Ce sera, nous dira-t-on, en vertu d'une action surnaturelle. Très-bien : mais ce qui est au-dessus de la nature ne détruit point l'essence des choses, et moins encore leur idée.

451. Un autre inconvénient non moins grave, c'est qu'on admet dans ce système la matière essentiellement active par elle-même, puisqu'on fait dériver d'une même réalité la double manifestation de l'extension et de la résistance. Que si la matière peut être d'elle-même active (quelle que soit cette activité), il n'y aura plus de raison de nier qu'elle puisse vivre et sentir par sa propre vertu. Nous avons noté plus haut les tristes conséquences qui découlent de ce principe [1].

452. En dernier lieu, ce système, en mettant en avant les atomes chimiques, ne prétend point expliquer l'intime essence ses corps, qu'il dit nous être inconnue; mais seulement signaler les deux propriétés par lesquelles les corps se manifestent à nous.

---

[1] *V.* l'article IV, § 1, N° 431.

Nous ferons, à ce propos, trois remarques. 1° Par là ce système se renie lui-même en avouant qu'il n'est plus un système; puisqu'il n'atteint pas le but qu'on en attendait, savoir, celui d'expliquer l'essence des corps. 2° Il ouvre une large voie au scepticisme; car, si l'on ne déduit pas l'essence des corps des propriétés qu'on y observe, on ne pourra pas non plus déduire l'essence de l'esprit des propriétés de l'esprit. D'après ce système, nous pourrions dire : Le corps se manifeste doué d'extension et de résistance, mais qu'est-il en lui-même? Nous n'en savons rien. Ainsi nous devrions dire : Notre esprit se manifeste en nous doué d'intelligence et de volonté, mais qu'est-il en lui-même? Nous ne pourrions le définir. 3° Si ce système admet que l'essence des corps n'est point expliquée par les atomes chimiques, comment peut-on reprocher à ceux qui sont du même avis, de rechercher en quoi consistent leurs composants? N'est-ce pas adorer un Dieu inconnu et faire la guerre à ceux qui travaillent à le faire connaître?

ARTICLE IX.

CONNEXION DU SYSTÈME SCOLASTIQUE AVEC LE DOGME CATHOLIQUE.

453. Pour compléter cette discussion, il ne sera pas inutile de nous arrêter un instant à démontrer comment le système scolastique sur la composition des corps, reçoit un nouvel appui de nos dogmes religieux eux-mêmes, selon la remarque qu'en a faite Suarez : *Est ita consentaneum veritati Fidei Christianæ, ut ejus certitudo non parum inde augeatur* [1].

Ce système se lie à deux vérités dogmatiques; le très-saint mystère de l'Eucharistie, et la définition synodale que l'âme intellective est, d'elle-même et essentiellement, la forme du corps humain. Le premier de ces rapports fut remarqué surtout par Leibnitz. Il a observé que la répugnance de plusieurs protestants à admettre la présence réelle et la transubstantiation venait de ce qu'ils croyaient que l'essence des corps consistait dans

---

[1] *Methaphys. Disput.*, t. 1. Disput. xv, Sectio 1.

l'extension, et cela, pour nous servir de ses propres expressions, d'après une philosophie esclave de l'imagination, *blandientis imaginationi* [1]. Il prouve en peu de mots que cette opinion est fausse, et conclut en admettant la doctrine scolastique de la matière et de la forme, comme principes constitutifs de l'essence corporelle. Il en déduit que l'extension et les qualités actives qui lui sont inhérentes, se distinguent de la substance du corps, et que, partant, elles peuvent en être séparées et se soutenir d'elles-mêmes par la vertu divine [2].

Afin d'écarter toute idée d'ignorance ou de préjugé, il rappelle ses profondes études de mathématiques et de physique, et comment il avait été d'abord favorablement disposé pour la théorie corpusculaire; mais qu'après de profondes méditation, il fut obligé d'y renoncer, pour revenir aux enseignements de la philosophie ancienne. « Que s'il nous était permis d'expo-
» ser ces méditations, ajoute-t-il, ceux qui n'ont pas encore l'es-
» prit bouleversé par les fantômes de leur imagination, recon-

---

[1] *Quoniam autem egregia quædam et acuta, ingenia, inter Reformatos potissimum, novæ cujusdam ac blandientis imaginationi philosophiæ principiis imbuta, clare distincteque, ut ipsorum stylo utar, intelligere sibi videntur corporis essentiam consistere in extensione, accidentia autem non esse nisi modos substantiæ, adeoque non posse subsistere sine subjecto, nec a substantia posse separari, non magis quam uniformitatem peripheriæ a circulo; unde deplorabilis et prope insuperabilis eorum aversio a Catholicæ Ecclesiæ dogmatibus nascitur : utique succurrendum eorum morbo arbitror, dandamque operam philosophis catholicis, quod Concilium Lateranense contra eos fieri voluit, qui circa animæ naturam aliena a fide docebant, ut clare et lucide satisfiat objectionibus, quin et contrarium accurate doceatur.* (Systema theologicum, § 49, page 136. Edition de Louvain, 1845.)

[2] *Hæc antitypia sive moles, et hic agendi conatus seu vis motrix, distinguuntur a materia, seu potentia prima patiendi vel resistendi, et a forma substantiali, sive potentia prima agendi, quam alii actum primum vocant; possunt enim coerceri et intendi secundæ potentiæ, primis manentibus; nam nihil prohibet quin* Deus *eidem materiæ, ne aucta quidem dimensione, augere molem seu densitatem possit, quando scilicet, eadem manente ejus celeritate, majorem vim ei tribuit, ut videmus majorem esse percussionem a ferro quam a ligno ejusdem dimensionis, quod quamquam ex alia causa contingat naturaliter, quia scilicet in ligno plus fluidi heterogenei non simul moti interspersum est, nec proinde a tota materia sub ejus dimensione comprehensa ictus infligitur;* Deum *tamen, eadem revera*

» naîtraient peut-être que les doctrines de cette philosophie ne
» sont ni si obscures, ni si ineptes que semblent communément
» le croire les contempteurs dédaigneux de Platon, d'Aristote,
» de saint Thomas, comme si ces grands hommes étaient des en-
» fants [1]. » Mais revenons. Afin de mettre ce point dans tout son
jour, il faudrait prouver que ni la théorie dynamique, qui réduit
l'extension à un pur phénomène, ni la théorie corpusculaire,
d'après laquelle l'extension est essentielle aux corps, il faudrait prouver, disons-nous, que ces deux théories ne peuvent
guère s'accorder avec la doctrine de l'Eglise sur l'auguste mystère. Mais cela nous mènerait à nous occuper de questions dont
nous nous occuperons, s'il plaît à Dieu, plus à propos dans un
autre ouvrage, qui aura pour objet *les principes ontologiques*.
C'est assez, pour le moment, d'avoir constaté le rapport qui
existe entre notre théorie et le dogme de l'union de l'âme avec le
corps.

454. Le rôle de l'âme relativement au corps, nous est indiqué

manente materia et celeritate, posse efficere ut major sit percussio, adeoque ut corpora non in speciem tantum, sed reapse mole sive densitate specifica differant, non video quid prohibeat. Conatum vero continuandi motum, seu potentiam motricem mutari posse, salva corporis substantia, etiam natu- raliter, utique manifestum est. Habemus ergo duas qualitates absolutas sive accidentia realia : molem, seu potentiam resistendi, et conatum, seu potentiam agendi; quæ qualitates sane non sunt modi substantiæ corporeæ, sed aliquod absolutum et reale ei superaddunt; ipsis enim mutatis, realis mutatio contingit, substantia manente. Et in universum necesse est, vel dari accidentia realia sive absoluta, quæ non tantum modaliter a substan- tia differant (ut ea solent quas relationes appellamus), vel omnem muta- tionem realem esse essentialem, sive substantialem, quod ne illi quidem admittunt qui accidentia realia negant. (Ouvrage cité, page 140.)

[1] *Equidem non patitur brevitas nostra, ut in philosophiam longius ex- curramus : illud tamen obiter attigisse suffecerit, nos quoque non perfunc- torie studiis mathematicis mechanicisque et naturæ experimentis operam dedisse, et initio in illas ipsas sententias, quas paulo ante diximus incli- nasse; tandem progressu meditandi ad veteris philosophiæ dogmata nos recipere fuisse coactos. Quarum meditationum seriem si exponere liceret, fortasse agnosceretur ab iis, qui nondum imaginationis suæ præjudiciis occupati sunt, non usque adeo confusas et ineptas esse eas cogitationes, ac illis vulgo persuasum est qui receptorum dogmatum fastidio tenentur, et Platoni, Aristoteli, Divo Thomæ aliisque summis viris tanquam pueris insultant.* (Ibid., page 138.)

par trois respectables déclarations de l'Eglise. La première est du Concile général de Vienne, tenu sous Clément V, qui publia le décret suivant : *Doctrinam omnem seu propositionem temere asserentem aut vertentem in dubium quod substantia animæ rationalis seu intellectivæ vere ac per se humani corporis non sit forma, velut erroneam ac veritati catholicæ inimicam fidei, prædicto sacro approbante Concilio reprobamus : Definientes, ut cunctis nota sit Fidei sincera veritas ac præcludatur universis erroribus aditus ne subintrent, quod quisque deinceps asserere, seu tenere pertinaciter præsumpserit quod anima rationalis seu intellectiva non sit forma corporis humani per se et essentialiter, tanquam hæreticus sit censendus* [1].

Ce décret fut plus tard confirmé par le Concile général de Latran, tenu sous Léon X. La seconde déclaration est celle du Pontife actuel, Pie IX, qui, dans la condamnation des erreurs de Günther, s'exprime ainsi : *Noscimus iisdem libris lædi catholicam sententiam ac doctrinam de homine, qui corpore et anima ita absolvatur, ut anima eaque rationalis sit vera, per sè, atque immediata corporis forma* [2].

Nous avons encore une troisième déclaration ; elle est du même Pie IX, qui, en condamnant une erreur d'un disciple de Günther, M. Baltzer, dit : *Notatum præterea est, Baltzerum in illo suo libello cum omnem controversiam ad hoc revocasset, sitne corpori vitæ principium proprium ab anima rationali reipsa discretum, eo temeritatis progressum esse, ut oppositam sententiam et appellaret hæreticam et pro tali habendam esse multis verbis argueret. Quod quidem non possumus non vehementer improbare, considerantes hanc sententiam, quæ unum in homine ponit vitæ principium, animam scilicet rationalem, a qua corpus quoque et motum et vitam omnem et sensum accipiat, in Dei Ecclesia esse communissimam, atque Doctoribus plerisque, et probatissimis quidem maxime, cum Ecclesiæ dogmate ita videri conjunctam, ut hujus sit legitima*

---

[1] CLEMENTINÆ. *De Summa Trinitate et Fide catholica*. Tit. 1, caput unicum.

[2] V. Le Bref du pape au cardinal-archevêque de Cologne, du 15 juin 1857, et publié en entier dans la *Civiltà cattolica*, série 3, vol. 8, page 105.

solaque vera interpretatio, nec proinde sine errore in fide possit negari [1].

455. De ces trois déclarations découle, par voie de raisonnement, la vérité du système scolastique sur l'essence des corps. En effet, dans la première, on définit, comme vérité de foi, que l'âme raisonnable est la forme du corps. Quelle forme? substantielle, ou accidentelle? Il serait ridicule de dire *accidentelle*, puisque le Concile définit que *substantia animæ rationalis*, et non une de ses opérations, est la forme du corps humain. Or, la substance, ou bien elle n'est forme d'aucune manière (comme les anges); ou, si elle l'est, elle ne peut être que forme substantielle; car la forme

---

[1] Voici ce Bref en entier : *Venerabili Fratri Episcopo Wratislaviensi Pius PP. IX. — Venerabilis Frater, salutem et apostolicam benedictionem. Dolore haud mediocri litteris, quas nuper ad Nos dedisti, percepimus, dissidia catholicorum per Antonii Guntherii philosophiam enata, posteaquam Sedes Apostolica de hujus scriptoris operibus et doctrina judicasset, nondum esse penitus extincta, propterea quod cum alibi tum in ista Wratislaviensi Academia etiam inter sacræ doctrinæ magistros reperiantur, qui nonnulla saltem Guntheriana dogmata retinere atque defendere multis videantur. Quorum unus dilectus scilicet Filius Joannes B. Baltzer Wratislaviensis Ecclesiæ canonicus, cum libellum, in quo de hominis natura disseritur, Tibi, Venerabilis Frater, tradidisset, precibus ejus obsecundans libellum eumdem ad Nos transmisisti, rogans ut Nostro judicio, quid de doctrina in eo contenta sentiendum sit, definiretur. Ac nos quidem Tuum, Venerabilis Frater, studium catholicæ doctrinæ tuendæ magnopere laudantes, atque pro muneris Nostri officio nihil magis curæ habentes quam fidei depositum ubique terrarum intactum custodire, interque Christifideles servare unitatem spiritus in vinculo pacis, Baltzeri scriptum nonnullis hujus almæ Urbis theologis discutiendum tradidimus. Quorum fida relatione compertum Nobis est, in eo doctrinam eamdem, quæ in Guntheri libris traditur et ante horum proscriptionem a Baltzero quoque propugnabatur, retineri, nihilque aliud agi, nisi ut hæc doctrina demonstretur et Verbo Dei scripto ac tradito conformis, nec ulla ratione contraria esse iis, quæ SS. Concilia, nominatim Concilium Œcumenicum VIII et Viennense sub Clemente V, statuerunt, aut ipsi Nos litteris ad dilectum Filium Nostrum Cardinalem Presbyterum de Geissel Archiepiscopum Coloniensem die 15 Junii 1857 datis judicavimus, dicentes hominem corpore et anima ita absolvi, ut anima eaque rationalis sit vera per se atque immediata corporis forma. At vero Nos non modo his verbis catholicam de homine doctrinam declaravimus, sed etiam hanc ipsam catholicam doctrinam doctrina Guntheri lædi pronuntiavimus. Ad quod si Baltzer animum advertisset,*

accidentelle est un accident, non une substance, et suppose la substance comme sujet. Ainsi la figure, le mouvement, ou toute autre qualité, sont des formes accidentelles parce qu'elles sont des accidents qui ne peuvent subsister en eux-mêmes. Dire donc qu'une substance est une forme accidentelle est une grande erreur ; c'est dire que la substance se change en accident, ce qui est absurde. C'est pourquoi le Concile ayant sagement dit : *substantia animæ rationalis*, en ajoutant qu'elle est *forme*, ne la fait pas suivre de l'adjectif *substantielle ;* car cette addition aurait pu faire supposer comme possible le contraire, c'est-à-dire, qu'une substance est ou peut être une forme accidentelle.

intellexisset sane, doctrinam de homine, quam in suo scripto profitetur, tamquam ecclesiasticis dogmatibus consentaneam defendere idem esse atque Nosmet incusare quod in Guntheriana doctrina judicanda erraverimus. Notatum præterea est, Baltzerum in illo suo libello, cum omnem controversiam ad hoc revocasset, sitne corpori vitæ principium proprium ab anima rationali reipsa discretum, eo temeritatis progressum esse, ut oppositam sententiam et appellaret hæreticam et pro tali habendam esse multis verbis argueret. Quod quidem non possumus non vehementer improbare, considerantes, hanc sententiam, quæ unum in homine ponit vitæ principium, animam scilicet rationalem, a qua corpus quoque et motum et vitam omnem et sensum accipiat, in Dei Ecclesia esse communissimam atque doctoribus plerisque, et probatissimis quidem maxime, cum Ecclesiæ dogmate ita videri conjunctam, ut hujus sit legitima solaque vera interpretatio, nec proinde sine errore in fide possit negari.

Quæ cum Tibi, Venerabilis Frater, ex certa scientia et motu proprio, rescribimus, ardenter cupimus, imo fidenter speramus fore, ut dilectus Filius Joannes Baltzer et ceteri, qui huic aliisve Guntheri opinionibus a Nobis reprobatis quocumque modo adhæserint, jam se erga hanc Ecclesiam, quam Christus Dominus reliquarum omnium Matrem et Magistram esse voluit, dociles et morigeros exhibeant, quemadmodum et Baltzer ipse et alii dudum laudabiliter sunt polliciti. Te vero, Venerabilis Frater, hortamur, ut Apostoli exemplo in captivitatem redigens omnem intellectum in obsequium Christi, hanc plenam submissionem ab iis præsertim, qui alios docent, auctoritate Tua postules, licentiam autem eorum, qui forte audire detrectant, potestate, quam dedit Tibi Deus, coerceas.

Superest, ut Tibi, Venerabilis Frater, ac gregi universo tuis curis commisso apostolicam benedictionem toto cordis affectu impertiamur.

Datum Romæ apud S. Petrum die 30 Aprilis anno 1860. Pontificatus Nostri anno decimoquarto. — *Pius PP. IX.* (Voyez *Analecta Juris Pontificii,* quarantième livraison, page 244.)

456. Une substance peut très-bien s'unir à un sujet *accidentaliter* ou *per accidens,* c'est-à-dire moyennant un accident, afin de produire en lui une détermination accidentelle ; tout comme un esprit s'empare d'un corps, par un contact virtuel, afin d'en diriger les mouvements. Mais dans ce cas cette substance ne serait point *forme,* mais seulement *moteur.* Or, cette supposition est encore explicitement réprouvée par le même Concile, quand il dit : *per se* et *essentialiter,* paroles qui excluent le *per accidens* et l'*accidentaliter.* Nous pouvons donc, appuyés sur la définition du Concile, établir cette prémisse : dans l'homme, l'âme raisonnable est la forme substantielle du corps. Qu'est-ce que la forme substantielle? La forme, c'est le principe qui communique l'être ; forme est synonyme *d'acte,* en tant qu'elle *actue* et rend complet le sujet auquel elle est unie. Donc la forme *substantielle* est un principe qui communique l'être *substantiel,* et actue le sujet quant à ce même être. Or, l'être substantiel est ce que l'on conçoit dans une chose comme le premier être subsistant en soi : car la substance diffère de l'accident en ce que la substance est le premier être qui subsiste en soi, et l'accident est un être secondaire qui vient se surajouter au premier et le modifier, soit en le perfectionnant, soit en le détériorant. Le sujet donc qui dans l'homme est informé et actué par l'âme, est par sa nature incapable de constituer le premier être subsistant, appui et fondement de toutes les déterminations ultérieures. Donc ce sujet, séparé de l'âme, ne peut subsister par lui-même. L'être substantiel, comme tel, ne reçoit pas en lui son entière actualité [1]. Donc pour subsister en dehors de l'âme, il lui faut un autre principe qui le complète et l'actue en ce qui tient à l'être substantiel ; en d'autres termes, il lui faut une autre forme substantielle ; car une chose ne peut exister en elle-même sans être complète et en acte, en ce qui tient à la substance. Donc ce sujet, avant et après son union avec l'âme, c'est-à-dire, quand il fait partie d'autres corps, ne peut se réaliser dans la nature, sinon en tant qu'il est actué par une forme substantielle. Or, par-

---

[1] *Cuicumque formæ substernitur aliquod ens actu, quocumque modo, illa forma est accidens.* (S. Thomas. *Qq. Disp.* Quæstio *De spirit. creatura,* a. 4.

ler de la sorte n'est-ce pas dire que de ce que l'homme est composé de matière et de forme substantielle, il s'ensuit que les autres corps de la nature doivent être aussi composés de matière et de forme substantielle? Donc le raisonnement de Suarez est légitime : *Homo constat forma substantiali ut intrinseca causa : ergo et res omnes naturales*, car comme il le dit avec raison, *Hominis compositio ex materia et forma substantiali ostendit esse in rebus naturalibus quoddam subjectum substantiale natura sua aptum ut informetur actu aliquo substantiali, ergo tale subjectum imperfectum et incompletum est in genere substantiæ; petit ergo semper esse sub aliquo actu substantiali* [1]. Il nous semble avoir évité ici tout ce qui peut sentir *la rhétorique*, et nous en être tenus uniquement à l'enchaînement logique des idées.

457. On doit tirer les mêmes conclusions de la seconde déclaration, où le Souverain Pontife affirme, comme doctrine reçue par l'Eglise, que l'âme humaine *sit vera per se, et immediata corporis forma*. En premier lieu, le Pape dit que l'âme est forme *vraie*, c'est-à-dire, dans un sens réel et propre, et non par accommodement et par figure. Or, quel est le sens réel et propre de cette expression? Celui dans lequel elle a été universellement entendu des docteurs les plus estimés et les plus sûrs. Que l'on consulte donc ces docteurs et que l'on voie si le sens qu'ils donnent à ce mot *forme*, n'est pas celui de *acte*, par lequel une chose est constituée *ce qu'elle est*; comme on dit que la lumière est l'acte de ce qui luit, parce que la lumière rend le sujet brillant. Par conséquent de ce que l'âme est la forme du corps, il suit qu'elle informe le sujet de manière à lui donner aussi la subsistance de corps. *Homo ab ipsa anima rationali perficitur secundum diversos gradus perfectionis, ut scilicet sit corpus, et animatum corpus, et animal rationale* [2].

En second lieu le Souverain Pontife dit que l'âme est la forme du corps *per se*, non *per accidens*; or elle le serait *per accidens*, si elle était forme accidentelle, ou si elle s'unissait au corps par un simple contact, soit de suppôt, soit de vertu.

---

[1] *Disput. Métaphys.*, t. 1. Disput. 15, sect. 1.

[2] S. Thomas. *Qq. Disp.* Quæstio *De anima*, a. 9.

Il dit enfin que l'âme est *forme immédiate*; et, par là, se trouvent mises de côté, soit l'opinion de Günther d'après lequel l'âme raisonnable n'est la forme du corps qu'en vertu d'un autre principe de vie, soit l'opinion de Scott, qui supposait une autre forme dans le corps différente de l'âme, soit enfin l'opinion de ceux qui pensent que l'âme est dans le corps moyennant une simple action. Dans ces trois cas, la forme immédiate du corps ne serait point l'âme raisonnable, mais ou une forme intermédiaire, ou une détermination produite dans le corps par l'action de l'âme. Il est bon de remarquer ici que le Pape n'a pas seulement voulu, par ces paroles, condamner la doctrine de Günther, mais aussi déclarer quelle est la doctrine catholique : *Nos non modo his verbis catholicam de homine doctrinam declaravimus, sed etiam hanc ipsam doctrinam doctrina Güntheri lædi pronuntiavimus* [1].

458. Venons à la troisième déclaration. On y établit que la doctrine qui enseigne que le corps reçoit de l'âme le mouvement, la vie, sous tous les rapports, et la sensation, est une doctrine généralement reçue dans l'Eglise, et que la partie la plus autorisée et la plus saine des Docteurs catholiques, *plerisque et probatissimis quidem maxime,* soutient qu'elle ne peut être révoquée en doute, sans porter atteinte à la foi. *Unum in homine ponit vitæ principium : animam scilicet rationalem, a qua corpus quoque et motum et vitam omnem et sensum accipiat.* Pour tout homme sans passions, sans préjugés, animé du sentiment de la vérité, ces paroles ne signifient-elles pas que l'âme est la forme du corps dans le sens que l'entendent saint Thomas et ses nombreux disciples, et, s'il vous plaît aussi, dans le sens que nous avons expliqué dans le cours de cet ouvrage ?

La sensation, la vie végétative (*omnem vitam*), les forces motrices mêmes, c'est-à-dire, toute l'opération qui se manifeste dans le corps humain, procèdent de l'âme. Mais l'opération n'est-elle pas le résultat de l'être? Il convient donc aussi que l'être, d'où dérivent toutes ces puissances, soit communiqué par l'âme au corps: ce qui nous fait naturellement aboutir à la doctrine de

---

[1] Voyez le Bref adressé à l'évêque de Breslaw, et rapporté plus haut.

saint Thomas, que *homo per animam et est corpus, et est animatum corpus, et est animal rationale.*

459. Mais arrêtons-nous un instant sur ce qui a trait à la vie et au sentiment. D'après la déclaration du souverain Pontife, c'est une doctrine très-commune dans l'Eglise que le corps dans l'homme *vitam omnem et sensum accipiat ab anima rationali.* Donc d'abord, la vie organique du corps ne procède point des atomes chimiques différemment combinés entre eux, ou de leurs affinités, mais du principe vital qui, dans l'homme, est l'âme raisonnable elle-même. Tous ceux qui ne voudront pas s'écarter de la doctrine généralement admise dans l'Eglise (doctrine en faveur de laquelle témoignent les derniers progrès des sciences naturelles)[1], devront sans contredit embrasser cet enseignement. C'est là déjà un grand pas dans la voie de la vérité. Mais allons encore plus avant. Que tous les physiologistes et les chimistes du monde nous disent si la vie organique n'a pas lieu en nous, précisément par le moyen des affinités chimiques, et des autres forces physiques ou mécaniques. C'est ce qui a été aussi remarqué par saint Thomas : il appelle la vie végétative le plus infime entre tous les degrés de vie, parce qu'elle s'accomplit par les forces élémentaires de la matière. Nous savons donc, d'un côté, que la vie même organique procède de l'âme; d'un autre côté, que cette vie ne s'accomplit que par des forces élémentaires dans le corps. N'est-il pas très-naturel de conclure que, dans le corps, ces forces sont le résultat de l'influence de l'âme; et, partant, qu'elles sont comme des instruments sous sa main, ou, pour mieux dire, sous la main du composé vivant qui en est doué[2]?

---

[1] Voyez ce qui a été dit aux chapitres 2 et 3 de ce livre, sur le principe vital ; nous avons démontré que les plus illustres naturalistes et physiologistes, s'accordent maintenant à reconnaître dans les êtres vivants, un principe *hypermécanique,* autre que les forces purement physiques et chimiques de la matière.

[2] On tire de là un excellent argument, pour prouver que la vie des plantes doit dériver d'un principe différent des forces physiques et chiques de la matière. Car les fonctions végétales dans ces deux êtres sont les mêmes. Si elles peuvent donc être, dans les plantes, le résultat des forces élémentaires du corps brut, pourquoi devront-elles, dans l'homme, avoir une origine plus élevée ?

460. On dira : L'influence de l'âme ne consiste pas à produire formellement ces forces, mais à les élever, pour les mettre à même de produire un effet supérieur à celui qu'elles produiraient abandonnées à elles-mêmes. Soit; mais en quoi consiste cette élévation? Consiste-t-elle seulement à diriger un mouvement, comme un cavalier dirige une monture, qu'il mène où il veut? En ce cas, il serait faux que *vitam omnem corpus accipit ab anima;* car, au fond, l'action qui constitue l'exercice de la vie organique, serait produite dans le corps par des forces qui ne tireraient nullement leur origine de l'âme, et dont l'âme n'aurait que le gouvernement. De plus, l'élévation dont il est ici question, est une élévation intrinsèque, en vertu de laquelle l'effet des forces élevées, au lieu d'être une pure combinaison d'éléments chimiques, devient une production et une réintégration d'une substance vivante. Or, une élévation de ce genre qui concerne l'entité même agissante des forces, ne peut ni s'expliquer, ni se concevoir, si elle ne dérive intrinsèquement du principe par lequel ces forces sont élevées. Si donc l'âme raisonnable, parce qu'elle est le principe de toute la vie dans le corps humain, doit intrinsèquement élever les mêmes affinités chimiques et les forces élémentaires de la matière, il faut qu'elle-même en quelque manière les produise. Mais peut-elle les produire autrement qu'en communiquant au corps l'être dont elles dérivent radicalement? L'âme donc, ne peut être le principe de la vie organique du corps, si elle n'est le principe qui lui communique l'être même de corps, non quant à sa matérialité et son étendue, mais en tant qu'il est en acte, et qu'il subsiste.

461. Cette conclusion paraîtra bien plus claire, si l'on considère la vie sensitive. Le corps reçoit de l'âme la vie et le sentiment : *Accipit omnem vitam et sensum.* C'est-à-dire, qu'elle le fait sensitif : ou que le corps reçoit de l'âme l'être dont procède la faculté de sentir. Mais comment peut-il recevoir de l'âme un tel être, s'il ne reçoit aussi de l'âme l'être de corps? Y a-t-il par hasard dans le corps humain deux êtres différents : l'être corporel et l'être sensitif?

Considérons la constitution même du corps, qui doit recevoir de l'âme la faculté de sentir. D'après le système chimique, nous avons des atomes hétérogènes de carbone, d'azote, d'oxygène, d'hydrogène, disposés entre eux selon les proportions et les lois chimiques. Bien. Mais que fait l'âme pour les rendre capables de sensation? car c'est d'elle qu'ils doivent recevoir cette faculté. Est-ce en se plaçant au milieu d'eux? En les pénétrant? En les mouvant? Mais toucher une substance, la pénétrer, la mouvoir, ce n'est point lui communiquer la sensation. Elle se combine avec eux, dira-t-on. Très-bien; mais ce n'est là qu'un mot, si vous ne l'expliquez. Comment l'expliquerez-vous? Elle se met à la même place qu'ils occupent. Mais, encore une fois, que signifie ceci, sinon qu'elle les pénètre? Elle mêle avec eux ses propres forces. Expliquons-nous mieux. Voulez-vous dire qu'elle agit sur eux? Agir sur une autre chose, c'est la rendre le terme, et non le principe d'une action. Tant que vous ne direz pas que l'âme fait participer ces molécules de son propre être, source de vie et de sensation; que cette participation consiste à remplacer le principe inétendu qui en les informant leur donnait l'unité et la subsistance; qu'elle est la source de leur activité en les spécifiant, vous n'avez rien dit. On ne peut autrement sortir de l'idée de contact, ou de pénétration, ou d'impulsion; toutes choses qui n'ont rien à faire avec l'idée de sensation.

Mais, répliquerez-vous, en disant que l'âme, par son union, fait participer les molécules de son propre être, selon la manière que vous avez indiquée, il faudra reconnaître que les atomes chimiques sont composés de deux principes substantiels, dont l'un, actif et formel, cesse, lorsque l'âme le remplace; l'autre, passif et matériel, demeure et reçoit de l'âme son actualité et son complément, de telle sorte qu'il résulte de leur réunion une seule substance douée de vie et de sensation.

Précisément.

Mais c'est reconnaître que les atomes, sont composés de matière et de forme; c'est admettre par conséquent le système scolastique sur les principes qui constituent l'essence corporelle.

Fort bien; et c'est précisément là ce que nous voulions prouver, savoir qu'on ne peut dire que le corps reçoit de l'âme la vie et la sensation, sans supposer la vérité du système scolastique relativement aux corps en général.

ARTICLE X.

ÉPILOGUE DE TOUT LE CHAPITRE.

462. Le fondement sur lequel s'appuient tous nos raisonnements, c'est que la matière, en tant que pure matière, c'est-à-dire, en tant que réalité source de l'extension, n'est point active, mais passive et inerte de sa nature. Les corps donc étant actifs, ne peuvent résulter de la matière seule, mais supposent encore un autre principe, source première d'activité, qui soit dans la matière sans être matière. C'est ce principe qui détermine spécifiquement chaque corps; car nous ne connaissons la diversité spécifique des corps que par leurs différentes façons d'agir. Appelé par Leibnitz force primitive, il fut plus convenablement encore dénommé par les Scolastiques, *forme* ou *acte*, parce qu'il forme et actue chaque corps, en donnant à la matière, par elle-même indifférente, telle ou telle détermination spécifique. Il n'est pas moins évident qu'il a droit à la qualification de *substantiel*; car la forme ne suppose pas l'essence du corps, mais concourt à sa constitution. C'est là non-seulement une donnée de la raison qui nous enseigne que la source de l'action est l'être, mais encore une concession faite par les physiciens modernes, car ils s'accordent à dire que la seule réalité étendue, sans une force, ne peut nous donner l'idée de corps : *l'idée de force et de matière sont inséparables dans le monde inorganique, comme dans le monde organique* [1]. Il est donc tout à fait conforme à la bonne philosophie de dire que les corps, relativement à l'essence, se composent de matière et de forme substantielle. Voudrait-on refuser le nom de *forme* à ce qui signifie l'être d'une chose; et refuser la qualification de *substantielle* à ce sans quoi on ne peut avoir l'entière idée de substance?

463. Mais que cette composition se réalise, quant aux corps inorganiques, dans les atomes primitifs seulement, ou bien dans les mixtes, cette question ne touche pas au fond du système.

---

[1] Le Professeur TOMMASI, dans la *Rivista contemporanea di Torino*, 11me vol., page 94, dans l'article intitulé : *La Chimica e la Fisiologia*.

Pour résoudre cette question, il faudrait constater si les corps mixtes sont de nouvelles substances, produites par la corruption des corps simples ; ou bien s'ils ne sont, dans leurs molécules intégrantes, que des agrégations de substances. Dans cette seconde hypothèse, il est clair qu'on ne saurait les dire composés de matière et de forme, puisqu'il en est seulement ainsi des corps doués d'une véritable unité substantielle et d'une continuité géométrique. Pourtant, nous inclinons plutôt vers la première hypothèse, pour les raisons apportées plus haut.

464. Dans les corps organiques la forme substantielle est le principe vital. Elle s'appelle âme sensitive dans les animaux, âme raisonnable dans l'homme. Ici, la forme unie atteint les dernières limites de sa perfection, à cause des facultés d'intelligence et de volonté dont elle est douée, et touche à l'ordre des formes séparées par son indépendance du sujet matériel qu'elle vivifie. Ainsi l'on voit ce qu'il faut entendre lorsqu'on dit que l'âme humaine est la forme du corps : expression consacrée par les définitions de l'Église, et qui, dans le système des atomes chimiques et des êtres simples, n'aurait aucun sens philosophique, ni même raisonnable.

Cette expression signifie donc que l'âme humaine remplit dans le corps, les fonctions propres de la forme constitutive d'un être substantiel.

465. On peut tirer deux corollaires de ce qui précède : 1° On reproche injustement au système scolastique de ne rien expliquer. Si l'on y regarde de près, on verra qu'il explique merveilleusement ce qui était en question, l'essence des corps. Quant à l'explication des phénomènes particuliers, elle dépend de la découverte des lois générales et spéciales qui règlent l'action des corps déjà existants : ce qui est du domaine de la physique, et non de la métaphysique. Pour mieux comprendre combien ce reproche est injuste, que l'on tienne compte de la différence qui existe entre notre système et celui de l'atomisme chimique. Le premier laisse aux sciences expérimentales tout le champ de leurs observations, et, raisonnant sur les données qu'elles lui présentent, explique ce qui n'est point de leur compétence, mais qui appartient proprement à la recherche rationnelle. L'autre, au contraire, savoir l'atomisme chimique, prend

de la chimie les données auxquelles elle est arrivée, et, sans faire un pas plus avant, déclare que l'essence, qui restait à expliquer, nous est inconnue. Ce qui équivaut à dire que comme système métaphysique, il n'explique rien, puisqu'il n'explique pas ce qui est proprement du domaine de cette science.

Le système scolastique ne pourrait-il donc pas bien lui renvoyer le reproche avec raison?

466. 2º Le système scolastique, loin de rendre perpétuelle la guerre entre la physique et la métaphysique, est le seul qui rétablisse la paix entre elles. Il atteint ce but, en fixant à chacune les limites de son domaine. La stabilité dans l'ordre, c'est la paix. La lutte a surtout lieu quand une science veut empiéter sur une autre, ou que l'inférieure veut faire la loi à celle qui lui est supérieure. C'est ce qui arrive dans le système atomique, où l'on attribuerait à la chimie expérimentale, qui ne sort jamais de la sphère des corps déjà actuellement constitués, la découverte de leurs principes constitutifs; principes qui, par cela même qu'ils constituent, ne peuvent être le constitué, et qui, appartenant à l'essence, ne peuvent être autrement découverts que par voie de raisonnement. De plus, le système scolastique harmonise entre elles les sciences naturelles, soit qu'elles se rapportent au monde inorganique, soit qu'elles se rapportent au monde organique dans ses trois règnes, végétal, animal, humain, en coordonnant tous les êtres sous une seule loi ontologique de la composition substantielle de la matière et de la forme, loi qui explique l'unité de leur existence, la diversité de leurs espèces, et la multiplicité de leurs opérations. Par là, il nous ouvre la voie à une intelligence plus parfaite de la nature des substances séparées, c'est-à-dire, des formes subsistantes en elles-mêmes sans aucun rapport avec la matière, comme sujet d'actuation. C'est donc avec raison que nous pouvons conclure que ce système est le fondement et la clef de voûte de tout l'édifice philosophique, et qu'en le rejetant, la science ne peut être qu'un monceau de ruines éparses ou un assemblage de parties sans aucun lien qui les relie entre elles.

CHAPITRE X.

RETOUR A LA THÉORIE DU COMPOSÉ HUMAIN.

467. Nos lecteurs n'ont pas oublié sans doute que nous avons été contraints de toucher à la question générale des éléments corporels à cause de quelques difficultés soulevées à propos du composé humain. Mais puisque cette question a été résolue et suffisamment éclaircie, elle nous met à même de démontrer comment les objections proposées précédemment tombent à terre et s'évanouissent. Nous pouvons même ajouter que cette question résolue, toute la doctrine du composé humain demeure admirablement élucidée et que la place occupée par l'homme dans l'ordre de la création resplendit du plus vif éclat. Bien que ces conséquences n'aient pu échapper à la sagacité du lecteur, il ne sera cependant pas inutile de les présenter dans tout leur jour.

ARTICLE PREMIER.

QUOIQUE L'AME COMMUNIQUE AU CORPS LE PREMIER ÊTRE *in actu*, TOUTEFOIS LE CORPS PAR LUI-MÊME EST UNE VRAIE RÉALITÉ PAR RAPPORT A L'AME.

468. La première objection disait : Si l'âme humaine, pour s'unir substantiellement au corps, doit lui communiquer le premier être ; le corps sans l'âme sera donc un pur néant, ou tout au plus un simple concept, auquel ne correspond aucune réalité dans la nature.

469. Comme on a pu le voir, cette difficulté reste sans valeur pour celui qui sait distinguer entre le corps et la matière. La matière n'est qu'un être potentiel et indéterminé, un être incapable d'exister par lui-même, sans un principe formel, qui l'actue et le

spécifie. La matière est la source de la pure extension, laquelle ne peut elle-même ni exister sans unité, ni se rendre sensible sans action. La matière ne peut donc exister et constituer tel ou tel corps, qu'autant qu'elle est informée par un principe simple, actif, nécessaire à sa première existence ; principe fort bien désigné, sous ce dernier rapport, par le nom de forme substantielle. Le corps est le composé qui résulte de ces deux éléments, consubstantiés entre eux, et formant un seul être, subsistant dans l'union intime de l'un et de l'autre [1].

Or, l'âme, en s'unissant au corps, remplit exactement l'office du principe simple. C'est ainsi que l'âme communique au corps le premier être, la première subsistance, tout en laissant supposer un autre principe distinct d'elle, la matière, ou la source d'où découlent dans le corps l'extension et la passivité. L'âme dans l'exercice de sa causalité par rapport à l'homme le constitue être raisonnable, le dote de facultés sensitives et végétatives, actue la matière relativement à la première subsistance, et détermine la capacité de celle-ci à devenir corps. Dans l'homme, ce qui ne vient pas de l'âme, c'est la matière, qui n'est ni un néant, ni un pur concept, mais une véritable réalité, quoique indéterminée par elle-même et incapable de subsister seule. Ainsi donc, c'est l'âme qui l'actue, la complète et lui donne même une subsistance corporelle. *Homo ab ipsa anima rationali perficitur secundum diversos gradus perfectionis, ut scilicet sit corpus, et animatum corpus et animal rationale* [2].

470. La raison pour laquelle l'âme peut, en informant le corps, lui communiquer une actuation particulièrement propre aux formes inférieures, nous la trouvons dans l'efficacité de sa vertu. Cette vertu de l'âme, simple et une, équivaut à la vertu de ces

---

[1] Voici ce qu'a enseigné Leibnitz : *Sed tantum abest ut quisquam philosophorum jactatam illam demonstrationem absolverit, ut contra potius solide ostendi posse videatur exigere quidem naturam corporis ut extensum sit, nisi a Deo obex ponatur ; essentiam tamen corporis consistere in materia et forma substantiali, hoc est in principio passionis et actionis, substantiæ enim est agere et pati posse. Itaque materia est prima potentia passiva, forma autem substantialis est actus primus sive prima potentia activa.* (*Systema theologicum*, § 48).

[2] S. Thomas. *Qq. Disp.* Quæstio *De anima*, a. 11.

formes, et de plus renferme en elle-même un plus haut degré de perfection. C'est ainsi qu'elle peut réaliser les formes inférieures, et communiquer encore au composé un plus haut degré de réalité, auquel ces formes ne s'élèveraient pas. « La » forme la plus parfaite, dit fort bien saint Thomas, fait par » elle seule tout ce que des formes moins parfaites font par » leur multiplicité. Ainsi donc si la forme constitutive du mi- » néral donne à la matière la subsistance et la constitue corps » minéral, la forme du végétal donne à ce dernier cette même per- » fection et de plus la vie. Par la même raison la forme de l'animal, » c'est-à-dire, l'âme sensitive, donne à l'animal outre l'être et » la vie, la faculté de sentir; la forme de l'homme, c'est-à- » dire, l'âme intelligente, ajoutera aux perfections précédentes » l'entité d'être raisonnable. Car les formes des choses qui exis- » tent dans la nature, diffèrent l'une de l'autre comme le plus » parfait du moins parfait. C'est pourquoi elles sont entre elles » dans la même proportion que les nombres, dont les espèces » diverses résultent de l'addition et de la soustraction de quelque » unité[1]. »

471. D'où il est facile de comprendre ce que l'on entend proprement, lorsqu'on dit que l'âme est en nous la forme substantielle du corps. Cette proposition, qui ne dit rien aux personnes étrangères au système scolastique sur les constitutifs essentiels des corps, et qui n'est pour eux que des mots vides de sens, signifie que notre âme est à notre corps ce que sont les formes inférieures relativement aux autres corps de la nature. De même que les formes inférieures, chacune dans sa sphère, l'âme humaine, dans la sienne, est un acte substantiel, un principe communiquant au corps l'unité et la subsistance, complétant et spécifiant la potentialité de la matière. D'où il suit évidemment que

---

[1] *Perfectior forma facit per unum omnia, quæ inferiores faciunt per diversa, et adhuc amplius; puta, si forma corporis inanimati dat materiæ esse et esse corpus, et forma plantæ dabit ei et hoc et insuper vivere. Anima vero sensitiva et hoc et insuper sensibile esse. Anima vero rationalis et hoc et insuper rationale esse. Sic enim inveniuntur differre formæ rerum naturalium secundum perfectum et magis perfectum, ut patet intuenti. Propter quod species comparatur numeris, quorum species per additionem et subtractionem unitatis variantur.*

l'âme humaine, considérée comme forme du corps, suppose la théorie générale de la matière et de la forme, au point de vue de la composition essentielle de tous les corps. Or, admettre l'une sans l'autre, ne serait-ce pas montrer clairement que l'on ne sait ni ce que l'on dit, ni ce que l'on fait ? L'âme peut-elle être la forme substantielle du corps sans que l'union ait pour effet de constituer une substance ? toute union n'est-elle pas spécifiée par son terme ? Or, l'idée de substance implique un premier être actué ; car tout ce qui suppose une existence déjà en acte, ne peut donner à cette existence qu'une perfection accidentelle. *Cuicumque formæ substernitur aliquod ens actu quocumque modo, illa forma est accidens* [1]. Ainsi donc, si l'âme est véritablement la forme substantielle du corps, c'est-à-dire, si son union avec le corps est substantielle, l'âme doit communiquer au corps le premier être en acte. Voilà pourquoi le corps de l'homme ne peut avoir ni la vie, ni la subsistance, indépendamment de l'âme. Donc, la matière, incapable de subsister par elle-même, est la seule chose qui, dans la substance composée de l'homme, ne dépend pas de l'âme, quant à sa réalité. Donc, cette matière a toujours besoin d'un principe formel qui l'actue, dès qu'elle est abandonnée de l'âme.

C'est ainsi que Suarez déduit avec raison cette théorie générale de l'essence des corps, précisément de ce que l'âme humaine est la forme substantielle du corps. « L'homme, dit-il, est cons-
» titué par la forme substantielle comme par une cause intrin-
» sèque ; donc toutes les autres substances de la nature sensible
» sont constituées par une forme substantielle. Preuve de l'anté-
» cédent : l'âme raisonnable est évidemment une substance et
» non pas un accident, puisqu'elle subsiste par elle-même après
» sa séparation du corps, et qu'elle est immortelle. Donc elle
» subsiste par elle-même indépendamment de tout autre sujet ;
» et par conséquent elle n'est pas un accident, mais une sub-
» stance. De plus, cette âme est la vraie forme du corps, comme
» nous le savons par la foi et par les lumières de la pure raison.
» Elle ne peut être une substance assistant ou mouvant extrin-
» sèquement le corps ; car, en ce cas, elle ne donnerait pas la

---

[1] S. Thomas. *Qq. Disp.* Quæstio *De spirituali creatura*, a. 4.

» vie au corps, et les opérations vitales du corps ne dépen-
» draient ni de sa présence ni de son union; enfin, ce ne serait
» plus l'homme qui penserait mais une substance assistant
» l'homme. Donc la composition de la matière et de la forme
» substantielle dans l'homme démontre qu'il y a dans la nature
» un sujet substantiel capable, de sa nature, d'être informé par un
» acte substantiel. Donc ce sujet est imparfait et incomplet dans
» le genre de substance. Donc, il faut qu'il subsiste en vertu
» d'un acte substantiel [1]. »

Ce qui précède explique parfaitement ce que S. Thomas répète souvent : Que l'âme contient plus le corps, qu'elle n'est contenue par lui. *Magis anima continet corpus, quam et converso* [2]. La raison en est que l'âme, en actuant le corps, en maintient toutes les parties en unité d'être et de vie.

ARTICLE II.

DANS QUEL SENS LE CORPS DE L'HOMME A-T-IL UN ÊTRE DISTINCT DE L'AME?

472. Ce que nous avons dit nous permet de résoudre la seconde difficulté, ainsi posée : Si le corps reçoit de l'âme l'acte de sa subsistance, l'âme ne doit pas le présupposer comme corps.

---

[1] *Homo constat forma substantiali, ut intrinseca causa. Ergo et res omnes naturales. Antecedens probatur; nam anima rationalis substantia est et non accidens, ut patet, quia per se manet separata a corpore, cum sit immortalis; est ergo per se subsistens et independens a subjecto; non est ergo accidens sed substantia. Rursus illa anima est vera forma corporis, ut docet Fides, et est etiam evidens lumine naturali; non enim potest esse substantia assistens aut extrinsece movens corpus; alias non vivificaret illud, neque ex præsentia et conjunctione ejus essentialiter penderent opera vitæ; nec denique esset ipse homo qui intelligeret sed quædam alia substantia illi assistens.... Hominis ergo compositio ex materia et forma substantiali ostendit esse in rebus naturalibus quoddam subjectum substantiale, natura sua aptum ut informetur actu aliquo substantiali. Ergo tale subjectum imperfectum et incompletum est in genere substantiæ; petit ergo semper esse sub aliquo actu substantiali.* (Disputationum Metaphysicorum. Vol. 4, Disput. xv, sect. i.)

[2] S. Thomas. *Summa theol.*, 1 p., q. 76, a. 3.

Mais alors comment peut-on dire que l'âme s'unit au corps? Le sujet auquel une forme s'unit ne doit-il pas lui être présupposé?

Avant d'expliquer le sens dans lequel ces locutions peuvent être justes, il faut se rappeler la doctrine relative à l'objet auquel elles s'appliquent. Car la vérité doit régler le langage, et non pas le langage la vérité.

473. Il est hors de doute que l'âme humaine venant au corps, s'unit immédiatement avec la matière première, *unitur materiæ immediate*, selon l'expression de S. Thomas. Et la raison qu'il en donne est la même que nous avons déjà plusieurs fois exposée; savoir que si l'âme s'unissait à la matière déjà actuée par un autre principe formel, son influence ne s'étendrait pas jusqu'à l'être premier de ce sujet; il produirait seulement en lui une perfection accessoire. D'où il résulterait que l'union de l'âme et du corps ne serait pas substantielle, mais seulement accidentelle; puisqu'elle n'aurait pas pour terme de former une substance, mais de lui ajouter un perfectionnement ultérieur. *Dicendum quod inter omnia esse est illud quod immediatius et intimius convenit rebus. Unde oportet quod, cum materia habeat esse actu per formam, forma, dans esse materiæ, ante omnia intelligatur advenire materiæ et immediatius cœteris sibi inesse. Est autem hoc proprium formæ substantialis, quod det materiæ esse simpliciter: ipsa enim est per quam res est hoc ipsum quod est. Non autem per formas accidentales habet esse simpliciter, sed esse secundum quid, puta esse magnum, vel coloratum, vel aliquid tale. Si qua ergo forma est, quæ non det materiæ esse simpliciter, sed adveniat materiæ jam existenti in actu per aliquam formam, non erit forma substantialis*[1].

474. Le corps donc, jusqu'à son union avec l'âme raisonnable, est constitué dans son être substantiel par un autre principe formel, qui actue la matière, la dispose, en l'organisant, à devenir un sujet capable de recevoir l'âme comme sa forme. Après avoir reçu cette dernière disposition, qui permet à l'âme de s'emparer de cette matière, l'autre principe cesse d'exister; comme il arrive en toute nouvelle production de substance. La matière seule reste, comme sujet informé et actué par l'âme; et l'âme s'empare

---

[1] Quæstio *De anima*, a. 9.

totalement de cette matière, la maintient dans la subsistance et l'organisation nécessaire aux fonctions de la vie [1].

Voilà donc le sujet distingué de l'âme, et indépendant d'elle quant à sa réalité, la matière, source de l'extension et des parties, laquelle, en demeurant unie à l'âme, en reçoit l'unité et la subsistance; elle est maintenue dans l'organisation, où elle est parvenue, et se trouve amenée à un développement ultérieur.

475. Après le développement de cette doctrine, nous pouvons expliquer comment les locutions employées dans l'argument qui précède, concordent avec elle.

Cette proposition, *l'âme est la forme du corps*, n'offre aucune difficulté; bien plus, elle confirme notre théorie. Elle signifie que le corps n'est tel en nous qu'en vertu de l'âme, absolument comme si nous disions que la lumière est la forme du corps lumineux. Voudrait-on dire autre, en ce cas, sinon que la lumière seule rend un corps lumineux? De même, lorsque nous disons que l'âme s'unit au corps comme forme substantielle, nous voulons signifier qu'elle s'unit à lui comme le principe constituant et maintenant le corps, soit dans son état d'être vivant, soit dans l'actuation même de substance. Cette observation est littéralement tirée de S. Thomas. Voici les paroles du S. Docteur, à propos de la définition dans laquelle Aristote appelle l'âme : L'acte ou la forme du corps physique organique, capable de vivre. *In eo, cujus anima dicitur actus, etiam anima includitur : eo modo loquendi quo calor est actus calidi et lumen est actus lucidi, non quod seorsum sit lucidum sine luce, sed quia est lucidum per lucem. Et similiter dicitur quod anima est actus corporis, etc., quia per animam et est corpus et est organicum et est potentia vitam habens. Sed actus primus dicitur respectu actus secundi, qui est operatio* [2].

476. Cette manière de parler, *l'homme est composé d'une âme et d'un corps*, semblerait moins claire. En effet, puisque les

---

[1] *Corpus antequam animetur, habet aliquam formam : illa autem forma non manet, anima adveniente. Adventus enim animæ est per quandam generationem; generatio autem unius non est sine corruptione alterius.* (Qq. Disp. Quæstio *De spirituali creatura*, art. 3, ad 12.)

[2] S. Thomas. *Summa theol.*, 1 p., q. 76, a. 4. ad 1.

composants doivent être distincts; cette manière de parler semble insinuer qu'en nous le corps a l'être substantiel de corps indépendamment de l'âme.

La solution de cette difficulté nous arrive par deux voies. Et d'abord, on peut dire que, dans cette proposition, on entend par corps la matière seule. Ce qui se fait quelquefois par synecdoque, lorsqu'on prend la partie pour le tout. Cette figure de langage a ici sa raison d'être, puisque la matière, avant de s'unir à l'âme, a besoin d'être d'abord disposée et organisée sous la forme de corps ; quoiqu'à l'instant de cette union, elle se dépouille de tout autre principe formel, afin de recevoir son actuation de l'âme seule. En second lieu, on peut dire que, dans la proposition mentionnée ci-dessus, on considère l'âme précisément en tant qu'elle est le principe de la vie, et non en tant qu'elle communique à la fois au corps la vie et son complément dans le genre de substance. Parce que l'âme produit l'un et l'autre effet dans le corps, en les subordonnant entre eux ; en actuant la matière dans l'ordre de la subsistance de corps et de corps organique, elle la rend capable de recevoir de plus la vie. Ainsi, entre l'un et l'autre effet, il y a une distinction virtuelle ; et cette distinction suffit pour légitimer la proposition rapportée plus haut, bien que le corps ne puisse subsister en nous que par la vertu de l'âme.

Cette réponse est exactement celle que donne saint Thomas dans la solution d'une objection où il était dit que le corps, déjà parvenu à l'être de corps, s'appelle quelquefois sujet actuable par l'âme. Voici ses paroles : *Cum forma perfectissima det omnia quæ dant formæ imperfectiores, et adhuc amplius ; materia, prout ab ea perficitur eo modo perfectionis, quo perficitur a formis imperfectioribus, consideratur ut materia propria etiam illius modi perfectionis, quam addit perfectior forma super alias : ita tamen quod non intelligatur hæc distinctio in formis secundum essentiam, sed solum secundum intelligibilem rationem. Sic ergo ipsa materia, secundum quod intelligitur ut perfecta in esse corporeo susceptivo vitæ, est proprium subjectum animæ* [1].

---

[1] *Qq. Disp.* Quæstio *De spirituali creatura*, a. 3, ad 2.

Il ne faut donc pas entendre autrement la proposition objectée, comme il est facile de le voir, si l'on y ajoute ce qui lui manque. Nous avons le droit de demander à celui qui dit que *l'homme se compose d'une âme et d'un corps*, de quelle manière s'opère cette composition ; et il sera certainement forcé de répondre de manière à affirmer que ces deux composants forment une seule substance. Mais pour qu'il n'y ait qu'une seule substance, il faut qu'il n'y ait qu'un seul acte substantiel. Donc cet acte ne pouvant se communiquer du corps à l'âme, il faut que l'âme le communique au corps, et par conséquent, que la subsistance du corps procède de l'âme, bien que son principe matériel n'en découle pas.

ARTICLE III.

OPINION DE SCOT.

477. Cette doctrine, si commune dans les écoles catholiques, a été combattue par le subtil Scot. Il a soutenu que le sujet informé par l'âme, dans un être vivant quelconque, n'est pas la pure matière, mais la matière déjà actuée comme corps par une autre forme imparfaite et passagère qui, concurremment avec le principe vital, constituerait le composé vivant. Cette forme, qu'il désigne sous les noms de *corporéité* ou de *mixtion*, reste dans le corps mort jusqu'à ce qu'il se corrompe et se résolve en ses premiers éléments. Il exprime ainsi son opinion, en termes nuageux et abstraits, selon sa coutume : *Forma animæ non manente, corpus manet ; et ideo universaliter in quolibet animato necesse est ponere illam formam, qua corpus est corpus alias ab illa, qua est animatum. Non autem loquor de illa, qua est corpus, hoc est individuum corporis quod est genus. Nam quodcumque individuum sua forma taliter est corpus, ut corpus est genus et habens corporeitatem : sed loquor de corpore, ut est altera pars compositi ; per hoc enim non est individuum nec species in genere corporis nec in genere substantiæ, quod est superius, sed tantummodo per reductionem. Unde corpus, quod est altera pars manens quidem in esse suo proprio sine anima, habet per consequens formam qua est corpus*

isto modo et non habet animam. Et ita illa forma necessario est alia ab anima, sed non est aliquod individuum sub genere corporis nisi tantum per reductionem ut pars; sicut nec anima separata est per se inferior ad substantiam sed tantum per reductionem[1].

Ainsi, selon lui, quand même la forme ne serait pas créée de Dieu, comme il arrive dans l'homme, mais serait produite par une cause seconde, comme dans la plante et la brute, il faudrait faire intervenir une double action, au moins virtuellement distincte : *Respectu cujusque animati potest poni quod habeat duo agentia vel quasi duo. Quælibet enim forma vitæ est excellentior simpliciter quacumque forma mixtionis ; et ita quodcumque inducens formam vitæ, oportet esse perfectius seipso vel alio, ut præcise inducit formam mixtionis. Et ita licet ab eodem generetur corpus mixtum in planta vel bruto et inducatur anima, tamen ibidem est quasi duo agentia, quia habent in se rationem perfectioris et imperfectioris*[2].

478. Avant d'examiner en détail l'opinion du célèbre *Docteur subtil*, il est bon d'aller au devant d'un abus, derrière lequel s'abritent quelques auteurs modernes, afin d'échapper à la décision du Concile de Vienne, qui déclare *l'âme forme du corps*. Ils disent : Scot, en vertu de sa théorie générale, soutenait que l'âme raisonnable, dans l'homme, était de telle sorte la forme du corps, que bien qu'elle lui communiquât le sentiment et la vie, cependant elle ne lui donnait pas l'être substantiel de corps. Or, c'est précisément ce qu'affirme l'atomisme; à savoir, que l'âme par son union donne la vie et la sensibilité au corps, mais le suppose constitué substance corporelle, indépendamment de l'âme. Or, l'opinion de Scot, loin d'avoir été condamnée, n'a pas même été mentionnée par le Concile. Ne peut-on pas voir dans ce silence une preuve qu'elle n'est pas contraire à sa définition; et que, par conséquent, on ne doit pas regarder le système atomique, employé pour expliquer le composé humain, comme lui étant contraire ?

Je commence tout d'abord par déclarer qu'il ne m'est jamais

---

[1] *Super quartum Sententiarum*, Distinct. 11, q. 3.
[2] *Ibidem*.

venu à la pensée de taxer d'hérésie celui qui, soutenant que l'âme intellectuelle est l'unique principe de vie dans l'homme, expliquerait néanmoins, selon la doctrine atomique, l'union substantielle de l'âme et du corps. Le ciel nous préserve d'une si étrange et si téméraire exagération. Nous avons traité la question au point de vue philosophique, sans sortir de la pure vérité naturelle ; et, pour atteindre notre but, nous avons cru qu'il suffisait de démontrer la fausseté du système qu'on nous oppose, sans invoquer le secours de censures hors de notre compétence et de nos droits. Si nous avons touché au point qui relie le système scolastique au dogme religieux, nous l'avons fait en nous renfermant dans le pur domaine de la raison : nous avons démontré cette liaison, mais nous ne l'avons pas imposée comme un article de foi. Peut-on mériter le reproche d'hérésie, si l'on n'est contumace, c'est-à-dire, si l'on ne combat sciemment l'enseignement de l'Eglise ? or l'Eglise a-t-elle déclaré expressément que l'opinion adoptée est contraire à sa doctrine ? Les défenseurs catholiques de l'atomisme croient et soutiennent que leur explication est suffisamment en harmonie avec la définition du Concile. Si nous sommes d'un autre avis, notre jugement n'a d'autre valeur que celle de nos raisons, la valeur du raisonnement purement philosophique.

479. Cette protestation faite, nous disons, premièrement, que le Concile n'a pas fait mention de l'opinion de Scot, parce qu'il n'a voulu mentionner aucune opinion en particulier, pas même l'opinion évidemment hétérodoxe de Pierre-Jean Oliva, mais seulement définir la vérité. Il a voulu par là exclure d'un seul coup toutes les erreurs contraires déjà professées, et prévenir celles qui pourraient encore se produire. *Ut præcludatur universis erroribus aditus... ne subintrent.* Nous le demandons, le raisonnement qui suit a-t-il quelque valeur ? Le Concile n'a mentionné ni l'opinion de Platon, ni celle d'Averroës, donc elles ne sont pas opposées à sa définition. Or, une semblable manière de raisonner en faveur du sentiment de Scot ou de tout autre, est-elle plus recevable ?

En second lieu, nous disons que les atomistes recourent vainement à la théorie de Scot, afin d'y trouver un point d'appui à leur système, car la différence entre les deux systèmes est capitale.

1° Scot admettait pour l'âme la notion commune de forme substantielle, c'est-à-dire de principe communiquant l'être dans le sens strict du mot. Il enseignait de même que toute forme substantielle donne l'être, *omnis forma substantialis dat esse simpliciter* ; et en cela la forme substantielle se distingue de la forme accidentelle. *Nulla est causa quare ista dat esse simpliciter et illa secundum quid, nisi quia hæc est forma substantialis et illa accidentalis*[1]. Les atomistes établissent au contraire que l'âme en s'unissant au corps, ne lui communique proprement l'être à aucun degré, mais seulement qu'elle le pénètre en tout sens, et unit ses forces aux siennes.

2° Scot établissait que le corps de l'homme, eu égard à sa forme de *corporéité* distincte de l'âme, reçoit un acte partiel et incomplet. Ainsi donc, selon lui, cet acte ne vient pas constituer véritablement l'individu dans le genre de corps, mais seulement le disposer à recevoir immédiatement l'âme raisonnable. *Per istam formam est in actu partiali et est proximum receptivum animæ intellectivæ, licet non sit per illam in genere corporis, ut corpus est genus.* Par cette forme, le corps est tel précisément en tant qu'il doit faire partie d'un être vivant. Ainsi, d'après lui, ce ne serait pas une substance proprement dite, mais une partie de substance : par cela, il n'est pas individu, ni espèce appartenant au genre des corps, ni ne peut être classé dans le genre de substance. *Per hoc non est individuum nec species in genere corporis nec in genere substantiæ.* On voit que Scot établissait que la forme appelée *corporéité*, forme distincte de l'âme, n'était pas une forme permanente, mais transitoire ; qu'elle ne communiquait rien de l'être parfait et stable, mais seulement l'être transitoire, qui cesse d'exister aussitôt que le corps se dissout en ses éléments de matière brute. *Non manet in esse perfecto et quieto..... Et ideo nullum corpus animale habet simpliciter esse perfectum et quietum, recedente anima, immo statim est in continua tendentia ad resolutionem sui in elementa.* L'atomisme établit au contraire que l'être de l'atome, dans le corps humain est un être substantiel parfait dans le genre de corps et de substance, jouissant d'une véritable individualité sous ce rapport, et d'une manière incorruptible et permanente.

[1] *Super quartum Sententiarum*, Distinct. 44, q. 3.

Il est bon de remarquer ici que lorsqu'on invoque une opinion non condamnée au moins explicitement par une définition dogmatique, il faut l'accepter telle qu'elle est, avec tous ses accessoires et ses tempéraments. Car si l'on n'en accepte qu'une seule partie, et qu'on modifie les autres, c'est en vain qu'on invoque cette opinion. Il se peut très-bien, en effet, que la partie rejetée soit précisément celle qui corrigeait ce sentiment et le rendait acceptable. Mais assez sur ce sujet.

480. Considérons donc le sentiment des Scotistes dans sa valeur intrinsèque et au point de vue philosophique. Sous ce rapport, il ne sera pas difficile de l'écarter de la discussion. Les considérations que nous avons déjà faites montrent évidemment que l'âme ne peut s'unir au corps comme forme substantielle, si elle ne lui communique l'être substantiel et qu'elle ne peut lui communiquer l'être substantiel; si l'on suppose que le corps, comme corps, possède déjà une subsistance indépendamment de l'âme. Or, c'est la conséquence du système de Scot. Pour éviter ces inconvénients, il est inutile de dire avec lui que le corps, par cette forme préalable de *corporéité*, ne possède qu'un acte partiel, et n'est ni individu, ni substance : ce ne sont là que de vaines paroles. Ces paroles absolument vides de sens ne montrent-elles pas assez clairement l'embarras dans lequel cet auteur se trouve ? Et de fait, comment un acte partiel peut-il suffisamment déterminer la matière, lui donner par lui-même et l'existence et la puissance d'agir ? Un être qui a sa subsistance propre, n'est-il pas dès lors une substance ? Et n'est-il pas individu par là même que, dans sa subsistance, il est distinct de tout autre être ? Ainsi, Scot unit ensemble des notions contradictoires qui se détruisent mutuellement. Si son opinion était fondée, nous pourrions également dire, avec Günther ou au moins avec Baltzer, que l'âme sensitive, ou le principe de vie, est distincte dans l'homme de l'âme intellectuelle. Car c'est à cette conclusion que conduisent tous ces palliatifs, à savoir, que l'âme sensitive et ce principe de vie ne donnent qu'un acte partiel et ne constituent pas un individu substantiel, mais seulement la partie qui reçoit immédiatement l'âme intellectuelle. *Per ipsam formam est in actu partiali et est proximum receptivum animæ intellectivæ.*

En outre, si nous adoptons le principe favori de Scot, *non sunt multiplicanda entia sine necessitate*, à quoi bon introduire dans le corps cette forme de *corporéité*, lorsque l'âme raisonnable contient virtuellement toutes les propriétés des formes inférieures, et peut, par elle seule, donner à la matière les perfections que toutes ces formes pourraient lui apporter séparément? Une forme plus parfaite, pouvons-nous dire avec S. Thomas, réalise par elle seule tout ce que peuvent réaliser plusieurs formes moins parfaites, et même quelque chose de plus. Ainsi, par exemple, si la forme du minéral donne à la matière l'être et la subsistance de corps, la forme de la plante survenant dans ce corps, produira les mêmes effets, et, de plus, y introduira la vie. L'âme sensitive ajoutera la sensibilité à ces perfections. Mais l'âme raisonnable, outre ces premières propriétés, communiquera encore à ce composé la faculté de comprendre et de raisonner. D'où l'on voit que les formes naturelles diffèrent entre elles comme le plus parfait et le moins parfait. Il arrive de là que les espèces qu'elles constituent sont entre elles comme les nombres, c'est-à-dire, qu'elles ne diffèrent que par l'addition ou la soustraction de quelque unité.

481. Mais vous me direz avec Scot : la nécessité de cette multiplication provient, dans le cas présent, de ce que nous voyons persévérer dans le cadavre l'être de corps, après la disparition de l'âme. *Forma animæ non manente, manet corpus*.

A cela, nous répondons : Qui vous a dit que le corps qui reste après la séparation de l'âme, persiste tel en vertu de la même forme, et qu'il n'en est pas survenu une autre dans cette pure matière pour remplacer la première? La sensation? Mais les sens perçoivent le fait et non la raison du fait ; ils vous disent qu'il n'y a aucun changement dans les apparences extérieures du corps et ils ne vous donnent aucune notion des changements internes survenus dans ses principes constitutifs.

En effet, la mort est la corruption d'une substance vivante ; et, quoiqu'en dise Scot, toute corruption de substance est la génération d'une autre substance. *Corruptio unius est generatio alterius*. Cet organisme était vivant, mais la vie l'a abandonné. La vie est une opération qui naît du fond même de l'être. L'être de la substance est donc changé, et parce que l'être procède du principe formel, nous devons conclure qu'une nouvelle forme est survenue pour actuer cette matière.

Mais, me direz-vous, qui a produit le nouveau principe? Le concours des causes qui ont déterminé la mort, et dont l'influence destructive produirait à chaque instant le même effet dans le corps animé, si elles n'étaient combattues et dominées par l'énergie du principe vital. Cette lutte perpétuelle du corps vivant contre les assauts des agents délétères, a été reconnue et admise par les physiologistes les plus renommés. « Tel est, en effet, dit Bichat, le » mode d'existence des corps vivants, que tout ce qui les entoure, » tend à les détruire. Les corps inorganiques agissent sans cesse » sur eux; eux-mêmes exercent les uns sur les autres une action » continuelle ; bientôt ils succomberaient, s'ils n'avaient en eux » un principe permanent de réaction. Ce principe est celui de la » vie [1]. »

A peine donc survient-il dans l'organisme quelqu'accident qui rend le principe vital incapable d'exercer son action, en un degré au moins suffisant pour vaincre et réfréner ces agents contraires, que ceux-ci l'emportent, et, corrompant la substance vivante y produisent une nouvelle forme substantielle, propre à maintenir la matière dans son nouvel état. Le seul dérangement d'équilibre dans les courants électriques, qui circulent à travers le corps et possèdent une grande énergie, ne suffit-il pas par lui-même à produire cet effet, puisque la nouvelle influence de ses courants n'est plus ni dirigée, ni modérée par la prédominance de la force vitale?

S'il en était ainsi, réplique Scot, quelles que soient les causes qui déterminent la mort, le cadavre ne devrait plus subsister dans son identité ; car la forme doit varier selon les causes qui la produisent.

Nous répondons : Il est vrai que toute cause produit des effets en rapport avec sa propre vertu, mais seulement lorsqu'elle s'assujettit toute la capacité du sujet; comme il arrive au feu agissant sur un combustible parfait de tout point, ou à la vertu assimilatrice de l'organisme vivant, dans l'état de santé. Mais il

---

[1] *Recherches physiologiques sur la vie et la mort.* Prem. partie, art. 1.

en est autrement quand la cause ne possède pas une aussi grande puissance, et qu'elle est seulement capable de corrompre l'être substantiel préexistant. Alors la forme qui survient ne correspond pas à toute la force destructive, mais bien aux dispositions prédominantes du sujet même passif de l'action, et à l'exigence de la forme première dont la matière est abandonnée. C'est ce qui arrive dans la mort. Les dispositions prédominantes du sujet restent les mêmes, et il n'intervient aucun agent qui s'empare complétement de toute sa vertu. C'est pourquoi, la forme produite est toujours la même, c'est-à-dire, conforme aux dispositions précédentes et au lien de succession qui l'unit à la forme disparue.

Mais vous me direz : Nous voyons persister dans un corps mort la même organisation, la même structure matérielle de parties et la même manière d'être. Donc la substance reste la même.

Nous répondons par une distinction : Il est vrai, la même substance reste, si l'on considère son principe matériel; mais c'est une substance toute différente, si l'on considère son principe formel.

Le phénomène allégué ne démontre nullement que les deux composants du corps animé doivent persister dans le cadavre; mais il prouve seulement qu'il y reste le principe matériel, source de l'étendue. Cela suffit pour expliquer cette permanence de la disposition organique et de tout ce qui la concerne. En calcinant une branche d'arbre, ne voyons-nous pas que le charbon retient la structure même du bois? et néanmoins, d'après le système atomique, la substance a été transformée dans ses éléments matériels les plus intimes. Si donc, sous l'influence d'une action aussi énergique que la calcination, la combinaison chimique de chaque molécule subit un pareil changement, sans cependant perdre la texture primitive de son organisation; quelle merveille que, dans une altération moins profonde, le cadavre conserve la même disposition de parties, au moment où il ne fait que changer la forme substantielle qui leur donnait l'unité et la subsistance ? Dès lors que l'étendue et la structure des parties restent les mêmes, elles conservent aussi les mêmes accidents qui étaient inhérents à l'étendue comme à leur *subjectum* immédiat, tels que la figure, la couleur, la chaleur, et le reste.

Quoi qu'il en soit, dira-t-on encore, l'esprit ne pourra jamais se persuader qu'à l'instant même de la mort, une nouvelle forme s'empare du cadavre ; autrement, combien de formes substantielles devraient se succéder dans la nature, qui est dans un changement et une permutation continuelle de substances!

On aurait mieux dit : L'imagination, et non l'intelligence, ne saurait se le persuader. L'imagination recevant ses images des sens, et les sens ne percevant dans le cadavre nulle différence objective, il arrive qu'en prenant pour règle de son jugement le seul concept de l'imagination, on croit qu'il n'y a rien de changé dans le cadavre, et que l'être substantiel de corps, comme corps, reste le même. Mais l'imagination n'est pas l'intelligence, et les essences sont de la seule compétence de l'intellect. Quelque système donc que l'on embrasse, il faut absolument reconnaître que dans l'organisme du corps mort, les forces sont changées. Car celles qui correspondent aux fonctions vitales ont disparu, et à leur place ont succédé celles des éléments inorganiques qui, luttant incessamment contre les premières, parviendront bientôt à dissoudre le cadavre. Or, quelle peut être, à votre avis, la forme substantielle qui survient dans le corps? Est-ce une espèce de manteau enveloppant des membres inanimés, ou une petite flamme jaillissant de dedans en dehors ? Mais, en définitive, cette forme n'est autre chose qu'une force ; dès lors elle est simple et invisible, elle ne tombe pas sous les sens et n'est accessible qu'à la raison. On l'appelle substantielle, parce qu'il faut nécessairement reconnaître une force première, d'où les autres tirent leur origine, et qui donne la subsistance et l'unité à la matière étendue et divisible. Or, est-il étrange d'admettre que, parmi les forces qui se reproduisent dans les éléments matériels d'un cadavre, il y en ait une qu'on puisse regarder comme le principe et le fondement de toutes les autres, et dont l'influence s'étende jusqu'à l'être substantiel du *subjectum*. Cette hypothèse n'est-elle pas beaucoup plus raisonnable et plus conforme à l'ordre et à l'unité de la nature?

Ces réflexions nous fournissent un autre argument, propre à dissiper le jeu de l'imagination que l'on nous objecte, c'est-à-dire, cette permutation continuelle de formes substantielles. Certainement, dans tout système, cette permutation doit être admise relativement aux formes accidentelles. Pourquoi donc la repousserions-nous dans ses formes substantielles ? Les changements perpétuels de la nature sensible exigent une succession non interrompue de qualité, de mouvements et de forces. Or, parmi ces forces qui disparaissent et renaissent dans la conversion d'une substance en une autre, quelle absurdité y a-t-il à en admettre une qu'on puisse regarder comme la source des autres, et dont résulte la constitution même du sujet? Voilà la forme substantielle. Pourquoi ne pourrais-je pas la considérer comme possédant la même faculté de permutation que les autres forces accidentelles? Sa qualité de force première peut-elle y mettre obstacle, puisque la qualité de forme seconde n'en est pas un pour les autres? Mais ceci sert à confirmer l'idée vraie de corruption et de génération de substance, telle que le sens commun et la saine philosophie l'admettent.

ARTICLE IV.

LA PROPRIÉTÉ D'INFORMER LE CORPS NE RÉPUGNE PAS A LA SPIRITUALITÉ DE L'AME.

482. La troisième difficulté était de concevoir comment l'âme pouvait actuer le corps en tant que corps, vu que le corps est matériel et étendu, tandis que l'âme est spirituelle et simple.

Cette difficulté disparaît entièrement dans la théorie que nous avons démontrée sur l'essence des corps. Nous avons vu, en effet, que le principe réel d'où vient l'étendue, loin d'être un obstacle à l'union avec un être simple et sans étendue, exige au contraire un principe semblable, afin de former avec lui une substance unique, parce que l'étendue, par elle-même, serait inexplicable. En effet, étendue dit à la fois multiplicité et unité ; or, cette dernière doit être telle qu'elle ne soit pas l'effet d'une combinaison de substances étendues; autrement nous tomberions dans un cercle vicieux. L'unité ne peut provenir que d'un principe simple contenant dans sa propre indivisibilité l'être qui a des parties multiples et étendues. De plus, tout corps nous apparaît comme une substance active; or, sans l'activité, l'extension elle-même ne serait pas perceptible parce qu'elle ne pourrait exercer aucune action sur nos organes, ni déterminer par conséquent la perception dans nos sens. Un principe actif est donc essentiel et nécessaire à l'étendue ; mais tout principe actif est par lui-même indivisible et sans parties ; donc, l'étendue, loin de répugner à l'union avec ce principe simple, l'exige, au contraire comme une condition absolument nécessaire à son existence première. Mais l'existence première est celle qui constitue l'être substantiel d'une chose. Nous devons donc conclure qu'un principe actif et simple, tel que la forme, est absolument indispensable pour communiquer au corps sa substantialité. La simplicité de l'âme répugne seulement à l'idée de corps, puisque tout corps est étendu ; mais cette simplicité de l'âme ne s'oppose nullement à ce qu'elle-même ne puisse être le principe formel du corps. Car, nous l'avons démontré, ce principe formel doit être simple. C'est pourquoi, selon la remarque judicieuse de saint Thomas, bien que l'âme n'ait pas la corporéité en acte, cependant elle la possède virtuellement ; et, quoique immatérielle, elle a pourtant la puissance de former un corps avec la matière à laquelle elle est unie comme forme.

483. Si la propriété de faire subsister le corps ne répugne pas à la simplicité de l'âme, elle ne répugne pas non plus à sa spiritualité. Quel est, en effet, le vrai concept de la spiritualité ? C'est l'indépendance de toute matière quant à l'existence. Cette propriété n'appartient pas à toute espèce de forme, mais ne répugne pas non plus à la nature de la *forme*. Ce n'est pas une propriété générale de la forme : car un principe formel, quelque simple qu'il soit peut très-bien être tellement dépendant d'un sujet matériel actué par lui, qu'il ne puisse pas subsister hors de ce sujet matériel. C'est ce qui arrive à toutes les formes moins parfaites que l'âme humaine, et nous pouvons en juger d'après leurs opérations, qui toutes appartiennent au composé et ne s'exercent jamais sans le concours de la matière qu'elles informent. La spiritualité ne répugne pas non plus à la nature de la forme, parce qu'une substance spirituelle peut très-bien avoir la puissance d'actuer la matière, et d'y produire les mêmes effets que les formes inférieures sont capables de causer d'une manière moins parfaite, sans que pour cela son existence dépende de la matière, ni qu'elle lui communique toutes les opé-

rations dont elle est elle-même la source. Dans ce cas, cette substance serait en même temps un esprit et la forme d'un corps. Esprit, parce que son existence est indépendante du corps; forme, parce qu'elle donne au corps la vie et la subsistance, effets qui exigent seulement la simplicité et la force d'actuation. Il en est ainsi de l'âme humaine. *Perfectissima formarum, idest anima humana quæ est finis omnium formarum naturalium, habet operationem omnino excedentem materiam, quæ non fit per organum corporale, scilicet intelligere. Et quia esse rei proportionatur ejus operationi, ut dictum est, cum unumquodque operetur secundum quod est ens; oportet quod esse animæ humanæ superexcedat materiam corporalem et non sit totaliter comprehensum ab ipsa, sed tamen aliquo modo attingatur ab ea. In quantum igitur supergreditur esse materiæ corporalis, potens per se subsistere et operari, anima humana est substantia spiritualis. In quantum vero attingitur a materia et esse suum communicat illi, est corporis forma. Attingitur autem a materia corporali ea ratione, quod semper supremum infimi ordinis attingit infimum supremi, ut patet per Dionysium 7. cap. de Divinis Nominibus; et ideo anima humana, quæ est infima in ordine substantiarum spiritualium, esse suum communicare potest corpori humano, quod est dignissimum, ut fiat ex anima et corpore unum, sicut ex forma et materia*[1].

ARTICLE V.

LA THÉORIE EXPOSÉE PLUS HAUT SERT ADMIRABLEMENT A FAIRE COMPRENDRE LA HIÉRARCHIE DES ÊTRES.

484. D'après la théorie que nous avons expliquée jusqu'ici, il est aisé de comprendre la gradation des êtres selon la manière de concevoir des Scolastiques. Elle se trouve exposée amplement dans la *Somme théologique* de saint Thomas. Mais afin d'en donner une idée, et de soulager en même temps l'esprit fatigué d'une trop longue exposition, nous recourons à Dante, fidèle disciple

---

[1] Quæstio *De spirit. creatura*, a. 11.

du grand théologien. Nous indiquerons les principaux points de la doctrine en citant quelques passages de la *Divine Comédie*.

Au-dessus de tous ces êtres est Dieu, acte très-pur, existant par lui-même, source et premier exemplaire, *forma formarum*, de toutes les perfections capables d'exister hors de lui. Dieu par son Verbe, dans lequel resplendissent les archétypes éternels de toutes choses, comme des rayons de son infinie lumière; Dieu, dans son amour, amour par lequel il féconde en quelque sorte le concept de son esprit et le rend opératif au dehors, créa, par un acte libre, sans sortir de son éternité ni de son immensité, des êtres distincts de lui.

> *In sua eternità di tempo fuore,*
> *Fuor d' ogni altro comprender, com' ei piacque,*
> *S' aperse in nuovi amor l' eterno Amore* [1].

La création, dans son aspect très-général, présente comme un vestige de la divine Trinité en tant qu'elle se réduit à un triple effet : la forme, la matière et le composé qui en dérive.

> *Materia e forma congiunte e purette*
> *Usciro ad atto che non avea fallo,*
> *Come d'arco tricorde tre saette* [2].

485. La forme, renfermant comme telle l'actualité, peut être si parfaite dans son être, qu'elle ne se rapporte à aucun sujet, mais qu'elle soit un acte pur subsistant en lui-même. C'est ce qui arrive dans les anges, qu'on appelle *formes séparées*, *substances séparées*, puisqu'ils n'ont pas besoin de matière pour exister et opérer, mais qu'ils sont de purs esprits, non destinés à animer un corps. Ils sont plus rapprochés de Dieu par la ressemblance de leur être simple et incorruptible; et ils constituent par leur nombre immense l'ordre suprasensible, le monde spirituel, sans comparaison plus beau et plus parfait que le monde matériel.

---

[1] DANTE, *Paradis*, c. 29.
[2] *Ibidem*.

> *Concreato fu ordine e costrutto*
> *Alle sustanzie, e quelle furon cima*
> *Nel mondo, in che puro atto fu produtto* [1].

Leur être est purement intellectif; d'où une tendance au bien avec une joie parfaite.

> *Luce intelletual piena d' amore*
> *Amor di vero ben pien di letizia,*
> *Letizia che trascende ogni dolzore* [2].

La matière est la dernière des réalités créées, *prope nihil*, comme dit saint Augustin; elle est une pure puissance quant à l'être substantiel à l'encontre de l'ange qui est un acte pur. Elle ne peut exister sans une forme qui la complète et la détermine.

> *Pura potenzia tenne la parte ima;*
> *Nel mezzo strinse potentia con atto*
> *Tal vime, che giammai non si divima* [3].

La matière ne se détache pas de la forme, parce que comme dit saint Thomas, *materia numquam denudatur ab omni forma*; bien que, dans la transmutation continuelle des substances matérielles, la matière passe d'une forme à une autre : le dépérissement d'une substance emporte toujours la production d'une autre, et *vice versâ*.

La matière, sous les diverses formes qui l'actuent, constitue le monde corporel, domaine des sens; et se divise en trois règnes : minéral, végétal, animal. Ensuite, vient l'homme, comme anneau qui réunit le monde corporel au monde des purs esprits. Sa nature est composée, mais de telle manière, que la forme qui le constitue actue la matière, mais n'en dépend point dans son être. Il participe de la subsistance et de l'opération des purs esprits. Il tend, en vertu de l'incorruptibilité dont son âme est douée, à revêtir, après sa mort, une nouvelle condition d'exis-

---

[1] *Paradis*, c. 29.
[2] *Paradis*, c. 30.
[3] *Ibidem*.

tence. C'est pourquoi, il est actuellement comme une chrysalide enveloppée dans sa coque; quand cette chrysalide paraît morte, elle renaît à une vie plus élevée et plus sublime.

> *Non v' accorgete voi che noi siam vermi,*
> *Nati a formar l' angelica farfalla,*
> *Che vola alla giustizia senza schermi* [1].

486. La création ayant donc pour prototype l'Etre divin, acte très-pur et dégagé de toute potentialité, commence par les créatures qui sont un acte pur quant à leur essence, bien qu'en puissance quant à leur existence; et elle se termine à l'âme humaine, la dernière forme indépendante de la matière, mais forme capable d'informer la matière et de se l'assujettir comme organe ou instrument de ses opérations. Au-dessous de l'âme humaine, on ne trouve plus que des actes ou formes incapables d'exister par elles-mêmes en dehors de la matière, dont elles ont besoin comme d'un sujet pour exister et opérer. Leur but n'est que la formation du composé dont elles dépendent, et dont la destruction les fait périr. Ainsi, dans l'univers créé, il y a trois genres de formes : Formes séparées, c'est-à-dire, les anges, qui subsistent en eux-mêmes, sans aucune matière; — Formes non séparées, mais séparables, c'est-à-dire, les âmes humaines, informant la matière, mais capables d'exister sans la matière; — Formes non séparées, ni séparables, c'est-à-dire, tous ces principes actifs inférieurs, qui informent la matière dans les trois règnes du monde corporel, et qui cessent d'exister par la cessation du composé. Cet ordre merveilleux réduit tout à une seule loi de l'être : à savoir, l'acte qui subsiste ou ne subsiste pas sans sujet matériel. Cet ordre a été admirablement exprimé par le Dante dans ces magnifiques tercets :

> *Ciò che non muore e ciò che può morire*
> *Non è se non splendor di quella Idea,*
> *Che partorisce amando il nostro Sire.*
> *Chè quella viva luce, che si mea*
> *Dal suo lucente, che non si disuna*
> *Da lui nè dall' amor che in lor s' intrea,*

[1] *Purgatoire*, c. 10.

> *Per sua bontade il suo raggiare aduna*
> *Quasi specchiato in nove sussistenze,*
> *Eternalmente rimanendosi una.*
> *Quindi discende all' ultime potenze,*
> *Giù d' atto in atto tanto divenendo,*
> *Che più non fa che brevi contingenze.*
> *E queste contingenze essere intendo*
> *Le cose generate, che produce*
> *Con seme e senza seme il ciel movendo* [1].

ARTICLE VI.

LA DOCTRINE PRÉCÉDEMMENT EXPOSÉE REND UNE RAISON TRÈS-SATISFAISANTE DES PHÉNOMÈNES HUMAINS.

487. Si nous ne nous abusons pas, tout ce que nous avons dit jusqu'ici sur l'union de l'âme humaine avec le corps, et sur la composition substantielle en général, nous donne la clef ou plutôt l'intelligence des phénomènes humains, qui autrement seraient inexplicables.

Et d'abord cette doctrine explique le plus grand de tous, celui que nous avons pris pour notre point de départ : l'unité de personne et de nature dans l'homme. Si le corps subsiste en vertu de l'âme, il n'y a qu'une seule subsistance en nous, celle qui de l'âme est communiquée au corps. Le *Moi* est donc *un* et il n'est pas étonnant qu'on lui attribue d'un côté les actions que l'âme produit, ou les passions qu'elle subit, et de l'autre les actions et les passions du corps. Pareillement, si l'âme est le principe formel du corps, en sorte qu'indépendamment d'elle, il n'y ait dans l'homme que la pure matière ; si cette matière est d'elle-même dépourvue de tout acte et de toute spécification ; l'être actuel, c'est-à-dire l'essence, la nature est *une* en nous, bien qu'elle soit composée de deux éléments, ni confondus, ni séparés. Ces éléments sont la matière, source d'extension et de parties, et l'âme raisonnable, qui, contenant dans sa perfection éminente toutes les vertus des formes inférieures, détermine et actue la matière à tous les degrés inférieurs de l'être, et garde pour elle

---

[1] *Paradis,* c. 13.

seule le degré intellectif. Ainsi, il n'y a pas dans l'homme deux substances unies ensemble par contact, ou par influx mutuel; mais une seule substance composée de deux parties, dont l'une reçoit l'acte substantiel communiqué par l'autre. *Non enim corpus et anima sunt duæ substantiæ actu existentes, sed ex eis fit una substantia actu existens* [1].

488. Quant aux phénomènes de la vie, ils peuvent se réduire à deux classes : à la première appartiennent les phénomènes qui se rapportant uniquement *au composé*, touchent à leur suprême degré dans la sensation ; à la seconde classe appartiennent les phénomènes propres aux facultés intellectives qui se rapportent à l'âme seule. Les premiers se manifestent intrinsèquement dépendants des corps ; les autres en sont intrinsèquement indépendants, mais ils leur sont comme liés par une connexion extrinsèque. Ainsi, nous expérimentons les fonctions végétatives et sensitives comme des actes organiques, quoiqu'ils dérivent de l'âme, sans laquelle il n'y a ni vie, ni sentiment. Nous expérimentons au contraire les actes de l'intelligence et de la volonté comme des actes provenant de l'esprit seul, quoiqu'ils aient relation au développement et au concours des facultés inférieures. L'intelligence n'agit qu'après la perception ou avec la perception d'images sensibles. La perfection de son acte n'est pas la même dans l'enfant, dans l'homme adulte, dans l'extrême vieillesse. A défaut de toute autre preuve, il suffirait de mentionner les phénomènes du sommeil et de la folie, pour montrer le lien qui existe entre l'intelligence et les facultés sensitives. Détruisez ou paralysez celles-ci, l'intelligence ne fonctionne plus ou fonctionne mal ; une altération organique est toujours suivie d'un déréglement intellectuel et moral. Or, ces deux classes de phénomènes reçoivent une explication satisfaisante dans le système scolastique.

489. D'abord, on ne rencontre aucune difficulté relativement aux phénomènes de la vie végétative et sensitive. Si l'âme, en effet, est le principe communicatif de l'être au corps, et le constitue substance vivante et sensitive, il est évident que les facultés correspondantes à ces deux degrés de vie, doivent jaillir en

---

[1] S. THOMAS. *Contra Gentiles*, l. 2, c. 69.

lui par la force même de l'âme, suivant la diversité des organes : ces facultés résident par conséquent dans ces mêmes organes, et opèrent par eux. Ainsi, par la vertu de l'âme, les glandes séparent les différentes lymphes nécessaires au corps; par la même vertu, les organes de la sensation exercent les actes de la vie sensitive. La peau animée sent la résistance, l'oreille entend les sons, l'œil voit les couleurs. Il n'est donc pas étonnant que de pareilles opérations soient en rapport avec la perfection de l'organisme, qu'elles soient excitées par l'impression des corps externes, qu'elles soient circonscrites dans leur jeu et soumises à mille variations matérielles, altérées lorsque le corps est altéré, arrêtées ou annulées, lorsque les dispositions nécessaires des organes viennent à manquer. Tout cela vient de ce que ces opérations appartiennent à des facultés propres à tout le composé, c'est-à-dire, au corps informé par l'âme. On le voit donc, les phénomènes de la vie végétative et sensitive, dans l'homme, sont clairement expliqués par le système des Scolastiques.

Au contraire, rejetez ce système; vous divisez la subsistance et la vie dans l'homme; il faut alors attribuer les fonctions végétatives au corps seul, et les fonctions sensitives à l'âme seule; on reconnaîtra tout au plus une influence extrinsèque et réciproque de l'un sur l'autre. L'âme peut bien, par les nerfs, déterminer les actes de la végétation; mais ces actes ne sont produits formellement que par les forces que le corps a de lui-même en vertu de son être, distinct de celui de l'âme. Pareillement, le corps, par les impressions reçues du dehors, peut bien fournir à l'âme l'occasion de sentir tel ou tel objet; mais la sensation elle-même et la faculté dont elle émane n'ont que l'âme seule pour principe et pour sujet. C'est à dessein que nous avons dit que le corps serait une simple *occasion* de sensation pour l'âme; car, dans la présente hypothèse, le corps n'aurait pas la vertu de déterminer par une action véritable le sentiment dans l'âme, un être matériel et étendu ne pouvant pas agir sur un être immatériel et inétendu : *Nihil corporeum potest imprimere in rem incorpoream* [1]. Mais en voilà assez sur ce point. Venons aux phénomènes de la vie intellective : ils présentent une plus grande dif-

---

[1] S. Thomas. *Summa theol.*, 1 p., q. 84, a. 6.

ficulté à cause de leur intrinsèque indépendance de l'organisme.

490. Si l'intelligence est une faculté inorganique résidant dans l'âme seule, ainsi que l'observation le démontre ; comment se fait-il qu'elle exige dans son opération le concours des sens, et qu'elle suive dans son développement les changements du corps ? Elle est, s'il est permis de le dire, enfantine dans l'enfant ; elle s'éteint dans l'homme décrépit, se repose dans le sommeil, se perd dans la démence. D'où vient cette correspondance entre les altérations organiques et les actes d'une faculté inorganique !

Nous nous sommes proposé ailleurs cette même difficulté ; et nous avons dit que cette correspondance entre les actes de l'intelligence et les altérations des organes, dérive d'une dépendance purement extrinsèque. Cette dépendance a trois raisons d'être : l'unité de l'agent, l'origine de nos idées, le principe unique de toutes nos facultés, l'âme raisonnable. L'âme n'est pas l'homme complet, mais une partie de l'homme ; elle est donc soumise aux conditions du composé auquel elle appartient. Nos idées tirent leur origine de l'abstraction opérée sur les objets sensibles ; l'âme donc, durant son union avec le corps, ne peut ni acquérir les idées, ni s'en servir, sans le concours de l'imagination, où toutes les sensations se réunissent et se perpétuent par le souvenir. Enfin, si toutes les facultés opératives dérivent d'un seul principe, le désordre de chacune trouble les autres et rompt l'harmonie de notre nature. De là ces variations, ces anomalies dans l'exercice de l'intelligence, suivant les altérations du cerveau, organe de l'imagination, et des autres organes, d'où dépendent d'autres facultés. Ces anomalies ont leur écho dans le système nerveux.

Ces solutions sont satisfaisantes : mais pourra-t-on les pénétrer à fond, sans recourir au système scolastique ? Ce système seul établit que l'âme est une partie de l'homme, et non pas l'homme tout entier ; car dans ce système, seul le *moi* est réellement *un* dans l'homme, comme *une* est sa nature et *une* sa subsistance. Et puisque l'opération suit l'être : *Ejus est agere, cujus est esse ;* c'est le composé qui, à proprement parler, est le principe agissant : ses facultés sont multiples, les unes organiques, les autres inorganiques ; mais le principe actif est un. L'intelligence ne conçoit pas, mais l'homme conçoit par l'intelligence ; et l'intelligence est pour lui comme un instrument pour l'ouvrier. Or, qui ne voit que l'opération intellective doit suivre moins la condition de la faculté d'où elle émane, que la condition du sujet dans lequel la faculté réside, et dont elle est l'instrument? Qu'importe que la lyre soit bien accordée, si celui qui doit en jouer est paralytique, ou étranger à l'art musical? De même, il importe peu que l'intelligence soit développée dans l'enfant, éveillée dans le dormeur, saine dans le fou, si celui qui doit s'en servir a des dispositions contraires à son exercice. L'opération suivra l'agent, et en subira les conditions.

491. Quant à l'origine des idées, il est évident que l'union des deux éléments dans l'homme doit tourner à l'avantage de la partie la plus noble, l'âme en tant que principe intelligent. L'union de l'âme avec le corps est donc nécessaire à l'exercice de la plus noble de ses facultés. Le développement des facultés sensitives, et surtout de la plus noble d'entre elles, l'imagination, est une condition nécessaire à l'opération de l'intelligence, puisqu'il fournit à celle-ci la matière ou l'objet de son activité et de son exercice. L'âme humaine a besoin des images sensibles, afin d'avoir des conceptions intelligibles, non pas parce que ces conceptions consistent dans ces images (évidemment elles s'élèvent au-dessus de tout l'ordre corporel); mais parce qu'elle tire de ces images, par sa force d'abstraction, les formes idéales. Or, comme toute propriété ou qualité reste conforme à son sujet, les idées formées par l'âme non isolée mais informant le corps, ne sauraient se produire successivement sans images sensibles. De même donc que l'âme, durant son union avec le corps, ne peut acquérir les premières idées que par le secours de l'imagination; de même, elle ne peut se servir des idées déjà acquises sans le concours permanent de cette même faculté. *Impossibile est intellectum nostrum, secundum præsentis vitæ statum, quo passibili corpori conjungitur, aliquid intelligere in actu, nisi convertendo se ad phantasmata* [1].

De là les corollaires suivants :

I. Tant que les facultés sensibles n'opèrent pas, tant que l'imagination ne fonctionne pas dans sa perfection, l'intelligence est arrêtée dans l'exercice de son pouvoir.

---

[1] S. Thomas. *Summa theol.*, 1 p., q. 84, a. 7.

II. Si l'imagination s'affaiblit jusqu'à ne former plus qu'imparfaitement les images sensibles, l'action de l'intelligence s'affaiblit en proportion.

III. Si l'exercice de l'imagination cesse entièrement, comme il arrive dans un sommeil profond, l'opération de l'intelligence cesse de même.

IV. Si par un dérèglement organique, l'imagination vient à être bouleversée et soustraite à la direction de la raison, l'opération de l'intelligence tombera dans un pareil désordre. L'intelligence suivra les errements de l'imagination, qui passe d'une image à une autre sans aucune connexion, et confond les apparences avec la réalité des objets.

492. Tout ici est parfaitement vrai; mais comment s'en rendre raison sans supposer que l'âme est la forme du corps dans le sens scolastique? Si l'âme s'unissait au corps uniquement pour le pénétrer et pour mêler sa force à celle du corps, l'âme restant indépendante pourrait, au moyen de l'intelligence, se tourner sur elle-même, se percevoir, et s'élever de cette perception d'elle-même à d'autres connaissances par voie d'abstraction et de raisonnement, indépendamment des sens. Le seul moyen d'échapper à cette conséquence, c'est de ne reconnaître qu'un seul être et une seule subsistance dans l'homme, la subsistance du *composé* commune aux deux composants : car elle appartient à l'âme comme au principe qui la communique, et au corps comme au principe qui la reçoit. Alors, on voit clairement que l'opération appartient au composé; que le composé doit développer ses facultés avec ordre, que par conséquent les facultés sensitives, recevant la détermination des corps environnants, doivent être mises en jeu avant les facultés intellectives; que les facultés intellectives doivent spontanément concentrer leur activité sur les perceptions sensibles.

493. Puisque nous sommes amenés à parler de cet accord entre les différentes facultés, remarquons qu'en dehors du système scolastique, le trouble organique ne saurait jamais bouleverser les facultés inférieures de l'âme et par celles-ci les supérieures. En effet, ce phénomène n'aurait lieu qu'autant que toutes ces facultés auraient leur source dans la même âme, et que les facultés inférieures seraient inhérentes à l'organisme et jailli-

raient de lui. Or, les facultés, surtout les facultés vitales, germent naturellement de l'être du sujet auquel elles appartiennent; comment donc des facultés ayant leur racine dans l'âme pourraient-elles être inhérentes à l'organisme et jaillir en lui, si l'âme ne communiquait pas son être à ce même organisme?

494. Mais le système scolastique nous donne encore l'intelligence d'un profond mystère : la résurrection des corps. La foi nous enseigne qu'au dernier jour nos corps seront de nouveau vivifiés par l'âme, chacun selon sa propre individualité et sa première subsistance. L'intelligence de ce mystère offre moins de difficulté dans la théorie de l'âme forme substantielle du corps. Car l'acte de tous les degrés d'être, dont la pure matière se revêt en nous, dérive de l'âme seule; par conséquent, dans sa séparation d'avec le corps, elle *réabsorbe* dans sa vertu tous ces degrés, pour les communiquer de nouveau, quand elle se réunira au corps, suivant la disposition de Dieu. C'est ce qu'a très-bien exprimé Dante dans les vers suivants.

> *Solvesi dalla carne ed in virtute*
> *Seco ne porta l'umano e il divino.*
> *L'altre potenze tutte quante mute,*
> *Memoria intelligenzia e volontade*
> *In atto molto più che pria acute* [1].

Ce je ne sais quoi de divin que l'âme emporte avec elle en se séparant du corps, est la partie intellective, par laquelle elle est une véritable image de Dieu. A cette partie appartiennent les trois facultés : *mémoire, intelligence* et *volonté*, qui justement, selon Alighieri, demeurent *in atto molto più che pria acute*, parce qu'elles ne sont plus dépendantes des sens. Ce qui est humain, c'est la portion d'être communiquée au corps dans l'union qui constitue le composé. Cette portion demeure virtuellement dans l'âme; et ses puissances, relatives à la vie végétative et sensitive, restent *mute*, c'est-à-dire, radicalement dans l'âme, mais privées d'acte, puisqu'elles jaillissent, non de l'âme seule, mais de l'organisme vivifié.

Le docteur S. Hilaire avait enseigné la même doctrine en

---

[1] *Purgatoire,* c. 25.

d'autres termes, quand, pour nous consoler de la perte de cette vie corruptible, et nous encourager à supporter toute peine en vue de la vie future, il nous rappelle que notre chair se dissolvant par la mort, est comme refondue et virtuellement absorbée dans la substance même de l'âme immortelle, qui la vivifiait et la vivifiera de nouveau. *Nullus corporum nostrorum casus est pertimescendus, neque nullus interimendæ carnis admittendus est dolor; quando pro naturæ suæ atque originis conditione resoluta in substantiam spiritualis animæ refundatur* [1].

La théorie scolastique illumine encore un autre point de doctrine, savoir, que la réunion de l'âme avec le corps, quoiqu'elle ne soit possible que par la puissance divine, est néanmoins conforme et convenable à la nature humaine. En effet, l'âme séparée acquiert, il est vrai, un mode d'exister semblable aux pures intelligences; et elle n'est plus tournée vers les sens, mais sujette à l'influence immédiate de la lumière première, Dieu. Néanmoins, étant la forme du corps *per se et essentialiter*, elle n'est pas une substance complète, puisqu'il lui manque le sujet auquel elle doit, selon son essence, communiquer la vie et le sentiment. C'est pourquoi Dante, dans son *Paradis*, fait paraître les saints comme ayant quelque désir du corps, et il met ces beaux vers dans la bouche de l'un d'entre eux :

> *Come la carne gloriosa e santa*
> *Fia rivestita, la nostra persona*
> *Più grata fia per esser tutta quanta* [2].

CONCLUSION.

Le lecteur qui nous aura suivi attentivement, s'apercevra aisément que notre travail tout entier tend à développer une seule idée : l'union de l'âme humaine avec le corps. Nous sommes partis d'une vérité de fait attestée par la conscience et le sens commun, c'est-à-dire, l'unité du *composé humain*. En cherchant à approfondir cette unité, nous avons reconnu qu'il n'y

---

[1] *Comm. in Matthæum*, c. 10.
[2] *Paradis*, c. 14.

avait pas seulement unité de personne, mais encore de nature. Il nous était impossible de nous rendre compte d'un si grand mystère sans connaître le mode de cette union que nous avons essayé d'éclaircir ; l'union doit être telle qu'il en résulte une seule essence, un seul être subsistant.

Pour arriver à ce résultat, la voie la plus commode et la plus naturelle, aurait été de concentrer notre attention sur la nature en général des substances composées, et de là, descendant ensuite à une recherche plus détaillée, de prendre les minéraux pour point de départ et de nous élever successivement des animaux à l'homme. Mais en suivant cette méthode, il nous aurait fallu aborder dès le commencement le point le plus scabreux et le plus difficile de toute la philosophie, c'est-à-dire, la composition substantielle des corps par un double principe, l'un déterminable, l'autre déterminant, l'un puissance, l'autre acte. Il nous a donc paru plus aisé et plus conforme à l'état présent des esprits de débuter par un principe moins difficile et de commencer notre investigation par l'analyse de la substance vivante.

Ici nous pouvions, d'une part, nous appuyer sur un concept admis de tout le monde, c'est-à-dire, que l'âme est un principe de vie ; d'autre part, nous trouvions dans les derniers progrès de la physiologie des ressources et un appui pour avancer d'un pas plus dégagé dans notre long et fatigant chemin. Voilà l'explication de la méthode que nous avons suivie ; et il sera bon d'en présenter ici les points principaux.

I. La vie ici-bas se manifeste en trois ordres d'êtres vivants : les plantes, les animaux, l'homme. Les premières ne font que végéter, les seconds végètent et sentent ; le troisième végète, sent et pense. D'où l'on voit que le degré végétatif peut se trouver ou isolé ou combiné, en tant qu'il forme par lui le dernier degré des êtres vivants, ou qu'il s'unit à la vie sensitive ou même à la vie intellective. C'est par là que dans les trois ordres susdits d'êtres vivants, se rencontrent ces différences qui distinguent généralement le monde organique du monde inorganique, c'est-à-dire, les corps vivants des corps bruts.

II. Les différences qui, en général, distinguent l'existence des corps vivants des corps bruts, outre les différences de composition chimique, ou de structure mécanique, peuvent se réduire principalement à l'origine, au développement, à la durée. Les corps vivants procèdent par génération d'autres individus de la même espèce, auxquels ils appartenaient à l'état de germe; ils développent par eux-mêmes leur propre organisme selon le type des reproducteurs d'où ils proviennent; ils parcourent une période définie de durée, se perfectionnent graduellement, puis vieillissent et meurent par l'évolution naturelle des mêmes fonctions organiques. Le contraire arrive dans les corps bruts.

III. L'animal, outre qu'il perfectionne et reproduit son propre organisme, entre comme en commerce avec d'autres corps qui l'environnent au moyen des sens et du mouvement spontané. C'est pourquoi, à la vie purement organique ou nutritive, il ajoute un degré, quoique imparfait, de la vie même de relation. N'étant pas fixé au sol comme les plantes, il a besoin de nouveaux organes pour saisir, conserver, digérer les divers aliments et les convertir par un travail assez long, en sa propre substance. En outre, il a besoin de deux nouveaux systèmes organiques, le système nerveux et le système musculaire, dont le premier doit servir à la sensation, et le second au mouvement.

IV. Le premier parmi les êtres vivants corporels, c'est l'homme dans lequel non-seulement la vie végétative et sensitive, fonctionne d'une manière plus parfaite et plus harmonique, mais dans lequel aussi reluit un rayon de la vie même divine, à raison de l'intelligence dont il est orné. L'homme s'annonce comme le roi de la nature rien que par la majesté de son aspect et de sa démarche. La beauté et la régularité de sa forme, la splendeur de son visage, la pose droite et verticale du corps, la vivacité du regard, le sourire de ses lèvres épanouies; tout révèle en lui un être immensément supérieur à tout ce qui subsiste ou vit sur la terre. Lui seul, à proprement parler, est industrieux, artiste; lui seul est sociable; lui seul a reçu le don divin de la parole.

V. Quel qu'en soit le degré, la raison générique de la vie consiste dans l'immanence de l'action; car on n'appelle être vivant que celui qui se meut lui-même, c'est-à-dire qui opère en lui-même et non dans un sujet étranger. *Viventia dicuntur quæ-*

cumque se agunt ad motum vel operationem aliquam [1].

Cette immanence à un degré parfait ne se retrouve que dans l'acte intellectif, qui procède de l'intelligence et ne sort pas de celle-ci. A un degré moins parfait, l'immanence se retrouve dans la sensation; mais la sensation, quoique terminée dans la faculté dont elle procède, néanmoins à cause du besoin qu'elle a des organes corporels, ne demeure pas dans le seul principe vital, mais dans le composé auquel proprement elle appartient. Finalement au dernier degré, l'immanence se trouve dans les actes végétatifs. On peut les appeler immanents en tant qu'ils restent en quelque manière dans le même sujet opérant, considéré dans sa totalité, bien qu'ils ne restent pas dans la même puissance opératrice.

VI. La vie dépouillée de toute matérialité et imperfection, ne se trouve au plus haut degré qu'en Dieu seul, parce qu'en lui seul l'immanence de l'action est parfaite, en lui seul l'action s'identifie avec la nature et est indépendante de toute influence extérieure.

VII. La vie dans *in actu secundo*, c'est-à-dire prise pour l'opération de l'être vivant, peut se définir : Le mouvement ou l'action provenant d'un principe intrinsèque au sujet dans lequel le mouvement et l'action se réalise. *Opera vitæ dicuntur, quorum principia sunt in operantibus, ut se ipsos inducant in tales operationes* [2]. La vie considérée *in actu primo*, c'est-à-dire prise pour l'être même de l'être vivant peut se définir : Une nature capable de se mouvoir elle-même ou d'opérer en elle-même. *Vitæ nomen est impositum... ad significandam substantiam, cui convenit secundum suam naturam movere seipsam vel agere se quocumque modo ad operationem* [3].

VIII. La vie végétative a trois fonctions principales : la nutrition, la croissance et la génération. Elles correspondent aux trois fins différentes dont se compose et se complète la fin totale du végétal. De ces trois fonctions, la plus noble et la plus conforme à la fin du végétal, c'est la génération; parce que la plante a pour

---

[1] S. Thomas. *Summa theol.* 1 p., q. 18, a. 1.
[2] S. Thomas. *Summa theol.* 1, p., q. 18, a. 2.
[3] S. Thomas. *Ibidem.*

dernier terme la fructification, et la production d'un être nouveau de même nature suppose l'agent arrivé à son parfait développement.

IX. La vie végétative ne peut procéder des forces physiques et chimiques de l'organisme, mais elle nécessite absolument un principe plus haut qui, informant la matière, en utilise les forces communes et les fasse concourir, comme instrument, à la production des phénomènes vitaux. Cette doctrine, déjà universellement admise dans les écoles depuis Hippocrate jusqu'à Descartes, est de nouveau en faveur dans le monde savant, au moins depuis un demi-siècle; aujourd'hui on peut dire qu'elle est universellement reconnue de tous les naturalistes et de tous les physiologistes du plus grand renom.

Les raisons sur lesquelles elle s'appuie sont : I. L'impossibilité où se trouve la chimie de produire par ses synthèses, je ne dirai pas un être vivant tout entier, mais même une substance organique proprement dite. II. La diversité des lois qui régissent les corps organiques. III. L'insuffisance des forces physiques et chimiques à expliquer les phénomènes vitaux. IV. La vertu de la semence, laquelle, quoique réduite à la simple structure d'une cellule, peut néanmoins produire l'organisme.

X. Le principe vital est simple et unique dans chaque corps organique. Nous en avons la preuve dans l'unité indivisible de chaque être vivant, dans l'harmonie de ses fonctions qui tendent à un but commun, dans l'identité persistante de l'être malgré le changement continuel de ses éléments matériels. La plante vit de l'intégrité de ses organes essentiels, qui se continuent entre eux. Souvent un organe n'est dans le végétal que l'épanouissement et la dérivation d'un autre organe. De plus, aucune fonction végétative n'a son terme ou sa raison d'être en elle-même; mais toutes ces fonctions s'accomplissent avec une dépendance mutuelle et avec une direction vers un but commun. Finalement, le travail assidu des sécrétions et des excrétions, change continuellement la matière de l'être vivant, tandis que son identité formelle ne souffre aucun dommage. La plante reste toujours la même, depuis son enfance jusqu'à sa décrépitude, bien que les particules qui en forment la masse varient dans une succession non interrompue. Tout ceci démontre l'existence d'une force centrale et unique qui informe l'organisme et lui communique la vie et le mouvement.

XI. Les physiciens ont tort de se plaindre de notre ignorance relativement à la nature de cette force vitale. Habitués à juger de tout par l'expérience des sens, ils croient que le principe vital nous reste inconnu, parce qu'on ne le voit pas tomber goutte à goutte d'un alambic ou se condenser au fond d'une cornue. Cette manière d'envisager les choses renverserait la certitude des objets métaphysiques, elle mettrait en question l'existence même des forces physiques de la matière, forces également imperceptibles par elles-mêmes à nos sens. Nous voyons le mouvement des corps, nous en sentons la plus ou moins grande température, nous distinguons la variété des sons. Mais qui peut dire qu'il a vu, ouï ou touché la force motrice, calorifique, ou vibratile? Nous les déduisons, ces forces, de leurs effets, et c'est par rapport à ceux-ci que nous pouvons les définir. Il en est de même du principe vital. Les sens ne le perçoivent pas; l'intelligence seule, après avoir étudié l'existence des phénomènes que ce principe présente, en déduit et en détermine les caractères essentiels.

XII. Les plantes n'ont pas de sentiment : en elles le sentiment serait sans but et dépourvu des organes nécessaires à son exercice. L'erreur de quelques philosophes ou physiciens, partisans de l'opinion contraire, vient de ce qu'ils croient que toute impression déterminant un mouvement est un sentiment. Mais alors autant vaudrait-il soutenir que les pierres remuées ou lancées en l'air, jouissent de la faculté de sentir. Il ne suffit pas de recevoir une impression pour éprouver une véritable sensation; il faut de plus que cette impression ou l'objet impressionnant soit perçu par le sujet qui sent.

XIII. C'est la sensation et le mouvement spontané qui distinguent l'animal du non-animal. Pour reconnaître donc l'animalité dans un sujet, nous prenons pour point de départ l'observation d'organes propres à la sensation, ou bien d'un mouvement qui, par sa variété irrégulière, ne pouvant pas s'attribuer à des causes purement physiques, exige préalablement la perception et l'appétition.

XIV. Tout animal possède plus ou moins le mouvement spontané : la faculté de sentir le suppose. Cependant, le mouvement progressif se trouve seulement chez les animaux parfaits. Les animaux moins parfaits, ceux qui appartiennent à des espèces infimes n'ont d'autre mouvement que celui de contraction et de dilatation. Ainsi, c'est à tort qu'on rangerait dans le règne animal les éponges et les autres êtres vivants privés de mouvement spontané.

XV. Le premier caractère distinctif et spécifique de l'animal est le sentiment, puisque animal signifie un degré de vie plus élevé que le végétal; et ce degré de vie plus élevé, est constitué par la simple sensation. Les facultés appétitives et motrices ne sont qu'une conséquence de la faculté de sentir. On peut donc définir l'animal : un *être vivant sensitif*. L'opinion de quelques naturalistes, qui attribuent l'animalité même à des êtres privés de sensation, est assez étrange.

XVI. Outre les cinq sens externes, l'animal, dans les espèces parfaites, est doué de sens internes : d'imagination, de mémoire et d'estimative. Cette dernière faculté est capable de percevoir les objets sous certains aspects déterminés (utile ou nuisible), qui ne peuvent se rapporter à d'autres sensations. Ainsi, l'oiseau ramasse les pailles, non parce qu'elles plaisent à sa vue, mais parce qu'elles sont utiles à la construction de son nid.

XVII. Le *sens*, quel qu'il soit, est toujours une faculté organique, propre, non de l'âme seule, mais de tout le composé. Il a besoin d'un organe pour s'exercer. En vérité, si le sens est une faculté de l'animal, et si l'animal n'est pas l'âme seule, mais tout le composé; c'est au composé et non à l'âme seule que doit appartenir la faculté de sentir. En soutenant le contraire, on ne pourra jamais assigner une différence radicale entre l'intelligence et les sens, entre l'âme spirituelle de l'homme et l'âme purement simple de la brute ; il faudra attribuer à celle-ci comme à celle-là la spiritualité et l'immortalité.

XVIII. Le principe d'où procède la vie sensitive et végétative dans la brute est unique, quoiqu'il ne communique pas cette double vie à toutes les parties de l'organisme, faute de dispositions nécessaires pour la recevoir. De même que le principe d'où procèdent la sensation et le mouvement spontané n'est pas multiple, et pourtant le système musculaire reçoit le mouvement et non pas la vertu de sentir. Cette identité du principe de ces deux vies dans l'animal, est démontrée par l'unité de son être, par les procédés harmonieux d'une perfection plus ou moins grande dans ses différentes espèces, par l'influence réciproque de l'une de ces deux vies sur l'autre.

XIX. L'intelligence distingue l'homme de la brute. Cette faculté, influant sur tous les actes vitaux de l'homme, ne permet pas de le classer dans le même règne que la brute. L'homme a nécessairement une place à part dans l'histoire naturelle; il appartient à un règne que l'on pourrait appeler *le règne humain*.

XX. Le caractère distinctif de l'intelligence humaine, c'est de procéder par raisonnement. On peut donc justement définir l'homme : *animal raisonnable*. Cette définition, très-ancienne et approuvée par saint Augustin, est injustement rejetée par Rosmini.

XXI. L'intelligence est une faculté intrinsèquement inorganique; elle réside dans l'âme seule. C'est ce qu'on voit évidemment, en réfléchissant aux conditions subjectives et objectives de son mode d'opération. Elle domine le corps; et, par son opération, elle s'étend au delà de tout l'ordre matériel. Toutefois, durant l'union présente de l'âme avec le corps, l'intelligence dépend extrinsèquement de l'organisme : elle a besoin du ministère et de la compagnie des sens, pour abstraire et contempler les idées.

XXII. L'intelligence produit naturellement dans l'homme la volonté, ou l'*appétit* raisonnable. Cette faculté, nécessaire dans sa tendance au bien général, est libre quant aux biens particuliers qui n'ont pas avec lui une connexion nécessaire. La liberté s'exerce et réside dans l'élection.

XXIII. Le principe de vie dans l'homme est unique : l'âme raisonnable. C'est d'elle que toutes nos facultés opératives tirent leur origine. Ici, la foi et la raison s'accordent admirablement. Cette vérité, outre qu'elle est un corollaire de la doctrine établie antérieurement à propos de la vie animale, est encore rendue manifeste par la conscience, par le sens commun, par l'idée d'unité de nature et de substance, par l'accord mutuel de tous les degrés de vie dans l'homme.

XXIV. Les philosophes modernes ont imaginé différents systèmes pour expliquer l'union de l'âme avec le corps ; leur succès n'a pas été heureux. L'harmonie préétablie et la théorie d'une simple assistance ne parvinrent pas même à expliquer une union accidentelle. L'influx physique y parvient ; mais il est loin de l'union substantielle, telle que nous l'enseignent la raison et la foi. Les deux dernières élucubrations de quelques philosophes, qui font consister cette union dans une perception ou dans un mélange de forces, ne valent pas mieux que l'influx physique ; et, sous quelques rapports, elles lui sont inférieures.

XXV. L'union substantielle de l'âme humaine avec le corps est illusoire, si l'on n'admet pas que l'âme est forme substantielle, dans le sens des Scolastiques. D'après ceux-ci, l'âme est la forme du corps, en tant qu'elle lui communique l'être et la subsistance. Dans toute autre hypothèse, l'âme ne serait pas en nous la source première de toutes nos opérations vitales ; et elle ne convertirait pas le corps, inerte par lui-même, en une substance vivante.

XXVI. Parvenus à ce point, nous avons été contraints d'étendre le cercle de nos spéculations à toutes les substances composées, et de sonder les premiers constitutifs de l'essence corporelle, afin de comprendre ce que c'est qu'être forme substantielle du corps, et principe communicatif d'être. Dans cette étude, nous avons montré que tout corps qui est une véritable substance, et non un agrégat de plusieurs substances, est composé d'un double principe : l'un, source de l'extension et de la multiplicité des parties ; l'autre, source d'action et d'unité, sans laquelle l'étendue même ne peut se concevoir. On appelle le premier *matière*; le second, *forme substantielle*. C'est là tout le système scolastique, si célèbre, de la *matière* et de la *forme;* système si étrangement déguisé et si vainement attaqué par les novateurs, système qui, de l'aveu même de physiciens contemporains très-distingués, mérite d'être sérieusement approfondi et remis en honneur.

XXVII. L'intelligence de ce système nous a aidés à pénétrer quelque peu le mystère de l'union de l'âme avec le corps, à rendre raison des phénomènes du composé humain, et des différents degrés d'être dans les créatures. En dehors de ce système, ces phénomènes seraient inexplicables.

Voilà, en peu de mots, toute la trame de notre travail. On le voit, le point extrême a été la connaissance de la composition substantielle des corps, sans laquelle ni la nature de l'homme, ni la gradation des êtres dans le monde, ne pourraient s'expliquer.

Nous avouons qu'il aurait fallu d'autres forces que les nôtres pour traiter convenablement un sujet si ardu. Mais, quel que soit le résultat de notre faible tentative, elle réveillera peut-être quelque génie puissant. Un autre plus habile viendra un jour, nous l'espérons, étendre sur notre pâle dessein une carnation plus vivante et un coloris plus brillant.

FIN.

TABLE DES MATIÈRES.

	Pages.
Avertissement du Traducteur	I
Préface	V

But de l'ouvrage. — Ses rapports avec le traité de la connaissance intellectuelle. — Harmonie entre la doctrine de S. Thomas sur l'homme et les données des sciences naturelles. — Rapport de l'anthropologie avec la physiologie. — Devoir du philosophe qui traite ces matières. — Excellence et utilité de la science anthropologique.

CHAPITRE PREMIER.

DE L'UNITÉ DU COMPOSÉ HUMAIN.

§ 1. Concept de l'unité 1

Art. I. — *L'unité du composé humain est une véritable unité personnelle* 1

§ 2. A la personnalité humaine appartiennent l'âme et le corps. — 3. En quel sens l'âme seule est-elle appelée personne? — 4. Comment le corps est-il nommé l'instrument de l'âme?

Art. 2. — *On réfute plusieurs opinions sur la personnalité humaine.* 5

§ 5. Opinion de Descartes, de Kant et de Rosmini. — 6. Réfutation de la première qui fait consister le *moi* dans l'âme seule. — 7. Réfutation de la seconde qui le fait consister dans la conscience. — 8. Réfutation de la troisième qui réunit les deux précédentes.

Art. III. — *En quoi consiste proprement la personnalité* 10

§ 9. La personnalité ou le *moi* en général signifie l'être subsistant de nature raisonnable. — 10. L'être subsistant implique l'acte de la subsistance et la nature dont il est doué. — 11. Différence entre la personne et le suppôt. — 12-13. Accord de la doctrine exposée avec les dogmes de la Trinité et de l'Incarnation.

Art. IV. — *L'unité du composé humain est une véritable unité de nature*... 17

§ 14-17. La nature humaine est une substance composée. — 18. Parallèle entre ce mystère naturel et le mystère surnaturel de l'Incarnation du Verbe.

Art. V. — *Le corps animé participe de la vie même de l'âme*....... 23

§ 19-23. La sensation est l'acte du *composé* ; et la faculté de sentir réside dans le corps animé. — 24. Le corps ne pourrait pas transmettre à l'âme les impressions qu'il reçoit. — 25. La doctrine exposée ne nuit point à la simplicité de l'âme.

Art. VI. — *Problème qui reste à résoudre ; difficulté de la solution*... 30

§ 26. Point de la question. — 27. Saint Augustin l'a cru plus difficile à expliquer que l'union même du Verbe avec la nature humaine. — 28. Pour la résoudre, il faut analyser la vie et ses différents degrés.

CHAPITRE II.

DE LA VIE EN GÉNÉRAL.

§ 29. Trois ordres d'êtres vivants.

Art. I. — *En quoi les corps vivants diffèrent de ceux qui ne le sont pas* 34

§ 30-34. Organisation, composition chimique, origine, développement, durée, mode de conservation et de reproduction.

Art. II. — *Différence des animaux et des simples êtres vivants*..... 42

§ 35. L'animal participe à un certain degré à la vie de relation. — 36. L'organisme végétatif dans l'animal subit des modifications supérieures à celles de l'organisme des plantes. — 37-38. Deux systèmes organiques, le système nerveux pour la sensation, et le système musculaire pour le mouvement spontané. — 39. Système nerveux-ganglionaire. — 40. Dans la classe infime des animaux l'organisme végétatif est très-imparfait.

Art. III. — *Différence entre l'homme et les simples animaux*....... 48

§ 41. L'organisme de l'homme est le plus parfait. — 42. Plus grande délicatesse de structure dans les organes du corps humain. — 43. L'art et l'industrie n'appartiennent, à proprement parler, qu'à l'homme. — 44. L'homme est le seul animal doué de la parole. — 45. L'homme seul est fait pour la société proprement dite. — 46-47. L'homme est le seul animal doué de raison.

Art. IV. — *La vitalité consiste dans l'immanence de l'action*....... 54
  § 48. La vie *in actu primo* est l'être vivant; *in actu secundo* son opération. — 49. En quoi le sens commun fait-il consister la vie. — 50-51. Dans les corps bruts il n'y a pas de mouvement *ab intrinseco*. — 52. Différence entre l'action immanente et l'action transitoire. — 53. Solution d'une difficulté.

Art. V. — *L'idée d'immanence explique pourquoi la végétation est le dernier degré de la vie*..................................... 60
  § 54-57. Les végétaux ne possèdent le mouvement *ab intrinseco* qu'à son dernier degré.

Art. VI. — *La vie dans son degré le plus parfait ne se trouve qu'en Dieu*... 63
  § 58. L'intelligence possède au plus haut degré l'immanence de l'action. — 59-60. Toutefois, dans l'intelligence créée, l'immanence de l'action est doublement défectueuse; en Dieu seul elle est parfaite.

Art. VII. — *Nécessité pour les physiologistes de bien définir la vie : quelle doit être cette définition*............................. 67
  § 61-63. La physiologie, pour s'élever à la dignité de science, doit se baser sur des principes rationnels et philosophiques.
  § 64-71. Définition de Sthal............................... 68
  § 72-75. Définition de Bichat.............................. 75
  § 76-79. Définition de Cuvier.............................. 78
  § 80. De la vraie définition de la vie....................... 82

CHAPITRE III.

DE LA VIE VÉGÉTATIVE.

§ 81. Sujet de ce chapitre.

Art. I. — *Les fonctions principales de la vie végétative se réduisent à trois*... 84
  § 82. Fonctions du végétal. — 83-86. Quelles sont les fonctions principales, et comment peuvent-elles se réduire à trois ? — 87. Quelques botanistes ramènent à une seule faculté la nutrition et l'accroissement. — 88. Cette opinion est rejetée.

Art. II. — *Comment pourrait-on définir exactement la vie végétative*. 90
  § 89. Les définitions de la vie apportées plus haut ont été réfutées pour deux raisons. — 90-91. Comment pourrait-on éviter ces défauts en définissant la vie *in actu primo* et *in actu secundo*.

Art. III. — *En un sens, la génération se trouve dans les créatures intelligentes relativement aux actes de l'entendement*.......... 93

§ 92-93. Quoique la génération soit la fonction la plus noble des végétaux ; cependant vu son imperfection dans les êtres créés, elle ne peut proprement appartenir aux créatures purement intellectuelles. — 94-95. Néanmoins elle leur appartient d'une certaine façon dans l'ordre idéal. — 96-97. Du verbe mental.

Art. IV. — *Une génération véritable et exempte de toute imperfection s'accomplit en Dieu*.................................... 98

§ 98-99. Caractères de la génération *in divinis*. — 100-101. Le Verbe divin est justement appelé Fils.

Art. V. — *Danger de l'opinion qui n'admet pas un principe vital distinct des forces de la matière*............................ 101

§ 102. Cette opinion est originairement due à Descartes. — 103-104. Danger de ne pas rapporter les effets à des causes proportionnées, surtout en ce qui concerne la vie.

Art. VI. — *Témoignage des physiologistes et des naturalistes célèbres en faveur de la distinction entre le principe vital et les forces physiques et chimiques de la matière*................. 104

§ 105. Sthal, Barthez. — 106. Berzelius. — 107. De Jussieu. — 108. Cuvier. — 109. Bichat. — 110. Milne-Edwards, Quatrefages, Strauss-Durcheim. — 111-112. Tommasi et autres écrivains Italiens, surtout de l'Université de Bologne.

Art. VII. — *Raisons en faveur d'un principe vital essentiellement différent des forces de la pure matière*..................... 111

§ 113-118. Premier argument tiré de l'impossibilité d'obtenir par les seules combinaisons de la chimie une substance vivante. 111

§ 119-122. Second argument tiré de la diversité des lois qui régissent les corps organiques............................. 115

§ 123-124. Troisième argument tiré de l'insuffisance des forces physiques et chimiques pour rendre raison des fonctions de la vie... 121

§ 125. Observations de M. Trécul........................ 122

§ 126-128. Suite du même argument. Les forces physiques et chimiques ne sauraient expliquer l'assimilation............. 125

§ 129-131. Application du même argument à la reproduction.. 127

Art. VII. — *De l'unité du principe vital dans les plantes*......... 132

§ 132-134. L'unité organique de l'être vivant démontre l'unité du principe vital...................................... 132

§ 135-138. L'unité dans les fonctions de l'être vivant démontre l'unité du principe qui l'informe........................ 134

§ 139-141. L'identité de l'être vivant montre l'unité du principe vital.. 137

Art. IX. — *C'est à tort que les physiologistes se plaignent de l'obscurité qui règne autour du principe vital*...................... 139

§ 142. On ne peut connaître le principe vital que par voie de déduction, c'est-à-dire par ses effets. — 143-145. Une telle connaissance est conforme à la science humaine et lui suffit.

Art. X. — *Du sentiment dans les plantes. Les plantes sont-elles douées de sentiment?*... 143
    § 146-147. Physiologistes qui ont admis la sensibilité dans les plantes.. 143
    § 148-151. Les plantes n'ont pas de sentiment............... 145
    § 152-154. Réponse aux objections de Robinet............... 149
    § 155-159. Réponse aux objections de Bichat................ 154

CHAPITRE IV.

DE LA VIE ANIMALE.

§ 160. Classification de Cuvier suivie par les naturalistes.

Art. I. — *La différence essentielle dans l'animal est la faculté de sentir*... 156
    § 161. Tout animal a la faculté de sentir et de se mouvoir. — 162. Les éponges sont-elles des animaux? — 163. Le mouvement spontané est une suite naturelle de la sensation. — 164-166. La sensibilité seule suffit pour *spécifier* l'animal.

Art. II. — *Aperçu sur les facultés sensitives extérieures*........... 163
    § 167. Courte description des cinq sens. — 168-169. On les trouve seulement dans les animaux parfaits. Les derniers n'ont que le sens du tact.

Art. III. — *Aperçu sur les facultés sensitives intérieures*........... 165
    § 170-173. Du sens intérieur et de son objet. — 174-176. De l'imagination, de l'estimative et de la mémoire. — 177. L'instinct ne suffirait pas.

Art. IV. — *On rejette une fausse théorie de quelques naturalistes*... 173
    § 178. La seule différence de structure ne constitue pas l'animal; la faculté de sentir lui est essentielle. — 179-182. Réfutation de l'opinion contraire soutenue par M. Edwards.

Art. V. — *La faculté de sentir est organique, c'est-à-dire propre du composé; non de l'âme seule*............................. 176
    § 183. Platon, Descartes, S. Augustin. — 184. S. Thomas. — 185. Suarez. — 186. Autres philosophes modernes.

Art. VI. — *Preuves tirées de la raison*........................... 184
    § 187. L'expérience. — 188. La nature de la faculté de sentir. — 189. Les qualités du principe sensitif. — 190. Les carac-

tères intrinsèques de la sensation. — 191. La nature de l'âme des brutes. — 192. La passivité des sens. — 193. Une objection.

Art. VII. — *Le principe de la vie sensitive dans l'animal est identique au principe de la vie nutritive*........................... 185
§ 194. L'animal est un seul être vivant. — 195. Confirmation tirée de la structure même du corps. — 196. Du parallèle entre les deux vies. — 197-198. Réponse à une objection tirée de la nature des annelés et des mollusques. — 199. Nouvelle confirmation de la doctrine établie.

Art. VIII. — *Les brutes sont dépourvues d'intelligence*............. 190
§ 200. Apparences contraires. — 201-204. Réponse et preuves de la vérité énoncée. — 205. L'exemple du chien et du singe ne prouve rien contre.

CHAPITRE V.

DE LA VIE INTELLECTUELLE DE L'HOMME.

§ 206. Sujet à traiter.
Art. I. — *L'homme est intelligent*................................ 198
§ 207. La considération anatomique du corps humain, et l'harmonie de ses facultés insinue cette vérité. — 208. Elle est de plus confirmée par ce qui manque à l'homme. — 209-210. Preuve tirée de la conscience.

Art. II. — *Corollaire relatif à l'histoire naturelle*................ 202
§ 211. L'homme ne devrait pas être classé dans le même règne que les autres animaux. — 212-213. Réponse à deux objections. — 214-215. Deux autres considérations pour prouver que cette classification n'est pas raisonnable.

Art. III. — *L'intelligence de l'homme est naturellement discursive, c'est-à-dire faite pour raisonner*........................... 206
§ 216. Procédé de la connaissance humaine. — 217-218. La raison et l'intelligence ne sont pas deux facultés dans l'homme, mais deux fonctions d'une même faculté.

Art. IV. — *L'homme est défini un animal raisonnable*............. 209
§ 219. C'est une conséquence des doctrines précédemment établies. — 220. Opinion contraire de Rosmini et ses raisons. — 221-225. On le réfute.

Art. V. — *L'intelligence est une faculté intrinsèquement inorganique*. 216
§ 226. Manière de parler inexacte des physiologistes et des naturalistes. — 227-233. Différence entre l'intelligence et les sens.

TABLE DES MATIÈRES.

Pages

Art. VI. — *Dans l'état présent d'union avec le corps, notre entendement dépend extrinsèquement de l'organisme*.................. 222
  § 234. C'est une conséquence de ce que l'âme est à présent une partie de l'homme. — 235-236. Et de l'origine des idées. — 237-239. Application de la théorie au cas d'aliénation mentale.

Art. VII. — *L'homme, par là-même qu'il possède la faculté de comprendre, possède aussi la faculté de vouloir*.................. 228
  § 240-241. L'appétition suit nécessairement la connaissance. 242-243. L'appétit rationnel ou la volonté. — 244. Examen d'une opinion de Rosmini.

Art. VIII. — *La volonté humaine est libre*...................... 234
  § 245. Qu'est-ce que la liberté? Une observation au sujet de Rosmini. — 246-247. Preuves de la liberté.

Art. IX. — *La liberté consiste formellement dans l'élection : elle s'exerce sur les biens finis qui n'ont pas une connexion nécessaire avec la fin dernière*....................................... 235
  § 248. Le libre arbitre n'est que la faculté d'élection. — 249-250. Quel est son objet. — 251. La source de la liberté est la raison.

Art. X. — *La puissance de choisir n'est pas une puissance distincte de la volonté*... 239
  § 252. Doctrine de S. Thomas. — 253-256. Exposition et réfutation de l'opinion de Rosmini.

Art. XI. — *Influence de la volonté sur les autres facultés*.......... 245
  § 257. Sur la force motrice des muscles. — 258. Sur les sens. — 259. Sur l'intelligence.

CHAPITRE VI.

DE L'UNITÉ DU PRINCIPE DE VIE DANS L'HOMME.

§ 260. Ennemis de cette doctrine.

Art. I. — *L'unité du principe vital dans l'homme est une vérité catholique*.. 248
  § 261. S. Augustin, S. Jean Damascène, Pie IX. — 262. S. Thomas.

Art. II. — *L'unité du principe vital dans l'homme n'est que le corollaire d'une doctrine établie plus haut*..................... 252
  § 263. Dans l'animal le principe de la vie végétative est identique à celui de la vie sensitive ; dans l'homme il doit l'être à celui de la vie intellectuelle : la conscience nous dit que la sensation et l'intellection procèdent d'un seul et même principe.

532 TABLE DES MATIÈRES.

Pages.

ART. III. — *Trois raisons de S. Thomas pour prouver l'unité du principe vital dans l'homme*.................................... 254
§ 264-265. L'unité de l'être humain. — 266. Témoignage du sens commun. — 267. Dépendance mutuelle des facultés.

ART. IV. — *Argument de Sthal, déjà mieux exposé par S. Thomas*... 257
§ 268. Sthal mêla sur ce point la vérité à l'erreur, et Barthez ne la démêla pas assez. — 269. S. Thomas ne prit que la vérité. — 270. Passage de Bichat touchant les rapports entre la vie organique et les affections de l'âme.

ART. V. — *Preuve tirée du livre de la Genèse*................... 261
§ 271. Le récit de la création de l'homme montre que le seul principe de vie en lui est l'âme raisonnable. — 272-273. Commentaire de S. Jean-Chrysostome.

ART. VI. — *Objections contre l'unité du principe vital dans l'homme*. 263
§ 274-277. Objection tirée de la multiplicité et de la différence des fonctions vitales................................ 264
§ 278-280. Objection tirée de la spiritualité de l'intellection humaine.. 267
§ 281-284. Objection tirée de la contractilité musculaire qu'on observe encore pendant quelques heures dans quelques parties du cadavre.. 271

ART. VII. — *De quelle manière peut se concilier le développement successif de la vie dans l'embryon, avec l'unité du principe vital dans l'homme*... 274
§ 285. Pourquoi cette question. — 286-287. On rejette l'opinion de quelques anciens et de Rosmini. — 288. Et celle de Bonucci. — 289-290. Solution de S. Thomas ; son harmonie avec le progrès moderne.

CHAPITRE VII.

DE L'UNION DE L'AME HUMAINE AVEC LE CORPS.

§ 291. Trois hypothèses pour remplacer la doctrine scolastique.
ART. I. — *On rejette l'hypothèse de l'harmonie préétablie*........... 283
§ 292. Exposition qu'en fait Leibnitz. — 293. Elle détruit toute union réelle entre l'âme et le corps. — 294. Absurdités qui en découlent.

ART. II. — *On rejette l'hypothèse des causes occasionnelles*......... 286
295. Exposition qu'en fait Malebranche. — 296. Elle paraît plus étrange que la précédente.

ART. III. — *On rejette l'hypothèse de l'influx physique* 288
  § 297-300. Ce système rend accidentelle l'union de l'âme et du corps et favorise le matérialisme.
ART. IV. — *L'âme intellectuelle dans l'homme s'unit au corps comme sa forme substantielle* 291
  § 301. Qu'est-ce que la forme substantielle? — 302. Cette vérité est un corollaire de l'unité du principe de vie dans l'homme. — 303-304. Démonstration de S. Thomas. — 305. Confirmation tirée du premier chapitre.
ART. V. — *Une objection* 296
  § 306-308. La doctrine établie est bien éloignée du matérialisme. — 309-311. Elle est assez intelligible.
ART. VI. — *Doctrine de l'Eglise sur la question présente* 302
  § 312. Concile de Vienne et Pie IX. — 313. Quel est ici le sens du mot *forme*. — 314. Il serait téméraire de lui en donner un autre. — 315. L'âme n'est pas la forme du corps par son opération intellectuelle, mais par son essence intellectuelle.
ART. VII. — *On repousse une double équivoque* 308
  § 316-317. S. Thomas n'a point enseigné l'influx physique. — 318-321. L'âme n'est pas la forme du corps en tant qu'elle le pénètre et que leurs forces sont mélangées.
ART. VIII. — *Doctrine de Rosmini* 346
  § 322-323. Exposition de sa théorie 346
  § 324. Explications de Pestalozza 349
  § 325-327. On écarte quelques points fondamentaux de cette théorie 322
  § 328-332. On réfute le point principal de cette hypothèse..... 324
  § 333-336. Quelques conséquences de ce système 330
ART. IX. — *Nécessité d'expliquer en général la composition d'essence dans les corps, pour comprendre comment l'âme est forme substantielle dans l'homme* 333
  § 337. L'âme devrait communiquer au corps le premier être. — 338. L'homme n'en serait pas moins une substance composée. — 339. Trois difficultés à résoudre.

CHAPITRE VIII.

THÉORIE DE LA COMPOSITION SUBSTANTIELLE DES CORPS.

§ 340. Cette théorie nécessaire à la physique et à la chimie est cependant du ressort de la métaphysique.
ART. I. — *Trois systèmes sur la composition substantielle des corps.* 338

	Pages.
§ 341. Auteurs principaux de ces systèmes	338
§ 342. Système scolastique	338
§ 343. Système atomique	340
§ 344. Système dynamique	342

ART. II. — *Examen du dynamisme*............................ 343
§ 345-346. Le dynamisme détruit les mathématiques. — 347. D'où vient que les corps sont divisibles à l'infini mathématiquement et ne le sont pas physiquement. — 348. Le dynamisme détruit la réalité de l'étendue. — 349. Subterfuge inutile de Boscovich. — 350. D'après ce système la matière pourrait être composée d'esprits. — 351. Et l'action à distance serait possible. — 352-353. Autres inconvénients.

ART. III. — *Examen de l'atomisme pur*........................ 354
§ 354. L'atomisme est la mort de l'univers sensible. — 355. Et rend inexplicable l'étendue.

ART. IV. — *Le recours à l'atomisme dynamique rétablit sous d'autres termes la matière et la forme des scolastiques*................. 354
§ 356. L'atomisme dynamique exposé par Martin. — 357. S'il dit quelque chose, c'est un retour à la *matière* et à la *forme*. — 358. La force est essentielle à l'atome. — 359. La haine des *formes substantielles* est une affaire de mode.

ART. V. — *Démonstration du système scolastique relativement à l'essence des corps*.. 358
§ 360-364. Preuve tirée de l'exposition précédente........... 358
§ 365-370. Preuves tirées des propriétés que l'expérience révèle dans les corps.. 362
§ 371-376. Preuve tirée du phénomène de la cristallisation..... 367
§ 377-382. Preuve tirée des changements substantiels des corps. 373

ART. VI. — *On répond à la difficulté tirée de la chimie*............ 378
§ 383-384. La chimie démontre-t-elle que les corps simples demeurent *in actu* dans les corps mixtes. — 385. Plusieurs raisons semblent prouver le contraire. — 386-387. Réponse à deux répliques. — 388. Confirmation de la doctrine établie.

ART. VII. — *Le système scolastique n'est en aucune façon opposé à la physique et à la chimie modernes*........................... 384
§ 389. La composition substantielle des corps n'est pas du domaine de la physique. — 390. La chimie s'arrête aux atomes qui sont eux-mêmes composés. — 391. Et il lui importe peu que les molécules dans les corps mixtes soient un agrégat de corps simples plutôt qu'un nouveau corps. — 392. Témoignage de quelques physiciens modernes.

ART. VIII. — *On répond à ceux qui accusent le système scolastique d'obscurité*.. 389

§ 393. Définition de la *matière première* par Aristote. — 394. Il l'a empruntée à Platon. — 395-396. Ce système n'est pas obscur.

Art. IX. — *Opinion de S. Augustin relativement à la composition substantielle des corps*.. 393
  § 397. Les Scolastiques n'ont fait que le suivre............. 393
  § 398-401. S. Augustin reconnaît la *matière informe*.......... 394
  § 402-404. La matière, selon lui, ne peut exister par elle-même sans *l'acte* ou sans le principe formel.................... 397
  § 405-408. D'où vient, selon S. Augustin, ce qui empêche de bien entendre la *matière informe* par elle-même............ 401
  § 409-411. Comment S. Augustin parvient à concevoir la *matière informe*... 406

CHAPITRE IX.

POLÉMIQUE SUR LES MATIÈRES DU CHAPITRE PRÉCÉDENT.

  § 412. Attaque de la théorie scolastique et principaux arguments des adversaires.
Art. I. — *Réponse à trois imputations*....................... 412
  § 413. On nous reproche d'aimer trop l'antiquité. — 414. De ressusciter la lutte entre la physique et la métaphysique. — 415. Et d'éblouir par notre éloquence.
Art. II. — *Est-il vrai que nous donnions trois interprétations différentes du système scolastique?*........................... 416
  § 416-419. Il y en aurait deux ou plus. — 420. Au fond elles n'en font qu'une. — 421. La démonstration donnée par les Scolastiques est-elle ébranlée. — 422. Pourquoi l'a-t-on exposée sous deux aspects.
Art. III. — *Réponses aux objections sur les doctrines précédentes*... 424
  § 423. Objections contre la première interprétation........... 424
  § 424. Objections contre le second mode d'explication......... 427
  § 425. Conclusion.. 431
Art. IV. — *Valeur des preuves tirées de la nature et des propriétés des corps*.. 432
  § 427-431. Première démonstration......................... 432
  § 432-434. Deuxième démonstration........................ 438
Art. V. — *Valeur de la preuve tirée de la cristallisation*........... 445
  § 435. Fondement de cette démonstration. — Nullité des objections.
Art. VI. — *Réponse à deux arguments métaphysiques*............. 450

§ 436-437. En quel sens la matière première est-elle appelée *pure puissance*. — 438. A-t-elle un *acte entitatif* indépendamment de la forme. — 439. Les Atomistes eux-mêmes conçoivent, sans s'en douter, la matière première. — 440. Répugne-t-il que la forme soit tirée de la puissance de la matière.

Art. VII. — *De la prétendue opposition entre le système scolastique et la chimie* 457
§ 441. Ce que prétendent les adversaires. — 442. Réponse facile et sans réplique. — 443. Le système scolastique n'est opposé ni à la physique. — 444. Ni à la chimie. — Réponse péremptoire fournie par les adversaires eux-mêmes. — 445. L'explication des phénomènes est-elle plus difficile dans le système scolastique.

Art. VIII. — *L'atomisme chimique ne peut être admis comme solution métaphysique du problème de la composition substantielle des corps* 465
§ 446. Il n'a pour lui aucune autorité philosophique. — 447. L'appui de la raison lui manque. — 448-452. Graves inconvénients auxquels il est sujet.

Art. IX. — *Connexion du système scolastique avec le dogme catholique* 470
§ 453. Rapports entre ce système et le mystère de la sainte Eucharistie remarqués par Leibnitz. — 454-458. Autres rapports avec le dogme de l'union de l'âme et du corps. — 459-461. Surtout pour la vie et le sentiment que l'âme communique au corps.

Art. X. — *Epilogue de tout le chapitre* 482
§ 462. Sur quoi est fondé notre raisonnement. — 463. La forme substantielle dans les corps inorganiques. — 464. Et organiques. — 465. Le système scolastique explique-t-il quelque chose. — 466. Il harmonise les sciences entre elles.

CHAPITRE X.

RETOUR A LA THÉORIE DU COMPOSÉ HUMAIN.

§ Raison de ce retour.
Art. I. — *Quoique l'âme communique au corps le premier être* in actu, *toutefois le corps par lui-même est une vraie réalité* 485
§ 468. Objection. — 469-470. Réponse. — 471. On comprend ainsi la manière dont l'âme est la forme substantielle du corps et la justesse de l'argument de Suarez : *Homo constat forma substantiali ut intrinseca causa ; ergo et res omnes naturales.*

Art. II. — *Dans quel sens le corps de l'homme a-t-il un être distinct de l'âme ?* 489
§ 472. Objection. — 473-474. L'âme s'unit immédiatement à la nature et lui communique tous les degrés de l'être jusqu'au sentiment. — 475-476. Explication de différentes manières de parler sur cette union.

Art. III. — *Opinion de Scot* 493
§ 477. Distinction qu'il admet entre la forme de *corporéité* et le principe de vie dans les êtres vivants. — 478-479. Les Atomistes invoquent à tort cette opinion. — 480. On l'examine en elle-même. — 481. Réponse à une objection tirée des phénomènes du cadavre.

Art. IV. — *La propriété d'informer le corps ne répugne pas à la spiritualité de l'âme* 502
§ 482-483. Rien n'empêche qu'une substance simple et indépendante de la matière ne s'unisse au corps comme son acte substantiel.

Art. V. — *La théorie exposée sert admirablement à faire comprendre la hiérarchie des êtres* 504
§ 484. Dieu *forma formarum* représenté dans la création. — 485. Les Anges formes séparées. — La matière pure puissance. Les êtres naturels composés de *puissance* et d'*acte*. — L'homme au-dessus de tous ces êtres est comme l'anneau qui rattache le monde des corps à celui des esprits. — 486. Hiérarchie des formes.

Art. VI. — *La doctrine précédemment exposée rend une raison trèssatisfaisante des phénomènes humains* 508
§ 487. Elle explique l'unité de personne et de nature dans l'homme. — 488-489. La vie organique et sensitive. — 490-493. L'accord entre la partie supérieure et la partie inférieure. — 494. L'aptitude et l'inclination de l'âme à se réunir au corps.

Conclusion 545

Bar-le-Duc. — Contant-Laguerre et Cie, imprimeurs-éditeurs.

ERRATA.

	Au lieu de :	Lisez :
Page XVIII, ligne 16,	*bestii*,	*bestiis*.
— 2, — 2,	le seul et même principe,	le seul et même principe, le seul et même sujet.
— 190, — 22,	avec l'identité de celui,	avec celui.

www.ingramcontent.com/pod-product-compliance
Lightning Source LLC
Chambersburg PA
CBHW060756230426
43667CB00010B/1588